新 视 界

始于未知　去往浩瀚

国家出版基金项目
NATIONAL PUBLICATION FOUNDATION

财政政治学视界论丛

丛书主编
刘守刚　刘志广

刘志广

著

敞开的大门

熊彼特的《税收国家的危机》与财政社会学

上海远东出版社

图书在版编目（CIP）数据

敞开的大门：熊彼特的《税收国家的危机》与财政
社会学 / 刘志广著. —— 上海：上海远东出版社，2024.
（财政政治学视界论丛）. —— ISBN 978-7-5476-2073-1

Ⅰ. F810-05

中国国家版本馆 CIP 数据核字第 2024Z27W51 号

出 品 人 曹　建
责任编辑 王智丽
封面设计 徐羽心

本书为"十四五"国家重点出版物规划项目

本书获 2024 年度国家出版基金资助

财政政治学视界论丛

刘守刚　刘志广　主编

敞开的大门：熊彼特的《税收国家的危机》与财政社会学

刘志广　著

出　　版　上海远东出版社
　　　　　（201101　上海市闵行区号景路 159 弄 C 座）
发　　行　上海人民出版社发行中心
印　　刷　上海信老印刷厂
开　　本　710×1000　　1/16
印　　张　30
插　　页　1
字　　数　490,000
版　　次　2024 年 12 月第 1 版
印　　次　2024 年 12 月第 1 次印刷
ISBN 978-7-5476-2073-1/F·754
定　　价　118.00 元

自　序

在《资本主义、社会主义与民主》一书的"前言"的开头，熊彼特写下了这么一段话，即："大多数智力或想象力的创作，经过短的不过饭后一小时，长的达到一个世纪的时间，就永远消失了。但有一些创作却不是这样。它们遭受几度隐没，复又重现，它们不是作为文化遗产中不可辨认的成分而重现，而是穿着自己的服装，带着人们能看到的、摸到的自己的瘢痕而重现。这些创作，我们完全可以称之为伟大的创作——这个把伟大与生命力联结一起的称谓不会不恰当。"①这段话虽然是熊彼特对马克思理论伟大生命力的重要评价，但它无疑也是适合于熊彼特自己的理论的，包括他在 1918 年发表的《税收国家的危机》一文。《税收国家的危机》是熊彼特针对"一战"后奥地利何去何从的争论并直接与奥地利经济学家和社会学家葛德雪（Goldscheild）进行商榷的产物，而熊彼特也因这篇论文被后人尊为财政社会学的重要创始人之一。

财政社会学秉承大历史观，主要关注的是社会经济转型与国家兴衰这样的大问题，正如熊彼特在《税收国家的危机》一文中所强调的，财政社会学"对我们特别有吸引力的地方在于，它可以让我们从财政的角度来考察国家，探究它的性质、形式以及命运"②。就熊彼特看来，"税收国家"这个词正是财政社会学研究的产物，并且，"在所有地方，这种税收国家在今天所表示的仍是最具创新力（the most creative forces）之地"③。因此，即使不从财政社会学理论本身的发展来说，哪怕只是就我们当前正在推进的中国式现代化而言，要实施创新驱动发展战略并推进现代国家治理体系建设和治理能力提升，财政社会学与熊彼特的《税收国家的危机》也具有

---

① ［美］熊彼特：《资本主义、社会主义与民主》，吴良健译，商务印书馆 1999 年版，第 43 页。

② Schumpeter, J. A. ［1918］. "The Crisis of Tax State", in Peter M. Jackson, eds. (1996). *The Foundations of Public Finance*, Vol. 2., Edward Elgar Publishing Ltd., p. 332.

③ Schumpeter, J. A. ［1918］. "The Crisis of Tax State", in Peter M. Jackson, eds. (1996). *The Foundations of Public Finance*, Vol. 2., Edward Elgar Publishing Ltd., p. 336.

重要的参考意义与启示价值。

虽然对于财政社会学的学习者和研究者来说,熊彼特的《税收国家的危机》都是不能忽视、不能跳过的经典著作,但正如一切伟大的作品一样,《税收国家的危机》所呈现出来的思想也远非一些人所认为的那样简单明了。该文在发表后一百年的时间里带来了很多争议,也带来了很多误解,同时也被很多人所忽略,也就是说,学界对这篇论文主旨的深入探讨仍是远远不够的。对《税收国家的危机》这篇论文的深入学习和全面解读,其意义并不限于阐明熊彼特到底表达了什么思想,更是因为对这篇论文的解读可能涉及对财政社会学过去百年发展的评估以及未来的发展,因而实则是兹事体大。同时,耐人寻味的是,对这样一篇流传至今并被认为对财政社会学的过去、现在和未来具有关键性影响的论文,熊彼特本人却似乎从未将其放在心上,甚至可以说是完全被他自己给"遗忘"了。这一重大反差自然也增加了解读的趣味,并要求我们必须把对这篇论文的解读与熊彼特的人生和更大范围内的学术思想变迁联系起来,而这无疑是充满挑战性的。作为应对这项挑战的重要策略,本书将绝大部分篇幅放在了更好理解《税收国家的危机》一文所需要的思想背景上,既包括在对财政学的不同经济学理论基础和财政学的不同研究传统进行辨析的基础上分析财政社会学的百年发展史及其面临的困局,也包括对熊彼特人生及其思想参照与经济学财政学思想的辨析与讨论。

我多年来一直从事财政社会学的学习和研究,之所以在众多财政社会学经典文献中选择以熊彼特的《税收国家的危机》作为学习与解读的对象,并不仅仅是因为这篇论文本身对财政社会学的发展来说就很重要,也是希望以这篇论文作为财政社会学学习和研究的"一条线索""一扇窗户"和"一个起点"。其中,"一条线索"是指依据这篇论文在不同时期受到的不同评价来梳理财政社会学的百年发展历程;"一扇窗户"是指通过这篇论文的重要主张来透视财政社会学的百年发展困局和现代国家治理困境;"一个起点"是指以这篇论文涉及的重要思想来展望财政社会学未来的发展。因此,本书也可以被看作是一本较为另类的财政社会学思想史专著。

需要确切表明的是,写作本书的目的并不是要建立财政社会学的熊彼特学派,那样做既不符合熊彼特的愿望,也不符合财政社会学的未来发展需要。在关于熊彼特的几本传记中,都谈到过同一个问题,那就是为什么有那么多人尊崇他,甚至在国际上还成立了熊彼特学会,每两年还会进行熊彼特奖的评选,世界上很多大学还设有各种熊彼特研究中心并开设熊彼特讲座等,但却没有形成熊彼特学派呢①? 这大概可以从熊彼特在 1932 年 6 月离开波恩时曾对他在波恩的学生所做的非正式告别演讲中找到原因。在这篇以《科学的起源和目的》为名出版的演讲中,熊彼特概括地表述了自己的经济学和教育学观点:"我从未想过要创建一个熊彼特学派。它不存在,也不应该存在。经济学不是哲学而是科学,因此在经济学领域不应该存在任何学派。可能许多人会被这种态度所激怒,因为单是在德国,就有半打的经济学家把自己看成某一学派的领头人,追求绝对真理、反对绝对谬误的战士。但与这类问题做斗争是没有用处的。无论如何,一个人不应该去与生活将要消灭的事物作战。与政治和商业不同,科学上一时的成功是没有用的……就我而言,我接受未来各代人的评判……我的作用,如果我有作用的话,是开门,而绝不关门。"②

可能正是基于熊彼特当年在波恩的这次演讲,美国著名的传记作家艾伦(Robert Loring Allen)对熊彼特有一个较为独特的评价,即:"熊彼特不能作为这一世纪或另一世纪的最伟大的经济学家而载入史册。他远比这种经济学家更伟大。他必须作为世界上最伟大的经济学家之一、最有思想的社会科学家之一、对社会和经济状况的最深刻的评论家之一,也许更重要的是,作为伟大的经济和社会科学的教师之一而名垂青史。"③在艾伦看来,对熊彼特来说,"他生命的主题是为探索的头脑开门并引导学生入门,努力创造未来的学者",因此,"'开门'是他的座右铭、他的工作方式,也是他一直希望用来衡量他个人成功的量度。他对科学的不懈追求是为他人开门做准备的唯一方式。他与同事和学生的生活、他的思想与他永不停歇的阅读及写作,都反映了熊彼特长期坚持的一个观点,即为他的学生开门是他生命中真正的目标,而不理会他所经历过的失败、灾难和失望。他认为他的学

---

① 事实上,在熊彼特去世之后,熊彼特的一些追随者在 1950 年代后确实发展了熊彼特的创新理论并被称为新熊彼特学派(Neo-Schumpeterian School),强调技术创新在促进经济增长中的作用以及企业家和经济结构对技术创新的重要影响。但创新理论只是熊彼特思想的重要组成部分之一,所以新熊彼特学派仍不是通常意义上要说的熊彼特学派,这也是传记作者们仍坚持这一追问的主要原因。

② 转引自[美]艾伦:《开门——创新理论大师熊彼特》,马春文等译,吉林人民出版社 2010 年版,第 289 页。

③ [美]艾伦:《开门——创新理论大师熊彼特》,马春文等译,吉林人民出版社 2010 年版,第 559 页。

术贡献只是一个愉快的副产品,他对于学习的努力只是为了能够教得更好。开门意味着学生能够创建新理论,这几乎和熊彼特自己创建新理论一样好。学生们的伟大反映着他们教授的成功与伟大。尽管熊彼特对世事持怀疑态度,甚至有些愤世嫉俗,但他诚心诚意地努力开门,培养了许多伟大的学生"①。正因为如此,艾伦选择将她为熊彼特写作的传记起名为《开门》(Opening Doors)。实际上,从艾伦写作的这本关于熊彼特的著名传记中,我们除了可以读到熊彼特为自己学生的成长"开门"外,"开门"一词起码还有另外两个重要的含义:一是艾伦所谈到的熊彼特对待科学研究的开放态度,"他非常坚定地认为,没有哪一扇门应被关闭"②;二是在谈到熊彼特的妻子伊丽莎白为哈佛大学经济学系为研究生设立熊彼特奖而遗赠不动产时,艾伦评论道:"熊彼特肯定更愿意有一个以他的名字命名的研究生奖金,而不是一个房间,因为这样他能继续为研究生开门。"③

财政社会学思想可以有更早的溯源,仅就其被正式创立开始也已经历百年,有了厚重的思想和知识积累,今后也一定是一个更加富有教学和研究机会以及实践意义的重要知识领域。重新回到熊彼特在百年前发表的《税收国家的危机》一文,是为了更好地再出发,而不是陷入或局限于熊彼特曾经说过的话或曾经所提出的主张,正如熊彼特在维也纳大学学习经济学时的老师、著名的奥地利学派经济学家维塞尔(Wieser)在其《自然价值》一书中谈到对创始人经典著作的学习时所指出的:"那些受过我们科学创始人教育的人、那些受过这些创始人及其后继者的所有经验与仔细推敲的好处的人,要是始终坚持启蒙老师的意见,却只堪叫做小学生了。一个伟大思想是可能最后变成幼稚的错误的。"④而著名经济思想史家马克·布劳格(Mark Blaug)也在《经济理论的回顾》的"绪论"中写道:"在评价过去的学者的著作时总是存在两类危险:一方面,只看到他们的错误和缺点,没有意识到他们所继承的分析方法的局限和他们写作的历史条件的局限;另一方面,夸大他们的优点,渴望发现一种对他们那个时代来说是超前的观点,而这常常是评论

① [美]艾伦:《开门——创新理论大师熊彼特》,马春文等译,吉林人民出版社 2010 年版,第 6、289 页。

② [美]艾伦:《开门——创新理论大师熊彼特》,马春文等译,吉林人民出版社 2010 年版,第 540 页。

③ [美]艾伦:《开门——创新理论大师熊彼特》,马春文等译,吉林人民出版社 2010 年版,第 556 页。

④ [奥]维塞尔:《自然价值》,陈国庆译,商务印书馆 1982 年版,第 242 页。

者自己的想法。"①这些常见的问题是我们在学习和研究熊彼特的《税收国家的危机》时所要尽力避免的,当然,我并不能保证自己在本书中总能避免这些问题。我把它作为目标,并期望能更好地接近这个目标。

自正式创立至今,财政社会学虽然已经经历了百年的发展,但仍被认为是处于不成熟的发展状态中,不仅没有形成一个标准化的理论体系,还几经沉浮,甚至被忽略。虽说思想的内在价值并不取决于这些外在的形式,但财政社会学要更好地发挥其思想价值,还是需要对一些基础性理论问题进行深入探究和阐明。财政社会学在未来的理想发展状态可能是在一些基础性理论问题上取得弱共识的条件下实现开放式发展,对熊彼特的《税收国家的危机》所包含的重要思想的讨论有助于我们建立发展财政社会学所需要的必要共识。我也希望借助对熊彼特的《税收国家的危机》一文的研究,能够使更多人了解财政社会学,甚至投身到财政社会学的研究与发展中来,一起更好地打开财政社会学未来发展的大门。正是考虑这一点,基于熊彼特对"开门"的重视和对财政社会学曾经寄予的厚望,也为了纪念熊彼特并对他创立和发展财政社会学的伟大贡献表示敬仰,仿照艾伦的做法,并借鉴艾伦在《开门》一书中所提到的"开门"的另外两重含义,我将其书名"Opening Doors"(《开门》)改译为"敞开的大门",并将其作为本书的书名,副标题则为"熊彼特的《税收国家的危机》与财政社会学"。

刘志广

2024 年 6 月 24 日于上海

---

① [英]布劳格:《经济理论的回顾》,姚开建译,中国人民大学出版社 2009 年版,第 1 页。

目　录

导　论

　　财政学思想对国家治理来说兼具理论与实践的双重意义,理论会对实践提供指引,实践的推进也会对理论发展提出新的要求。中国共产党第十八届三中全会通过的《中共中央关于全面深化改革若干重大问题的决定》提出,"财政是国家治理的基础和重要支柱,科学的财税体制是优化资源配置、维护市场统一、促进社会公平、实现国家长治久安的制度保障"①,这就从国家治理体系和治理能力现代化的实践角度对财政学基础理论创新提出了新的需求。需要指出的是,这种基础理论创新并非一定是"前无古人"的,也可以是对曾经出现过但却被忽略甚至被遗忘的思想的重新发现和重新阐释。对社会科学研究来说,不仅"阳光之下无罕事"是常态,一些重要思想因各种原因被埋没也是常态。

　　正是在对基于国家治理的财政学基础理论的积极探究中,创立于一百年前的财政社会学(fiscal sociology)受到了国内部分学者的关注,这不仅是因为财政社会学本身就具有很多财政学研究者所期望的多学科交叉特征,而且也因为财政社会学能从国家治理的综合视角对财政的作用及相关机制给出更为恰当的解释。在所有社会科学研究中,"读原著、悟原理"都是实现思想进阶的基本途径,这是一个较为漫长甚至艰辛的途径,但却往往是实现基础理论创新的最便捷的途径。无论是对于财政社会学的未来发展来说,还是对于我们想推进国家治理视角下的财政学基础理论创新来说,著名经济学家熊彼特(Schumpeter)在1918年发表的《税收国家的危机》②一文都是我们需要给予高度重视的财政学经典著述。

---

① 《中共中央关于全面深化改革若干重大问题的决定》,中国政府网,https://www.gov.cn/zhengce/2013-11/15/content_5407874.htm,2013 年 11 月 15 日。

② Schumpeter, J. A. [1918]. "The Crisis of Tax State", in Peter M. Jackson, eds. (1996). *The Foundations of Public Finance*, Vol.2. Edward Elgar Publishing Ltd., pp.330—363.

一　财政社会学的发展仍方兴未艾

认识到财政社会学对于财政学基础理论创新的价值算不上是中国学者的重要发现,因为自"二战"后基于新古典经济学和凯恩斯主义经济学的现代财政学即通常所说的财政学(public finance)居于主流地位后,财政社会学就一直是一些学者如诺贝尔经济学奖得主布坎南(Buchanan)等试图建立替代性财政学理论体系的努力所主要引证和参考的重要思想资源①,而在现代财政学之父马斯格雷夫(Musgrave)关于财政学思想史的多篇论文中,财政社会学也始终占有一席之地,以诺贝尔经济学奖得主诺思(North)为代表的新经济史学和以邦尼(Bonny)等为代表的欧洲新财政史学等都深受财政社会学思想的影响,甚至其理论本身就可被视为是对财政社会学的重要发展。

从中国近现代财政学的发展来看,财政社会学甚至早在 1930 年代初就经由日本学者的著作传入了中国,如在刘守刚和我一起主编并由上海远东出版社出版的"中国近现代财政学名作新编丛书"中,日本学者阿部贤一所著的《财政学史》(邹敬芳译,商务印书馆 1930 年初版)就专门有一章介绍财政社会学,章名为"社会学的财政学——葛德雪的财政学说"②;而在日本学者永田清所著《现代财政学理论体系》(吴兆莘译,1947 年正中书局初版)中,整个"后篇"共四章所讨论的都是财政社会学,他实际上是将财政社会学当作财政学的未来发展趋势来进行研究的③。从"中国近现代财政学名作新编丛书"已经出版和计划出版的书目来看,当时在欧美富有影响力的财政学思想都通过留学生的译著和回国从事大学教育等得以在我国同步传播和研习。但在中华人民共和国成立后,由于国际国内形势的变化,我国财政学的发展开始与西方发达国家的财政学"脱钩",而此时也正是西方财政学研究经历重大范式转换的重要时期。直到 1990 年代末和本世纪初,经

---

① 　布坎南及其学生理查德·瓦格纳的相较于奥地利和德国的财政社会学思想来说,财政学思想更多地受到一些意大利财政社会学家思想的影响。关于布坎南财政学思想的简要了解,可参考马珺:《财政与国家治理:布坎南财政思想解读》,载高培勇、马珺、杨志勇主编《中国财政经济理论前沿(8)》,社会科学文献出版社 2021 年版。

② 　参见[日]阿部贤一:《财政学史》,邹敬芳译,刘守刚整理,上海远东出版社 2022 年版。

③ 　参见[日]永田清:《现代财政学理论体系》,吴兆莘译,刘志广整理,上海远东出版社 2022 年版。

过"公共财政论—国家分配论"大争论,我国财政学的研究和教学才重新与国际"接轨",但这种接轨也主要是与占主流地位的财政学接轨①。

正是在世纪之交这样一个时间节点上,由美国马克思主义学者奥康纳(O'Connor)在1973年出版的《国家的财政危机》②所推动的财政社会学复兴在西方发达国家也达到了一个新的小高潮,其突出表现就是在德国学者巴克豪斯(Backhaus)和美国学者理查德·E.瓦格纳(Richard E. Wagner)等的组织下,自2001年起开始定期在德国埃尔福特大学(Erfurt University)举办财政社会学国际研讨会并出版了多本会议论文集③。此外,关于财政社会学研究的论文或以财政社会学为理论依据的研究论文也更多地在国外一些著名期刊上和论文集中得以发表,巴克豪斯和瓦格纳在2004年共同主编出版的《财政学手册》④也是以财政社会学为主题的。瓦格纳在2007年出版的《财政社会学与财政学原理》⑤,Martin等在2009年主编出版的论文集《新财政社会学:比较和历史视角下的税收》⑥,Leroy在2010年出版的《税收、国家与社会:干涉主义民主的财政社会学分析》⑦等也都在国际学术界产生了较大的影响。时至今日,财政社会学的发展在国

---

① 对中华人民共和国成立后我国财政学理论发展的简要回顾可以参考冯俏彬:《国家分配论、公共财政论与民主财政论——我国公共财政理论的回顾与发展》,载《财政研究》2005年第4期;刘守刚:《1949年后中国财政理论的演进》,载刘守刚《国家成长的财政逻辑——近现代中国财政转型与政治发展》,附录二,天津人民出版社2009年版。

② 〔美〕奥康纳:《国家的财政危机》,沈国华译,上海财经大学出版社2017年版。

③ 巴克豪斯(Backhaus)可能是国际上第一个拥有财政社会学教席的教授——德国埃尔福特大学(Erfurt University)Krupp基金会财政学与财政社会学讲席教授(Krupp Foundation Chair in Public Finance and Fiscal Sociology)。令人遗憾的是,巴克豪斯(Backhaus)在2015年后因严重中风而完全退出了学术圈,这也导致这一重要的定期国际会议和交流平台被迫中断。基于该年会出版的论文集有:Backhaus, J. G. eds. (2005). *Essays on Fiscal Sociology*. Frankfurt:Peter Lang; Backhaus, J. G. eds. (2013). *Essentials of Fiscal Sociology: Conception of an Encyclopedia*. Peter Lang.

④ Backhaus J. G. and Wagner. R. E. eds. (2004). *Handbook of Public Finance*. Springer US.

⑤ Wagner, R. E. (2007). *Fiscal sociology and the theory of public finance: an exploratory essay*. Cheltenham:Edward Elgar Publishing.

⑥ Martin, Mehrotra and Prasad. eds. (2009). *The New Fiscal Sociology: Taxation in Comparative and History Perspective*. Cambridge:Cambridge University Press.

⑦ 该书2010年以法文出版,英译本在2011年出版,参见Leroy M. (2011). *Taxation, the State and Society: The Fiscal Sociology of Interventionist Democracy*. P. I. E. Peter Lang.

外仍然方兴未艾,Mumford 在 2019 年出版的《百年财政社会学:英国对预算、税收和紧缩的看法》①可看作是对财政社会学创立百年的重要纪念。

在所有这些关于财政社会学的研究中,熊彼特在 1918 年发表的《税收国家的危机》一文及其观点都是被反复提及或被引证的。但正如很多其他的伟大作品一样,被反复提及和引证并不是意味着这篇论文得到了及时的传播和很好的理解。《税收国家的危机》的日文版出版的时间是 1951 年,英文版出版的时间是 1954 年,西班牙语版出版的时间是 1970 年,意大利语版出版的时间是 1983 年②,而其中文版则是到 2018 年该文发表一百年周年时才作为其他译著的附录得到出版③。从我收集到的国内外文献来看,对熊彼特这篇论文的深入解读仍是远远不够的,而且由于学科差异以及未能考虑到熊彼特对概念的使用特点以及“二战”前后主流经济学和主流财政学知识体系的巨大转向等,很多困惑乃至误解都存在,最典型的问题就是到底该如何理解熊彼特所说的“税收国家”及其“危机”。因此,从财政社会学本身的发展来说,熊彼特的《税收国家的危机》可以作为“一条线索”来梳理财政社会学的百年发展历程,可以作为“一扇窗户”来透视财政社会学的百年发展困局和现代国家治理困境,可以作为“一个起点”来展望财政社会学下一个百年的发展。而从实现具有中国特色的财政学基础理论创新以推动中国的现代国家治理体系建设和现代国家治理能力提升来说,更好地理解和借鉴《税收国家的危机》所包含的富有创见的财政思想也是大有裨益的。

二 对斯威德伯格之问的进一步追问

著名社会经济学家理查德·斯威德伯格在其传记作品《熊彼特》一书的中文版“序言”中将《税收国家的危机》列入熊彼特所写过的三篇最为重要的社会学论文,另两篇重要的论文分别是指 1919 年发表的《帝国主义的社会学》和 1927 年发

① Mumford, A. (2019). *Fiscal Sociology at the Centenary: UK perspectives on budgeting, taxation and austerity*. Palgrave Macmillan.

② 上述版本的详细信息参见 Augello, M. M. eds. (1989). *Joseph Alois Schumpeter: A Reference Guide*. Springer-Verlag: 121.

③ 参见熊彼特:《税收国家的危机》,刘志广、刘守刚译,载格罗夫斯著,柯伦编《税收哲人:英美税收思想史二百年》,刘守刚、刘雪梅译,上海财经大学出版社 2018 年版,附录。

表的《种族同源环境中的社会阶级》①。但在该书第五章"经济社会学的开拓者"中,斯威德伯格却又提到,熊彼特在一些场合都清楚地表示《帝国主义的社会学》和《种族同源环境中的社会阶级》是他在社会学方面的主要论述并常常表现出一种特有的自得感②,因此,他提出的问题是,"熊彼特为什么把他的《税收国家的危机》(1918)一文排除在他偏爱的社会学论述之外呢? 此点却令人不解。"③难道这就是斯威德伯格所认为的,从当代经济社会学的角度看,《税收国家的危机》这篇论文"或许是最富意味的一篇"④的原因吗?

在书中专门论及《税收国家的危机》时,斯威德伯格写道,"熊彼特在写作税收国家的论文的时候,他本人并没有什么兴趣去对社会学做贡献,也就是说,他没有兴趣将它作为自己在社会科学方面的渊博知识的一种表达。相反,这篇论文是熊彼特有意发展一门广博的经济科学或社会经济学的计划中的一个部分。因此,这篇论文的主要任务就是扩充经济学的势力范围。"据此,斯威德伯格认为:"从这个意义上说,《税收国家的危机》与他其他两篇社会学论文没有什么不同,那两篇论文也是试图要将全新的论题引入经济学领域。"⑤但这样的处理并没有真正回答斯威德伯格自己所提出的问题,也与熊彼特在《税收国家的危机》中所表明的观点不合。熊彼特曾高度颂扬葛德雪创立财政社会学的贡献,并认为我们可以据此"确定地谈论一系列特殊的事实、一系列特殊的问题,以及一种特殊的研究方法——简而言之,一个特殊的研究领域:财政社会学。对于财政社会学,人们可以寄予厚望"⑥。

---

① 《帝国主义的社会学》的英文名为"The Sociology of Imperialisms",《种族同源环境中的社会阶级》的英文名为"Social Classes in an Ethnically Homogenous Environment"。这三篇论文都被斯威德伯格收入其主编的熊彼特的论文集《资本主义的经济学和社会学》,见:Schumpeter, J. A. (1991). *The Economics and Sociology of Capitalism*, Richard Swedberg, eds. Princeton University Press. 在《税收国家的危机》发表 100 周年前夕,台湾学者蓝元骏将该论文集译为了中文,参见熊彼特著,斯威德柏格编《资本主义经济学及其社会学》,蓝元骏译,联经出版社 2017 年版。

② 也许是受熊彼特对自己社会学论文的看法的影响,美国著名社会学家,科学社会学的奠基人和结构功能主义流派重要代表之一默顿教授在谈到熊彼特的社会学论文在经济学与社会学之间架起了桥梁并促进了两者的知识交流时,他所指的也是熊彼特论帝国主义和社会阶级的论文。参见[瑞典]斯威德伯格:《熊彼特》,安佳译,江苏人民出版社 2005 年版,第 164 页,脚注 1。

③ [瑞典]斯威德伯格:《熊彼特》,安佳译,江苏人民出版社 2005 年版,第 135 页。

④ [瑞典]斯威德伯格:《熊彼特》,安佳译,江苏人民出版社 2005 年版,中文版序言,第 3 页。

⑤ [瑞典]斯威德伯格:《熊彼特》,安佳译,江苏人民出版社 2005 年版,第 143 页。

⑥ Schumpeter, J. A. [1918]. "The Crisis of Tax State", in Peter M. Jackson, eds. (1996). *The Foundations of Public Finance*, Vol. 2. Edward Elgar Publishing Ltd., p. 332.

也许真正"最富意味"的事实是,熊彼特自己后来所重视的《帝国主义的社会学》和《种族同源环境中的社会阶级》并未产生持久的影响,相反却是《税收国家的危机》这篇不再被他提及的论文,虽历经百年但仍在不断地被提及和被讨论。这似乎也表明,仅仅将《税收国家的危机》一文作为熊彼特发展经济社会学的努力的一部分是不够的,既无法彰显它在熊彼特思想中的地位,也无法彰显它在社会科学思想史中的意义。我们可以进一步追问的问题是,为什么熊彼特在《税收国家的危机》发表之后,却几乎没有再直接使用过"税收国家"这个概念,也没有再直接提及他在《税收国家的危机》中强烈"寄予厚望"的"财政社会学"呢? 这可能比斯威德伯格的问题更令人不解。

三　对马斯格雷夫之问的进一步追问

熊彼特在哈佛大学时的学生、被誉为现代财政学之父的马斯格雷夫(Musgrave),在其 1992 年发表的《熊彼特的〈税收国家的危机〉:一篇财政社会学论文》中,高度赞扬了熊彼特这篇论文的贡献,即:"熊彼特关于税收国家及其在资本主义社会的地位的洞见至今仍是他最引人注目的贡献之一。它不仅提供了财政社会学中一个被严重忽视的观点,而且为熊彼特在更广阔的社会背景中分析经济问题以及用这些术语阐述事件之间的逻辑关系的能力提供了一个极佳例证。"[1]在马斯格雷夫看来,熊彼特对财政学最重要的贡献就包含在他《税收国家的危机》这篇开山之作当中,其后的著作虽然对此有所修正[2],但他的中心论点仍旧大致相同。也就是说,马斯格雷夫的意思是我们可以找到熊彼特早期思想与其后来思想的一致性。但是,这种一致性并不是显而易见或无可争议的,熊彼特会根据其对社会条件变化的判断修改自己的结论。

---

[1]　Musgrave, R. A. (1992). "Schumpeter's crisis of the tax state: an essay in fiscal sociology", *Journal of Evolutionary Economics*, No. 2, pp. 89—113.

[2]　马斯格雷夫提到著作有:熊彼特于 1926 年至 1932 年间发表在当时魏玛共和国的主要经济学期刊《德国经济学家》(*Deutseher Volkswirt*)的政策性论文、1941 年在莱维尔的演讲(Lowell Lectures)、1942 年出版的《资本主义、社会主义与民主》(*Capitalism, socialism and democracy*)以及 1948 年发表的《科学与意识形态》(Science and ideology)。参见 Musgrave, R. A., (1992). "Schumpeter's crisis of the tax state: an essay in fiscal sociology", *Journal of Evolutionary Economics*, No. 2, pp. 89—113.

熊彼特的《税收国家的危机》实际上包括了两部分内容,一是对财政社会学和税收国家的规范性理论分析;二是在该规范性分析框架下对奥地利"战后"重建的对策讨论。按照马斯格雷夫的说法,葛德雪和熊彼特关于奥地利前途问题的不同看法引发了德国学界关于财政学研究方法的争论,这些争论的焦点在于:"财政学是否应以社会学方法作为补充,或者财政社会学这一更为宏大的框架是否应该首先被采用。是应该将财政活动视作对'经济'事务的干预呢,还是应该在经济学定义中包括公共部门行为呢? 是应该将经济体视作由不同的私人部门和公共部门构成的二元系统呢,还是应该将此二者视作一个统一的整体?"①事实上,1920 年代到 1930 年代初,正是财政社会学的第一个繁荣期,马斯格雷夫认为,熊彼特本人对财政学的规范理论不感兴趣,因此,他没有参与这些学术争论,其结果是"他早期的著作在人们的视线中消失了,以至于 Sultan 在其《财政学手册》(*Handbuch der Finanzwissenschaft*,1955)第二版对财政社会学的详细评论中,根本就没提到他的名字"②。当然,马斯格雷夫还是对熊彼特为什么对规范的财政学理论不感兴趣进行了解释,即:"尽管熊彼特对作为经济分析基础的瓦尔拉斯体系赞不绝口,但是他认为财政问题仅仅是宏观政策问题,从而将主要精力都放在了对私人部门增长的决定性影响上。他对所谓的公共部门内部的经济学及其基本原理不重视。不论是资本主义还是社会主义,他认为都有其各自的逻辑,但是公共部门在资本主义,或者更确切地说,混合经济中所具有的作用,则被他忽视了。"③但这种解释多少有些牵强,所以马斯格雷夫自己也不能说服自己,他特别提到,"考虑到熊彼特对文献的广泛兴趣和广博知识,这种忽略怎么就发生了呢?"④无疑,这是一个值得继续探讨的问题。

马斯格雷夫 1910 年出生在德国,1930 年在慕尼黑大学开始做经济学研究,并于 1931 年转到海德堡大学,获得经济学硕士学位;1933 年,他被选为德国的交换学者到美国罗切斯特大学学习,获得了第二个硕士学位,并于 1937 年在哈佛大学获得了经济学

① Musgrave, R. A. (1992). "Schumpeter's crisis of the tax state: an essay in fiscal sociology", *Journal of Evolutionary Economics*, No. 2, pp.89—113.

② Musgrave, R. A. (1992). "Schumpeter's crisis of the tax state: an essay in fiscal sociology", *Journal of Evolutionary Economics*, No. 2, pp.89—113.

③ Musgrave, R. A. (1992). "Schumpeter's crisis of the tax state: an essay in fiscal sociology", *Journal of Evolutionary Economics*, No. 2, pp.89—113.

④ Musgrave, R. A. (1992). "Schumpeter's crisis of the tax state: an essay in fiscal sociology", *Journal of Evolutionary Economics*, No. 2, pp.89—113.

博士学位。在德国和美国的教育经历使马斯格雷夫对财政学的欧洲大陆文献和英美文献都有深入的了解,这也使他成为财政学的欧洲大陆文献在英语世界的重要传播者,在他和皮考克(Peacock)在 1958 年联合主编的《财政理论史上的经典文献》收入了 16 篇经典文献,除埃奇沃思的《税收的纯理论》外,其他 15 篇都来自欧洲大陆,其中就包括财政社会学重要创始人之一葛德雪在 1925 年发表的《财政问题的社会学研究》;而在他后来所写的一系列关于财政学思想史的论文都涉及对财政学的欧洲大陆经典文献的评述,如 1983 年所写的《财政学:现在和过去》("Public Finance: Now and Then")、1985 年所写的《财政科学简史》("A Brief History of Fiscal Doctrine")、1996 年所写的《英美财政学传统与德语财政学传统的比较》("Public Finance and Finanzwissenschaft Traditions Compared")等。如果说在这些论文中马斯格雷夫还只是简要提到财政社会学并将其主要与葛德雪的思想联系在一起的话,那么其 1980 年发表的《关于财政危机的理论:一篇关于财政社会学的论文》则是一篇关于财政社会学的财政危机理论的文献述评,而1992 年发表的《熊彼特的〈税收国家的危机〉:一篇财政社会学论文》则是对熊彼特的《税收国家的危机》及其财政社会学思想的专门研究。

特别需要提及的是,是马斯格雷夫自己和斯托尔帕(Stolper)合作在 1954 年将《税收国家的危机》从德文译成了英文①,但马斯格雷夫后来在其和皮考克主编的《财政理论史上的经典文献》的"导论"中讨论财政问题的历史研究视角时提到熊彼特关于税收作为财政收入主要来源的发展与国家作为个人的自由联合这一思想的兴起有关的思想,却并没有将熊彼特的《税收国家的危机》一文收入其中,被收入的是葛德雪 1925 年论文《财政问题的社会学研究》的节译本。两位主编认为是葛德雪的财政社会学框架为财政理论提供了一种新的、富有挑战性的方法②。而在《财政科学简史》一文中,马斯格雷夫在提到熊彼特 1918 年《税收国家的危机》一文时也只是提到熊彼特"认为所得税的兴起是资本主义和金钱经济(a pecuniary economy)发展的必然结果"③。

① 其最早的发表记录为:Schumpeter,[1918]."The Crisis of the Tax State",Trans. By W. F. Stolper and A. Musgrave,in *International Economic Papers*. Vol. 4,1954,pp. 5—38.

② Musgrave,R. A.,& Peacock,A. T. eds. (1958),*Classics in the Theory of Public Finance*. London:Macmillian. 中译本参见马斯格雷夫、皮考克主编《财政理论史上的经典文献》,刘守刚、王晓丹译,上海财经大学出版社 2015 年版。

③ Musgrave,R. A. (1985),"A Brief History of Fiscal Doctrine". In *Handbook of Public Finance*,Vol. Ⅰ,Auerbach,A. J. & Feldstein,M. eds.,North-Holland:Elsevier Science Publishers B. V..

如此来看,马斯格雷夫 1992 年发表的《熊彼特的〈税收国家的危机〉:一篇财政社会学论文》对熊彼特的财政学贡献的高度评价,实际上是他对《税收国家的危机》之价值的重新发现,而这也与马斯格雷夫晚年对基于他自己所提出的财政三大职能的现代财政学理论体系后来的发展的反思分不开,正如他在 1998 年与布坎南在德国慕尼黑的公开辩论中严厉批评现代财政学满足于帕累托最优而忽略公平正义、个人权利以及有意义的自由概念等对一个国家的重要意义所表明的[①]。而在 1996 年发表的《英美财政学传统与德语财政学传统的比较》一文中,马斯格雷夫更是声称,在德语财政学传统中,1920 年代出现的财政社会学的贡献也必须被提到,"这些研究在一定程度上是以马克思主义为基础并恢复了在冯·施泰因(von Stein)的早期著作中可被发现的社会学观点(sociological perspectives),但它们几乎都没有达到熊彼特在 1918 年对财政社会学所寄予的厚望"[②]。如果财政社会学如此重要,熊彼特为此作出的贡献又如此突出,那么我们对马斯格雷夫之问的进一步追问是,为什么马斯格雷夫所说的熊彼特对财政学的贡献在现代财政学教材及主流财政学文献中几乎都消失不见了呢?

四 问题的关键与继续努力的方向

巴克豪斯(Backhaus)在 1994 年发表的《现代财政学分析中的税收国家概念》一文的开头就明确指出,"熊彼特的学生保罗·A.萨缪尔森(Paul A. Samuelson)在熊彼特去世后不久,为财政学理论提供了一个至今仍保持的方向和目的,这可以帮助我们解释为什么税收国家概念在现代财政学专家看来一定是难以理解的(elusive)"[③]。实际上,萨缪尔森 1954 年发表的《公共支出纯理论》正是建立在马

[①] Buchanan, J. M. & Musgrave, R. A. (1999). *Public Finance and Public Choice: Two Contrasting Visions of the State*. MIT Press Books, The MIT Press.

[②] Musgrave, R. A. [1996]. "Public Finance and Finanzwissenschaft Tradition Compared". In Musgrave, R. A. (2000). *Public Finance in a Democratic Society*, Vol. Ⅲ, Edward Elgar.

[③] Backhaus, J. G. (1994). "The Concept of the Tax State in Modern Public Finance Analysis". In *Schumpeter in the History of Ideas*, Shionoya, Y. and Perlman, M. eds., The University of Michigan Press, p. 65.

斯格雷夫 1939 年发表的《公共经济自愿交换论》①一文的基础上的,在萨缪尔森主要因该文获得诺贝尔经济学奖时,他曾表示歉意应该邀请马斯格雷夫一起写作那篇论文。也就是说,熊彼特对财政学的贡献在现代财政学教材及主流财政学文献中几乎都消失不见了的重要原因之一竟然是自己两位最优秀的学生的理论创新所导致的,这无疑是一个在经济学思想史上值得进一步探讨的话题。

但我们应该看到,熊彼特对财政学的贡献是与财政社会学紧密联系在一起的,因此,我们首先应该关注的是财政社会学本身的遭遇。在 1920—1930 年代时,财政社会学在德国、意大利和日本等国曾经历了短暂的繁荣,但很快因法西斯主义的兴起而陷入"沉寂"②,而"二战"后基于凯恩斯主义和新古典综合派的现代财

---

① Musgrave, R. A. (1939). "The Voluntary Exchange Theory of Public Economy". *Quarterly Journal of Economics*, Vol. 53, No. 2, pp. 213—217.

② 因财政社会学曾流行于德国、意大利和日本,而这三个国家也是"二战"中的"轴心国",所以有些学者据此否认财政社会学的现代价值,甚至暗示财政社会学与法西斯主义的内在关联,但这纯粹是一种臆想,缺乏必要的证据。与之相反,我们却有部分证据表明财政社会学的"沉寂"主要就是因为法西斯主义的兴起。我们根据德国著名社会学家滕尼斯《共同体与社会》的中译本所提供的附录 5"滕尼斯生平及大事年表"整理了部分信息(具体参见[德]滕尼斯:《共同体与社会》,张巍卓译,商务印书馆 2019 年版,附录 5"滕尼斯生平及大事年表",第 552—563 页);1907 年 4 月,葛德雪推动设立"维也纳社会学学会",10 月,滕尼斯应葛德雪的邀请,前往维也纳,在维也纳社会学学会上做了题为"论习俗"的报告;1909 年 1 月,滕尼斯、韦伯、齐美尔、桑巴特、特洛尔奇等 39 位社会科学家在柏林组建了德国社会学学会,滕尼斯被选为德国社会学学会主席——葛德雪为副主席;1931 年 10 月,葛德雪去世;1933 年 1 月希特勒上台,被任命为帝国总理,9 月滕尼斯被解除国家公务,12 月失去职务薪俸;1935 年 1 月,德国社会学学会被纳粹政府禁止活动。从这部分信息我们可以看到,财政社会学的重要创始人之一奥地利经济学家和社会学家葛德雪与滕尼斯、韦伯等当时德国著名的社会学家学术交往非常密切;财政社会学本身应该是当时德国社会学的重要组成部分之一,韦伯也被斯威德伯格称为重要的财政社会学家;德国社会学学会的立场与主张与纳粹政府是对立的,所以不仅滕尼斯被解除国家公务,连德国社会学学会也被禁止活动。另外,从思想倾向来说,葛德雪是一个马克思主义者,他所主张的是国家资本主义和滕尼斯所定义的社会主义在思想上是一致的。滕尼斯著有《马克思的生平与学说》(1921),同时他也根据自己的定义主张社会主义,在《共同体与社会》第三版前言中,滕尼斯写道:"德国正面临着她的困境,不过,只要她清楚地认识到世间存在着一种生机勃勃的、前景光明的社会主义,并且怀着强大的意志贯彻它,那么她必然会摆脱现在的困境。德国要建立的,仅仅是如下的社会主义:它取消了自身必然的假定,即它不会强制地摧毁私人资本主义;它将变成更广大的国家资本主义和社团资本主义,就此而言,人们会说,资本主义的观念逐渐变成了它的对立面。"([德]滕尼斯:《共同体与社会》,张巍卓译,商务印书馆 2019 年版,附录 2《共同体与社会》第三版前言",第 535—536 页。)他们的这种主张显然与希特勒所主张的"民族社会主义"(Nationalsozialismus,缩写为 Nazismus,音译为纳粹主义)是完全不同的。

政学的兴起也完全"压制"了财政社会学的发展。直到 1973 年,美国马克思主义学者奥康纳(O'Connor)出版了《国家的财政危机》一书才带动了财政社会学在"沉寂"后的第一次复兴,而在此之前,奥康纳就已经在《社会主义革命》(*Socialist Revolution*)杂志上发表了《国家的财政危机》("The Fiscal Crisis of State",1971)和《通货膨胀、财政危机与劳动阶级》("Inflation, Fiscal Crisis, and the Working Class",1972)等论文。奥康纳正是通过对熊彼特在《税收国家的危机》中所关注的问题的讨论而将财政社会学重新带回到学术研究中的,正如奥康纳 2000 年在该书的"事务版序"中总结该书出版以来的各种评论时所强调的,不论评论者从何种角度给予何种评论,"他们全都表示欣赏笔者论述了一个财政社会学问题,而且约瑟夫·熊彼特(Joseph Schumpeter)在很早以前就曾表示,这是一个大有前途的研究方向。但在《国家的财政危机》问世以前,这个'大有前途的研究方向'一直是社会理论和社会科学研究最欠缺的领域之一"①。奥康纳在书中将葛德雪和熊彼特的研究称为财政政治学(fiscal politics),但正如刘守刚和我曾在"财政政治学文丛"的《文丛后记》中所阐明的,财政政治学与财政社会学在思想上是同源的,在内容上也没有实质性区别,二者实际上是一回事。马斯格雷夫在 1980 年和 1992 年发表的关于财政社会学的论文正是对这次财政社会学复兴的积极回应。

　　1986 年成立的国际熊彼特学会(The International Schumpeter Society)将《税收国家的危机》一文视为熊彼特在德国和奥地利的主要研究成果,这在一定程度上使该文获得了更多的关注,国际熊彼特学会还将"熊彼特奖"(Schumpeter Prize)②1992 年的评奖主题设为"政府、税收国家与经济动力学"(Government, the "Tax State" and Economic Dynamics)。有两篇论文获得 1992 年的"熊彼特奖",一篇就是我们前面提到的美国著名财政学家、被称为"现代财政学之父"的马斯格雷夫在 1992 年发表的《熊彼特的〈税收国家的危机〉》,另一篇则是加拿大蒙特利尔的麦克吉尔大学(McGill University)的 Green 于 1993 年在《演化经济学杂志》上发表的《从"税收国家"到"债务国家"》。这不仅再次肯定了"税收国家"在熊彼特思想中的地位,也为我们进一步探讨"税收国家"的现代价值提供了有力支撑。在马斯格雷夫

---

①　[美]奥康纳:《国家的财政危机》,沈国华译,上海财经大学出版社 2017 年版,第 1 页。

②　在全球范围内进行评选,每两年评选一次,每次的评奖主题不同,第一次评奖时间是 1988 年,至今未有中断,具体信息参见国际熊彼特学会网站:https://www.issevec.uni-jena.de/schumpeter-prize。

强调"熊彼特关于税收国家及其在资本主义社会的地位的洞见至今仍是他最引人注目的贡献之一"[1]的同时,Green 更是得出了"具有自生能力的'税收国家'是文明社会的最好希望"[2]的重要结论。在 Green 看来,熊彼特的《税收国家的危机》不仅暗含了重要的政府理论,也包含了丰富的经济动力学理论,因此,税收国家在和平繁荣时期增加政府债务是一种新现象,它会产生债务诱导型经济周期,从而因为"路径依赖"和"正反馈"对可维系的税收国家的稳定性、存在或创设产生威胁。

但我们不得不正视的现实是,自财政社会学创立百年以来、奥康纳的《国家的财政危机》出版近五十年以来,以及 1992 年"熊彼特奖"颁布三十年以来,财政社会学这一"大有前途的研究方向"仍是不确定的。一方面,像 Crowhurst 在其 2019 年发表的《对色情业的模糊征税》一文中称财政社会学正处在迅速发展当中(burgeoning)[3];另一方面,像 Pampel 等在 2018 年发表的《制度和态度是怎样塑造税收遵从的?》一文中则称财政社会学仍是一个"新兴的"(emerging)研究领域[4]。无论是从巴克豪斯(Backhaus)在2005 年主编的《财政社会学论文集》[5]来看,还是从马丁、梅罗特拉和普拉萨德等在 2009年主编的论文集《新财政社会学:比较和历史视角下的税收》[6]来看,其所收集的论文都涉及众多研究领域,正如 Coffman 在其 2018 年发表的《现代财政社会学》一文中所说的,财政社会学是一个充满活力、拥有众多竞争性流派的研究领域[7]。但这样一来,财

---

① Musgrave, R. A. (1992). "Schumpeter's crisis of the tax state: an essay in fiscal sociology", *Journal of Evolutionary Economics*, No. 2, pp. 89—113.

② Green, C., (1993). "From 'Tax State' to 'Debt State'", *Journal of Evolutionary Economics*, Vol. 3, No. 1, p. 41.

③ Crowhurst, Isabel. (2019). "The Ambiguous Taxation of Prostitution: The Role of Fiscal Arrangements in Hindering the Sexual and Economic Citizenship of Sex Workers", *Sexuality Research and Social Policy*, No. 16, pp. 1—13.

④ Pampel, Fred, Giulia Andrighetto, and Sven Steinmo. (2018). "How Institutions and Attitudes Shape Tax Compliance: A Cross-National Experiment and Survey", *Social Forces*, Vol. 97, No. 3, pp. 1337—1364.

⑤ Backhaus, J. G. eds. (2005). *Essays on Fiscal Sociology*. Frankfurt: Peter Lang.

⑥ Martin, I. W., Mehrotra, A. K., and Prasad, M. eds. (2009). *The New Fiscal Sociology: Taxation in Comparative and Historical Perspective*. Cambridge University Press. 中译本参见马丁、梅罗特拉和普拉萨德编《新财政社会学:比较与历史视野下的税收》,刘长喜等译,上海财经大学出版社 2023 年版。

⑦ Coffman, D'Maris. (2018). "Modern Fiscal Sociology", in *Palgrave Handbook of Political Economy*, eds. By Cardinale & Scazzieri, Palgrave Macmillan Uk, pp. 529—541.

政社会学就成为 Mumford 在 2019 年出版的《百年财政社会学》中所说的是很多研究者都可以从中找到自己想要的东西的"一种宽泛的教义"（a broad church），"这种宽泛的教义并没有主张财政史之间的同质性，也没有主张为财政问题提供同样的解决方案"①。

尽管财政社会学从创立至今的发展并不顺利，但它却持续不断地在启发我们进行相关思考，并向世人持续地展现了其思想魅力与价值。而且，我们从对财政社会学一百年发展史的简要回顾中可以看到，对财政社会学思想的关注是与社会重大变革期对一些深层次重大问题的思考紧密联系在一起的，这正应了熊彼特的重要判断："财政史上的事件使人们能够洞悉社会存在和社会变化的规律、洞悉民族命运的推动力量，同时也能洞悉这些得以发生的具体条件（concrete conditions），特别是组织的形式及其成长和消失的方式。财政是开展社会调查的最佳起点之一，尤其是在调查并不排斥它所包含的政治生活时更是如此。在用于研究那些社会转折点或更好的时代（better epochs）之时，从财政入手的研究方法效果更为显著；在这一时期，现存的形式开始殒灭，转变为新的形式，而且在这一时期原有的财政措施往往会出现危机。"②现在，世界之变、时代之变、历史之变正以前所未有的方式展开，人类文明站到一个新的十字路口。这也要求我们对现代国家的治理体系和治理能力的建设进行新的反思与探索，我们可以像熊彼特一样对财政社会学寄予厚望，并对财政社会学的未来发展充满信心，正如 Compbell 在 2009 年发表的《财政社会学的复兴？》一文中所寄语的，"我非常乐观地认为，财政社会学能够享有一个长期的、健康的未来，财政社会学的复兴很快就要到来"③。

五　本书结构安排与主要内容

为了更好地研读熊彼特的《税收国家的危机》，本书作了较多的理论铺垫，这

①　Mumford，Ann．（2019）．*Fiscal Sociology at the Centenary: UK Perspectives on Budgeting*，*Taxation and Austerity*．Palgrave Macmillan，p．29．

②　Schumpeter，J. A. ［1918］．"The Crisis of Tax State"，in Peter M. Jackson，eds．（1996）．*The Foundations of Public Finance*，Vol．2．Edward Elgar Publishing Ltd．，p．332．

③　Compbell，J. L．，（2009）．"A Renaissance for Fiscal Sociology?"，in Isaac William Martin，Ajay K. Mehrotra，Monica Prasad eds．，*The New Fiscal Sociology: Taxation in Comparative and Historical Perspective*．Cambridge University Press，p．265．

使本书显得有些冗长,但却是必须的,只有通过对经济学和财政学思想史中一系列基本问题进行较为深入的辨析后,创立和发展财政社会学的目的和思想背景才能得到进一步的澄清,也才能确立未来发展财政社会学所需要建立的基本共识。除导论外,本书内容共分为九章,第一章和第二章分别讨论了财政学的不同经济学基础和财政学的不同研究传统,从而为进一步基于财政学思想史来讨论财政社会学提供基本认识;第三章和第四章分别讨论了财政社会学的百年发展简史和发展困局,为后面进一步研究熊彼特的《税收国家的危机》提供必要性支持;第五章和第六章分别讨论了熊彼特的独特人生及其经济学与财政学思想,将对熊彼特的《税收国家的危机》的研究置于熊彼特的整体思想背景之中;第七章和第八章以再读熊彼特的《税收国家的危机》为依据,研究整理了熊彼特的财政社会学思想,并进一步探讨了熊彼特的财政社会学思想不仅被世人所忽略、误解甚至也被他自己所忽略的主要原因;最后,本书在第九章进一步讨论了事关财政社会学未来发展的若干基础性问题,主要包括发展财政社会学需要的人性基础和国家类型说以及人工智能时代是否仍需要坚持税收国家原则等。为了便于大家更好地阅读本书,我还在本书的后面特地附上了熊彼特 1918 年发表的《税收国家的危机》和葛德雪 1925 年发表的《对财政问题的社会学研究》的中译本。

基于经济学是财政学最为重要的学科思想基础因而基于不同的经济学基础会产生不同的财政学理论这一基本认识,本书第一章以在经济学中被广泛使用的鲁滨逊故事为切入点,通过经济学对鲁滨逊故事的不同改编与使用来揭示不同的经济学研究范式或传统。以新古典经济学为主体的选择范式经济学,将鲁滨逊视为孤立个体并以其选择作为经济问题的原型进行理论演绎,以实现资源配置最优;而以古典政治经济学为传统的交换范式经济学,则将鲁滨逊的行动置于社会背景中,以阐明人与人之间的互动对于生成市场秩序的重要性。进一步地,第一章分析了不同经济学研究范式对鲁滨逊故事的使用实际上代表了对方法论个人主义的不同界定与使用,它们导致了控制经济学与自由经济学的分野,因此,经济学家对不同经济学研究范式的选择代表了他们不同的政策意图。

第二章首先对财政学发展史作了简要梳理,其中,官房主义是财政学发展起源的重要代表,之后亚当·斯密等古典经济学家建立了古典财政学并流行于世;到 19 世纪中后期,财政学发展经历了从古典财政学到社会政策学派财政学的重要转变,而在 20 世纪中叶后,财政学更是由于将自己的经济学基础主要建立在新古典经济学基础上而发生了转向公共经济学的重要歧变。基于马斯格雷夫和布坎南之间的"慕尼黑论辩",第二章进一步讨论了财政学不同研究传统的区分,主张基于不同的经济学基础将财政学分为选择范式财政学和交换范式财政学两种不同的研究传统。

不管如何定义财政社会学,财政社会学都是属于财政学的,但它所遵循的是交换范式财政学研究传统而非选择范式财政学研究传统,这正是它区别于当下主流财政学之处。第三章回顾了财政社会学的创立并梳理了其百年发展简史,奥地利学者葛德雪、熊彼特和意大利学者帕累托被看作是财政社会学的创始人,但他们的具体思想主张存在较大差异。在经历了短暂的繁荣之后,财政社会学因法西斯主义的兴起而陷入沉寂,只到 1970 年代后才因西方国家普遍面临"滞胀"和财政危机才重新复兴,而在新世纪以来,财政社会学也在很多研究领域得到进一步的拓展。

但财政社会学这样一个在 20 世纪早期曾被认为是能够与马克思主义、韦伯主义、斯宾塞主义相抗衡的社会科学研究思想体系,虽然自其创立以来经历了百年发展,但仍被认为缺乏一个成熟的理论框架。第四章立足财政社会学百年发展中三大争议展开辨析,认为财政社会学具有清晰一致的宏大研究主题,那就是从财政角度研究国家与社会兴衰及个人遭遇;在该研究主题下,当我们不再局限于对财政社会学的狭隘定义以及对财政社会学这一名称的使用时,财政社会学在思想史上不仅源远流长,财政社会学家也是群星璀璨;而财政社会学之"社会学"不应该被理解为今天学科分化下狭义的社会学,而应该被理解为社会理论,只有作为社会理论的财政社会学才与财政社会学创立者的意图相符合。在此基础上,第四章进一步分析了导致财政社会学百年发展困局的深层原因在于其缺乏一个有效的核心概念,并主张熊彼特的税收国家概念可以承担这一任务,但这一概念长期以来没有受到应有的重视,甚至被不断地误解和误用,这就需要我们进一步研读熊彼特 1918 年发表的《税收国家的危机》一文。

按照熊彼特关于经济学家本人是他自己时代和所有以前时代的产物的主张,第五章研究了熊彼特的独特人生及其思想参照。熊彼特在非常年轻时就成了世界著名经济学家,但其人生却是经历了大起大落与悲欢离合,矛盾与活力既是其人生的底色,也是其思想的特色。熊彼特对瓦尔拉斯均衡的重视只能被当作他以当时最富影响力的经济学思想作为自然状态来引出其基于创新的经济发展研究;

虽然凯恩斯对熊彼特来说有"既生瑜,何生亮"的感慨,但他们的理论的基础和关注点是不同的;真正能够作为熊彼特思想参照的是马克思,尽管熊彼特所研究的内容只涉及马克思思想的一小部分。在所有非马克思主义经济学家当中,熊彼特可以说是给予马克思以最高评价的经济学家,而熊彼特自己也以马克思作为自己的学术榜样。熊彼特借鉴了马克思的主要研究方法,但由于其对资本主义和社会主义的定义与马克思不同,其关键在于熊彼特基于社会职能区分了资本家和企业家,这使他对现代社会经济运行规律的认识不同于马克思。但熊彼特和马克思的思想从深层来说还是具有一致性,那就是"三段论"的历史演进图式。

与马克思类似,熊彼特的经济学是作为社会理论的经济学,因而也同属于交换范式经济学,而熊彼特本人也是"方法论个人主义"一词的提出者。第六章首先讨论了熊彼特学术思想的方法论基础和文本特征,明确了熊彼特的方法论个人主义与交换范式经济学所主张的方法论个人主义的一致性,并强调了愿景和讽刺性文风等对于理解熊彼特学术思想的重要性。熊彼特的经济学思想是基于创新的经济发展理论,创造性破坏和企业家等概念在其思想中具有核心地位,竞争性秩序是熊彼特对创新环境的基本要求。熊彼特虽然强调财政学是应用学科,但也主张应用学科与基础学科密不可分,特别是他基于英国19世纪时著名首相和财长格拉德斯通的实践所提出的"伟大财政"是立足于时势变化的。这也说明熊彼特并未将自由主义财政原则绝对化,它们的具体做法总是与当时的社会条件密切联系在一起的。

熊彼特在1918年发表的《税收国家的危机》中所提出的问题以及熊彼特对这些问题的回答至今仍未得到恰当和深入的了解和理解,这成为制约财政社会学发展的一个关键障碍。基于文本本身的内容与结构,第七章首先明确了熊彼特在该文开篇所提出的主要问题,而在对这些问题的逐步澄清当中,熊彼特实际上是提出了一个"三位一体"的税收国家概念,即自由竞争经济(或市场经济)、税收型财政制度和现代国家治理相统一。熊彼特在论文的第二部分简要强调了财政社会学对于把握国家性质、前途和命运的重要性并明确了财政社会学的"双重理论要求",即财政社会学所研究的"事实"以及对"事实"的解释都是理论问题。在剩下的三个部分中,熊彼特通过对税收国家形成历史、税收国家的性质及其局限以及税收国家在实践中面临的挑战等问题的探讨建立了较为完整的税收国家理论,其主要结论是:税收国家是竞争经济在公共领域的对应物,但税收国家既可能因经济的完全理性化而被社会主义所取代,也可能因为财政幻觉等使税收国家原则遭到破坏而陷入失败。

相比于葛德雪和帕累托的财政社会学思想,熊彼特的财政社会学更具有包容性和现实针对性,为进一步整合财政社会学思想提供了基本的思想资源,但熊彼特的财政社会学思想在过去很长时间内都被忽略了,其税收国家概念也被认为是过时的概念。第八章讨论了相关问题,认为熊彼特财政学思想之所以长期被忽略,其关键恰恰在于"二战"后财政学的经济学基础发生了一个重大转变,即从古典政治经济学变成了新古典经济学。欧洲新财政史学对税收国家概念的批评难以成立,税收国家本身是一个承载特定国家治理理念的概念而非对现实的简单描述。我们虽然不能确认熊彼特后来未再提及财政社会学这一概念的原因,但仍可以根据熊彼特人生的经历和学术追求提出若干猜测性解释。

作为社会理论的财政社会学不大可能像基于选择范式经济学的财政学那样形成标准化的理论体系,财政社会学的未来主要还在于建立最低的共识基础。第九章遵循休谟对人性论重要性的强调讨论了财政社会学所需要的人性基础,包括人性中的交换倾向、掠夺倾向以及追求社会认同或社会承认的倾向,它们可以在巴斯夏所提出的"需要—努力—满足"模型中得到整合,财政社会学研究应当彰显并坚守在启蒙运动中确立的正义、竞争、自由、责任、产权原则等对建立美好社会的结构化共同生活的价值,并通过财政收支的制度安排来反对特权以鼓励人的交换倾向并限制人的掠夺倾向。同时,基于财政收入来源建立了由贡纳国家、租金国家、利润国家和税收国家所组成的财政社会学国家类型谱系,它们分别代表了不同的社会秩序,其中税收国家因其塑造了平等的社会权利体系而成为现代国家。税收国家的未来在于确保财政收入主要来源于税收并使财政支出服务于个体实质性自由的提升,这就需要在预算制度及其过程中坚守财政宪则和货币宪则。面对未来,竞争性市场秩序仍是对托克维尔所关注的一个平等化的现代民主社会怎样实现自由、正义与繁荣的问题的最好回答,而人工智能的发展与应用是会使竞争性秩序更为公平有效,还是导向其他损害人的自由的结局,主要取决于我们的思想,财政社会学与税收国家原则将在其中继续彰显其价值。

第一章

财政学的不同经济学基础

从思想史的角度来看,财政学与经济学总是紧密地联系在一起。德国著名官房学者尤斯蒂(Justi)早在 1755 年就出版了《国家经济——经济学与财政学系统研究》一书,并在 1766 年出版了专著《财政学》①;被誉为"现代经济学之父"的亚当·斯密也在 1776 年出版的《国民财富的性质和原因的研究》中"第五篇"专门研究了"论君主或国家的收入",其篇幅占到全书的近五分之一。尽管对财政学的学科性质一直存在争议,但无论是将财政学看作是应用经济学的一个重要分支,还是将财政学看作是一种具有跨学科性质的相对独立的学科②,经济学都是财政学最为重要的学科思想基础。这意味着在不同的经济学基础之上,财政学将呈现出

---

① 参见"尤斯蒂生平简介",载[美]门罗编《早期经济思想》,蔡受百等译,商务印书馆 2011年版,第 373 页。

② 自中国共产党十八届三中全会提出"财政是国家治理的基础和重要支柱"后,国内财政界在推动国家治理视角下的财政学基础理论创新的过程中,对于将财政学发展成为一门具有跨学科特性的综合性学科形成了一些基本共识,但从财政学思想史的角度来说,这样的认识并非新的认识或新的突破,而只是原有认识的重现。从中华人民共和国成立前在国内出版的财政学著作和译著来说,大多持有这种观点。以当时著名经济学家和财政学家李权时在 1931 年由商务印书馆出版的《财政学原理》(上)为例,他在该书第四章专门讨论了财政学的定义及其在社会科学中的地位等问题,其中第二节的标题是"财政学是一种独立科学的四个理由",其内容引用的是美国卜来恩教授的观点,即"(一)财政学是研究人类一部分有界限而一定的学问,就是有系统的精确知识。(二)财政学内所研究的事实和原理原则,不但是很有系统,而且是包括许多只属于该学范围内的一般进化律。(三)财政学上的事理是需要科学的研究方法去查考的。(四)财政学对于社会上某种现象(就是财政现象),不但是能够解说之,而并且是能够推论预言之。"而在第四节"财政学在社会科学中的地位"中,李权时认为,"我们研究财政的时候,常常牵连到政治组织、宪法和行政法上去,这就是财政学不能与政治学脱离关系的明证。况且财政学研究的对象是政府的欲望及其满足欲望的方法;所以财政学为政治学的一部分之理由,更是显而易见。我们研究财政的时候,更常常牵连到国民经济的生产、消费、分配、金融、物价等等的事实和原理上去,这又是财政学不能脱离经济学而完全独树一帜的明证,因为公经济与私经济的关系,实在是太密切了。这样看来,财政学内有一部分的材料是属于政治学的,还有(转下注)

不同的理论逻辑与面貌,不同经济学基础的治理取向也内在地决定了财政学理论的不同研究传统与治理取向。强调经济学和财政学不同理论基础的治理取向区别并非简单地将不同理论基础的研究对立起来或相互排斥,而是要通过厘清其各自有效的范围与条件来进行新的整合。

　　经济学是社会科学中唯一设有诺贝尔奖的学科,甚至被誉为是"社会科学皇冠上那颗最为璀璨的明珠",但经济学家对于经济学应该研究什么实际上并没有达成完全统一的意见,对这个问题的不同回答实际上代表了不同的经济学基础。要真正论证清楚这些不同理论基础的差异并非易事,但却也还是有捷径可循,那就是著名经济学家罗宾斯(Robbins)在《经济科学的性质和意义》一书中曾指出的:"要论证得透彻,似乎最好是经常借助于解决特殊问题的公认方法加以说明,而不是凭空捏造出一种理论来说明经济学应该是什么样子。"①经济学家喜欢通过讲故事或借助故事来说明自己的观点,在众多故事中,《鲁滨逊漂流记》可能是被使用时间最长并沿用至今的,甚至可以说它是伴随着经济学的整个发展过程的。《鲁滨逊漂流记》的主人公鲁滨逊被认为是理性的经济人(economic man,或 Homo Economicus)的典范,经济学家通过对鲁滨逊的行为进行分析来说明什么是经济问题并进行理论推演,因此,我们可以把经济学对鲁滨逊故事的运用作为罗宾斯所说的"解决特殊问题的公认方法"来对不同的经济学基础进行分析。

　　Horwitz 和 Skwire 在 2020 年发表的《鲁滨逊与经济学家:一个梳理》②、杜丽群和王欢在 2020 年发表的《"鲁滨逊经济"在西方经济学中的演进逻辑及其反思》③都

（续上注）一部分的材料是属于经济学的。"针对财政学到底是经济学的一种辅助科学(a supplementary science to economics)还是政治学的一种辅助学科(a supplementary science to political science)的疑问,李权时明确指出,"那是要看研究者的特别注重的地方而定的。有些人特别注重公共经费论及预决算制度和金库制度等关于财务立法和行政的研究,那么他们可以说'财政学是政治学的一种辅助科学'。反之,有些人特别注重公共收入论及公债论或公共信用论等关于筹募款项方面的研究,那么他们可以说'财政学是经济学的一种辅助科学'"。但不管怎样,李权时认为,"我们可以放心地说'财政学是介乎政治学与经济学之间的一种独立社会科学'。"具体参见李权时:《财政学原理》,毕学进整理,上海远东出版社 2022 年版,第 24—30 页。

　　①　[英]罗宾斯:《经济科学的性质和意义》,朱泱译,商务印书馆 2000 年版,第 6 页。

　　②　Horwitz, S. and Skwire, S. (2020). "Crusoe and the Economists: An Accounting", in *The Independent Review*, Vol. 25, No. 3, pp. 345—355.

　　③　杜丽群、王欢:《"鲁滨逊经济"在西方经济学中的演进逻辑及其反思》,载《北京大学学报》(哲学社会科学版)2020 年第 4 期,第 119—126 页。

简述了经济学家们对鲁滨逊故事在经济学中的不同应用及其所受到的批评,但其主旨仍在于强调从经济学家对鲁滨逊故事的不断修正与完善来看待经济学思想的发展。但 Grapard 和 Gillian 在 2011 年主编出版的论文集《鲁滨逊·克鲁索的经济人:建构与解构》却呈现出完全相反的意图,作者们使用后结构主义的(poststructuralist)、女权主义的(feminist)、后殖民主义的(postcolonial)、马克思主义的(Marxist)和文学批评的(literary criticism)方法对鲁滨逊所代表的理性经济人进行了建构和解构,试图从根基处动摇主流经济学的普遍信念,即鲁滨逊是经济主体的恰当代表,他和其他经济主体一样,可以独立于历史和文化的特殊性而得到理解①。这些研究有助于我们透过鲁滨逊的故事来批判地审视经济学思想的发展,但非常令人诧异的是,诺贝尔经济学奖得主布坎南(Buchanan)在 1964 年发表的《经济学家应该做什么?》一文却被这些研究齐整地忽略了。布坎南在该文中阐明的一个重要观点是,对鲁滨逊故事的不同使用代表了对什么是经济问题以及经济学应该研究什么问题的不同回答②,也就是代表了不同的经济学基础,而这正是我们在这里试图要进一步阐明的。

第一节　经济学中不一样的鲁滨逊故事

作为还原主义(reductionism)的一种应用,经济学家们早在《鲁滨逊漂流记》出版之前就已经尝试着基于对孤立个体(the isolated individual)的行为进行分析来推演出相应的经济学理论③。英国作家笛福(Daniel Defoe)于 1719 年首次出版

---

① Grapard, U. and Gillian, H. eds. (2011). *Robinson Crusoe's Economic Man: A Construction and Deconstruction*, New York: Routledge.

② Buchanan, J. M. (1964). "What Should Economists Do?", *The Southern Economic Journal*, Vol. XXX, No. 3, pp. 213—222.

③ 这种做法可能更早出现在政治哲学家们关于公共权力来源的思考中,尽管他们设想了不同的自然状态(state of nature),但却都是以孤立个体作为分析的起点。如霍布斯(Hobbs)在 1651 年首次出版的《利维坦》中就构想了一个基于孤立个体的"一切人反对一切人的战争"的自然状态,为了避免该自然状态下个人陷入"孤独、贫困、污秽、野蛮又短暂的"人生,人们通过让渡个人的部分自然权利给统治者的社会契约来建立公共权力(参见[英]霍布斯:《利维坦》,黎思复、黎廷弼译,商务印书馆 1985 年版)。但洛克在 1690 年出版的《政府论》(下篇)中所构想的自然状态与霍布斯正好相反,个人是自由的且受理性支配,但人的感性会影响人的判断,于是会出现偏私、报复等情况,因此,为了得到一种稳定、可预测且相对客观的评判方式,政治权(转下注)

的长篇小说《鲁滨逊漂流记》为这种分析方法提供了统一的故事和人物底版。在经济学的文献中，首先受到关注的是《鲁滨逊漂流记》中鲁滨逊流落荒岛后的情形，他孤身一人面对各种问题以让自己生存下来并努力提高自己的生活品质。于是，家喻户晓的鲁滨逊被作为"经济人"而充当起了经济学分析的隐喻，从此也一直活跃在经济学思想史当中。

一、由巴斯夏的重要批评所引出的研究议题

鲁滨逊集消费者、生产者和分配者等经济主体于一身，"鲁滨逊经济"（Robinson's Economy）甚至也成为经济学思想史中的一个专有名词①，正如法国经济学家巴斯夏（Bastiat）在其 1850 年代初出版的《和谐经济论》中所指明的："一位享有盛誉的哲学家在他的一部让一代又一代儿童爱不释手的小说中告诉我们，人如何以其毅力、行动和智慧克服绝对孤立状态中的各种困难。为了展现人这个高贵的创造物的潜力，他设计了一个人因意外事故而远离文明情节。他把鲁滨逊扔在荒岛上，孤零零一个人，赤身裸体，凡是协力、分工、交换和社会能增强人的力量的东西，他一概没有。"②

但在指出经济学运用鲁滨逊故事来阐述经济学理论之后，巴斯夏很快就指出将鲁滨逊所处的孤立状态看作是人的孤立状态进而将人的社会状态中的交换排斥在外是不恰当的，因为"鲁滨逊遇到的困难只是一种假想。如果作者过于执着于他企图表达的思想，这部小说就连一星半点的可信性都没有了。然而，笛福毕

（续上注）利就从中产生了（参见［英］洛克：《政府论》（下），叶启芳、瞿菊农译，商务印书馆 1964 年版）。而卢梭在 1753 年出版《论人类不平等的起源和基础》中所描述的自然状态则是和平、和谐与幸福的，但人的社会状态则与之相对立，因此必须对人的社会状态进行改造（参见［法］卢梭：《论人类不平等的起源和基础》，黄小彦译，译林出版社 2015 年版）。

① 杜丽群和王欢研究了经济学思想史中"鲁滨逊经济"这一经济学模型的演变过程，并据此探讨了西方经济学从古典政治经济学到新古典经济学的转变及其体现出的个人主义方法论特征。但是杜丽群和王欢是将"鲁滨逊经济"在经济学思想史中如何变得完善、规范、严谨作为其研究主线的，实际上就暗示了这是一个经济学理论不断进步的过程，而他们对"鲁滨逊经济"这一经济学模型的批评也主要源于马克思，最重的批评仍是其非现实性。他们没有关注到更多的批评性意见，更没有关注到布坎南从不同经济学范式的角度对鲁滨逊故事的运用。参见杜丽群、王欢：《"鲁滨逊经济"在西方经济学中的演进逻辑及其反思》，载《北京大学学报》（哲学社会科学版），2020 年第 4 期。

② ［法］巴斯夏：《和谐经济论》，许明龙等译，中国社会科学出版社 1995 年版，第 103 页。

竟还是被迫向人的社会状态作了让步,他让鲁滨逊从一艘沉船中捡到了食物、火药、枪、斧子、刀子、绳子、木板和铁等等。这就有力地证明,社会是人须臾不可脱离的环境,即使小说家也无法让人在社会之外生存。"①进一步地,巴斯夏还指出,"请大家注意,孤立状态中的鲁滨逊还享有另一种社会财富,这种财富更加珍贵千百倍,而且不会淹没在滚滚波涛之中,我指的是他的思想、他的记忆、他的经验,甚至包括他的语言,因为,若没有语言,他就不能与自己对话,也就是说不能思考。"②巴斯夏对经济学运用鲁滨逊故事的批评是十分重要和深刻的,但由此引出的问题是,为什么这样一种看起来明显失当的做法却会在经济学研究中长期流行呢?

二、"鲁滨逊经济"是经济学家再加工的结果

巴斯夏对鲁滨逊故事的社会性的揭示否定了将小说中的鲁滨逊故事直接作为孤立个体行为分析例证的恰当性,而经济学家们当然也看到了《鲁滨逊漂流记》中的鲁滨逊与其所想象的鲁滨逊之间存在不一样的地方。如在经济学家眼中,鲁滨逊始终处于稀缺性的困扰之下,包括食物和时间等,正是食物的稀缺迫使他必须劳动,但除食物之外,他还有其他各种需要也要得到满足,如安全、睡觉等,因此,他必须将自己有限的时间在不同类的劳动中进行分配。但笛福笔下或小说中的鲁滨逊则是完全不同的,经济学家所说的稀缺的东西在鲁滨逊那里恰恰是最不稀缺的。比如说到食物和生活问题,鲁滨逊从搁浅的船上把能搬的东西都搬上岸了后,他大声对自己说:"'如果我没有枪,没有弹药,没有制造东西的工具,没有衣服穿,没有床睡觉,没有帐篷住,甚至没有任何东西可以遮身,我又该怎么办呢?'可是现在,这些东西我都有,而且相当充足,即使以后弹药用尽了,不用枪我也能活下来。我相信,我这一生决不会受冻挨饿,因为我早就考虑到各种意外,考虑到将来的日子;不但考虑到弹药用尽之后的情况,甚至想到我将来体衰力竭之后的日子。"③在对待时间的问题上,小说中的鲁滨逊也同样没有稀缺之感,比如在谈到筑木栅或围墙比较耗费时间的时候,鲁滨逊满不在乎,因为"我有的是时间,工作

---

① 〔法〕巴斯夏:《和谐经济论》,许明龙等译,中国社会科学出版社 1995 年版,第 103 页。
② 〔法〕巴斯夏:《和谐经济论》,许明龙等译,中国社会科学出版社 1995 年版,第 103—104 页。
③ 〔英〕笛福:《鲁滨逊漂流记》,郭建中译,译林出版社 2012 年版,第 47—48 页。

麻烦一点又何必介意呢?"①在谈到要花很多时间和精力去弄木板时,鲁滨逊觉得"反正我的时间和劳力都已不值钱,怎么用都无所谓"②。

在1982年发表的《阅读与改写:经济版〈鲁滨逊漂流记〉的创作》一文中,White提到了两个理由来说明经济学文献中的鲁滨逊故事为什么会不同于小说本身③。一是那些声称鲁滨逊为经济主体典型代表的相关概念并未出现在笛福的文本中,而且,经济人鲁滨逊的行为方式也与笛福的鲁滨逊不同。也就是说,除了引用几个名字和一个地理位置之外,"鲁滨逊经济"(a Robinson Crusoe Economy)在笛福的文本中是不存在的。二是将"鲁滨逊经济"视为创作的结果主要与19世纪中叶后文学评论家对笛福文本的阅读和改写有关,正是他们将"鲁滨逊经济"概念化为孤立经济这种特殊的形式,而这使一种特定类型的经济理论得以将这种"鲁滨逊经济"作为其理论的例证。以此来看,那些因经济学家笔下的"鲁滨逊经济"不符合原著而否定其意义的批评就显得偏离了论题④,因为从一开始经济学家们就不是按照原著而只是套用了"鲁滨逊"的名义来定义自己所需要的"鲁滨逊经济"的,埃奇沃思(F. Y. Edgeworth)甚至将"星期五"(Friday)看作是黑人(black)⑤,而这是笛福从来没有讲过的。从这个意义上说,"鲁滨逊经济"不仅不是马克思所说的"属于18世纪的缺乏想象力的虚构"⑥,相反,它是对《鲁滨逊漂流

---

① [英]笛福:《鲁滨逊漂流记》,郭建中译,译林出版社2012年版,第49页。
② [英]笛福:《鲁滨逊漂流记》,郭建中译,译林出版社2012年版,第51页。
③ 参见 White, M., ([1982] 2011). "Reading and rewriting: The production of an economic Robinson Crusoe". in Grapard, U. and Gillian, H. eds., *Robinson Crusoe's Economic Man: A Construction and Deconstruction*, New York: Routledge, pp. 15—41.
④ 如 Söllner 所做的主要就是这种批评,他基于笛福的原著来质疑新古典经济学家们对鲁滨逊经济的描述,比如"在劳动和闲暇之间理性地分配时间""劳动会带来负效用""跨期决策中实现最优化的边际条件"等,他甚至还就"星期五"的种族问题调侃埃奇沃思,因为笛福从来没有讲过"星期五"是黑人,相反,他在笛福笔下是一个很具亲和力的欧洲人形象。参见 Söllner, F. (2016). "The Use (and Abuse) of Robinson Crusoe in Neoclassical Economics", *History of Political Economy*, Vol. 48, No. 1, pp. 35—64.
⑤ 埃奇沃思的原话为:"为了整理我们的想法,让我们想象一个简单的案例,鲁滨逊(Robinson Crnsoe)与'星期五'(Friday)签约。合同条款为:工资由白人(the white)支付,劳动力由黑人(the black)支付。"(To gather up and fix our thoughts, let ud imagine a simple case-Robinson Crnsoe contracting with Friday. The articles of contract: wages to be given by the white, labour to be given by the black.)。参见 Edgeworth, F. Y. (1881). *Mathematical Psychics: An Essay on the Application of Mathematics to the Moral Sciences*. London: C. KEGAN PAUL & CO., p. 28.
⑥ [德]马克思:《〈政治经济学批判〉导言》,载《马克思恩格斯选集》(第2卷),人民出版社1995年版,第1—2页。

记》的富有想象力的成功再创造。我们将会看到,情形上源于《鲁滨逊漂流记》但在实质上却又完全脱离《鲁滨逊漂流记》的"鲁滨逊经济",在经济学思想史中成了一种经济学研究传统或范式的符号性特征。

三、对马克思否定"鲁滨逊经济"合理性之说的简要回应

需要提及的是,国内外一些研究者将马克思对"鲁滨逊经济"的批评看作是对运用"鲁滨逊经济"进行理论说明的最富力量的否定①,但这种认识是可以进一步商榷和深化的。马克思是在 1859 年出版的《〈政治经济学批判〉导言》中论及"鲁滨逊经济"的,即"被斯密和李嘉图当作出发点的单个的孤立的猎人和渔夫,属于 18 世纪的缺乏想象力的虚构。这是鲁滨逊一类的故事……这是假象,只是大大小小的鲁滨逊一类故事所造成的美学上的假象",但马克思也承认,这种从孤立个体开始进行分析的方法"是对于16 世纪以来就作了准备、而在 18 世纪大踏步走向成熟的'市民社会'的预感"。他所批评的主要是斯密和李嘉图错把这种个人看作是历史的起点而不是历史的结果,也就是说,"按照他们关于人性的观念,这种合乎自然的个人并不是从历史中产生的,而是由自然造成的"②。但马克思的这种批评难以构成对"鲁滨逊经济"的否定,因为从科学研究的有效性来说,并非所有的经济学研究都需要追根溯源,也并非所有的经济学研究都一定要基于历史事实,也正因为如此,假设对于经济学研究来说是至关重要的。

进一步来看,马克思对斯密和李嘉图以孤立个体作为起点来开展研究的批评本身也是不成立的。诺曼在其《亚当·斯密传》中讨论到"理性经济人"这个重要概念时曾对此进行了澄清,即与现在的主流经济学视个人为固定的、孤立的、给定偏好的个体不同,斯密"视个人为变化的、动态的和社会性的存在……个人的偏好在交易过程中是持续变化、被不断要求和塑造的"③。对李嘉图来说,虽然他进一步推进了经济学的抽象化,但他在亚当·斯密所说的三个主要社会阶层划分(即靠地租生活的人、靠工资生活的人和靠利润生活的人)的基础上进一步强调了阶级之间的冲突,这样的观点也不可能是基于

---

① 参见 Horwitz, S. and Skwire, S. (2020). "Crusoe and the Economists: An Accounting", in *The Independent Review*, Vol. 25, No. 3, pp. 345—355;杜丽群、王欢:《"鲁滨逊经济"在西方经济学中的演进逻辑及其反思》,载《北京大学学报》(哲学社会科学版)2020 年第 4 期,第 119—126 页。

② [德]马克思:《〈政治经济学批判〉导言》,《马克思恩格斯选集》(第 2 卷),人民出版社 1995 年版,第 1—2 页。

③ [英]诺曼:《亚当·斯密传》,李烨译,中信出版社 2021 年版,第 205 页。

孤立个体进行分析能够得出的,而马克思不仅在《资本论》中为此称赞了李嘉图,还完全赞同评论者将他自己的理论看作"是斯密-李嘉图学说的必然的发展"①。

事实上,在1867年出版的《资本论》(第一卷)中,马克思也直接使用了"鲁滨逊经济"来说明其价值理论。马克思以"既然政治经济学喜欢鲁滨逊的故事,那么就先来看看孤岛上的鲁滨逊吧"为那段分析的开头,然后就像之前其他古典政治经济学家一样指出鲁滨逊需要用自己的劳动去满足自己的各种需要,"需要本身迫使他精确地分配自己执行各种职能的时间。在他的全部活动中,这种或那种职能所占比重的大小,取决于他为取得预期效果所要克服的困难的大小"。但这仅仅是一个分析的开头而已,并不表明马克思的分析就是以"鲁滨逊经济"为出发点的,更不表明马克思所说的"鲁滨逊"就是"鲁滨逊经济"中的鲁滨逊。因为马克思随后就强调了鲁滨逊是依据他的经验来做这些决定的,"我们这位从破船上抢救出表、账簿、墨水和笔的鲁滨逊,马上就作为一个道地的英国人开始记起账来"。借助"鲁滨逊的故事",马克思所看重的是,"鲁滨逊和构成他自己创造的财富的物之间的全部关系在这里是如此简单明了,甚至连麦·维尔特先生用不着费什么脑筋也能了解。但是,价值的一切本质上的规定都包含在这里了"。② 从马克思对鲁滨逊故事的不同运用,我们可以看到马克思实际上是根据小说原意来运用鲁滨逊故事的,这和巴斯夏对鲁滨逊故事的看法③其实是一致的,而不是马克思

---

① 在《资本论》第一卷第二版的跋中,马克思写道:"871年,基辅大学政治经济学教授尼·季别尔先生在他的《李嘉图的价值和资本理论》一书中就已经证明,我的价值、货币和资本的理论就其要点来说是斯密-李嘉图学说的必然的发展。使西欧读者在阅读他的这本出色的著作时感到惊异的,是纯理论观点的始终一贯。"见[德]马克思:《资本论》(第一卷),人民出版社2004年版,第19页。

② [德]马克思:《资本论》(第一卷),人民出版社2004年版,第94页。

③ 巴斯夏特别强调人的社会性,他曾说过:"如果人像蜗牛那样生活在彼此完全孤立的状态中,如果人与人之间不交换劳动成果和思想,如果彼此之间没有交易,那么,可能有许多人群,有许多共存的个人,但不会有社会。我甚至要说,连单个的个人都不会有。对于人来说,孤立即死亡。如果说人离开社会就活不成,那么,千真万确的结论便是:人的自然状态就是人的社会状态。"进一步地,巴斯夏认为:"一切科学都最终揭示了这条真理,可是它在18世纪却不为人所知。相反,人们在与之相反的基础上建立了政治学和伦理学。于是,人们不仅将人的自然状态与人的社会状态对立起来,而且认为自然状态比之社会状态具有不容置疑的优越性。……我们知道,卢梭的理论对于舆论和事实产生了并正在产生着巨大的影响,他的理论全部建立在这样一种假设的基础之上:人一旦同意放弃纯真的自然状态,接受暴风雨般的社会状态,人就变得不幸了。这一根本性的错误是迄今毒害政治学的最致命的错误,因为,倘若社会是借助发明和契约而结成的,那么,人人都可发明新的社会形态。"参见[法]巴斯夏:《和谐经济论》,许明龙等译,中国社会科学出版社1995年版,第99页。

自认为其研究就是反对巴斯夏等人的做法①，对此，Garver 在其《卡尔·马克思：方法上的文本》中也曾指出是马克思误解了巴斯夏②。因此，与其说马克思对"鲁滨逊经济"的批评是对运用"鲁滨逊经济"进行理论说明的否定，还不如说马克思是以另一种方式也就是基于小说原意对"鲁滨逊故事"的使用，这种不同的使用代表了开展经济学研究的不同思想基础。

第二节　对鲁滨逊故事的改写与经济学基础的巨大转变

根据 White 在 1982 年发表的《阅读与改写：经济版〈鲁滨逊漂流记〉的创作》中所进行的文献梳理，我们可以看到经济学对"鲁滨逊经济"的运用首先表现为鲁滨逊成为一个以利益最大化或成本最小化的方式来分配资源的人，这也是到 19 世纪中期时经济学解读"鲁滨逊经济"的典型方式③。这样一个精于计算的鲁滨逊已经非常接近于后来产生的新古典经济学中的边际主义者了。因此，自经济学边际革命④发生后，作为边际主义者的鲁滨逊就成为基础经济学课程中供求关系分

---

① 马克思指出："人是最名副其实的政治动物，不仅是一种合群的动物，而且是只有在社会中才能独立的动物。孤立的个人在社会之外进行生产——这是罕见的事，在已经内在地具有社会力量的文明人偶然落到荒野时，可能会发生这种事情——就像许多个人不在一起生活和彼此交谈而竟有语言发展一样，是不可思议的。在这方面无须多说。18 世纪的人们有这种荒诞无稽的看法是可以理解的，如果不是巴师夏、凯里和蒲鲁东等人又把这种看法郑重其事地引进最新的经济学中来，这一点本来可以完全不提。"参见［德］马克思：《〈政治经济学批判〉导言》，《马克思恩格斯选集》（第 2 卷），人民出版社 1995 年版，第 2 页。

② 参见 Carver，T.（1975）. *Karl Marx: Texts on Method*. Oxford：Blackwell，pp. 93—95.

③ White 对此提出了两个例证，一是 Jennings 在 1855 年出版的《政治经济学的自然要素》（*Natural Elements of Political Economy*）；二是 Gossen 在 1854 年出版的《人类交通规律的发展以及由此产生的人类行为规则》（*Entwicklung der Gesetze des menschlichen Verkehrs und der daraus fliessenden Regeln für menschliches Handeln*）。参见 White，M.，（［1982］2011）."Reading and rewriting: The production of an economic Robinson Crusoe". in Grapard，U. and Gillian，H. eds.，*Robinson Crusoe's Economic Man: A Construction and Deconstruction*，New York：Routledge，p. 25.

④ 在布劳格看来，边际革命以及边际效用概念是经济学思想史上重复发现的最好例证之一，因为杰文斯在曼彻斯特、门格尔在维也纳、瓦尔拉斯在洛桑意外地同时提出了同样的概念，而目前还没有一种标准的解释是令人信服的。参见［英］布劳格：《经济理论的回顾》，姚开建译，中国人民大学出版社 2009 年版，第 224—225 页。

析的重要基础,或者说正是边际主义的著作将鲁滨逊作为经济计算器和孤立个体的形象确立了起来。

一、鲁滨逊的行为特征与边际主义的发展

杰文斯(W. S. Jevons)在1871年出版的《政治经济学理论》中明确阐明了鲁滨逊的边际主义者形象,即从理论上讲,产出是通过参考存在于代数或逻辑时间和几何空间中的经济行动者的欲望来确定的,因此,经济分析可以从简单地假设单个主体的思想开始①。这样一来,就如奈特(Frank Knight)所说的,"鲁滨逊经济"在经济分析中就变得"不可或缺"(indispensable)了②。需要指出的是,门格尔(Carl Menger)虽然也因其1871年出版的《经济学原理》而与杰文斯和瓦尔拉斯一起被称为边际革命的三大奠基者之一,但对门格尔来说,边际主义所带来的价格决定论和均衡分析等既不处于其理论逻辑结构的中心,也不是其基本原理③。因此,施特赖斯勒(Erich Streissler)在《奥地利学派在多大程度上是边际主义者?》一文中明确指出:"因为门格尔体现了独特的奥地利传统,并且他是所有的奥地利人中最不重要的边际主义者。他的学生避开他的影响越远,就越是边际主义者,恰恰因为他们避开了他,恰恰因为他们吸收同化了其他的传统。"④这也说明是杰文斯和瓦尔拉斯的边际主义而非门格尔的边际主义才是边际革命的正统⑤,因此,下面所

---

① [英]杰文斯:《政治经济学理论》,郭大力译,商务印书馆1984年版。

② 转引自White, M., ([1982]2011). "Reading and rewriting: The production of an economic Robinson Crusoe". in Grapard, U. and Gillian, H. eds., *Robinson Crusoe's Economic Man: A Construction and Deconstruction*, New York: Routledge, p.18.

③ 在布劳格看来,瓦尔拉斯提出一般均衡理论的本意也并非为了证明存在使所有市场同时实现自动出清的价格和产量组合,他所关注的是针对正的或负的超额需求,价格调整是怎样使得市场可以出现自动出清的,这也就是他所关心的"试错"过程。但是,阿罗(Arrow)和德布鲁(Debreu)在1954年发表的著名论文《竞争性经济中均衡的存在性》(Existence of an Equilibrium for a Competitive Economy)将一般均衡变成了一堆纯粹的规范性工具,但他们的证明更多是关于数学逻辑问题的处理而非对经济学问题的处理。参见布劳格:《现代经济学的严峻趋势》,载[荷]迈凯编《经济学中的事实与虚构:模型、实在论与社会建构》,李井奎等译,上海人民出版社2006年版。

④ 施特赖斯勒:《奥地利学派在多大程度上是边际主义者?》,载[英]布莱克、科茨和古德温编《经济学的边际革命》,于树生译,商务印书馆2016年版,第195页。

⑤ 这也意味着边际主义在经济学中的不同使用方式可能也是不同经济学研究范式的一个重要区别,但这还需要通过进一步的比较研究才能得到确证。但需要指出的是,现在(转下注)

说的边际主义和边际革命主要是指杰文斯和瓦尔拉斯的边际主义及其代表的边际革命。

实际上,鲁滨逊的行为特征也是随着边际主义本身的发展而不断得到调整和丰富的。当边际主义从最初只是根据从即时劳动中得到的满足和付出的痛苦间的比较而进行时间分配①,到后来关注当前消费与投资和储蓄间的关系时——后者涉及对痛苦是否值得的评价,边际主义分析就可以将产品价值与生产成本结合在一起了,而这也使相对价值概念成为可能。于是,鲁滨逊被刻画成这样一个孤立经济主体的形象,他拥有一定数量的资源,但相对于其纯粹个人化的需求来说,这些资源是稀缺的,其行动受边际效用递减规律的作用,这样,他所要做的经济决策就是计算出资源和产出的替代性组合方式,以实现其效用函数的最大化——其效用函数是已知的并且完全取决于其主观感受。基于数学上的微分计算,实现效用最大化的条件就是不同替代性组合的边际替代率相等。在布劳格看来,正是边际替代概念的支配作用解释了精确的数学推理的突然出现,并由此解释了门格尔及其代表的奥地利学派的不同,因为"在 1870 年以后使数学在经济学中占有突出的地位的不是效用理论而是边际主义。奥地利人总是坚持效用的首要作用,在整体上没有任何数学"②。边际分析塑造了我们在新古典经济学中所看到的"经济人"的标准形象,因此,对孤立的鲁滨逊的行为的分析也就包含了经济学最基本的理论原理,无论是微观经济学中的消费者理论还是厂商理论都是以"鲁滨逊经济"为原型的,而宏观经济学则是对大量分散的"鲁滨逊经济"的加总。

(续上注)被称为奥地利学派的一些重要代表人物可能并没有遵循门格尔的边际思想,其中就包括庞巴维克。在 1890 年出版的《资本实证论》中,庞巴维克(Böham-Bawerk)援引了作为"殖民者"的鲁滨逊来说明怎样决定将资源配置在当前使用还是未来生产(参见[奥地利]庞巴维克著:《资本实证论》,陈瑞译,商务印书馆 1964 年版),维克塞尔(Wicksell)在 1893 年出版的《价值、资本与地租》中遵循了庞巴维克的做法,讨论了商品是如何在边际效用的基础上进行交换的,其基础在于严格计算生产带来的痛苦和快乐。施特赖斯勒就曾提到:"在门格尔看来,他的后继者在他们一生的晚年是没落分子,尤其是庞巴维克,他的有名的资本和利息理论被门格尔认为是'人们犯过的最大错误之一'。"参见施特赖斯勒:《奥地利学派在多大程度上是边际主义者?》,载[英]布莱克、科茨、古德温编《经济学的边际革命》,于树生译,商务印书馆 2016 年版,第 196 页。

① 这种认识和我们前面引用过的马克思说鲁滨逊在各种不同活动上的时间分配"取决于他为取得预期效果所要克服的困难的大小"基本上是一致的。参见[德]马克思:《资本论》(第一卷),人民出版社 2004 年版,第 94 页。

② [英]布劳格:《经济理论的回顾》,姚开建译,中国人民大学出版社 2009 年版,第 226 页。

马歇尔(Alfred Marshall)在其 1890 年出版的《经济学原理》中使用了类似的"鲁滨逊经济"来阐述其理论的各个组成部分,包括其著名的均衡价格理论。正是在马歇尔的推动下①,经济行动的范畴被一般化了,从孤立个体到整个社会都是适用的,而鲁滨逊则成为经济主体的典范。克拉克(J. B. Clark)在 1899 年出版的《财富分配:工资、利息和利润理论》中进一步将马歇尔的说明一般化了,在克拉克看来,"财富创造和消费过程的一般规律在所有经济体中都是相同的;正是基于这样的视角,研究那种在支配原始生活的规律的文明条件下的生活才是有意义的。正是在如此简单的条件下,这些规律才得以实施;因此,正是在这里,它们可以被单独地检查。我们并不是因为鲁滨逊的生活很重要才将其引入经济讨论的;而是因为一个孤立的人的经济所遵循的原则仍然指导着一个现代国家的经济"②。

二、从"鲁滨逊经济"看经济学基础的巨大转变

正是在边际革命之后,"鲁滨逊经济"在经济学中取得了长久而稳定的地位,按照哈奇森(Hutchison)的说法,那就是"鲁滨逊成了边际主义经济学的化身(personification)"③。但我们在此真正需要关注的不是"鲁滨逊经济"在经济学中是如何被具体运用的,而是透过边际革命后经济学以"鲁滨逊经济"为典范进行理论推演这一现象能够看到什么。众所周知的是,经济学边际革命后产生了新古典经济学,尽管熊彼特曾强调了新古典经济学与古典政治经济学的内在联系,比如他认为瓦尔拉斯的经济均衡体系"其实就是把'革命的'创造性和古典的综合性统一起来",并认为"马歇尔的伟大著作是这个时期古典学派的成就,也就是说,是比

---

① 布劳格曾提到:"马歇尔师从穆勒学习经济学,通过'实际成本'的价值理论保持与古典思想的联系。而且,他从未完全放弃深深扎根的古典信仰,相信经济福利取决于资源配置效率,也同样取决于资本积累和人口增长。他避开了宏大的一般均衡的抽象,赞同特定部门局部分析的静态条件和完全竞争,特别强调在宽松竞争条件下行业扩张的长期调整。但是,马歇尔把更多的注意力放在既定的市场环境内的资源配置的固定的竞争行为上,而不是在市场范围本身的扩大上。他的长期推理本质上是静态的,就像他自己第一个承认的那样。"[英]布劳格:《经济理论的回顾》,姚开建译,中国人民大学出版社 2009 年版,第 225—226 页。

② Clark, J. B. (1899). *The Distribution of Wealth: a theory of wages, interest and profits*. New York:Macmillan, p.52.

③ 转引自 White, M., ([1982]2011). "Reading and rewriting:The production of an economic Robinson Crusoe". in Grapard, U. and Gillian, H. eds., *Robinson Crusoe's Economic Man: A Construction and Deconstruction*, New York:Routledge, p.35.

任何其他著作更全面地体现了 1900 年前后出现的古典学派局面的著作"①,但他也曾明确地强调了二者的区别,认为边际主义理论"改变了现代理论的内在结构,使得它与古典经济学的理论十分不同"②。

新古典经济学并不能被简单看作是古典政治经济学的自然传承或最新发展,它之所以能够将自己的分析建立在对孤立个体的分析之上,是因为它在将经济主体的需求进行概念化时并不需要借助外部的或客观的东西,正如 White 所明确强调的,"这使得 1870 年后的理论与 18 世纪末和 19 世纪初产生的古典政治经济学截然不同,后者主要与亚当·斯密和大卫·李嘉图的名字有关。在他们的文本中,建立在需要("人必须吃东西才能活下来"等等)基础上的需求被按从必需品到奢侈品的等级进行排序。由于不同社会对商品等级分类的认识不同——原始社会的奢侈品可能是高级社会的必需品,对商品的讨论需要参考社会的特定类型或发展阶段。正是这种对社会条件的必要参考,才是边际主义要消除的"③。布劳格则将二者的区别在内容上说得更为明确,即:"1870 年以后,经济学家特别地假定了一些独立地由分析范围之外的因素决定的既定的生产要素的供给。经济问题的本质是寻找一些条件,在这些条件下,在竞争性使用中既定的生产性服务的配置可以得到最佳的结果,达到消费者满意最大化意义上的最理想境地。这排除了对资源数量和质量增加和欲望的动态扩大的影响的考虑,而古典经济学家把这看做是经济福利增进的必要条件。经济学第一次真正变为,研究既定的目的和既定的稀缺手段之间关系的科学,这些稀缺的手段是为了这些目的的实现而被有选择地使用的。经济发展的古典理论由本质上静态框架内的一般均衡概念所替代。"④

正是这种重大区别导致新古典经济学将边际分析难以处理的制度和历史研究排除在了经济学分析之外,以追求经济学理论的一般化,这种形式主义的革命使经济学最终转变为应用数学的一个分支,也正因为如此,布坎南在 1964 年发表的《经济学家应该做什么》一文中称其后来的发展贡献应该被说成是"对应用数学

---

① [美]熊彼特:《经济分析史》(第三卷),朱泱等译,商务印书馆 1994 年版,第 114、125 页。

② [美]熊彼特:《经济学说与方法论史》,武黄岗译,商务印书馆 2018 年版,第 157 页。

③ White, M., ([1982]2011). "Reading and rewriting: The production of an economic Robinson Crusoe". in Grapard, U. and Gillian, H. eds., *Robinson Crusoe's Economic Man: A Construction and Deconstruction*, New York: Routledge, p. 18.

④ [英]布劳格:《经济理论的回顾》,姚开建译,中国人民大学出版社 2009 年版,第 225 页。

和管理科学的贡献"①。而霍奇逊在《经济学是如何忘记历史的》一书中也强调,由于对一般性理论的过度追求,"经济学已经越来越陷于对数学技术的钻研,而不是着眼于研究真实的制度结构和机制"②,霍奇逊用"空洞的普遍性的胜利"刻画了其理论的发展结果。

三、不同的经济学基础:交换的理论与选择的理论

就今天来说,古典政治经济学和新古典经济学都已经成为经济学的研究传统。但通常所说的"新"总是与"旧"相对而言的,这容易给人一种错觉,那就是认为经济学是一门累积性的、进步性的学科,因此,"新的"总是比"旧的"好,这也表现为今天经济学研究中对最新文献的重视要远远超过对老旧哪怕是经典文献的重视,而各种关于经济学思想史的研究著作也几乎总是按照著作出版时间的先后顺序来对经济学家思想进行排序的。但这种进步论的认识并不符合经济学的实际发展情形,"新的"并不见得就比"旧的"好,"旧的"也并不因为"新的"出现而必须退出历史舞台。库恩在《科学革命的结构》中所提出的"范式"(paradigm)概念为我们区分经济学不同研究传统提供了重要的类型标准。在库恩看来,新旧理论之间的关系不是演进的,新的理论完全可能建立在全新的基础上,这样新旧理论的拥护者就构成了不同的科学共同体,他们各自共享共同的研究主题和专业观点,这就是库恩所说的不同的研究范式,即:"我所谓的范式通常是指那些公认的科学成就,它们在一段时间里为实践共同体提供典型的问题和解答。"③在后来的研究中,库恩进一步阐明了其"范式"的双重含义,即:"不管'范式'……有多少用法,还是可以分成两组,各有名称,可分别讨论。'范式'的一种意义是综合的,包括一个科学群体所共有的全部承诺;另一种意义则是把其中特别重要的承诺抽出来,成为前者的一个子集。"④也就是说,库恩实际上是在综合的和局部的这两个层面上来使用"范式"概念,前者指向基本的理论框架,后者则可指向该理论分析的

---

① Buchanan, J. M. (1964). "What Should Economists Do?", *The Southern Economic Journal*, Vol. XXX, No. 3, p. 216.

② [英]霍奇逊:《经济学是如何忘记历史的:社会科学中的历史特性问题》,高伟、马霄鹏、于宛艳译,中国人民大学 2008 年版,第 280 页。

③ [美]库恩:《科学革命的结构》,金吾伦、胡新和译,北京大学出版社 2003 年版,第 4 页。

④ [美]库恩:《必要的张力》,范岱年、纪树立等译,北京大学出版社 2004 年版,第 288 页。

典范或范例。也正因为如此,新古典经济学以"鲁滨逊经济"为典范进行分析也就揭示了其主要的范式特征,这也使得我们可以将布坎南在 1964 年发表的《经济学家应该做什么?》一文中所区分的"选择的理论"(the theory of choice)和"交换的理论"(the theory of exchange)分别命名为"选择范式经济学"和"交换范式经济学",它们对鲁滨逊的故事有不同的使用,从而通过对什么是经济问题的不同定义而定义了不同的经济学。

我们今天所熟悉的对经济学的经典定义——经济学是研究稀缺资源如何配置的学问,是由罗宾斯(Robbins)在 1932 年出版的《经济科学的性质和意义》一书中所给出的。罗宾斯批评凯南教授将鲁滨逊的各种活动区分为"经济"活动和"非经济"活动所代表的唯物主义定义,进而主张将经济学定义为"研究稀缺手段配置的科学",并反对将经济分析局限在交换经济之内,也就是说,"交换经济中的现象只有透过交换关系并借助于选择规律才能加以解释,而选择规律只有通过考察孤立个人的行为才看得清楚"①。基于此,罗宾斯对卡赛尔抛弃了鲁滨逊经济学而感到遗憾。而布坎南在 1964 年发表的那篇论文也正是要与罗宾斯进行对话,连其论文的标题《经济学家应该做什么》也是针对罗宾斯那本书"试图说明经济学家讨论的究竟是什么"②而确定的。与罗宾斯对经济问题的认识相对立,布坎南认为,"在星期五到来之前,鲁滨逊在他的孤岛上做着决策,从传统的定义来看,他的决策就是经济问题。但这种选择的情形对我们的学科来说并不是一个恰当的起点……正如我曾经说过的,鲁滨逊的问题从根本上说是一个计算性问题(a computational one),他所需要解决的所有问题就是对他脑海中的内置计算机进行编程。只有当星期五踏上小岛后,人的选择这种行为所具有的独特的互惠特征才会出现,鲁滨逊被迫与另一个人进行联合(association)。联合的事实要求一种完全不同的,甚至是全新的行为的发生,也就是'交换'(exchange)、'贸易'(trade)或'同意'(agreement)"③。当然,布坎南认为鲁滨逊可能一开始并没有认清这个新的事实,因为他最开始时是将"星期五"作为奴隶后来也是将其作为仆人来对待的,但只要他选择避免纯粹的冲突并且认识到"星期五"和他的利益是不同的,他就会通过合

---

① [英]罗宾斯:《经济科学的性质和意义》,朱泱译,商务印书馆 2000 年版,第 24、23 页。
② [英]罗宾斯:《经济科学的性质和意义》,朱泱译,商务印书馆 2000 年版,第 6 页。
③ Buchanan, J. M. (1964). "What Should Economists Do?", *The Southern Economic Journal*, Vol. XXX, No. 3, pp.217—218.

作性努力以实现互利。

由此我们看到,交换范式经济学也是可以通过鲁滨逊的故事来进行推理说明的,所不同的是,交换范式经济学是将"星期五"作为一个与鲁滨逊平等的独立经济主体引入其分析中的①。在布坎南看来,选择范式经济学和交换范式经济学在理论上的重要区别是,前者将资源配置理论作为中心理论,后者将市场理论作为中心理论,并且将市场(market)作为一种秩序(order),前者虽然也讨论市场或市场机制,但市场在其理论体系中也只是实现某种目的(end)的手段(means)②。其言下之意为,当市场作为实现目的的手段时,其本身并不具有独立的价值,因而是能够被其他手段替代的,这也正是帕累托基于帕累托最优、兰格基于瓦尔拉斯均衡等证明计划经济可行的深层逻辑③。可以说,作为秩序的市场和作为手段的市场之间的差异正是交换范式经济学与选择范式经济学之间最为显著的区别,由此产生了不同的市场经济理论并引发了哪种市场经济理论才是真正的市场经济理论之争。

第三节 方法论个人主义视角下两大不同的经济学基础

相比于社会科学的其他学科来说,经济学一直以来都更为典型和坚决地坚持了方法论个人主义(methodological individualism)。当然,这并非说在经济学思想史上及经济学家内部对此没有异议,实际上以经济学是否应该坚持方法论个人主义而展开的学术争议一直都在进行。方法论个人主义只是个人主义思潮在社

---

① 但这并不意味着将"星期五"作为独立经济主体引入分析就是交换范式经济学,如埃奇沃思虽然引入"星期五"与鲁滨逊签订合约,但埃奇沃思的经济学是典型的选择范式经济学。参见 Edgeworth, F. Y. (1881). *Mathematical Psychics: An Essay on the Application of Mathematics to the Moral Sciences*. London: C. KEGAN PAUL & CO.

② Buchanan, J. M. (1964). "What Should Economists Do?", *The Southern Economic Journal*, Vol. XXX, No. 3, pp. 213—222.

③ 当科斯(Coase)在 1937 年发表的《企业的性质》(The Nature of the Firm)中基于利用价格机制是有成本的而得出企业是市场的替代时,他遵循的是同样的逻辑,这也就是科斯在那篇论文中将大企业的"计划"与计划经济之"计划"混为一谈的重要原因。参见 Coase, R. H. (1937). "The Nature of the Firm", *Economica*, Vol. 4, Issue. 16.

会科学研究上的反映,而个人主义思潮的兴起与西方近现代以来的文艺复兴运动、宗教改革运动和启蒙运动等对个体的主体性价值的重新发现紧密联系在一起,正如西登托普所指出的:"自从 16 世纪和民族国家出现以来,西方人逐渐将'社会'(society)理解为一种由个体组成的团体……全球化已经让我们能更加容易地将一种个体化的,亦即更重视个人偏好和理性选择的社会样板,推广到全世界。"①尽管个人主义新秩序遭到了很多著作家的讥讽和抨击,但方法论个人主义的取向却是在哲学和文学等领域开始扎根并盛行起来,如培根希望通过对大量特定个体的事实数据的归纳来实现社会理论的新突破,霍布斯将以自我为中心的个人心理作为其政治和道德理论的基础,洛克则以个人权利不可废除的原则来抗衡传统的社会权力体系。作为英国现代小说的奠基者之一,笛福显然也是这样一位个人主义新秩序的主张者,瓦特(Ian Watt)在其《小说的兴起:笛福、理查逊和菲尔丁研究》一书中专门讨论了笛福的《鲁滨逊漂流记》。瓦特认为,个人主义精神模式对笛福的作品以及小说的兴起具有极其重要的意义,"《鲁滨逊漂流记》呈现的是一种告诫性形象,反映了绝对个人主义的终极结果……在个人主义开始关注人与其他同伴明显貌合神离的关系之后,才有了现代的社会研究,而小说对人际关系的研究也正是在《鲁滨逊漂流记》喊出人类孤独之后才开始的"②。鲁滨逊的故事激发了经济学家们的想象,而对鲁滨逊故事的不同改写却反映了在"个人主义"一词所代表的表面一致性主张之下却存在巨大的差异和思想张力,借由对方法论个人主义的辨析,我们能进一步认识不同经济学研究范式的深层区别。

一、方法论个人主义是一个充满争议的题域

诚如吉登斯(Anthony Giddens)所言,"'方法论个人主义'不存在某些统一的观点,这一术语被用来涵盖一系列不同的见解。"③Hodgson 在 2007 年发表的《方法论个人主义的含义》中区分了对现象进行解释的本体论主张和方法论主张,并

① [英]西登托普:《发明个体:人在古典时代与中世纪的地位》,贺晴川译,广西师范大学出版社 2021 年版,第 3—4 页。
② [英]瓦特:《小说的兴起:笛福、理查逊和菲尔丁研究》,刘建刚、闫建华译,中国人民大学出版社 2020 年版,第 91 页。
③ [英]吉登斯:《社会理论的核心问题:社会分析中的行动、结构与矛盾》,郭忠华、徐法寅译,上海译文出版社 2015 年版,第 104 页。

认为很多研究者混淆了本体论个人主义（ontological individualism）与方法论个人主义，如根据米塞斯在《人的行动》（*Human Action*）一书对方法论个人主义原则的阐述，他所讲的个人主义更多是本体论的而非方法论的①；沃特金斯（Watkins）在《社会科学中的历史解释》（"Historical Explanation in the Social Science"）一文中则是将本体论个人主义与方法论个人主义混为一谈②。同时，Hodgson 也在比较了波普尔（Popper）、拉赫曼（Lachmann）等人对方法论个人主义的定义后认为，方法论个人主义的倡导者们在一个关键点上尚未达成共识，那就是，"方法论个人主义是简单地指出了个人在解释社会现象中的重要性，还是坚持认为解释应该仅限于个人？"③

　　Hodgson 的研究是对 Udehn 在 2002 年发表的《方法论个人主义的不同面貌》一文的积极回应。在 Udehn 看来，很多方法论个人主义者未能区分本体论个人主义、认识论个人主义（epistemological individualism）和方法论个人主义④，就方法论个人主义来说也存在从极端到不那么极端的不同版本，如社会契约论和瓦尔拉

---

　　①　米塞斯在该书中并未对方法论个人主义给出清晰的定义，Hognson 所引用的米塞斯的相关陈述为："处决罪犯的是刽子手，而不是国家……因为在个体成员的行动之外，社会性集体不会存在，也没有现实性。集体的生命存活在构成这个集体的个体的行动中……除了个体行动之外，社会没有任何其他根基。"参见 Hodgson, G. M. (2007). "Meanings of Methodological Individualism", *Journal of Economic Methodology*, Vol. 14, No. 2, p. 214. 应该说，Hodgson 的评论是恰当的，因为米塞斯在"方法论个人主义原则"一节中主要是针对反对者将方法论个人主义定位于唯名论（nominalism）而进行辩驳的，他否定唯实论（realism）与唯名论的二分法对于所讨论问题的相关性，强调一切行动都是由个体做出来的，集体之所以被认知，都是由于行动者所赋予它的意义，而且，米塞斯还以个体会属于几个不同的集体来进一步说明从集体着手研究个体的行动将面临难以克服的困难。米塞斯将从个体出发描述和分析整体的形成、消亡和变迁等作为方法论个人主义的主要任务。关于米塞斯在这方面的具体观点可参考［奥］米塞斯：《人的行为》，夏道平译，上海社会科学院出版社 2015 年版，第 42—46 页。

　　②　Hognson 所引用的沃特金斯的相关陈述为，他坚持认为方法论个人主义原则意味着"世界的最终组成部分是个体，他们根据自己的性情（dispositions）和对处境的理解，或多或少地采取了适当的行动……除非我们从关于个体的性情、信仰、资源和相互关系的陈述中推导出对这些大规模［社会］现象的解释，否则我们不会得到对这些现象的最终解释（rock-bottom explanations）。"参见 Hodgson, G. M. (2007). "Meanings of Methodological Individualism", *Journal of Economic Methodology*, Vol. 14, No. 2, p. 214.

　　③　Hodgson, G. M. (2007). "Meanings of Methodological Individualism", *Journal of Economic Methodology*, Vol. 14, No. 2, p. 217.

　　④　关于这三者的具体区分，参见 Udehn, L. (2002). "The Changing Face of Methodological Individualism", *Annual Review of Sociology*, No. 28, p. 499.

斯一般均衡理论所代表的极端版本,将人视为社会存在的奥地利学派,将社会制度引入作为行动的客观约束的波普尔,以及引入关于社会结构这个整体性概念的社会学家。因此,Udehn 提出了强版方法论个人主义和弱版方法论个人主义的区分,前者要求所有社会现象只能从个人及其互动的角度来解释,而后者也赋予了社会制度和/或社会结构在社会科学解释中的重要作用。由于所有反对方法论个人主义的观点都是针对强版本方法论个人主义的,而制度个人主义(institutional individualism)和结构个人主义(structural individualism)的出现也使方法论个人主义包含了重要的整体要素(holistic elements),所以,Udehn 认为:"之前将方法论个人主义和方法论整体主义(methodological holism)区分开来的界限变得模糊,这两种学说不再是明显的对立。弱的方法论个人主义是个人主义和整体主义元素的混合或综合。"①Udehn 在方法论个人主义的范围内来处理方法论整体主义②问题有利于简化并澄清相关争议,这其实和巴斯夏、马克思和奥地利学派等将人看作是社会的人而非孤立的人的认识是一致的。

显然,无论是 Hodgson 的研究还是 Udehn 的研究,都是在社会科学这个大的范围内来讨论方法论个人主义的,而且他们的研究也表明不同学科对待方法论个人主义时具有显著的差异,如 Udehn 就提醒我们注意,弱版方法论个人主义在社会学中最为常见,而大多数经济学家仍坚持强版本的方法论个人主义,也许正是由于这个原因,"一些著名经济学家如肯尼斯·阿罗(Kenneth Arrow)和艾伦·柯曼(Alan Kirman)将方法论个人主义视作一个问题,而一些著名社会学家如詹姆斯·科尔曼(James Coleman)和雷蒙德·布登(Raymond Bound)则将方法论个人主义作为一个解决方案"③。据此,Udehn 认为有必要区分方法论个人主义是作为一种启发式手段(a heuristic device)还是作为适用于所有社会科学研究的普遍规则,并认为就方法论个人主义作为适用于所有社会科学研究的普遍规则来说,强版的方法论个人主义的成效是令人严重怀疑的。无疑,他的这一怀疑主要是指向经济学的。

---

① Udehn, L. (2002). "The Changing Face of Methodological Individualism", *Annual Review of Sociology*, No. 28, p. 502.

② 还有研究者强调整体主义与集体主义的区别,但从其相关论述来看,其区分并不明显,因此,很多研究者是将这两个概念看作是可相互替代的概念,本书也采取了这一做法。

③ Udehn, L. (2002). "The Changing Face of Methodological Individualism", *Annual Review of Sociology*, No. 28, p. 502.

二、哈耶克对方法论个人主义的区分与澄清

就主流经济学即新古典经济学所代表的选择范式经济学来说，Udehn 的怀疑当然是恰当的，进一步地，当我们考虑到经济学在选择范式之外还有交换范式这一不同的研究传统时，我们就不能满足于 Hodgson 和 Udehn 的研究。实际上，在经济学内部讨论方法论个人主义会更简单一些，其意义也会更加明确，其中特别值得我们关注的是，正是经济学家熊彼特提出了方法论个人主义这个概念，而诺贝尔经济学奖得主哈耶克（Hayek）则在 1946 年发表的《个人主义：真与伪》一文中对经济学中两种不同的方法论个人主义作了最为明确和富有价值的区分。只是很耐人寻味的是，Udehn 虽然提到了哈耶克的区分，但却表示说："我不知道什么是'真'个人主义，也不知道什么是'伪'个人主义，但我知道苏格兰启蒙运动的个人主义与社会契约理论的个人主义非常不同。它对处于自然状态的以自我为中心的社会个体（asocial individuals）一无所知。个体被视为由社会制度和社会历史塑造的社会文化存在。为了介绍我在本文后面使用的一个术语，我建议我们可以将苏格兰启蒙运动的个人主义称为'制度个人主义'（institutional individualism）。"①但实际上，阿加西（Joseph Agassi）在阐述普波尔（Popper）的个人主义观点时更早提出了"制度个人主义"这个概念，并将其与心理个人主义（psychologistic individualism）区别开来，而哈耶克所说的真个人主义与阿加西所说的制度个人主义是一致的，它们都源于 Udehn 所认可的苏格兰启蒙运动传统。

实际上，和 Lukes 在 1968 年发表的论文《方法论个人义重考》（"Methodological Individualism Reconsidered"）以及 Simon 在 1982 年出版的著作《理解人的行动：社会解释与社会科学观》（"Understanding Human Action: Social Explanation and the Vision of Social Science"）对哈耶克的误解②一样，Udehn 同样误解了哈耶克，他们都将哈耶克的方法论个人主义等同于哈耶克所反对的方法论个人主义，这就是 Prychitko 曾指出的，"Simon 和 Lukes 并不理解，奥地利学派对方法论

---

① Udehn, L. (2002). "The Changing Face of Methodological Individualism", *Annual Review of Sociology*, No. 28, p. 481.

② 关于 Lukes 和 Simon 对哈耶克的方法论个人主义的误解的评述，参见邓正来：《哈耶克方法论个人主义的研究——〈个人主义与经济秩序〉代译序》，载［英］哈耶克《个人主义与经济秩序》，邓正来译，生活·读书·新知三联书店 2003 年版，第 11—15 页。

个人主义的解释显然区别于那种为诸多主流新古典经济学家所拥护的个人主义"①。以此来说,Lukes、Simon 和 Udehn 等对哈耶克的批评其实只是误读的结果,而 Hodgson 则可能受到各种误读的影响,他虽然引用了哈耶克的相关著作,但完全没有提到哈耶克所做的重要区分。

通常来说,经济学家们所主张或捍卫的方法论个人主义主要就是原子主义或孤立个人主义,各种对方法论个人主义的批评也主要指向原子主义或孤立个人主义,Urquhart 对方法论个人主义者所说的个体的五个特征的归纳很好地表明了这一点,即"第一,它在某种意义上是一种自然的存在(a nature being)。第二,它的个性(individuality)是由纯粹的主观性(subjectivity)来定义的。第三,它是一个孤立的存在(an isolated being),被其主观性所束缚,因此并不会因其与周围环境的关系而改变。第四,它至少在形式意义上是一个自私的存在(a selfish being)。第五,它主要是一种经济的存在(an economic being)。"②据此,反对者通过诉诸社会关系来证明方法论个人主义在社会事实的认定上犯了根本性错误,Urquhart 显然也是承认这一点的,但他基于马克思在《〈政治经济学批判〉导言》中所表达的观点而认为这是一个富有吸引力的错误(an interesting mistake),因为这种方法论个人主义"成为理解现代社会中个体问题的核心"③。但"富有吸引力的错误"终归还是"错误",令人感觉奇怪的是,Urquhart 在该文中多次引用了哈耶克的观点,但却未曾提到哈耶克当年关于个人主义的著名分析。

哈耶克是在经历了 1930 年代计划经济可行性大论辩并在某种程度上遭遇了理论挫折④之后才全面深入研究经济学基础理论的,其中,他的《个人主义:真

---

① 转引自邓正来:《哈耶克方法论个人主义的研究——〈个人主义与经济秩序〉代译序》,载[英]哈耶克《个人主义与经济秩序》,邓正来译,生活·读书·新知三联书店 2003 年版,第 15 页。

② Urquhart,R.(2013)."Taking the Modern for Nature:Methodological Individualism as An Interesting Mistake",*Euro J. History of Economic Thought*,Vol. 20,No. 5,p. 823.

③ Urquhart,R.(2013)."Taking the Modern for Nature:Methodological Individualism as An Interesting Mistake",*Euro J. History of Economic Thought*,Vol. 20,No. 5,p. 841.

④ 这场论辩实际上是发生在新古典经济学和奥地利学派之间的,参加论辩的双方事后都曾声称自己取得了论辩的胜利。哈耶克在 1930 年代的大辩论中主要发表了三篇论文来反对计划经济的可行性,即《社会主义的计算(一):问题的性质与历史》《社会主义的计算(二):辩论的状况》《社会主义的计算(三):作为一种"解决方法"的竞争》,分别对应了大辩论中实物计算之辩、数学计算之辩和竞争性社会主义之辩三个阶段,也成为我们理解大辩论论题演变及双方观点的经典文献。事实上,当哈耶克写出"如果'不可能'(impossibility)意指的是逻辑上(转下注)

与伪》①一文从唯理主义与反唯理主义的角度对两种不同的个人主义进行了很好的澄清②。哈耶克将反唯理主义的个人主义称为真个人主义（true individualism），将唯理主义的个人主义称为伪个人主义（false individualism）。真个人主义"以人的整个性质和特征都取决于他们存在于社会之中这样一个事实作为出发点"③，源于洛克（John Locke）、孟德维尔（Bernard Mandeville）和休谟（David Hume）等，而亚当·斯密就是哈耶克眼中毫无疑义的真个人主义者，这也可以看作是对马克思认为斯密以孤立个体为出发点的认识的有力反驳。伪个人主义则以孤立的个人为基础，源于笛卡尔式的唯理主义（Cartesian rationalism），包括19世纪古典经济学家中的边沁主义者等，他们"把个人视作出发点，并且假定个人乃是经由一种形式契约的方式把自己的特定意志与其他人的意志统合在一起而形成社会"④。哈耶克认为，从笛卡尔到卢梭和法国大革命再到现在，人们在处理社会问题时所信奉的那种典型的工程师态度（the characteristic attitude of the engineers）就是伪个人主义的体现，其导致的是一种设计理论，即认为"只有当社会过程受个人理性控制的时候，它们才能够服务于人的目的"⑤，这也导致他们不可能从逻辑上接受自发的社会产物（spontaneous social products）。

（续上注）的矛盾，那么泰勒和罗珀等论者所说的那种情形就不是'不可能的'"（[英]哈耶克：《社会主义的计算（二）：辩论的状况》，载[英]哈耶克《个人主义与经济秩序》，邓正来译，生活·读书·新知三联书店2003年版，第223页）时，就已经意味着哈耶克在理论上处于论辩的下风，其主要原因即在于对于当时哈耶克所主要依据的奥地利学派经济学来说，其核心概念与理论体系尚未完全成型，论辩的挫折促使哈耶克进一步研究捍卫市场经济所涉及的重要的经济学基础理论问题。

①　该文为哈耶克1945年12月17日的演讲文稿，被收入哈耶克的论文集《个人主义与经济秩序》（Individualism and Economic Order）的第一篇，参见[英]哈耶克：《个人主义：真与伪》，载[英]哈耶克《个人主义与经济秩序》，邓正来译，生活·读书·新知三联书店2003年版，第5—51页。

②　在哈耶克看来，个人主义是一个如此被滥用和被误解的术语，但由于其所意图捍卫的观点始终是经由"个人主义"这个术语而被世人所熟知的。在不能抛弃这个术语的情况下，哈耶克选择了对其不同内涵进行澄清。

③　[英]哈耶克：《个人主义：真与伪》，载[英]哈耶克《个人主义与经济秩序》，邓正来译，生活·读书·新知三联书店2003年版，第11页。

④　[英]哈耶克：《个人主义：真与伪》，载[英]哈耶克《个人主义与经济秩序》，邓正来译，生活·读书·新知三联书店2003年版，第15页。

⑤　[英]哈耶克：《个人主义：真与伪》，载[英]哈耶克《个人主义与经济秩序》，邓正来译，生活·读书·新知三联书店2003年版，第15页。

也许是借用了哈耶克的提法,布坎南在 1964 年发表的《经济学家应该做什么?》一文中就称按照罗宾斯的"手段—目的"定义而开展经济学研究的经济学家为"社会工程师"(social engineers),Madison 则将哈耶克所说的伪个人主义及其论证模式称为"鲁滨逊范式"(the Robinson Crusoe Paradigm)①,由此我们也可以明确建立起哈耶克所说伪个人主义与选择范式经济学(包括新古典经济学和凯恩斯主义经济学等)的内在联系。哈耶克没有直接使用方法论个人主义这个术语,但他对真个主义的相关表述完全是方法论的而非本体论的。哈耶克坚持认为:"个人主义者的论辩真正赖以为凭的基础乃是:第一,任何人都不可能知道谁知道得最清楚。第二,我们能够据以发现这一点的唯一途径便是一种社会过程,而在这个过程中,每个人都可以自由地去尝试和发现他自己所能够做的事情……人之理性并不像唯理主义者所认为的那样是以单数形式存在的,亦即对于任何特定的人来讲都是给定的或者说是可资获得的,而必须被理解成一种人与人之间相互作用的过程(an interpersonal process);在这个过程中,任何人的贡献都要受到其他人的检测和纠正。"②这实际上就为在经济学研究中引入道德因素打开了空间,布坎南在 1978 年发表的《市场、国家及道德范围》一文就是以此来讨论道德伦理原则为什么有助于解决孤立个人主义下普遍存在的公共产品供给困境的,他甚至还引入了鲁滨逊故事来做说明,即:"在'礼拜五'未出现以前,鲁滨逊的行为只受个人私利的驱使。当他一旦意识到了'礼拜五'的存在,便产生了一种压力,鲁滨逊发现自己的行为受到限制。"③布坎南认为这种压力是存在于人类一切行动中的,这也是对哈耶克所定义的真个人主义的一种回应。正是因为这种"压力"的存在,我们可以说亚当·斯密所重视的情感问题及道德关怀本身就是真个人主义不可忽略的重要方面,而从真个人主义的角度来看,经济学思想史研究中的所谓"斯密问题"④——即斯密在

---

①　参见 Madison,G. B.(1999)."How Individualistic is Methodological Individualism?",in Boettke,P. J.,eds.,*The Legacy of Friedrich von Hayek*(Ⅱ:Philosophy),Edward Elgar Publishing Limited,p.134.

②　[英]哈耶克:《个人主义:真与伪》,载[英]哈耶克《个人主义与经济秩序》,邓正来译,生活·读书·新知三联书店 2003 年版,第 21 页。

③　[美]布坎南:《市场、国家及道德范围》,载[美]布坎南《经济学家应该做什么》,罗根基、雷家瑞译,西南财经大学出版社 1988 年版,第 190 页。

④　对"斯密问题"的简要陈述与评论可以参考高全喜:《思想史中的"斯密问题"》,载《读书》2022 年第 4 期。

《国民财富的性质和原因的研究》中假设的理性自利的个人与他在《道德情操论》中对于人性情感的论述间可能存在的分歧——完全就是因误解或误读而被提出来的。

哈耶克和布坎南对个人主义的认识体现了一种区别于新古典经济学并回归亚当·斯密思想的努力,在斯密的思想中,个体是在与他人的互动关系中被定义和不断被重新定义的,这也是我们将古典经济学与新古典经济学归属于不同经济学研究范式的重要依据之一。因此,就方法论个人主义的实质差别而言,新古典经济学并不是对古典政治经济学的继承和发展,它误解了亚当·斯密,正如诺曼在《亚当·斯密传:现代经济学之父的思想》中所指出的:"事实上,在许多方面,恰恰是主流经济学误解了亚当·斯密。它视个人为固定的、孤立的、有偏好的个体,而不是像斯密那样,视个体为变化的、动态的和社会性的存在。主流经济学把个人的偏好视为既定的,而不是像斯密那样,认为个人的偏好在交易过程中是持续变化、被不断要求和塑造的。主流经济学的竞争是交易双方最终的平衡状态,而不是一个争夺优势的持续过程。也就是说,在主流经济学中,这是一种封闭的、静态的理论,而斯密的观点是一种开放的、进化的理论。"①

三、吉登斯对方法论个人主义的进一步追问与回答

需要进一步讨论的是,方法论个人主义之"个人"是否仅仅是指作为生物有机体的个人? 这可能是上面各种类型、各种版本的方法论个人主义主张者所认同的,波普尔在《开放社会及其敌人》中的立场很好地反映了这种认识,即:"所有社会现象,尤其是所有社会制度的运作,必须总是被理解为人类个体的决定、行动和态度等的结果⋯⋯从所谓集体的角度来进行解释从来不会令人满意。"②吉登斯在其《社会理论的核心问题》一书中将波普尔视作现阶段方法论个人主义的最重要的倡导者,因而也对其论述作了进一步的追问。

吉登斯认为个体、集体和作为决定等结果的制度是波普尔的这一论断中需要得到解释的关键术语,而他认为把个体仅仅看作是"生物有机体"之类的东西使社

---

① ［英］诺曼:《亚当·斯密传:现代经济学之父的思想》,李烨译,中信出版集团 2021 年版,第 205 页。

② ［英］吉登斯:《社会理论的核心问题:社会分析中的行动、结构与矛盾》,郭忠华、徐法寅译,上海译文出版社 2015 年版,第 104 页。

会是由个体组成的这个假定变得只是一种陈词滥调。吉登斯的主张是,必须将方法论个人主义中的"个人"理解为他所说的"行动者",他不是要像卡特勒(Cutler)等人那样将"个人"拓展到人类主体之外,而是要强调人类主体的能动性(agency)①。"能动性与结构"是吉登斯的社会理论的核心概念,其"结构"不能被简单地理解为是对"行动者"的制约,而是体现出二重性,即"社会系统的结构性特征既是构成这些系统的实践的媒介,又是其结果。因此,结构化理论抵制共时与历时、动态与静态的划分,同时也抵制将结构等同于制约的观点:结构兼具使动性和制约性"②。正是借助结构二重性的观点,吉登斯将规则和资源、规范与实践、权力与权利等概念引入其理论建构中,不仅"行动者在互动的过程中使用规则和资源,同时它们也通过互动而得到再生产","社会实践处在各种规则和资源集彼此交错的地带,这些规则和资源交互组合最终表现了社会的总体性特征",在其中,"仅仅强调在社会科学中必须将意义的构成和交流与规范性制裁联系在一起是不够的,所有这些反过来还必须与权力的执行(power transaction)联系起来",而"权力表现在行动者有能力使特定的'理由变得重要'上,表现在他能够实施或抵制某些制裁过程上,但这些能力是通过利用内嵌于社会系统中的支配模式而获得的"③,这既凸显了权力在吉登斯的社会理论中的核心地位,也凸显了吉登斯所说的由时间性的(temporally)、表达性的(paradigmatically)和空间性的(spatially)维度所确定的情境对于行动的重要性。

可以说,吉登斯对方法论个人主义的追问和回答实际上是对哈耶克所说的"真个人主义"的进一步推进,尤其是其对行动者能动性的重视和将权力置于其社会理论的核心的做法以及强调行动的意外后果的核心重要性等更是为今天更好地发展交换范式经济学提供了富有价值的参考。同时,由于吉登斯认为"马克思

①　吉登斯在《社会理论的核心问题》第二章的最后一个脚注中提到了这一点,也就是卡特勒等主张行动者范畴不仅仅局限于人类个体,而且还包括商业公司,但吉登斯认为,"这些观点不会招致反驳,但同样也完全不具有启发性,他们完全没有谈及能动性(agency)的哲学性问题。"参见[英]吉登斯:《社会理论的核心问题:社会分析中的行动、结构与矛盾》,郭忠华、徐法寅译,上海译文出版社 2015 年版,第 105 页。

②　[英]吉登斯:《社会理论的核心问题:社会分析中的行动、结构与矛盾》,郭忠华、徐法寅译,上海译文出版社 2015 年版,第 77 页。

③　[英]吉登斯:《社会理论的核心问题:社会分析中的行动、结构与矛盾》,郭忠华、徐法寅译,上海译文出版社 2015 年版,第 78、90、91—92、92 页。

的著作仍然代表了试图阐释能动性与结构问题的最重要的思想来源",并明确声明其要表达的立场就是马克思曾经的评论,即"马克思在《大纲》(*Grundrisse*)中写道,具有'固定形式的一切东西',在这个运动中只是作为'转瞬即逝的要素'出现,并继续说道:'生产过程的条件和物化本身也同样是它的要素,而作为它的主体出现的只是个人,不过是处于相互关系中的个人,他们既再生产这种相互关系,又新生产这种相互关系……'"①,所以我们也可借由吉登斯的理解而打破将马克思的方法论理解为与方法论个人主义相对立的方法论集体主义的主流看法,进而在方法论个人主义场面架构起沟通哈耶克与马克思思想的桥梁。

第四节 自由经济学—控制经济学与经济学家的政策意图

方法论个人主义并非如 Urquhart 所说是一个富有吸引力的错误②,哈耶克对方法论个人主义的澄清"拯救"了"方法论个人主义"这个术语,它不仅使我们对布坎南所说的"交换的理论"和"选择的理论"这两种经济学研究范式的区分有了更深层次的理解,也使我们能够进一步探究经济学中不同鲁滨逊故事版本背后的政治与经济社会哲学。在实践中,哈耶克和布坎南所做的区分明确指向了经济学中两种不同的规范性立场,其中,真个人主义或制度个人主义、"交换的理论"对应的是自由经济学(the economics of liberty);伪个人主义或孤立个人主义、"选择的理论"对应的是控制经济学(the economics of control),勒纳(Abba Lerner)在 1944年出版的书就是以此为书名的③,而勒纳作为计划经济可行论的辩护者也被认为是控制经济学最为重要的代表之一。

一、个人主义是方法论、理论建构与政治准则的统一体

哈耶克对个人主义的这种研究是对方法论个人主义更为深入的分析,这也是

---

① ［英］吉登斯:《社会理论的核心问题:社会分析中的行动、结构与矛盾》,郭忠华、徐法寅译,上海译文出版社 2015 年版,第 59 页。

② Urquhart,R. (2013). "Taking the Modern for Nature:Methodological Individualism as An Interesting Mistake", *Euro J. History of Economic Thought*,Vol.20,No.5.

③ 其书名为《控制经济学:福利经济学的原则》,Lerner,A. P. (1944). *The Economics of Control: Principles of Welfare Economics*. New York:The Macmillan Company.

他超越前人但却又未被后人完全理解的重要贡献,因为他进一步揭示了不同个人主义认识下理论建构的差异及由此带来的政治准则的差异,这也就是他在阐明真个人主义的本质特征之前所明确指明的,"真个人主义首先是一种社会理论(a theory of society),亦即一种旨在理解各种决定着人类社会生活的力量的努力;其次,它才是一套从这种社会观念中衍生出来的政治准则"①。也正因为如此,"坚定的个人主义者应当是一个热心主张自愿合作的人士,因为无论何时何地,这种自愿的合作都不会蜕变为对其他人的强制或导向对排他性权力的僭取",当然,"真个人主义并不否认强制性权力(coercive power)的必要性,而是希望对这种权力施以限制——亦即把这种权力局限在那些必须凭靠其他人来阻止强制的领域之中,并且期望把强制现象减少到最低限度"②。

哈耶克之所以对真个人主义有如此主张,主要是"根据对个人知识(individual knowledge)之局限性的认识,以及根据任何个人或任何一小群人都不可能知道某个其他人所知道的所有事实这个事实"③。知识问题是哈耶克将个人主义作"三位一体"(方法论、理论和政治准则)理解的重要基础,这在他 1937 年发表的《经济学与知识》、1943 年发表的《社会科学的事实》以及 1945 年发表的《知识在社会中的运用》④中得到更为系统清晰的阐明。正是在此基础上,哈耶克明确强调社会经济问题不是"给定"资源的配置问题,而是对分散知识如何被社会更好地加以利用的问题⑤,而价格作为一种交流信息或沟通信息的机制,

---

① [英]哈耶克:《个人主义:真与伪》,载[英]哈耶克《个人主义与经济秩序》,邓正来译,生活·读书·新知三联书店 2003 年版,第 11 页。

② [英]哈耶克:《个人主义:真与伪》,载[英]哈耶克《个人主义与经济秩序》,邓正来译,生活·读书·新知三联书店 2003 年版,第 23 页。

③ [英]哈耶克:《个人主义:真与伪》,载[英]哈耶克《个人主义与经济秩序》,邓正来译,生活·读书·新知三联书店 2003 年版,第 22 页。

④ 这三篇论文都被收入哈耶克的论文集《个人主义与经济秩序》,并被列在《个人主义:真与伪》之后分别作为第二、第三和第四篇。参见[英]哈耶克《个人主义与经济秩序》,邓正来译,生活·读书·新知三联书店 2003 年版。

⑤ 哈耶克在《知识在社会中的运用》中对此的明确表述是:"合理经济秩序的问题所具有的这种独特性质,完全是由这样一个事实决定的,即我们必须运用的有关各种情势的知识(the knowledge of the circumstances),从来就不是以一种集中的且整合的形式存在的,而仅仅是作为所有彼此独立的个人所掌握的不完全的而且还常常是相互矛盾的分散知识而存在的。因此,社会经济问题就不只是一个如何配置'给定'资源的问题——当然,'给定'在这里意味着那些资源对于一个按照刻意方式去解决由这些'基据'所设定的某个问题的单一心智来说是'给(转下注)

将那些最为关键的信息"以一种极为简洁的方式(亦即通过某种符号的方式)传递给他人,而且只传递给有关的人士"①。价格机制要能够更好发挥作用,必须依赖于竞争。进一步地,哈耶克在 1946 年的演讲《竞争的含义》中一开始就关注到经济学家在"竞争"之名下讨论的问题与人们在日常生活中所说的竞争并不是一回事②,而在新古典经济学判断市场有效性标准的完全竞争(perfect competition)中并无竞争的存在③,因为完全竞争理论所假设的东西正是要通过竞争去动态实现的,特别是,"完全竞争理论在许多方面都忽略了时间因素(the time element),而正是这一点使得它完全丢失了所有与理解竞争过程紧密相关的因素",因此,哈耶克认为,我们在现实中需要关注的是竞争是否存在而非竞争是否完全,"从本质上讲,竞争乃是一种形成意见的过程:通过传播信息,竞争使经济体系达致了统一性

(续上注)定的'。据此我们也可以说,社会经济问题毋宁是这样一个问题,即人们如何才能够确使那些为每个社会成员所知道的资源得到最佳使用的问题,也就是如何才能够以最优的方式把那些资源用以实现各种惟有这些个人才知道其相对重要性的目的的问题。简而言之,它实际上就是一个如何运用知识——亦即那种在整体上对于任何个人来说都不是给定的知识——的问题。"见[英]哈耶克:《知识在社会中的运用》,载[英]哈耶克《个人主义与经济秩序》,邓正来译,生活·读书·新知三联书店 2003 年版,第 117—118 页。

①　[英]哈耶克:《知识在社会中的运用》,载[英]哈耶克《个人主义与经济秩序》,邓正来译,生活·读书·新知三联书店 2003 年版,第 129—130 页。

②　关注到这一点特别重要,因为很多人根本没有意识到它们之间的区别,这造成了很多对理论与现实的双重误解。马克思可能是最早明确认识到这两种用语的区别的经济学家之一,他在 1867 年出版的《资本论》第一卷的序言中曾写道:"为了避免可能产生的误解,要说明一下。我决不用玫瑰色描绘资本家和地主的面貌。不过这里涉及的人,只是经济范畴的人格化,是一定的阶级关系和利益的承担者。"(见马克思:《资本论》(第一卷),人民出版社 2004 年版,第 10 页)对此,恩格斯在《资本论》第一卷的英文版序言中特别提醒读者:"有一个困难是我们无法为读者解除的。这就是:某些术语的应用,不仅同它们在日常生活中的含义不同,而且和它们在普通政治经济学中的含义也不同。但这是不可避免的。一门科学提出的每一种新见解都包含这门科学的术语的革命。"(恩格斯:"英文版序言",载马克思著:《资本论》(第一卷),人民出版社 2004 年版,第 32 页)马克思所说的经济范畴是指承担特定社会职能的人,将他在《资本论》中所说的资本家与工人同现实中的人对号入座,导致了很多的混乱。熊彼特和米塞斯也明确注意到这两种用语的区别,如米塞斯就曾指出:"经济理论中的企业家、资本家、地主、工人和消费者并不是人们在现实生活或历史中所遇到的活生生的人。他们只是市场运行中不同职能(function)的体现。"(Mises, L. V. , [1996]. *Human Action: A Treatise on Economics* [4th Revised eds.]. San Francisco:Fox & Wilkes,p. 251.)

③　在这方面,奈特和布坎南等与哈耶克持有同样的观点,这对以完全竞争下资源配置状态为标准来判断市场失灵并导入政府干预的新古典经济学来说是釜底抽薪式的批判,但新古典经济学家们对此却是视而不见。

和一贯性"①。在后来的研究中,哈耶克进一步阐述了对竞争的看法,并将竞争精当地定义为"一个发现过程"(a discovery procedure)。基于这样的认识,哈耶克认为,商品的稀缺程度及其价值等都是有待市场去发现的事实,而实现经济学家所说的均衡状态的前提就是所有的事实都已经被发现了,而这也意味着竞争的停止。因此,哈耶克提出:"至少就经济政策问题的讨论而言,我更喜欢的是'秩序'的概念,而不是均衡概念,它的优点是,我们能够有意义地谈论在不同程度上接近于一种秩序,而这种秩序也可以在整个变化过程中得到维持。"②

哈耶克对真个人主义以及对知识、价格和竞争等重要问题的看法奠定了其自发秩序(spontaneous order)理论的基础,深化并拓展了亚当·斯密的市场理论,可以说是迄今为止对市场经济基础理论最为系统和最为有力的阐述。在此基础上也自然地引出了哈耶克对国家或政府职能的两个重要看法:一是促进合作,"国家所应当提供的也只是一种能够使人们自由地(因而不是'有意识指导'地)进行最大限度之合作的框架而已"③;二是促进竞争,"只要竞争没有在国家的帮助下或纵容下蒙遭彻底的压制,那么一般来说竞争总是会发挥它的重要作用的,即使它发挥作用的速度比较缓慢"④。这两种职能都可以和奥尔森(Olson)在《权力与繁荣》一书中提出的强化市场型政府(market-augmenting government)概念相对应,即政府既要有足够的权力来界定和保护产权,政府的权力本身必须受到有效的规范与限制⑤。甚至可以说,只有当哈耶克的自发秩序理论叠加上奥尔森关于市场经济从事的是权利密集型生产——它不会自发形成,需要一个强化市场型政府来推动——时,我们对政府与市场关系的理解才是更为完整和深入的,也才能消除对哈耶克自发秩序理论的诸多误解⑥。

----

① [英]哈耶克:《竞争的含义》,载[英]哈耶克《个人主义与经济秩序》,邓正来译,生活·读书·新知三联书店 2003 年版,第 151 页。

② [英]哈耶克:《作为一个发现过程的竞争》,载《哈耶克文选》,冯克利译,江苏人民出版社 2007 年版,第 112 页。

③ [英]哈耶克:《个人主义:真与伪》,载[英]哈耶克《个人主义与经济秩序》,邓正来译,生活·读书·新知三联书店 2003 年版,第 30 页。

④ [英]哈耶克:《竞争的含义》,载[英]哈耶克《个人主义与经济秩序》,邓正来译,生活·读书·新知三联书店 2003 年版,第 155 页。

⑤ 参见[美]奥尔森:《权力与繁荣》,苏长和译,上海人民出版社 2005 年版。

⑥ 对哈耶克的自发秩序理论最大的误解是认为哈耶克是无政府主义者,但恰恰相反,哈耶克的自发秩序依赖于政府促进合作与促进竞争的职能的发挥,而这无论是从历史来看,还是从现实来看,都是很高的要求,并在实践中时刻面临着威胁。

在《个人主义：真与伪》一文中，哈耶克区分了两类政府治理活动："一种政府治理的活动乃是依据规则而展开的，而这些规则的主要目的就在于告知个人什么是他必须在其间进行活动的责任范围；另一种政府治理的活动则是依据那些旨在强行设定具体义务的命令而展开的。"①我们可以简单地将这两种政府治理活动分别称为规则治理和命令治理，它们实际上对应了哈耶克所说的真个人义与伪个人主义的应用，对应了自由经济学和控制经济学对自由的不同处理。因此，哈耶克进一步认为这两种政府治理活动之间所存在的区别，"无异于'法律下的自由'（freedom under the law）与运用立法机器取消自由的做法之间所存在的那种区别"②。虽然以孤立个人主义方法论为基础的新古典研究者也是信奉个人自由的，但却蕴含了相反的社会后果，正如社会学家杰弗里·亚历山大在《社会学二十讲》中对原子论个人主义的评论中所指出的："个人主义立场的自由是以巨大的理论代价换来的。它为社会行动者提供了一个非现实的或虚构的唯意志论。从这个意义上说，个人主义理论没有使自由成为现实。它忽视了社会结构对自由的实际威胁，同样也忽视了社会结构对自由可能提供的巨大支持。"③亚历山大对原子论个人主义的这种评论也从另一个角度支持了哈耶克所主张的真个人主义。布坎南在《市场、国家及道德范围》所评论的个人主义也是针对孤立个人主义的，他承认这些个人主义者是肯定个人自由的，但也认为："从更宽广的含义上来讲，个人主义者和集体主义者都是主张由杰出人物实行专制统治论者。"④这种认识和哈耶克批评伪个人主义最终会滑向集体主义是完全一致的，也就是说，孤立个人主义与通常所说的集体主义的治理取向和政治与社会经济后果是完全一样的。这样一来，对经济学研究来说，真正有意义且能够明确表述的，不是个人主义与集体主义的区别，而是真个人主义与伪个人主义的区别⑤。

---

① ［英］哈耶克：《个人主义：真与伪》，载［英］哈耶克《个人主义与经济秩序》，邓正来译，生活·读书·新知三联书店 2003 年版，第 25 页。

② ［英］哈耶克：《个人主义：真与伪》，载［英］哈耶克《个人主义与经济秩序》，邓正来译，生活·读书·新知三联书店 2003 年版，第 25 页。

③ ［美］亚历山大：《社会学二十讲》，贾春增等译，华夏出版社 2000 年版，第 10 页。

④ ［美］布坎南：《市场、国家及道德范围》，载［美］布坎南《经济学家应该做什么》，罗根基、雷家瑞译，西南财经大学出版社 1988 年版，第 213 页。

⑤ 正如 Seckler 曾指出的："说'人是他所处社会环境的产物'，这既可以从个人主义的角度来解释，也可以从集体主义的角度来解释，如果没有附加的信息，我们不可能知道对这句话是怎样解释的。"因此，Seckler 主张用"个人主义—制度主义"（individualism-institutionalism）（转下注）

二、作为理想类型的不同经济学基础

将经济学区分为"交换的理论"和"选择的理论"只是韦伯的"理想型"(ideal type)概念和库恩的"范式"(paradigam)概念在经济学思想史中的运用,它使我们能够进一步厘清建立在不同方法论个人主义之上的经济理论的根本差异。运用布坎南的通俗化解读就是,"选择的理论"所面对的问题是,我有苹果也有梨,我应该吃多少苹果和多少梨才能实现效用最大化;"交换的理论"所面对的问题是,我有苹果你有梨,我们应该怎样交换才能实现效用的改进。我们当然有各种理由来反对"选择的理论",但哈耶克和布坎南等对"选择的理论"的批评并非是要我们在"交换的理论"和"选择的理论"之间作简单的非此即彼的选择,而是要厘清不同的理论所面对的不同问题的性质及其有效性条件,布坎南的博士研究生和重要学术合作者美国乔治·梅森大学的理查德·E. 瓦格纳(Richard E. Wagner)喜欢用"路灯下找钥匙"的隐喻来说明这一点,即如果钥匙被掉在了路灯所能照射的范围之外,你在路灯下是无法找到钥匙的。

不同的理论意味着尼采所说的认识世界的不同"窗口"(windows),也意味着不同方法的采用。"选择的理论"基于给定条件求均衡目标下的最优解,这种社会工程师的思路将经济问题理解为确定性问题和共时性问题,认为一旦有经济机会,它能够瞬间被认识到并被加以利用,这就是其著名的"市场有效假说"(efficient markets hypothesis)。奥尔森以"路无遗财"的笑话对其进行调侃并将这种理论排除在解释国富国穷的问题之外①,而哈耶克则是在《经济学与知识》一文中明确将其限定在既定条件下个体决策范围内,即:"长期以来,我一直认为:第一,我们在

（续上注）来代替"个人主义—集体主义"的区分,而从其在论文中的相关表述来看,他所说的个人主义就是孤立个人主义,而他所说的制度主义则接近于哈耶克所说的真个人主义。参见 Seckler, D. W. (1981). "Individualism and Institutionalism Revisited: A Response to Professor Bush", *American Journal of Economics and Sociology*, Vol. 40, No. 4, pp. 414—425.

① 奥尔森在一次关于"为什么有些国家富裕而有些国家贫穷"的演讲中首先就提到了"市场有效性假说"和这个经济学界很多人所熟悉的笑话,这个笑话讲的是一位助理教授在与一位正式教授同行时,伸手去拿他在人行道上看到的 100 美元钞票,但他的资深同事阻止了他,他指出,如果 100 美元是真的,它早就被捡起来了。也就是说,按照这样的假说,是不应该有"为什么有些国家富裕而有些国家贫穷"这样的问题的存在的。参见 Olson. J. M. (1996). "Big Bills Left on the Sidewalk: Why Some Nations are Rich, and Others Poor", Journal of Economic Perspectives, Vol. 10, No. 2, pp. 3—24.

纯粹分析中使用的均衡概念本身以及相关的分析方法,唯有在被用来分析一个个人的行动的时候,才会具有明确的意义;第二,当我们把这个概念用来解释诸多不同个人间互动的时候,我们实际上已经步入了一个颇为不同的领域,而且还在不知不觉中引入了一个具有全然不同性质的新因素。"①而在后来所写的《知识在社会中的运用》一文的最后,哈耶克再次提醒我们:"当这种均衡分析已然致使一些极为重要的思想家误以为它所描述的情形与实际问题的解决有着直接相关性的时候,也就是我们必须提请人们牢记这样两个道理的时候了。第一,均衡分析根本就不探讨社会过程的问题;第二,均衡分析只是我们着手研究主要问题之前的一种有助益的准备工作而已。"②均衡分析要求"全知全能",当将这种只适合于分析个体在特定假设下的选择的理论推及国家时,也就假设了国家的"全知全能"或隐含了通过某种方式能够实现国家的"全知全能",从而也就从理论上取消了价格、竞争和经济自由或个体自由的必要性,这正是哈耶克坚决反对新古典经济学和凯恩斯主义经济学的根本原因。

　　但经济学家们在具体研究中也很难始终如一地贯彻其理论逻辑,无论对个人来说还是对某个学派来说都可能是如此,前者如哈耶克对米塞斯的批评,后者如芝加哥学派的变化。米塞斯主张经济自由并反对一切形式的政府干预,这在其1922年出版的《社会主义》一书中有集中的体现,但哈耶克在1978年为再版的《社会主义》写序言时却也谦恭谨慎地批评说米塞斯著作中一段话体现了极端理性主义,它"是他无力摆脱的那个时代的产儿,他或许从未彻底放弃过,而在我看来,它确实是错的"③,也就是说米塞斯的理论也可能使其在逻辑上最终滑入自己所反对的立场。Gramm在1975年发表的一篇论文中就以哈耶克的思想为基础研究了芝加哥学派从真个人主义向伪个人主义的转变,其中,瓦伊纳(Jacob Viner)和奈

---

　　① [英]哈耶克:《经济学与知识》,载[英]哈耶克《个人主义与经济秩序》,邓正来译,生活·读书·新知三联书店2003年版,第55页。
　　② [英]哈耶克:《知识在社会中的运用》,载[英]哈耶克《个人主义与经济秩序》,邓正来译,生活·读书·新知三联书店2003年版,第136页。
　　③ 哈耶克的完整表述是:"我的一个不同意见涉及1951年版第463页上米瑟斯的一个陈述。我始终觉得这里的基本哲学表述有些不对劲,而只是现在我才能理清为什么会有这种别扭的感觉。米瑟斯在这里宣称,自由主义认为,'全部社会合作都是被理性地认识到的效用的表现,在合作中,全部权力以民意为基础,它无力采取任何行动阻挠有思想的人们的自由决定'。我不敢苟同的正是这段话的前一句。"见[英]哈耶克:"序",载[奥]米瑟斯《社会主义》,王建民、冯克利、崔树义译,中国社会科学出版社2012年版,第8页。

特(Frank H. Knight)作为芝加哥学派的主要早期代表,他们重视社会过程,强调自然科学方法在经济学研究中的受限性,其主要分析命题、方法和政策的实质与自由主义伦理是一致的;弗里德曼(Milton Friedman)则是一个过渡人物(a transitional figure),其对逻辑实证主义的强调和对现有市场力量和财富集中的让步使之后的芝加哥经济学建立在了伪个人主义的基础之上,从而为当代极端民族主义、极端个人主义思想提供了理论支撑①。

在对经济学研究范式的关注之外,我们也看到具体经济学研究领域的丰富和拓展,同时,面对不断发展的经济形势和层出不穷的新问题,人们也在试图解决这些新问题的过程中提出了许多新思想、新模型,并开发出了很多新的研究技术,这使得经济学的发展相对于其他学科来说显得异常繁荣。但除布伦南和布坎南曾批评"现代经济学家似乎应有尽有,惟独缺少早期的理解力"②外,米尔斯也提出:"至于整个经济学事业在多大程度上取得了成功,却仍然存在许多令人不安的疑问。"③在米尔斯看来,"有关信息比以往多得多了。统计数据更加完善了。以以往从未发表过的新的相关思想的形式出现的可供利用的工具更多了,但却仍然缺乏一种能够把整个经济学主题向前推进的总体框架。最近几年的经济学进步在于拾遗补缺,而不在于提出了一种有重大意义的综合"④。这样一种综合必须回到经济学研究范式的层面,以对选择与交换这两个经济学需要研究的两大主题进行综合性处理。

在区分"选择的理论"和"交换的理论"这两种不同的经济学研究范式时,我们不必坚持库恩所说的不同范式完全不可通约的立场而做非此即彼的选择,而是澄清它们分别适用的问题性质及隐含的解决问题的思路。通过这种区分,不仅可以促使研究者对自己所采用的研究范式是否超出了其范式限制而保持警惕和自觉反省,更可以进一步提出怎样更合理地处理经济活动中的选择与交换这两大主题。罗宾斯虽然在 1932 年出版的《经济科学的性质与意义》中将经济学定义为"选择的理论",但他也注意到经济学家对交换经济的兴趣,只是他否定了将经济

---

① Gramm, W. S. (1975). "Chicago Economics: From Individualism True to Individualism False", *Journal of Economic Issues*, Vol. Ⅸ, No. 4, pp. 753—775.

② [美]布伦南、布坎南:《规则的理由:宪政的政治经济学》,秋风等译,收录于布伦南、布坎南《宪政经济学》(合编本),中国社会科学出版社 2004 年版,第 3 页。

③ [英]米尔斯:《一种批判的经济学史》,高湘泽译,商务印书馆 2005 年版,第 317 页。

④ [英]米尔斯:《一种批判的经济学史》,高湘泽译,商务印书馆 2005 年版,第 317 页。

学局限于对交换经济这一体现社会关系的研究主张,即:"认为经济分析在交换经济中最有意义、最有用处,是一回事,认为只能对交换经济中的现象进行经济分析,则是另一回事。"①对此,罗宾斯提出了两点"确凿的证明":"首先,显然,交换经济之外的行为与交换经济之内的行为一样,也受手段与目的的关系的制约,并可以划归相同的基本范畴……其次,很显然,交换经济中的现象只有透过交换关系并借助于选择规律才能加以解释,而选择规律只有通过考察孤立个人的行为才看得最清楚。"②也就是说,罗宾斯并没有将交换问题排除在经济学研究之外,他是在选择问题的框架下来处理交换问题的,这也可以看作是罗宾斯为经济学综合提供的一个总体框架。在该总体框架下,交换问题在性质上从属于选择问题的技术化特征,正如罗宾斯所特别强调的,"交换关系乃是一技术细节(a technical incident),而且实际上是产生了几乎所有令人感兴趣的复杂关系的技术细节,但尽管如此,仍从属于稀缺性这一主要事实"③。

正如前面的分析所表明的,基于"鲁滨逊经济"或孤立个体选择所做的经济分析,通过将经济问题工程技术化而导致了控制经济学的产生。这种控制经济学的发展本意并非在于排除市场交换,正如勒纳这位《控制经济学》一书的作者也坚信经济计算的原则、价格机制的使用、避免武断的集中计划以及消费者和工人的选择自由等的重要性一样,但他们对理性的过度依赖必然从逻辑上导致了对其市场信仰的反对,斯蒂格勒(Stigler)在1945年发表的对勒纳《控制经济学》一书的书评就对将勒纳看作是一名古典自由主义者(a classical liberal)的认识提出了质疑,并明确指出了勒纳在书中并不能保持逻辑上的一致④。简而言之,在选择范式下处理交换问题等于将交换这一互动行动变成孤立个体决策以及这些孤立决策间的偶然相遇或孤立个体间的一次性博弈,实际上也就消除了真实的交换,其典型案例就是经典的"囚徒困境"(prisoner's dilemma),其一个基本的假定就是两个囚徒不能彼此沟通信息,这恰恰抽离了交换发生的前提。正因为如此,布坎南在《经济学是选择科学吗?》一文中曾谈到:"在具有严格限制的囚犯的困境事例中,只将注

---

① [英]罗宾斯:《经济科学的性质与意义》,商务印书馆2000年版,第22页。
② [英]罗宾斯:《经济科学的性质与意义》,商务印书馆2000年版,第22页。
③ [英]罗宾斯:《经济科学的性质与意义》,商务印书馆2000年版,第22—23页。
④ Stigler, G. J.(1945)."The Review on *The Economics of Control: Principles of Welfare Economics*", *Political Science Quarterly*, Vol. 60, No. 1, pp.113—115.

意力限制在两个因犯互相竞争的事态上，如果允许引进二人相互交换信息的结构……按一般含义讲，几乎可以说这样做就为可能发生的交易开辟了道路，无论参加活动者会发现开辟这样的交易可能是有利还是无利。"①从这个意义上说，选择范式经济学对鲁滨逊故事的改写倒是可能符合了笛福的本意，就如瓦特在评论《鲁滨逊漂流记》时曾指出的："在他的荒岛上，克鲁索也享有卢梭所向往的那种绝对自由，远离各种社会限制，即没有家庭关系或民事当局干涉他的个人自主权。即使他后来不再独自一人，他的个人专制统治仍然存在，实际上有增无减：鹦鹉喊出主人的名字，'星期五'自觉自愿地发誓永远做他的奴隶。克鲁索陶醉于这种幻想：他是一个绝对的君主，甚至有一位到访的客人想知道他会不会是一个神。"②

对经济学的未来发展来说，一种与现代民主化和市场化治理体系和理念相适应的替代性总体框架是在交换范式下来处理选择问题，实际上就是把个体的选择问题变成多人联合选择问题而不是孤立选择问题，其结果不是事先能够预见的，而是取决于对联合选择进行规范的规则及在相关规则下互动的具体情形。这恰恰是布坎南所强调的，真正的选择不是数学上的极大与极小问题，作为经济问题的选择是一个不确定性问题③。这种认识与哈耶克所说的"经济问题始终是由变化所引发的，而且也惟有变化才会产生经济问题"④相一致。由此，我们也可以确定交换范式经济学下两个重要的研究领域：一是对规范联合选择的规则的研究⑤；二是对相关规则下互动的研究，它们分别对应了布坎南所区分的宪则经济学

---

① ［美］布坎南：《经济学是选择科学吗？》，载［美］布坎南《经济学家应该做什么》，罗根基、雷家端译，西南财经大学出版社 1988 年版，第 39 页。

② ［英］瓦特：《小说的兴起：笛福、理查逊和菲尔丁研究》，刘建刚、闫建华译，中国人民大学出版社 2020 年版，第 85 页。

③ 对布坎南关于什么是经济问题的探讨参见他的两篇论文，分别为《经济学家应该做什么？》和《经济学是选择科学吗？》，它们都被收入布坎南的论文集《经济学家应该做什么》。参见［美］布坎南《经济学家应该做什么》，罗根基、雷家端译，西南财经大学出版社 1988 年版。

④ ［英］哈耶克：《知识在社会中的运用》，载［英］哈耶克《个人主义与经济秩序》，邓正来译，生活·读书·新知三联书店 2003 年版，第 123 页。

⑤ 布坎南对这些规则的研究范围给予我们很好的提示，即："人类的行动受历史上形成的一套制度的约束，这套制度的形成部分是由于完全偶然的缘因，部分是社会进化过程中生存的需要，部分是技术发展的必然，部分要归功于人类的创造设计（正确的或不正确的设想）。"参见［美］布坎南：《市场、国家，及道德范围》，载［美］布坎南《经济学家应该做什么》，罗根基、雷家端译，西南财经大学出版社 1988 年版，第 186 页。

（constitutional economics）与非宪则经济学（non-constitutional economics）①。

与孤立选择相比，联合选择对人性问题给予了更好的回应，它既不要求完全基于个人私利来讨论交换问题，也不要求将个人私利排除在交换之外，而只是要求对个人私利进行必要的规范和限制，并且这种规范和限制最初完全可能是因为交换需要而自发产生的。布坎南在《市场、国家，及道德范围》一文中讨论道德问题时很好地指明了这一点，即："我不打算，也没有必要不带任何个人私利去给友谊、兄弟情谊、基督徒之爱、情感、康德派的规则、同情、公共利益等等下定义。我只是要说明，当人人意识到自己是由一些与他多少相同的人组成的团体当中的一员时，限制狭义上的个人利益的一般动力是存在的。"②同时也因为这种限制的存在，亚当·斯密在《国民财富的性质和原因的研究》中所说的由人性中的"交换倾向"导致的分工才能有效克服休谟在《人性论》中所强调的人性的"弱点"——将成本加在别人身上——而得到发展。这也说明，只有在交换范式经济学框架下才能有效处理亚当·斯密所强调的分工问题③，联合选择可以被看作是对分工的另一

①　在 2008 年发表的《宪则政治经济学》（Constitutional Political Economy）一文中，布坎南对应性地提出了非宪则经济学（non-constitutional economics）与宪则经济学（constitutional economics）的区分，前者主要关心的是约束下的选择，后者主要关心的是在约束间进行选择。参见 Buchanan, J. M.（2008）. "Constitutional Political Economy", in C. K. Rowley and F. G. Schneider（eds.）, *Readings in Public Choice and Constitutional Political Economy*. Springer Science and Business Media, LLC.

②　［美］布坎南：《市场、国家，及道德范围》，载［美］布坎南《经济学家应该做什么》，罗根基、雷家骕译，西南财经大学出版社 1988 年版，第 190 页。

③　以亚当·斯密为首的古典政治经济学高度重视分工问题，但新古典经济学中，主要由于边际分析方法的局限，分工问题被大大弱化甚至是被排除在主要分析概念之外了，1982 年诺贝尔经济学奖得主乔治·斯蒂格勒（George Joseph Stigler）就曾因此批评过萨缪尔森的经济学教科书。在古典经济学之后，对分工理论进行过重要发展的是英国著名经济学家杨格（Allyn Young），他在其 1926 年就任皇家经济学会主席时的著名演讲《递增报酬和经济进步》（"Increasing Returns and Economic Progress"）中强调了专业化、生产迂回程度和分工等重要概念。之后斯蒂格勒等也对分工理论的发展作出了贡献，但真正为此作出系统性贡献是著名华人经济学家杨小凯，他通过引入超边际分析方法和交易费用概念等，不仅将分工和组织重新引入主流经济学的分析框架，更是通过分工将主流经济学中很多外生假定的模型都内生化了，这也使他以分工为核心概念重新处理了整个经济学理论体系。诺贝尔经济学奖得主布坎南高度肯定了杨小凯的研究，并称其研究是当前最为重要的经济学研究，据说布坎南也曾两次提名杨小凯为诺贝尔经济学奖候选人。杨小凯是思想上真正有原创性贡献的经济学家，其研究成果值得进一步发展和完善。如果就选择范式经济学与交换范式经济学的区分来说，我认为杨小凯的主要贡献仍在选择范式经济学的框架之内，其生产者—消费者一体的假设仍是基于孤立个人主义（转下注）

种表述。

实际上,在纪念《经济科学的性质和意义》一书出版 50 周年所举行的研讨会上,罗宾斯在重新概括经济学的研究主题时,并没有再给经济学下定义,也没有否定将经济学作为"交换的科学"的主张,只是提出"我并不认为它完全清楚地说明了导致实际的或潜在的交换的条件"①。而这一条件在罗宾斯看来仍然只能是稀缺,但是从布坎南的相关研究来看,经济学家将注意力集中在交换上并不意味着他们不相信资源是稀缺的,也不意味着他们忽视选择的必要性。当罗宾斯将其关于稀缺条件下的选择追溯到休谟和门格尔之后再指出"它包含了交换以及与稀缺相联系的制度安排"②时,

---

(续上注) 的,其分析方法也仍是在选择逻辑下来处理分工问题,这也可能是黄有光认为杨小凯要通过加强协调问题研究来完善其理论框架的重要原因。但如果杨小凯的新兴古典经济学是在选择逻辑下实现自洽的,那就可能没有给协调的必要性留下空间,其中心理论也仍是资源配置理论而非市场理论。这从杨小凯关于交换和企业的产生的看法中可能得到一些印证。杨小凯认为只有当交换的好处大于交易费用时,交换才会取代原始社会的自给自足,进而将分工带到一个新的水平;一旦交换发生了,当交易费用大于组成成本时,企业就会出现,反之则仍在市场上进行交换。他的这一认识获得了高度评价,被认为是将斯密的观点和科斯的观点"浑然天成"地融合在了一起。但这里正是我们可以对杨小凯的学术贡献作进一步讨论的一个重要突破口,因为杨小凯在这里所谈到的仍只是市场活动也即交换活动本身,而对于市场活动和企业所处的市场经济秩序这个交换范式经济学要处理的核心议题,则仍是被外生假定的。奥尔森在《权力与繁荣》一书中对斯密思想所提出的问题是,市场到处都有,为什么还有国富国强的区别?奥尔森强调的是,很多市场活动只是简单交换,但真正能够给社会带来巨大福利改进的是复杂交换,而这些复杂交换要能够大规模发生,就必须使参与者背后的权利有很好的界定和保护。因此,市场经济秩序是权利密集型经济秩序,但它不会自发形成,它需要一个强化市场型政府,该政府既要有足够的权力来界定和保护产权,其权力本身又必须受到有效的规范与限制。而科斯在《企业的性质》一文中所表述的企业是市场的替代的思想也是计划经济可行性大论辩的产物,科斯实际上是混淆了企业计划与计划经济之"计划"的区别,前者是企业活动,后者却是指经济秩序,因此,其替代论在逻辑上也可能导致计划经济可行论,一些人就是以科斯的企业理论来论证大数据时代计划经济可行的。实际上,企业也是一个不断演进的组织,其演进与市场经济秩序本身的演进是紧密联系在一起的,一个恰当的企业理论应该与市场经济秩序的形成与捍卫联系在一起,而不能简单地将市场经济秩序假设为外生的或给定的。就此来说,杨小凯对分工的研究还不能说是完全复兴了斯密的分工思想,分工这一概念的经济学意义只有在交换范式经济学下才能得到更为充分、合理的阐发,这也应该成为经济学基础理论创新的重要研究议题。对杨小凯的新兴古典经济学的基本框架的了解,可参见[澳]杨小凯、黄有光:《专业化与经济组织:一种新兴古典微观经济学框架》,张玉纲译,经济科学出版社 1999 年版。

① Robbins, L. (1981). Economics and Political Economy. *American Economic Review*, Vol. 71, No. 2, pp. 1—10.

② Robbins, L. (1981). Economics and Political Economy. *American Economic Review*, Vol. 71, No. 2, pp. 1—10.

他的观点已经与他曾经反对的"经济学研究的行为,从本质上说是某种社会行为,是个人主义交换经济制度蕴含的行为"①的观点几乎接近了,因而也与哈耶克和布坎南等将经济学定义为"交换的理论"的主张不存在根本性冲突。实际上,我们可以发现,罗宾斯在《经济科学的性质与意义》中批判经济学的"唯物主义"定义、阐述经济学与生产技术的区别、论证经济货物概念和经济分析中的一般价值理论、对经济人神话的评论等时所遵循的主要是"交换"标准而非"选择"标准,特别是当罗宾斯在 1981 年的演讲中通过一个基本的物物交换(elementary barter)情形来说明什么属于经济学研究范围时,他与一个"交换的理论"的主张者之间并没有实质性区别。

将交换视作社会的基础是古典政治经济学的基本出发点,巴斯夏(Bastia)在 1850 年出版的《和谐经济论》中不仅对交换问题的重要性作了最为充分的说明②,还非常明确地将政治经济学定义为"交换的理论",即:"交换就是政治经济学,就是社会的全部……交换的各种原因、各种效应和各种规律构成了政治和社会经济学。"③在布伦南和布坎南看来,"18 世纪伟大的知识发现就是市场的自发秩序,这个发现是,在合适的规则结构之下,追求自利的个人也能够促进他人的利益",古典政治经济学关注的核心即什么是合适的规则结构以及如何达到合适的规则结构。因此,布伦南和布坎南认为,罗宾斯将经济学定义为"选择的理论"导致了经济学注意力的进一步转变,这种转变的结果就是"现代经济学家似乎应有尽有,惟独缺少早期的理解力",但是"从'社会的'角度看,大概只有这种理解力才是他们应当存在的理由"④。因此,将经济学定义为"交换的理论"的主张体现了回归古典政治经济学的努力,而这种努力也是布坎南希望找回经济学"早期的理解力"的

---

① [英]罗宾斯:《经济科学的性质与意义》,朱泱译,商务印书馆 2000 年版,第 22—23 页。

② 我们在此可以引用巴斯夏的一段话来证明这一点:"为了迫使人成为社会的人,自然使人在孤立状态中的需要大于能力,而在社会状态中则能力大于需要,从而为更高层次的享受开拓了无限前景……我们应该承认,人之所以胜过其他动物……就人与其生存和发展手段的关系而言,则是由于一种不平常的现象,这种现象就是交换。如果没有交换能力,人类即使不从地球上消失,也只能永远苦苦挣扎在贫困、匮乏和无知之中。"见[法]巴斯夏:《和谐经济论》,许明龙等译,中国社会科学出版社 1995 年版,第 103 页。

③ [法]巴斯夏:《和谐经济论》,许明龙等译,中国社会科学出版社 1995 年版,第 99—100 页。

④ [美]布伦南、布坎南:《规则的理由:宪政的政治经济学》,秋风等译,收录于[美]布伦南、布坎南《宪政经济学》(合编),中国社会科学出版社 2004 年版,第 2 页。

努力。

　　需要指出的是,将经济学定义为"交换的理论",并非意味着完全否定基于"选择的理论"所形成的经济学知识,就如罗宾斯所指出的:"应该认识到,我们抛弃的仅仅是一个定义,并没有抛弃它要描述的全部经济学知识。"[1]"交换的理论"使经济学成为一门共生学(symbiotics),按照布坎南的说法,当我们将经济学重新定义为"交换的理论"后,一方面"选择理论的重要成分仍然能够保留在'共生学'的框架下,但另一方面,人类所面临的某些选择情形却是要被排除在'共生学'框架之外"[2]。特别需要提及的是,由于对制度和历史的关注,与"选择的理论"基于孤立个人主义分析而具有较为统一的理论体系和标准的教科书不同,"交换的理论"将缺乏类似的统一性和标准性,它们在遵循哈耶克提出的真个人主义意义上的方法论个人主义这一共同基础上会有不同的理论构建,其理论的影响力与经济学思想市场的发展密切相关。

三、经济学家关于经济学基本原理与政府政策间关系的不同看法

　　罗德里克(Dani Rodirk)在 2007 年出版了《相同的经济学,不同的政策处方》一书,其核心观点是,在那些极为成功的国家中,其领导人不仅遵循经济学基本原理,更充分关注本国与他国的差异,从而能灵活和富有创造性地将经济学基本原理用于指导自身实践[3]。但本章前面的分析表明,由于经济学家们对方法论个人主义的认知不一致,所以并不存在统一的经济学基本原理,或经济学并不是只有一种理论逻辑或基本原理。我们说"交换的理论"与"选择的理论"分别对应了自由经济学与控制经济学,就是基于其各自的理论逻辑或基本原理所倡导的政策处方的性质而言的,从逻辑上说,前者以尊重和保护个体的经济自由为前提,后者以限制甚至取消个体的经济自由为代价。

　　要讨论经济学基本原理与政府政策间的关系,首先就涉及在不同经济学研究

---

　　①　[英]罗宾斯:《经济科学的性质和意义》,朱泱译,商务印书馆 2000 年版,第 24 页。

　　②　Buchanan, J. M. (1964). "What Should Economists Do?", *The Southern Economic Journal*, Vol. XXX, No. 3, p. 227.

　　③　Rodirk, D. (2007). *One Economics, Many Recipes: Globalization, Institutions, and Economic Growth*. Princeton University Press. 中译本参见[美]罗德里克《相同的经济学,不同的政策处方》,张军扩、侯永志译,中信出版社 2009 年版。

范式下关于政府—市场间关系的不同认识。在选择范式经济学下,由于基于孤立个体选择无法解决因囚徒困境导致的合作难题、因外部效应导致的供给难题、因信息不全导致的计算难题、因产权不清导致的公地悲剧等会引发市场失灵(market failure),因此需要政府进行干预,以实现资源配置的最优状态。这就是以萨缪尔森(Paul A. Samuelson)为代表的新古典综合派对政府—市场间关系的基本看法,在这种看法中,政府就像是一个天使或仁慈的君主站在市场之外,政治与经济是彼此隔离的。对市场失灵论的批评主要是说政府也会因类似的原因出现失灵,这其实仍然是基于选择范式经济学所做出的判断,因而也就在理论上掉入了一个逻辑陷阱,并可能在政策主张上陷入一个"死循环":面对市场失灵主张政府干预,接下来因为政府失灵而主张减少政府干预,再接下来又因市场失灵而重新主张扩大政府干预,如此往复。但不管是坚持市场失灵论还是坚持政府失灵论,在选择范式经济学下,经济学家的主要社会职能就是为政府提供直接的政策建议。交换范式经济学提供了一种不同的认识,政府不是站在市场之外,政治与经济也不是彼此隔离而是相互交织在一起的,由此引发从历史与制度视角对政府—市场间复杂关系的进一步探讨,并引出对政府权力进行有效规范与限制的研究主题。因此,在交换范式经济学下,经济学家对建议政府采取相关政策一定是持审慎态度的,其主要社会职能在于为市场行动与政府行动的参与者提供联合选择所需要的基本认知素养。

只是经济学家们对经济学基本原理与政府政策间关系的看法并非如此简单且直接,一个经济学家选择以某种研究范式进行研究也并不意味着他就直接倡导与这种范式的逻辑相一致的政府政策。Colander 在 2005 年发表的论文中就曾将经济学家们对此的不同看法分为三类[①]:第一种是老凯恩斯(J. N. Keyns)和罗宾斯(Lionel Robbins)等的主张,他们认为纯经济理论与政府政策没有直接关系,应该有一个单独的经济学分支来考虑这些政策问题[②];第二种是马歇尔(Alfred Marshall)和庇古(A. C. Pigou)等的主张,他们认为一种"现实主义的"(realistic)

---

① Colander, D. (2005). "From Muddling through to the Economics of Control: Views of Applied Policy from J. N. Keynes to Abba Lerner", *History of Political Economy*, Vol. 37, No. 5, pp. 277—291.

② Colander 在论文中专门讨论了老凯恩斯(J. N. Keynes, 即凯恩斯的父亲)在 1891 年出版的《政治经济学的范围与方法》(*Scope and Method of Political Economy*),该书是 19 世纪晚期标准的经济学方法论的参考书。在这本书中,老凯恩斯将经济学区分为实证的(positive)、规范的(normative)和艺术的(art)三个分支,其中,实证科学是指关于"是什么"(what is)的系(转下注)

理论可以用来指导对政策的判断;第三种主张则与勒纳(Abba Lerner)提出的"控制经济学"观点关系最为密切,它以更直接的方式将纯理论、政策和政府在经济中的作用联系起来,从纯理论中直接得出关于政策和国家作用的启示。在 Colander 看来,前两种看法虽然对政府政策采取了一种"含糊其辞"的做法(a "muddling through" approach),但却具有合理性,而第三种看法却被各种经济学教科书所采用,这往好里说是误导,往坏里说是完全错误的。

　　特别值得提及的是,Colander 在其 1984 年发表的论文《凯恩斯是一个凯恩斯主义者还是一个勒纳主义者?》中,基于凯恩斯对勒纳的政策建议的强烈反对[1]回应了关于凯恩斯是不是一个凯恩斯主义者的 Patinkin-Meltzer 之争(the Patinkin/Meltzer debate)[2]。Colander 的重要结论是,那种将财政政策和货币政策作为平

（续上注）统化知识体系;规范科学是指关于"应该是什么"(what ought to be)的系统化知识体系;艺术科学讨论的是实现给定目的的体系或规则。对老凯恩斯来说,由于现实世界中政策问题的复杂性,实证理论没有直接的政策含义,因此必须将实证科学与应用政策区分开来,后者被他归为艺术科学的任务。另外,老凯恩斯在这本书中还区分了定理(theorems)与信条(precepts),定理是从实证经济理论得出的结论;信条是与政策有关、来自经济学艺术(the art of economics)的经验之谈(a rule of thumb),它不是从经济学理论中推演出来的,而是源自内省(introspection)、归纳(induction)和受过教育的常识(an educated common sense)。这大概是老凯恩斯借用了政治是一门艺术的说法。因此,老凯恩斯认为纯理论(实证经济学)在培养受过教育的常识方面发挥了作用,因为它揭示了最初常识推理中的逻辑错误,但除此之外,理论没有参与到对政策的决定,也不决定国家的作用。也就是说,我们可以有关于国家作用的信条,但不会有关于国家作用的定理。对于老凯恩斯以及对众多古典经济学家来说,自由放任学说(the doctrine of laissez-faire)是一种信条,而不是一个定理。可以说,老凯恩斯的这本书对于澄清经济学中的很多混淆是很重要的,凯恩斯在这方面也接受了他父亲的观点。参见 Colander, D.（2005）. "From Muddling through to the Economics of Control: Views of Applied Policy from J. N. Keynes to Abba Lerner", *History of Political Economy*, Vol. 37, No. 5, pp. 278—280. 老凯恩斯的著作参见 Keynes, J. N.（[1891]1955）. *The Scope and Method of Political Economy*. New York: Kelley and Mellman.

　　[1]　Colander 在论文中提到凯恩斯可能是在 1943 年美联储的演讲中提到"我不是一个凯恩斯主义者"的,而且他也是在那次会议上对勒纳的观点进行了回应。Colander 引用了多马(Evsey Domar,和哈罗德一起提出了发展经济学中著名的哈罗德-多马模型)的说法,多马认为勒纳自己的回忆低调处理了凯恩斯对其主张的激烈反对程度,当时凯恩斯不仅称勒纳的主张是"谎言"(humbug),而且还引用了林肯的那句名言,即:"你不能永远欺骗所有的人。"("You cannot fool all of the people all of the time.")参见 Colander, D.（1984）. "Was Keynes a Keynesian or a Lernerian?", *Journal of Economic Literature*, Vol. 22, No. 4, pp. 1572—1575.

　　[2]　Meltzer 在 1981 年发表论文《凯恩斯的〈通论〉:一种不同的观点》,他引用凯恩斯曾说过的"我不是一个凯恩斯主义者"来论证凯恩斯主义者的政策不是凯恩斯赞同的政策,（转下注）

衡轮(a balance wheel)的凯恩斯主义政策实际上是勒纳主义政策,凯恩斯最初对凯恩斯主义政策的反对实际上是对勒纳主义政策的反对,勒纳主义关心模型的政策含义及其逻辑结论。Colander 提醒我们,"对勒纳来说,如果一项政策在理论上有意义,那么在实践中也有意义。但凯恩斯是一个现实主义者,他对理论和实践的看法是通过他对政治过程的深刻理解联系在一起的,勒纳则没有这样的重负。凯恩斯主义政策的教科书式论述自然倾向于关于功能财政的非黑即白的'勒纳主义'政策(the black and white 'Lernerian' policy),而不是灰色的符合凯恩斯理论的政策(the grayer Keynesian policies)。"①Colander 所引用的凯恩斯在 1943 年 4 月 25 日给米德(James Meade,英国经济学家,1977 年诺贝尔经济学奖得主)的信②很好地说明了"灰色的"的含义,即凯恩斯在某些情况下确实也可能是一个勒纳主义者,这主要取决于他的语境、他对当时政治力量的解读以及他考虑这些问题时所处的时刻。基于 Colander 的研究,我们可以认为,哈耶克对凯恩斯主义经济学的批评更应该针对的是勒纳而不是凯恩斯,凯恩斯对其理论的政治与社会经济后果有清醒的认识,但他认为这种政策在那个纳粹主义兴起的特殊时期是必需的。对此,哈耶克也是认同的,所以他对凯恩斯的真正的批评主要就是他不应该把为特殊时期创造的理论称之为"通论"(general theory)③。

　　经济学家不应该像勒纳那样从纯理论中直接导出政策建议,斯蒂格勒在 1945

（续上注）参见 Meltzer,A. H. (1981). "Keynes's General Theory: A Different Perspective", *Journal of Economic Literature*,Vol. 19,No. 1,pp. 34—64;Patinkin 则在 1983 年发表了商榷性论文《新的观点还是老的陷阱? 对 Meltzer 关于〈通论〉的解释的一些评论》,他认为凯恩斯说过"我不是一个凯恩斯主义者"这件事是存疑的,参见 Patinkin,D. (1983). "New Perspectives or Old Pitfalls? Some Comments on Allan Meltzer's Interpretation of the General Theory", *Journal of Economic Literature*,Vol. 21,No. 1,pp. 47—51。

　　① Colander,D. (1984). "Was Keynes a Keynesian or a Lernerian?", *Journal of Economic Literature*,Vol. 22,No. 4,p. 1573.

　　② 这封信的内容是这样的:"我最近读到勒纳在 1943 年所写的一篇关于赤字预算的有趣论文,他在论文中写道,赤字预算实际上并不意味着国债的大幅增加。因为随着时间的推移,先前债务的利息取代了原本需要的新债。(当然,他想到的是购买力的长期缺乏,而不是间歇性的缺乏。)他的论点无可挑剔。但在我们思想发展的这个阶段,任何试图向普通人解释这一点的人都会得到上天的帮助。"参见 Colander,D. (1984). "Was Keynes a Keynesian or a Lernerian?", *Journal of Economic Literature*,Vol. 22,No. 4,pp. 1573—1574。

　　③ ［英］哈耶克:《对凯恩斯和"凯恩斯主义革命"的个人回忆》,载［英］哈耶克:《哈耶克文选》,冯克利译,江苏人民出版社 2007 年版,第 161 页。

年对勒纳的《控制经济学》的书评的最后一段话可谓意味深长:"一旦经济学家进入政策领域,他就必须在分析和建议中做到详细而全面:从一本关于理论的教科书直接跳转到国会山,这在根本上就是不负责任的。在课堂演算(classroom arithmetic)和立法(legislation)之间不是只有一位法学家(lawyer),在立法和实现其序言(preamble)所列目的之间也不是只有一位'管理者'(manager)。"①斯蒂格勒实际上是向我们指出了一个常识性问题,那就是理论研究可以分学科,但现实的政府政策是不可能只按照单一学科的逻辑来制定的,经济理论研究只是为在合理的政治议程中制定更为合理的政府经济政策提供了重要参考,而政府政策则属于老凯恩斯所说的经济学的艺术分支。正是基于对现实政治的考察,庇古否定了通过征收庇古税来矫正负外部性的政策方案②,而凯恩斯对其政策建议的担心则是他们需要它是因为他们"希望侍奉的不是上帝,而是魔鬼"③。

有两个方面的理由可以进一步加深我们对无法将经济理论与政府政策直接联系起来的认识。首先,无论是"选择的理论",还是"交换的理论",其演绎都依赖于各种必要的假设,我们甚至可以说,没有假设就没有经济学。实际上,经济学中的假设不仅在实践中始终是难以完全满足的,而且经济学总是习惯于将其分析技术无法解决的问题弄成假设,无论是凯恩斯和罗宾斯,还是马歇尔和庇古,显然都是认识到了这一点,才会自觉与政府政策保持一定距离。而像勒纳那样从纯理论中直接得出政策启示实际上就是忽略了得出其结论的必要假设而实现了跳转,这正是 Colander 说其主张具有误导性并且是完全错误的深层原因。由于这种误导性和错误在经济学中是常见的,所以科斯(Coase)在 1937 年发表的《企业的性质》一文的开头就旗帜鲜明地指出:"经济理论已经因未能明确阐述其假设而饱受由此产生的困扰。经济学家在建立理论时往往忽略了对该理论建立其上的基础进行检验。然而,这种检验不仅对于防止由于对理论所依据的假设缺乏了解而产生的误解和不必要的争议是至关重要的,而且对经济学在相互竞争的假设集之间做

---

① Stigler, G. J. (1945). "The Review on *The Economics of Control: Principles of Welfare Economics*", *Political Science Quarterly*, Vol. 60, No. 1, p.115.

② Barnett 和 Yandle 的研究表明,庇古充分地理解寻租的政治经济学并最终否定了将他自己的庇古税成功应用到真实世界的可能性。参见 Barnett, A. H. and Yandle, B. (2004). "Regulation by Taxation", in Backhaus, J. G. and Wagner, R. E. (eds), *Handbook of Public Finance*. Bristol University Press.

③ [美]韦普肖特:《凯恩斯"大战"哈耶克》,闫佳译,机械工业出版社 2013 年版,第 162 页。

出选择时保持良好判断力也是极其重要的。"①

其次,经济理论研究中使用的很多重要概念或术语的内涵与人们日常生活以及政府政策的用语并不一致,不能与现实中政府政策针对的具体人群或事务进行直接对应。米塞斯对这种区别有非常明确的说法,即:"当人们在处理他们自己的行动问题时,以及当经济史、描述性经济学和经济统计在报告他人的行动时,常会用到'企业家'(entrepreneur)、'资本家'(capitalist)、'地主'(landowner)、'工人'(worker)和'消费者'(consumer)等术语,这时他们所说的是观念类型(ideal types)。但当经济学家使用这些相同的术语时,它所说的是交换学范畴(catallactic categories)。经济理论中的企业家、资本家、地主、工人和消费者并不是人们在现实生活或历史中所遇到的活生生的人。他们只是市场运行中不同职能(function)的体现。"②马克思也许是最早明确阐明其所运用的概念不同于日常生活语言的经济学家,他在《资本论》中就是从社会职能(social function)的角度来使用"资本家"和"工人"等概念的,并且"工人"在一定条件下也可以成为"资本家"③,这可以从马克思在《资本论》中曾反复运用"职能"这个概念中得到印证,其英译本明确使用的英文翻译就是"the function of the worker"(工人的职能)和"the function of a capitalist"(资本家的职能),同时,马克思在《资本论》第一卷的序言中也曾写道:"为了避免可能产生的误解,要说明一下。我决不用玫瑰色描绘资本家和地主的面貌。不过这里涉及的人,只是经济范畴的人格化,是一定的阶级关系和利益的承担者。"④后来者往往不能很好地理解一些重要的经济研究术语与日常生活用语间的重要区别⑤,并从经济理论中直接引出政策主张,这是经济理论被教条化、庸

---

① Coase, R. H. (1937). "The Nature of the Firm", *Economica*, New Series, Vol. 4, No. 16, p. 386.

② Mises, L. V., *Human Action: A Treatise on Economics* (4th Revised eds.). San Francisco: Fox & Wilkes, 1996, pp. 251—252.

③ 马克思在《资本论》第三卷中探讨了这个问题,即:"即使得到贷款的产业家或商人是没有财产的人,那也是由于相信他会用借来的资本执行资本家的职能,占有无酬劳动。他是作为可能的资本家得到贷款的。一个没有财产但精明强干、稳重可靠、有能力和经营知识的人,通过这种方式也能成为资本家。"参见[德]马克思:《资本论》(第三卷),人民出版社 2004 年版,第 679 页。

④ [德]马克思:《资本论》(第一卷),人民出版社 2004 年版,第 10 页。

⑤ 认识到这里所说的用语区别是后来者的基本素养,正如恩格斯在《资本论》第一卷的英文版序言中曾指出的:"有一个困难是我们无法为读者解除的。这就是:某些术语的应(转下注)

俗化的重要根源，马克思也正是在此意义称"我只知道我自己不是马克思主义者"的。因此，当恩格斯反复告诫"马克思的整个世界观不是教义，而是方法。它提供的不是现成的教条，而是进一步研究的出发点和供这种研究使用的方法"①时，这种告诫不仅适合于马克思的理论，也适合于所有的经济理论。

无论是"选择的理论"的研究者，还是"交换的理论"的研究者，都可能因研究者自己对理论与政策间关系的不同判断而与政府政策保持或远或近的距离，对受理论影响的人特别是对政府政策有较大影响力的精英来说也是如此，这就预设了理论对政府政策可能产生的重要影响。因此，凯恩斯在《就业、利息与货币通论》一书的最后写道："经济学家和政治哲学家们的思想，不论它们在对的时候还是错的时候，都比一般所设想的要更有力量。的确，世界就是它们统治着。讲求实际的人自认为他们不受任何学理的影响，可是他们经常是某个已故经济学家的俘虏。在空中听取灵感的当权的狂人，他们的狂乱想法不过是从若干年前学术界拙劣作家的作品中提炼出来的。我确信，和思想的逐渐侵蚀相比，既得利益的力量是被过分夸大了。诚然，这不是就立即产生的影响而言，而是指一段时期以后；因为，在经济学和政治哲学的领域中，在 25 岁或 30 岁以后还受新理论影响的人是不多的，因此，公职人员、政客、甚至煽动者所应用的思想不大可能是最新的。但是，不论早晚，不论好坏，危险的东西不是既得利益，而是思想。"②对于这段话，哈耶克给予了高度肯定，认为这是凯恩斯"曾经就他的亲身经验使他特别有资格发言的问题所写的一段文字"，是再正确不过了的，因此，哈耶克提出："我们必须从这种长远的观点出发来看待我们所承担的任务。因此，如果一个自由社会要得到维续或得到恢复，那么我们所必须传播的就是信念，而不是那种在眼下看似可行的东西……尽管我们必须把自己从政治家所受制于的那些在当下盛行的偏见中解放出来，但是与此同时，我们也必须明智地认识到劝

（续上注）用，不仅同它们在日常生活中的含义不同，而且和它们在普通政治经济学中的含义也不同。但这是不可避免的。一门科学提出的每一种新见解都包含这门科学的术语的革命。"参见恩格斯："英文版序言"，载［德］马克思：《资本论》（第一卷），人民出版社 2004 年版，第32 页。

　　① 《恩格斯论历史唯物主义书信选编》，人民出版社 2021 年版，第 63 页。

　　② ［英］凯恩斯：《就业、利息与货币通论》，高鸿业译，商务印书馆 1999 年版，第 396—397 页。

说和教育所可能起到的作用。"①这也正是我们在讨论财政学的研究传统之前花这么长篇幅讨论不同的经济学基础或经济学的不同研究范式及其治理取向的主要原因所在。

---

① ［英］哈耶克:《"自由"企业与竞争秩序》,载［英］哈耶克《个人主义与经济秩序》,邓正来译,生活·读书·新知三联书店 2003 年版,第 159 页。

第二章

财政学发展简史及其不同研究传统

在 2013 年出版的《赤字、债务与民主》一书中,理查德·E. 瓦格纳(Richard E. Wagner)曾写道:"在过去的一个世纪中,财政学理论在很大程度上反映了财政工程(fiscal engineering)的规范性取向,即财政专业知识被应用到这样一些问题上:应该使用什么税种? 应该征多高的税? 政府应该运作哪些项目? 以及在这些项目上应该花多少钱? 等等。这种理论取向将财政学描述为应用性治国方略(applied statecraft)和控制经济学(the economics of control)的一个组成部分,这使我们想起了勒纳在 1944 年时所使用过的标题。在勒纳的构想中,税收并不是对在财政公地内组织的行动进行定价的工具,因为这些服务是根据基于专家的计划逻辑而不是根据类似于市场互动的逻辑来提供的。没有理由需要一个平衡预算,因为每一次对支出的公开承诺都伴随着要通过征税来为该支出筹资的公开承诺。税收只有在吸收了如果不征税就可能变成过度的、膨胀性的支出时才会发挥作用。与平衡预算不同的是,政府利用预算来平衡经济。这是控制经济学,而不是自由经济学(the economics of liberty)。"①理查德·E. 瓦格纳是布坎南的学生和布坎南学术思想的真诚追随者——他们一直致力于恢复和弘扬一种不同于财政工程取向的财政学理论,而且理查德·E. 瓦格纳也是当前国际上最富影响力的财政社会学倡导者和研究者之一。因此,理查德·E. 瓦格纳对当前主流财政学性质与特征的简要评论值得我们高度重视,它不仅使我们能够进一步意识到第一章澄清不同经济学基础对于开展财政学研究的重要性,也很好地提示我们,财政社会学的产生及其发展必须在对财政学不同研究传统的研究中得到探讨,以理清其思想传承并明确其治理取向。

---

① [美]理查德·E. 瓦格纳:《赤字、债务与民主:与财政公地悲剧作斗争》,刘志广译,上海财经大学出版社 2022 年版,第 145 页。

第一节　对财政学发展史的简要梳理

早在古典政治经济学兴起之前，重商主义者、重农主义者已有关于财政问题的专门论述①，但财政学的真正产生则要等到国家财政与王室财政的分离。美国学者 Plehn 在其 1896 年出版的教材《财政学导论》中将自 16 世纪后逐渐流行于欧洲的官房主义作为财政学的起源，并认为财政学在学科发展上先于政治经济学②。巴克豪斯（Backhaus）持有类似主张，他所提供的一个重要证据是，普鲁士国王腓特烈·威廉（Frederick William）早在 1723 年就在哈雷（萨勒）和法兰克福（奥德）的大学（the universities of Halle［Saale］and Frankfurt［Oder］）设立了两个官房学（cameral sciences）教席，而世界上第一个政治经济学教席则直到 1822 年才在英国牛津大学设立③。虽然官房学教科书早在 17 世纪中后期就出现了④，但需要指出的是，官房学不是基于纯经济学（pure economics）——那时也不存在系统的纯经济学——去推演出关于国家目标、富强途径以及财政收支原则的，但毋庸置疑的是，官房主义离不开相应的经济学思想的支持，它是在一个范围广泛、联系复杂的现实背景中来处理经济问题的⑤。但自亚当·斯密在 1776 年出版《国民财富的性质和原因的研究》后，财政学就被正式纳入了政治经济学的范围，财政学的发展自此也就主要与经济学的发展紧密联系在一起了。

---

① 因为本节主要考察的是财政学思想史，所以对于重商主义和重农主义关于财政问题的片断论述就不专门述及，同理，由于在财政学于 19 世纪末 20 世纪初传入中国之前中国并无关于财政学的系统论述，所以对于中国思想家们关于财政问题的片断论述也不专门述及。

② 参见 Plehn，C.C.（［1896］1902）. *The Introduction of Public Finance*，second edition，The Macaillan Company，p. 4.

③ Backhaus，J. G.（2002）. "Fiscal Sociology：what for?"，*The American Journal of Economics and Sociology*，Vol. 61，No. 1，pp. 55—77.

④ Tribe 在其研究中就提到了 Veit Ludwig von Seckenorff 在 1656 年出版的 *Teutscher Fürsten-Stat*、Johann Bechers 在 1668 年出版的 *Politische Discurs* 和 Wilhelm von Schröder 在 1686 年出版的 *Fürstliche Schatzund Rentkammer*。参见 Tribe，K.（1984）. "Cameralism and the Science of Government"，*The Journal of Modern History*，Vol. 56，No. 2，p. 263.

⑤ Plehn 认为虽然财政学在学科发展上早于政治经济学，但如果将官房主义作为政治经济学的前身也是不正确的。参见 Plehn，C.C.（［1896］1902）. *The Introduction of Public Finance*，second edition，The Macaillan Company，p. 4.

一、财政学发展的重要起源：官房主义

随着十五世纪之后民族国家的逐渐兴起，财政问题也逐渐上升为国家治理的核心议题，正如熊彼特曾指出的："在那些新兴国家中，财政问题不仅占有至高无上的地位，而且还获得了新的重要意义。可以毫不夸张地说，至少就我们已经考察过的欧洲大陆的经济文献而言，财政问题是中心论题，其余论题大都围绕着这一中心论题。"①曾流行于欧洲大陆尤其是今日德国的官房主义，就包含了当时最为重要的财政思想，但至今在德语世界之外仍是社会科学当中"一份遗落的篇章"（a lost chapter）②，甚至财政学思想史研究者对此都只是一笔带过，或者是直接忽略。但这可能正是当前主流财政学的关键不足所在，正如 Goode 在 1970 年发表的一篇论文中总结他对财政学研究现状的遗憾时所指出的："我们需要一个复杂的（sophisticated），能够将财政的经济方面、政治方面、法律方面和管理方面的内容统一在一起的财政学。统一（unification）代表着回归传统，这个传统和官房主义一样古老，但对现代读者来说，复杂只能通过重新思考古老的问题并运用新的技术才能获得。有大量的研究需要被完成，这也为各种各样的人才提供了大量的机会。"③追随 Goode 的看法，巴克豪斯和理查德·E.瓦格纳近年来发表了多篇论文来挖掘官房主义思想对于今天在大陆财政学研究传统基础上重建财政学理论体系的价值，理查德·E.瓦格纳在 2012 年发表的论文的标题"官房主义：财政新科学的沃土"④很好地表明了这一点。

---

① ［美］熊彼特：《经济分析史》（第一卷），朱泱等译，商务印书馆 1991 年版，第 302 页。

② Small 在 1909 年出版的《官房主义者》（The Cameralists）的序言中曾经写道："对于只懂英语的读者来说，官房学实际上是社会科学史上一份遗落的篇章（a lost chapter）。尽管现在归属于德国的一切都有其在这类社会理论中的部分遗传，但并不是每一个在美国有声誉的社会科学的学生都能正确定义这个词，很少有人能说出一两位以上的著者的名字。"应该说 Small 在 100多年前所说的这番话对中国乃至世界来说仍是如此，甚至有过之而无不及。到目前为止，Small 的研究仍是英语文献中关于官房主义最为系统和深入的研究。参见 Small, A. W.（［1909］2001）. *The Cameralists: The Pioneers of German Social Polity*. Batoche Books, p. 4.

③ Goode, R.（1970）. "Public Finance in the International Encyclopedia of the Social Sciences: A Review Article", *Journal of Economic Literature*, No. 8, p. 34.

④ Wagner, R. E.（2012）. "The Cameralists: Fertile Sources for a New Science of Public Finance", in: Jürgen Georg Backhaus（eds.）, *Handbook of the History of Economic Thought*, Springer, pp. 123—135.

官房主义有时被称为德国版的重商主义,但这可能是一种概念误用,因为它有时也被称为法国版的重农主义①。与重商主义关注海外贸易和重农主义关注国内农业不同,产生并盛行官房主义的地方往往处于政治碎片化状态,王(公)国之间的竞争与战争非常频繁,其中尤以德国最为典型,这使官房主义着重强调国家的生存能力与竞争优势,而财政则成为连接政治与经济的重要纽带。官房主义者来自不同领域,在承担为国王提供具体政策建议外,还是国王产业的实际管理者,熊彼特称他们为"顾问行政官"②,这既决定了官房主义是跨学科的,也决定了官房主义者的选择是真实的选择③。Small 在 1909 年出版的《官房主义者》(*The Cameralists*)一书中对官房主义下了定义,它是指官房主义者们"围绕国王的财政需求构建的一个'科学'或一组'科学'"④。在 Small 看来,"财政主义者"(fiscalist)是一个比官房主义者更为合适的称谓。巴克豪斯和理查德·E.瓦格纳称官房主义财政学为一种选择理论取向(a choice-theoretic approach)的财政学,其讨论的财政现象、国家收入和支出,都源于统治者的最大化选择⑤。但这可能同

---

　　① 　理查德·E.瓦格纳在其论文《官房主义:财政新科学的沃土》中回应了这个问题,即:"通过将不熟悉的东西同化为熟悉的东西,这些描述也许说明了一种关于猜测的启发形式。在经济学史上,对重商主义和重农主义的讨论显然要比对官房主义的讨论更为充分。可以理解的是,对官房主义不熟悉的人,如果看到官房主义者关于农业重要性的评述,就会将官房主义视为重农主义的一种形式。同样可以理解的是,一个类似的人如果看到官房主义者关于刺激内部制造以减少制成品进口的重要性的论述,就会将官房主义视为重商主义的一种形式。当然,参照已经熟悉的事物对新事物进行分类是常见的做法,通常也是合理的做法。这导致官房主义通常被视为是重商主义的一种形式,有时也被视为是重农主义的一种形式。尽管官房主义确实与重农主义和重商主义有契合点,其中一些已经被注意到,但无论如何,它都不是两者中的任何一个,而是另外一种完全不同的类型。"Wagner, R. E. (2012). "The Cameralists: Fertile Sources for a New Science of Public Finance", in: Jürgen Georg Backhaus (eds.), *Handbook of the History of Economic Thought*, Springer, p.125.

　　② 　[美]熊彼特:《经济分析史》(第一卷),朱泱等译,商务印书馆 1991 年版,第 243 页。

　　③ 　实际上,官房学不是学者书斋里的学问,"官房主义"这个词就源自房间(camera)或室(kammer),是指君主或国王召集他们的顾问讨论工作的房间(room)或议事厅(chamber)。在历史上,很多官房主义者会因其建议不当或管理不善而受到惩罚,甚至面临牢狱之灾。

　　④ 　Small, A. W. ([1909]2001). *The Cameralists: The Pioneers of German Social Polity*. Batoche Books, p.22.

　　⑤ 　参见 Backhaus, J. G. and Wagner, R. E. (eds), (2004). *Handbook of Public Finance*. Bristol University Press; Wagner, R. E. (2012). "The Cameralists: Fertile Sources for a New Science of Public Finance", in: Jürgen Georg Backhaus (eds.), *Handbook of the History of Economic Thought*, Springer, pp.123—135.

样属于概念误用,因为在巴克豪斯和理查德·E. 瓦格纳自己的用法中,"选择理论取向"是与"交换理论取向"(an exchange-theoretic approach)或交易取向(catallactic approach)相对的,由于官房主义并不以理论构建为主要目标,因此其实践性主张不可能只是某种财政学研究取向的纯粹表达,而一定会体现出这两种取向的某种综合①。另外,虽然官房主义者要处理的是那个时期准绝对主义政府(the quasi-absolutistic governments)所面临的问题,这种问题也绝不会是简单的技术化的社会工程问题,特别是考虑欧洲各国国王的封建权利和其他贵族是类似的,所以就如第一章对经济学基础的分析所表明的,无论是国王的选择还是官房主义者的选择,都是交换逻辑下的联合选择而非选择逻辑下的孤立选择。

Small 将 Seckendorff 看作是官房主义运动的亚当·斯密,将尤斯蒂(Johann Heinrich Gottlob von Justi)看作是官房主义运动的穆勒(John Stuart Mill)②,也就是说尤斯蒂作为官房主义集大成者的地位远大于其作为原创者的地位,这也使得尤斯蒂的思想成为我们了解和理解官房主义的重要钥匙。尤斯蒂将"一个国家的所有行政事务都必须如此有序,以便通过这些事务来促进同一个国家(即国家)的幸福"③列为官房主义的首要且普遍的原则(the first and universal principle),并将自由(freedom)、有保障的财产(assured property)和繁荣的产业(flourishing

---

① 在翻译巴克豪斯和理查德·E. 瓦格纳在 2004 年联合主编的《财政学手册》时,我曾于 2018 年 4 月 8 日写信向瓦格纳教授请教过这个问题并表达了我的困惑,瓦格纳教授在 4 月 9 日的回信中认为我的感觉是对的,他特别强调了官房主义者的选择是真实的选择,而今天主流财政学的选择是虚构的,正如社会福利函数最大化所表明的。巴克豪斯在其 2002 年发表的论文《旧式财政学好还是新式财政学好:对久经考验的事实的辩解》(Old or New Public Finance:A Plea for the Tried and True)也提到官房主义是真公共选择传统(true public choice tradition),这就说明他们在这里所使用的"选择理论取向"不同于罗宾斯和布坎南所定义的"选择的理论",而是模仿了哈耶克对"真个人主义"与"伪个人主义"的区分,但这样容易导致对财政学研究传统的区分产生混乱。

② Small 强调,作这样类比的目的仅在于说明 Seckendorff 和尤斯蒂在官房主义思想发展史中的地位,除此之外并无其他深意,即:"Seckendorff 在官房主义理论的发展中占据着与斯密后来在抽象财富理论的演进中占据的相对位置非常相似的位置。尤斯蒂确实将他那个时代发展起来的官房学技术(the cameralistic technology)组织成了一个理论体系,并将官房主义的不同阶段联系起来,就像穆勒赋予古典经济学学说最令人印象深刻的印象一样。"Small, A. W. (〔1909〕2001). *The Cameralists: The Pioneers of German Social Polity*. Batoche Books,p. 239.

③ Small,A. W. (〔1909〕2001). *The Cameralists: The Pioneers of German Social Polity*. Batoche Books,p. 267.

industry)作为决定国家和人民幸福的三个主要因素,将人口增加、对外贸易和采矿作为增加财富的三个主要途径。官房主义将财政作为连接政治与经济的关键领域,尤斯蒂在该领域的主要著作包括《国家经济学》(1755)、《赋税及捐税研究》(1762)、《财政体系论》(1776)等,就我们今天的研究来说,他对税收原则和国家支出原则的阐述具有非常重要的意义。

在财政收入方面,官房主义所重视的是国王的领地收入和其他封建特权收入,对民众征取的税收则被放在次要位置,这主要与当时将国家的事看作是国王自己的事有关,按照罗马法传统①,其收支也主要应由国王自己来负责。但随着民族国家建设的推进和国际环境的变化,税收的重要性也变得越来越突出,尤斯蒂正是在此背景下总结提出了六项税收原则②。理查德·E. 瓦格纳曾将尤斯蒂的

---

① 在罗马法传统中,区分 Fiscum 和 Aerarium,前者是指国王的私人账户,后者则是指众人的公共账户,即:"罗马的 Aerarium 是罗马人民的钱的中央存放处。"参见 Jones, A. H. M. (1950). "The Aerarium and the Fiscus", *The Journal of Roman Studies*, Vol. 40, Part 1 and 2, p.22.

② 按照尤斯蒂自己的表述,这六项税收原则分别是:"寻求这样的征税方式和方法是一项基本原则,即臣民将以自愿和快乐的心情主动支付税款"(It is a fundamental rule to seek such ways and means of levying the taxes now in mind, that the subjects will pay them with wiling and happy hearts, and at their own initiative.);"第二项基本原则是,税收不得干扰人类行动的合理自由、商人的信用和贸易,并且一般不得对产业体系或商业产生压迫"(A second fundamental rule is that the taxes must not interfere with the reasonable freedom of human conduct, with the credit of merchants, with the trades, and shall in general not be oppressive to the industrial system or to commerce.);"第三项原则是,税收必须公平平等地向所有臣民征收,因为在这方面,所有臣民都有平等的义务,所有人都享有国家的保护和其他利益"(A third rule is that the taxes must be levied upon all subjects with righteous equality, since all are equally under obligation in this connection, and all share in the protection and other benefits of the state.);"第四项原则是,捐款和捐税应该有一个确定的、固定的、不可伪造的基础,因此不仅应该对那些可以迅速地、确定地征收的对象进行征税,而且应该对那些对臣民来说不容易欺诈和隐瞒也不容易被官员侵吞的对象进行征税"(A fourth rule is, that the contributions and excises shall have a sure, fixed, and unfalsified ground, and consequently should be levied upon objects not only upon which they may be promptly and certainly collected, but in connection with which fraud and concealment is not easy for the subjects, nor peculation for the officials.);"第五项原则是,税收应基于使限制征税者办公室数量和官员数量成为可能的目标(A fifth rule is, that the taxes shall be based on such objects as will permit limitation of the number of collectors' offices, and therewith of officials.);"第六项也是最后一项基本原则是,付款必须尽可能方便,因此必须将其分为方便的不同部分,并在适当的时间支付"(The sixth and last fundamental rule is that payments must be made as easy as possible for the subjects, and hence must be divided into convenient parts, and made payable at appropriate times.)。转引自 Small, A. W. ([1909]2001). *The Cameralists: The Pioneers of German Social Polity*. Batoche Books, p.321—322.

税收六原则与亚当·斯密的税收四原则进行比较,其重要结论是:"尽管尤斯蒂的税收原则的具体内容不同于斯密的原则,但尤斯蒂的税收原则涵盖了斯密的税收原则涉及的所有方面,并且在限制征税权方面比斯密走得更远。像斯密一样,尤斯蒂认为,税收应该按财产比例进行征收,税收应该是确定的而不是任意的,纳税应该是便利的,并且征税在管理上应该是节约的。但是,尤斯蒂并未止步于此,他提供了两个斯密没有提及的原则。其中之一是,税收绝不能剥夺纳税人的必需品或使他减少其资本以缴纳税款。另一个尤斯蒂主张的税收原则在斯密那里也没有被发现,那就是要求税收既不得损害纳税人的福利,也不得侵犯其公民自由。"①因此,理查德·E. 瓦格纳的一个恰当评论是:"斯密的税收原则是一种与利维坦共同生活的秘诀,那就是做诸如修剪巨兽的指甲和锉掉其牙齿这样的事情。巨兽将永远是巨兽,税收原则的目标应该是对巨兽造成的损害进行限制。尤斯蒂的税收原则,加上他偏爱企业收入而不是税收,代表了一种相反的思想取向,那就是寻求驯服(domesticae)巨兽。"②

官房主义赋予国家支出和财政收入同样的重要责任,鉴于国家支出经常被浪费、使用中出现目光短浅的吝啬、在错误的地方使用却想获得最好的结果以及未得到系统化管理等问题,尤斯蒂提出了关于明智支出(wise expenditure)的二十一项原则,其中排在第一位的就是"如果没有最彻底的事先考虑,以及对所涉及的成本和可能从中增加给国家的收入的估计,就不必进行任何支出。"考虑到国家事务管理与私人事务管理有很大相似之处,尤斯蒂认为在私人事务管理中有效的规则也能适用于国家"手段"的使用,但细节会有所改变。为此,他提出的第九项原则是:"国家的必需品必须优先于所有其他必需品,必需品必须按照以下等级来考虑:(1)共和国的稳定所依赖的必需品;(2)那些有资格要求的必需品,即由于疏忽会使社区遭受巨大伤害,例如由于未能适当推广而导致产业受损;(3)那些在没有正伤害(positive injury)的情况下可能被忽略,但如果没有就无法达到国家的最大

---

① Wagner, R. E. (2012). "The Cameralists: Fertile Sources for a New Science of Public Finance", in: Jürgen Georg Backhaus (eds.), *Handbook of the History of Economic Thought*, Springer, p. 130.

② Wagner, R. E. (2012). "The Cameralists: Fertile Sources for a New Science of Public Finance", in: Jürgen Georg Backhaus (eds.), *Handbook of the History of Economic Thought*, Springer, p. 131.

幸福的东西。"另外,还有第十四项原则是,"必须注意不要把经济变得贪婪,尤其是因为统治者对其臣民的某些需求不屑一顾,而他的激情又导致他倾向于其他支出";第十六项原则是,"除非有严格的账目,否则不应支付任何款项";第十七项原则是,"在所有涉及大量就业和许多小额支出的情况下,都应该利用企业家";等等①。

  虽然尤斯蒂将君主政体视为理所当然②,但他阐释的六项税收原则和很多的国家支出原则在今天仍是适用的,这也就说明官房主义的思想中包含了很多与现代财政治理有关的一般性原则。考虑到尤斯蒂自己也认识到这些原则有很多不可能在实践中被国王所采用,所以官房主义本身也并非仅仅是对实践经验的总结,而是有其超越现实并指导实践的理论侧面。在理查德·E. 瓦格纳看来,"官房主义包含了一种将财政学看作是一个[独立的]学术研究领域的取向,这个取向所提供的分析议程比从今天大多数财政学中所能找到的议程更为广泛、更为多样化"③,

---

  ① 其他各项原则包括:第二项原则,"支出永远不应超过收入";第三项原则,"对于所有的支出,'最现成的手段'必须已经到位,在任何情况下都不应该以债务为起点";第四项原则,"国家的所有支出都必须确定";第五项原则,"不应进行任何倾向于永久减少国家可用或总'手段'的支出";第六项原则,"在可能的情况下,支出应该排序,这样钱就会在国家内部支出,并在国家的维持系统内进行循环";第七项原则,"每一项拟议支出的重要性都必须以其可能用于国家福利的收入数额来衡量";第八项原则,"为了统治者和臣民的共同利益,必须按照其有用性的顺序安排支出";第十项原则,"只有在提供了所有必要的费用后,国家的财政才能用于便利的事物(con-veniencies)";第十一项原则,"在提供了满足国家需求和便利所需的所有支出后,可以关注舒适、尊严、展示和装饰";第十二项原则,"其目的应该是使国家的财政处于这样的状态,即不仅可以保障必需品和便利,还可以保障舒适和优雅";第十三项原则,"如果政府要在各种情况下进行公平的拨款,就必须在所有支出中遵守合理的经济原则";第十五项原则,"财政部门必须经常掌握关于所有资金状况的最准确信息";第十项原则,"一次性付款无法获得的任何东西,都应该分次付费";第十九项原则,"花费国家资金的人自己不应该产生必要的额外费用";第二十项原则,"一切都必须在适当的时间提供,具有远见和优势,并通过现金支付;当有利可图时,国家应该保持必要的商品库存";第二十一项原则,"国家的支出必须有严格的账目,以保持有序"。参见 Small,A. W. ([1909]2001). *The Cameralists: The Pioneers of German Social Polity*. Batoche Books,p. 229—331.

  ② 尤斯蒂将政体主要分为三类,即君主政体、贵族政体和民主政体,在尤斯蒂看来,"考虑到君主政体能够迅速掌握一个国家的幸福手段,很容易证明君主政体比其他政体更可取,并因此避免了许多国内动乱和不和谐。同样可以肯定的是,一个好的君主所能做的事情比几个世纪后自由共和国所能带来的事情还要多"。转引自 Small,A. W. ([1909]2001). *The Cameralists: The Pioneers of German Social Polity*. Batoche Books,p. 268.

  ③ Wagner,R. E. (2012). "The Cameralists: Fertile Sources for a New Science of Public Finance",in Backhaus,J. G. (eds.),*Handbook of the History of Economic Thought*,Springer,p. 131.

因此,理查德·E.瓦格纳认为奉行这种取向的财政学能够被恰当地称为"后官房主义财政学"。

　　财政学离不开经济学,因此,要更好理解官房主义所包括的财政学思想,我们还必须进一步把握官房主义中的经济学思想。Peukert 在其 2009 年的一篇论文中提出,从经济学思想史的角度来看,官房主义不同于完全自由放任主义,它在强调市场经济的同时也强调公共规则与监管,同时它也不同于更加集体主义的思想,它将拥有绝对权利的理性个人作为其规范性理想放在其考虑的中心①。从其表述来看,官房主义在经济思想方面的主张更接近今天奥地利学派中由维塞尔和哈耶克所代表的审慎自由主义②。尤斯蒂显然又是一个最好的研究对象,特别是考虑到他与亚当·斯密的同时代性并且其出生与去世都稍早于亚当·斯密:尤斯蒂生于 1702 年,去世于 1771 年;亚当·斯密生于 1723 年,去世于 1790 年。巴克豪斯(Backhaus)将其主编的一本关于尤斯蒂思想研究的论文集取名为《政治经济学的开端:尤斯蒂》③,这是对尤斯蒂及其代表的新官房主义在政治经济学思想史中的地位的一种新表述,该论文集中至少有三篇论文非常直接地表明尤斯蒂的这种地位。

　　一是 Adam 所写的《尤斯蒂与 1756 年后孟德斯鸠时代法国商业贵族之争》,他在文中曾这样评述和引述尤斯蒂的主张:"尤斯蒂认为法国和德国的许多贵族都希望参与贸易。然而,尤斯蒂认为,国家永远不应该阻碍公民的任何有益于社会的意图,比如国家不应该希望借助法律障碍进行交易。尤斯蒂在此提出了国家对公民经济活动的根本不干涉立场:'如果人们有根据自己的知识和意愿行事的自由,并且不会在自己的道路上发现任何障碍,他们最愿意自己追求自己的幸福。幸运的是,如果他们的幸福与同胞的幸福相吻合,他们个人的幸福将导致国家的幸福。'"④进一

---

① 参见 Peukert, H. (2009). "Justi's Concept of Moral Economics and the Good Society", in Backhaus, J. G. (eds.), *The Beginnings of Political Economy: Johann Heinrich Gottlob von Justi*. Springer, p.117.

② 奥地利学派内部存在思想差异,这主要表现在他们对待政府干预的不同态度。米塞斯和罗斯巴德代表了放任自由主义,反对一切政府干预;但维塞尔和哈耶克等则主张特定的政府干预或为政府干预留有余地。

③ Backhaus, J. G. (eds.). (2009). *The Beginnings of Political Economy: Johann Heinrich Gottlob von Justi*. Springer.

④ Adam, U. "Justi and the Post-Montesquieu French Debate on Commercial Nobility in 1756", in Backhaus, J. G. (eds.), *The Beginnings of Political Economy: Johann Heinrich Gottlob von Justi*. Springer, p.87.

步地，Adam 将尤斯蒂的政府理想概括为"一个经过改革的、商业导向的君主政体"（a reformed，commercially orientated monarchy），他不是要取消君主制本身，而是试图解决传统君主制在现实中存在的问题。因此，为了促进经济发展以帮助德国在政治和经济上与商业上更为先进的国家进行竞争，尤斯蒂认为僵化的传统制度，如非商业性的世袭贵族制度（或有罪制度），再也不合理了，新的君主制应该建立在一个更加平等的社会的基础上，公众区分的标准将是功绩、技能和教育，而不是土地、头衔和出身。二是 Peukert 所写的《尤斯蒂关于道德经济学与美好社会的观念》，该文讨论了尤斯蒂的道德哲学著作，其关键点是尤斯蒂对个人自由和理性的重视。尤斯蒂认为，自由意志的意义是引导人走向幸福，但人的理性是有限的，或多或少受到强迫性和非理性情感的限制；市民社会建立在互惠互利的基础上，因防御而需要中央权力，但这种中央权力不应妨碍公民的自然自由（the natural liberty）。因此，Peukert 的重要结论是，尤斯蒂所持立场既不符合霍布斯的坏的人性（bad human nature），也不符合卢梭的社会人性（social human nature）；他不认同沙夫茨伯里（Shaftesbury）所说的人的社会友好形象，也不认同曼德维尔（Mandeville）的私人恶习促进公共利益的哲学，恰恰相反，他将私人恶习看作是公共利益的主要敌人①。这样，基于不同的人性假设，尤斯蒂实际上提出的是与后来的新古典经济学最大化模式不同的行为模式，从而也引出了不同的政策主张。三是 Chaloupek 所写的《尤斯蒂在奥地利：他在 18 世纪哈布斯堡帝国经济和工业政策背景下的著作》，该文提到，尤斯蒂认为增加国内贵金属数量的主要手段不是贸易顺差，而是最大限度地提高国内生产，但与彻底禁止进口的主张相反，尤斯蒂主张将进口税和补贴相结合，以促进国内产业的发展；就国内政策而言，尤斯蒂也不像过去的官房主义者和重商主义者那样主张对商业活动进行严格规制和控制，而是主张商业自由并明确反对国家建立特权贸易公司②。

从这些论文对尤斯蒂的思想研究来看，我们不仅可以从尤斯蒂的著作中找到

① 参见 Peukert，H.（2009）."Justi's Concept of Moral Economics and the Good Society"，in Backhaus，J. G.（eds.），*The Beginnings of Political Economy: Johann Heinrich Gottlob von Justi*. Springer，pp. 117—132.

② 具体参见 Chaloupek，G.（2009）."J. H. G. Justi in Austria：His Writings in the Context of Economic and Industrial Policies of the Habsburg Empire in the 18th Century"，in Backhaus，J. G.（eds.），*The Beginnings of Political Economy: Johann Heinrich Gottlob von Justi*. Springer，pp. 147—156.

之后亚当·斯密的市场经济学原理的雏形,也能找之后李斯特经济学的雏形,这或许也为我们为什么要更好地理解官房主义特别是新官房主义对于财政学基础理论创新的意义提供了重要理由。

二、财政学发展的重要转变:从古典财政学到社会政策学派财政学

亚当·斯密在《国民财富的性质和原因的研究》的第五编为"论君主或国家的收入",占全书篇幅甚至超过了四分之一。恩格斯在《英国状况:十八世纪》一文中非常明确地将斯密的著作看作是对英国工业革命后社会状况发展的回应,"他在1776 年发表自己的《国民财富的性质和原因的研究》,从而创新了财政学"①。在恩格斯看来,"全部以前的财政学都纯粹是国家的;国家经济仅仅被看作全部国家事务中的一个部门,从属于国家本身;亚当·斯密使世界主义服从国家的目的并把国家经济提升为国家的本质和目的"②。从恩格斯所说的斯密财政学的创新所在,我们可以判断他所说的"全部以前的财政学"主要就是我们上面讨论的官房主义。随着英国因工业革命的崛起,斯密的《国民财富的性质和原因的研究》在欧洲广为传播,在斯密的自由主义经济学在德国占据主导地位的同时,斯密的财政学思想体系也取代官房主义成为德国和欧洲大陆的财政学的主流。但英国商品大量涌入对德国手工业及其社会造成的冲击也引发了一些德国经济学家的反思,进而强调民族和国家的重要性③,在 19 世纪上半叶最著名的代表就是德国经济学家李斯特(List)和罗雪尔(Roscher)等④。而当德国因快速工业化而引发了各种社

---

① [德]恩格斯:《英国状况:十八世纪》,载《马克思恩格斯选集》(第 1 卷),人民出版社1995 年版,第 35 页。

② [德]恩格斯:《英国状况:十八世纪》,载《马克思恩格斯选集》(第 1 卷),人民出版社1995 年版,第 35 页。

③ 对于那个时期的"时代精神"和政治背景,熊彼特有过很为精辟的分析和结论,那就是,对于欧洲许多国家来说,"都放弃了经济自由主义和政治自由主义,虽然通常还保留着这个标签。尽管他们在利害关系上和文化偏见上无疑有所不同,他们有一点却是相同的:他们都赋予'国家'和'民族'即'民族国家'以中心地位或支配地位。因此,这种趋势通常被称为'民族主义的','新重商主义的',或'帝国主义的'"。[美]熊彼特:《经济分析史》(第三卷),朱泱等译,商务印书馆 1994 年版,第 19 页。

④ 针对德国工业化的需要,李斯特在 1841 年出版了《政治经济学的国民体系》,罗雪尔在1843 年出版了《历史方法的国民经济学讲义大纲》。与斯密、李嘉图等基于比较优势的自由贸易理论或交换价值理论的"世界主义经济学"不同,李斯特建立了基于生产力理论的国民(转下注)

会矛盾后,学者们则开始关注通过国家干预来缓和矛盾以保证民族国家的内部统一,社会政策学派即由此产生。熊彼特在《经济分析史》中精练地刻画了主流财政学的这一变迁过程,即亚当·斯密的财政论述"后来成了 19 世纪所有财政学论著的基础,直到财政学的'社会'观点出现为止"①。

1. 亚当·斯密的经济学与财政学思想

亚当·斯密的财政学与其经济学紧密地联系在一起,但我们必须注意到斯密的经济学思想远比我们所认为的更为复杂和丰富,同时也更充满争议,正如诺曼在其 2018 年最新出版的《亚当·斯密传》的开篇就指出的:"今天我们提到亚当·斯密,常常会引起人们完全对立的反应。特别是自 20 世纪 80 年代以来,亚当·斯密一直是关于经济学、市场和社会的不同观点的竞争焦点和意识形态战场的中心。"②限于篇幅,本书不能对亚当·斯密的经济学思想进行全面评述③,主要是针

(续上注)经济学,进而提出了包括保护关税在内的一系列发展生产力的政策建议,其核心要义就是国家对经济进行干预是加速本国生产力发展必不可少的条件。李斯特的经济思想深受美国开国元勋汉密尔顿工业化思想和英美等工业化实践的影响。他在《政治经济学的国民体系》一书的序言中写道,"我认真地、勤勤恳恳地学习了那个现实生活的书本,同我以前研究、经验和思考的结果作了比较",这里所说的"那个现实生活的书本"就是指美国的工业化,而"以前研究、经验和思考的结果"则与他在序言中提到的"我到奥地利、匈牙利、瑞士、法国和英国去游历"有关,其书共分为四编,第一编为"历史",第二编为"理论",第三编为"学派",第四编为"政策"。在"历史"编中,李斯特通过讲述意大利人、汉撒商人、荷兰人、英国人、西班牙人与葡萄牙人、法国人、德国人、俄国人和美国人的历史得出的一个重要的历史教训是:"在国家利益上的这种冲突还没有停止以前,换个说法,就是一切国家还没有在同一个法律体系下合成一体以前,这个政策[限制政策]是不能舍弃的。"参见[德]李斯特:《政治经济学的国民体系》,陈万煦译,商务印书馆 1961 年版,第 7—8、116 页。

① [美]熊彼特:《经济分析史》(第一卷),朱泱等译,商务印书馆 1991 年版,第 283 页。

② [英]诺曼:《亚当·斯密传:现代经济学之父的思想》,李烨译,中信出版集团 2021 年版,第 XXVII 页。

③ 诺曼的《亚当·斯密传:现代经济学之父的思想》就是从整体上理解亚当·斯密思想的一次积极努力,也是我们目前可参考的最富有价值的经济学思想史研究文献之一。不同于将亚当·斯密看作是国家干预的坚定敌人,也不同于将亚当·斯密看作是市场原教旨主义者,恰恰相反,诺曼是为了驳斥这些政治右派和左派的看法而写作这本书的。诺曼将资本主义与商业社会区分开来,认为斯密"很可能是自古至今商业社会最有力、最有效的捍卫者,但他还是会同情现代人,表露出对商业社会可能导致的腐败的担忧",因此,"真实的斯密不是一个从《道德情操论》中的利他主义转向《国富论》中的利己主义的知识分子的叛徒。他不是一个市场原教旨主义者,不是一个经济自由主义者,也不是那种强烈意义上的认可自由放任的经济学家。他不是自私自利的鼓吹者,不是亲富者,也不是厌恶女性的人,他不是'经济人'的创造者,也不是掠夺性资本主义的创始人。他当然也没有宽恕奴隶贸易。但他曾经是,现在是,将来也会永(转下注)

对与其财政学思想密切相关的两个通常认识进行简单澄清,即将亚当·斯密看作是自由放任经济学家并以"看不见的手"(an invisible hand)和"守夜人"(night watchman)来概括斯密关于政府-市场关系的看法是长期的普遍误解①。

首先,在奥地利学派经济学的重要代表、完全自由放任者罗斯巴德(Murray Rothbard)的经济学思想史著作《亚当·斯密以前的经济思想》中,亚当·斯密成为背负切断自由放任传统的"罪人",主要理由是斯密没有将自由放任作为一个严格的规则坚持下去,而是列出了例外情况的清单,斯密强烈地拥护严厉的反高利贷法则被罗斯巴德看作是斯密对于自由放任的最恶名昭彰的背叛②。应该说,来自罗斯巴德的批评是对亚当·斯密并非完全自由放任主义者的最好辩护。其次,对亚当·斯密经济学思想的最好概括应该是这句话,即:"在一个政治修明的社会里,造成普及到最下层人民的那种普遍富裕情况的,是各行各业的产量由于分工而大增。"③这句话可以说包含了三层意思:一是亚当·斯密在《国民财富的性质和原

(续上注)远是,一位具有非凡深度和力量的思想家。"见〔英〕诺曼:《亚当·斯密传:现代经济学之父的思想》,李烨译,中信出版集团2021年版,第308、315页。

① 在《国民财富的性质和原因的研究》中,亚当·斯密并没有使用"守夜人"(night watchman)这个概念,"看不见的手"(an invisible hand)也只是在第四篇第二章"论限制从外国输入国内能生产的货物"中提到过一次,其具体表述为:"确实,他通常既不打算促进公共的利益,也不知道他自己是在什么程度上促进那种利益。由于宁愿投资支持国内产业而不支持国外产业,他只是盘算他自己的安全;由于他管理产业的方式目的在于使其生产物的价值能达到最大程度,他所盘算的也只是他自己的利益。在这场合,像在其他许多场合一样,他受着一只看不见的手的指导,去尽力达到一个并非他本意想要达到的目的。也并不因为事非出于本意,就对社会有害。他追求自己的利益,往往使他能比在真正出于本意的情况下更有效地促进社会的利益。"见〔英〕亚当·斯密:《国民财富的性质和原因的研究》(下),郭大力、王亚南译,商务印书馆1974年版,第27页。该段话对应的英文为:"He generally, indeed, neither intends to promote the public interest, nor knows how much he is promoting it. By preferring the support of domestic to that of foreign industry, he intends only his own security; and by directing that industry in such a manner as its produce may be of the greatest value, he intends only his own gain, and he is in this, as in many other cases, led by an invisible hand to promote an end which was no part of his intention. Nor is it always the worse for the society that it was no part of it. By pursuing his own interest he frequently promotes that of the society more effectually than when he really intends to promote it."见 Smith, A. *An Inquiry Into the Nature and Causes of the Wealth of Nations*, ElecBook Classics, pp. 593—594.

② 参见〔美〕罗斯巴德:《亚当·斯密以前的经济思想》,张凤林等译,商务印书馆2012年版。

③ 〔英〕亚当·斯密:《国民财富的性质和原因的研究》(上),郭大力、王亚南译,商务印书馆1972年版,第11页。

因的研究》开篇就强调的分工对于产量增长的重要性，即"劳动生产力上最大的增进，以及运用劳动时所表现的更大的熟练、技巧和判断力，似乎都是分工的结果"①。二是最下层人民的福利是斯密理论的立足点，他们只有在市场经济条件下才能真正享受到普遍富裕，因为最下层人民无权无势，只有在反对特权或基于权利平等、规则公平和机会公开的市场经济条件下才有可能凭自己的努力普遍改变自己的命运，而最下层人民的普遍富裕又会进一步促进分工，从而形成良性循环。这种良性循环关系可以进一步从斯密关于分工与市场间关系的论述中得到理解，即"分工起因于交换能力，分工的程度，因此总要受到交换能力大小的限制，换言之，要受市场广狭的限制"②。三是"政治修明"（在英文版中对应的词语为"a well-governed society"）是前两点起作用的前置性条件，也就是斯密所认为的商业社会存在所必备的条件，这在奥尔森所说的强化市场型政府的内涵中可以得到反映，克罗普西在《国体与经体：对亚当·斯密原理的进一步思考》一书中较为清晰地阐明了斯密本人的相关主张，其核心要求就是"所有权的全面确认，自我保存权利的全面发挥"③。因此，当亚当·斯密说"一种事业若对社会有益，就应当任其自由，广其竞争。竞争愈自由，愈普遍，那事业亦就愈有利于社会"④时，其意思是绝不能被理解为完全自由放任的，他所说的自由应该针对的是布伦南和布坎南所说的"规则下的选择"，而布伦南和布坎南所说的"对规则的选择"也可以从亚当·斯密关于"政治修明"的思想中得到追溯。如果对亚当·斯密的《国民财富的性质和原因的研究》《道德情操论》和《法理学讲义》进行综合考察，我们能更好地理解亚当·斯密的这句话，它也体现在诺曼在《亚当·斯密传》中对斯密经济学一般理论的概括："贸易的扩张增加了经济自由，鼓励创新和专业化。但是，这些发展本身要求并依赖一种不断发展的法律和宪法秩序，这种秩序保护财产权，抑制暴力，抑制国家进行掠夺性的干预。"⑤

---

① ［英］亚当·斯密：《国民财富的性质和原因的研究》（上），郭大力、王亚南译，商务印书馆 1972 年版，第 5 页。

② ［英］亚当·斯密：《国民财富的性质和原因的研究》（上），郭大力、王亚南译，商务印书馆 1972 年版，第 16 页。

③ ［美］克罗普西：《国体与经体：对亚当·斯密原理的进一步思考》，邓文正译，上海世纪出版集团 2005 年版，第 92 页。

④ ［英］亚当·斯密：《国民财富的性质和原因的研究》（上），郭大力、王亚南译，商务印书馆 1972 年版，第 303 页。

⑤ ［英］诺曼：《亚当·斯密传：现代经济学之父的思想》，李烨译，中信出版集团 2021 年版，第 285 页。

亚当·斯密在阐明其经济理论并在批判重商主义和重农主义的基础上提出政府只有三个应尽的义务:"第一,保护社会,使不受其他独立社会的侵犯。第二,尽可能保护社会上各个人,使不受社会上任何其他人的侵害或压迫,这就是说,要设立严正的司法机关。第三,建设并维持某些公共事业及某些公共设施,这种事业与设施,在由大社会经营时,其利润常能补偿消费而有余,但若由个人或少数人经营,就决不能补偿所费。"①斯密所说的这三项义务具有高度的概括性,可以指向大量具体的事务,并会不断根据社会发展需要而拓展,即使是从费用本身来说,也不能说履行这三项职能的政府就是一个小政府,正如斯密在分析保护社会的义务时所指出的:"这种义务的实行,势必随社会文明的进步,而逐渐需要越来越大的费用。"②正是在分析了履行三项义务需要越来越多费用的基础上,斯密研究了一般收入或公共收入的源泉以及公债。在斯密看来,"能够维持政府的安全与尊严的,只有确实的、稳定的、恒久的收入,至于不确实的、不经久的资本及信用,决不可把它当作政府的主要收入来源"③,因此,对于一个大的文明国家,其必要费用的大部分,不能依靠公共资本和土地,而必须依靠税收。

亚当·斯密最为重要贡献被认为是他提出的四项税收原则,即通常所说的平等原则、确定原则、便利原则和节约原则。斯密的表述分别为"一国国民,都必须在可能范围内,按照各自能力的比例,即按照各自在国家保护下享得的收入的比例,缴纳国赋";"各国民应当完纳的赋税,必须是确定的,不得随意变更";"各种赋税完纳的日期及完纳的方法,须予纳税者以最大便利";"一切赋税的征收,须设法使人民所付出的,尽可能等于国家所收入的"④。在税收之外,斯密主要基于战争开支需要专门研究了公债,他将人民对政府公正的信心作为公债发行的重要条件,并认为"政府几乎总是采择能够筹到最多款项的方法,而不愿采用能够解除国家收入负担最速的方策"⑤,这

① [英]亚当·斯密:《国民财富的性质和原因的研究》(下),郭大力、王亚南译,商务印书馆1974年版,第252—253页。

② [英]亚当·斯密:《国民财富的性质和原因的研究》(下),郭大力、王亚南译,商务印书馆1974年版,第270页。

③ [英]亚当·斯密:《国民财富的性质和原因的研究》(下),郭大力、王亚南译,商务印书馆1974年版,第379页。

④ 见[英]亚当·斯密:《国民财富的性质和原因的研究》(下),郭大力、王亚南译,商务印书馆1974年版,第384—385页。

⑤ [英]亚当·斯密:《国民财富的性质和原因的研究》(下),郭大力、王亚南译,商务印书馆1974年版,第481页。

导致了公债规模的持续膨胀,斯密相信,当公债增大到某种程度时,公公道道地完全偿还了的实例几乎是没有的。由于公债使用者没有直接利益,而国家债权者也对公债的特定使用缺乏兴趣,因此,国家便可能因负债而衰弱。进一步地,斯密还批评了国家通过通货膨胀来偿还公债的做法:"增大价值这个简单做法,是公然的、暴戾的不正行为,而减低标准成色,却是阴险、欺诈的不正行为。"①

最后,我们还有必要提到亚当·斯密的经济学思想和财政学思想的来源,它并不是独立产生的,也并不全部来自英国的经验,而是斯密以英国经验为基础对当时已有经济学和财政学思想进行批判性继承与发展的结果,斯密本人在欧洲大陆的游历和与欧洲思想家们的接触与交往也能为此提供一些重要证据。熊彼特在强调斯密的分析框架传承于经院哲学和自然法哲学之外,还特别强调:"不应忘记,自然法哲学家的遗产以及与斯密同时代的法国作家的成就,并不是斯密可以依赖的全部东西。还有另外一股潮流汇入了《国富论》,这股潮流为顾问行政官和小册子作家所代表……但不管他实际上从前人那里学到了东西没有,事实都是:《国富论》中所包含的分析思想、分析原则或分析方法,没有一个在 1776 年是全新的。"②

2. 瓦格纳的社会政策学派财政学思想

在斯密的财政学理论中,政府"被完全解除了监督私人产业、指导私人产业、使之最适合于社会利益的义务",这也是古典财政学的总体特征,因为"要履行这种义务,君主们极易陷于错误;要行之得当,恐不是人间智慧或知识所能作到的"③。但 19 世纪新兴民族国家的治理实践面临着与亚当·斯密不同的国际国内环境,英国工业化的冲击和本国工业化推进和社会转型等带来了大量的新问题,这都要求政府在更多领域发挥更大的作用,社会政策学派财政学由此逐渐形成。应该说,社会政策学派财政学并不是对斯密代表的古典财政学的简单替代,而是对古典财政学在新的国家治理任务或新的社会条件下的新发展,这就是熊彼特所

---

① 〔英〕亚当·斯密:《国民财富的性质和原因的研究》(下),郭大力、王亚南译,商务印书馆 1974 年版,第 496 页。

② 〔美〕熊彼特:《经济分析史》(第一卷),朱泱等译,商务印书馆 1991 年版,第 279—280 页。

③ 〔英〕亚当·斯密:《国民财富的性质和原因的研究》(下),郭大力、王亚南译,商务印书馆 1974 年版,第 252 页。

说的,"如果不考虑到那些认为民族自决和社会政策只不过是同一事物的两个方面的人,我们就不能理解这个时代"①。正是在此过程中,德国经济学家和财政学家瓦格纳完成了从曼彻斯特主义者向国家干预论者的转变,他不仅是俾斯麦的崇拜者,也是俾斯麦的经济顾问和社会保障改革顾问,特别是因其四卷本《财政学》的出版②而成为社会政策学派财政学的主要代表。

瓦格纳能够成为社会政策学派财政学的主要代表,是从其超越③斯密的自由主义经济学并建立新的经济学体系开始的,其系统性成果反映在他1879年出版的《政治经济学基础》④中。如果说李斯特的国民经济学所主张的国家干预论主要是国际贸易政策的话,那么瓦格纳的政治经济学所主张的国家干预更多指向的是国内政策。进一步地,如果说国家干预论在斯密理论中只是附带的并且只是附加在其理论之上的话⑤,

---

① [美]熊彼特:《经济分析史》(第三卷),朱泱等译,商务印书馆1994年版,第19页。

② 瓦格纳是德国财政学家劳(Rau)的学生,其原来的计划是出版新版的《劳的财政学》(Rau's finance),但他很快发现自己对国家干预的具体看法与劳的观点之间存在较大分歧,这促使他下决心进行新的创造。所以我们会看到瓦格纳在阐述对相关问题的看法时常常会与劳的观点进行对话,这在童蒙正编著的《瓦格纳财政学提要》中也得到反映(参见童蒙正编著:《瓦格涅财政学提要》,黎明书局1931年版。该书被收入刘守刚、刘志广主编的"中国近现代财政学名作新编丛书",具体出版信息为:童蒙正编著《瓦格纳财政学提要》,刘志广整理,上海远东出版社2024年版)。但这种新创造的难度与工作量远远超过了瓦格纳当时的设想,以至于它变成了一个漫长的出版计划。最终,瓦格纳的《财政学》有四卷之多,其厚度或内容之丰富甚至都有令人生畏之嫌,这也使其至今未被完整地译成英文和中文。美国著名财政学家塞利格曼(Edwin R. A. Seligman)在1890年的书评中将其与德国同一时期出版的科恩(Cohn)的《财政学》进行了比较。在塞利格曼看来,瓦格纳的计划是如此全面,他的方法是如此令人困惑,并且涉及如此多的重复,特别是,随着研究的推进,瓦格纳不断地进入到一部百科全书式的细节之中。因此,尽管塞利格曼承认瓦格纳是一位敏锐的原创性思想家,但他更倾向于科恩的《财政学》,即使后者在他看来没有包含任何可以被称为对财政科学的标志性贡献的内容,其主要原因就在于其清晰的风格和哲学视野。因此,对瓦格纳财政学思想的把握,其难点可能不在于其思想的艰深,而是要从其细致琐碎的表述中窥见其主张。

③ 之所以用"超越"而不用"反对",是因为斯密并不是一个严格的完全自由放任主义者,而瓦格纳虽然主张国家干预,但这种干预是与德国发展的阶段性紧密联系在一起的。这和李斯特是一样的,李斯特批评斯密的经济学为世界主义经济学,但他反对的理由主要是德国和英国的发展阶段不同,他主张关税保护的目的是为了最终能够让德国成长起来,以具有与英国开展自由贸易的平等地位,而这实际上也是英国、美国等曾采取的有效政策。

④ Wagner, Adolph. 1879. *Grundlegung der politischen Okonomie*. Leipzig:Winter. 该书书名在国内也被译为《政治经济学教程》或《政治经济学教科书》,但至今还没有中译本。

⑤ 也就是说,斯密的国家干预思想只是其直觉或经验的产物而非其理论的逻辑产物,所以他关于国家干预什么是采用列举法的。

那瓦格纳的国家干预论则是其经济理论的中心并且是其理论的逻辑生成物,一个履行更多职能且承担更多义务的"伦理国家"(ethical state)应该确保发挥"文明化"作用或为共同体的文明化努力作出贡献。因此,瓦格纳是借助 19 世纪的自然法理论强化了有机共同体(organic community)的概念,从而使增加国家和累进税在经济中的作用合法化。但我们也要注意到,虽然瓦格纳的经济学理论重在阐明国家干预的理由,但其对国家干预的要求并不是泛化的,而是要求具体情况具体分析,这也意味着在瓦格纳更为完整的思想体系中,国家干预是例外而不是常态。

瓦格纳的财政学思想除是对自己经济学思想的落实外,也是对德国在 19 世纪以来的财政实践和基于德国国情对财政学基础理论所进行创新的集大成①。瓦格纳以"同族时代""市民时代"和"社会时代"之划分来考虑财政的功能,认为在亚当·斯密的"市民时代"之后的"社会时代"是必须推行社会改良或社会政策的时代,并认为"社会政策"的国家的目的不能限于"市民时代"的国家的法治和权力目的,还必须加上文化与福利的目的,其核心主张是,以税收作为改革工具,以减少工业资本主义导致的巨大财富不平等。联系国家的多重目的,瓦格纳论述了财政的经费体系,它们与国家通常的活动范围一起都由议会决定。据此,瓦格纳提出了三项财政原则:一是应当有正当自主的财政监督组织;二是应遵守节约的原则;三是应兼顾国民所得与财政需要的关系。瓦格纳发展了自李斯特以来德国财政学思想中已经成型的公共支出的再生产费用学说,其对税收政策的讨论是建立在

---

① 对于瓦格纳之前德国财政思想的发展及其历史背景,日本学者坂入长太郎在《欧美财政思想史》中有很好的梳理和总结,其中就包括:劳(Rau)在 1832 年出版的《财政学》,试图通过古典学派和经济理论的分析方法将财政学从官房学中分离出来并建立其理论体系;李斯特在 1841 年出版的《政治经济学的国民体系》,主张经济发展阶段论并建立了国家经费支出的生产性理论;罗雪尔在 1843 年出版的《历史方法的国民经济学讲义大纲》,主张社会的整体的国家依靠赋税而存在,从而与私权的国家依靠封建领地相区别;迪策尔在 1855 年出版的《从人民经济关系观察国家公债法》,主张国家财政与国民经济的关系是在相互作用中促使国民经济发展下去,因而将公债作为生产性的投资支出时,其性质是生产性的;史泰因在 1860 年出版的《财政学教科书》,强调从政治、社会、经济生活的联系去理解财政,并基于国家经济循环提出赋税再生产学说;谢夫勒的《赋税政策原理》和《赋税论》,基于社会有机体理论,主张将国民所得在国家需要与私人需要之间均衡分配。正是在这些已有探索的基础上,瓦格纳将德国的官房学派与英国的古典学派相融合,在有机的国家观念下,建立了作为其经济民族主义的国家经济的财政论。具体参见[日]坂入长太郎:《欧美财政思想史》,张淳译,中国财政经济出版社 1987 年版,第三篇"社会政策学派财政论——19 世纪后半叶德国古典学派财政理论的建立"之第一章"19 世纪前半叶德国财政论"和第二章"德国财政理论的展开"。

其所发现的国家经费膨胀规律也即瓦格纳定律①的基础上的,税收政策是弥补国家经费缺口的重要手段。但税收只有在纳税者一年间的生产在维持其生活与能力后仍有剩余的时代才能作为经常的财政制度。瓦格纳除认可税收的纯财政目的外,也认为税收具有对所得和财产分配进行干预调整的社会政策的目的,后者被认为是瓦格纳的社会政策论的立足之本。

　　需要指出的是,瓦格纳所代表的社会政策学派财政学不能被简单看作是德国社会政策协会的财政学主张,因为瓦格纳虽然参与了协会的创建,但很快就因理念冲突而退出了②;同时,瓦格纳所代表的社会政策学派财政学也不能被看作是德国历史主义学派的财政主张,因为瓦格纳在门格尔与施穆勒的方法论大论辩中明确表示更倾向于门格尔③,熊彼特对此也有一个明确的判断,即瓦格纳"觉得自己是在反对历史主义这个意义上是'理论家'"④。进一步地,我们也不能认为瓦格纳所代表的社会政策学派财政学是对斯密所代表的古典财政学的"反对",因为瓦格纳后来所反对的曼彻斯特主义并非真正的斯密主义。瓦格纳的财政学体现了德国官房主义与古典政治经济学的结合⑤,日本学者坂入长太郎在《欧美财政思想

---

①　瓦格纳定律的本义是"公共活动不断扩大定律",其前提性分析包括从有机体视角看待财政经济的性质和特别之处、从社会经济变化的历史进程来分析财政收支和由宪法程序来决定预算是最好的保障等。我们不能在实证研究中将"公共活动不断扩大定律"直接等同于"公共支出不断扩大定律"。对瓦格纳定律的不同解读最终可分为量的解读和质的解读两大取向,它们也分别对应了财政学研究的不同传统,但瓦格纳定律的本义只有在交换范式财政学中才能得到恰当理解,瓦格纳在一定意义上可以被视作财政社会学的重要先驱。关于瓦格纳定律含义的辨析参见刘志广:《时代精神与瓦格纳的财政学思想》(整理者导读),载童蒙正编著《瓦格纳财政学提要》,刘志广整理,上海远东出版社 2024 年版。

②　虽然瓦格纳确实是与一些新历史学派的成员共同参与组建了社会政策协会,但他只过了几年便愤怒退出并加入了中央社会改革协会(Zentralverein für Sozialreform)这个小而保守的组织,并在该协会与基督教社会主义运动合并后成立的新教社会党中长期担任领导者,并一直主导着该党的社会和经济的纲领(platforms)。参见 Kenneth Barkin. (1969). "Adolf Wagner and German Industrial Development", in *The Journal of Modern History*, Vol. 41, No. 2, pp. 144—159.

③　参见 Adolph Wagner. (1886). "Wagner on the Present State of Political Economy", in *The Quarterly Journal of Economics*, Vol. 1, No. 1, pp. 113—133.

④　[美]熊彼特:《经济分析史》(第三卷),朱泱等译,商务印书馆 1994 年版,第 151 页。

⑤　比如,瓦格纳关于企业国营的论述就很好地体现了其在官房主义传统与英国古典学派之间进行融合的努力:一方面,瓦格纳遵循官房主义的传统,将企业国营当作政府财政收入的重要来源;另一方面,他又受英国古典学派的影响,试图将企业国营限定在有限的场合而非根据财政需要任意进行扩张。参见[日]坂入长太郎:《欧美财政思想史》,张淳译,中国财政经济出版社 1987 年版,第 312 页。

史》中很好地概括了瓦格纳对财政学思想的贡献,即:"他把财政学看成国家经济,使官房学与古典学派相结合;他使古典学派将财政学作为经济学的一部分,从政治经济学中独立出来;他把财政学归纳成理论的、系统的科学,形成独立的社会科学——瓦格纳的德国正统派财政学。"①正是在此意义上,我们将斯密代表的古典财政学与瓦格纳代表的社会政策学派财政学放在一起作为财政学的一个重要发展阶段,而德国的社会政策学派财政学也反过来对英美财政学产生了重要影响,并成为 19 世纪末 20 世纪初英美的主流财政学研究范式。Pehn 在其 1896 年出版的《财政学导论》中就承认德国学者的财政学研究所涵盖的问题领域要远远大于英国和法国学者,并指出英语中第一本覆盖全面的财政学教材是英国学者 Bastable 在 1892 年出版的《财政学》(*Public Finance*)②,之后在美国就有 Pehn 在 1896 年出版的《财政学导论》和 Adams 在 1898 年出版的《财政科学》(*The Science of Finance*)。

三、财政学发展的重要歧变:从财政学到公共经济学

德国社会政策学派财政学的发展既体现了工业革命下后发国家实现民族国家发展的时代需求,也体现了欧洲在经历了 19 世纪上半期的"革命的年代"之后从波兰尼所说的"脱嵌"到重新"入嵌"的转型发展需要③,因而不仅在德国,也在世界其他地方产生了广泛影响力,瓦格纳也因此被认为是当时世界著名的经济学家④。但德国社会政策学派财政学的发展之时也正值经济学边际革命的发生之际,新古典经济学的诞生并在后来逐渐成为主流经济学的选择范式极大地改变了财政学的经济学基础,预示着财政学的巨大变革。但这种变革并不是随着经济学的边际革命同步发生的,而是有一个滞后期。正是在这个滞后期中,马斯格雷夫

① [日]坂入长太郎:《欧美财政思想史》,张淳译,中国财政经济出版社 1987 年版,第 312 页。

② 参见 Plehn, C. C.([1896]1902). *The Introduction of Public Finance*, second edition, The Macaillan Company, p.5—6.

③ 参见[英]波兰尼:《巨变:当代政治与经济的起源》,黄树民译,社会科学文献出版社 2013 年版;或:[英]波兰尼:《大转型:我们时代的政治与经济起源》,刘阳、冯钢译,浙江人民出版社 2007 年版。

④ 比如,《经济学季刊》(*The Quarterly Journal of Economics*)在 1886 年第 1 期刊发《瓦格纳论政治经济学的现状》时在"编者按"中称瓦格纳是"一位在世的最杰出的经济学家"。

(Musgrave)和布坎南虽然分别成为现代财政学体系和公共选择理论的创立者,但最终他们还是成了重要的过渡性人物,他们的理论保留了过去财政学研究的重要传统①,但这种重要传统却被后继者们所忽略或甚至是排除了,从而导致了财政学发展的重要歧变。

马斯格雷夫在 1959 年出版的《财政学原理》(*The Theory of Public Finance*)是对财政学思想的一个重大贡献②。在该书的"序言"中,马斯格雷夫指出,其对财政学研究的兴趣主要来自于探寻美好社会(a search for the good society)而非科学上的好奇(scientific curiosity),"美好社会的形式包含了价值判断(value judgment),价值判断也会进入到经济学家选择进行检验的议题(issue)。然后,在此基础上,经济学家的职能就是探讨一个科学的因此也是客观的答案"③。马斯格雷夫实际上是在将德国社会政策学派财政学与凯恩斯主义的宏观财政理论相结合的基础上提出了稳定经济、资源配置和收入分配三大财政职能并由此建立其现代财政学理论体系的④,其具体贡献几乎涵盖了财政学研究的各个领域。但在该书的"序言"中,马斯格雷夫也表述了自己的犹豫,那就是:"事实上,我一直在犹豫是否将这本书称为是对财政学原理的研究⋯⋯遵循德国'国家经济'(Staatswirtschaft)

① 对马斯格雷夫来说,虽然他是在美国完成博士学位,但对他在德国学习时接受的财政学研究传统念念不忘并引以为傲;对布坎南来说,虽然其教育完全是在美国完成的,但在接触了欧洲财政学文献特别是在意大利进行访学后,就将传承欧洲大陆财政学研究传统特别是意大利财政学研究传统作为己任。对马斯格雷夫和布坎南财政学思想的较为详细的介绍与评论将在下一节关于财政学不同研究传统的探讨中进行。

② 参见 Shoup, Carl S. (1959). "The Theory of Public Finance:A Review Article", *American Economic Review*, Vol. 49, No. 5, pp. 1018—1029.

③ Musgrave, R. A. (1959). *The Theory of Public Finance: A Study in Public Economy*. McGraw-Hill, New York, p. Ⅵ.

④ 日本学者神野直彦认为,马斯格雷夫始终是在德国正统财政学的框架内推进财政学系统化的,其中,马斯格雷夫所说的资源配置功能主要源于以亚当·斯密为代表的古典财政学派,收入分配功能主要源于德国正统财政学派,稳定经济功能主要源于凯恩斯革命后财政政策所探讨的财政功能。进一步地,神野直彦认为,马斯格雷夫所继承的德国财政学传统是主张市场经济与财政二分的新经济学派的财政学。这实际上也意味着,神野直彦认为德国正统财政学就是新经济学派财政学,但这方面还可以进一步商榷。因为德国正统财政学深受官房主义的影响,在官房主义理论中,政府参与到市场当中,而不是站在市场之外。另外,即使是斯密所代表的古典财政学中,政府也并非是站在市场之外的。因此,体现市场经济与财政二分的,实际上主要是新古典综合财政学。关于神野直彦的具体观点,参见[日]神野直彦:《财政学——财政现象的实体化分析》,彭曦等译,南京大学出版社 2012 年版,第 5 章。

这个有用的概念,最好将其描述为对公共经济理论的考察。"所以我们看到马斯格雷夫给其书所加的副标题是"公共经济研究"(A Study in Public Economy),而这似乎也预示着后来财政学的歧变即公共经济学的发展。

布坎南因 1962 年和塔洛克(Gordon Tullock)在合著的《同意的计算》(*The Calculus of Consent*)中提出的公共选择理论(public choice)而著名,但该书同时还包含了布坎南的另一项重要学术贡献,那就是宪则政治经济学(constitutional political economy),这就是布坎南一直强调的该书为集体行动分析提供了一个两层次的框架(a two-level framework on analyses of collective action)。如果说公共选择考察政治和财政制度对集体行动结果的影响的话,那么宪则政治经济学则考察宪则性规则对宪则下选择的结果的影响。布坎南在这两个方面的研究特别受惠于瑞典经济学家维克塞尔(Wicksell)和一群意大利学者[1]的已有贡献,而他自己也以发扬这些传统为已任。布坎南在《民主财政论》中所建立的财政宪则(fiscal constitution)和货币宪则(monetary constitution)理论[2]以及和布伦南一起在《征税权》(*The Power to Tax*)一书中对财政宪则基础的进一步分析[3]为财政学研究确立了恒久的研究领域。

马斯格雷夫和布坎南都因其在经济学特别是财政学领域的重大原创性贡献而获得了巨大的世界影响力,布坎南因此在 1986 年获得了诺贝尔经济学奖,马斯格雷夫也被认为是一位应该获得诺贝尔经济学奖的伟大经济学家[4]。马斯格雷夫

---

[1]　这些人包括德·马尔科(Antonio De Viti De Marco)、马费奥·潘塔莱奥尼(Maffeo Pantaleoni)和路易吉·埃诺迪(Luigi Einaudi)等。

[2]　Buchanan, James M. (1967). *Public Finance in Democratic Process: Fiscal Institutions and the Individual Choice*. University of North Carolina Press. 中译本参见[美]布坎南:《民主财政论》,穆怀朋译,商务印书馆 1993 年版。

[3]　Brennan, J. and Buchanan, J. M. (1980). *The Power to Tax: analytical foundations of a fiscal constitution*, Cambridge University Press.

[4]　学界流传的说法是马斯格雷夫应该与萨缪尔森共享 1970 年诺贝尔经济学奖,主要理由是萨缪尔森 1954 年发表的《公共支出的纯理论》(The Pure Theory of Public Expenditure)就是将马斯格雷夫 1939 年发表的《公共经济自愿交换论》(The Voluntary Exchange Theory of Public Economy)中关于公共物品的思想数学化了。但这可能是一个对源自萨缪尔森说法的误解,因为萨缪尔森曾表示他关于公共经济自愿交换理论了解主要来自马斯格雷夫,他本应该邀请马斯格雷夫一起来写那篇论文的,而且那篇论文可能让马斯格雷夫与诺贝尔奖失之交臂。但这可能只是萨缪尔森自谦的说法,因为一方面马斯格雷夫的那篇论文并非原创性论文,而是一篇评述性论文,主要涉及对 Sax、维克塞尔(Wicksell)和林达尔(Lindahl)等人的思想,而后来马斯(转下注)

和布坎南的研究极大地推动了"二战"后财政学的丰富和发展,布坎南也曾在1975年基于公共选择视角对"二战"后财政学的重大变革进行归纳总结,认为后马歇尔时代的财政学的两个主要缺口——财政账户的支出端和公共决策过程,都得到了弥补①。虽然这是一个事实,但这一事实在今天看来却不是"二战"后财政学发展的全部,甚至还不是"二战"后财政学发展的主流,自官房主义以来财政学发展所取得的成果和洞见很多被忽略或淡化处理了。作为过渡性人物,马斯格雷夫与布坎南在财政学思想上的一个重要区别在于,马斯格雷夫奠定了英美现代财政学的理论框架,但心中仍惦念着财政学的欧洲大陆传统;布坎南力图基于财政学的欧洲大陆传统特别是意大利传统建立一个替代现代财政学的理论框架,但却又经常回到基于新古典经济学和凯恩斯主义经济学的主流财政学理论之中。

　　Goode 在1970年发表的论文《国际社会科学百科全书中的财政学:一篇评论论文》对比了1968年出版的《国际社会科学百科全书》和1930—1935年版的《社会科学百科全书》对财政学的不同界定和处理,并总结了七个方面的差异②:(1)新

（续上注）格雷夫在1983年的论文《萨缪尔森论公共物品》中对萨缪尔森给予了高度评价,称萨缪尔森1954年发表《公共支出的纯理论》的时间代表着现代公共物品理论的起点,而他在整篇论文中仅一次提及自己1939年发表的论文,说的是萨缪尔森对林达尔图解的"朦胧记忆"(dim remembrance)来自他自己那篇早期的论文。具体参见 Musgrave, R. A. ([1983]1986). "Samuelson on Public Good", Musgrave, R. A., *Public Finance in a Democratic Society*, Vol II: Fiscal Doctrine, Growth and Institutions. New York: New York University Press, pp. 319—334。另外,诺贝尔奖评奖委员会给萨缪尔森的颁奖词也是一个证明,即:"他通过科学工作发展了静态和动态经济理论,并为提高经济科学分析水平作出了积极贡献。"(Prize motivation: "for the scientific work through which he has developed static and dynamic economic theory and actively contributed to raising the level of analysis in economic science.")这里并没有具体提到萨缪尔森是因为公共物品理论而获奖,诺贝尔奖官方网站在介绍萨缪尔森的工作时也没有提到这方面的具体贡献,而是说:"Ragnar Frisch 和 Jan Tinbergen 早些时候专注于统计学和实证数据,而保罗·萨缪尔森(Paul Samuelson)则把时间花在了经济学的理论方法和分析上。他用数学形式化了经济学研究,他的工作几乎影响了现代经济学的所有分支。他认为自己是越来越专业化的经济学家中的最后一个通才,也是新凯恩斯学派中最重要的创新者之一,该学派将凯恩斯的思想与市场理论相结合。"具体参见诺贝尔奖官方网站:https://www.nobelprize.org/prizes/economic-sciences/1970/samuelson/facts/。

　　① Buchanan, J. M. (1975). "Public Finance and Public Choice", *National Tax Journal*, Vol. 28, No. 4, pp. 383—394.

　　② 在 Goode 的论文中,说的是八个方面,其中七个方面都是讲差异,只有第六个方面讲的是共同点,所以在引述时还是将它们区分开来了。具体参见 Goode, R. (1970). "Public Finance in the International Encyclopedia of the Social Sciences: A Review Article." *Journal of Economic Literature*, Vol. 8, No. 1, p. 31—32.

百科全书与旧百科全书关于财政学的篇幅虽然大致相当,但新百科全书中绝大部分内容与旧百科全书无直接对应内容①,且占全书的比重有大幅下降;(2)只有卡尔·肖普(Carl Shoup)一人为新旧百科全书写稿,新百科全书撰稿人的中位年龄为51岁,并且都没有当年肖普那样年轻,相比之下,旧百科全书为年轻学者提供了更多机会;(3)与新百科全书相比,旧百科全书更注重主题的历史方面,不仅通常比新百科全书中的作者追溯他们的主题到更久远,还包括有新百科全书不包括的对历史主题的讨论论文;(4)旧百科全书比新百科全书更关注财政的行政和宪法方面的内容,这在新百科全书中没有对应的内容;(5)与新百科全书中的论文相比,旧百科全书中的论文通常不那么具有分析性,或者按照今天的术语来说不那么具有理论性;(6)新百科全书虽冠之"国际的",但旧百科全书却比新百科全书更具兼容性,新百科全书中所有与财政学有关的论文都是美国学者写的,旧百科全书则大约是三分之二,另外,旧百科全书中的书目所包含的非英语语言的著作比例远高于新百科全书;(7)旧百科全书中的参考书目比较广泛,其条目也通常多于新百科全书。但 Goode 也发现了新旧百科全书的一个共同点,那就是它们中的财政学论文都倾向于规范性研究,旧百科全书的作者并没有表现出更多的规范性判断和更热衷于开出政策药方。

　　Goode 在 1970 年的比较研究中所发现的财政学的变化趋势在后来得到进一步发展,财政学在学科性质上更倾向于经济学、在研究领域上因弱化对制度的关注而变窄等问题②在近半个世纪中变得更加严重了,以至于美国经济学会的《经济学文献杂志》(*Journal of Economic Literature*,JEL)2006 年版和 2011 年版的经济学文献分

---

　　① 　Goode 在文中特别提到了塞里格曼(Seligman),他是旧百科全书的主编,同时也是财政学领域的杰出专家,他为旧百科全书写有一篇 8 000 字左右关于财政学通论方面的论文,这方面在新百科全书中并没有对应的内容。另外,Goode 还提到,在旧百科全书中单独讨论但在新百科全书中没有讨论的其他主题包括强迫贷款、公共收入、人头税、免税、资本税、超额利润税、双重征税、出口税、汽油税、特别评估、公共垄断、资本化和税款摊销(amortization of tax),以及其他一些与行政和历史有关的主题。参见 Goode, R. (1970). "Public Finance in the International Encyclopedia of the Social Sciences: A Review Article." *Journal of Economic Literature*, Vol. 8,No. 1,p. 31.

　　② 　Goode 的原话为:"从《社会科学国际百科全书》(IESS)以及最近的论文和教科书中可以看出,财政学比以前更倾向于经济理论,也变得更为严谨(rigorous)。虽然补偿性财政政策或功能性财政原则的发展以及对公共支出的更形式化的处理丰富了财政学的研究主题,但与此同时,由于经济学家对制度问题的关注度下降,这一研究领域已经变窄了。"参见 Goode, R. (1970). "Public Finance in the International Encyclopedia of the Social Sciences: A Review Article." *Journal of Economic Literature*, Vol. 8,No. 1,p. 33.

类体系中都已经没有了"财政学"(Public Finance)名目的存在。在该经济学文献分类体系中,与财政学相近的名目被划到"H—公共经济学"(Public Economics)名下,其次级研究领域包括:"H0—概述;H1—政府结构和范围;H2—税收、补贴和收入;H3—财政政策与经济主体行为;H4—公开提供的商品;H5—国家政府支出和相关政策;H6—国家预算、赤字和债务;H7—州和地方政府,政府间关系;H8—其他问题。"[1]虽然这份公共经济学的次级研究领域所涉及的内容反映了通常所说的财政学的研究内容,但就公共经济学自身的发展来说,则进一步发生了演变以至于与传统的财政学研究拉开了距离。2007年第二版《国际社会科学百科全书》关于"公共经济学"(Public Economics)条目虽然承认"当代公共经济学源自财政学(public finance)与公共选择(public choice)这两个传统",并声称这两个传统分别出自马斯格雷夫和布坎南,但也明确指出,到了21世纪,"公共经济学和其他经济学领域之间的界限已经模糊,财政学传统和公共选择传统之间的界限也已经模糊",不仅其他领域的经济学家开始研究税收和外部性等问题,公共经济学家也开始研究非政府形式的集体行动,这使得"公共经济学不再仅仅是公共部门的经济学"[2]。当然,一些名为"公共经济学"的教材和论文还是遵循了财政学传统和公共选择传统,如由 Peter Abelson 编著并在澳大利亚富有影响力的教材《公共经济学:原理与实践》就是如此[3],但

---

① 参见 American Economics Association. (2011). "Journal of Economic Literature Classification System". https://www.aeaweb.org/econlit/jelCodes.php.

② Woolley, F. (2007). "Economics, Public", in Darity, W. A. (eds.). *International Encyclopedia of the Social Sciences* (Volume 2, 2nd edition), New York: The Macmillan Company & The Free Press, pp.529—530.

③ 这在该书的目录上就有很好的体现:第一部分,政府的性质;第二部分,市场和政府;第三部分,经济演变和公共政策;第四部分,公共选择;第五部分,建立经济基础;第六部分,产品和服务的公共供给;第七部分,社会福利和收入再分配;第八部分,财政与税收;第九部分,税收实践;第十部分,多级政府体系。进一步来看,Peter Abelson 在该书的具体内容安排上也体现了财政学传统和公共选择传统,如他在第一章讨论公共经济学的基础时,不仅区分了政府与国家这两个概念,还讨论了对政府的限制(constraints on government),并基于有机国家观(organic view)和机械模型(mechanistic model)讨论思想史上对政府的不同看法以及自由主义、社会主义、保守主义和社会民主主义等对政府职能的不能看法;在此基础上,Peter Abelson 讨论了政府的经济职能,并从经济学思想史上进行了回顾,涉及斯密、穆勒和马克思等重要经济学家,之后还讨论了20世纪后支持增加政府作用的观点、1970年代后主张降低政府作用的观点以及新千年以来的相关观点;最后,Peter Abelson 才对公共政策与经济分析原理进行讨论。参见 Abelson, P. (2012). *Public Economics: Principles and Practice* (3rd Edition). McGraw-Hill.

2007 年版《社会科学国际百科全书》所提到的公共经济学在 21 世纪的新发展对于财政学研究者来说却是一个不能不正视的事实。

从财政学到公共经济学,这是财政学发展史上的重大歧变。特别值得注意的是,在这次巨大转变中却找不到像我们前面提到的尤斯蒂、亚当·斯密、瓦格纳、马斯格雷夫和布坎南那样的"关键人物"。一切都好像是在不知不觉当中发生的,但猛然一回头,却发现财政学的面貌和境遇已经发生了巨大改变,它在很多国家甚至连自己的"名字"都未能保住,即使一些国家的教科书仍以"财政学"为名,但那种以经济学为基础且同时兼具政治学、法学和公共行政管理学等多学科知识的财政学痕迹也变得越来越淡了。可以预见的是,由于美国经济学会的《经济学文献杂志》(*JEL*)在其经济学文献分类体系取消了"财政学"并代之以公共经济学,并且很多国家的大学也普遍以公共经济学课程取代财政学课程,这意味着财政学发展的土壤,包括学科"旗帜"和未来人才的重要源头都已经发生了巨大变革,财政学的研究者如果不能充分证明自身存在的合理性与必要性,那么财政学这门在社会科学研究中具有悠久传统的学科必将陷入更为尴尬的境地。

第二节 "慕尼黑论辩"与维克塞尔"悖论"

从官房主义到古典财政学和社会政策学派财政学,财政学逐渐成型并丰富发展,但经济学边际革命后新古典(综合派)经济学作为主流经济学的崛起,其强大的"引力"不仅改变了财政学原有的发展路径,而且也大大改变了财政学所主要关注的议题,特别是加上"二战"影响的推动①,这一进程被大大加速了。但是这一发

---

① 巴克豪斯和理查德·E.瓦格纳在他们合作的论文《大陆财政学:一种传统的映射与恢复》中探讨了财政学面貌发生巨大改变的原因,除新古典经济学成为主流从而将价格理论和配置理论提升到人类治理的组织和制度架构之上以外,他们重点强调了希特勒引发的灾难性影响:一方面很多欧洲特别是德国的财政学研究者在战争中阵亡了或在战后停止了学术研究,移民到英美并有机会继续从事财政学研究的少数学者也不得不按照英美的学术要求以谋求学术职位;另一方面,虽然那些移民到英美的财政学者的第一代学生还能够阅读欧洲的文献,但当英美博士生教育不再要求英语外的语言学习后,来自欧洲的文献就越来越少地被关注了。参见 Backhaus, J. G. and Wagner, R. E. (2005). "Continental Public Finance: Mapping and Recovering a Tradition", *Journal of Public Finance and Public Choice / Economia*, Vol. 23, No. 1—2, pp. 43—67.

展过程并不是单线或单向的,特别是在新古典综合派财政学或公共经济学所代表的财政学研究传统占据主流地位后,由官房主义发端并经古典财政学和社会政策学派财政学等所形成的财政学研究传统也仍是"时隐时现"的。对当前绝大多数主流财政学研究者来说,尽管他们也承认财政学并不是一开始就采用了现在的理论形式与逻辑,而且也承认在主流之外还有其他研究财政学的理论框架与方法,但他们却普遍忽视了有别于自己所投身的财政学或公共经济学的不同研究传统及其对未来财政学发展的重要性,其原因既可能是对相关文献缺乏必要的了解,但更可能是在现有理论形式与逻辑下,所谓未来发展仅仅是分析技术上的完善与突破。为了识别甚至是改变财政学在"二战"后的歧变进程,一些研究者试图从过去的研究中挖掘一个不同于今天主流财政学或公共经济学的财政学研究传统,以在市场失灵这一逻辑起点之外重构财政学基础理论。对财政学研究传统的区分就像布坎南在《经济学家应该做什么?》一文中所讲的方法论问题那样,类比于布坎南所说的"地图",当我们对财政学的未来发展感到迷惑时,应该停下来看看"地图"。套用布坎南关于经济学方法论问题的说法,即"注意研究方法论问题可能不会为你解决任何问题,但是至低限度会使你知道这是些什么问题"①,我们也可以说,关注财政学研究传统问题可能不会帮助你发展出新的财政学理论体系,但是至低限度会帮助你知道如何开始。

一、"慕尼黑论辩"与欧洲大陆财政学传统的内部分歧

在社会科学研究中,区分欧洲大陆传统与英美传统似乎是一个较为普遍的做法,如哲学上有欧洲大陆哲学与英美分析哲学的区分,在法学上有大陆法系与英美法系的区分,政治学上有欧洲大陆政治哲学与英美政治哲学的区分,等等。在财政学上也同样存在欧洲大陆传统与英美传统的区分,后者指的就是今天以新古典经济学为基础的主流财政学。考虑到我们第一章关于经济学研究传统的分析,我们知道新古典经济学代表的是选择范式经济学,它建立在孤立个人主义方法论的基础之上,因而以其为经济学基础的英美财政学研究传统也必然以社会工程师思维为主导,并在国家治理上表现为坚持"仁慈君主"假设进而通过国家干预以实

---

① [美]布坎南:《经济学家应该做什么?》,载[美]布坎南《经济学家应该做什么》,罗根基、雷家端译,西南财经大学出版社1988年版,第20页。

现社会福利函数的最大化,但这与近现代以来所形成的现代国家民主治理的理念是相悖的。由此引发的问题是,通常所说的财政学的欧洲大陆传统就是与现代国家民主治理理念相通的吗?重回欧洲大陆传统真的就是财政学的未来出路吗?

现代财政学理论体系的创始人马斯格雷夫一直以自己所具有的欧洲大陆传统而自豪,布坎南的一生也致力于弘扬财政学的欧洲大陆传统特别是 1880 年代至 1920 年代曾经在意大利短暂存在的财政学研究传统。需要特别关注的是,在 1998 年 3 月,87 岁的马斯格雷夫和 78 岁的布坎南相聚德国慕尼黑(Munich)并在路德维希·马西米利安大学(Ludwig-maximilians University)经济与商业系开展了为期五天的论辩,他们在论辩中的发言及与听众的互动的记录稿被以《财政学与公共选择理论:两种截然不同的国家观》为名出版①。国家理论是财政学理论的重要基础,20 世纪两位同样传承了财政学欧洲大陆传统的伟大财政学家之所以会提出截然不同的国家观,只能说是所谓财政学欧洲大陆传统这个提法可能并不是一个能够清晰界定的概念,而这也是我们透过"慕尼黑论辩"可以进一步思考的地方。

在连续五天的安排中,马斯格雷夫和布坎南的论辩涉及财政学三个重要的基础性领域:一是政府的角色、职能与规模;二是对政府财政权力的宪法约束是否得到了恰当的规定与执行;三是财政联邦主义下,不同司法管辖区之间的规模竞争在多大程度上是必要的和可取的。论辩的基调是回顾性的,其重要价值不是他们就这些问题带来了新的分析,而是他们非常清晰地阐明自己的主要观点及其主要思想来源和形成过程。总体上说,布坎南对国家持一种有限信任的看法,它源于强调规则与程序的古典自由主义②,寻求对国家的财政权力进行有效的规范和限制,也就是说,布坎南追求的是"理想的"规则;马斯格雷夫对国家持一种更乐观的看法,认为它是一个仁慈的行政机构,它源于德国社会政策学派传统与新古典经济学和凯恩斯主义经济学的结合,寻求促使国家履行好资源配置、收入分配、经济稳定三大职能,也就是说,马斯格雷夫追求的是"理想的"结果。

---

① Buchanan, J. M. and Musgrave, R. A. (1999). *Public Finance and Public Choice: Two Contrasting Views of the State*, The MIT Press. 该书中译本为:[美]布坎南、马斯格雷夫:《公共财政与公共选择:两种截然不同的国家观》,类承曜译,中国财政经济出版社 2000 年版。

② 布坎南就曾谈到,他在芝加哥大学的学习时受奈特的影响而从自由社会主义者转变为自由市场论者。

布坎南和马斯格雷夫在国家观上的差异实际上在布坎南 1949 年发表的论文《政府财政的纯理论》中就有了最初的同时也是最为简练的总结。布坎南在该文的开篇即指出："一个关于政府财政的纯理论框架可以建立在两个政治基础中的任何一个之上,这两个基础反过来又代表了两个分立的(separate)、对立的(opposing)国家理论。"①其中,一个国家理论是"有机体"理论(organismic theory),国家包含了所有其中的个体成员,被构想成是一个为整个社会服务的单一的有机实体(a single organic entity)和决策单元(a single decision-making unit),其目的是追求社会效用函数的最大化,该最大化过程将包括对很多因素的操作处理,但这些因素处在财政理论的范围之外。另一个国家理论是"个人主义"理论(individualistic theory),国家是以集体身份行事的所有个体成员的总和,国家起源于个人的要求(desires),个人取代国家成为基本结构单元,国家的决定是个人的集体决定,因此,国家除了其个体成员之外没有其他目的,也不是一个独立的决策单位。由此可见,在"有机体"国家观中,国家或"社会效用"函数包含了所有个人利益,而在"个人主义"国家观中,国家与个人利益并不总是能够保持一致。应该说,布坎南在这篇论文中所区分的两种国家理论就是后来他与马斯格雷夫进行论辩的国家理论的原版,他们的"慕尼黑论辩"主要是在此基础上增加了很多辅助性的说明并由此得出各种理论推论。

进一步来看,财政学上关于国家理论的类似区分早就已经出现,如 Plehn 于 1896 年出版的教材《财政学导论》中,就将个人主义(Individualism)的国家和社会主义(socialism)的国家作为两种对立的国家理论予以介绍,前者主张个人发展是社会和谐发展的必要条件,后者强调国家为个人提供发展的必要条件,对应着有机体国家理论。非常有意思的是,Plehn 和布坎南都没有明确主张一个而否定另一个,Plehn 的说法是这两种理论都代表了伟大的真理(grand truths),但主张根据基督教教义"真正的自由在于完全服从法律"对二者进行调和,即"国家是一个有机体,个体在其中出生并且只有通过它才能实现最高的发展"②,而这显然是以有机体理论去整合个体主义理论的做法;虽然布坎南声称"既然这两种理论在应

① Buchanan, J. M. (1949). "The Pure Theory of Government Finance: A Suggested Approach", *Journal of Political Economy*, Vol. 57, No. 6, p. 496.

② Plehn, C. C. ([1896]1902). *The Introduction of Public Finance*, second edition, The Macaillan Company, p. 17—18.

用于财政领域面临的所有问题时都不完全合适,因此适当的方法论程序似乎是建立替代的理论"①,但布坎南的做法显然就是利用个人主义理论来整合有机体理论②,并将财政过程视为一个复杂的交换过程③。应该说,塞里格曼(Seligman)在1926年发表的论文《财政科学的社会理论》中已经很好地表达了布坎南的意图,也初步诠释了后来哈耶克所说的"真个人主义"的内涵。在塞里格曼看来,"国家只不过是组成国家的个体……国家确实不是一个有机体,更不是一个超级有机体(a superorganism);但国家不仅仅是个体的组合。任何个体都无法解释国家,也无法解释任何群体,无论是私人群体还是公共群体。一个人,与合作团体中的其他个人,无论是私人的还是公共的,只要有了联系,就会立刻变得与以前的自己不同。他的特殊的、单独的愿望变成了共同的愿望。他创建了该群体,但又被该群体重新创建(recreated)。身体上他和过去是一样的,但在心理上和精神上都不一

---

① Buchanan, J. M. (1949). "The Pure Theory of Government Finance: A Suggested Approach", *Journal of Political Economy*, Vol.57, No.6, p.496.

② 布坎南在这篇论文中之所以说这两种国家理论在应用于财政学要研究的问题时都不完全适用,主要是因为有机体国家理论被主要用于分析财政支出问题,而个人主义国家理论则主要被用于分析税收负担分配问题,所以他说的替代的理论就是要把这两方面的分析结合起来,正如他在该文的最后所说的:"在财政理论的有机体主义和个人主义方法中,最重要的需要是清楚地理解财政过程双方的相互依存性。这两种方法都需要同时考虑支出分配和税负分配的确定。在这两种理论中,任何一方都不能单独分析。有机体框架为财政当局提供了更完整的规范行为模式。由于政府是最基本的实体,财政理论就简化为对应用最大化问题的一种陈述。其主要障碍在于试图将理论行动指南转化为现实的实践政策方法。在理论框架中填充经验内容变得极其困难,如果不是不可能的话。在个人主义的方法中,政府只是个体的集体意愿的代表,而不能被视为严格意义上的行动发起者。财政的职能不能被假定是要最大化任何东西。财政制度(fiscal system)作为一个途径(channel)而存在,通过它可以满足某些集体的愿望。理论的内容是建立一个结构性框架(a structural framework),从而使政策的结果能够得到评估。"参见Buchanan, J. M. (1949). "The Pure Theory of Government Finance: A Suggested Approach", *Journal of Political Economy*, Vol.57, No.6, p.505.

③ 布坎南在其1975年发表的论文《财政学与公共选择》一文的最后更为明确地表述了这一点:"无论讨论是采用实证分析的形式还是规范性陈述的形式,公共选择经济学家都将财政过程视为一个复杂的交换过程,必须同时涉及财政收入与财政支出。当然,那些为公共物品支付最终成本的人不必与那些享受最终利益的人完全相同。但是,在民主国家,这两套预算之间的交集一定很大,尤其是当预算是在一系列时间段内综合考虑的时候。无论政治结构如何,共同体成员在真正的'财政盈余'(fiscal surplus)中所占的比例与政府警察部队的规模和强制力成反比。"参见 Buchanan, J. M. (1975). "Public Finance and Public Choice", *National Tax Journal*, Vol.28, No.4, pp.394.

样了。他从一个孤立的个体转变为一个群体成员,这一点至关重要。群体成员的结合与孤立个体的偶然组合是截然不同的。对所有群体来说是真实的东西对公共群体来说也是真实的"①。

这次论辩的最后一天所涉及的道德秩序问题也特别值得关注,因为正如第一章的讨论所表明的,只有在交换范式经济学下才容得下对道德问题的关注,那么财政学又该如何讲道德呢?布坎南区分了道德无政府状态(moral anarchy)、道德共同体(moral community)和道德秩序(moral order)三种理想型(ideal type):在道德无政府状态下,人们通常只是将他人视为自然世界的一部分,并没有表现出对他人的对等尊重,因而在社会交往中,所有人或大部分人都追求狭隘的机会主义私利;在道德共同体中,共同体内的人将其他人看作是自己的延伸,共同体内部没有个人间的冲突,冲突只发生在不同道德共同体之间;在道德秩序下,人们不将其他人的利益看作是自己的利益,但人们彼此尊重和包容,大家遵守普遍性规则,反对机会主义的剥削与歧视。道德秩序的描述性特征是存在于有效运作的市场关系中的特征,它是哈耶克所说的"伟大社会"(great society)的要求。在布坎南看来,政治经济学自其18世纪的古典起源开始,就认识到道德无政府状态可以描述很多人类行为,"但古典政治经济家最大的发现是,他们认识到,只要财产和人身权利得到很好的保护和执行,以及反对武力和欺诈的法律是恰当的,市场可能会将这种行为引导到共同的利益目的"②。于是,布坎南从中引出了两个认识:一是即使在市场制度中,在法律的严格限制下对机会主义行为的约束对于任何接近经典理想状态都是必要的;二是如果社会中没有任何道德秩序要素,市场交易中的外部性就会过于普遍,甚至无法在资源使用方面产生可容忍的效率。因此,布坎南认为唯有在道德秩序中经济和政治才能走上正轨,而当他观察到由于政府干预催生的寻租激励导致社会的道德秩序遭到破坏时,他也认为并且相信通过制度和宪法的改革可以促使道德秩序的回归,其中就包括对福利国家制度的改革。相较于布坎南的有力论证,马斯格雷夫的回应有点"力不从心",他一开始就提出,布坎南关于道德问题的讨论"不是经济学研讨会上通常讨论的那种论文。道德的效率

---

① Seligman, E. R. A. (1926). "The Social Theory of Fiscal Science Ⅱ", Political Science Quarterly, Vol. 41, No. 3, pp. 381—382.

② Buchanan, J. M. and Musgrave, R. A. (1999). *Public finance and public choice: Two contrasting visions of the state*. Foreword by Hans-Werner Sinn. Cambridge: MIT Press, p. 215.

(the efficiency of morals)[或者它是效率的道德(the morality of efficiency)吗?]在经济学教科书中并不是一个标准的话题,甚至在财政学教科书中也不是"①。也就是说,马斯格雷夫认为道德问题完全就是经济学和财政学的题外话,因此,虽然他声称他不同意布坎南的大部分观点,包括对福利国家及其未来的认识,但认为布坎南对政府干预的批评过于严厉了,要从医疗保险、黑人地位和妇女地位提升等看到政府的成就,并重申了自己对将再分配计划作为实现平等的手段的喜爱。

简而言之,布坎南和马斯格雷夫的根本分歧在于通过市场是否具有达成道德秩序的可能,或者说,他们间的分歧在于道德是外在于市场交换还是内在于市场交换②。这种分歧最终可以追溯到对亚当·斯密的《国民财富的性质和增长的原因研究》和《道德情操论》这两本著作间关系的理解,也即是在本书第一章分析中所提到的"斯密问题"。按照第一章的分析,我们可以说马斯格雷夫和布坎南看待道德的观点分别与选择范式经济学和交换范式经济学相对应,这既提供了一个事实,也提出了一个问题:事实是财政学欧洲大陆传统内部可以存在重大分歧甚至是对立性认识,其中就包括国家理论和对道德问题的认识等;问题是为什么同是传承自财政学欧洲大陆传统但却对应着两种不同的经济学研究范式呢?

问题的答案也许就在这场论辩中的一个信息,那就是马斯格雷夫和布坎南在追溯自己思想的起源时,都高度确认了瑞典经济学家维克塞尔(Knut Wicksell)对自己的重要影响。这一点被一些人解读为他们思想深层的共同点,以缓解他们在论辩中的理论与观点之间的对立,但问题是,他们从维克塞尔那里所接受的东西是不一样的,正如论辩会的组织者 Sinn 在第五天的最后总结中所说的:"布坎南强调政治是交换——即人们从各自不同的地方相聚在一起,仅仅是做对他们相互有利的事情。我认为,马斯格雷夫更强调维克塞尔对公共物品的处理,以及他对公

---

① Buchanan, J. M. and Musgrave, R. A. (1999). *Public finance and public choice: Two contrasting visions of the state*. Foreword by Hans-Werner Sinn. Cambridge: MIT Press, p. 225.

② 事实上,我们会发现布坎南和马斯格雷夫对"道德"的理解是存在差异的,布坎南眼中的"道德"偏重于相互尊重和包容,马斯格雷夫眼中的"道德"偏重于人与人之间相互关心,所以在布坎南认为存在道德秩序的地方,马斯格雷夫并不一定会这样认为。这样来看,虽然马斯格雷夫说自己不同意布坎南的大部分观点,但其反驳并不具有直接的针对性。从这个意义说,第五天讨论的主题虽然非常重要,但并不是特别成功。

共物品应该以零价格免费提供的结果的推导。"①因此,一个恰恰相反的解释是,正是布坎南和马斯格雷夫对维克塞尔思想中不同理论成分的强调才是解开他们的国家理论以及包括对道德等问题的看法彼此对立的深层原因。布坎南在第二天演讲的最后所讲的一则轶事则很好地表明了他们在维克塞尔那里相遇后确实是走上了不同的理论道路:"在《征税权》出版后的某个时候,我和马斯格雷夫在某个地方参加了一个会议,我提出了这个问题:你不觉得在某些情况下,你会想限制政府吗? 我说,例如,假设你有一只老虎,一只宠物老虎。你难道不想给那只宠物老虎戴上口套(muzzle),以防止它咬人吗? 所以你给它戴上了口套。马斯格雷夫说,哦,我不想那样做,因为我可能想让老虎吃草(oh I wouldn't want to do that because I might want the tiger to eat the grass)。"②显然,就对道德问题的关注而言,布坎南相比于马斯格雷夫是更亲近于亚当·斯密的。

二、从维克塞尔"悖论"到马斯格雷夫"悖论"

俗话说,"解铃还需系铃人"。既然"维克塞尔是联系上述两位学者之间的桥梁,或者一种更好的说法是,维克塞尔公共部门经济学演进树上的最后一位共同祖先(the last common ancestor)"③,因此,要更好地理解布坎南与马斯格雷夫在国家理论及一些重要财政学命题上的观点冲突以及这些冲突所反映的财政学研究传统,我们非常有必要探讨一下维克塞尔思想中的内在冲突。

维克塞尔的主要学术贡献是发展了庞巴维克的资本利息论和瓦尔拉斯的一般均衡理论,他将货币理论与价值理论结合起来,成为凯恩斯以及后来主流经济学思想的直接渊源,成为新古典经济学的重要奠基者。但他却又因在《正义税收的新原则》中提出全体一致和自愿同意原则被认为是由亚当·斯密所开创、后来主要由布坎南等所代表的财政学研究传统的重要奠基者。由于新古典经济学就是主流财政学研究传统的经济学基础,主流财政学也被称为是新古典综合派财政

---

① Buchanan, J. M. and Musgrave, R. A. (1999). *Public finance and public choice: Two contrasting visions of the state*. Foreword by Hans-Werner Sinn. Cambridge: MIT Press, p.7.

② Buchanan, J. M. and Musgrave, R. A. (1999). *Public finance and public choice: Two contrasting visions of the state*. Foreword by Hans-Werner Sinn. Cambridge: MIT Press, p.88—89.

③ 这是"慕尼黑论辩"主持人 Sinn 在论辩会开始前的介绍中所指出的,参见 Buchanan, J. M. and Musgrave, R. A. (1999). *Public finance and public choice: Two contrasting visions of the state*. Foreword by Hans-Werner Sinn. Cambridge: MIT Press, p.7.

学,所以这里就出现了一个维克塞尔财政学思想中的"悖论",即一个新古典经济学的重要奠基者怎么又同时会是另一个完全不同的财政学研究传统的重要奠基者呢? 是维克塞尔的思想发生了转变还是我们的解读有误呢?

维克塞尔将边际效用理论应用于公共物品研究,开创了"维克塞尔—林达尔—马斯格雷夫—萨缪尔森—维克里纯公共物品理论"的研究路径,该理论后来成为当今主流财政学的重要基础理论。马斯格雷夫曾将维克塞尔提出的全体一致和自愿同意原则在财政学中的地位比作新古典经济学中的完全自由竞争,认为它们提供了财政运行的理想参照系。但问题是,正如哈耶克曾指出的,竞争是一个发现的过程,根据新古典经济学对完全自由竞争的定义,那里根本就不存在竞争或市场①,那么基于边际分析的所谓全体一致和自愿同意中还会存在或还需要真正的"同意"吗? 维克塞尔声称"公共产品的边际效用和它们的价格之间的相等关系,不能由某个人来确定,而是应该由他和其他人(或他们的代表)一起磋商"②,而且当他将公共物品的提供等同于市场上私人物品的提供后,在边际分析方法下得到的最优结果与全体一致和自愿同意规则下的磋商结果应该是一致的。但这样就产生了边际分析方法与全体一致和自愿同意原则在实践中的不兼容问题:当通过边际分析能够得到最优的结果时,磋商不仅是多余的,甚至会由于各种假定条件得不到满足而无法实现最优结果;如果在投票中可通过全体一致或自愿同意得到最优结果,那边际分析就是多余的,最多只能算是解释该结果的方法之一,属于事后的合理化,这与作为事前的选择依据是完全不同的。也就是说,群体决策中的边际分析方法与投票决策方法在实践中是难以兼容的,两者的假定存在极大差异。这样我们就看到,在维克塞尔的分析中,包括沿着维克塞尔传统进行的公共物品分析,维克塞尔自己所反对的"过时的绝对主义政治哲学"即仁慈专制君主假设又悄悄地回来了。正如理查德·E. 瓦格纳曾指出的,维克塞尔缺少限制政府的意识,在其心目中,"政府可以做它愿意做的任何事情,政府所受的限制完全是'自然的'限制"③。维克塞

---

① [英]哈耶克:《作为一个发现过程的竞争》,载《哈耶克文选》,冯克利译,凤凰出版传媒集团、江苏人民出版社 2007 年版。

② 维克塞尔:《正义税收的新原则》,马斯格雷夫、皮考克主编《财政理论史上的经典文献》,刘守刚、王晓丹译,上海财经大学出版社 2015 年版,第 121—122 页。

③ [美]理查德·E. 瓦格纳:《宪法、暴力和宪政秩序》,载[美]罗利主编《财产权与民主的限度》,刘晓峰译。商务印书馆 2007 年版,第 228 页。

尔财政学思想中的"悖论"的根源在于他将主要适用于孤立个体行为分析的边际分析法套用到了社会群体决策上,但社会群体决策所面临的问题是完全不同的,社会并不能被简单还原为孤立的个人。正因为如此,Hennipman 的分析表明,维克塞尔的全体一致同意原则(unanimity)和帕累托最优原则(optimality)是一样的[1],也就是巴克豪斯(Backhaus)所说的,全体一致同意"这个原则并不是一项决策规则(a decision rule),而是一个均衡条件(an equilibrium conditon)"[2]。但事实上,帕累托(Pareto)对此是有清醒认识的,即除非将共同体看作是一个单一的个体,否则边际效用分析方法对财政科学提供不了任何帮助[3]。

　　同样,在马斯格雷夫的思想中也存在类似的"悖论":一方面,马斯格雷夫要依靠帕累托最优来求得次优解决方案,按他自己的说法,"第三优的结果不可能在不知道第二优结果的情况下得到,同样,第二优结果也不可能在没有最优作为参照的情况下得到"[4];但另一方面,基于边际分析的帕累托最优又不可能将他所关注的分配正义和在同时兼顾效率和公平的方法下提供公共物品的问题纳入财政分析之中,而他自认为这些内容是他从维克塞尔传统(Wicksellian orbit)中所获得的最为重要的影响[5]。所以在 1998 年与布坎南的"慕尼黑论辩"中,马斯格雷夫又严厉地批评了主流财政学满足于帕累托最优而忽略公平正义、个人权利以及有意义的自由概念等对一个国家的重要意义[6]。实际上,帕累托本人是反对将帕累托最优应用于财政理论当中的,他区分了逻辑行动(logical action)和非逻辑行动(non-logical action),认为帕累托最优只适用于逻辑行动,而不适用于非逻辑行动,而财

　　[1]　Hennipman, p. (1982). "Wicksell and Pareto: Their Relationship in the Thought of Public Finance". *History of Political Economy*, Vol. 14, No. 1, pp. 37—64.

　　[2]　Backhuas, J. G. (1994). "The Concept of the Tax State in Modern Public Finance Analysis", in Shionoya, Y. and Perlman, M. (eds.). *Schumpeter in the History of Ideas*. The University of Michigan Press, p. 75.

　　[3]　参见 Leroy, M. (2011). *Taxation, the State and Society*. Brussels: P. I. E. Peter Lang.

　　[4]　Musgrave, R. (1991). "Social Science, Ethics, and the Role of the Public Sector", M. Szenberg, eds., *Eminent Economists: Their Life Philosophies*. Cambridge: Cambridge University Press, pp. 190—201.

　　[5]　Musgrave, R. (2000). "Public Finance and Finanzwissenschaft Traditions Compared", Musgrave, R. *Public Finance in a Democratic Society*, Vol Ⅲ: *The Foundations of Taxation and Expenditure*. Northampton MA: Edward Elgar.

　　[6]　Buchanan, J. M. and Musgrave, R. A. (1999). *Public finance and public choice: Two contrasting visions of the state*. Foreword by Hans-Werner Sinn. Cambridge: MIT Press.

政行动则被帕累托视为是非逻辑行动①。

　　尽管马斯格雷夫曾在《财政学：现在与过去》一文中指出"我们很难找到另一个学科能如此集中地将经济分析、社会哲学、政治思想和不断变迁的制度相互交织在一起"②，并在《财政理论中国家的作用》一文中提出要"关注社会势力、利益集团和阶层的形成，而不仅仅是个体的策略性行为"③，这些实际上可看作是对布坎南所代表的财政学研究传统的最好概括之一，但马斯格雷夫始终无法摆脱使他取得成功的基于孤立个体的边际分析方法。所以，尽管马斯格雷夫在1959年出版的经典著作《财政学原理》中明确声称，虽然其公共经济规范模型并不是为了描述世界各国正在发生的事情而设计的，但"我们的模型与社会和经济制度并非没有密切关系。微观经济规范理论的框架本身取决于政治以及它所服务的社会的社会价值观；最优预算计划的实施取决于市场经济部门的职能关系"④，尽管马斯格雷夫也强调"社会需要（social wants）是个体偏好模式（the individual's preference pattern）的一个组成部分"，而"个体是社会性的存在，他们的偏好和行为取决于他们的社会环境，以及他们与他人的关系。虽然所有的需求都是根据个体偏好来评估的，但这些偏好模式并不是在一个鲁滨逊式的背景下被

　　① McLure 指出："帕累托的逻辑行为关注的是直接用于实现某一给定目标的行为，其特征是：目标的主观目的与目标的客观含义完全相符；用于实现目标的手段包括了最小努力/成本。非逻辑行为并不是不合逻辑的（illogical）行为，它只是达到某一目标的预期主观收益可能没有实现，因为这些收益并不必然独立于为实现这一目标而采用的手段。用现代的术语来说，与逻辑行为相关的参数是外生的、路径独立的，而与非逻辑行为相关的参数选择是内生的、路径依赖的。帕累托坚持认为财政理论应当考虑非逻辑行为，因为他认为政治过程是内生和路径依赖的。"简单来说，所谓逻辑行动，就是符合以下模式的行动：如果我今天做了 A，我就可以合理地或合理地期望在明天得到回报 B，而非逻辑行动指的是那些没有逻辑依据去思考"如果我今天做了 A 事情，我就可以合理地期待明天会有 B 事情"的行动。逻辑行动市场互动中占主导地位；而在集体行动中，非逻辑行动占主导地位。见 McLure, M.（2005）. "Approaches to Fiscal Sociology", in Backhause, eds., *Essays on Fiscal Sociology*. Peter Lang.

　　② Musgrave, R. A.（［1983］1986）. "Public Finance, Now and Then", Musgrave, R. *Public Finance in a Democratic Society*, Vol Ⅰ: *Social Goods, Taxation and Fiscal policy*. New York: New York University Press, p. 89—90.

　　③ Musgrave, R. A.（［1996］2000）. "The Role of the State in Fiscal Theory", Musgrave, R. A., *Public Finance in a Democratic Society*, Vol Ⅲ: *The Foundations of Taxation and Expenditure*. Northampton MA: Edward Elgar, p. 15.

　　④ Musgrave, R. A.（1959）. *The Theory of Public Finance: A Study in Public Economy*. McGraw-Hill, New York, p. 4.

决定的"①,但是只要马斯格雷夫采用了最优化方法和社会福利函数等新古典经济学那套方法和研究程序,其理论最终偏向的就是他所不愿意看到的忽略了公平正义的社会工程师思维。

马斯格雷夫虽然强调要超越帕累托最优,但却又一直受"最优"的指引,主张政府的作用是对市场失灵的矫正。可政府也会出现失灵,马斯格雷夫对此又是怎样认识的呢? 在《财政理论中国家的作用》一文的最后,马斯格雷夫阐明了自己的看法,即:"政府失灵这个概念,从其自身的逻辑来说,也暗含着一幅怎样做才是正确的图景。正如我们一致认为的那样,做好这件事需要有效地实现既定目标。但它也要求选择目标,对美好社会应该是什么样子、可以是什么样子以及国家在其中的作用有一种感觉。因此,在其各种传统中,财政理论超越了帕累托最优,并与潜在的国家理论相联系。当然,这很麻烦,因为它将财政置于效率和价值考量难以分开的边界。但是,正如我在一开始所指出的,这也是我们这个领域具有特殊吸引力的原因。"②但是,由于马斯格雷夫一直未能超越市场失灵-政府失灵的二分法——这样的二分法本身就是基于解决帕累托最优这个概念与现实的差距而提出的"缓和之策",所以他也一直无法真正解决他在 1939 年发表的《公共经济自愿交换理论》就已经提出的问题,即考虑议价权(bargaining power)会带来公共物品决策问题的复杂化,特别是考虑非平等议价权和价格决定过程中的非完全竞争时,群体决策将面临和个体决策完全不同的问题③。另外,需要特别提及的是,议

---

① Musgrave, R. A. (1959). *The Theory of Public Finance: A Study in Public Economy*. McGraw-Hill, New York, p. 11.

② Musgrave, R. A. ([1996]2000). "The Role of the State in Fiscal Theory", Musgrave, R. A., *Public Finance in a Democratic Society*, Vol Ⅲ: *The Foundations of Taxation and Expenditure*. Northampton MA: Edward Elgar, p. 15.

③ 马斯格雷夫对此比较完整的表述为:"我们注意到,议价能力的问题与之前考虑的自愿或强制行动的问题不同。虽然在前一个例子中,有人认为自愿行动假设的前提是不现实的,但为了本讨论的目的,这一假设被认为是成立的。因此,议价能力的差异指的是双方各自尝试在谈判过程中实现在不损害另一方最终决定的自愿性质的情况下达到最有利的平衡地位的有效性。林达尔(Lindahl)对议价能力的解释意味着 A 在实际的税收征收上有能力欺骗 B,或者 A 有能力强迫 B 缴纳高于其自愿缴纳的税款,这是不令人满意的。虽然有关实际征收的信息的不足会构成议价优势,但这是次要的;作为一种不完美的情形,它应该被归类为欺诈广告和类似的欺骗行为。另一方面,施加武力与自愿行动的基本假设不相容,并指向对收支过程的另一种不同解释。尽管我们之前已经说过,强制性因素对于收入支出过程的现实主义理论至关重要。我们现在注意到,强制不能仅仅因为不完善而被引入自愿交换理论。如果强制性占上风,其(转下注)

价能力问题也是萨缪尔森在 1954 年发表的《公共支出的纯理论》中所没有考虑的,而马斯格雷夫在 1983 年发表的《萨缪尔森论公共物品》一文也没有再提到议价能力问题,而是认为由于萨缪尔森三页纸的贡献,"帕累托最优的条件已经扩展到包括公共产品,并且基于社会福利函数的最优中的最优状态(the optimum optimorum)已经被重申……在福利理论的形式层面上,一切都已经得到了解决,但要把这个理论上的明珠付诸实践,还有很多工作要做"①。

因此,从某种程度上说,马斯格雷夫"悖论"只是维克塞尔"悖论"的翻版,其主要根源就在于边际革命下基于孤立个人主义方法论的最优化求解排除了真实的选择,因而也就排除了财政问题得以发生的社会过程,结果导致财政问题研究的社会工程化。从马斯格雷夫自己关于财政学研究传统的表述中我们要以更清楚地看到这一点。马斯格雷夫曾用英语中关于 public finance 的论述和德语中关于Finanzwissenschaft 的论述来比较财政学研究的两大传统②,但从其论文的具体表述来看,马斯格雷夫所引以为傲的自己身上的"欧洲大陆传统优势",主要是指将边际效用理论运用到对公共部门的分析之中,而他之所以提出德语范式问题,主要是因为边际分析主要贡献者的文献都出现在德语中。马斯格雷夫特别强调了德语学者在边际分析上的努力为英语范式(English-language style)这种新的学派(the new school)的形成所作出的核心贡献(a central contribution),他提到的学者就有门格尔(Menger)、萨克斯(Sax)、维塞尔(Wieser)、维克塞尔(Wicksell)和林达尔(Lindahl)等。因此,马斯格雷夫用欧洲大陆传统和德语范式所要表述的准

(续上注)效果不会是均衡地位沿着较弱一方的报价曲线向其不利的一方转移,而是关于自愿交换的全部分析变得无效。对议价能力的更常见解释,如取决于储备或产品性质的等待能力(ability to wait),在这种情况下也同样适用。相反,对这些术语最重要的解释是,一方能够在多大程度上直接或通过另一方在价格上的反应来解释自己的出价。"参见 Musgrave, R. A. (﹝1939﹞1986). "The Voluntary Exchange Theory of Public Economy", Musgrave, R. *Public Finance in a Democratic Society*, Vol Ⅰ: *Social Goods, Taxation and Fiscal policy*. New York: New York University Press, p.9.

① Musgrave, R. A. (﹝1983﹞1986). "Samuelson on Public Good", Musgrave, R. A., *Public Finance in a Democratic Society*, Vol Ⅱ: *Fiscal Doctrine, Growth and Institutions*. New York: New York University Press, p.319.

② Musgrave, R. A. (﹝1996﹞2000). "Public Finance and Finanzwissenschaft Traditions Compared", Musgrave, R. A., *Public Finance in a Democratic Society*, Vol Ⅲ: *The Foundations of Taxation and Expenditure*. Northampton MA: Edward Elgar, p.33—80.

确意思是,德语文献中的边际革命奠定了主流财政学的发展基础,这和其他一些学者眼中的财政学欧洲大陆传统主要指财政学的跨学科研究性质以及对财政问题进行制度和历史分析等是完全不同的。这样我们可以进一步明确马斯格雷夫在财政学思想发展史中的过渡性质,尽管马斯格雷夫在很多论文中也表达了对其他学者所说的欧洲大陆传统的关注甚至是念念不舍,但这些内容却难以真正融入其理论逻辑之中;他以边际分析为桥梁把他理解的财政学欧洲大陆传统或欧洲大陆财政学文献中的一部分与财政学英美传统结合起来,真正推动完成了财政学思想发展史上的新古典转向,并为财政学进一步走向公共经济学铺平了道路。

第三节　对财政学不同研究传统划分的进一步分析

除通常所说的将财政学研究传统区分为欧洲大陆传统和英美传统外,研究者们还采用过其他一些区分标准,如我们上面提到的马斯格雷夫关于英语范式财政学与德语范式财政学的区分,Goode 通过对 1960 年代和 1930 年代不同百科全书关于财政学的定义与内容设定等方面的差异区分新式财政学-旧式财政学[①],另外还有 Kayaalp 在以国别要素区分英美式财政学、意大利式财政学、德国式财政学、奥地利式财政学和瑞典式财政学[②],等等。巴克豪斯和理查德·E.瓦格纳在他们关于财政学研究传统的区分中将欧洲大陆传统(the continental tradition)和盎格鲁-撒克逊传统(the Anglo-Saxon tradition)与这些不同的区分来统合了上述各种不同的标准,其中欧洲大陆传统可以对应旧式财政学、德语范式财政学并包括意大利式财政学、德国式财政学、奥地利式财政学和瑞典式财政学;盎格鲁-撒克逊

---

① 参见 Goode, R. (1970). "Public Finance in the International Encyclopedia of the Social Sciences: A Review Article." *Journal of Economic Literature*, Vol. 8, No. 1, pp. 27—34. 在此还可以提到的是,萨缪尔森在其教科书《经济学》中也曾提到旧式财政学与现代财政学的区分,但他对旧式财政学的理解和 Goode 的理解是完全不一样的。萨缪尔森将旧式财政学概括为"三个老生常谈",一是"财政不过是家庭理财的另一种运用";二是"预算每年都应保持平衡";三是"政府债务是压在我们的后代身上的负担"。这里且不说其概括是否准确,就其所涉及的内容来说也是将旧式财政学极其窄化的。参见[美]萨缪尔森、诺德豪斯:《经济学》(第 12 版,上),高鸿业等译,中国发展出版社 1992 年版,第 569 页。

② Kayaalp, O. (2004). *The National Element in the Development of Fiscal Theory*. Palgrave Macmillan.

传统可以对应新式财政学、英语范式财政学和英美式财政学。巴克豪斯和理查德·E.瓦格纳等的努力就在于通过挖掘财政学的欧洲大陆传统以推动一个替代性的财政学理论框架的形成,从而恢复财政学的多学科特征。但是正如我们前面关于布坎南和马斯格雷夫之间的"慕尼黑论辩"、维克塞尔"悖论"和马斯格雷夫"悖论"的分析所表明的,相较于财政学英美传统来说,财政学欧洲大陆传统并不是一个清晰一致的概念。也就是说,这种以地理范围为标准来划分财政学研究传统并不是很恰当,同样地,上面提到的时间标准、语言标准和国别标准等也是如此,因为一方面不同财政学研究传统在时间上并非简单的继起关系而是共存的;另一方面,同一语种的学者会拥抱不同的研究传统,而他们又会相互交流并跨国界流动。综合来看,凡是以那种与现实客观性具有直接对应性的标准如语言、国别和地理区域等来划分财政学的不同研究传统都不具有足够的可辨别性和科学性,因为现实不可能是纯粹的,因此,对财政学研究传统的进一步区分还必须从财政学思想本身的思维模式也就是从主观性层面来思考。

在这里有必要提及日本学者永田清在 1937 年出版的《现代财政学理论:对既成体系的批判和反省》[①]。面对 19 世纪末以来财政现象的巨大变化,财政学需要革新,永田清写作的双重目的在于,既要对财政学已经形成的财政学理论体系进行梳理批判和反省,也要从中明确提出财政学未来的发展取向与要处理的关键论题。对以往的财政学,永田清将之分为共同欲望论之财政学、全体主义之财政学、目的论之财政学和功利主义之财政学,其中,共同欲望论之财政学采取原子论立场,将集体欲望还原为个人欲望,从而将财政还原为个人经济,进而以纯经济理论研究财政问题;全体主义之财政学将社会置于个人之上,或认为社会先于个人,以说明个人必须承担的租税义务;目的论之财政学将法的秩序与财政看作是由国家政策构成的,所需要的是明确制定政策目的之基础;功利主义之财政学主要是依据最大多数最大幸福之功利主义哲学来合理决定租税的分配。永田清关于不同财政理论的分类,既完全不同于今天财政学教科书所依循的理论体系,也完全不

---

① 我国学者吴兆莘将该书译成了中文,中文版取名为《现代财政学理论体系》。吴兆莘阅读并决定翻译该书的时间,是在其还在日本东北帝国大学研读财政学期间,由其指导教授长谷田泰三博士推荐。但回国后即因战事和政事等而影响了翻译的进展与出版,直到 1947 年才由正中书局出版。吴兆莘的译本被纳入刘守刚和刘志广主编的"中国近现代财政学名作新编丛书",参见[日]永田清:《现代财政学理论体系》,吴兆莘译,刘志广整理,上海远东出版社 2022 年版。

同于绝大部分财政学思想史基于时期和代表性人物所作的区分。永田清对既有财政学理论体系的批判与反省,是深入到基础理论的最深层的,同时这也是一种基于主观性层面的分类方法,既从哲学层面对财政学进行了批判性反省,也从财政学层面丰富了对这些哲学思想的批判性反省。但是,我们也看到,这种分类彼此间的对立性或界线并不是十分清晰,其中只有共同欲望之财政学与全体主义之财政学可以因个人主义与集体主义的二元对立而形成一对分类概念,但正如第一章的分析所表明的,对方法论个人主义存在哈耶克所说的"真个人主义"与"伪个人主义"的区分,按照永田清的明确表述,其原子论指的就是孤立个人主义,也就是"伪个人主义",它最终会滑向集体主义。至于目的论之财政学和功利主义之财政学,不仅它们之间不具有统一的分类标准,而且它们除可以相互结合外,还可以与永田清所说的共同欲望之财政学和全体主义之财政学结合起来。比如说,马斯格雷夫基于财政三大职能所建立的现代财政学理论体系就是目的论之财政学,但它采用了社会福利函数这一功利主义的方法,并建立在孤立个人主义方法论的基础上,最终却可能滑向集体主义或永田清所说的全体主义。尽管永田清的分类并不是很严谨,但其研究确实非常重要,它促使我们进一步关注不同财政理论背后的各种与社会政治与经济有关的重要哲学思想,而这和我们对经济学研究中方法论个人主义的内涵进行探究的目的是一致的。

因此,对财政学研究传统的区分还是应该采用二分法比较恰当。考虑到经济学是财政学最为重要的学科基础,因此套用经济学研究传统中选择范式经济学和交换范式经济学的区分来对财政学研究传统进行区分是比较恰当的。事实上,按照布坎南等将经济学区分为"交换的理论"和"选择的理论"的做法,巴克豪斯和理查德·E. 瓦格纳也将财政学的这两大传统分别界定为"交换理论取向"(a exchange-theoretic approach 或 the catallactical approach)和"选择理论取向"(a choice-theoretic approach)[1],我们可以在此基础上进一步明确提出选择范式财政学和交换范式财政学的区分。这样一种区分当然是理想型的应用,可以在理念上做到相对纯粹,并且可以得到哈耶克、布坎南等在经济学研究传统区分方面所提供的文献的有力支持,选择范式财政学就是以选择范式经济学为基础的财政学,交换范

---

① 参见 Backhaus, J. and Wagner, R. E. (2004). "Society, State, and Public Finance: Setting the Analytical Stage", Backhaus, J. and Wagner, R. E. eds., *Handbook of Public Finance*. Boston: Kluwer Academic Publishers.

式财政学就是以交换范式经济学为基础的财政学。

在选择范式财政学和交换范式财政学的二元区分下,我们也可以进一步深化对具体研究者财政学思想的研究,而不会陷入"强行"将某位研究者归为一种财政学研究传统可能导致的问题,比如巴克豪斯和理查德·E. 瓦格纳就曾将维克塞尔看作是交换理论取向财政学的重要奠基者,但维克塞尔"悖论"的存在说明这种分类是不严谨的。事实上,学者们在进行财政学研究时也很难始终如一地做到范式上的纯粹性或一致性,比如通过对马斯格雷夫"悖论"的分析,我们可以看到他更多倾向于选择范式财政学,而布坎南虽然更多倾向于交换范式财政学,但由于他一直主张用"对手"的语言来阐述自己的主张,所以他在一些时候也会表现出不应有的不彻底,比如他在《征税权》一书中就将国家看作是一个追求财政收入最大化的利维坦,这样一个目标明确的实体显然是与布坎南自己所主张的国家观相矛盾的。对此,理查德·E. 瓦格纳在布坎南逝世后所写的回忆论文《布坎南和我:对交往 50 年的回忆》的最后作了很好的评价:"布坎南有一个梦想,他想为财政学创建一种新的取向。在这一点上,他肯定成功了,并且为使这个梦想活着而奋斗到了最后。我认为当他推进自己的梦想时,他会时不时地会退回到封闭的模式上,如果他能采用更开放的思维方式,可能会更有效地追求自己的梦想。在后来的几年里,我们就这些问题进行了多次交谈。虽然他会承认我的观点和关注,但他也会提醒我,学术创新是一项社会活动,如果你想参与这项活动,就必须使用共同的语言(the common language)。创造性的学术生活需要在辩证的张力下工作,你必须使用你的同事所使用的语言来改变他们使用的语言。"[1]这也意味着布坎南在财政学研究范式上非纯粹的原因和马斯格雷夫是不一样的,所以其作为一个过渡性人物的定位也是不同于马斯格雷夫的,如果说财政学是经马斯格雷夫转向了选择范式财政学,那么财政学也可能经布坎南而重新走向交换范式经济学。

基于哈耶克和布坎南等关于选择范式经济学和交换范式经济学的特征描述,以及已有关于财政学研究传统的各项研究[2],我们可以对选择范式财政学和交换

---

① Wagner, R. E. (2014). "James M. Buchanan and Me: Reminiscing about a 50-Year Association", GMU Working Paper in Economics, No. 14-13.

② 具体参见 Backhaus, J. and Wagner, R. E., (2004). "Society, State, and Public Finance: Setting the Analytical Stag", Backhaus, J. and Wagner, R. E. eds., *Handbook of Public Finance*. Boston: Kluwer Academic Publishers; Goode, R. (1970). "Public Finance in（转下注）

范式财政学在国家观、财政观、研究导向和方法与关注点四个重要维度进行一个简要比较(参见表 2.1),以帮助我们从框架上理解两大研究传统的实质性差异。它们之间是如此之不同,以至于对什么是好的财政学研究甚至会产生截然相反的判断。巴克豪斯和理查德·E. 瓦格纳就曾以对意大利学者 De Viti 在 1934 出版的专著《财政经济学原理》(*Principii di economia finanziaria*)为例进行了说明,Fredric Benham 认定它是财政学有史以来最伟大的作品,而 Henry C. Simons 则充满讥讽地说,如果这算是最伟大的作品,希望它是最后一本,因为他认为没有任何章节值得评论者向有能力的学生进行推荐①。同样地,我们需要提到的是,正如区分经济学不同研究传统一样,我们区分财政学的不同研究传统,并不意味着要以一个来完全否定另一个,而是要明确不同研究传统所适用的条件与问题(参见表 2.2)。

表 2.1　对财政学两大研究传统的简要比较

	国家观	财政观	研究导向	方法与关注点
选择范式财政学	国家(政府)是一个组织化实体,外在于社会经济生活	财政现象是国家(或社会福利函数)最大化选择的产物	结果导向:政府干预经济使市场的结果变得完美	以选择范式经济学为基础,关注价格与资源配置,采用最优化和均衡分析
交换范式财政学	国家(政府)是一种秩序,人们在该秩序中展开互动	财政现象是人与人互动的产物,体现不同程度的契约性或掠夺性	过程导向:人们通过参与政府来实现各自不同的目的	以交换范式经济学为基础,关注国家民主治理制度,采用制度和历史分析

表 2.2　对财政学两大研究范式所适用问题与条件的简要比较

	问题的观察角度	问题的思考方法	问题的内在联系	问题的发生发展	问题的系统归属
选择范式财政学	共时性的	静态的	机械的	决定性的	封闭系统
交换范式财政学	历时性的	演进的	生态的	创造性的	开放系统

（续上注）the International Encyclopedia of the Social Sciences：A Review Article", *Journal of Economic Literature*, No. 8, pp. 27—34; Musgrave, R. A. ([1996]2000). "Public Finance and Finanzwissenschaft Traditions Compared", Musgrave, R. A., *Public Finance in a Democratic Society*, Vol Ⅲ: *The Foundations of Taxation and Expenditure*. Northampton MA: Edward Elgar, p.33—80.

　　① 参见 Backhaus, J. and Wagner, R. E., (2004). "Society, State, and Public Finance：Setting the Analytical Stag", Backhaus, J. and Wagner, R. E. eds., *Handbook of Public Finance*. Boston：Kluwer Academic Publishers.

在这里有必要对表 2.2 中提到的问题的观察角度所涉及的"共时性的"（synchronic）和"历时性的"（diachronic）这两个概念再作一点说明。这一对概念是瑞士语言学家、符号学家、哲学家索绪尔（Ferdinand de Saussure）在语言分析中提出来的。索绪尔认为在对语言这种具有价值的符号系统进行研究时必须区别共时的观点和历时的观点，进而提出共时语言学和历时语言学的区分，其中，共时与静态相关，而历时则与演化相关，即："有关语言学的静态方面的一切都是共时的，有关演化的一切都是历时的。同样，共时态和历时态分别指语言的状态和演化的阶段。"①就选择范式财政学观察问题的共时性角度来说，我们需要进一步澄清其各种模型中"动态的"含义，它不同于这里所说的"历时性的"，而是理查德·E. 瓦格纳在其 2007 年出版的《财政社会学与财政学理论》中刻画传统财政理论的特征时所说的"依次发生的"（sequential），即："经济与政治之间的关系在传统的财政理论中是依次发生的：市场均衡首先被建立起来，然后是政府进行干预，将社会转换到某种替代性均衡中。当然，这必须是被系统化设计的，因为在现存系统之后产生的是某种替代性系统。"②而交换范式财政学观察问题的历时性角度，则是理查德·E. 瓦格纳所说的"经济和政治之间的关系必须被同时置于一个社会的交易之中。而且，分析关注的重点应该是自发发展过程而非均衡状态。此外，这一发展过程的大部分是由人与人之间以及他们的计划之间的冲突引起的"③。

但"共时性的"与"历时性的"只是为了分析的方便而做的区分，任何现实的财政现象都是"共时性"与"历时性"的结合，当只运用某一种角度进行研究时往往很难把握现象之间的内在联系。在选择范式财政学的"共时性"分析来说，它有利于发现不同的结构，但却很难确认结构中现象间的因果关系，因为同时出现的现象可能只是一种巧合而已，它们之间并没有真实的因果关系链条的存在，这也是很多宏观层面的财政理论所面临的问题。但需要注意的是，选择范式财政学只能适用于"共时性"问题而排斥"历时性"分析，但交换范式财政学所适用的"历时性"问题却是可以而且也应该包括"共时性"分析的。正如主张以交换范式经济学整合

---

① 转引自维基百科：费迪南·德·索绪尔-维基百科，自由的百科全书（wikipedia. org）。

② Wagner，R. E.（2007）. *Fiscal Sociology and The Theory of Public Finance*. Edward Elgar，p. Ⅷ.

③ Wagner，R. E.（2007）. *Fiscal Sociology and The Theory of Public Finance*. Edward Elgar，p. Ⅷ.

选择范式经济学一样,我们也主张在财政学的未来发展中要以交换范式财政学为框架来对选择范式财政学的相关内容进行整合,而"历时性"能够包含"共时性"是实现这种整合的重要基础。

但我们必须面对的现实是,基于"共时性"的选择范式财政学研究传统在"二战"后逐渐成了财政学的主流范式,甚至转变为公共经济学这样一门与其他部门经济学相并列、完全可归为应用经济学的一个子学科。但从财政学研究传统的梳理中所确立的财政学的发展方向来说,这并不是财政学的成功,如果不说是失败的话,那也是一种重要的歧变。这种因排除"历时性"实现去历史化、去制度化的新古典综合派财政学理论和新古典经济学一样,表面上是一种与市场经济相适应的普遍性理论,但实际上这种普遍性是空洞的,因为其市场经济理论完全是"空中楼阁"或"海市蜃楼"。新古典经济学将帕累托最优具象化为完全自由竞争状态下的资源配置状态,并将其确立为理想的市场运行状况,然后由公共物品、信息不完全、交易费用等的存在而提出市场会失灵,再从逻辑上依次引出政府及政府干预的需要,从而实现新古典经济学与凯恩斯主义经济学的综合,成为通常所说的新古典综合经济学。但正如哈耶克、奈特和布坎南等都曾批评过的,在新古典经济学所说的完全自由竞争状态中是不存在竞争因而也是不存在真正的市场的,也就是说,新古典经济学实际上是将一个不存在市场情况下的假想资源配置状态确立为理想的市场状态,这正是其市场经济理论最大的缺陷。孤立个人主义方法论、边际分析方法、瓦尔拉斯一般均衡理论和罗宾斯基于"目的-手段"论对经济学的重新定义等的结合模糊或掩盖了这一缺陷,经济问题被当成是一个社会工程问题来处理,而难以被数学化处理的历史与制度问题则被排除在外或被假定为不变,这种看起来的科学性恰恰反映的就是其非科学性,只有当兰格和勒纳等以此为理论基础来论证计划经济的可行性以及帕累托及其学生曾证明帕累托最优可以在计划经济下实现时,这一缺陷才被完全暴露出来。新古典经济学和新古典综合派完全未能理解市场经济的性质和意义,所以当计划经济可行论在理论上一再被提出①以及现实中各国经济越来越陷入国家干预的"困境循环"而无法自拔时,实际上都与主流理论的这一根本理论缺陷密切相关。霍奇逊对新古典经济学批判的

---

① 比如兰格在1950年代曾因计算机技术的发展而再次论证计划经济可行,近年来也有一些学者提出大数据时代计划经济可行论。

总结也完全适用于选择范式财政学,即"本质上说,这个理论缺乏足够的、理论上的观念来区别、理解和解释关键的现象"①。这也就是为什么发展交换范式财政学必须先对选择范式经济学的经济学理论基础进行批判性反思的主要原因。

最后,需要指出的是,发展交换范式财政学还必须确立其基础性问题以奠定其学科的统一性,正如耶希特曾指出的:"我们的任务是确定财政学的基础,揭示经验的研究的前提。这个任务至少要从本质上探索财政经济的普遍形态,即不是历史的、个别的形态,而是所有历史的形成物的可能形成,非此是不能完成这个任务的"②。马斯格雷夫(Musgrave,1985)曾将财政学的基础性问题(the basic problem)概括为三个方面:一是哪些公共服务应该被提供;二是怎样为这些服务的提供进行筹资;三是政府在经济的宏观产出中应起到什么作用③。这三个问题也可以看作是选择范式财政学所关注的基础性问题。通过发展交换范式财政学来创新财政学基础理论并不否定或排除这三个问题的重要性,只是从交换范式财政学的发展要求来看,这三个问题还只是基础性问题之下的次一级问题或辅助性问题。基础性问题与学科统一性涉及的问题并不需要一一对应,关键是通过对这些基础性问题的探讨来对学科统一性所需要的最低共识进行确认和完善,对于财政学来说,其基础性问题中最为重要的就是人性论和国家理论。

---

① ［英］霍奇逊:《经济学是如何忘记历史的:社会科学中的历史特性问题》,高伟等译,中国人民大学出版社 2008 年版,第 278 页。

② 转引自［日］坂入长太郎:《欧美财政思想史》,张淳译,中国财政经济出版社 1987 年版,第 350 页。

③ Musgrave,R. "A Brief History of Fiscal Doctrine", in A. J. Auerbach and M. Feldstein eds., *Handbook of Public Economics*, Vol. Ⅰ (1985).

第三章

财政社会学的创立与百年发展简史

在 1983 年所写的《萨缪尔森论公共物品》一文的最后一部分,马斯格雷夫提出,萨缪尔森的公共物品理论实际上就是一种市场失灵理论,这引发了对"公共部门失灵"(public sector failure)的诊断(diagnosis)和遵循维克塞尔式的注重程序改革的传统来寻求补救这两种新的研究取向。但最耐人寻味的还是该文的最后一段,马斯格雷夫强调:"这两种研究取向在精神上都是新古典主义的,这和财政社会学的葛德雪-熊彼特传统(the Goldscheid-Schumpeter tradition of fiscal sociology)所提供的截然不同的视角形成了鲜明对比。后者认为,财政制度的形成和作用发挥被视为是群体互动的结果,并且是社会的更广泛的社会和经济结构的一种反映。"①这实际上就是将新古典综合派财政学和财政社会学看作是财政学的两种不同的研究传统,进一步地,我们可以看到,这也是马斯格雷夫一以贯之的看法。如他在 1959 年出版的《财政学原理》中就曾明确声称有两种取向来进行财政学原理的探讨,一是规范的或最优的理论取向,也就是"在最初定义的条件的基础上确定最佳预算计划,并看看它如何实现",进而阐述公共经济有效运作的规则和原则;二是财政政治社会学(sociology of fiscal politics)理论取向,"使我们能够解释为什么要推行现有政策,并预测未来将推行哪些政策"②。虽然如巴克豪斯(Backhaus)曾指出的,"在马斯格雷夫这位战后财政学领域中最高产的作者(the most effective author)与他的老师熊彼特之间存在无法逾越的知识鸿沟(an unbridgeable

---

① Musgrave, R. A. ([1983]1986). "Samuelson on Public Good", Musgrave, R. A., *Public Finance in a Democratic Society*, Vol Ⅱ: *Fiscal Doctrine, Growth and Institutions*. New York: New York University Press, p.319.

② Musgrave, R. A. (1959). *The Theory of Public Finance: A Study in Public Economy*. McGraw-Hill, New York, p.4.

intellectual gap)"①,但这主要是针对马斯格雷夫所建立的现代财政学理论体系而言的,在此之外,我们仍可以认为马斯格雷夫也兼具作为一名财政社会学家的身份。马斯格雷夫在 1980 年所写的《财政危机理论:一篇财政社会学论文》②和 1992 年所写的《熊彼特的〈税收国家的危机〉:一篇财政学论文》③都是直接研究财政社会学的重要文献,而他对财政社会学另一个重要贡献就是在其不同时期所撰写的关于财政学研究传统的论文都为财政社会学特别是葛德雪的财政社会学保留了一个重要的位置④。借助马斯格雷夫将新古典综合派财政学与财政社会学作为不同财政学研究取向的处理,结合我们前面关于选择范式财政学与交换范式财政学的区分,我们可以很明确地将财政社会学纳入交换范式财政学的范畴,甚至可以将财政社会学作为交换范式财政学的代名词。

第一节 财政社会学的创立及其主要思想主张

马斯格雷夫在《财政学原理》一书的"序言"的开篇指出:"财政学作为经济学的一个分支,有着复杂的发展历史(has a mixed past)。一些伟大的经济学家,特别是李嘉图(Ricardo)、维克塞尔(Wicksell)、埃奇沃思(Edgeworth)和庇古(Pigou),大胆地提出了税收理论,而很少涉及公共支出理论。然而,这些或多或少都只是孤军奋战。财政学领域的主流文献是在每一种历史和制度的背景下(in a historical and institutional context)展开的,主要关注的问题仍然是财政立法和

---

① Backhuas, J. G. (1994). "The Concept of the Tax State in Modern Public Finance Analysis", in Shionoya, Y. and Perlman, M. (eds.). *Schumpeter in the History of Ideas*. The University of Michigan Press, p.67.

② Musgrave, R. A. ([1980] 1986). "Theories of Fiscal Crises: An Essay in Fiscal Sociology", Musgrave, R. A., *Public Finance in a Democratic Society*, Vol Ⅱ: *Fiscal Doctrine, Growth and Institutions*. New York: New York University Press, p.175—199.

③ Musgrave, R. A., (1992). "Schumpeter's crisis of the tax state: an essay in fiscal sociology", *Journal of Evolutionary Economics*, No.2, pp.89—113.

④ 马斯格雷夫之所以对葛德雪的财政社会学印象如此深刻,除葛德雪是财政社会学的重要创始人之外,可能还与马斯格雷夫在维也纳求学时的老师 Max Adler 有关,而 Max Adler 是葛德雪很好的朋友,他们都是当时重要的社会主义者。

行政管理中更为实际的方面。"①这里所说的"在每一种历史和制度背景下展开的"应该是指受德国历史学派影响所形成的一种社会科学研究取向，即反对抽象的、演绎的方法而主张从历史实际情况出发的具体的实证的方法②。德国历史学派是"官房学"的延续，虽然他们也关心理论，但"问题是他们坚持认为理论必须建立在层层事实之上，这就使得历代历史主义经济学者不能集中精力建立一个充分理论化的框架"③。这可能就是当时受德国历史学派影响的财政学主流文献集中关注具体财政管理事务的主要原因，从童蒙正编著的《瓦格纳财政学提要》中瓦格纳关

---

① Musgrave, R. A.（1959）. *The Theory of Public Finance: A Study in Public Economy*. McGraw-Hill, New York, p. Ⅴ.

② 面对国家统一及摆脱英国对世界生产和贸易的统治以实现国家发展的巨大挑战，德国古老的官房学被国家学（Staatswissenschaften）所取代，其内容包括了今天的经济学、商业管理学、法学、公共管理学、政策学、财政学、组织学、社会学、应用社会学以及与之内在相关的城市研究等（参见 Backhaus, J.（2001）. "Introduction: The Intellectual Future of the Concept of Staatswissenschaften", *European Journal of law and Economics*, No. 12, p. 103）。但其发展并不成功，先发国家的"光环"强化了其社会科学的标杆地位，对德国的知识精英来说，追随先发国家的研究范式被认为是科学的，他们很少能够认识到先发国家并非因该种普遍性理论而成功，而落后国家赶超受挫却往往与不能选择和构建恰当的理论密切相关。李斯特是个例外，他具有德美双重国籍，他在 1825 年到达美国，他在这里看到美国展现了与英国当年类似的做法，关注历史特殊性是英国和美国早期发展的成功经验，这也体现在亚历山大•汉密尔顿强调"国民体系"（national system）的著作中，阅读汉密尔顿的著作可能强化了李斯特自 1819 年起就主张德意志关税同盟的思想（具体参见维基百科：https://en. wikipedia. org/wiki/Friedrich_List）。但李斯特在亚当•斯密的著作中看到的是"世界主义"，他认为这体现了英国在其成功之后极力消除其特殊的历史并试图以一般性巩固和拓展其在世界的利益的做法。李斯特不无讽刺地揭露了这一事实，即："这本来是一个极寻常的巧妙手法，一个人当他已攀上了高峰以后，就会把他逐步攀高时所使用的那个梯子一脚踢开，免得别人跟着他上来。亚当•斯密的世界主义学说的秘密就在这里。"（参见［德］李斯特：《政治经济学的国民体系》，陈万煦译，商务印书馆 2012 年版，第 343 页。）于是，李斯特结合德国实践需要和美国经验，在其 1841 年出版的《政治经济学的国民体系》中系统地反对斯密等代表的世界主义古典政治经济学并主张国家主导的工业化和贸易保护主义等。但李斯特在 1846 年自杀了，霍奇逊认为他是因在德国被排挤出学术和政治生活所产生的抑郁导致的（参见［英］霍奇逊：《经济学是如何忘记历史的》，高伟等译，中国人民大学出版社 2008 年版，第 68 页，脚注 1），但维基百科列出的原因更为复杂些，主要有三：一是他的事业不得志；二是美国金融危机让他损失了绝大部分财产；三是他的不断恶化的身体状况（参见维基百科：https://en. wikipedia. org/wiki/Friedrich_List）。虽然李斯特的人生最终以悲剧结束，但他开创了德国历史学派的传统。美国社会科学发展的早期历史和德国类似并深受德国影响，这主要表现为以凡勃伦和康芒斯为代表的旧制度学派在美国的兴起和繁荣。

③ ［英］霍奇逊：《经济学是如何忘记历史的：社会科学中的历史特性问题》，高伟等译，中国人民大学出版社 2008 年版，第 70 页。

于企业国营和税收的分析也可以看出这种鲜明的特点①,当然,这并非说瓦格纳的财政学就是如此,它也是按照当时财政学主流被"剪裁"的结果,这就从一个侧面反映出当时财政学主流文献的一个重要特征。另外,由于德国长期流行的是有机体国家论,这也使其财政学视国家为一个有自由自决意识的道德实体,从而将国家与国民间的关系建立在虚构的基础之上。因此,我们可以将当时主流财政学的发展特征概括为行政技术化和国家虚构化②,面对"一战"后国家重建的巨大挑战,这类财政学无法为实践提供有效的理论指导,而这也正是葛德雪和熊彼特等创立财政社会学的重要原因③。

一、葛德雪的经济学与财政社会学思想

葛德雪(Rudolf Goldscheid,1870—1931)是奥地利的一位小说家和私人学者(a private scholar),也是奥地利社会学会、德国社会学会的重要创建者之一④。葛

---

① 参见童蒙正编著:《瓦格涅财政学提要》,黎明书局1931年版。该书被收入刘守刚、刘志广主编的"中国近现代财政学名作新编丛书",具体出版信息为童蒙正编著:《瓦格纳财政学提要》,刘志广整理,上海远东出版社2024年版。

② 有研究认为,瓦格纳就是当时主流财政学的代表,但事实可能并非如此,或者说,瓦格纳的思想本身是有改变的,从他有系统的理论建构并主张对政府支出和国家活动的范围进行规范和限制来说,瓦格纳的财政学思想并不是行政技术化和国家虚构化能够概括的。

③ 财政社会学是对英语词汇 fiscal sociolog 的翻译,它所对应的德语词汇是 finanzsoziologie,在意大利语文献中,既使用 la finanza sociologica(社会财政学),也使用 la sociologia finanziaria(财政社会学),而在法文中使用的则是 sociologie financière(财政社会学),甚至根据相关考证,法国学者 H. Denis 早在 1889 年出版的《赋税论》中就使用了 Sociologie financière 这个词。也就是说,单从财政社会学这个词汇的提出来看,财政社会学的创立比现在所讨论还要早一些。但我们这里还是遵循目前国际学术界的共识,将葛德雪、熊彼特和帕累托看作是财政社会学的主要创立者。

④ 葛德雪于 1870 年 8 月 2 日出生于维也纳一个富裕的犹太人家庭,是家中第五个孩子,其父亲是一位商人,母亲也是一位商人的女儿,舅舅是一位的富裕的金融家,对葛德雪家庭影响很大。当葛德雪成为一位社会主义者并想和一位基督教女孩结婚时,他曾与舅舅有过多次激烈的争吵。葛德雪在 1891 年进入柏林的弗里德里希 • 威廉姆大学(Friedrich-Wilhelm-University)学习哲学和社会学,尽管其学业成绩不错,但他于 1894 年离开了大学,没有获得学位,只获得了毕业证书,这可能与他立志成为一名作家有关,他也确实在 1888—1899 年间几乎每年都出版了一本小说,也有了一定的名气,但他最终还是因其在社会科学研究上的成就特别是人口政策和妇女儿童权益等方面的成就而被后人所纪念。在葛德雪于 1931 年 10 月 6 日去世后,维也纳社会民主党的领袖包括市长 Karl Seitz(1869—1950)等都参加了葬礼;大约两周后,维也纳市议会决定,为了表彰葛德雪的科学成就,他的骨灰盒应该放在火葬场左侧拱廊的内部;后来,(转下注)

德雪反对社会达尔文主义（social Darwinism）和马尔萨斯主义（Malthusianism），他观察到"一战"前人口出生率的下降并提出了"人类经济"（the economy of human beings）这个重要的概念，主张人既是经济的客体也是经济的主体，一方面人被认为是劳动力和"有机资本"（organic capital），但另一方面也被视为最终目的和获利者①。这样葛德雪在人道主义之外基于经济前提不仅提出必须保护劳动力免受剥削和苦难，还强调了福利、健康和学校教育等政策的必要性②。他当时设想的是"未来的社会主义国家"（socialist state of the future），在那里，"国家向社会的每一个成员免费提供生活必需品，但这并不意味着剥夺政治权利或限制人身自由。"③但1914年爆发的第一次世界大战及其对奥地利的深远影响促使葛德雪从对人口政策的关注转向对国家战争负担的处理和战后国家重建的思考，正是在此过程中，葛德雪提出要创立财政社会学，但"人类经济"仍是葛德雪财政社会学的深层关怀，"人类经济理论"（theory of human economy）也是我们理解其财政社会学理论的重要思想基础，而且葛德雪在1918年的一次演讲题目就是"人类经济与财政政策"（Menschenökonomie und Finanzpolitik）④。

在1917年出版的小册子《国家社会主义还是国家资本主义：从财政社会学看

（续上注）市议会在1932年5月4日的会议上决定以葛德雪（Goldscheid）的名字命名维也纳的一条街道。关于葛德雪生平的具体介绍可参考：Exner, G.（2004）. "Rudolf Goldscheid（1870—1931）and the Economy of Human Beings". *Vienna Yearbook of Population Research*, Vol. 2, pp.283—301；也可参考维基自由百科：https://en. wikipedia. org/wiki/Rudolf_Goldscheid。

① 英国经济学家马尔萨斯（Thomas Robert Malthus）在1798年发表的《人口原理》（"An Essay on the Principle of Population"）中提出，生活资料是按算术级数增加的，但人口却是按几何级数增长的，因此，人类必须控制人口的增长，否则，贫穷是人类不可改变的命运。在"马尔萨斯人口论"的影响下，人们认为当时人口是过剩的，因此对劳动力的使用也比较简单粗暴。葛德雪洞见到一个新的变化，那就是人口出生率的下降，因此，人口政策必须发生改变，不仅是鼓励生育，还要保护妇女权益和通过教育等提高劳动力的素质。葛德雪的"有机资本"概念是"人力资本"（human capital）概念的前身。

② 关于葛德雪的人类经济理论（theory of human economy）可参考：Exner, G.（2004）. "Rudolf Goldscheid（1870—1931）and the Economy of Human Beings". *Vienna Yearbook of Population Research*, Vol. 2, pp.283—301.

③ 转引自 Exner, G.（2004）. "Rudolf Goldscheid（1870—1931）and the Economy of Human Beings". *Vienna Yearbook of Population Research*, Vol. 2, p.290.

④ Exner 提到了这次演讲，但也表示我们迄今也只知道这次演讲的题目而不知道其内容，因为这个演讲并未公开出版。参见 Exner, G.（2004）. "Rudolf Goldscheid（1870—1931）and the Economy of Human Beings". *Vienna Yearbook of Population Research*, Vol. 2, p.286.

公债问题的解决》①中,葛德雪明确提出要创立财政社会学②,不仅声称"去除所有具有误导性的意识形态之后,预算才是一个国家的骨骼"③,还认为税收国家是贫穷国家,不可能解决战后奥地利的债务问题,必须代之以"国家资本主义"。在1925 年发表的《对财政问题的社会学研究》中,葛德雪更为精练地阐述了其财政社会学研究主张。在该文的开篇,葛德雪即提出:"缺少财政社会学理论和对财政问题的讨论缺乏社会学基础是现在整个社会科学最为严重的缺陷……财政的形式总是对国家和社会的演进产生决定性的影响。税收斗争是阶级斗争最为古老的形式,而且即使是人类社会最强有力的精神运动,财政事件也是一个重要的诱因。"④在葛德雪看来,税收国家是被剥夺了财产的贫穷国家,要让国家在一个不断变动的社会中承担其应该承担的职能,就必须把财产还给国家;当财政收入能够转化为耐久性公共投资品和高级有机资本时,共同体的发展潜力可借此实现增长,因为国家资本主义⑤和人力资源是一个有秩经济(an orderly economy)的两大

① 该文为德文,迄今未被译成英文,也未被译成中文,其德文出版信息为:Goldscheid, R. (1917). *Staatssozialismus oder Staatskapitalismus: Ein finanzsoziologischer Beitrag zur Lösung des Staatsschulden-Problems*. Vienna:Anzengruber Verlag.

② 在同年发表的《财政学与社会学》一文中,葛德雪还没有明确提出财政社会学(finanzsoziologie)这个概念,只是提到人们开始用社会学的方法来研究财政学。但在这篇论文中,葛德雪明确地将财政与国家的形成与发展联系起来,并提出要在财政史中寻求对国家历史的探索和对国家的结构与功能进行研究。葛德雪反对将国家贫穷甚至是负债累累看作是国家的一般性质,认为需要关心是什么东西构成了贫穷国家、债务国家和税收国家的必要性质。由于当时的财政学不仅与社会经验的整体背景相脱节,而且仅在实际的即时任务中得到扩展,所以葛德雪提出财政学必须进行根本性的重构。葛德雪的这篇论文为德文,至今无英译本,此处转述内容为作者借助在线翻译器大致把握的内容。原文参见 Goldscheid, R. (1917). "Finanzwissenschaft und Soziologie", *Weltwirtschaftliches Archiv*, No. 9, pp. 253—263.

③ 该句话的英文翻译为"budget is the skeleton of the state stripped of all misleading ideologies",转引自维基自由百科:https://en. wikipedia. org/wiki/Rudolf_Goldscheid。

④ Goldscheid, R. ([1925]1958). "A Sociological Approach to problems of Public Finance", translated by Elizabeth Henderson, in Richard A. Musgrave and Alan T. Peacock (eds), *Classics in the Theory of Public Finance*, London:Macmillan, p. 202.

⑤ 通常认为国家资本主义是指国家拥有或控制的资本主义制度,但作为一个社会主义者和奥地利社会民主党成员,葛德雪之所以否定国家社会主义而支持国家资本主义,在于他对国家资本主义的特有理解。在葛德雪看来,资本主义是一个永恒的经济范畴,因为无论是农业集约化,还是工业生产合理化以及文化进步等,都离不开资本;资产阶级通过剥夺国家的财富而征服了国家,工人阶级可以从政治上征服一个无财产的国家,但却无法从经济上长期持有。葛德雪注意到马克思和重要的社会主义理论家完全忽视了财政政策在解决社会问题上(转下注)

基本支柱。由此我们可以看到,葛德雪实际上是想以国家资本化的方式回到官房主义重视自营收入的传统和他自己的"人类经济"关怀,进而解决在税收国家被私人资本和金融大亨们所剥夺和控制而导致的"国中之国"(the state within the state)问题,使财政成为人民的财政(the public finances as the finances of the people)。也正因为财政社会学所能提供的深刻洞见,所以葛德雪在将财政史学、财政社会学和财政统计学一起列为财政学的三大支柱时也特别强调财政社会学最为重要,即:"单靠财政社会学就能揭示公共收入的来源和构成在整个社会发展中所起的作用,进而说明国家的命运和个人的遭遇。"①

二、熊彼特的经济学与财政社会学思想②

熊彼特因其 1912 年出版的《经济发展理论》而成名,对创新和企业家、企业家精神的关注成为熊彼特经济学思想的重要标签,对此后面将以专章进行系统性介绍和分析。针对葛德雪在 1917 年出版的小册子中提出的以国家资本主义来解决"一战"后奥地利债务问题的主张,熊彼特发表了不同的观点,他在维也纳的演讲稿在 1918 年以《税收国家的危机》为名发表,他也因此成为财政社会学的共同创始人。熊彼特高度赞扬了葛德雪创立财政社会学的不朽贡献,并满怀激情地宣称人们对于财政社会学可以寄予厚望。在这篇论文中,熊彼特进一步阐发了财政社会学的研究主张,不仅提出"财政史上的事件使人们能够洞悉社会存在和社会变化的规律、洞悉国家命运的推动力量,同时也能洞悉这些得以发生的具体条件(concrete conditions),特别是组织的形式及其成长和消失的方式",还认为"财政

（续上注）的作用,更不用说通过税收改革和财政改革来改变现存的社会和经济秩序了。因此,葛德雪认为必须在财政理论和财政实践的领域掀起具有决定性意义的革命性转变(the decisive revolutionary battle),那就是通过国家资本化的方式让国家重新拥有财产,但它并不要求国家对整个社会经济控制,只是要求在私人经济之外发展能够管理良好的公共经济并通过它来提供收入来源为所有人提供服务。正因为如此,葛德雪反对国家社会主义,认为真正的进步只能发生在国家资本主义之下,它通过改变国家的财政基础而改变了国家的整个经济结构。

① Goldscheid, R. (〔1925〕1958). "A Sociological Approach to problems of Public Finance", translated by Elizabeth Henderson, in Richard A. Musgrave and Alan T. Peacock (eds), *Classics in the Theory of Public Finance*, London: Macmillan, pp. 206—207.

② 由于本书是围绕讨论熊彼特的财政社会学思想而展开的,后面还要专门讨论熊彼特的《税收国家的危机》,为避免重复太多,所以相对于葛德雪和帕累托来说,这里所做的归纳和理解是更为简单化的,主要涉及学界在谈到熊彼特的财政社会学时通常所引述的内容。

是开展社会调查的最佳起点之一,尤其是在调查并不排斥它所包含的政治生活时更是如此。在用于研究那些社会转折点或更好的时代(better epochs)之时,从财政入手的研究方法效果更为显著;在这一时期,现存的形式开始殒灭,转变为新的形式,而且在这一时期原有的财政措施往往会出现危机"①。

但与葛德雪认为国家因发展成税收国家而变穷不同,熊彼特认为税收国家是因为国家变穷而生成的,也正是这种认识上的截然不同使熊彼特对税收国家采取了完全不同的态度,进而也对奥地利战后财政问题的处理提出了不同于葛德雪的国家资本主义的解决方案,这也成就了《税收国家的危机》一文的经典价值。熊彼特将税收国家作为现代国家的代名词,并从财政史的角度阐述了其生成过程,认为税收国家所在之地就是最具创新力(the most creative forces)之地。由此我们也看到熊彼特的财政社会学是与其以创新为核心概念的经济发展理论紧密联系在一起的。此外,熊彼特将财政危机重新定义为"因不可改变的社会变迁所导致的明白无误的、不可避免的、持续不断的失败",从而将其与通常所说的财政压力或具体国家在特定时期面对的特定财政困难等区别开来。这样,熊彼特所得出的结论就是:现实中的税收国家可能因各种原因崩溃并且在历史中已经多次崩溃,但这并不意味着税收国家原则的崩溃,奥地利战后的财政问题仍可在税收国家所代表的竞争经济秩序下得到解决。

三、帕累托的经济学与财政社会学思想

比葛德雪和熊彼特提出发展财政社会学要更早一些,也就是自 1880 年代后在意大利逐渐形成了一种不同于新古典综合派财政学的研究传统,这也是后来布坎南(Buchanan)和其学生理查德·E. 瓦格纳(Richard E. Wagner)致力于弘扬的研究传统。在 McLure 看来,这一传统也可被归入财政社会学,主要理由有二:一是这一期间意大利的著名财政学家博伽塔(Borgatta)和森西尼(Sensini)将他们的著作归为"社会财政学"(la finanza sociologica),格利兹奥迪(Griziotti)也使用"财政社会学"(la sociologia finanziaria)这个术语来指代研究财政现象的社会学、政治学和多学科的方法;二是这些发展是基于社会学理论即帕累托的一般社会学

① Schumpeter, J. A. [1918]. "The Crisis of Tax State", in Peter M. Jackson, eds. (1996). *The Foundations of Public Finance*, Vol. 2., Edward Elgar Publishing Ltd., p.332.

的,而帕累托也通过信件等方式对意大利的这些财政学研究者产生了重要影响①。Mumford 在其《百年财政社会学》一书中不仅提到"尽管熊彼特终其一生可能都在否认自己是一个学派的领导者,但他确实主张命名一个松散的(disctete)、帕累托学派的财政社会学(Paretian school of fiscal sociology)"②,他甚至还提到,熊彼特视帕累托而非他自己为财政社会学的一个分支③。但在将帕累托视为财政社会学意大利学派的创始人时,我们还必须注意到潘塔莱奥尼(Maffeo Pantaleoni),他是帕累托的好友,并与帕累托有不同的思考方式。潘塔莱奥尼强调了经济和政治之间的相似性,而帕累托则将经济与政治区分开来,理查德·E. 瓦格纳很好地总结了帕累托和潘塔莱奥尼在学术取向上的区别,即:"虽然帕累托从经济均衡和政治或社会均衡的角度进行思考,并加以区分,但他的思考方式与他的好友马菲·潘塔莱奥尼(Maffeo Pantaleoni)不同。例如,潘塔莱奥尼(Pantaleoni)强调了经济和政治之间的相似性,将社会解释为两种价格体系的运行,其中政治价格体系寄生于市场价格体系之上。相反,帕累托强调了逻辑行动(logical action)和非逻辑行动(non-logical action)之间的分别。如果说逻辑行动属于市场互动的范畴,那么非逻辑行动则属于政治过程的范畴。在这一思想体系中,帕累托无疑更接近于施密特(Schmitt)及其对政治自治的强调,而与之形成鲜明对比的是,潘塔莱奥尼可

---

① McLure, M. (2005). "Equilibrium and Italian fiscal sociology: a reflection on the Pareto-Griziotti and Pareto-Sensini letters on fiscal theory", *The European Journal of the History of Economic Thought*. Vol. 12, No. 4, pp. 609—633.

② Mumford, Ann. (2019). *Fiscal Sociology at the Centenary: UK Perspectives on Budgeting, Taxation and Austerity*. Palgrave Macmillan, p. 29.

③ Mumford 在《百年财政社会学》一书中提出的问题是,"为什么熊彼特想要指定帕累托而非他自己为财政社会学一个学派或一个分支的领导者呢?"基于 McLure 在 2007 年出版的《帕累托学派与意大利财政社会学》(Paretian School and Italian Fiscal Sociology)一书中的观点,Mumford 自己所提供的答案是:当要对一个学派的领导者进行界定时,熊彼特认为重要的是确定一个宽泛的学说(a broad doctrine)以及一个学者梯队,他们竞相对关键术语进行定义并推进方法论研究,而且熊彼特相信他在帕累托的财政社会学中找到了这一点。Mumford 认为这对熊彼特和帕累托来说都是至关重要的,然而,帕累托将知识社会学视为对科学非本质特征(the extrinsic aspects)的主要考虑,而熊彼特则将社会学看作是科学进步的重要激励因素(motivating factors)之一。但需要指出的是,Mumford 并未为此说提供明确的证据,从熊彼特发表的纪念论文《维尔弗雷多·帕累托(1848—1923)》和他在《经济分析史》中对帕累托思想的分析来看,他确实承认帕累托创立了自己的学派,但却没有提到财政社会学。参见 Mumford, Ann. (2019). *Fiscal Sociology at the Centenary: UK Perspectives on Budgeting, Taxation and Austerity*. Palgrave Macmillan, p. 30.

能更接近古典自由主义的抱负,即政治可以还原为伦理、法律和经济的某种组合。不管在学术取向上的这些差异如何,意大利理论家大多寻求在经济行动的框架内解释政治实体及其运作过程。"①如果说在财政社会学的奥地利传统中存在葛德雪与熊彼特之争的话,那么在财政社会学的意大利传统中则存在帕累托与潘塔莱奥尼之别。

19 世纪 90 年代的帕累托是一位坚定的激进自由主义者,将自由放任视为政策考虑的最佳起点,因此,他一方面认为财政政策是实现收入再分配的主要工具,另一方面也认为财政政策会导致对财富的破坏,因为以牺牲社会中其他人的利益为代价来创造经济特权或租金始终是与财政措施联系在一起的。为此,帕累托将最优资源配置状态定义为经济中没有任何人可以在不使他人境况变坏的同时使自己的境况变得更好的状态。这一定义不仅明确将价值判断引入到经济分析中,也为福利经济学提供了最为重要的补偿性原则,即在受损者的利益得到补偿的情况下,总产出增长即使损害了部分人的利益也仍是可欲的,而它也要求用于补偿的转移支付资金应该来源于不干扰生产和不扭曲收入分配的税收。理论上对价值判断的关注和政策上对意大利实现工业化赶超的关注使帕累托在 20 世纪初更多转向社会学研究,他在 1900 年针对与行动有关的预期客观结果的事前主观评估和对该客观结果的事后主观评估间的关系提出了逻辑行动(logical action)与非逻辑行动(non-logical action)间的区别,这为其从在应用经济学层面考虑财政问题转向财政社会学研究提供了关键的支撑②。非逻辑行动并非不合逻辑的行动(illogical action),而是指对事前预期结果和事后客观结果在主观评估中呈现不一致的行动,主要原因是个人对效用最大化的主观评估会随时空变化而进行调整,也就是存在路径依赖效应③。帕累托将市场行动归入逻辑行动,而将影响经济均衡的财政行动归入非逻辑行动,进而公开反对财政经济学(an economics of public finance)的理念并主张用社会学的方

<hr>

① Wagner, R. E. (2014). "James M. Buchanan and Me: Reminiscing about a 50-Year Association", *GMU Working Paper in Economics*, No. 14-13.

② 参见 McLure, M. (2018). "Paretian Fiscal Sociology". In: Wagner, R. (eds). *James M. Buchanan: A Theorist of Political Economy and Social Philosophy*. Palgrave Macmillan.

③ 在逻辑行动中不存在路径依赖效应,个体效用最大化的点仅仅由商品数量来决定,因此,这类行动的手段与目的之间存在严格的逻辑关系;但是当个体效用并不仅仅取决于商品数量,而是与其所处的制度文化环境等密切相关时,手段与目的之间就不存在严格的逻辑关系。

法来研究财政学①。因此,如果说葛德雪和熊彼特的财政社会学思想都离不开其经济学思想,那么帕累托的显著不同就是将其经济学思想与财政社会学思想区分开来。

考虑到社会力量对财政决策的重要性,帕累托认为财政再分配会改变资本的配置,从而调整对经济规律的预测。为了说明财政再分配的经济影响,帕累托区分了食利者(rentiers)和投机者(speculators)②,并询问财政再分配是否会增加或降低这两类人手中的资本价值。在帕累托看来,在食利者和投机者之间转移收入的结果具有不确定性,既有明显的短期复杂性,也有更长期的影响③。因此,帕累托的财政社会学是在社会均衡(social equilibrium)的概念下来构建的,按照 McLure 的理解,这种社会均衡可被视为是一个总体性概念(an overarching concept),它本身

① 在帕累托的财政理论中,非逻辑行动不仅成为财政行动的特征,也成为说服人们接受相应的财政政策时需重点考虑的因素。在区分逻辑行动与非逻辑行动的同时,帕累托还提出了"派生物"(derivations)与"剩余物"(residue)这对概念,其中,"派生物"是一种关于政策说服的学说,该学说的逻辑被作者认为是真实的,或者让他人相信是真实的,从而有助于确保公众对拟议政策的支持。而"剩余物"则是指将"派生物"中具有严格逻辑推理的内容剥离后所剩下的内容,也就是关于情感的陈述或表达。财政政策在拟议和实施中越是借助于"派生物"和"剩余物"的使用,就越不可能认为该政策的结果是严格逻辑过程的结果。正是在帕累托的这一认识基础上,意大利财政学家提出了"财政幻觉"这个重要的概念,即政治家通过运用"财政幻觉"来为自己的财政政策辩护,而民众也因为"财政幻觉"而去支持实际上对自己不利的财政政策。

② McLure 对帕累托所说的"食利者"与"投机者"的行为特征进行了概括,其中,"食利者"胆小谨慎,在所有经济活动中都寻求较低风险,显示出较低的贴现率:持有货币(在安全持有货币且通常不愿意借贷的情况下接受低利率);从事创业活动(通过开展安全的低风险活动),并被雇用为工人(通过寻求报酬较低的终身工作以降低风险);积累资本(通过收购价值不会随时间波动的资本货物,从而可以有序地管理和替换折旧);持有土地(通过寻求较低的长期回报)。与之相反,"投机者"愿意在他们从事的所有经济活动中接受高风险,显示出较高的贴现率:持有货币(通过从金融资产中寻求高回报和资本收益,并非常愿意借贷);开展创业活动(通过结合资本创造新产品进行创新和/或通过战略定价和利用垄断力量寻求租金);积累资本(通过寻求资本收益,即使是在短期内)和持有土地(通过高回报和资本收益)。参见 McLure, M.(2018).“Paretian Fiscal Sociology”. In:Wagner, R.(eds). *James M. Buchanan: A Theorist of Political Economy and Social Philosophy*. Palgrave Macmillan.

③ 比如,根据帕累托的评估,19 世纪与工业革命影响相关的巨大繁荣在很大程度上是由于大量生产资本被置于投机者手中,同时大部分人口是寻求就业的食利者:有足够的食利者通过金融系统为投机者提供资金,相当一部分劳动力受雇于投机者控制的创新型企业。参见 McLure,M.(2018).“Paretian Fiscal Sociology”. In:Wagner,R.(eds). *James M. Buchanan: A Theorist of Political Economy and Social Philosophy*. Palgrave Macmillan.

由三个子均衡组成：政治均衡，即由政治精英推动的个人主义和集体主义之间的合成性均衡；经济均衡，即由经济精英推动的在生产财富和挪用他人生产的财富之间的合成性性均衡；社会行为均衡(a socio-behavioral equilibrium)，即由政治精英代理人和经济精英代理人之间的相互作用所推动的社会连续性力量和社会变革性力量之间的合成性均衡①。相比之下，社会行为均衡的变化比较小，因为它在很大程度上受到"剩余物"的约束，而"剩余物"的分布主要由人们的心理构成决定，是一种连续性的力量。社会均衡的演变在很大程度上就是上述子均衡变得不稳定的结果，深受财政政策影响的食利者和投机者在其中扮演了非常重要的角色。

第二节　财政社会学的传承与复兴

受葛德雪、熊彼特和帕累托等的影响，1920 年代至 1930 年代初财政社会学在德语和意大利语文献中实现了短暂的繁荣，正如马斯格雷夫曾指出的："追随熊彼特和葛德雪的贡献，德国的讨论很快就抛弃了其历史框架并自然地转向了方法论领域。争论的焦点在于财政学是否应以社会学方法作补充，或者这一更为宏大的框架是否应该首先被采用。是应该将财政活动视作对'经济'事务的干预呢，还是应该在经济学定义中包括公共部门行为呢？是应该将经济体视作由不同的私人部门和公共部门构成的二元系统呢，还是应该将此二者视作一个统一的整体？"②同样地，由于当时德国在社会科学研究中具有很高的地位，是当时主要的留学目的地国，财政社会学也由此被传播开来，但这一过程本身却又是曲折的，至今仍未取得创立者所预期的发展结果。

一、财政社会学的短期繁荣与沉寂

在德语文献中，主要有耶希特在 1928 年出版的《财政经济本质与形态》和兹

---

① McLure, M. (2018). "Paretian Fiscal Sociology". In: Wagner, R. (eds). *James M. Buchanan: A Theorist of Political Economy and Social Philosophy*. Palgrave Macmillan.

② Musgrave, R. A., (1992). "Schumpeter's crisis of the tax state: an essay in fiscal sociology", *Journal of Evolutionary Economics*, No.2, p.110.

尔坦在 1932 年出版的《国家收入论》①。耶希特认为财政学必须在处理当代全体社会与经济结构之间的关联时才能达到其目的,财政的意义寓于具体的可变的财政现象之中,必须在历史形态的所有变迁中寻找普遍的现象,因此,他将财政形态分为传统的财政与合理的财政,前者又区分为领主财政与封建财政,后者则包括中世纪城市财政和近代国家财政。在耶希特看来,税收与近代国家间的内在联系的思想开始表现为税收国家的思想,这是对熊彼特税收国家思想的积极回应。兹尔坦的研究被认为是打破了财政学的固有框架,运用国家收入理论分析了现代社会事件中具有重大特征的各种现象,而从这些事实出发研究国家收入就必须运用社会学,因此,兹尔坦明确主张,"事实上所有的财政学,就是财政社会学"②。从相关转述可以看到,耶希特和兹尔坦所着眼的都是财政社会学的基础理论研究,其意义在于明确:"财政学必须是一门科学的理论,同时赋予它以社会的现实为直接的对象,是局限于现实科学的社会科学。财政学作为社会科学,要想从理论、客观和普遍的意义上充分把握社会现实,就应赋予财政学本身规范的定式和结构,或者由此引申来说,就应该根据认识论和方法论,从理论上直接面向透彻地解答作为现实社会科学一环的财政学所应担负的任务这一根本问题。"③

在意大利语文献中,主要的研究者是 Roberto Murray、Benvenuto Griziotti、Gino Borgatta 和 Guido Sensini,其中,Murray 主要侧重的是财政的政治方面,但这没有得到帕累托的支持;Griziotti 强调其与政治和立法问题的相关性,并拒绝接受帕累托关于社会均衡应在财政研究中发挥核心作用的论点;Sensini 则试图发展一种财政学的理论方法,以将财政现象和社会均衡之间的关系作为财政学研究的中心问题;Borgatta 采取了和 Sensini 类似的主张,认为在财政行动中混合着逻辑行动与非逻辑行动,试图为从经济学角度分析财政问题创造比帕累托所允许的更大的空间。在 McLure 看来,Murray 的财政政治学是对帕累托对公共实体进行经济分析的延伸,而 Griziotti 对财政社会学的引用可以更准确地被理解为是对应用

---

① 关于耶希特和兹尔坦的财政社会学思想的概括,参见[日]坂入长太郎:《欧美财政思想史》,张淳译,中国财政经济出版社 1987 年版,第 349—354 页。

② 转引自[日]坂入长太郎:《欧美财政思想史》,张淳译,中国财政经济出版社 1987 年版,第 351 页。

③ 此为日本学者山下觉太郎的评论,转引自[日]坂入长太郎:《欧美财政思想史》,张淳译,中国财政经济出版社 1987 年版,第 354 页。

财政政治学的引用,他所提出的广义方法(the broad approach)比 Sensini 的财政社会学更能对意大利财政学研究的各个方面进行补充①。

美国著名财政学家塞里格曼(Edwin R. A. Seligman)也在 1926 年发表了《财政科学的社会理论》一文②,但他明确将自己的研究与葛德雪及其财政社会学划清界限③,主要理由在于葛德雪建立其财政社会学的两个基石(position),一个虽然很明显,但却不是新的;一个很新但却不是真的。前者是指葛德雪将税收仅仅与战争联系在一起,使财政科学成为战争的科学而非和平的科学,这作为一般性解释并不合适;后者是指葛德雪所说的"国家贫困"本质上是中世纪的,在现代民主的政治生活观中找不到任何依据。因此,塞里格曼宣称:"如果这就是财政社会学的含义,那么社会学与财政科学的结合越少,对两者就越好。"④塞里格曼所说的财政科学的社会理论是指社会学原理在财政领域的应用,重点在于回答财政学研究中长期讨论的三个问题⑤:第一个问题涉及财政科学的主题,针对的是国家还是组成国家的个人;第二个问题国家与个人的关系,国家是否掌控着一种属于它自己的经济生活,个人在什么意义上参与这种经济生活;第三个问题涉及的是财政原则到底是成本、效益还是能力。在分析了"共同需要的性质""个人和集体""集

---

① 关于帕累托对 Roberto Murray、Benvenuto Griziotti、Gino Borgatta 和 Guido Sensini 等的具体影响与学术联系以及他们的具体学术贡献,参见 McLure, M. (2007). *The Paretian School and Italian Fiscal Sociology*. Palgrave Macmillan.

② 该文分两期分别发表在 1926 年《政治科学季刊》的第 2 期和第 3 期,具体出版信息如下:Seligman, E. R. A. (1926). The Social Theory of Fiscal Science Ⅰ, *Political Science Quarterly*, Vol. 41, No. 2, pp. 193—218; Seligman, E. R. A. (1926). The Social Theory of Fiscal Science Ⅰ, *Political Science Quarterly*, Vol. 41, No. 3, pp. 354—383.

③ 这一事实也表明当时熊彼特作为财政社会学的共同创始人的地位并没有得到明确,因为塞里格曼在这篇论文中甚至都没有提到熊彼特,而事实上,熊彼特于 1913 年底访问哥伦比亚大学时,塞里格曼就与熊彼特相识了,他对熊彼特有极佳的印象和极高的评价,后面我们在谈到熊彼特的人生时会再提到此事。

④ Seligman, E. R. A. (1926). The Social Theory of Fiscal Science Ⅰ, *Political Science Quarterly*, Vol. 41, No. 2, p. 195, 脚注。

⑤ 塞里格曼认为,一旦我们试图回答这三个问题就又涉及一些更根本的考虑,至少有三个:一是社会集团的一般性质;二是公共需要和公共行动的特征;三是国家在其财政关系中的意义。塞里格曼认为,无论是社会学家还是经济学家都很少去研究这些问题,因此,这一领域实际上仍是未开发的,而他写作该文的目的就在于为财政科学的社会理论提供一个基本框架。参见 Seligman, E. R. A. (1926). The Social Theory of Fiscal Science Ⅰ, *Political Science Quarterly*, Vol. 41, No. 2, pp. 193—195.

体行动的类别""私人性集体和公共性集体""公共性集体的具体特征""公共性集体中的准公共要素"之后,塞里格曼得出了五个方面的结论:一是对个人财政关系的解释是基于其集体成员身份,财政需要是共同需要,只有通过对共同需要的分析才能为考虑国家的财政活动奠定坚实的基础;二是个人创造了集体,但又被这个集体重新创造,财政科学的主题是国家与其成员的财政关系,即构成国家的成员之间的相互财政关系;三是财政科学主要处理的不是个人的私人性集体关系或交换性集体关系,而是为了满足他的共同利益或互惠利益的公共性集体关系;四是财政除了为满足共同需求而设计的正常活动外,还要考虑一些随之而来的活动以满足集体和集体成员的特殊需求和互惠需求;五是财政学争论中的一些对立理论可以被放置在适当位置而实现整合,对财政关系没有统一的解释,不同原则都有其适当的作用范围,如特殊利益可能会因能力而改变,特殊利益可能会改变能力。塞里格曼的这篇论文并未涉及财政科学的具体内容,其目的是"希望财政的社会理论不仅能为社会学本身带来一些启示,也可能被证明是对财政科学进行新的富有成效的处理的开始"①。由于塞里格曼当年指导了一批中国留美学生写作财政学方面的博士论文,所以这也是财政社会学对中华人民共和国成立前财政学在中国的发展产生影响的一条重要路径。

与塞里格曼不同,日本学界对葛德雪的财政社会学给予了高度肯定,日本也成为"二战"前财政社会学的研究重镇,这可以从1949年前在我国翻译出版的两本财政学著作中可以窥见一斑,一本是阿部贤一1930年出版的《财政学史》,一本是永田清1937年出版的《现代财政学理论体系》②。如果说阿部贤一在《财政学史》中还只是将葛德雪的"社会学的财政学"与"社会政策的财政学理论"、"经济学的财政学"和"社会主义的财政学说"并列介绍并认为它是"最近的财政学上可以注意的一个收获"外,那么永田清则是将财政社会学作为财政学的未来发展方向进行了研究。在"前篇"梳理总结了"共同欲望论之财政学""全体主义之财政学""目的论之财政学"和"功利主义之财政学"后,永田清在"后篇"不仅专门讨论了

---

① Seligman, E. R. A. (1926). The Social Theory of Fiscal Science Ⅰ, *Political Science Quarterly*, Vol. 41, No. 3, p. 383.

② 这两本书的中译本都被收入刘守刚、刘志广主编的"中国近现代财政学名作新编丛书",具体出版信息为[日]阿部贤一:《财政学史》,邹敬芳译,刘守刚整理,上海远东出版社2022年版;[日]永田清:《现代财政学理论体系》,吴兆莘译,刘志广整理,上海远东出版社2022年版。

"财政学之社会理论"和"财政社会学之展开","经济组织的二元论"和"财政学之政治性"这两章实际上也是对财政社会学相关议题的进一步研究,比如在谈到预算体现财政的政治性时,永田清就明确写道:"葛德雪由于说明财政与政治之内在的关联,而规定财政学之新方向(财政社会学)也。"①永田清没有像塞里格曼那样将葛德雪关于税收与战争的关系以及国家贫困的观点当作是其财政社会学不可分离的基石,相反,他在全面引用了塞里格曼在 1926 年的论文中对葛德雪的批评后指出,这种常识性的批评并不涉及问题的核心,相反,葛德雪所述之事非常具有现实的妥当性,更重要的是,葛德雪批评财政学的行政技术论并指出了财政学的正确发展方向。这种发展方向就是永田清所说的要克服"旧财政学不先究明其为财政现象之主体之此等社会形态之意义"而导致其理论体系"陷于行政技术论"的弊端。永田清对关于财政社会学的不同定义特别是针对 Josef Soudek 所总结的三种主要解释进行辨析,这三种解释对财政社会学者的定义分别是:从社会学的方法以研究财政的学者;依财政学上所得之认识,而欲使社会学丰富者;作为独立之学问而欲构成财政社会学者。永田清排除了第二种解释,并将第一种解释称为"社会学的财政学",将第三种解释称为"固有或狭义之财政社会学",它们构成了通常所说的财政社会学,"就两者之区别言之,社会学的财政学乃扩充从来之记述的财政学,与之以究明社会关系之理论的根据者;固有之财政社会学,乃又扬弃之,而欲构成以社会关系与财政现象之分析为基础之特殊的学问体系者。"葛德雪所创立的就是狭义财政社会学,这也是永田清所说的"财政社会学作为新兴之财政理论而为极有特征之一学问体系"之所指。在永田清看来,葛德雪之所以强调"贫穷国家"与"富有国家"的区别并主张将财产还给国家,"谓于此种富有国家始得成立'人类经济'者,系葛德雪之财政社会学之归着点。"这是极为重要的认识,因为这一点几乎被所有财政社会学研究者所忽略。但永田清也认为葛德雪只是指出了方向而未完成理论体系的构建,之后 H. Jecht 所提出的现象学的财政学和H. Sultan 所提出的知识社会学的财政学作为方法论的研究有助于葛德雪所说的财政社会学之展开。然而财政社会学理论体系的构建仍是任重而道远,永田清对"经济组织的二元论"(即私人经济与公共经济之分)和"财政学之政治性"的讨论,

① [日]永田清:《现代财政学理论体系》,吴兆莘译,刘志广整理,上海远东出版社 2022 年版,第 209 页。

实际上是为财政社会学的未来发展寻求思想资源,这和我们前面沿着官房主义、亚当·斯密的财政学和社会政策学派财政学讨论交换范式财政学研究传统是一致的。

在财政社会学发展的这一时期,还非常有必要提到美籍德裔学者弗里茨·卡尔·曼(Fritz Karl Mann),他和熊彼特一样出生于 1883 年,并于 1979 年去世,曾受邀为在熊彼特去世后出版的《货币论》(*Treatise on Money*)的德文版写作"导读"(Oritation)①,其财政社会学思想也曾得到学界的专门讨论②。在 1943 发表的《税收社会学》一文中,曼讨论了税收主要行使的三种控制形式,即矫正社会上不可取的人类行为、调整社会群体和阶级之间的经济权力以及打击资本主义的社会弊端,促进向另一种经济秩序的过渡,其所要表达的核心思想是:"大体而言,对税收的研究逐渐从财政学领域转移到社会学领域。税收的财政功能与社会控制功能越来越有意识地结合在一起。有时,甚至这种组合也会成为一种狮道合伙(a leonine partnership)③;因为社会功能不是与财政功能相协调,而是凌驾于财政功能之上。"④而在 1947 年发表的《革命中的财政因素》一文中,曼认为,财政因素会根据社会和政治环境以及考虑时间的不同表现为革命的力量或者保守的力量,必须非常谨慎地评估财政因素在政治和社会剧变中的影响。基于这样的认识,曼反对那种过分强调社会政治变迁过程中财政因素的作用的倾向,甚至认为纠正这种夸张的做法正是财政社会学面临的挑战之一。在曼看来,在政治和社会剧变的历史上,只在极少的情况下与财政原因完全无关,财政因素既可能是剧变的"导火索"和放大器,也可能是作为剧变的直接原因,它们使大众支持政治和社会剧变。

---

① 参见 Schumpeter, J. A. (2014). *Treatise on Money*, translated by Ruben Alvarado, Wordbridge Publishing.

② 如 v. Beckerath, E. (1960). Finanztheorie und Finanzsoziologie bei Fritz Karl Mann. *Zeitschr. f. Nationalökonomie*, Vol.20, pp.252—255. 但曼的大部分著作为德语,我目前收集到的英文文献只有他的两篇论文,一篇是 1943 年发表的《税收社会学》(The Sociology of Taxation),另一篇是 1947 年发表的《革命的财政因素:一篇财政社会学论文》(The Fiscal Component of Revolution: An Essay in Fiscal Sociology),所以主要根据这两篇论文来概述曼的财政社会学思想。

③ 狮道合伙(a leonine partnership),是指在这种合伙中,一方对损失负责但却无权分享利润,或者说,一方独占利润而不负责亏损。

④ Mann, F.K. (1943). "The Sociology of Taxation". *The Review of Politics*, Vol.5, No. 2, p.225—226.

因此,曼认为:"财政社会学的方法不仅能卓有成效地应用于政治和社会革命方面的研究,也能够卓有成效地分析社会变革现象,尤其是财政因素以更为和平的方式在政治、社会和经济结构的基础性变化中所发挥的作用。"[1]这就使财政社会学的方法能够进一步帮助我们分析社会结构的演进,曼重点强调了两个方面,一是西欧宪政的近代史和任何层级议会的成长都与财政权利密切相关,这是一个不会被夸大的事实;二是不考虑财政因素的影响就不可能彻底评估产权制度的演变。在该文的最后,针对当时社会和经济的一个重要现象,曼所提出的问题是,"财政和预算需求在多大程度上推动了公共企业(public enterprises)和政府公司(government corporations)的扩张,从而有助于调整政府和商业的关系(government and business relations)"[2],据此,曼也将收集这些类似材料并根据社会动态对它们进行整合和评估作为下一代财政社会学家要接受的挑战。

财政社会学一经创立即兴盛于德国、意大利和日本,这主要与这三个国家在经历落后国家实现工业化赶超过程中要实现民族国家或现代国家的构建密切相关,也与近代以来民族国家兴起的历史密切相关。塞里格曼将葛德雪的财政社会学定位于战争财政学并批评它只是针对德国当前的困境而提出来的,这显然是失之偏颇的。葛德雪主要是在思考奥地利在"一战"后的出路而提出发展财政社会学的,但他并非只限于奥地利,也不限于德国,而是着眼于普遍的历史和其"人类经济"这一普遍的关怀。在 1930 年代中后期,随着法西斯主义(Fascism)[3]的兴起,财政社会学在德国、意大利和日本的发展也陷入"沉寂",但这对财政社会学来说也是一件"幸事",可因此而与法西斯主义划清界限[4]。但"二战"后凯恩斯主义

---

① Mann,F. K. (1947). "The Fiscal Component of Revolution: An Essay in Fiscal Sociology". *The Review of Politics*, Vol. 9, No. 3, p. 348.

② Mann,F. K. (1947). "The Fiscal Component of Revolution: An Essay in Fiscal Sociology". *The Review of Politics*, Vol. 9, No. 3, p. 349.

③ 《大英百科全书》(Encyclopedia Britannica)的法西斯主义的定义是:"极端的军国主义式民族主义,蔑视选举民主、政治和文化自由主义,信仰自然社会等级制度和精英统治,期望创建一个个人利益服从国家利益的人民共同体。"参见维基自由百科:https://en. wikipedia. org/wiki/Fascism♯References。

④ 由于财政社会学曾在"二战"前主要兴盛于德国、意大利和日本,而这三个国家恰好又都属于"二战"中的法西斯主义同盟国(轴心国),所以一些人对于发展财政社会学心存芥蒂,但财政社会学随着法西斯主义兴起而陷入"沉寂"恰好可以洗清自身的"嫌疑"。另外,我们也有一些其他证据可以从侧面佐证财政社会学的价值主张与法西斯主义势不两立。首先是(转下注)

的兴起和新古典综合派财政学的形成以及"二战"对欧洲财政学学者在生命与职业上的双重打击等也"压抑"了财政社会学的发展。因此,当熊彼特在其 1918 年的论文《税收国家的危机》中指出从财政入手的研究方法在用于研究那些社会转折点或更好的时代时效果会更为显著时,这实际上既是对葛德雪和熊彼特等当时创立财政社会学的政治与社会经济条件的总结,也预示着今后财政社会学得以复兴的政治与社会经济条件。简而言之,这种政治与社会经济条件就是熊彼特所说的财政危机,也正因为如此,财政危机(fiscal crisis)这一概念是财政社会学思想中一个关键性概念,但我们也将看到,对财政危机的不同定义会引导财政社会学走向不同的发展路径。

二、"奥康纳-马斯格雷夫之争"与 1970 年代后财政社会学的复兴

新古典综合派财政学以功能财政取代平衡财政,这进一步从理论上为各国政府长期实施凯恩斯主义奠定了合法性基础,但这最终不仅导致政府日益陷入巨额赤字与债务当中,也使经济在 1970 年代初陷入"滞胀"。正是在此背景下,美国马克思主义学者奥康纳(O'Connor)在 1973 年出版了《国家的财政危机》(*The Fiscal Crisis of the State*),这被看作是财政社会学自 1930 年代中后期陷入沉寂后重新复兴的重要标志。

(续上注)葛德雪本人的主张和去世后的遭遇:葛德雪在其 1917 年提出创立财政社会学的小册子《国家社会主义还是国家资本主义》的小册子中明确否定了国家社会主义的适用性,而国家社会主义正是希特勒所在的德国国家社会主义工人党的主张,而就此我们也可以理解为什么在 1938 年 3 月 14 日德国吞并奥地利后,曾因为表彰其科学成就而被放置在火葬场左侧拱廊内部的葛德雪的骨灰盒在其妻子去世后也被移出,其理由可能并非仅仅因为葛德雪是犹太人。其次,德国著名社会学家滕尼斯(Tönnies)著作《共同体与社会》后的附录 5"滕尼斯生平及大事年表"中也暗藏了部分有用的信息,一是葛德雪与滕尼斯是很好的朋友,他们共同推动社会学在奥地利和德国的发展:(1)1907 年 4 月,葛德雪推动设立"维也纳社会学学会",10 月,滕尼斯应葛德雪的邀请,前往维也纳,在维也纳社会学学会上做了题为"论习俗"的报告;(2)1909 年 1 月,滕尼斯、韦伯、齐美尔、桑巴特、特洛尔奇等 39 位社会科学家在柏林组建了德国社会学学会,滕尼斯被选为德国社会学学会主席——葛德雪为副主席。二是纳粹上台后滕尼斯不断受到打压:(1)1931 年 10 月,葛德雪去世;1933 年 1 月希特勒上台,被任命为帝国总理;1933 年 2 月,滕尼斯参加了在柏林克罗尔歌剧院举行的"言论自由"大会;(2)1933 年 9 月,滕尼斯被解除国家的公务,12 月失去职务薪俸;(3)1935 年 1 月,德国社会学学会被纳粹政府禁止活动;1936 年 4 月 9 日,滕尼斯在基尔去世,享年 81 岁。参见[德]滕尼斯:《共同体与社会》,张巍卓译,商务印书馆 2019 年版,第 552—563 页。

在《国家的财政危机》一书的开篇,奥康纳即提到,20世纪60年代和70年代媒体上常见的头条新闻标题"都是同一个主题的不同变体:企业要求政府修建更多的高速公路;银行家和投资者要求政府承诺发放更多的贷款并进行更多的投资;小企业主和小农场主要求政府提供更多的补贴;参加工会的劳动者要求更加完善的社会保障;福利权争取组织要求更多的收入补贴、住房和更好的公共卫生服务;政府雇员要求增加工资;政府机构则希望获得更多的经费"[1]。对比一下,我们可以发现,这段话正是对熊彼特在《税收国家的危机》中讨论税收国家限度时所指出情形的现实描述,即:"如果人民的意愿是要求越来越多的公共支出,如果越来越多的资金被用于满足这些目的而私人却还未能将它们生产出来,如果越来越多的权力支持这种意愿,如果关于私人财产与生活方式的全新思想最终掌握了所有阶层的人民,那么税收国家就将走向尽头,而社会就将不得不依靠其他动力而非自我利益来发展经济。"[2]但就其整体分析来说,奥康纳在思想上更接近的是葛德雪而非熊彼特。奥康纳不仅和葛德雪一样,认为是不断增长的支出需求与国家增加收入的能力不足之间所形成的结构性差距导致了财政危机的发生,他也和葛德雪一样采用了马克思主义经济学中的范畴来建立自己的理论框架。Loxley在1982年发表的《财政社会学和国家的财政危机》一文对葛德雪和奥康纳的理论进行了比较研究,在Loxley看来,奥康纳的研究弥补了葛德雪当年关于"缺少财政社会学理论和对财政问题的讨论缺乏社会学基础是现在整个社会科学最为重大的缺陷"的抱怨,他运用阶级分析法来分析美国的国家收入和支出,发展出一种力图解释经济危机的起源以及国家如何应对经济危机的现代垄断资本主义模型。进一步地,Loxley认为:"在葛德雪和奥康纳的开创性研究基础上对集权化集体主义国家和分权化集体主义国家的财政社会学分析将非常有助于我们理解这些制度,就像它曾有助于我们理解资本主义制度一样。"[3]

---

① [美]奥康纳:《国家的财政危机》,沈国华译,上海财经大学出版社2017年版,第1页。

② Schumpeter, J. A. [1918]. "The Crisis of Tax State", in Peter M. Jackson, eds. (1996). *The Foundations of Public Finance*, Vol. 2., Edward Elgar Publishing Ltd., p. 349.

③ Loxley, J. (1982). "Fiscal Sociology and the Fiscal Crisis of Tax State: A Review of Goldscheid and O'Connor", *Contemporary Crisis*, No. 6, Elsevier Scientific Publishing Company, p. 299.

奥康纳认为,国家履行着两种相互冲突的职能:第一个职能是利用支出政策来保持垄断资本的盈利积累,这里的垄断资本被定义为不仅包括大规模工业和金融,还包括大型工会的劳工。第二个职能是在不损害这个行业的情况下,确保必要的收入来资助这些支出。社会投资,如道路和教育支出,是保持盈利积累条件所必需的。用马克思主义的话说,这种投资通过增加固定资本存量来提高劳动生产率。社会消费,如社会保险和公共卫生支出,增加了可变资本的存量,从而降低了雇主提供劳动力生产的成本。这两种形式的社会资本都倾向于增加剩余价值和提高利润。同样符合第一职能的是,国家必须承担福利等社会费用。这些费用不会增加生产力,但它们是确保垄断资本发挥作用和使资本制度合法化所必需的足够的社会资本。在此基础上,奥康纳建立了"国家扩张是因为它要发展"的财政危机论,该理论框架将美国资本主义基本模型概括为垄断部门、竞争部门和国家三个经济部门。奥康纳通过资本主义国家必须努力履行资本积累和政治合法化这两种基本但却经常相互矛盾的职能并对社会资本支出和社会费用支出进行区分来分析美国的预算问题,进而得出了社会资本和社会费用累积是一个导致经济、社会和政治危机趋势的矛盾过程的重要结论。

奥康纳的著作引起了较大的社会反响,不仅形成了持续的学术争议①,更使"财政危机"这个概念在财政研究中广为人知,马斯格雷夫也在 1980 年发表了《财政危机理论:一篇财政社会学论文》来参与商榷。因为如果说当年葛德雪和熊彼特关于"一战"后陷入财政危机的奥地利何去何从之争标志着财政社会学的创立的话,那么奥康纳和马斯格雷夫关于财政危机后美国何去何从之争则标志着财政社会学的复兴,但财政社会学并不能因此被称为是关于"危机的学问"②,因为无论是对葛德雪和熊彼特来说,还是对奥康纳和马斯格雷夫来说,他们所关注的并非

---

① 相关文献可参考:Bell,D.（1976）. *The Cultural Contradictions of Capitalism*. NY:Basic;Janowitz,M.（1977）. *Social Control of the Welfare State*. Chicago:University of Chicago Press;Wilensky,H.（1975）. *The Welfare State and Equality*. Berkeley:Univ. California Press;Block,F.（1981）. "The Fiscal Crisis of the Capitalist State",*Annual Review of Sociology*,N0. 7,pp. 1—27.

② 日本学者井手英策在 2022 年主编出版了论文集《什么是财政社会学:从"危机的学问"到"分析的学问"》,他们将过去的财政学定义为"危机的学问",其主要理由就是财政社会学最初是受到财政和社会危机的强烈影响而发展起来的。该论文集已被收入刘守刚、王奉炜主编的"财政学基础理论译丛",徐一睿、刘志诚已将其译成中文,即将由上海远东出版社出版。

危机本身,而是认为危机代表了一种社会转折点,它为理论的发展提供了契机,但它并不决定理论本身的性质。针对奥康纳所采用的马克思主义阶级分析法,马斯格雷夫在其论文的开篇即提出:"在过去的一个世纪里,许多观察家认为,财政体系的发展孕育了其自身和资本主义体系的毁灭。这一群体既包括马克思主义者,也包括对自由主义社会政策持批评态度的保守派。"①在这篇论文中,马斯格雷夫比较了它们之间的异同,并用相关数据证明它们的理论预测与事实发展相矛盾,据此,马斯格雷夫认为,关于阶级斗争的马克思主义对美国的斗争影响和权力影响不大,基于收入、生产者和消费者群体的多元化方法提供了更好的见解。在马斯格雷夫看来,对财政结构的控制权并不掌握在任何特定的代理人或团体手中,虽然其中有资本和劳动力的利益介入,但也会涉及其他利益,财政过程最终反映了多元利益和利益集团的相互作用。正是这种多元性使得财政决策变得复杂和难以预测,马斯格雷夫反对一些人采用过于简化的模型来给出现成但经常错误的答案并以"只能如此"来进行辩护的做法。但在 1980 年的这篇论文中,马斯格雷夫并没有特别强调熊彼特的独特贡献,相反,他是将葛德雪和熊彼特的观点一起放在马克思主义传统中来讨论的,但他却又感到具有讽刺意味的(ironically)是熊彼特关于税收国家必定会崩溃的观点与马克思关于社会主义向共产主义过渡的观点竟然是相似的:他们都认为在此之前要通过创新完成建立新社会所需要的富足。不过,马斯格雷夫在这篇论文中还是提到了熊彼特认为财政管理不善会导致税收国家过早崩溃但财政危机本身并非税收国家崩溃的直接的和不可避免的理由的观点,特别是在该文的最后,马斯格雷夫宣称"关于税收国家消亡的报告是太言过其实了"②,这似乎也预示着马斯格雷夫下一步的研究将进一步聚焦到熊彼特身上。

接下来,马斯格雷夫在 1992 年发表了《熊彼特的〈税收国家的危机〉:一篇财政学论文》,专门讨论熊彼特的财政社会学思想及其对财政学研究的贡献。

---

① Musgrave, R. A. (〔1980〕1986). "Theories of Fiscal Crises: An Essay in Fiscal Sociology", Musgrave, R. A., *Public Finance in a Democratic Society*, Vol Ⅱ: *Fiscal Doctrine, Growth and Institutions*. New York: New York University Press, p.175.

② Musgrave, R. A. (〔1980〕1986). "Theories of Fiscal Crises: An Essay in Fiscal Sociology", Musgrave, R. A., *Public Finance in a Democratic Society*, Vol Ⅱ: *Fiscal Doctrine, Growth and Institutions*. New York: New York University Press, p.197.

在该文一开头,马斯格雷夫即宣称:"熊彼特关于税收国家及其在资本主义社会的地位的洞见至今仍是他最引人注目的贡献之一。它不仅提供了财政社会学中一个被严重忽视的观点,而且为熊彼特在更广阔的社会背景中分析经济问题以及用这些术语阐述事件之间的逻辑关系的能力提供了一个极佳例证。"[1]马斯格雷夫结合熊彼特从 1918 年至 1948 年间的多篇论文、演讲和专著等对熊彼特税收国家及其财政逻辑作了提要式的综述,并且特别对葛德雪和熊彼特之间的思想区别进行了比较,其中的关键就是"葛德雪认为税收国家的出现会致使国家陷入贫困,而熊彼特却宣布正是国家贫困导致税收国家的产生,税收国家不过是资产阶级社会及其个人主义市场经济合乎逻辑、协调一致的一部分"[2]。但同时,马斯格雷夫也仍坚持了对熊彼特的批评,那就是"即使是作为经济学家的熊彼特正确地发现社会主义计划没有内在的缺陷,但我们仍然吃惊地发现,作为社会学家的他竟然没有预见到该计划在另一方面的根本缺陷:执行该计划所必需的权力集中会导致管理不善、权力滥用,以及最重要的,自由沦丧"[3]。在马斯格雷夫看来,在熊彼特的思想中,黑格尔辩证法的启示以及与马克思思想的紧密联系(即使相反)都太过强烈,以致他低估了税收国家的恢复能力;同时,熊彼特对税收国家的看法是他的社会学而不是经济学的产物,但与马克思认为个人被"客观的生产力"所束缚不同,熊彼特将注意力放在个人的创新和发展能力上。最后,马斯格雷夫认为熊彼特固执地认为只有资本主义和社会主义这两种理想类型限制了其分析的效力,熊彼特应该会高兴地看到税收国家的存活和后稀缺时代社会主义幻像的崩溃,现实的变化要求对熊彼特的财政社会学理论进行修正,但"熊彼特独一无二的贡献仍在,这就是,他将严格的经济分析与对更宏大的社会进程——经济不过是其中的一部分——的理解结合起来的能力与勇气"[4]。

---

[1] Musgrave, R. A., (1992). "Schumpeter's crisis of the tax state: an essay in fiscal sociology", *Journal of Evolutionary Economics*, No. 2, p. 89.

[2] Musgrave, R. A., (1992). "Schumpeter's crisis of the tax state: an essay in fiscal sociology", *Journal of Evolutionary Economics*, No. 2, p. 100.

[3] Musgrave, R. A., (1992). "Schumpeter's crisis of the tax state: an essay in fiscal sociology", *Journal of Evolutionary Economics*, No. 2, p. 100.

[4] Musgrave, R. A., (1992). "Schumpeter's crisis of the tax state: an essay in fiscal sociology", *Journal of Evolutionary Economics*, No. 2, p. 112.

需要提到的是，在财政社会学复兴的过程中，1986 年成立的国际熊彼特学会（The International Schumpeter Society）将《税收国家的危机》一文视为熊彼特在德国和奥地利的主要研究成果，并将 1992 年"熊彼特奖"的评奖主题设为"政府、税收国家与经济动力学"（Government，the "Tax State" and Economic Dynamics），马斯格雷夫的《熊彼特的〈税收国家的危机〉》与加拿大蒙特利尔麦克吉尔大学（McGill University）Green 教授的《从"税收国家"到"债务国家"》共同获得了 1992 年度的"熊彼特奖"。与马斯格雷夫强调熊彼特曾经的贡献及其理论当前适应性不足不同，Green 认为熊彼特的《税收国家的危机》一文理应获得更为广泛的关注，"但'危机'一文理应获得更为广泛的关注，因为它谈到近期出现的两个重要经济和政治现象的重要性：一是和平繁荣时期不断增长的国家债务；二是当前社会主义国家试图建立市场经济时所遇到的困难，在这个时期，他们所希望效仿的资本主义国家拥有占据国民经济活动较大份额的政府部门"①。

第三节　财政社会学研究的新拓展

也许正是在"滞胀"的社会背景和"奥康纳-马斯格雷夫之争"以及 1992 年"熊彼特奖"的推动下，在财政社会学领域涌现了一批具有代表性的新的研究成果，这些成果以论文（专章）、论文集和著作等方式得到呈现。

一、从论文（专章）看财政社会学的新拓展

贝尔在 1978 年出版的《资本主义文化矛盾》中以专章讨论了财政社会学与自由社会的问题，他充分肯定了奥康纳所提出的积累和合法化这两个资本主义必须竭力完成的基本的但却经常是相互矛盾的任务，并借由熊彼特在《税收国家的危机》一文中所表达的相关观点进一步阐述了未来争取应享权利的革命与自由社会的大众哲学等问题。在贝尔看来，"公众家庭需要一部新的人权法案。它应规定我们时代的政治所必须满足的社会需要。它将确定公众预算（我们想花多少钱，

---

① Green，C.（1993）．"From 'tax state' to 'debt state'"，*Journal of Evolutionary Economics*，No. 3，p. 23.

为谁花钱?),作为社会试图落实'人的良好条件'时所仰赖的机制"①。Tarschys
在 1988 年发表了《贡纳、关税、税收和贸易:政府收入来源的变迁》,该文认为,在
经济发展的不同阶段,不同收入来源的不同逻辑特征影响着政府发展的前途,当前
"税收国家的危机"可能导致一种更为复杂的政府收入结构②。Campbell 在 1993 年
发表了《国家与财政社会学》,该文在整合财政社会学相关研究文献的基础上,提
出了一个关于税收的概念性模型,涉及地缘政治冲突、宏观经济条件、财政危机、
阶级和利益集团、政治代表制度、国家结构、意识形态等,而政治叛乱和革命、国家
建构、经济组织、劳动力参与、慈善事业等涉及税收后果的领域虽然研究还比较薄
弱,但却富有前途③。巴克豪斯(Backhaus)在 2002 年发表了《财政社会学:研究
什么?》,该文在简要梳理财政社会学发展史的基础上对关于税收国家的危机和所
得税等问题的争议进行了回应,在此基础上,作者依据字母表列出了财政社会学
的重要研究议题④。Moore 在 2004 年发表的《发展中国家的财政收入、国家形成
以及治理质量》一文中强调了财政收入来源对国家形成模式的重大影响,并认为
探索税收领域的国家-社会关系有助于为我们研究"南方"(有效的)国家形成提供
一份大纲⑤。理查德·E. 瓦格纳在 2005 年发表的《国家与精神塑造:心智、社会
和财政社会学》一文对财政制度、财政实践及与之相关的各种制度在一定程度上
能够影响和塑造通常所说的偏好的可能性进行了探讨,进而提出由于认知类型也

---

① [美]贝尔:《资本主义文化矛盾》,赵一凡、蒲隆、任晓晋译,生活·读书·新知三联书店
1989 年版,第 340 页。

② 具体参见 Tarschys, D. (1988). Tributes, Tariffs, Taxes and Trade: The Changing
Sources of Government Revenue, *British Journal of Political Science*, Vol. 18, No. 1, pp. 1—20.

③ 在 Campbell 看来,"财政社会学能够阐明政治社会学家所感兴趣的争论,包括对影响国
家自主性的条件、民主国家的治理能力、国家构建、革命和社会运动以及一般的政策制定的争
论。而且,财政社会学为检验相互竞争的分析框架如公共选择理论、新马克思主义、制度学派、
交易成本理论、交换理论和理性预期理论提供了完美的工具。对税收效应和国家财政实践的关
注也能够为经济社会学、组织社会学以及这一学科的其他领域提供有益的洞见。"具体参见
Campbell, J. L. (1993). The State and Fiscal Sociology, *Annual Reviews of Sociology*, Vol. 19, pp.
163—185.

④ 具体参见 Backhause, J. G. (2002). Fiscal Sociology: what for? *American Journal of
Economics & Sociology*, Vol. 61, No. 1, pp. 55—77.

⑤ 具体参见 Moore, M. (2004). Revenues, State Formation, and the Quality of
Governance in Developing Countries, *International Political Science Review*, Vol. 25, No. 3, pp.
297—319.

就是认知和价值的相互作用会激励不同治理模式的发展①。

二、从论文集看财政社会学的新拓展

在论文集方面，主要有巴克豪斯（Backhaus）和理查德·E. 瓦格纳在2004年主编出版的《财政学手册》（*Handbook of Public Finance*）②与马丁、梅罗特拉和普拉萨德在2009年主编的《新财政社会学：比较与历史视野下的税收》③等。在2004年版《财政学手册》的第一章"社会、国家与财政学：设置分析的中心议题"（相当于论文集的导论）中，巴克豪斯和理查德·E. 瓦格纳从特征上将当代财政学描述成维克塞尔式（Wicksellian）和埃奇沃思式（Edgeworthian）两大范式，对于前者来说，财政现象是随着复杂的交换过程而产生的；对于后者来说，财政现象则是随着某些最大化主体的选择行为而出现的。巴克豪斯和理查德·E. 瓦格纳在自官房学派以来的财政学思想史中追溯了这两种可替换的研究取向，并将这些作者与亚当·斯密进行比较，以揭示财政学研究中维克塞尔式取向或埃奇沃思式取向的区别，这也成为后来讨论财政学不同研究范式以及财政社会学的范式归属的重要基础。被收入该论文集的研究所涉及的主题包括福利国家、财政立宪主义、政府规模、税收、地租、公债、公共企业、再分配、规制、公共支出、地方政府竞争等丰富的主题，并以巴克豪斯的《财政社会学：研究什么？》作为结束篇。《新财政社会学：比较与历史视野下的税收》着眼于在比较与历史视野下对税收进行研究，马丁、梅罗特拉和普拉萨德在第一章"历史的惊雷：新财政社会学的起源与发展"（相当于论文集的导论）中强调，"新财政社会学的'新'，在于它认识到税收具有理论或因果关系——而不仅仅是症状或方法论层面——的重要性"④，它源于现代化理

---

① Wagner, R. E. (2005). States and the Crafting of Souls: Mind, Society, and Fiscal Sociology, in Jürgen G. Backhaus (eds.). *Essays on Fiscal Sociology*. Peter Lang Gmbh, pp. 27—38.

② Backhaus, J. G. and Wagner, R. E. (eds.). (2004). *Handbook of Public Finance*. Kluwer Academic Publishers. 该书被收入刘守刚、魏陆主编的"财政政治学译丛"，已由何华武、刘志广译成中文，即将由上海财经大学出版社出版。

③ Martin, I. W., Mehrotra, A. K., and Prasad, M. (eds.). (2009). *The New Fiscal Sociology: Taxation in Comparative and Historical Perspective*. Cambridge University Press. 中译本参见马丁、梅罗特拉和普拉萨德编：《新财政社会学：比较与历史视野下的税收》，刘长喜等译，上海财经大学出版社2023年版。

④ 马丁、梅罗特拉、普拉萨德编：《新财政社会学：比较与历史视野下的税收》，刘长喜等译，上海财经大学出版社2023年版，第3页。

论与经济发展的后果、精英理论对人们为何赞同税收的关注以及军事国家理论对税收在国家能力方面的后果的关注这三条研究脉络在 20 世纪末的融汇。马丁、梅罗特拉和普拉萨德总结了新财政社会学与过去相关研究的三大差异,即新财政社会学通常关注非正式的社会制度、新财政社会学关注点集中于社会和政治演变进程中对未来有重大影响的历史事件、新财政社会学研究通常集中于关注社会层次而非个体层次才能被正确称量的现象。被收入《新财政社会学:比较与历史视野下的税收》的论文集中关注税收的三个方面,包括税收政策在国家基础上的来源、纳税人同意的发展、税收的后果,这些都是熊彼特在《税收国家的危机》中所提出的经典问题。这些论文及论文集向我们展现了财政社会学的广泛运用领域及其为财政问题研究所带来的深刻洞见,也再次说明财政社会学是一个富含研究机会的领域。

三、从著作方面看财政社会学的新拓展

预算问题作为财政社会学的核心议题在众多研究中得到了更为系统的回应,正如葛德雪所主张的,"去除所有具有误导性的意识形态之后,预算就是一个国家的骨骼"①。实际上,奥康纳的《国家的财政危机》就是围绕预算问题而展开的,而日本学者大岛通义在 2013 年出版的《预算国家的"危机":从财政社会学看日本》则进一步拓展了相关研究。大岛通义将预算看作是一种广义的制度结构,并认为在预算制度体系下,出现了超越"税收国家"这一概念体系的国家行为,因而主张以预算国家代替税收国家。在大岛通义看来,要让国民接受政府的财政抽取,"预算国家能够长久持续下去需要不断地证明自己的'清白'",也就是"政府与国民需要事先达成一致,换言之,国民需要对政府行为表示一定的'谅解'"②。因此,当财政政策偏离了维持或提升"公共利益"的目的时,"谅解"的动摇会造成预算国家合法性的危机。在大岛通义的理论框架中,预算责任是一个核心概念,它在作为承接财政政策的政府、行政官僚、议会、政党之间的关系以及这些主体与国民之间的关系的预算制度结构中起到了衔接规则的作用。由于预算责任的内涵不断发生

---

① 转引自 Schumpeter, J. A. (1954). "The Crisis of Tax State", In Alan T. Peacock, eds., *International Economic Papers*, No. 4., MacMillan, pp. 5—38.

② [日]大岛通义:《预算国家的"危机":从财政社会学看日本》,徐一睿译,上海财经大学出版社 2019 年版,第 2 页。

变化,所以预算国家的状况也在不断发生变化。对大岛通义来说,最为关键的问题是预算责任的"变质"和"退场",前者主要是指公民直接参与政治使公与私的界限变得越来越模糊,后者主要是指新公共管理改革导致主权国家垄断的公共性开始崩溃。而大岛通义所关注的中间组织的转型、政策全球化和国家主权的多元化以及跨越国境和世代的预算责任、跨越国境的负外部效应等使立足于一国内部自我形成的预算责任的"复杂化",也导致了预算责任变得模糊和难以追究。最后,大岛通义以该理论框架研究了日本预算国家的现状,实际上也可以看作是以日本为例进一步提出了走出预算国家"危机"的途径,那就是让财政成为真正的"公共事务"以重建预算国家的合法性。

为了给法律学者(legal scholars)找到财政社会学研究的切入点,同时也作为对财政社会学创立百年的纪念,Mumford 在 2019 年出版了《百年财政社会学:关于预算、税收和紧缩的英国观点》①。Mumford 依据自熊彼特以来财政社会学家对历史上预算和财政述事(fiscal narratives)对现代国家治理重要性的告诫,遵循社会法律理论(socio-legal theory)发展的道路,以熊彼特重视的英国为典型分析了与预算和税收等相关的法律及其实施与税收国家维系之间的关系,并特别提出了全球化给财政社会学和税收国家带来的挑战。Mumford 的《百年财政社会学》是一个重要的新开始,他和奥康纳、大岛通义一样,从预算角度重新切入了财政社会学的重要核心思想。另外,Mumford 也让我们关注到全球化下财政社会学面临的新挑战,这也是奥康纳、大岛通义所关注到的。在 Mumford 看来,"关于全球化使人们难以继续将税收仅仅作为对民族国家的保护的认识对财政社会学造成了侵蚀",而"税收、不平等和国家间的联系也要求在跨国背景下进行分析;也就是说,这种背景超越了税收仅仅由单个国家来定义和控制的概念局限性"②。正是在此基础上,Mumford 高度重视皮凯蒂(Piketty)在《21 世纪资本论》(*Capital in the Twenty-First Century*)中关于向跨国资本征税的提议。

虽然 Mumford 和大岛通义都关注了马克思的相关思想,但相比之下,奥康纳的马克思主义色彩更为突出,他在 2000 年为其《国家的财政危机》写作"事务版

① Mumford,Ann.(2019). *Fiscal Sociology at the Centenary: UK Perspectives on Budgeting, Taxation and Austerity*. Palgrave Macmillan.

② Mumford,Ann.(2019). *Fiscal Sociology at the Centenary: UK Perspectives on Budgeting, Taxation and Austerity*. Palgrave Macmillan,p. 193.

序"中特别强调,1980 年以来世界上两个紧密相关的历史性现象明确要求修正他的预算理论,其中一个是新自由主义,一个是全球化,它们的发展结束了一些人所说的"资本主义黄金时代",其典型特征包括欧洲大陆的社会民主运动、英国的工党执政、美国的新政以及南方的民族主义发展等。在奥康纳看来,"在一个以美国为最大霸权的国际体系下,资本全球化(至少)恢复了资本对劳动的支配权,而新自由主义学说和实践因美国(更一般地说北方)领先于南方而重新获得了恢复和发展。此外,在事后看来,我们能够认识到新自由主义(曾经而且现在仍然)是资本全球化的政治形态,而资本全球化则曾经(现在仍然)是新自由主义的经济形态。新自由主义和全球资本(曾经而且现在仍然)互为背景和内容。全球化的发展(曾经而且现在仍然)进一步促进了新自由主义的发展,而新自由主义在宽度和深度上的发展聚积了更多的全球资本。因此,新自由主义与全球化之间存在一种内在而不是外在的联系。随着全球资本寻求更多的全球投资机会、更大的市场和更容易剥削的劳动力,政府和国际机构越来越强制地在南方并且以多少有点不同的方式在北方推行新自由主义"①。据此,奥康纳认为:"对新自由主义的适当解释需要一种比我在《国家的财政危机》中构建的理论更加全面的理论。如果笔者把当今全球化的作用考虑进去,那么就必须修改本人为了研究美国资本主义财政危机而开发的美国资本主义基本模型。"②

　　建构一个系统化的理论框架始终是财政社会学研究最重要的追求,在这方面我们可以重点提到的是理查德·E. 瓦格纳在 2007 年出版的《财政社会学与财政学原理》③,Pitt 在其 2009 年发表的书评中称该书"为财政社会学家和财政经济学家提出了一种新兴的理论方法",并认为"它是不朽的自发秩序框架适用于政治—企业家'行动,而不是均衡或不行动'的典范"④。理查德·E. 瓦格纳试图基于马

---

① ［美］奥康纳:《国家的财政危机》,沈国华译,上海财经大学出版社 2017 年版,"事务版序",第 3 页。

② ［美］奥康纳:《国家的财政危机》,沈国华译,上海财经大学出版社 2017 年版,"事务版序",第 11 页。

③ 该书被收入刘守刚、魏陆主编的"财政政治学译丛",已由我完成中文翻译,即将由上海财经大学出版社出版。英文版参见 Wagner, R. E. (2007). *Fiscal Sociology and the theory of Public Finance: An Exploratory Essay*. Edward Elgar Publishing Limiteds.

④ Pitt, B. (2009). Review of Richard E. Wagner's fiscal sociology and the theory of public finance: An exploratory essay. *Review of Austrian Economics*, No. 22, pp. 119—122.

基雅维利主义和意大利学派财政社会学传统重新定位财政学原理,前者意味着抛弃卢梭式理想主义概念和构想,承认政治是获得和维持权力的现实努力;后者特别关注对权力进行限制的多中心社会治理结构及社会内部权力组织的宪法结构和过程。理查德·E. 瓦格纳将自己的研究定位于财政学研究中强调过程以及收入与支出存在内在联系的维克塞尔方法①,以区别于强调系统设计的埃奇沃思方法②,他不仅认为政治与经济是不可分离的,并且认为一个政府所从事行动的总体模式是通过政治上进行的创业行动自下而上或自发地生成的。理查德·E. 瓦格纳将一个社会概念化为拥有两个广场,即市场广场(a market square)和公共广场(a public square),财政现象就是在公共广场中生成的。这两个广场位于同一个社会当中,因此它们是相互连接的,而这些连接点就成为竞争性交换的中心,议会大会被解释为一种特殊类型的市场广场。以此为基础,理查德·E. 瓦格纳将政治性创业特征化为给公共广场提供组织动力并将政治性企业作为财政理论分析的中心单元,进而根据人们推动这些企业取得成功的能力考察了政治性企业内部的治理安排,探讨了政治性企业是如何确保收入以支持其行动的,并揭示了预算中税收和预算支出之间的互补性。在后面的分析中,理查德·E. 瓦格纳进一步将其公共广场视角明确为一种多中心主义的视角,它对应的是一个关系为自发生成的开放系统而非具有均衡关系的封闭系统,这就使它与财政联邦主义文献中常见的以配置者为中心的视角形成了鲜明对比,并与帕累托效率无关。特别重要的是,理

---

① 在理查德·E. 瓦格纳看来,"维克塞尔的根本兴趣在于在个体层面明确建立收入和服务之间的联系,因为他认识到从总体层面而不是通过由个体加总所形成总体来讨论这个问题是毫无意义的。从维克塞尔的构想中所产生的结果是这样一种程序,即任何关于支出的建议都要附有关于如何覆盖成本的说明。原则上说,维克塞尔加入的这个程序要求一致同意,这就将政治性企业置于和市场性企业完全相同的基础上。凯悦城被转换成了凯悦酒店。虽然维克塞尔所建议的是全体一致原则,但他的审慎判断使他提倡某种次于全体一致但却高于多数人同意的原则。"参见 Wagner, R. E. (2007). *Fiscal Sociology and the Theory of Public Finance: An Exploratory Essay*. Edward Elgar Publishing Limited,p. 136.

② 理查德·E. 瓦格纳认为:"受埃奇沃思启发所形成的财政理论分支将国家解释为一个自主的和进行选择的代理人,它是一个有意识的存在,介入到社会当中,以对如果不这样就可能通过开放市场的竞争过程所产生的特性特征(characteristic features)进行改革。适当的分析方法是比较静态分析,其分析重点集中在不同的政府配置性干预的均衡特征上。基于埃奇沃思传统的财政学视国家为一个自主的、具备改革能力的有意识存在,并运用比较静态方法来对各种最终状态进行分析和排序,这就是要做的选择。"参见 Wagner, R. E. (2007). *Fiscal Sociology and the Theory of Public Finance: An Exploratory Essay*. Edward Elgar Publishing Limited,p. 6.

查德·E. 瓦格纳始终是基于社会内部竞争过程来理解财政现象与预算结果的,这就使制定预算方案的制度和宪法框架具有举足轻重的意义,也使财政社会学与布坎南所主张的公共选择理论和宪则经济理论很好地结合起来。

另外特别值得关注的是,理查德·E. 瓦格纳也长期致力于经济学基础理论研究,他在 2020 年出版了《作为系统理论的宏观经济学:超越宏观-微观二分法》①。该书从与复杂系统有关的理论所提供的非常规分析视角中审视了宏观经济理论,这与基于加总的常规理论形成对照。通俗来讲就是,常规理论假设 100 个鲁滨逊生活在不同的岛上,而理查德·E. 瓦格纳假设这 100 个鲁滨逊被带到了同一个岛上,这带来了社会相对于孤立状态所意味着的一切变化②。通过以一个目的开放和演进的模型(open ended and evolutionary,OEE)来替代动态随机一般均衡模型(DSGE),理查德·E. 瓦格纳将将宏观经济理论看作是一种关于社会的理论(a theory of society),它将标准宏观变量视作是通过社会制度、惯例和过程所塑造的,而这些社会制度、惯例和过程又是通过开展经济行动的人之间的互动而产生的。这些主张与理查德·E. 瓦格纳在《财政社会学与财政学原理》所表述的经济学思想是完全一致的,因此,《作为系统理论的宏观经济学》既是对宏观经济学本身的一种创新,也是理查德·E. 瓦格纳为他主张的财政社会学理论所建立的更为完整和坚实的经济学基础③。

---

① 该书被收入刘守刚、魏陆主编的"财政政治学译丛",已由我完成中文翻译,即将由上海财经大学出版社出版。英文版参见 Wagner,R. E.(2020). *Macroeconomics as Systems Theory: Transcending the Micro-Macro Dichotomy*. Palgrave Macmillan.

② 在为该书中文版所写的序言中,理查德·E.瓦格纳指出:"这种新的生活方式会带来什么变化呢?几乎是一切!交易机会出现了,争端和纠纷也同样产生了。解决纠纷的方法和程序被制定出来,它们会对经济行动的模式产生影响。当鲁滨逊们各自生活在他们自己的岛屿上时,边界和产权都是未知的概念。现在,产权将会出现,以维持人们之间的和平,但与此同时,产权也将成为纠纷的来源。当鲁滨逊们都独自生活的时候,提出产权理念是没有任何意义的。但当他们生活在一起时,产权会成为激烈对抗的一种来源。"参见即将出版的《作为系统理论的宏观经济学:超越宏观-微观二分法》中译本的中文版序言。

③ 我在翻译《作为系统理论的宏观经济学》一书时曾通过电子邮件与理查德·E.瓦格纳教授讨论过这个问题,理查德·E.瓦格纳教授也对我的这一认识表示同意。

第四章

财政社会学的百年发展困局及其症结

　　在 20 世纪早期,财政社会学思想曾被认为是能够与马克思主义、韦伯主义、斯宾塞主义相抗衡的社会科学研究思想体系①,1970 年代后财政社会学的重新兴起,燃起了很多学者关于财政社会学的期待和信心,不仅 Compell 在承认财政社会学尚处于"襁褓期"(infancy)时仍声称"正如熊彼特所希望的那样,它正发展为一门独立的知识并形成自己的研究议程,从这个意义上说,财政社会学正在走向成熟"②,巴克豪斯(Backhaus)在提出财政社会学仍是一个"研究尚未展开的领域"时也坚持认为,"无论对于政府机构还是民间机构来说,财政社会学都是一个富含研究机会且研究尚未展开的领域……财政社会学为科研和教学提供了巨大的机遇,其进展将有助于降低政府活动的负面影响,并增加国家的福利和财富"③。应该说,新世纪以来各类与财政社会学有关的研究成果在大量涌现的同时也呈现百花齐放、百家争鸣的状态,因而也产生了 Mumford 在 2019 年出版的《百年财政社会学》所注意到的问题,即由于各种研究都倾向于从财政社会学经典作家的著述中为自己找到一些理论依据或研究启示,"财政社会学,也许最重要的是,成了一种宽泛的教义(a broad church)"④。这是我们不得不面对的财政社会学百年发展困局,也就是 McLure 在 2003 年时所告诫的,"在一个可以接受的关于新财政社会学的方法论和分析框架出现前,财政社会学近年来的发展只是构造性的和临时性

---

　　① Moore. (2003). "The New Fiscal Sociology in Developing Countries". www. psa. ac. uk/cps/2004/Moore. pdf.

　　② Campbell, J.L. (1993). "The State and Fiscal Sociology", *Annual Reviews of Sociology*, Vol. 19, p. 180.

　　③ Backhause, J.G. (2002). "Fiscal Sociology: what for?" *American Journal of Economics & Sociology*, Vol. 61, No. 1, pp. 55—77.

　　④ Mumford, Ann. (2019). *Fiscal Sociology at the Centenary: UK Perspectives on Budgeting, Taxation and Austerity*. Palgrave Macmillan, p. 29.

的。这个领域要发展成一个真正与政策相关的学科，一个清晰一致的研究主题必须首先出现"①。与之密切相关的问题是，造成财政社会学的这种持续的发展困局的主要症结是什么。

显然，在 Compell 关于财政社会学尚处于"襁褓期"或 Backhaus 关于财政社会学是一个"研究尚未展开的领域"的判断与 McLure 关于财政社会学缺乏"一个清晰一致的研究主题"和 Mumford 关于财政社会学"成了一种宽泛的教义"的判断之间是有内在联系的，综合起来的判断可能就是：由于缺乏"一个清晰一致的研究主题"，所以财政社会学还是一个处于"襁褓期"的"研究尚未展开的领域"或不得不"成了一种宽泛的教义"。但这并不是我们在此需要接受的判断，我们必须首先对困扰财政社会学百年发展的三大争议问题进行回应和辨析：一是财政社会学真的缺乏一个清晰一致的研究主题吗？二是财政社会学是否还是一个尚未展开的研究领域？三是财政社会学应该置于何种学科背景之下？显然，这三个问题也是事关财政社会学是什么以及未来何去何从的重大问题。

第一节　财政社会学是否具有清晰一致的研究主题？

任何一门专业性社会科学的相对独立性，都首先取决于它有特定的研究主题，它既界定了该门社会科学的研究任务，也在一定程度上界定了该门社会科学的研究方法与学科范式。比如，当我们以亚当·斯密所关注的"国民财富的性质和原因的研究"作为经济学的研究主题时，我们便可以将所有相关研究归入同类研究范式，也就是我们前面所分析的交换经济学范式；当我们以罗宾斯所说的经济学所研究的是稀缺资源如何配置的问题时，它所概括的则是另一种研究学研究范式，也就是我们前面所分析的选择经济学范式。作为经济学重要分支或以经济学为重要学科基础的财政学来说，当其研究主题是在特定领域对斯密所关注主题的深化和细化时，这种财政学可被称为交换范式财政学；而当其研究主题也被表达为等同于或类似于稀缺资源如何配置的问题时，这种财政学则可被称为选择范

---

① McLure, M. （2003）. "Fiscal Sociology". www. utas. edu. au/economics/hetsa/ HETSA%20ABSTRACTS%202003_files/pdf_papers/mclure.pdf.

式财政学。

一、财政社会学研究所涉及的宽泛议题与主要学科脉络

财政社会学内部存在不同的研究传统,而从财政社会学在 1970 年代复兴以来所产生的文献来看,财政社会学研究所涉及的议题范围也是非常广泛的,不仅包括与西方民主起源、现代国家构建、文明演进等相关的重大宏观议题,也包括像种族不平等、性别不平等、儿童权益、偏好塑造、税收遵从等中观和微观议题。Leroy 在《税收、国家与社会》一书中从认识论的角度将财政社会学看作是一门一般的社会科学(a general social science),这样它就是在社会科学中通常提出问题的框架内(within the framework of the general problematic)处理有关的社会现象,并使用范围广泛的模型对经验数据素材进行理论分析,因而也就能包含不同层次的分析并要求引入规范性维度将这些不同层次的分析整合在一起。进一步地,Leroy 提出:"财政社会学源于对财政的研究。它被构建为几个学科的某种杂交(hybridization)。它处于一种参照一般的社会学和政治学的关系中。它与法学和经济学进行对话。它使用了历史的和一般心理学、社会心理学、经济心理学的素材,并不排除向其他学科开放。"[1]在这样一种最为宽泛的定义下,财政社会学呈现出多重面貌,包括但不限于作为一门政治社会学(a political sociology)、一门法社会学(a legal sociology)、一门经济社会学(an economic sociology)和一门社会心理学(the social psychology)等,也就是说各个学科基于社会视角对税收等财政议题的研究都可被纳入财政社会学的范围。

对财政社会学的宽泛定义以及所涉及议题的广泛,并非意味着财政社会学的研究就是完全碎片化的,马丁、梅罗特拉和普拉萨德在其主编的《新财政社会学:比较与历史视野下的税收》中就曾梳理了过去财政社会学研究围绕三个问题展开的三条学科脉络:第一个问题是为什么税收制度采取了特定的形式,其学科脉络是现代化理论,即现代形式的税收是经济发展的必然结果。第二个问题是人们为何赞同税收,其学科脉络是精英理论,一是运用隐藏税收的必要性,也就是通过财政幻觉来解释现代税收体制的共有的特征;二是将税收增长作为特殊利益集团的权力

---

[1] Leroy M.（2011）. *Taxation，the State and Society: The Fiscal Sociology of Interventionist Democracy*. P. I. E. Peter Lang, p.104.

体现。第三个问题是特定的财政协议是怎么影响文明、文化和生活方式的,其学科脉络是军事国家理论,即税收源于军事的需要,而这也促使了现代科层制国家的崛起。在此基础上,马丁、梅罗特拉和普拉萨德总结了一些研究者所尝试的综合性努力,其中包括蒂利(Charles Tilly)的"财政-军事"模型和利瓦伊(Margaret Levi)的"掠夺性统治理论",志在将精英理论和军事国家理论进行的综合;Compbell、Stanley、Daunton 等所做的制度主义综合,试图将战争、经济发展和政治制度整合为一个综合的理论来解释税收国家的发展。而马丁、梅罗特拉和普拉萨德所说的"新财政社会学承诺阐明熊彼特提出的所有经典问题——税收体制的社会来源、纳税人同意的决定因素、税收的社会和文化后果"则代表了一种新综合的努力,将新财政社会学"特别指向了一个关于税收的新理论,将税收视为增加社会基础权力的社会契约",其主要的结论是:"经济发展并不必然导致特定形式的税收出现;相反地,制度背景、政治冲突和偶发事件导致了现代世界中税收国家的多样性;对纳税人同意的最佳解释不是强制、掠夺或幻觉,而是将其作为一个集体谈判(collective bargain)的产物;在这一谈判中,纳税人放弃部分资源以交换能带来社会生产能力扩大的集体物品;由于税收不仅对战争中的国家能力至关重要,事实上对全部社会生活亦是如此,因此税收国家的不同形式可以解释国家之间诸多政治与社会的差异。"[1]

二、财政社会学的宏大研究主题

接下来的问题是,我们能不能在 Leroy 对财政社会学的宽泛性定义,马丁、梅罗特拉、普拉萨德所归纳的过去财政社会学所聚焦的三大问题及他们的新财政社会学所注重的从税收国家的不同形式来解释国家之间的诸多政治与社会差异的基础上,进一步探讨财政社会学的研究主题呢? 这不仅是可能的,也是必要的,而这就必须重新回到财政社会学创建者本身的意图及相关论述上来。就葛德雪和熊彼特创立财政社会学来说,其政策意图是非常清晰一致的,那就是在"一战"结束后,面对严重的战争债务和战争破坏,奥地利如何完成战后重建? 葛德雪和熊彼特都没有就事论事,而是希望将自己的解决方案建立在一种新的财政学理论也

---

① 马丁、梅罗特拉、普拉萨德编《新财政社会学:比较与历史视野下的税收》,刘长喜等译,上海财经大学出版社 2023 年版,第 17 页。

就是财政社会学的基础之上,这种理论强调了一种基于比较历史分析并基于财政收入来源来确立国家类型学的国家理论。由此来看,马丁、梅罗特拉和普拉萨德将过去的财政社会学和其主张的新财政社会学都限于税收分析是不够的,无论是税收的征兆意义还是其体现的因果关系,都是相对于其他财政收入来源形式而言的。以此来说,在葛德雪、熊彼特和帕累托等经典作家的著述之外,Tarschys 在1988 年关于政府收入来源变迁的研究①以及 Moore 在2004 年关于发展中国家财政收入来源及其国家形成与治理质量的研究②等对我们理解财政社会学的研究主题提供了很好的参照。

事实上,葛德雪和熊彼特在论文中也对他们所关心的主题及其主要看法作了非常清晰的表达。葛德雪认为,"财政的形式总是对国家和社会的演化产生决定性的影响。税收斗争是最早的阶级斗争形式,而且即使是人类社会最强有力的精神运动,财政事件也是一个重要的诱因",因此,"国家的特征取决于财政的演化……战争和权力政治的财政需求成为社会形式的源泉,这也确认了我们的主题,即只有首先抓住国家的军事和财政本质时,国家的法律本质才能够得到恰当的理解。"而且,葛德雪还提出,财政史学、财政统计学和财政社会学是财政学的三根支柱,而"在这三根基本支柱中,财政社会学最为重要。它能单独对社会发展中的公共收入起源和组成问题作整体的解释,因而也能说明国家的命运和个人的遭遇"③。在葛德雪的基础上,熊彼特进一步肯定了对国家财政进行研究的重要性,认为葛德雪的突出贡献是第一个将社会学引入到对财政的研究当中,还特别引用了葛德雪的一句话:"抛开一切误导性的意识形态,预算才是一个国家的骨骼(skeleton)。"④但与葛德雪不同的是,熊彼特将财政史的研究直接纳入了财政社会学中,特别重视财政史研究的重要意义,甚至可以说财政社会学就是通过对财

---

① Tarschys, D. (1988). "Tributes, Tariffs, Taxes and Trade: The Changing Sources of Government Revenue", *British Journal of Political Science*, Vol. 18, No. 1, pp. 1—20.

② Moore, M. (2004). "Revenues, State Formation, and the Quality of Governance in Developing Countries", *International Political Science Review*, Vol. 25, No. 3, pp. 297—319.

③ Goldscheid, R. ([1925] 1958). "A Sociological Approach to problems of Public Finance", translated by Elizabeth Henderson, in Richard A. Musgrave and Alan T. Peacock (eds), *Classics in the Theory of Public Finance*, London: Macmillan, p. 202, 204, 206.

④ Schumpeter, J. A. 1954[1918]. "The Crisis of Tax State", In Peacock, A. T. (eds.). *International Economic Papers*, No. 4. MacMillan: 5—38.

政史的研究来实现其目的的。熊彼特认为："财政史上的事件使人们能够洞悉社会存在和社会变化的规律,洞悉国家命运的推动力量,同时也能洞悉这些得以发生的具体条件,特别是组织的形式及其成长和消失的方式。财政是开展社会调查的最佳起点之一……在用于研究那些社会转折点或更好的时代之时,从财政入手的研究方法效果更为显著;在这一时期,现存的形式开始殒灭,转变为新的形式,并且在这一时期原有的财政政策往往会出现危机。"而且,熊彼特强调,在财政社会学研究中,"对我们特别有吸引力的地方在于,它可以让我们从财政的角度来考察国家,探究它的性质、形式和命运。"①从财政社会学的重要创始人的相关论述中,我们可以清晰地看到,他们认为财政问题是社会问题、经济问题、政治问题和法律问题等的重要根源,因而强调通过对公共收入起源和组成等作整体解释,这一认识也可以看作是对乔治·欧文关于历史"不是记述政治家们广泛的、戏剧性的结合,而是记述纯粹的、永恒的和基本的动机"②的主张的实践。因此,我们可以将财政社会学的研究主题概括为:从财政的侧面抓住国家的性质、形式和命运,并立足财政史来洞悉社会存在和社会变化的规律,洞悉国家命运和个人遭遇的推动力量。如果用最简单的一句话来总结,那就是从财政角度研究国家与社会兴衰及个人遭遇。

三、财政社会学研究的三个层面及其相互关系

当然,基于这一宏大研究主题的财政社会学关注的是不同的社会秩序形态及其变迁,着眼的是宏观层面的研究或宏大叙事③,正如 Moore 所总结的,"他们把财政社会学作为一种能够把握、体现以及揭示社会、经济、政治变革主要驱动力量的宏观历史范式。在 20 世纪早期的财政社会学文献中,他们就将其视为对当时社会科学领域在宏大叙事方法上存在竞争性关系的马克思主义、韦伯主义、斯宾

---

① Schumpeter, J. A. 1954[1918]. "The Crisis of Tax State", In Peacock, A. T. (eds.). *International Economic Papers*, No. 4. MacMillan: 5—38.

② 转引自[美]汤普逊:《中世纪晚期欧洲经济社会史》,徐家玲等译,商务印书馆 1992 年版,第 1 页。

③ 受实证主义等的影响,很多人反对宏大叙事,这在一些人运用宏大叙事误导民众的情况下有其合理性,但宏大叙事对于社会科学研究来说是不可缺少的,但正如"谣言止于智者,兴于愚者,起于谋者"所表明的,错误的宏大叙事只能通过更合理的宏大叙事及其传播才能得到有效的阻止和抑制,这也凸显了财政社会学研究在重大社会转型期对于捍卫和延续文明发展的价值和意义。

塞主义等的一种替代。他们认为社会演变的动力来自于各国处理提高财政收入和控制支出所面临挑战的方式。"①但这种宏观层面的研究或宏大叙事并不排除中观和微观层面的研究,恰恰相反,它需要大量中观和微观层面的研究来作为支撑并由此推进对其研究进行修订、补充和完善,而宏观层面的研究也能为各种中观层面和微观层面的研究提供有益的框架和重要的思想指引,这些中观和微观层面的研究所涉及的研究主题完全可以是也应该是非常多样化的。Leroy 对财政社会学作为一门政治社会学(a political sociology)、一门经济社会学(an economic sociology)、一门法社会学(a legal sociology)和一门社会心理学(the social psychology)等的定位所涉及的研究以及马丁、梅罗特拉和普拉萨德所自称的新财政社会学研究等都可以归入其中,其中,中观层面的研究对象主要涉及的是对具体财政制度的研究,而微观层面的研究对象则主要涉及的是对具体个体和组织的研究。

但是,从财政社会学创立者的意图来说,其研究主题只能由其宏观层面而不能由其中观和微观层面的研究主题来确定,其中观层面和微观层面的研究所涉及的丰富主题只是其宏观层面研究主题的自然延伸。事实上,中观层面和微观层面的研究也只有在自觉把握了财政社会学宏观层面的研究主题时才能真正体现财政社会学的研究特色。这也就意味着尽管对财政社会学的定义可以是很宽泛的,但却也并不是任意的,并不是所有在中观和微观层面对财政问题开展的研究都能被归入财政社会学的研究领域。

第二节　财政社会学是否仍是一个尚未展开的研究领域?

判断财政社会学研究是否仍是一个尚未展开的领域主要涉及文献范围的确定。实际上,虽然我们不必像兹尔坦一样主张"所有的财政学,就是财政社会学"②,但只要我们在现代语境下明确了财政社会学的研究主题,并不再局限于对财政社会学的狭隘定义以及对财政社会学这一名称的使用,即使只是从亚当·斯

---

① Moore, M. (2004). "Revenues, State Formation, and the Quality of Governance in Developing Countries", *International Political Science Review*, Vol. 25, No. 3, pp. 297—319.

② ［日］坂入长太郎:《欧美财政思想史》,张淳译,中国财政经济出版社 1987 年版,第351 页。

密所代表的古典政治经济学算起①,财政社会学也不能说是一个尚未展开的领域,恰恰相反,在财政社会学的宏大研究主题之下,再加上受其影响和指引的各类中观和微观研究,财政社会学在思想史上不仅源远流长,财政社会学家也是群星璀璨,产生了远远超过我们通常认知的思想成就和社会影响。

一、财政社会学研究的文献范围不能被简单划定

财政社会学的宏大研究主题反映了其创立者的雄心及对该领域的研究定位,因此,各种仅仅基于字面意义来对财政社会学的研究对象并进行界定的做法,都是不贴切的,甚至是具有误导性。比如,将财政社会学理解为是运用今天的社会学方法研究财政问题,或只是将财政社会学理解为研究财政制度的社会构成和社会的财政构成,或者将财政社会学理解为除某些研究之外的"剩余科学"或主流财政学的补充,等等。在这样的界定和理解之下,财政社会学不仅被狭义化了,甚至是被"矮化"了,其地位和前途是可想而知的;而这绝不可能是葛德雪和熊彼特所寄予厚望的"财政社会学",要知道,葛德雪当年可是将缺少财政社会学理论看作是当时整个社会科学最为重大的缺陷的。另外,正如前面所指出的,财政社会学也不能被限定在现代税收这一种财政收入来源的研究之上,因为熊彼特眼中的财政社会学绝不仅仅是对"税收国家"的分析,而是要将其发展成为宏大理论架构与宏大历史述事相结合,并从财政角度对有国家以来社会发展规律的综合研究,而其税收国家概念也必须相对于基于其他财政收入来源的国家类型概念才能得到更好的理解。如果不能够更好地理解这一点,或者是不具有这样的宏观视野和雄心壮志,是难以真正理解财政社会学的创立者的初衷的。

进一步地,将财政社会学研究仅仅局限于直接使用这一名词的研究者显然也是狭隘的,而且这种做法不仅使财政社会学的学术地位和学科进展一直没有受到应有的重视,甚至已经成为制约财政社会学发展的重要障碍。实际上,斯威德伯格就曾将马克斯·韦伯看作是一个财政社会学家,其理由是:"虽然韦伯没有使用

---

① 我们甚至可以从古希腊色诺芬的著作中也可以找到财政社会学思想的痕迹。色诺芬在《雅典的收入》中就谈到给予外国人侨居的权利和授予商人以特权等来增加雅典收入。参见[古希腊]色诺芬:《经济论、雅典的收入》,张伯健、陆大年译,商务印书馆1961年版。

财政社会学这个术语,然而毫无疑问,他对历史上的政治统治组织如何获得财政支持及其对经济与社会有什么样的影响十分感兴趣。"①韦伯的重要贡献不仅在于明确提出每种统治类型都有与之相适应的筹资方式②,更在于他在其最后的著作《经济通史》(*General Economic History*)③中实际上展开了这一思想,财政成为历史上各类产权制度设定和变迁的重要因素④,这确实是后来财政社会学中被不断运用的重要思想,而马克斯·韦伯对财政社会学的贡献也确实是被严重忽略和低估了⑤。由此我们需要进一步追问的是,既然马克斯·韦伯不因"没有使用财政社会学这个术语"而被排除在财政社会学家之外,那么在社会科学思想史中是否还有其他研究者也应该被如此看待呢?

从财政社会学的研究主题来说,只要是曾经为基于财政视角研究国家和社会变迁的研究者也都可以归入财政社会学家的阵营。如果以财政社会学正式创立为时间界限,在此之前的托克维尔、马克思和瓦格纳等都可以被视为是财政社会

---

① [瑞典]斯威德伯格:《经济社会学原理》,周长城等译,中国人民大学出版社 2005 年版,第 130 页。

② 韦伯本身就是法学出身,他基于博士论文出版的《论中世纪商事公司史——以南欧为源头》一书也使他被看作是一名法社会学家,尽管他可能也没有明确使用"法社会学"这个概念。当时的普鲁士文化部长竭力帮助他获得罗马法和商法的教席,但韦伯却在 1893 年优先选择了位于弗莱堡的国民经济学及财政学的教席,这就充分说明韦伯具有将不同知识范畴及学科领域的知识进行整合的高屋建瓴的非比寻常的才华。

③ 该书是根据韦伯 1919—1920 年间在慕尼黑大学讲授"普通社会经济史概论"的讲座笔记整理成书的,1923 年出德文版,1927 年由 Greenberg Publisher 出第一个英文版,该书的中译本有很多种,书名也有多种译法,如《世界经济简史》《世界经济史纲》和《社会经济史》等。这里采用的是 Routledge 在 2023 年出版的 Routledge 经典版。

④ 限于篇幅,这里不对马克斯·韦伯在《经济通史》中的分析进行具体总结,只引用一段话来说明韦伯的财政社会学思想,比如他在该书第六章"庄园中资本主义发展"中区分了税收国家(a taxation state)与"管理型"(赋役型)国家(a "managerial"〔leiturgisch〕state),前者把国民看作是税收的来源,并用税收来供养军队和政府官员;后者则将国民当作徭役来源使用。韦伯指出:"后一种政策是罗马帝国在戴克里先时代所遵循的政策,当时为此目的组织了强制性的公社。一种制度使民众正式获得自由,另一种制度则使他们成为国家奴隶。后者在中国的使用方式与在欧洲的使用方式相同,在这些情况下,领主不是通过租金而是将依附人口当作劳动力来剥削。在后一种情况下,私人财产消失了,对土地的义务和依附以及定期的再分配则产生了。"Webber, M.(〔1927〕2023). *General Economic History*. Translated by Knight, F. H., Routledge, pp. 69—70.

⑤ 要明确马克斯·韦伯在财政社会学中的地位存在一定困难,主要问题在于时间上。韦伯的"普通社会经济史概论"讲座发生在葛德雪和熊彼特创立财政社会学的论著发表之后。

学的重要先驱,其中,托克维尔的这一身份应该已经具备了较好的共识基础,不仅Leroy有托克维尔作为财政社会学先驱的专门研究论文发表①,斯威德伯格在《托克维尔的政治经济学》中也将财政社会学先驱作为托克维尔的重要身份之一②。而在此之后的诺贝尔经济学奖得主希克斯、诺思和布坎南等也都可视为重要的财政社会学家,他们都为财政社会学思想的发展作出了重要的贡献。同时,由于财政社会学的宏大研究主题与古典政治经济学的研究主题是一脉相承的③,所以财政社会学较为正式的思想源头至少可以追溯到以亚当·斯密为代表的古典政治经济学④。正因为如此,马丁、梅罗特拉和普拉萨德明确地将财政社会学的古典根源归为古典政治经济学,正如他们曾指出的,熊彼特对发展财政社会学的呼吁"本身是古典政治经济学的最后喘息,而不是一门新科学的第一次呼吸;它代表的似乎是

---

① Leroy, M. (2010). "Tocqueville Pioneer of Fiscal Sociology." *European Journal of Sociology*, Vol. 51, No. 2, pp. 195—239. 也可参见 Leroy M. (2011). *Taxation, the State and Society: The Fiscal Sociology of Interventionist Democracy*. P. I. E. Peter Lang, pp. 25—50. (Chapt 1: "Tocqueville Pioneer of Fiscal Sociology".)

② 但斯威德伯格在《托克维尔的政治经济学》中并未重点关注托克维尔作为财政社会学先驱的思想,只是在该书的"后记"中提到这一点,并用一小段话来概括托克维尔在这方面的思想,即:"托克维尔还注意到税收的角色,尤其在《旧政体与大革命》一书中。他认为,在大革命前的法国,阶级之间是通过税收隔离开的,彼此不相关联。不同阶级承担的税收是不同的,造成的结果是阶级之间很少有互动,也很少有社会性的、经济性的同理心。这样带来的恶果就是憎恶和仇恨。"参见[瑞典]斯威德伯格:《托克维尔的政治经济学》,李晋、马丽译,格致出版社、上海三联书店和上海人民出版社 2011 年版,第 463—464 页。

③ 亚当·斯密就曾指出,"真正的政治经济学,即讨论国民财富的性质与原因",因此,政治经济学具有"两种不同的目标:第一,给人民提供充足的收入或生计;第二,给国家或社会提供充分的收入,使公务得以进行。总之,其目的在于富国裕民。"见[英]亚当·斯密:《国民财富的性质和原因的研究》(上),郭大力、王亚南译,商务印书馆 1972 年版,第 315、245 页。

④ Fuat M. Andic 和 Suphan Andic 在 1985 年发表的《财政社会学探析:伊本·哈尔顿、熊彼特与公共选择》一文中将财政社会学的前身追溯到 14 世纪的伊本·哈尔顿(Ibn Khaldun),他们认为:财政包括公共支出及它的增长和对经济生活的影响与税收及其负担,构成了哈尔顿文明兴衰理论的重要组成部分。另外,他们对财政社会学发展史的评价也值得我们参考:"因为 19 世纪末 20 世纪初的财政社会学忽视了其 14 世纪的前身;20 世纪下半叶的财政社会学,如果不是完全忽视的话,也忽视了它在世纪之交的前身。尽管我们倾向于认为思想史,尤其是西方思想史,是一个完整的链条,每个思想家在受到过去思想的影响时,反过来又会影响到未来的思想。但事实上,这种联系有时会断开,直到随着环境的变化,它们重新出现,尽管它们可能不一定会经历一次强烈的复兴。"参见 Fuat M. Andic and Suphan Andic, (1985). "An Exploration into Fiscal Sociology: Ibn Khaldun, Schumpeter, and Public Choice". *FinanzArchiv / Public Finance Analysis*, New Series, Bd. 43, H. 3, p. 455.

一种财政学综合研究传统的最高峰,而非猛然开启一个全新领域。一直以来,古典政治经济学的理论家都是思路开阔的社会科学研究者和财政学研究者"①。

二、亚当·斯密的财政学是对财政社会学研究的早期探索

亚当·斯密的财政学思想中存在很多被我们今天所忽略或未受重视的思想与方法,这些思想与方法构成我们今天所讨论的对财政社会学研究的早期探索,它集中体现在《国民财富的性质和原因的研究》第三篇"论不同国家中财富的不同发展"中的第二章和第三章中。这两章涉及的是"论罗马帝国崩溃后农业在欧洲旧状态下所受到的阻抑"和"论罗马帝国崩溃后都市的勃兴与进步",财政是斯密研究的重要主线,特别是在谈到都市的勃兴时,斯密突出强调了国王在与市民互结同盟以对抗领主的过程中通过包税促进了市民势力的日益增长,并带来了国王征税必须得到市民同意的实践,于是"秩序、好政府以及个人的自由安全,就在这种状态下,在各都市确立了"②。

在后来编辑出版的《亚当·斯密关于法律、警察、岁入及军备的演讲》和《法理学讲义》中③,亚当·斯密进一步丰富了相关论述,财政这条主线始终贯穿于他关于各种政体形式的实质及其变迁的研究中。斯密在谈到市邑的特权来源时就再次明确落实到国王以特权换收入这一重要的历史事实上④,而这也自然引出了斯

---

① 马丁、梅罗特拉、普拉萨德编《新财政社会学:比较与历史视野下的税收》,刘长喜等译,上海财经大学出版社 2023 年版,第 5 页。

② [英]亚当·斯密:《国民财富的性质和原因的研究》(上),郭大力、王亚南译,商务印书馆 1972 年版,第 366 页。

③ 由于亚当·斯密生前坚持将绝大部分未出版的手稿和讲义等烧掉了,这两本书都源于后来发现的当年学生所作的课堂笔记,其中坎南根据其在 1895 年发现的一套爱丁堡出庭律师收藏的笔记整理出版了《亚当·斯密关于法律、警察、岁入及军备的演讲》,但这套笔记被坎南认为是一位专业抄写员于 1766 年左右完成的,而非课堂上的原始记录;后来又于 1958 年在福布斯-里斯家族图书馆内新发现了一套类似的笔记,它被认为是一份原始的课堂记录,米克、拉斐尔和斯坦以此为基础,编辑出版了《法理学讲义》。关于这两套笔记的具体介绍与分析参见《法理学讲义》中的"编者导语",这两本书现在都有中译本,参见[英]坎南编著《亚当·斯密关于法律、警察、岁入及军备的演讲》,陈福生、陈振骅译,商务印书馆 1962 年版;[英]亚当·斯密著,米克、拉斐尔和斯坦编《法理学讲义》,冯玉军、郑海平、林少伟译,中国人民大学出版社 2017 年版。

④ 比如斯密提到,"由于市邑归领主保护而领主对市邑拥有很大的权力,所以国王的利益在于尽量削弱领主的权力,而给予市邑以特权。亨利二世更变本加厉地规定,如果一个奴隶逃到市邑,并安分守己地住在那边满一年,他就可以变为自由民。他给予市邑许多其他(转下注)

密对政府与财产权的关系这一问题上的重要而独特的见解,那就是:"财产权和政府在很大程度上是相互依存的。财产权的保护和财产的不平均是最初建立政府的原因,而财产权的状态总是随着政权的形式而有所不同。民法家往往先讨论政府,然后说到财产权和其他权利。这一方面的其他作家先说财产权和其他权利,然后讨论家庭和政府。每一种方法都有它特有的一些优点,但总的来说,民法学家的方法似乎更胜一筹。"①另外,亚当·斯密在分析财政问题时所采取的比较历史研究方法对财政社会学也具有特别重要的意义,甚至可以说是财政社会学应该采取的基本研究方法②:斯密以税收作为政府主要财政收入来源的主张是以将文明国家与未开化国家进行比较为基础的,其税收指的是现代意义上的税收,以英国"无代表不纳税"的实践为基础;斯密对合理税收征取方式的分析是通过对英法的比较来进行的,他将税制划一而取得的对内贸易自由看作是英国繁荣的主要原因之一,而法国由各省设立的繁杂繁多的税法不仅导致国内贸易因各省在其边界设置许多稽征人员而受到妨害,也因为其包税制度和压迫性的税收负担而导致人民没落;斯密对加在奴隶身上的人头税与加在自由人身上的人头税的比较则表达了其另一个重要的观点,那就是表面上类似的税收形式却可能在性质上截然不同。

三、托克维尔、马克思和瓦格纳是财政社会学研究的重要先驱

作为财政社会学的重要先驱,托克维尔、马克思和瓦格纳的财政学思想无疑也是十分重要的,事实上,他们的财政学思想也只有在财政社会学的框架内才能得到恰当的理解。无论是在 1835 年和 1840 年出版的《论美国的民主》(上/下)中,

---

(续上注)特权,在这些特权中,使它们得到最大利益的乃是:在向国王缴纳一笔款项以后,它们就可取得把自己组成为法人团体的权利。它们是直接从国王得到这个权利的,最初是每一个人向国王缴纳他的那一部分的保护税,但后来改由市邑缴纳而由市邑向市民征收此项捐税,因为市邑认为征税是它分内之事。"见[英]坎南编著《亚当·斯密关于法律、警察、岁入及军备的演讲》,陈福生、陈振骅译,商务印书馆 1962 年版,第 64 页。

①　[英]坎南编著《亚当·斯密关于法律、警察、岁入及军备的演讲》,陈福生、陈振骅译,商务印书馆 1962 年版,第 35 页。

②　马丁、梅罗特拉和普拉萨德也是基于对税收的比较与历史分析而提出其新财政社会学研究主张的。正因为如此,在刘守刚和魏陆主编的"财政政治学译丛"中收入了专门讨论比较历史分析方法的著作,参见[美]马汉尼、瑟伦:《比较历史分析方法的进展》,秦传安译,上海财经大学出版社 2022 年版。

还是在 1856 年出版的《旧制度与大革命》中,托克维尔都将财政研究作为其分析的重要视角和主线①,这在《旧制度与大革命》的第十章"政治自由的毁灭与各阶级的分离如何导致了几乎所有使旧制度灭亡的弊病"中体现得更为明显。在这一章中,托克维尔沿用了亚当·斯密的做法,将英国与法国的财政史比较作为重要方法和研究主线,其主要观点是英法两国虽同在 14 世纪左右确定了"无代表不纳税"的原则,但法国却由于后来背离了这一原则而与英国渐行渐远②。因此,Leroy指出:"托克维尔没有满足于仅仅在其研究中描述财政制度的功能。他将财政置于其分析的核心,以在与民主社会的公共支出演进相关的问题框架内揭示财政与社会和国家的关系,并探讨税收和财政集权在法国大革命中的作用。"③

虽然马克思未能完成其政治经济学框架下的国家理论研究,并对税收问题一笔带过④,但他在这方面的思考在理论上也并非一片空白,我们国内学者邓子基就

---

① 阿克顿著名的《法国大革命讲稿》也是基于财政问题来讨论法国大革命的发生,其开篇第一句话就是"法国的财政收入已经达到 2 000 万了,可路易十六仍然觉得不够花,要求国民继续掏钱。"紧接着,阿克顿就开始了分析:"于是,在短短的一代人时间中,财政收入飙升到超过 1亿,尽管如此,国民收入也在以更高的速度增长着:这种增长的动力来自一个阶层,而古老的贵族却拒绝给予这个阶层以奖赏,他们剥夺了这个使国家繁荣富裕的阶层的权力。这个阶层的勤奋使得财产分配格局发生了变化,财富不再只是少数人独有的特权,因而,这些被排斥的多数人认为,他们之所以处于不利地位,是因为社会不是建立在正当与正义的基础上的。他们提出,政府、军队和教会的荣誉应该颁发给社会中比较积极的、为社会所必不可少的人们,而那些不劳而获的少数人不应该再保留任何伤害他们的特权。由于双方的比例差不多是一百比一,所以他们认定,他们事实上已经是国家的栋梁了,他们要求获得与自己的人数相称的权力,要自己治理自己。他们提出,国家应当进行改革,统治者应当是他们的代理人,而不能是他们的主子。于是,就爆发了法国大革命。"参见[英]阿克顿:《法国大革命讲稿》,姚中秋译,商务印书馆 2012 年版,第 1 页。

② 托克维尔在分析中指出:"在那个时代,正如我说过的,法国的政治机构和英国的政治机构存在许多相似之处,但是后来,随着时间的推移,两个民族的命运彼此分离,越来越不同。它们就像两条线,从邻近点出发,但沿着略有不同的倾斜度伸展,结果两条线越延长,相隔越远。我敢断言,自国王约翰被俘、查理六世疯癫而造成长期混乱、国民疲惫不堪之日起,国王便可以不经国民合作便确定普遍税则,而贵族只要自己享有免税权,就卑鄙地听凭国王向第三等级生税;从那一天起便种下了几乎全部弊病与祸害的根苗,它们折磨旧制度后期的生命并使它骤然死亡。"见[法]托克维尔:《旧制度与大革命》,冯棠译,商务印书馆 1992 年版,第 136—137 页。

③ Leroy M. (2011). *Taxation, the State and Society: The Fiscal Sociology of Interventionist Democracy*. P. I. E. Peter Lang, p.26.

④ 这主要只能归为马克思未能完成其研究计划——他在《政治经济学批判大纲》中拟定了六册的研究计划,其中国家理论为单独一册,而非一些研究者所说的马克思对财政与税收问题的不重视,因为马克思政治经济学是对英国古典政治经济学的继承和发展,而重视(转下注)

专门著有《马克思恩格斯财政思想研究》①。马克思主要是从财政的角度来揭示国家的本质和统治基础的,如在《道德化的批评和批评化的道德》一文中,马克思就非常深刻地强调"国家存在的经济体现就是捐税",对资产阶级来说,"捐税的分配、征收和使用的方法之所以成为切身问题,不仅是由于它对工商业起着影响,而且还因为捐税是可以用来扼杀君主专制的一条金锁链"②。同样地,马克思也常基于财政来讨论国家的具体情势,如马克思认为,在法国,"财政困难使七月王朝一开始就依赖资产阶级上层,而它对资产阶级上层的依赖又经常使财政困难日益加剧起来。当没有恢复预算平衡,没有恢复国家收支平衡的时候,是不能使国家行政服从于国民生产利益的。然而,若不缩减国家支出,即若不损害现存统治制度支柱的利益,若不改变税收制度,即若不把很大一部分税负加到资产阶级上层分子肩上,又怎能恢复这种平衡呢?"③进一步来看,马克思和恩格斯在《德意志意识形态》中所表达的观点成了财政社会学重要创立者之一葛德雪的"国中之国"思想的重要来源,即:"现代国家由于税收而逐渐被私有者所操纵,由于国债而完全归他们掌握;现代国家的存在既然受到交易所内国家证券行市涨落的调节,所以它完全依赖于私有者即资产者提供给它的商业信贷。"④

瓦格纳的财政学是对斯密所代表的古典财政学的继承和发展⑤,其与财政社会学的内在联系也可通过其一些重要观点与财政社会学主要创始人葛德雪和熊

(续上注)财政与税收则是英国古典政治经济学的重要传统,被马克思称为"古典政治经济学之父"的威廉·配第,其主要著作为《赋税论》;而作为马克思政治经济学批判的主要著作就是李嘉图的《政治经济学及赋税原理》;除此之外,恩格斯还认为亚当·斯密的贡献是创新了财政学。哈维在《马克思与〈资本论〉》中谈到了这个问题,其观点也是如此:"我怀疑马克思没有展开论述的原因是,他想单独著书来论述资本主义国家和社会。马克思的习惯就是要对税收这样的大问题进行深入系统的思考,然后才落笔成文。"见[美]哈维:《马克思与〈资本论〉》,周大昕译,中信出版集团 2018 年版。

① 邓子基:《马克思恩格斯财政思想研究》,中国财政经济出版社 1990 年版。
② [德]马克思:《道德化的批评和批评化的道德》,载《马克思恩格斯全集》(第 4 卷),人民出版社 1958 年版,第 342 页。
③ [德]马克思:《1848 年至 1850 年的法兰西阶级斗争》,载《马克思恩格斯全集》(第 7 卷),人民出版社 1959 年版,第 13 页。
④ [德]马克思、恩格斯:《德意志意识形态》,载《马克思恩格斯文集》(第 1 卷),人民出版社 2009 年版,第 583 页。
⑤ 关于瓦格纳财政学思想及相关研究,可参见[德]瓦格纳:《瓦格纳财政学提要》,童蒙正编著,刘志广整理,上海远东出版社 2024 年版。

彼特的相近性而得到支持。比如,瓦格纳关于宪法限制的观点与熊彼特所讲的税收国家的危机有关,那就是政府支出规模的膨胀可能给整个经济发展和国家治理带来损害。瓦格纳看到了问题所在,主张对政府支出和国家活动的范围进行规范和限制,而熊彼特则进一步将该问题的发展与税收国家原则的崩溃结合起来。进一步地,瓦格纳主张由宪法程序来决定预算是最好的保障的思想也可以为布坎南(Buchanan)的财政宪法和货币宪法①思想提供重要的思想溯源,后者可以被作为财政社会学研究在实践上的最重要主张。

四、希克斯和诺思等也可被视为重要的财政社会学家

在诺贝尔经济学奖得主中,除布坎南外,希克斯和诺思也可被视为财政社会学家。尽管希克斯是因对凯恩斯主义经济学的贡献而获奖的,但他自己最看重的却是他在 1969 年出版的《经济史理论》,他将它看作是一本与马克思试图制定的理论更为相近并论述重大主题的小册子②。希克斯认为各种社会形式的共有特征是它们的主要经济关系是岁入,并认为岁入经济不仅先于市场,而且比市场存在得更长久,而专制君主强迫其臣民纳贡则是赋税的由来。更为重要的是,希克斯也是基于财政问题来探讨经济史及其变迁的,正如他所声明的:"我之所以不厌其烦地详细叙述典型的中古时期的政府在财政上的缺陷及其原因,部分原因在于我认为要解释范围广泛的历史现象,不如此便难以理解;部分原因在于它使后来发生的事件脉络分明地显现出来。"③

诺思思想的一个重要方面是围绕政府与产权间的关系而展开的,在《经济史中的结构与变迁》一书中,他不仅特别强调产权制度对经济运行的重要性,即"由于现存产权结构引导着人类的经济行为,个人就会发现,从其利益出发,一种产权制度下的行为不同于另一种产权制度下的行为",并且强调"因为国家是界定产权

---

① 参见[美]布坎南:《民主财政论》,穆怀朋译,商务印书馆 2002 年版。

② 在该书第一章的开头,希克斯就强调:"这是一本论述重大主题的小册子。它不仅涉及整个世界而且囊括了整个人类历史,从考古学家和人类学家已为我们提供了某些片断知识的'蛮荒邈远'的远古直到处于未知的未来的边缘的当代,完全包括在内。"而希克斯所说的马克思试图制定的理论样式,是指:"马克思从他的经济学中确曾得出某些总的概念,他把这种概念应用于历史,因此他在历史中发现的模式在历史以外得到了某种支持。这更是我要努力去做的那种事。"[英]希克斯:《经济史理论》,厉以平译,商务印书馆 1987 年版,第 4—5 页。

③ [英]希克斯:《经济史理论》,厉以平译,商务印书馆 1987 年版,第 85 页。

结构,因而国家理论是根本性的。最终是国家要对造成经济增长、停滞和衰退的产权结构的效率负责"①,这可以说是对亚当·斯密关于政府与财产权关系认识的重要发展。进一步地,我们看到,除借助科斯(Coase)创立的交易费用(transaction cost)概念来解释产权的出现②外,诺思最为重视的实际历史因素就是财政,即:"每个新兴民族国家都在拼命争取更多的收入。正是实现收入的方式对国家的经济至关重要,因为在每种情况下都要变更产权。"③而在诺思关于法国、西班牙、荷兰和英国的历史比较研究中,其关注的主题则是国家(或国王)是否拥有无限制的征税权以及是否可以自由地用垄断权和限制权来换取收入。

此外,Levi 在 1988 年出版的《统治与岁入》也是财政社会学的重要文献。Levi 认为:"国家收入生产的历史就是国家演进的历史。随着专业化和分工的增进,对由国家来提供集体物品的需求越来越大,而在这些领域曾经只有私人物品或根本就没有物品的提供······一个国家增加集体物品和服务供给的基础是它的收入生产体系。"④因此,Levi 在该书中集中关注了制约统治者收入生产能力的因素。在 Levi 看来,国家是一种复杂的制度(a complex institution),它在近几个世纪以来在规模、功能和组织方面发生了巨大的变化。考虑到统治者既要参与布伦南和布坎南所说的制定规则的过程(the process of making the rules),又要参与布伦南和布坎南所说的在规则内进行决策的过程(the process of making decisions within the rules),Levi 认为,统治者必须抑制搭便车并实施社会的法律,特别是其关于产权的法律,而这些统治行为都受到其收入的约束。Leviy 假设统治者根据其相对议价能力(relative bargaining power)、交易成本(transaction cost)和贴现率(discount rates)⑤这些约束条件来最大化其财政收入。在此基础上,Levi 进一

---

① [美]诺思:《经济史中的结构与变迁》,陈郁、罗华平等译,上海三联书店、上海人民出版社 1994 年版,第 89、17 页。

② 诺思认为:"解释人类力图降低交易费用和组织交换的经济组织形式,产权理论是必要的。如果假定一个'中立'的国家存在,那么在给定现行技术、信息成本和不确定性的约束条件下,在稀缺与竞争世界中以最小成本解决方案而存在的产权形式将是有效率的。实际上,产权的出现是国家统治者的欲望与交换当事人努力降低交易费用的企图彼此合作的结果。"[美]诺思:《经济史中的结构与变迁》,陈郁、罗华平等译,上海三联书店、上海人民出版社 1994 年版,第 17 页。

③ [美]诺思:《经济史中的结构与变迁》,陈郁、罗华平等译,上海三联书店、上海人民出版社 1994 年版,第 167 页。

④ Levi, M. (1988). *Of Rule and Revenue*. University of California Press, p. 1.

⑤ Levi 将相对议价能力定义为国家对暴力、经济和社会资源的控制程度;交易（转下注）

步提出两个假设，一是所有组成政治的行动者包括政策制定者，都是理性的和自利的（self-interested）；二是组成国家的行动者有其自己的利益，这些利益源于制度性权力并得到其支持。Levi 以这种追求收入最大化的统治者具有掠夺性为依据将其理论定位为掠夺性统治理论，在该理论模型中，统治者追求财政收入的掠夺性行动并非是随心所欲的，他们会努力创造和维持"准自愿服从"（quasi-voluntary compliance），它融合了策略性互动与规范，是重新界定合法性并降低交易成本的一种方式。由于政策是统治者和组成政治的各种集团之间进行交换的产物，因此，为了收入最大化，统治者会设计并确立一些结构来增强他们的相对议价能力、减少交易费用并降低贴现率。在大量丰富的历史统计资料和文献的基础上，Levi 对上述假定和理论模型做出了令人信服的论证，从而为甚于财政收入生产解释国家演进提供了重要的微观理论基础①。

第三节　财政社会学到底属于哪个学科？

熊彼特在《税收国家的危机》中称财政社会学是"一个特殊的领域"（a special field），当我们谈论它时实际上是在"谈论一组特殊的事实，一组特殊的问题，以及一种特殊的方法"（speak of a special set of facts，a special set of problems，and of a special approach）。这里所说的"一种特殊的方法"自然是指社会学方法，这是葛德雪和熊彼特在创立财政社会学时所明确强调的。国外直接在财政社会学"大旗"下进行研究的主要是财政学家、社会学家、政治学家和法学家，发表财政社会学论文的杂志也涉及各个学科，但关于财政社会学到底属于哪个学科的争论不仅发生在他们之间，甚至在各个学科内部也有不同的意见。这场争论还在继续，财

（续上注）成本则是指就政策协议进行谈判的成本以及实施政策的成本；贴现率则是指决策者偏好的时间范围，决策者越是看重未来而非现在，其贴现率越低。参见 Levi，M.（1988）. *Of Rule and Revenue*. University of California Press，p. 2.

①　按照 Levi 自己的说法："掠夺性统治理论与经典马克思主义的不同之处在于，它关注的是统治者，而不是占统治地位的经济阶级。它与以国家为中心的新结构主义的不同之处在于，它强调演绎理论，将政治、经济和社会的复杂性简化为更好地理解国家组织和政策的手段。它与公共选择和新古典经济学家的不同之处在于，它承认权力和权力的不平等分配。"参见 Levi，M.（1988）. *Of Rule and Revenue*. University of California Press，p. 38.

政社会学的学科归属问题仍是悬而未决,远未达成共识,争议的焦点主要是对其后缀"社会学"的理解,或者说,正是由于对其"社会学"的不同理解导致了对财政社会学学科归属的争议。我们要追问的问题是,我们能够据此认为财政社会学在学科划分上应该被归入今天的社会学①并作为社会学的一个子学科吗? 如果不能,我们又该如何在今天的语境和学科视野下理解财政社会学之"社会学"呢?

一、"社会学"首先是作为人类知识最高阶段而被创立的

休厄尔(Sewell)在《历史的逻辑:社会理论与社会转型》中曾专门讨论了"'社会的'与'社会'的历史与运用",认为它们都源自拉丁语 socius,意指朋友或伙伴,但在各种运用中都是含义复杂或混杂的概念,但通过与基于名词的"经济""政治""文化"和基于形容词的"经济的""政治的""文化的"的比较,可以认为,"'社会的'并不指向特定的机构所在,而是囊括了所有机构性领域和活动类型"②。进一步地,休厄尔认可了文化史学者贝克(Baker)的研究和观点,认为"社会的"一词特殊的模糊性并不意味着空泛,恰恰相反,正是在启蒙运动所创设的祛魅世界里,"社会"这个概念取代宗教成为"秩序的终极基础"。因此,休厄尔主张,"在说明我们自启蒙运动后,逐渐把'人类关系相约依存'(借用贝克的说法)视为人类生活终极本体论基础时,这个词优于任何替代品……我们应该继续把'社会的'接纳为我们的基本术语",并主张,"用社会的某种内在结构和内容来解释概念性容器是非常重要的,如此方能用这种容器来找出、明确和解释人类关系相互依存的本质和活力"③。

"社会学"一词源于"社会"和"社会的",自法国哲学家、社会学家孔德在《实证哲学教程》第 4 卷提出这个概念后,至今已有近 170 多年历史。正是通过孔德的这本书,19 世纪的多数学者才渐渐了解了社会学。孔德认为,知识和社会都会经历从低级阶段到高级阶段的进化发展,社会学代表了人类知识的最高阶段。其实,

---

① 事实上,在我国 2019 年度的"国家社会科学基金"发布的《课题指南》中,财政社会学研究就是被归入社会学的,其课题名称为"84.财政社会学的历史、理论与经验研究"。这是我国国家社会科学基金第一次在课题指南中使用到"财政社会学"这一概念。

② [美]休厄尔:《历史的逻辑:社会理论与社会转型》,朱联璧、费滢译,上海世纪出版集团 2012 年版,第 319 页。

③ [美]休厄尔:《历史的逻辑:社会理论与社会转型》,朱联璧、费滢译,上海世纪出版集团 2012 年版,第 323 页。

在孔德的科学等级体系中①，社会学是唯一关于社会整个系统的研究的，因此，所有的其他社会科学包括经济学、政治学、法学等都应该隶属于社会学。帕累托对社会学的定义与孔德接近，他在《普通社会学纲要》中开篇第一段话即是关于社会学的定义的，在帕累托看来，"人类社会是诸多研究的对象。有些研究构成专门学科，诸如法学、历史学、政治经济学、宗教史，等等；另一些研究包含的学科还很混杂；一门学科，即它们的综合，并专注于一般地研究人类社会，可以称之为社会学"。但紧接着，帕累托又无奈地指出："这个定义并非完美无缺，但似乎也不会改进多少，由于包括数学在内的全部科学，均无一个十分严格的定义。这是由于我们认识的对象只是为了方便才被划分为不同的部分，并且随着时间的流逝，这种人为的划分会变化无常。"②这也就意味着孔德和帕累托对社会学的定义与我们今天基于大学的社会学院系及其传授的专业知识所定义的社会学是存在较大差异的，从研究主题的角度来说，今天的社会学在很多情况下被视作"剩余科学"（left-over science），也就是现有其他主要学科所不研究的问题都可被置于社会学的研究领域。但由贝克和休厄尔对"社会"和"社会的"的历史与运用的阐释以及孔德和帕累托等对"社会学"的界定来看，我们可以找到对"社会学"的其他理解。

孔德基于其实证主义哲学创立社会学的目的是为了摆脱形而上学对社会科学研究的支配，他区分了社会静力学（social statcs）和社会动力学（social dynamics），前者研究不同社会组成部分的功能或职能（function）怎样综合成该社会，对应了后来社会功能学派的发展；而后者主要涉及的是如何解释并预测社会变迁。虽然孔德主要是一个综合体系的构建者而非诸多思想的首创者，但他对后世社会科学研究的影响是深远的③。马克思虽然对孔德有过讥讽的评论并且因孔德的"三阶段论"将资本主义看作是社会的

① 熊彼特曾以建筑物为比喻来说明孔德对科学的等级体系排列，"它的每一层楼均为一门不同的科学所占据，它从逻辑和数学的基础一直上升到人类社会的问题。楼高六层，分别指定给数学，天文学，物理学，化学，生物学和——心理学由于没有地位而显得很突出——社会学，即关于社会的科学。"见［美］熊彼特：《经济分析史》（第二卷），杨敬年译，商务印书馆 1992 年版，第 59 页。
② ［意大利］帕累托：《普通社会学纲要》，田时纲译，生活·读书·新知三联书店 2001 年版，第 1 页。
③ 关于孔德思想的介绍与评论可以参见于海：《西方社会思想史》（第四版），复旦大学出版社 2022 年版。

终极状态而与其分道扬镳①,但其对社会与社会学的认识和孔德还是一致的②,其研究实际上是把孔德所主张的社会静力学和社会动力学结合起来了,既研究"资本家的职能"(the function of a capitalist)和"工人的职能"(the function of the worker)怎样构成资本主义社会的基本运行,也透过资本主义来研究社会的历史变迁。但显然,马克思也摆脱了孔德研究社会学的自然科学范式,其最重要的突破在于把经济因素作为决定社会变迁的最终力量,但其具体影响不是决定论的,而是被置于一个互动性的社会系统中。之所以在这里要提到马克思,是因为无论是对葛德雪来说,还是对熊彼特来说,他们在思想上都深受马克思的影响,因此,马克思对"社会"和"社会的"认识及其社会变迁理论对他们关于"社会学"的认识的影响应该也是可见的③。

二、葛德雪和熊彼特对"社会学"的理解和使用

对于财政社会学之"社会学",葛德雪的主张是:"社会学方法是任何一种客观

---

① 在《资本论》中,马克思在谈到资本主义时代和封建主义时代的最高权力分别是资本和地产时加了一个脚注,"因此奥古斯特·孔德及其学派本可以像证明资本家老爷的永恒必要性那样,去证明封建老爷的永恒必要性"(参见马克思:《资本论》[第一卷],人民出版社 2004 年版,第 386 页,脚注 22a)。马克思这样说的原因主要是因为,按照孔德的"三阶段论",第一阶段是神学阶段,第二阶段是形而上学阶段,也是用哲学取代神学的阶段,第三阶段是科学阶段,要求去除各种虚构和猜想来具体地、客观地研究事物,但这样一种"三阶段论"很容易用来为现实进行辩护,而且孔德的意图也在于说明资本主义是社会的终极形态,因而也就变成永恒的了。在 1866 年 7 月 7 日致恩格斯的信中,马克思更是极大地鄙视了孔德,马克思在信中写道:"我现在顺便地研究孔德,因为英国人和法国人都对这个家伙大肆渲染。使他们受迷惑的是他的著作简直像百科全书,包罗万象。但是这和黑格尔比起来却非常可怜(虽然孔德作为专业的数学家和物理学家要比黑格尔强,就是说在细节上比他强,但是整个说来,黑格尔甚至在这方面也比他不知道伟大多少倍)。而且这种实证主义破烂货是出版于 1832 年!"参见《马克思恩格斯选集》(第 4 卷),人民出版社 1958 年版,第 574—575 页。

② 杨照在《〈资本论〉的读法》中第三章讨论马克思的社会理论和历史观时,很好地梳理了孔德对马克思的影响。在他看来,孔德和马克思的信念是一致的,"对马克思而言,他研究社会的态度和孔德一样,是研究系统,必须找到科学的方式来研究这个系统,然后再找到所有因素,最后将它组合起来",特别是对马克思来说,孔德所说的社会动力学非常重要,"尤其是它关系到马克思如何看待社会,如何解释社会,以及如何解释社会各个不同阶段的变化和演进。"参见杨照:《〈资本论〉的读法》,海南出版社 2022 年版,第 291、284 页。但是由于孔德的很多思想并非原创而是综合,所以要说马克思真的是直接受到孔德思想的影响还是值得商榷的,起码还需要更为直接的证据,但杨照在书中并未提供相应的文献证据。

③ 对此认识,本书还只是一个推断,并没有进行具体论证,但以马克思对他们二人的影响来说,这种推断是可以成立的,限于篇幅,本书对此不展开论证。

的财政学理论的基础性条件。或者说,财政史学、财政社会学和财政统计学是能够支撑一种不完全脱离现实的财政学理论的三根支柱。"①熊彼特的主张也与之类似,"我们永远不要忘记,名副其实的(科学的)学派都有社会学的现实性——都是活生生的存在"②。这也是当年对社会学较为普遍的理解,如欧根·埃尔利希在其《法社会学基础》中对法社会学的界定也基本如此,即:"无论在任何时代,包括我们所处的时代,法律发展的重心既不在立法,也不在法学或司法,而在于社会本身。或许在这一句话中,包含了法社会学基础的所有含义。"③

相较于葛德雪,我们可以看到更多熊彼特关于社会学的理解④。虽然熊彼特在《经济分析史》第四编关于"1870 至 1914 年(及以后)"的研究中提到,"在我们所论究的这个时期,社会学已经或多或少地赢得了为学术界所承认的地位,并不是把它看成与社会中的个人相关联的一门无所不包的科学——像孔德所想的那样的——而是把它看成社会科学的一个分支,尽管当时还不甚明了这门学科的主题究竟是些什么"⑤,但这并不意味着熊彼特所采用的是这种对"社会学"的理解。实际上,在《经济分析史》中,熊彼特多次提到了社会学,一是社会学与制度分析联系在一起,即"每一本经济学教科书,如果不限于传授极其严格意义上的分析技巧,就会有这么一章有关制度方面的导论,其内容属于社会学而不是经济史"⑥;二是

---

① Goldsheid,R. ［1925］, "A Sociological Approach to Problems of Public Finance", translated by Elizabeth Henderson, in Richard A Musgrave and Alan T Peacock eds. （1958）, *Classics in the Theory of Public Finance*. London: Macmillan, p.206.

② 转引自[瑞典]斯威德伯格:《经济学与社会学》,中文版序言,第 7 页。

③ 转引自[德]莱塞尔:《法社会学基本问题》,王亚飞译,法律出版社 2014 年版,第 112 页。

④ 但这并不意味着葛德雪缺少对社会学的表述,因为葛德雪除经济学家的身份外,也是一位社会学家,他还参与了奥地利社会学学会和德国社会学学会组建并是学会的重要领导成员之一。和葛德雪一起参与创建德国社会学学会的著名的社会学家有韦伯、滕尼斯和西美尔等,当时滕尼斯担任主席,而葛德雪任副主席。另外,葛德雪还曾邀请滕尼斯到奥地利社会学学会做演讲。由此可见,葛德雪虽然是一个私人学者,但他与学界有非常紧密的联系,并且得到了学界的广泛认可。只是到目前为止,葛德雪的著述还只有极少数被译成英文,连他 1917 年创立财政社会学的著名小册子《国家资本主义还是国家社会主义?》也未被翻译成英文。但相比之下,熊彼特后期的著述都以英文写成,其早年著述也有很大一部分被译成了英文,同时,在熊彼特去世后还出版了他的《社会学文集》。如果从中文来看,那就更是如此了,毕竟熊彼特的一些重要著作都已经有了中文版。

⑤ [美]熊彼特:《经济分析史》(第三卷),朱泱等译,商务印书馆 1994 年版,第 49 页。

⑥ [美]熊彼特:《经济分析史》(第一卷),朱泱等译,商务印书馆 1991 年版,第 41 页。

对社会学的一种狭义解释,即它是"指一种单独的、但成分远远不是很纯的科学;就是说,它是对社会现象,例如社会、集团、阶级、集团关系、领袖能力等等的一般分析"①;三是熊彼特虽然将经济社会学引入作为经济学的第四学科,并强调了其与经济分析的区别,即"经济分析所讨论的问题是人们在任何时候怎样行为以及产生什么经济效果;经济社会学处理的问题是他们怎么会这样行为的"②,但却在一处脚注中指出,经济社会学这个领域"也不单独自成一门学科;它所包含的课题分别在历史、理论、'比较经济制度'、比较侧重于制度方面的劳工问题课程以及其它许多课程中加以处理"③。

就深化我们对财政社会学的理解来说,熊彼特在《经济分析史》的第三编关于1790 至 1870 年的"知识背景"中提供了更多重要的分析,尤其是他关于政治社会学的分析,因为熊彼特在谈到亚当·斯密的财政学在分析上的贡献时,就特别提到了政治社会学。对于政治社会学,熊彼特在这里除特别赞许了托克维尔基于辛劳观察所著的《论美国的民主》是那个时期"政治分析文献中最美丽的花朵"④外,更认为是马克思做出了那个时期在政治社会学领域中的最大成就。熊彼特认为,马克思关于国家的理论是真正社会学的理论,即"马克思的历史理论、社会阶级理论和国家(政府)理论,一方面是使国家从茫茫云雾中落到地面上来的首次严肃尝试,另一方面实际上是对边沁派理论的最好批评",它暗示了这样的想法:"国家(政府,政治家和官僚)不是一种应当对它加以哲理化或崇拜的东西,而是一种应当对它来进行现实分析的东西,就像我们分析例如任何一个工业部门那样。"⑤

就此来看,葛德雪和熊彼特所说的"社会学"并非今天学科分化下的学科概念,他们所倡导的社会学是基于社会现实和历史对制度及促成人的行为的力量的研究,这和贝克和休厄尔所主张的将"人类关系相互依存"作为人类生活终极本体论基础的认识是一致的。结合熊彼特在《经济分析史》中对1790 至 1870 年的"时

① [美]熊彼特:《经济分析史》(第一卷),朱泱等译,商务印书馆 1991 年版,第 48 页。
② [美]熊彼特:《经济分析史》(第一卷),朱泱等译,商务印书馆 1991 年版,第 41 页。
③ [美]熊彼特:《经济分析史》(第一卷),朱泱等译,商务印书馆 1991 年版,第 44 页,脚注 1。
④ 熊彼特的具体评价是:"由古老文明的果实培育出来的一个极为聪明的头脑,不辞无限的辛劳去从事观察,并且卓越地使观察结果服从于分析的目的。全部奥妙心在于此。"见[美]熊彼特:《经济分析史》(第二卷),杨敬年译,商务印书馆 1992 年版,第 84 页。
⑤ [美]熊彼特:《经济分析史》(第二卷),杨敬年译,商务印书馆 1992 年版,第 84—85 页。

代精神与哲学"的分析,我们可以得到的一个简要结论是,葛德雪和熊彼特所说的"社会学"虽然并不是知识发展的最高阶段,但他们使用"社会学"这个概念与孔德创立这个概念的早年意图是一致的①,那就是试图避免形而上学②的思维模式,这种思维模式在财政学研究上就表现为基于有机体国家论将国家神圣化,使国家外在于并独立于社会。因此,他们创立财政社会学的最为简单的意图就是主张基于现实而非外在于现实的抽象概念及其演绎来研究财政,使国家和财政变成基于经验的分析性议题。正因为如此,他们的财政社会学才会如此重视对财政史的研究。

三、作为社会理论的财政社会学

至此,我们可以很明确地认为,基于今天的社会学很难理解和把握葛德雪、熊彼特和帕累托等创立财政社会学的意图。尽管我们不必像 Seidman 在 1991 年发表的论文《社会学理论的终结》中一样宣称今天的"社会学理论(sociological theory)已经误入歧途。它已经失去了大部分的社会和智力重要性……它在社会和知识上的孤立性解释了当代社会学理论几乎永远存在的危机感和不适感"③,但 Seidman 对社会学理论和社会理论(social theory)的区分以及他对社会理论的解释对我们理解财政社会学的理论性质却是很有帮助,这种区分可以对应对现代社会学与古典社会学的区分,类似于经济学中关于新古典经济学和古典经济学的区分。Seidman 认为:"社会理论通常采用广泛的社会叙事形式。它们与起源和发展的故事有关,也与危机、衰落或进步的故事相联系。社会理论通常与当代社会冲突和公共辩论密切相关。这些叙事不仅旨在澄清一个事件或社会结构,还旨在塑造其结果——也许是通过使一个结果合法化,或者赋予某些行为者、行动和机构历史

---

① 之所以说是早年意图,是因为熊彼特认为晚年的孔德因衰老而丧失了常态,沉溺于真正的形而上学的思辨,导致其"实证论"和"孔德主义"获得了完全不同的意义。具体分析参见[美]熊彼特:《经济分析史》(第二卷),杨敬年译,商务印书馆 1992 年版,第 57—62 页。

② 形而上学代表一种非经验性的思维模式,其对应的英文为 metaphysical,它是由日本明治时期的著名哲学家井上哲次郎根据《易经·系辞》中"形而上者谓之道,形而下者谓之器"翻译的,这种译法随大量留日学生传入中国。但严复也曾根据老子《道德经》中"玄之又玄,众妙之门"将其译为"玄学"。

③ Seidman, S. (1991). "The End of Sociological Theory: The Postmodern Hope", *Sociological Theory*, Vol. 9, No. 2, p. 131.

重要性,同时将恶意(malicious)、恶魔般的品质(demonic qualities)归因于其他社会力量。社会理论涉及具有现实意义的道德故事;它们体现了塑造历史的意志。"①

　　为了说明其对社会理论的这种理解,Seidman 列举了马克思写作的《共产党宣言》、马克斯·韦伯写作的《新教伦理和资本主义精神》和涂尔干的《社会分工论》,其进一步的结论是:"社会理论可能是为了描绘社会事务的真相而写就的,但它们产生于正在进行的当代冲突,并旨在影响它们。它们的道德意图(moral intent)从未远离其[理论]外观(the surface)。人们通常根据它们的道德的、社会的和政治的意义来评价它们。"②对于社会学理论,Seidman 的看法是:"社会学理论旨在揭示一种社会的逻辑;它旨在发现一种能反映社会世界的真实的词汇表⋯⋯社会学理论家的目标是从当前的社会冲突中抽离出来⋯⋯试图找到一种通用的语言,这种通用语言是一种可以评估所有社会语言真实性的概念推理⋯⋯社会学理论家的意图是增加人类知识的存量,希望这将带来启蒙和社会进步。"③尽管作了这样清晰的区分,但 Seidman 也坦承,在现实中,社会理论和社会学理论往往相互交织在一起,如马克斯·韦伯、涂尔干等既写下了社会理论,也写下了社会学理论,但社会学理论在"二战"后成为理论的发展重点,而社会理论则被认为是意识形态化的,其理论的意义与价值因而被贬低。正是基于 Seidman 对社会学理论和社会理论的区分,Dahms 在 1995 年发表的《从创造性行动到经济的社会理性化》中除承认这两个概念通常被互换使用外④,还进一步对它们间的区别作了简化描述,认为"社会理论通常试图理解、解释或澄清大规模的社会变革,例如资本主义经济的兴起与西欧和北美议会民主的建立",而"社会学理论由新近的研究所构成,即建立

---

　　① Seidman, S. (1991). "The End of Sociological Theory: The Postmodern Hope", *Sociological Theory*, Vol. 9, No. 2, pp. 131—132.

　　② Seidman, S. (1991). "The End of Sociological Theory: The Postmodern Hope", *Sociological Theory*, Vol. 9, No. 2, p. 132.

　　③ Seidman, S. (1991). "The End of Sociological Theory: The Postmodern Hope", *Sociological Theory*, Vol. 9, No. 2, p. 132.

　　④ Dahms 所说的这种情况确实也是比较普遍的,以默顿的《社会理论和社会结构》为例,该书书名使用的是"社会理论"(social theory),但在书中更多使用的是"社会学"。实际上,默顿这本被认为确立了社会学的中层理论的名著,也体现了 Seidman 所说的既包含有社会理论的内容,也包含有社会学的内容,它们交织在一起,默顿并未对二者进行区分。参见[美]默顿:《社会理论和社会结构》,唐少杰、齐心译,译林出版社 2015 年版。

一个框架,系统地组织实证研究的结果,形成对现代社会的连贯和全面的理解"①。

社会理论是近代欧洲学术发展的产物,源于哲学已经难以作为最高学问对从传统社会向现代社会的变迁及其带来的现代性作出有效解释,也难以对所要求的社会科学的发展提供有效的指导,因此,孔德创立社会学就是将其作为人类知识的最高阶段来界定的,是想以社会学取代哲学曾经的地位。也正因为如此,早年以社会学名称出现的社会理论在欧洲大学中受到哲学的阻击,滕尼斯在其《共同体与社会》的序言中提到了社会学的这一遭遇,所以当时马克斯·韦伯和滕尼斯都是以政治经济学教授的身份栖身于大学之中的。在社会理论的发展史上,孟德斯鸠(Montsquieu)被看作是重要先驱②,其在 1748 年出版的《论法的精神》不是传统的法学研究,而是从社会理论的高度对法的研究,其"法的精神"所指的是法律应顾及的各种关系③。孟德斯鸠的著作启发了苏格兰启蒙学派特别是亚当·斯密,也启发了卢梭,后来的马克思、马克斯·韦伯、涂尔干以及再后来的哈贝马斯、卢曼和吉登斯等都是著名的社会理论家。Seidman 对社会学理论的批判和对社会理论作

---

① Dahms, H. F. (1995). "From Creative Action to the Social Rationalization of the Economy: Joseph A. Schumpeter's Social Theory", *Sociological Theory*, Vol. 13, No. 1, p. 2.

② 这种认识由来已久,孔德、涂尔干、黑格尔甚至孟德斯鸠自己都早就是如此认识的,"对于把自然科学精神和数学引入人文研究的意义,奥古斯特·孔德作了精确的估量,他在《实证主义哲学教程》(1839 年)中写道:'作为第一批也是最重要的一批直接用于构成社会科学的著作,就是……伟大的孟德斯鸠的那批著作。'在埃米尔·涂尔干看来,作为社会科学的创建者,孟德斯鸠是一位伟大的先驱者,正如黑格尔早已指出的那样,孟德斯鸠的建树表明,他远远不只是一位法学专家,他懂得如何不把法学孤立于政治学以及一个民族的所有其他决定因素之外。孟德斯鸠本人完全意识到《论法的精神》所怀有的名副其实的雄心壮志,1733 年前后他在《随想录》的237 条中就此写道:'我正在着手撰写一部耗时颇多的著作',这部著作并不是人们也许会想到的法律史,而是一部'社会史'。"转引自[法]韦尔西尼:"导言",载[法]孟德斯鸠:《论法的精神》(上),许明龙译,商务印书馆 2015 年版,第 54—55 页。

③ 孟德斯鸠《论法的精神》书名使用的是代表广义法的"loi"而不是法学家常使用的"droit",它在法语中既有"法律"的意思,也有"规则"的意思。在该书中,孟德斯鸠明确界定了自己所说的"法的精神":"各种法律应该与业已建立或想要建立的政体性质和原则相吻合,其中包括藉以组成这个政体的政治法,以及用以维持这个政体的公民法。法律还应顾及国家的物质条件,顾及气候的寒冷、酷热或温和,土地的质量,地理位置,疆域大小,以及农夫、猎人或牧人等民众的生活方式等等。法律还应顾及基本政治体制所能承受的自由度,居民的宗教信仰、偏好、财富、人口多寡,以及他们的贸易、风俗习惯等等。最后,各种法律还应彼此相关,考虑自身的起源、立法者的目标,以及这些法律赖以建立的各种事物的秩序。必须从所有这些方面去审视法律。这就是我在本书中打算做的事。我将一一考察这些关系,所有这些关系组成了我所说的法的精神。"见[法]孟德斯鸠:《论法的精神》(上),许明龙译,商务印书馆 2015 年版,第 15 页。

为一种具有道德意图并积极参与公共辩论的社会叙事的倡导以及 Dahms 对社会理论的理论特性的更为精练的概括,是对自孟德斯鸠以来社会理论的很好总结,也与葛德雪、熊彼特和帕累托这些财政社会学的重要创立者所面对的时代冲突、所欲实现的意图等来说都是一致的。因此,在今天的语境和学科分化格局下,将"财政社会学"(fiscal sociology)中的"社会学"(sociology)理解为"社会理论"(social theory)而非"社会学理论"(sociological theory)应该是更为恰当的,这也更符合葛德雪、熊彼特和帕累托这些财政社会学的创立者的思想,Dahms 在 1995 年发表的那篇论文的副标题即为"熊彼特的社会理论"(Joseph A. Schumpeter's Social Theory)。

事实上,孟德斯鸠在《论法的精神》中也专门探讨了"税收和国库收入额与自由的关系",并强调"没有任何别的事情比规定臣民应缴纳多少和保留多少,更需要智慧和谨慎了"①。像亚当·斯密这样的财政社会学思想的古典代表的思想,像托克维尔、马克思和瓦格纳这样的财政社会学先驱,像希克斯、诺思和布坎南这样的财政社会学的当代代表等在社会科学思想史上的重要地位,也只有在社会理论中才能得到更好的理解。这些人都是重要的经济学家,并且都是本书在分析不同经济学基础时所定义的交换范式经济学家,这也可以使我们进一步明确财政社会学作为一种社会理论并得以区别于其他社会理论的特色在于它以交换范式经济学作为自己主要的学科基础。实际上,休厄尔所说的"社会这一广泛的语言学概念,已影响了几乎所有人类学科的领域,就我所知,唯一的例外是经济学"是不确切的,他所说的经济学仅仅指的是作为主流经济学的选择范式经济学,因为交换范式经济学的研究对象与研究方法从一开始就是"社会学的"②,是作为社会理论

---

① [法]孟德斯鸠:《论法的精神》(上),许明龙译,商务印书馆 2015 年版,第 252 页。

② 这一概括源自熊彼特在讨论帕累托的社会学家身份时的说法,即:"经济学家总是习惯于'侵入'社会学领域,这没有什么值得惊奇的。这是因为,经济学家的一大部分研究工作——实际上是他们关于规章制度和促成经济行为的力量所要说明的全部内容——不可避免地与社会学家的研究工作相互重叠。由此而导致的一个结果是,在经济学与社会学之间出现了一个无人涉足或人人都涉足的领域,我们可以方便地把它称为经济社会学。实际上在每一部经济学著作或经济学教科书里,人们都可以找到一些来自这个领域的或者很重要或者都不那么重要的因素。但是,除此之外,许多经济学家,特别是那些给经济学下过相当严格的定义的经济学家,也都进行过真正意义上的社会学研究。亚当·斯密的《道德情操论》和维塞尔的《权力法则》就是两个非常显著的例子。"见[美]熊彼特:《维尔弗雷多·帕累托(1848—1923)》,载[美]熊彼特:《十位伟大的经济学家:从马克思到凯恩斯》,贾拥民译,中国人民大学出版社 2017 年版,第 122—123 页。

的经济学(economics as social theory)，今天也在主流经济学之外也仍有很多经济学家在进行这样的研究。对作为社会理论的财政社会学来说，其复兴也要求作为社会理论的经济学的复兴，而在新世纪初巴克豪斯(Backhaus)与理查德·E.瓦格纳(Richard E. Wagner)等在德国埃尔福特大学(Erfurt University)定期举办财政社会学国际研讨会并出版了多本会议论文集之际，英国剑桥大学经济与政治学院(The Faculty of Economics and Politics at the University of Cambridge)的 Tony Lawson 也主编了"作为社会理论的经济学"丛书①，并由世界著名学术出版机构 Routledge 出版。在该丛书的扉页，Tony Lawson 有这么一段话来介绍该丛书："社会理论在经济学中正在经历某种复兴。对社会研究主题的特殊性质以及对社会对象科学研究可以合法支持的方法类型、类别和解释模式的批判性分析正在重新出现。经济学家们正在重新处理主体(agency)与结构之间、经济与社会其他部分之间以及调查者与被调查对象之间的关系等问题。人们对阐述因果关系、竞争、文化、歧视、演进、金钱、需求、秩序、组织、权力可能性、过程、理性、技术、时间、真相、不确定性、价值等基本类别重新产生了兴趣。这个系列的目的是进一步促进这种复兴。在当代经济学中，'理论'(thoery)这个标签被一个群体所挪用，这个群体将其自身限制在很大程度上是非社会的、非历史的数学模型上。因此，作为

---

① 被列入该丛书出版的著作包括：Willte Hderson 主编的 *Economics and Language*；Uskali Mäki，Bo Gustafsson 和 Christian Knudsen 主编的 *Rationality，Institutions and Economic Methodology*；Roger Backhaus 主编的 *New Directions in Economic Methodology*；Nancy Folbre 所著的 *Who Pays For the Kids?*；Viktor Vanberg 所著的 *Rules and Choice in Economics*；Edward Fullbrook 所著的 *Intersubjectivity in Economics*；Ben Fine 所著的 *The World of Consumption*，2nd；Tomas A. Boylan 和 Paschal F. O'Gorman 所著的 *Beyond Rhetoric and Realism in Economics*；Julie A. Nelson 所著的 *Feminism，Objectivity and Econoics*；Geoff Hodgson 所著的 *Economics and Utopia*；Steve Fleetwood 主编的 *Critical，Realism in Economics*；Martha Woodmansee 和 Mark Osteen 主编的 *The New Economic Criticism*；Robert F. Garnett 主编的 *What Do Economists Know?*；Stephen Cullenberg，Jack Amariglio 和 David F. Ruccio 主编的 *Postmodernism，Econoics and Knowledge*；Irene van Staveren 所著的 *The Value of Economics: An Aristotelian Perspective*；Geoffery M. Hodgson 所著的 *How Economics Forgot History: The Problem of Historical Specificity in Social Science*；Jack J. Vromen 所著的 *Economic Evolution*；Jolm O'Neill 所著的 *The Market*；Tony Lawson 所著的 *Economics and Reality* 和 *Reorienting Economics*。其中，Geoffery M. Hodgson 所著的 *How Economics Forgot History: The Problem of Historical Specificity in Social Science* 已被译成中文，参见[英]霍奇逊：《经济学是如何忘记历史的：社会科学中的历史特性问题》，高伟、马霄鹏、于宛艳译，中国人民大学 2008 年版。

社会理论的经济学取回(reclaims)'理论'的标签,从而为另一种严格,但更广泛、更具批判性的理论概念提供一个平台。"①

财政社会学以"社会学"为后缀,该后缀在今天的语境下应该被理解为社会理论而非社会学理论,这也可以进一步由其他以"社会学"为后缀的学科的创立者的类似意图而得到支持,比如经济社会学、法社会学、政治社会学等。不仅如此,它们都还与财政社会学具有密切的联系,这也是 Leroy 在《税收、国家与社会》一书中所强调的。以法社会学为例,其产生的时代及其背景和财政社会学基本是一致的,它也面临与财政社会学类似的起伏和学科归属争议等②。限于篇幅,我们在这里主要看看卢曼(Niklas Luhmann)是如何理解并定位法社会学的。卢曼在其《法社会学》的第一章分析了法社会学的经典起源,其挑选的代表主要是马克思、梅茵(Sir Henry Sumner Maine)、涂尔干和韦伯。虽然卢曼揭示了古典法社会学失败的原因主要在于缺乏理论基础,但也主张古典法社会学提出了比现在的法社会学更为宏大的现代性主题。可以说,这一结论也与我们对葛德雪、熊彼特和帕累托等创立的财政社会学及财政社会学的古典根源和重要先驱思想的研究主题的揭示相一致。参考宾凯为该书写作的译者序中所总结的卢曼对当今法社会学的看法,即这些研究"基本上丧失了俯瞰社会总体的'社会理论'抱负,而陷入了专门

① 参见 Lawson, T. (2003). *Reorienting Economics*. Routledge.

② 对于法社会学的发展背景,莱塞尔曾指出:"今天的人们都呼吁法学向社会科学敞开,尤其是向社会学,正如早在 20 世纪初,欧根·埃尔利希、阿图尔·努斯鲍姆、恩斯特·富克斯、赫尔曼·坎托罗维奇等人便已发出的令人印象深刻的倡导一样,只是唯独在法律人这里碰了个软钉子。几乎每一次的法律人会议都有人抱怨,法学研究缺乏足够的社会学基础。"莱塞尔也曾简要总结了法社会学的发展过程:"众所周知的是,法社会学作为一门独立的学科,其形成才不过短短的百年。直到 1933 年它才能稍稍扎入泥土,第三帝国时期却又再被连根拔起。1945 年之后的复苏也开始得迟缓而艰辛。60 年代初,它刚又抽出嫩枝,即陷入了改革时代的狂风暴雨之中,一开始的改革虽然显得对其有利,结果却是持久至今的阻碍。"对于阻碍法社会学发展的因素,莱塞尔认为除了一些先天不足的因素之外,法社会学还有其特殊之处,如"其中就有主题和方法论的界限不清和难以把握。原则上讲,其对象是法律生活的全部范畴,这也是为什么无论从事务本身,还是从人事上,它都不能归类于上文介绍的法律学科或学科组合中去。在多样性上并不亚于此的,是其方法和提问方式:从高度抽象的社会理论到——几乎没有理论反思的——对社会现实的观察,再到'数蝇腿'的统计工作。但具有同样不确定性和不统一性的,还有其学术定位:法社会学究竟是属于社会学,还是法学?它所关涉的究竟是以外在观察者的立场,对法律生活尽可能无偏见地或至少是超脱式地认识,还是通过——与法律体系紧密相关,且亲身实践的——法律人去认识和接纳社会现实?"见[德]莱塞尔:《法社会学基本问题》,王亚飞译,法律出版社 2014 年版,第 77、259 页。

化、技术性的法律社会学研究,这为以后的法律社会学遗忘社会本身(以及现代性主题)而聚焦经验研究开启了实证化传统",但这样的实证研究"无法处理像法律这样具有高度复杂性的社会巨系统,与法律系统本身的复杂操作过程交臂失之,只能萎缩为以发现线性因果关系为乐趣的实证研究"①,我们可以说,这也是我们今天在试图探讨财政社会学的未来发展时所必须面对的类似的问题,即现在很多以财政社会学为名义的研究实际上缺少了财政社会学创立者的宏大关注,而其出路也与卢曼主张基于社会理论发展法社会学的看法相一致,我们更应该基于社会理论而非社会学理论来讨论和发展财政社会学。因此,财政社会学是一门以财政为主线来分析和理解重大社会变迁的特殊社会理论,同时由于启蒙运动以来的社会变迁是财政社会学关注的重点,所以财政社会学也可以被看作是一门特定的现代化理论。

四、从社会理论来看财政社会学

社会理论的重要性被认为是针对当今社会科学(social science)进行较为严格的学科区分所造成的对社会事实的理解困难而凸显的,贝尔特和席尔瓦在《二十世纪以来的社会理论》中就指出:"1970 年代以来,社会科学与人文学科的研究者已显示出对社会理论的兴趣越来越大。社会理论设法在这些领域占有知识辅助器和催化剂的地位。我们借此意指,它占有鼓励、引导并协调跨学科争论的空间……目前社会理论是知识争论借以发生的主要载体。"②社会理论的兴起反映了将理论重新置于社会科学研究的核心位置的努力,也体现了由全面而持续的经济、文化和社会转型而引起的怀疑和理解困难,这在贝尔特和席尔瓦看来就是:"学科的边界仍然对那些研究前沿主题的研究者造成困难,更不用提有时妨碍真实对话的意识形态的障碍了。总之,当今社会理论的障碍与过去曾有的一样大。不过,对社会的理论活动的需要反而增加了。没有可靠的理论工具,理解这个世界就越发困难。指导生产和阐释来自世界各地社会科学家产生的巨量经验资料是社会理论的最重要的使命。"③

---

① 宾凯:《作为观察者的法哲学和法律社会学(代译序)》,载[德]卢曼:《法社会学》,宾凯、赵春燕译,上海世纪出版集团、上海人民出版社 2013 年版,第 26、28 页。

② [英]贝尔特、[葡]席尔瓦:《二十世纪以来的社会理论》,瞿铁鹏译,商务印书馆 2014 年版,第 355—356 页。

③ [英]贝尔特、[葡]席尔瓦:《二十世纪以来的社会理论》,瞿铁鹏译,商务印书馆 2014 年版,第 340 页。

从社会理论的复兴来看，它离不开布迪厄、卢曼、哈贝马斯、福柯和吉登斯等出生于战争期间的这代学者的努力，他们也被称为是 20 世纪欧洲社会理论的"黄金一代"，正如马克思、马克斯·韦伯和涂尔干等上一代社会理论家一样，他们的研究也对一般社会科学产生了广泛影响。正是基于这个原因，在贝尔特和席尔瓦看来，与社会学理论使人联想到受学科限制的理论活动形式相比，谈论社会理论比谈论社会学理论更讲得通。社会科学的变革不大可能发生在仅仅将经验研究作为检验手段的研究层次上，我们不能将波普尔所说的证伪理解为根据有限次数甚至是一次的经验就足以反驳或抛弃一种理论，也不能认为根据有限次数甚至是一次的经验就足以建立一种新理论，学界关于各种命题或假设的经验研究经常呈现相互矛盾的研究结果就是一个很好的说明。

贝尔特和席尔瓦针对 21 世纪的社会理论所指出的方向是，由于知识是对世界的积极应对，我们不能回避在何种解释框架下来讨论社会实在，也就是说，"对于社会研究来说，关键的不在于它捕获以前隐蔽的实在，而是在于它对社会之物的新的革新的解读。什么是新的或革新的，视目前学术共同体以及往后人们坚持的共同观点而定"，也就是说，"人们评价理论应当根据它们有多大办法引起格式塔转换，它们在什么程度上能引导研究者重新思考那些迄今为止根深蒂固的且往往是公认的预设……问题应该不再是我们如何能把我们的知识英雄的作品或偏爱的模型应用于经验资料，而是我们如何能从不熟悉的东西中学习，以便向它们挑战，并以另一种方式思考"①。这就又使我们回到哈耶克在《社会科学的事实》一文中所强调的"心智模式"的重要性，并从另一个角度论证了哈耶克的主张的合理性，即："社会科学理论绝不能经由事实而得到证明或证伪。我们能够证明而且必须加以证明的只是我们的假设确实存在于特定情形中这一点。"②

但我们也要看到，社会理论并不是一种统一的理论，它们涉及不同的理论传统。像梅伊和鲍威尔在《社会理论的定位》一书中就总结了社会理论的七大传统，其中包括诠释学、现象学与实用主义三大哲学思想传统和批判理论、结构主义、系

---

① ［英］贝尔特、［葡］席尔瓦：《二十世纪以来的社会理论》，瞿铁鹏译，商务印书馆 2014 年版，第 363 页。

② ［英］哈耶克：《社会科学的事实》，载［英］哈耶克《个人主义与经济秩序》，邓正来译，生活·读书·新知三联书店 2003 年版，第 110 页。

统理论和女性主义四大社会思想传统①，这些传统内部又都存在诸多重要分歧和争论，这就使得社会理论本身在发展中呈现不同的理论体系，会使用各种不同的研究方法。尽管每种社会理论都可能存在不足，但即使是像吉登斯在《社会理论的核心问题》中所呼吁的"系统地重建"得以进行，也不可能消除社会理论的多样性。这也就意味着以社会理论为基础的财政社会学也会是多样化并存在重要分歧和争论的，不可能出现像新古典财政学或选择范式财政学那样的统一理论形式，而财政社会学的多样性及其内部存在的分歧与争议则正是财政社会学未来发展的重要活力来源。但这并非意味着各种财政社会学理论之间不能相互沟通，实际上正是它们需要处理的宏大研究主题的一致性决定了对它们进行沟通和整合的基础。

英格里斯和索普在《社会理论的邀请》一书中认为，几乎所有的社会理论都必须处理三个关键主题，一是知识问题，即"每一种类型的社会理论都对其所理解的'真实世界'有所阐发"，涉及到本体论和认识论两个维度，前者"是它对'真实世界'是什么样子、内容是什么、由什么构成等问题所持的假定"，后者"涉及理论怎样研究它所认为的'真实世界'"；二是结构与行动（能动性）问题，即"在分析社会世界如何运行时，更强调'社会结构'还是个体'行动'"；三是现代性问题，"是关于什么是现代社会、它如何发展、怎样构成、如何运行和变迁等"②。这可以看作是从理论的结构要件上对建构不同财政社会学理论的规范性要求。

上面的论证已经可以说明寄希望于将财政社会学之"社会学"理解为"社会学理论"并以今天的社会学方法来发展财政社会学，不仅难以满足财政社会学的发展需要，也难以实现财政社会学创立者的期望。在 Coffman 看来，熊彼特在 1918 年发表的《税收国家的危机》一文的复杂出版史③"催生了各种各样的财政社会学研究方法，每种方法都有不同的方法论假设，这些假设产生于各自的历史时刻和建立它们的国民经济文献（the national economic literatures）"④。因此，只有首先

---

① 参见［英］梅伊、鲍威尔：《社会理论的定位》（第二版），姚伟、王璐雅等译，中国人民大学出版社 2013 年版。

② ［英］英格里斯、索普：《社会理论的邀请》，何蓉、刘洋译，商务印书馆 2022 年版，第 6—8 页。

③ Coffman 所说的复杂出版史主要是指熊彼特 1918 年发表的《税收国家的危机》直到 1954 年才出英译本，其言下之意可能是说这相对于熊彼特早期的其他著作来说也显得过于特殊。

④ Coffman, D. (2018). Modern Fiscal Sociology. In Cardinale, I. and Scazzieri, R. (eds.). *The Palgrave Handbook of Political Economy*. Palgrave Macmillan, p.529.

将财政社会学理解为一种以财政问题为研究主线的社会理论才能实现财政社会学已有发展和未来发展的包容性。但基于社会理论来界定财政社会学并没有也不会完全解决财政社会学的学科归属问题，也许我们还是应该遵循帕累托在《普通社会学纲要》中针对社会学的定义问题所提出的告诫："我们认为纠缠于词语问题是徒劳无益的，还是让我们考察事物本身吧！"据此，帕累托的主张是："我们不想讨论社会学是否为一门自主的科学，是否有别于历史哲学，我们主要致力于探寻社会事实所显现出的那些一致性，以及贯穿于这些事实间的相互依存的纽带。至于这类性质的研究，随便称它什么都可以。"①对于财政社会学来说，其所关注的问题有时可能属于一门既定的学科，有时又不属于，所以日本学者山下觉太郎才会主张："财政社会学既不是特殊社会学，也不是财政学的补助的特殊部门，更不是固有财政学与社会学之间的边缘学科。"②因此，对于财政社会学的未来发展来说，可行的选择是：我们应该根据具体问题从一定角度来探讨问题，而最佳的角度应该是能对问题解决获得最大进展的角度，正如奥尔森所说："人们对学科或多学科研究的必要不能有任何先人之见，研究的质量依赖于问题的重要性和分析的路径，而不依赖于它如何分类。"③这就进一步说明不能基于今天的社会学或现代社会学及其方法来研究财政社会学，但从社会理论来理解财政社会学并不排除对现代社会学及其方法的使用，它们更多应被限定在中观和微观层面的研究中。

五、财政社会学在今天可"挂靠"的主要学科

从财政学要作为一门具有跨学科特点的独立学科来说，我们确实可以像兹尔坦一样认为"事实上所有的财政学，就是财政社会学"④，这和法社会学的重要创立者欧根·埃尔利希将法社会学作为唯一可能的法律的科学的主张⑤是一致的，但

① ［意］帕累托：《普通社会学纲要》，田时纲译，生活·读书·新知三联书店 2001 年版，第1页。
② 转引自［日］坂入长太郎：《欧美财政思想史》，张淳译，中国财政经济出版社 1987 年版，第 354 页。
③ 转引自［瑞典］斯威德伯格：《经济学与社会学》，安佳译，商务印书馆 2003 年版，第336 页。
④ 转引自［日］坂入长太郎：《欧美财政思想史》，张淳译，中国财政经济出版社 1987 年版，第 351 页。
⑤ 欧根·埃尔利希在 1913 年出版了著作《法社会学基础》，他以轻蔑的语气将实用法学贬作"一门使法律服务于法律生活之特别需求的技艺学"，并认为这是一种"完全有别于（转下注）

这是一个长期的任务。在今天的学科分类及院系学科设置的情况下,我们可以将财政社会学作为财政学的一门基础学科和基础课程来考虑,这也是法社会学可以提供的经验借鉴①。

如果一定要给财政社会学在今天社会科学的学科分类中找到一个明确的归属或以某个学科为主作为"挂靠"的话,那就是政治经济学或新政治经济学(new political economy)。主要理由有三②:一是自亚当·斯密之后,财政学就成为政治经济学的重要组成部分,而经济学也成为财政学最为重要的学科基础,财政社会学的创立本身也代表了向古典政治经济学和古典财政学回归的努力;二是无论是财政社会学思想的古典根源的主要代表亚当·斯密、重要思想先驱托克维尔和

(续上注)法律科学"的东西,而法社会学使"法学能够摆脱抽象的概念塑造和构想——这些可笑的表面论文,它们向来就只是为了将必要的社会进程从无权从事此事的人的眼皮子底下拉走。"转引自[德]莱塞尔:《法社会学基本问题》,王亚飞译,法律出版社 2014 年版,第 111 页。

① 德国法社会学家莱塞尔就持这一主张,他写有《作为法学教育中基础课程的法社会学》一文,其中就提到法社会学在德国法学教育中的推进与改革:"在法学教育中,法社会学应当怎样被讲授,这一学科的带头人一早就有关注。1975 年曾第一次围绕'法学学生的法社会学课程之难题'召开了一个为期两天的会议,所有当时活跃着的法社会学学者,总共 38 人,都出席了会议。这次聚会发生在学生运动的消退以及由此引发的改革期间。这次改革使法社会学进入了法学教育,在一些联邦州甚至成为必修科目。法社会学联合会(Vereinigung für Rechtssoxiologie)就源起于这次大会,对其定位,不仅是作为学术研究的专业团体,也是作为制度性的框架,为这一学说的后续发展着想。"后来,该联合会向所有从事法社会学教育的同仁发放调查问卷,询问其教学内容和教学方法,调查结果在一次为期两天的会议上进行了讨论,并由此形成 1985 年 4 月法社会学联合会决议出的《针对法社会学基础课程的框架计划》,其目的是强化法学教育的现实关联。当然,这一工作后来也未得到很好的延续,考虑到法社会学在法学教育中的价值,莱塞尔呼吁今后还需要在 1985 年总结的经验基础上继续发展这一框架计划。见[德]莱塞尔:《法社会学基本问题》,王亚飞译,法律出版社 2014 年版,第 258—263 页。德国法社会学界推进法社会学教育的经验值得财政社会学借鉴,因为财政社会学界至今尚未采取过类似的行动,这一过程将困难重重,财政社会学要取得其稳固的学科地位,需要长期坚持不懈的努力,并不断进行改进和调整。

② 还有一个不是理由的理由可以作为补充,那就是在葛德雪和熊彼特等创立财政社会学时,社会学在当时德国是从属于政治经济学的,所以马克斯·韦伯也认为自己是政治经济学家而非社会学家。以德国学者滕尼斯(Tönnies)为例,他在 1887 年出版了《共同体与社会》,被看作是欧洲现代社会学重要奠基人,同时他也是葛德雪的重要朋友,也曾担任德国社会学会主席,但他在大学所获得的就是政治经济学的教席及与之相关的职称。根据滕尼斯所著的《共同体与社会》一书中译本的附录 5"滕尼斯生平及大事年表"的记载,滕尼斯在 1908 年 12 月被德国文教部任命为基尔大学的政治经济学副教授,在 1913 年获得了基尔大学政治经济学正教授职位。参见[德]滕尼斯:《共同体与社会》,张巍卓译,商务印书馆 2019 年版,第 552—563 页。

马克思等,还是财政社会学的主要创立者葛德雪和熊彼特,以及可被归入财政社会学家的马克斯·韦伯、诺思和布坎南等,他们的重要身份之一都是政治经济学家,他们对财政社会学的贡献都离不开他们对政治经济学的贡献;三是在财政社会学的最新复兴中,将财政社会学视为新政治经济学也是一种代表性的做法,如巴克豪斯(Backhaus)在 2002 年发表的《财政社会学:研究什么?》一文中就呼吁通过复兴财政社会学使政治经济学获得新生,而在 Moss 于 2002 主编出版的《新政治经济学》中也是将财政社会学摆在显要位置①,Coffman 所写的《现代财政社会学》一文也被收入 Cordinale 和 Scazzieri 在 2018 年主编的《政治经济学帕尔格雷夫手册》(*The Palgrave Handbook of Political Economy*)②中。特别值得提到的是,这本 2018 年出版的《政治经济学帕尔格雷夫手册》的第三部分标题为"前方的路"(Ways Ahead),但只收录了两位主编的一篇论文,标题为"作为社会理论的政治经济学"(Political Economy as Theory of Society),这在大的方向上既与我们对财政社会学的理论定位相一致,也与我们将交换范式经济学看作是作为社会理论的经济学的主张相吻合③。

---

① 在该论文集中,财政社会学被排在宪则经济学(Constitutional Economics)、奥地利学派(Austian Shool Perspectives)和转型经济学(New Perspectives on Transition Economics)之前,仅次于历史学派(Historical Perspectives)。参见 Moss(eds.)(2002). *The New Political Economics: A Collection of Essays from Around the World*. Blackwell Publishing.

② 参见 Cordinale and Scazzieri(eds.)(2018). *The Palgrave Handbook of Political Economy*. Palgrave Macmillan.

③ 之所以只是说大方向上一致,是因为 Cordinale 和 Scazzieri 的具体论证和我们前面关于交换范式经济学和选择范式经济学的区分正好是反过来了,这确实是非常令人奇怪的。Cordinale 和 Scazzieri 主要以希克斯(Hicks)1976 年被收入论文集的一篇论文《经济学中的革命》(Revolutions in Economics)为依据,希克斯在这篇论文中称:"领导这场革命的经济学家通常被称为边际主义者:但这是一个糟糕的术语。因为它忽略了所涉及的本质。边际只不过是关于最大值(或最小值)的数学规则的一种表达;任何一种经济学,只要它是以最大化为中心的,就都是边际主义的……这些经济学家工作中的一个基本新颖之处在于,他们的经济学不是基于生产和分配,而是基于交换。因此,我建议使用一个术语,这个术语在当时有时被用来指交换理论(the theory of exchange),它被称为交易学(catallactics)。所以我将把所谓的边际主义者重新命名为交易主义者(catallactists)。当然,毫无疑问,交换至少是经济生活的一个基本特征,起码在一个'自由的'或马克思所说的'资本主义经济'中经济生活中是如此。"根据 Cordinale 和 Scazzieri 的引述,希克斯将经济学分为"财富学"(plutology)和"交易学"(catallactics),前者是对国家财富的研究,主要与生产流(the flow of production)相联系,假设生产流是同质的,可以更大或更小;后者是对促使个人(或社会群体)用一组商品代替另一组商品的倾向性活动的研究,这是交换中特有的。(转引自 Cordinale and Scazzieri.(2018). "Political Economy as Theory of Society",(转下注)

第四节　税收国家与财政社会学发展困局的症结

哈耶克在《社会科学中的事实》一文中曾追问道,"我们在社会科学中必须讨论什么种类的事实? 这个问题的提出,即刻就引发了另一个从许多方面来讲都对我所关注的论题有着极其重要意义的问题,即当我们说'某一特定种类的事实'(a certain kind of facts)的时候,我们的意思是什么呢? 这些事实究竟是因为属于某一特定种类的事实而对于我们来说是给定的,还是因为我们采取了一种特定的方法来看待它们而使它们成了这样一种给定的特定种类的事实?"在哈耶克看来,由于"我们所能够理解的只是那些与我们自己的心智相似的东西,那么我们也就必定能够从我们的心智当中发现所有我们能够理解的东西",因此,"我们称之为'社会事实'(social facts)的东西,与个人行动或者它们的客体一样,都不是自然科学中特殊意义上的那种事实;这些所谓的'事实',恰恰与我们在理论社会科学(theoretical social sciences)中所建构的那些模式一样,毋宁是一些我们根据我们

(续上注)in Cordinale and Scazzieri (eds.). *The Palgrave Handbook of Political Economy*. Palgrave Macmillan,p.790. 原文出处见 Hicks, J.(1976). "Revolutions in Economics."In S. Latsis S. (eds.). *Method and Appraisal in Economics*. Cambridge:Cambridge University Press,p. 212.) Cordinale 和 Scazzieri 以希克斯的区分提出政治经济学的二重性(the dual character of political economy),并主张将"财富学"关注的政治的经济结构(the economic structures of the polity)与"交易学"所关注的"手段—目的行动"(means-ends action)结合起来以形成一个综合性的政治经济学框架(a comprehensive political economy framework)。详细分析 Cordinale 和 Scazzieri 论证中存在的问题不是这里的任务,但可以先指出两个明显的问题:一是虽然希克斯也像布坎南在 1964 年发表的论文《经济学家应该做什么?》一样采用了"交换的理论"和"交易学"这个概念,但他的理解显然和布坎南是完全相反的,布坎南用"交换的理论"和"交易学"指的是希克斯说的"财富学",而希克斯所说的"交换的理论"和"交易学"却是布坎南所说的"选择的理论";当希克斯认为通过边际分析进行最大化研究是交换时,布坎南恰恰认为它只是一个技术问题,从事此项工作的人也不是经济学家而是社会工程师。二是 Cordinale 和 Scazzieri 认为政治经济学本质上关注的是手段-目的型问题,而且他们也反复引用了罗宾斯在 1932 年出版的《经济科学的性质和意义》关于稀缺性与"手段-目的"的看法,但罗宾斯是明确将其"手段-目的"论定义为"选择问题"以与"交换问题"相对应的。可以说,无论是希克斯的研究,还是 Cordinale 和 Scazzieri 对罗宾斯的理解,都和布坎南的认识是相反的,我们还发现,在 Cordinale 和 Scazzieri 这篇论文的参考文献中并没有列入布坎南 1964 年发表的那篇论文。

在自己心智中发现的那些要素建构起来的心智模式"①。由于"心智模式"实际上是由一系列概念及概念间的结构性关系所构成的,所以考虑到熊彼特在《税收国家的危机》一文中称财政社会学为"一个特殊的研究领域",对应着"一系列特殊的事实、一系列特殊的问题,以及一种特殊的研究方法"②,财政社会学要更好展现自己在社会科学研究中的独特之处,需要有自己富有特色的核心概念及相应的概念体系,正如恩格斯在《资本论》第一卷"英文版序"中谈到马克思的概念使用时所指出的:"一门科学提出的每一种新见解都包含这门科学的术语的革命。"③确认财政社会学的核心概念并以此为基础形成一种框架性的心智模式,这是财政社会学打破其百年发展困局必须解决的一个重要问题。

一、以"税收国家"作为财政社会学的核心概念

虽然财政社会学的未来不可能以一种统一的标准理论而出现,但要让"财政社会学"这个"标签"在社会科学研究中富有意义并在思想史中能够立足,就必须在一些基本问题上取得共识,这些共识更多可能是弱共识,但却也需要一些强共识为支撑。强共识除上述关于困扰财政社会学百年发展三大问题的澄清外,还需要一个核心概念来作为财政社会学的思想灵魂,未来财政社会学发展中出现的各种流派,其思想都应该围绕这个核心概念来展开,它帮助我们界定了财政社会学的独特理论价值与实践价值,也为财政社会学批判地吸收和发展现有研究成果及其他学科发展成果提供了基准。

从财政社会学思想史的角度来看,自其创立到 1990 年代初,可以说都是以葛德雪的财政社会学思想为主流的,这在马斯格雷夫于 1992 年发表《熊彼特的〈税收国家的危机〉》一文之前关于财政学研究传统的具体表述中可以得到证实,他非常明确地将财政社会学主要与葛德雪联系在一起;同时,像日本学者阿部贤一在 1930 年代出版的《财政学史》和永田清在 1940 年代出版的《现代财政学理论体系》

---

① [英]哈耶克:《社会科学的事实》,载[英]哈耶克:《个人主义与经济秩序》,邓正来译,生活·读书·新知三联书店 2003 年版,第 88、103、105 页。

② Schumpeter, J. A. [1918]. "The Crisis of Tax State", in Peter M. Jackson, eds. (1996). *The Foundations of Public Finance*, Vol.2., Edward Elgar Publishing Ltd., p.332.

③ [德]恩格斯:"英文版序言",载[德]马克思:《资本论》(第一卷),人民出版社 2004 年版,第 32 页。

等在谈到财政社会学作为财政学的一种新的理论体系时主要指的就是葛德雪的财政社会学,他们甚至都没有提到熊彼特。但在熊彼特的《税收国家的危机》一文在 1954 年被译成英文并出版以后,熊彼特在财政社会学思想史中的地位逐渐提升并成为财政社会学的主流思想,各种支持或反对熊彼特财政社会学思想的研究都主要围绕熊彼特所力图阐明和捍卫的税收国家概念来展开。由于葛德雪认为"税收国家"(tax state)已经不能满足奥地利战后重建的需要,所以当 Leroy 提出"厘清税收国家产生的重要性及其演进被认为是财政社会学创立者的贡献之一"[1]时,他主要指的是熊彼特的贡献;而在 1992 年发表的论文《熊彼特的〈税收国家的危机〉》中,马斯格雷夫也重新发现了熊彼特的财政社会学的价值,并认为"熊彼特关于税收国家及其在资本主义社会的地位的洞见至今仍是他最引人注目的贡献之一"[2];Green 更是在 1993 年发表的论文《从"税收国家"到"债务国家"》中明确提出"具有自生能力的'税收国家'是文明社会的最好希望"[3]。在 1986 年成立的国际熊彼特学会(The International Schumpeter Society)将《税收国家的危机》一文视为熊彼特在德国和奥地利的主要研究成果后,它还将 1992 年"熊彼特奖"(Schumpeter Prize)的评奖主题设为"政府、税收国家与经济动力学"(Government, the 'Tax State' and Economic Dynamics),马斯格雷夫的《熊彼特的〈税收国家的危机〉》和 Green 的《从"税收国家"到"债务国家"》获得了当年的"熊彼特奖"[4]。因此,对财政社会学来说,"税收国家"可能就是这样一个能够打破财政社会学百年发展困局所需要的重要核心概念。

二、"税收国家"在财政社会学思想史中是一个充满争议的概念

税收国家这个概念反映了财政社会学所体现的特定的心智模式,但对于作为

---

① Leroy M. (2011). *Taxation, the State and Society: The Fiscal Sociology of Interventionist Democracy*. P. I. E. Peter Lang, p.111.

② Musgrave, R. A., (1992). "Schumpeter's crisis of the tax state: an essay in fiscal sociology", *Journal of Evolutionary Economics*, No.2, p.89.

③ Green, C. (1993). "From 'tax state' to 'debt state'", *Journal of Evolutionary Economics*, No.3, pp.23—42.

④ 在全球范围内进行评选,每两年评选一次,每次的评奖主题不同,第一次评奖时间是 1988 年,至今未有中断,具体信息参见国际熊彼特学会网站: https://www.issevec.uni-jena.de/schumpeter-prize.

选择范式财政学的当前主流财政学来说,它是一个难以把握的概念,基于税收收入占一国财政收入的具体比重来度量一个国家是否是税收国家实际上也严重限制了税收国家在理论与实践中的价值。但与此同时,我们不得不面对的现实是,由于财政社会学尚未形成大家可接受的理论形式,所以即使在财政社会学内部,对于税收国家的理解和态度也是不一样的,这是我们在想将税收国家确立为财政社会学的核心概念时所必须面对的。

第一,财政社会学的重要创始人葛德雪和熊彼特对税收国家的认识就不一样。在葛德雪看来,税收国家是贫穷国家,因而奥地利的战后重建要通过国家资本主义回到过去的所有者国家状态;而在熊彼特看来,税收国家是因为国家陷入贫穷而产生的,其原则并未因战争而受到破坏,因此仍可以在税收国家原则下完成奥地利的战后重建。第二,后来者对税收国家的看法也不一致,甚至一些研究者还否定了税收国家的现代价值,如邦尼(Bonney)等欧洲新财政史研究虽然在思想上得益于财政社会学,但其却将税收国家看作是前现代国家,并以财政国家(fiscal state)替代税收国家①,在国际上产生了广泛的影响;而大岛通义也在《预算国家的“危机”》一书中认为,在预算制度体系下出现了超越税收国家这一概念体系的国家行为,应该以预算国家替代税收国家。第三,一些研究虽然涉及税收国家这个概念,但却并未有深入阐释,如奥康纳的《国家的财政危机》一书第八章的标题即为“预算筹款方式:税收国家”,但从该章的内容及章后的“注释与参考文献”来看,作者并未对这个概念进行任何辨析,甚至是完全忽略了熊彼特对这个概念所做的革新,他引用的是葛德雪的文献,所遵循的也是葛德雪所关注的马克思关于税收是最古老的阶级斗争形式的思想。第四,大量的财政社会学研究者或深受财政社会学思想影响的研究者甚至完全忽略了税收国家这个概念。如在诺贝尔经济学家奖得主布坎南的《民主财政论》、诺贝尔经济学奖得主希克斯的《经济史理论》和诺贝尔经济学奖得主诺思的《经济史中的结构与变迁》中都能看到财政社会学思想的影响,但他们却都未使用到税收国家这个概念。即使是理查德·E.

---

① 参见[美]理查德·邦尼主编《欧洲财政国家的兴起:1200—1815 年》,沈国华译,上海财经大学出版社 2016 年版;[美]理查德·邦尼主编《经济系统与国家财政——现代欧洲财政国家的起源:13—18 世纪》,沈国华译,上海财经大学出版社 2018 年版;[美]奥姆罗德、玛格丽特·邦尼、理查德·邦尼编《危机、革命与自维持型增长:1130—1830 年的欧洲财政史》,沈国华译,上海财经大学出版社 2020 年版。

瓦格纳也是如此,他虽然在其 1983 年出版的《财政学:民主社会的财政收入与财政支出》中曾提到过"税收国家"这个概念①,但这个概念在其理论体系中并不重要,所以当他试图在 2007 年出版的《财政社会学与财政学原理》中对财政社会学进行系统性理论构建时,他也只是简单地提到葛德雪和熊彼特对税收国家的看法不一致,也没有重视并进一步阐发这个概念。布坎南和理查德·E. 瓦格纳之所以未重视税收国家这个概念,与他们主要基于意大利财政社会学传统来发展其理论体系有关,因为在意大利财政社会学传统中确实是没有使用过这个概念的②。第五,有些重要研究者对熊彼特的税收国家的理解完全就是错误的。以管理学大师德鲁克(Peter F. Drucker)为例,他在 1983 年发表的《熊彼特与凯恩斯》一文中谈及熊彼特认为资本主义将被它帮助创造并使之成为可能的民主所摧毁时说道:"因为在一个民主国家,为了受欢迎,政府将越来越多地成为'税收国家',将越来越多的收入从生产者转移到非生产者,将越来越多的收入从储蓄地转移到明天的资本,再转移到消费地。因此,民主国家的政府将面临越来越大的通货膨胀压力。他预言,最终,通货膨胀将摧毁民主和资本主义。"③但实际上德鲁克所描述的这种情形正是熊彼特在《税收国家的危机》一文中谈到税收国家原则受到破坏时将会出现的情形,此时不是"政府将越来越多地成为'税收国家'",而是税收国家原则正逐渐失去其存在的社会基础。

虽然我们在此无法进一步考证"税收国家"这个概念最早产生于何时何地何种语言,也不清楚其最早提出者使用该概念的用意,但税收国家这个概念确实在财政社会学的发展过程中以不同的方式发挥了非常重要的作用。最后还可以提

---

① 理查德·E. 瓦格纳是在该书第十章"企业所得税"(Taxation of Corporation Income)中提到"税收国家"的,并且出现在该章的一级标题中,即"法人企业和税收国家"(Corporate Enterprise and the Tax State),其用意在于说明现代公司在熊彼特所说的税收国家的筹资中起到了十分关键的作用,但该章只是几次提到了税收国家这个概念,并没有阐述其对税收国家本身的理解。参见 Wagner, R. E. (1983). *Public Finance: Revenues and Expenditures in a Democratic Society*. Little Brown, pp. 245—247.

② 虽然帕累托所代表的意大利学派财政社会学在布坎南等的研究中得到传承和发展,但它主要是被表述为意大利财政学传统,帕累托的财政社会学创始人的地位及意大利学派财政社会学的确立主要是新世纪以来重新进行思想挖掘的结果,McLure 的系列研究为此作出了最为重要的贡献。

③ Drucker, P. F. (1983). "Schumpeter And Keynes", https://www.bulidomics.com/w/images/7/70/Schumpeter-and-keynes-peter-f-druker-forbes.pdf.

到的是,相较于葛德雪和帕累托,熊彼特对"二战"后财政社会学的发展产生了更大的影响,甚至一些研究都以熊彼特 1918 年发表《税收国家的危机》作为财政社会学正式被创立的时间来纪念财政社会学创立一百周年①,但非常令人感兴趣的是,对熊彼特财政社会学思想的各种不同解读似乎也都忽视了税收国家这个概念在熊彼特财政社会学思想中的核心地位,但没有"税收国家"这个概念作为核心概念,又怎么会有熊彼特参与创立并寄予厚望的财政社会学呢?

三、当前关于"税收国家"概念内涵的一些重要阐明

从对税收国家这一概念的重视和今后的应用来看,关键还在于对其内涵与要求的进一步阐释。在熊彼特之后,当前关于"税收国家"的重要阐明主要是巴克豪斯(Backhaus)和 Leroy。

1. 巴克豪斯:税收国家是熊彼特彰显其政治经济学研究方法的核心概念

首先可以提到的是巴克豪斯(Backhaus)在 1994 年发表的《现代财政学分析中的税收国家概念》一文。巴克豪斯认为,从知识背景上说,熊彼特在发展其税收国家概念时,心中所参照的经济类型(economic style)是斯密式的(Smithian)而非官房式的(cameralsit),其主要区别在于:"官房式国家是经济的一部分,而斯密式国家则独立于经济。在官房式体系中,经济部分是公共的,部分是私人的,但公共企业和私人企业的行为没有实质性差异。斯密式经济完全是私人的,国家仍在从事的经济活动不仅很少,而且遵循与私人经营完全不同的规则。"②进一步地,为了确定熊彼特的税收国家方法在财政学思想史中的地位,巴克豪斯还将熊彼特与瓦格纳和维克塞尔的具体主张进行了比较,其结论是,熊彼特的税收国家方法既不同

---

① 例如,Coffman 在其 2018 年发表的《现代财政社会学》一文的开头第一句话即为"财政社会学作为一个学科在 2018 年享受了其百年庆典,它源于熊彼特在 1918 年发表的开创性论文,该论文只到 1954 年才被翻译成英文"。见 Coffman, D. (2018). Modern Fiscal Sociology. In Cardinale, I. and Scazzieri, R. (eds.). *The Palgrave Handbook of Political Economy*. Palgrave Macmillan, p.529. 又如 Mumford 在 2019 年出版的关于英国对预算、税收和紧缩政策的看法的书名就为《百年财政社会学》,他也是主要以熊彼特 1918 年发表的《税收国家的危机》作为主要理论讨论依据的,参见 Mumford, Ann. (2019). *Fiscal Sociology at the Centenary: UK Perspectives on Budgeting, Taxation and Austerity*. Palgrave Macmillan.

② Backhaus, J. G. (1994). "The Concept of the Tax State in Modern Public Finance Analysis". In *Schumpeter in the History of Ideas*, Shionoya, Y. and Perlman, M. eds., The University of Michigan Press, p.72.

于同样对财政问题进行社会学分析的瓦格纳的方法,也不同于维克塞尔对正义税收原则的研究,但他和维克塞尔一样都试图将公共部门经济学与关于政治的经济学理论结合起来。因此,巴克豪斯认为,税收国家是熊彼特彰显其政治经济学研究方法的核心概念,意在整合被"纯"经济理论所忽略的特征性事实,它要求在决定财政收支水平和构成的政治过程中同时分析预算收支,并分析决定公共部门行动范围的条件。

在巴克豪斯看来,熊彼特的税收国家概念的核心意义在于区分不同的财政收入来源,也就是税收与其他各种非税收收入相区别。与通常根据需求曲线和供给曲线的弹性等来进行税收效应分析不同,熊彼特认为税收会改变经济结构,也就是会改变需求曲线和供给曲线本身,这使熊彼特进一步研究了税收国家所受到的限制。这就凸显了熊彼特的方法的独特性,因为通常的分析是要假设被分析的对象是不变的。据此,巴克豪斯认为,税收国家分析要求使用案例分析法。巴克豪斯不同意斯威德伯格(Swedberg)将熊彼特的税收国家等同于"资本主义国家"(capitalist state)的观点,在他看来,熊彼特的税收国家概念与桑巴特(Sombart)所说的"现代资本主义制度"(modern capitalist system)有关,但却不能被等同,它们是并立的两种制度,相互支撑并相互决定了对方的运作模式。为了进一步阐明这一点,巴克豪斯甚至使用了中国哲学中所讲的"阴"和"阳"来进行类比,也就是说,熊彼特的"税收国家"与桑巴特的"现代资本主义制度"既相互排斥(mutually exclude)同时又相辅相成(complement each other)。作为一种分析工具,熊彼特的税收国家为宪则财政学(constitutional public finance)所需要,可用于分析长期性问题,并在整合跨学科研究成果中特别有用,从而揭示标准经济分析无法揭示的对一个国家、一个行业或一个特定机构的表现具有决定性影响的后果。

2. Leroy:税收国家的历史演进与四种形式的税收国家

与巴克豪斯主要基于经济学来理解熊彼特的税收国家不同,Leroy 在 2010 年出版的《税收、国家与社会》(*Taxation , the State and Society*)一书主要是基于政治学来理解税收国家演进的政治逻辑,其研究针对的不是熊彼特思想中的税收国家,而是西欧历史中特别是法国历史中税收国家的演进,它可以成为对熊彼特关于税收国家历史形成研究的进一步阐明。Leroy 将民族国家(the nation State)的诞生与现代税收国家(the modern tax State)的形成联系在一起,认为封建援助和军事义务的演变是欧洲现代税收国家的组成部分,而战争则为通过扩大封建援助的范围来创造税收提供了借口。由此,国王必须靠自己的收入生活并受自己收入限制的理念得到改变,它被国家征税的正当性(the justification of a State taxation)的理念所取代。税收的接受问题对社会学研究来说是一个关键问题,Leroy 主要基于欧洲新财政史学的研究成果提出,使税收国家得到接受的一个重要因素是对被征税的贵族和城市给予好处,与封建征收相比,税收变得永久、集权化并与疆域联系在一起,从而推动了对国家政权在法律上和政治上的概念化,促成一个不同于私人领域(the private sphere)的合法而强大的公共领域(public sphere)的形成,其关键在于,与国家对私人领域的干预相比,国家获得的税收收入是合理的。

基于收入和支出间的关系和干预程度(level of intervention)与税收水平(level of taxation)两个维度,Leroy 定义了四种形式的税收国家(如表 4.4.1 所示)。其中,自由税收国家(the liberal tax State)由低税收和低干预来刻画,税收国家受到禁止进行经济和社会干预的限制,但也必须对经济主体的行为保持中立;税收被严格限制在筹资作用上,并且公共支出也受到限制。挥霍国家(the wasteful State),也可称为腐败国家(a corrupt State),由高税收和低干预来刻画,其挥霍性可由腐败、低效和压迫等来解释,由于其社会信任水平低,所以国家社会干预的接受度也非常差。陷入危机的税收国家(the crisis of the tax State)①由特别低的税收与高干预来刻画,税收和国家支出之间的关系既不是机械性的,也不是决定性的,它更多与政治上的选择有关。社会干预国家(the social interventionist State)则由高税收和高干预来刻画,它在不同的规模上与发达国家的现状相对应,福利国家和凯恩斯主义国家的现代财政都是干预主义的,税收逐渐从在财政领域履行筹资职能(financial function)转移到在社会领域发挥社会杠杆职能(social lever function)。

表 4.4.1 税收国家的类型学

税收国家		干预程度	
		低	高
税收水平	低	自由税收国家	危机中的税收国家
	高	挥霍国家	社会干预国家

来源:Leroy M. (2011). *Taxation, the State and Society: The Fiscal Sociology of Interventionist Democracy*. P. I. E. Peter Lang, p. 133.

---

① 该术语的字面翻译应为"税收国家的危机",但这与其类型学的称谓不符,推测主要是由法语翻译成英语时的翻译不当导致的,故在此译为"陷入危机的税收国家",其对应的英文翻译应该为"the tax State in crisis"。

在 Leroy 看来,尽管新自由主义试图限制由此产生的税收,但税收职能的演变并没有导致国家干预主义倒退,"税收国家的合法性基本上就是干预性的公共行动,这些公共行动以税收为条件并被由为特定社会政策筹资的税收所塑造"①。因此,即使经济环境也会起作用,但税收国家的危机始终是政治危机。尽管 Leroy 认为从历史和知识起源来看,现代税收国家更适合欧洲,但从其对发展中国家难以将国家永久合法化、福利国家在经济全球化中仍能运作良好以及前苏联阵营国家试图以不同于发达国家的方式重新定义新的税收制度的评论来看,他显然也是将其作为一个重要的普遍性概念的,正如他在详细讨论税收国家那章的结尾所总结的:"无论在哪里,重大利害关系(the stake)都超越了简单的经济目标,这使税收收入(包括社会保障金)成为那些最终是社会项目的政治项目的一部分。"②这也使得税收国家的政治功能在其中起着关键作用,"必须在一个基于干预主义民主国家中的贡献税(contribution-tax)的新社会契约框架内设想一个新的财政民主国家"③,它与那种将避税(aversion to tax)普遍化的理论不相容,并与关于财政幻觉的经济理论相冲突。

3. "税收国家"的未来:从纯经验性概念到以经验为基础的规范性概念的转变

无论是巴克豪斯对税收国家知识背景及熊彼特自己对税收国家的理解与运用的讨论,还是 Leroy 提出的税收国家的社会政治类型(a socio-political typology of the tax State),对于我们深化关于税收国家这一概念的理解及认识其理论价值都是非常有益的。但无论是巴克豪斯的研究,还是 Leroy 的研究,都有一个重大问题值得商榷,那就是他们都将税收国家主要当作是一个经验性概念而非规范性概念,如巴克豪斯认为,"只有将这个概念建立在彻底的经验基础之上,对它的使用才会是富有成效的"④。我们要知道,葛德雪其实也是基于经验而认为税收国家是

① Leroy M.（2011）. *Taxation, the State and Society: The Fiscal Sociology of Interventionist Democracy*. P. I. E. Peter Lang, p.140.

② Leroy M.（2011）. *Taxation, the State and Society: The Fiscal Sociology of Interventionist Democracy*. P. I. E. Peter Lang, p.140.

③ Leroy M.（2011）. *Taxation, the State and Society: The Fiscal Sociology of Interventionist Democracy*. P. I. E. Peter Lang, p.328.

④ Backhaus, J. G.（1994）. "The Concept of the Tax State in Modern Public Finance Analysis". In *Schumpeter in the History of Ideas*, Shionoya, Y. and Perlman, M. eds., The University of Michigan Press, p.66.

贫穷国家,因此必须以国家资本主义取而代之;以邦尼等为代表的欧洲新财政史学也是基于经验认为近现代以来国家越来越依赖于债务取得收入,因而认为财政国家(fiscal state)而不是税收国家才是现代国家的代表。也就是说,如果不摆脱税收国家纯粹只是一个经验性概念的理解,税收国家这个概念就得不到有效的"拯救",也正因为如此,Leroy 在《税收、国家与社会》一书中的很多场合使用的是"财政国家"(fiscal state)而非"税收国家"(tax state)。我们必须牢记在心的是,熊彼特在《税收国家的危机》一文中所竭力辩护的不是具体的税收国家或税收国家的具体形式,而是税收国家原则。这就导致了一个重大区别,在熊彼特认为税收国家原则还未完全确立起来的地方,邦尼等则宣告税收国家已经过时了。但从实际情况来看,迄今为止,不仅税收国家原则尚未在绝大部分发展中国家确立起来,它在发达国家也一直未得到有效贯彻,甚至正日益面临着越来越严重的熊彼特所强调的现代国家得以建立并得以维系的原则的危机。因此,税收国家这个概念有必要的经验基础,但必须被理解为是承载了特定价值主张或理念的规范性概念,只有如此,体现其生命力的学术价值和实践意义才能得到延续和彰显。

从纯经验性概念到以经验为基础的规范性概念的认识转变,也使我们能够从巴克豪斯和 Leroy 的研究中提出需要进一步澄清的问题,其中有些是模糊的,有些甚至是不当的。如巴克豪斯在《现代财政学分析中的税收国家概念》中认为,熊彼特在《税收国家的危机》一文发表后一直在使用税收国家这个概念,但从巴克豪斯对熊彼特 1939 年出版的《经济周期》一书第八章的直接引用来看①——巴克豪斯认为熊彼特在这一章中对税收国家进行了广泛的分析(an extensive tax state analysis),但在该章中并未见熊彼特使用到"税收国家"这个概念,其英文版全书也未见直接使用到该概念②。另外,巴克豪斯提出,在 1970 年出版的熊彼特的《货币论》(德语版)中对作为生产者的企业家国家(the entrepreneurial state)与税收国家(the tax state)的区分是非常关键的,但查阅 2014 年出版的该书的英文版③,我们

---

① 参见 Backhaus, J. G. (1994). "The Concept of the Tax State in Modern Public Finance Analysis". In *Schumpeter in the History of Ideas*, Shionoya, Y. and Perlman, M. eds., The University of Michigan Press, p.86.

② 参见 Schumpeter, J. A. (1939). *Business Cycles: A Theoretical*, *Historical and Statistical Analysis of the Capitalist Process*. McGraw-Hill.

③ 参见 Schumpeter, J. A. (2014). *Treatise on Money*, translated by Ruben Alvarado. Wordbridge Publishing.

也未发现熊彼特直接使用到这两个概念。因此,一种合理的解释就是,巴克豪斯是将熊彼特的相关表述或思想归到"税收国家"这个概念之下。

就 Leroy 的研究来说,其建立关于税收国家的社会政治类型学(a socio-political typology of the tax State)的主要目的是为了完成马斯格雷夫(Musgrave)1959 年在《财政学原理》中以融资功能、经济调控和税收再分配为中心的经典经济分析(表 4.4.2)①,但这实际上与马斯格雷夫关于新古典综合派财政学和财政社会学的二元区分以及巴克豪斯所认为的马斯格雷夫与熊彼特之间存在无法跨越的知识鸿沟等相矛盾。当然,如果将 Leroy 所说的"完成"(complete)理解为是对马斯格雷夫功能研究的"补缺",虽可以缓解后一个矛盾,但却又加剧了前一个矛盾,因为当对税收国家的社会-政治类型学只是对马斯格雷夫所代表的新古典综合派财政学的补充的话,那财政社会学就不能取得与新古典综合派财政学平行的地位并坚持马斯格雷夫对财政学研究传统的二元区分。

表 4.4.2 社会-政治功能的税收方法

筹资功能	——用从税收获得的收入来为支出筹资
经济规制功能	——因税收引发的经济行动:优先部门、出口、研究等
社会功能	——通过累进制所得税对穷人进行再分配 ——社会的税收分类:家庭税收,一些社会群体、产品、社会发达或受歧视的部门
生态地域功能	——税法管辖范围 ——地域性税收不平等 ——地域发展:某些"薄弱"农村地区、城市地区的税收减免,为获得区域"竞争力"而实行的税收优惠 ——保护环境:生态税、支出税
政治功能	——公民对一般利益政策的贡献税(contribution-tax) ——政治合法性 ——税收国家遵从(公民主义) ——基于直接税同意的税收民主

来源:Leroy M. (2011). *Taxation, the State and Society: The Fiscal Sociology of Interventionist Democracy*. P. I. E. Peter Lang, p. 308.

---

① 参见 Leroy M. (2011). *Taxation, the State and Society: The Fiscal Sociology of Interventionist Democracy*. P. I. E. Peter Lang, p. 308.

Hoboson 在其 1997 年出版的《国家财富：国际经济与政治变迁的比较社会学研究》也运用财政社会学思想对关税保护主义和贸易政策进行了研究，认为这些政策都建立在民族国家财政利益的基础之上，18 世纪和 19 世纪的贸易主义盛行是因为国家实力不强，政府的财政收入不得不主要依靠间接贸易税，如关税等①。由于税收国家这个概念与近现代民族国家的兴起和发展密切相关，我们需要进一步追问的是，如果税收国家主要与民族国家相关，那么奥康纳、大岛通义和 Mumford 等关注的全球化会不会削弱"税收国家"这一概念的有效性呢？ 在 2018 年出版的《百年财政社会学》一书的最后，Mumford 总结道："无论如何，正如熊彼特在 100 年前对奥地利所预测的那样，税收国家不大可能消失。税收国家还没有失败，但是几乎没有什么可以保证税收国家的危机已经结束。"②Campbell 在 2005 年发表的《全球化时代的财政社会学：关于发达资本主义国家税收制度的比较研究》也许可以为此提供一个更为明确的答案。Campbell 对 1970—1998 年间经济合作与发展组织（简称"经合组织"，OECD）国家税收水平和税收结构以及 1990—1998 年间 OECD 国家中央政府税收收入来源等的考察表明，发达资本主义国家在税收制度（fiscal regimes）上并没有走向趋同，民族国家在全球化下仍对其境内经济活动具有较强的监管能力，也就是说，"全球化似乎并没有危及经济社会学家通过关注税收制度的影响来解释国家经济组织及其绩效变化的能力"③。

但 Leroy 在《税收、国家与社会》一书中却提出了不同的洞见，即在经济金融全球化的新自由主义危机面前，税收国家问题实际上是一个民主地证明为了社会需要所采取的财政公共行动相对于支出的合理性的问题，但现在由于经济全球化的推进，"在税收问题上，所涉及的不是缺乏公共监管，而是监管国家行动失去了社会意义"④。正是基于对全球化的考量，Leroy 认为在取消公共行动的社会契约以

① 参见 Hoboson，J. M. （1997）. *The Wealth of States: A Comparative Sociology of International Economic and political Change*. Cambridge University Press.

② Mumford，Ann. （2019）. *Fiscal Sociology at the Centenary: UK Perspectives on Budgeting，Taxation and Austerity*. Palgrave Macmillan，p. 194.

③ Campbell，J.L.，（2005）. "Fiscal Sociology in an Age of Globalization：Comparing Tax Regimes in Advanced Capitalist Countries"，in *The Economic Sociology of Capitalism*，Victor Nee & Richard Swedberg eds. Princeton University Press，pp. 413—414.

④ Leroy M. （2011）. *Taxation，the State and Society: The Fiscal Sociology of Interventionist Democracy*. P. I. E. Peter Lang，pp. 358—359.

超越国家主权方面,欧洲代表了一个关键性的解决方案(a nodal solution),而现在也是时候打破与决策者人数相关的竞争性否决点的制度来源以及通过民主的方式剥夺其未来合法性所造成的僵局了。基于对干预主义民主的社会学分析,Leroy 认为公民对公共行动的认可构成了具有社会合法性的变革的最佳途径,"这种方式意味着加强欧洲议会的权力,并根据其社会政治目标重新考虑欧盟税收政策的重大职能"[①]。对照现实,我们会发现,经济全球化的规则与格局实际上会改变税收国家原则的实施条件,这也正是我们可以在税收国家原则下进一步讨论发展中国家通往现代国家发展之路受挫以及发达国家维系现代国家发展之路陷入新的困局的重要原因,也是财政社会学和税收国家分析必须接受的新挑战,它甚至还涉及国家主权观念的重大变化。

　　由于熊彼特的《税收国家的危机》所要捍卫的是税收国家原则而非现实中的具体国家组织形式,所以其"税收国家"主要就是一个以经验为基础的规范性概念,之后各种对税收国家的争议要么采取了葛德雪对税收国家的看法,要么来自对熊彼特的税收国家的不同解读甚至是错误的解读。因此,要真正确立"税收国家"概念在财政社会学思想中的核心地位,我们就必须回到熊彼特的《税收国家的危机》,进一步理解熊彼特的财政社会学思想及其对税收国家这个概念的规范性理解与使用,而这也要求我们对熊彼特的整体思想有更多的理解。

　　① Leroy M. (2011). *Taxation, the State and Society: The Fiscal Sociology of Interventionist Democracy*. P. I. E. Peter Lang, p. 359.

第五章

熊彼特的独特人生与学术思想参照

　　熊彼特在经济学研究方面是早慧的,他在 1908 年出版其第一部著作《理论经济学的本质和概要》时,年仅 25 岁,以至于当他在 1909 年将该书寄给瓦尔拉斯并在当面拜访瓦尔拉斯时,瓦尔拉斯多次请他转达对其父亲的感谢并称赞他父亲写了一本杰作①。而在他于 1911 年出版《经济发展理论》这本成名作时才 27 岁,在 1914 年出版《经济学说和方法:一个历史性的纲要》时也才 30 岁。对此,阿瑟·斯皮托夫有一个精到的评论,即:"人们很少知道是哪一点更为引人入胜:一个 25 岁和 27 岁的人撼动了他所爱的学科的基础,或者,一个 30 岁的人书写了那门学科的历史。"②在熊彼特的所有出版的著作和发表的论文中,《税收国家的危机》具有特殊性,它既标示着熊彼特的一项独特学术贡献,但其重要性又被后世包括熊彼特本人所忽略。对于这样一篇经典著作的解读不能孤立地看待文本或简单以文本为中心,而必须进一步与熊彼特的经历与思想演变特别是该文所处的时代及其思想背景等联系起来,正如熊彼特在《经济分析史》中所指出的:"经济学家本人是他自己时代和所有以前时代的产物……在介绍经济分析之前,首先都要对'时代精神'特别是每个时期的政治背景加以简述……"③因此,在进一步阅读和理解《税收国家的危机》之前,我们非常有必要对熊彼特的人生和学术思想有一个整体的把握。需要注意的是,熊彼特的学术思想与其人生一样表现出多种矛盾性,因此,我们首先要讨论的问题就是,在这些表面的矛盾之下,是否有更为一致的思想表述? 谁才是我们理解熊彼特学术思想的更为合理的参照?

---

　　① 斯威德伯格在其所著的《熊彼特传》中记载了这则轶事,参见[瑞典]斯威德伯格:《熊彼特传》,安佳译,江苏人民出版社 2005 年版,第 32 页。

　　② 转引自[瑞典]斯威德伯格:《熊彼特传》,安佳译,江苏人民出版社 2005 年版,第 31 页。

　　③ [美]熊彼特:《经济分析史》(第一卷),商务印书馆 1991 年版,第 30 页。

第一节　熊彼特的独特人生：矛盾与活力

　　熊彼特的人生经历十分丰富，同时也是跌宕起伏、悲喜交加。在《开门》这本关于熊彼特的优秀传记中，艾伦不无精辟却又意味深长地总结了熊彼特的独特人生，即："矛盾、失败、灾难和失望是熊彼特生活和工作的主要音符。他过着一种矛盾的生活，从事着一种矛盾的事业。他思考着矛盾的思想，写着充满矛盾的著作。作为科学家、学者、政治家、商人甚至作为一个人，他一次次地失败。甚至在成功之中也有失败。然而，令人感到矛盾的是，这一失败的事业作为整体却是一种成功。他预感着失望，甚至灾难，但他仍然带着乐观、自信和无所不能的面具。在这一面具的背后，他在隐蔽的绝望和慢性的抑郁中呻吟，将他的苦难和痛苦倾诉给写给自己的日记。"[①]但熊彼特的人生又是充满活力的，他不仅培养了大量优秀的学生并指导年轻人更好地进行研究，更是为世人留下了丰富的理论思考，特别是像创新、企业家精神、创造性破坏、信用创造等与现代经济发展密切相关的概念和思想都离不开熊彼特的卓越贡献。

一、熊彼特的早期人生与三大人生理想

　　熊彼特于 1883 年出生在奥匈帝国摩拉维亚省（今捷克境内）的小镇特里奇（Triesch）。值得提及的是，凯恩斯也出生在 1883 年，而马克思是在这一年去世的，门格尔和施穆勒之间的经济学方法论大论战也发生在这一年。似乎是命运的巧合，1883 年的这些人这些事是如此紧密地关联着熊彼特的思想及我们今天对熊彼特思想的理解。熊彼特的曾祖父和祖父都担任过特里奇市的市长，并且其曾祖父、祖父和父亲三代都经营着纺织厂，是当时典型的新兴资产阶级家庭，虽然家境殷实，但在性质和精神上都不属于资产阶级的奥匈帝国的政治结构中，他们很难进入上层社会。这种家庭和时代背景对熊彼特思想的影响是非常深远的，除通常一些研究者提到的熊彼特的"企业家"原型外，也可能成为塑造熊彼特独特历史哲

---

　　① ［美］艾伦：《开门——创新理论大师熊彼特》，马春文等译，吉林人民出版社 2010 年版，第 6 页。

学的社会事实的重要来源。熊彼特 4 岁时父亲意外去世,但从小就被母亲灌输了要出人头地的强烈愿望,在他母亲与奥匈帝国陆军军官、贵族西格蒙德·冯·凯勒(Sigmund von Keler)结婚后,熊彼特得以进入维也纳最有名的贵族子弟中学特蕾西娅人文中学读书。熊彼特学习勤奋,阅读面广,并通晓德语、英语、法语、意大利语、拉丁语和希腊语。1901 年,熊彼特进入离家仅隔几个街区的维也纳大学学习,于 1906 年毕业并获得了法学博士学位。

在维也纳大学,虽然熊彼特主要学习的是民事和罗马法,但按照当时很多大学的做法,经济学属于法律系,这使熊彼特非常方便地得以接触和学习了经济学,而且他还在经济学上找到了自己的兴趣,按照麦克劳的说法:"尽管他过去一直偏爱历史和社会学,但他现在发现经济学有着兼容并蓄其他领域的知识以及化混乱为秩序的神奇魔力。"①更为幸运的是,由于门格尔创立了经济学的奥地利学派并在经济学方法论大辩论中积累了巨大影响,维也纳大学也是当时世界上学习经济学最好的几所大学之一,特别是熊彼特还师从了奥地利学派著名经济学家维塞尔(Wieser)和庞巴维克(Böhm-Bawerk),使熊彼特对经济学的学习一开始就是高起点的,并且站在了经济学思想的前沿。奥地利学派的边际效用价值论在古典政治经济学和德国历史学派之外打开了熊彼特的经济学视野,而他在民事和罗马法等方面的学习也加深了他对经济、政治和历史的理解。特别是通过参加庞巴维克关于马克思主义的研讨班,不仅使他认真研读了马克思的著作,也使他结识了当时参加研讨班的奥托·鲍尔、鲁道夫·希法亭和埃米尔·莱德勒,他们都是日后重要的马克思主义者,而另一位参加者米塞斯则成为后来奥地利学派新一代领军人物,他坚决反对马克思主义经济学。终其一生,熊彼特都在与马克思进行深层对话,庞巴维克及研讨班的同学则是他潜在的对话对象。从日后熊彼特的学术发展来看,正是大学期间奠定的前沿性和综合性的知识基础以及研讨班的学术训练等锤炼了其严谨的学术批判精神和卓越的学术批判能力,使熊彼特从一开始迈入学术界就显示了自己独特的优势和学术取向。

青年熊彼特恃才傲物,给自己确立了三大人生理想:做维也纳最完美的情人、欧洲最出色的骑手和世界最伟大的经济学家。从维也纳大学毕业后,熊彼特前往

① [美]麦克劳:《创新的先知:熊彼特传》,陈叶盛、周瑞明、蔡静译,东方出版中心 2021 年版,第 38 页。

德国柏林大学学习并参加了该校的政治经济学研讨班,柏林是德国历史学派的大本营,熊彼特在此结识了方法论大辩论的另一位主角古斯塔夫·冯·施穆勒和德国著名社会学家和经济学家维尔纳·桑巴特,与前者的接触使其希望能够将历史学派与奥地利学派进行整合,而与后者的接触可能也确定了其一生围绕资本主义与社会主义开展研究的选择①,事实上这也是当时最为重要的一些经济学家和社会学家都会选择并且无法避开的研究主题。之后,熊彼特在法国短暂停留了几个星期,体验了巴黎和索邦神学院的文化氛围,然后他去英国待了一年,成为新伦敦经济学院的一名特殊学生,并像马克思在半个世纪之前一样在大英博物馆的藏书室疯狂学习,进一步夯实了自己的学术基础。与此同时,他还在英国培养律师的律师学院进行了学习。和在柏林一样,熊彼特在英国接触了他所能接触到的每一位重要经济学家,特别值得提及的是,他去剑桥拜访了当时世界最著名的经济学家阿尔弗雷德·马歇尔,去牛津拜访了弗朗西斯·埃奇沃思。也是在英国,熊彼特与一位英国教会官员的女儿格拉迪斯·西雅尔结了婚,格拉迪斯要比熊彼特大12 岁,这是熊彼特人生第一段婚姻。

二、熊彼特成为世界知名经济学家

凭借在开罗担任律师期间所写成并在 1908 年出版的《理论经济学的本质和概要》获得奥匈帝国的"特许任教资格"②后,由于在维也纳大学求职未果,熊彼特在库切诺维奇大学③担任副教授。去那么一个偏远的小城任教,确实表明了熊彼特希望从事学术工作的决心,也是在那里,他写就了自己的成名作《经济发展理

---

① 尽管桑巴特对马克思学说的态度也经历了从继承完善到坚决反对的重大转变,但其一生的研究始终是围绕资本主义与社会主义而展开的,相关著作主要有:《19 世纪的社会主义和社会运动》(1896)、《现代资本主义》(1902)、《19 世纪的国经济》(1903)、《为什么美国没有社会主义》(1906)、《犹太人与现代资本主义》(1911)、《资本主义的精华》(1913)、《奢侈与资本主义》(1913)、《战争与资本主义》(1913)等,参见维尔纳·桑巴特_百度百科(baidu.com)。

② 熊彼特是通过其就读过的维也纳大学法律系提交申请的,法律系又委托庞巴维克和维塞尔对其成果进行评定,虽然熊彼特在该书中对数学方法的推崇与他的这两位奥地利学派的老师背道而驰,但这两位老师显然是在其学习期间就见识了这位学生及其能力,熊彼特得到了他们的一致认可。熊彼特显然也继承了这两位老师爱护学生并鼓励学生不要盲从老师的风格,甚至有过之而无不及。比如,他在库切诺维奇大学因为图书馆管理员不借书给他的学生而与其进行决斗,他在哈佛大学甚至因为萨缪尔森未能留校任教而要从哈佛大学辞职,等等。

③ 该大学位于奥匈帝国最东端,处于俄罗斯和罗马尼亚的交界处,今天属于乌克兰境内。

论》。1911年,熊彼特前往格拉茨大学并担任政治经济学学科的负责人,他成为奥匈帝国最年轻的政治经济学全职教授,并受到皇帝约瑟夫大帝的接见。

1913年10月,熊彼特受邀前往位于美国纽约的哥伦比亚大学担任交流教授,其在见面会上的演讲极其成功,当时在哥伦比亚大学任教的著名经济学家同时也是著名的财政学家塞利格曼对此给予了高度赞誉①。在美期间,熊彼特拜访了17所美国大学,他感叹于美国大学的发展水平特别是他们的经济学研究水平,而与这些大学师生们的接触也在极短的时间里确立了熊彼特在世界经济学界的前列地位。更为重要的是,熊彼特目睹了美国工业化快速推进的结果,亲眼见证了借助信贷资金所释放的企业能量让美国在短时间内崛起为世界上最发达国家的事实,这让他更坚定地相信自己在《经济发展理论》中对资本主义的分析,也就是强调企业家精神和信用创造在促进经济增长方面的重要作用。熊彼特将美国看作是"一个伟大的国家",随后爆发的第一次世界大战"改变了他的婚姻、他的工作、他的经济状况、他的声望,并最终改变了他所居住的国家"②。

三、熊彼特人生的大起大落与悲欢离合

在熊彼特回国后仅三个月,第一次世界大战就爆发了,在1914年年底他收到了应征入伍的通知,但因他是格拉茨大学唯一一位经济学教授而得到免除。熊彼特得以继续进行学术研究,但关于战争及其后果的研究占了越来越重要的地位,熊彼特也因此频繁发表时事评论并涉足公共事务。其在庞巴维克研讨班的同学希法亭和莱德勒安排熊彼特在1919年初加入德国的社会化委员会,而在他的另一位研讨班同学鲍尔于1919年2月担任了社会主义者卡尔·伦纳领导的新联合

① 塞里格曼向校长报告说熊彼特的演讲"非同寻常",无论在形式上还是在内容上都堪称完美,"熊彼特教授在整个演讲过程中都能紧紧抓住听众的注意力。不管从哪个角度看,他的演讲都取得了非凡成就。他对英语的娴熟掌握令人称赞。他演讲时不看笔记,演讲词流畅且考究;不仅如此,他准确地把握了语言的精髓,在这一点上,我确信到目前为止还没有哪位交流教授能与他相媲美",在内容上,熊彼特的演讲不仅涵盖经济理论,还涉及"经济学与心理学、社会学之间的关系。他确实与众不同,既才华横溢又思想深邃;他所援引的各个不同领域的新奇例证,表明他有着令人稀奇的文化素养,这对一位经济学教授来说是不同寻常的。政治系为自己能邀请到这样一位业界精英给本系的学生讲授经济学,感到无比荣幸。"转引自[美]麦克劳:《创新的先知:熊彼特传》,陈叶盛、周瑞明、蔡静译,东方出版中心2021年版,第79—80页。

② [美]麦克劳:《创新的先知:熊彼特传》,陈叶盛、周瑞明、蔡静译,东方出版中心2021年版,第82页。

政府的外交部长后,在希法亭的推荐下,鲍尔提请熊彼特为财政部部长候选人并成功得到任命。但仅仅在任职七个月后,熊彼特就被解职。

回到格拉茨大学后,熊彼特无心教学与研究,在1920年冬获得奥地利国会颁发的在维也纳开办一家银行的许可证后,熊彼特开始了其名义上作为银行家的短暂职业生涯①。熊彼特过着养尊处优且风流奢侈的生活,但1924年奥地利股票市场的崩溃既让熊彼特在股市损失惨重并被迫从银行辞职②,也让熊彼特背负了巨额债务,这些债务直到1935年熊彼特在美国工作近三年后才全部还清。虽然熊彼特自己将这段经历称为"荒废的岁月",但这段经历无疑也是十分重要的,麦克劳甚至认为这些经验对他所研究的问题起到了至关重要的作用,"他后来写道,在资本主义经济体中,对好与坏的判断所给出的奖赏和惩罚来得很快、很残酷。'奖赏和惩罚是用金钱来衡量的。蒸蒸日上和每况愈下分别意味着赚钱和赔钱⋯⋯(这个体系)既有财富的美景也有贫困的威胁,并无情地进行着变换'",因此,"不同于绝大多数学者,熊彼特了解到的这些知识是他亲身经历的。正如他在财政部的时光让他感受到政治窘境一样,他在商界的这些年给他上了一堂有关资本主义性质的生动的实践课"③。

之后,熊彼特重回学术界并收获了其一生中唯一一次浪漫的爱情,他与小他20岁的安妮恋爱并结婚了,安妮是熊彼特小时候在维也纳居住时其公寓楼门房的女儿,熊彼特因此彻底改变了过去朝三暮四和爱慕虚荣的生活,特别是与安妮这样一位工人阶级背景的女孩相处甜蜜和舒适,也极大地疏解了熊彼特从小就被塑造的贵族情结。他在事业上也有了新的起色,成为波恩大学的财政学教授,拥有了终身教职。幸福生活对熊彼特来说得之不易,但却又极其短暂,他在1926年这一年经历了丧母、丧妻、丧子之痛,他对母亲和安妮的怀念也贯穿其后半生,甚至保留了抄写安妮信件的习惯。当他最终从这三重悲剧中慢慢走出时,熊彼特变得成熟了,也在不知不觉中养成了更多优良品质并重新承担起他试图揭示资本主义和人类社会之

---

① 之所以说名义,是因为熊彼特并未真正自己开设银行,而是将许可证转让给了比得曼银行并换取了银行的部分股份及董事会主席和总裁的职位,但作为协议的一部分,他是一个真正的"甩手掌柜",仅仅监督董事会会议。

② 辞职的主要原因据说是因为比得曼银行遭遇了危机,需要另一家银行注资,但那家银行因为熊彼特的作风而对其不信任,所以在银行其他董事的压力下,他不得不辞职并偿还自己在比得曼银行的透支。

③ [美]麦克劳:《创新的先知:熊彼特传》,陈叶盛、周瑞明、蔡静译,东方出版中心2021年版,第107—108页。

谜的使命,他找到了新的思考方向,对公共政策与企业家精神的思考也更为成熟。

四、熊彼特成为"哈佛最伟大之人"

在经历了一系列的尝试和变故并在婉拒了多所大学的邀请后,熊彼特最终于1932年来到哈佛大学并成为"哈佛最伟大之人"①,他既爱好教书,也爱好写作,同时还竭尽所能地帮助学生和年轻同事的成长。哈佛大学经济学系的领军人物陶西格给予了熊彼特亦友亦父的关爱,而毕业于哈佛大学经济学系的职业经济学家伊丽莎白则让熊彼特重获幸福生活,她不仅照顾和安排着熊彼特的生活和事务,给他提供了周详的保护,也在学术上成为熊彼特最为重要的助手和交流者,这使熊彼特迎来了其学术生涯的又一个高产期,出版了包括《经济周期》《资本主义、社会主义与民主》等重要著作。与此同时,熊彼特一如既往地热情参与和年轻同事、学生们的讨论,其中就包括列昂惕夫、萨缪尔森、托宾这三位未来的诺贝尔经济学奖得主以及哈伯勒、斯威齐等著名经济学家,也包括后来的"现代财政学之父"马斯格雷夫以及著名的社会学家帕森斯等。至于其他受到熊彼特思想积极影响或在学术成长上得到熊彼特热情帮助的同事、学生以及来自世界各地的拜访者,则更是体现了熊彼特作为一位教育者的伟大之处,他是一个真正热心于帮助他人成长的人。

熊彼特于1949年在哈佛大学退休,但他对自己的身体感觉欠佳,对一个长期受抑郁折磨的人来说,这也是他长期以来的切身感受。所以在朋友强烈建议他去一趟欧洲时,他写信回复道:"我毫无道德勇气来欧洲,从让人恼火的官僚主义到德国人的肆意妄为,都一直让我义愤填膺,这对我的血压十分不利。"②不幸的是,他这一次的感觉非常准确,不到一年的时间,也就是在1950年1月7日至8日的夜里,他在伏案工作很长时间之后在睡眠中因脑溢血而去世,享年66岁,可以说是工作到了生命的最后一刻。但从熊彼特自丧母、丧妻、丧子后所遭受的精神折磨来说,"离开人世的方式,成了熊彼特一生少有的幸事之一"③。同时,让后人感

---

① 这是熊彼特去世后,其同事和学生在追思会上的长篇悼念论文《纪念时刻》中对熊彼特的评价。

② 转引自[瑞典]斯威德伯格:《熊彼特传》,安佳译,江苏人民出版社2005年版,第264—265页。

③ 转引自[美]麦克劳:《创新的先知:熊彼特传》,陈叶盛、周瑞明、蔡静译,东方出版中心2021年版,第464页。

到庆幸的是，熊彼特的巨著《经济分析史》虽未完成但也几近完成了，而伊丽莎白更是将自己生命的最后三年全部贡献给了整理和编辑熊彼特的《经济分析史》，它是熊彼特留给世人的最后礼物，也是伊丽莎白对熊彼特最为深重的爱的产物①。

熊彼特去世后一个月，哈佛大学在哈佛花园纪念堂举行了隆重的追思会，在由列昂惕夫、哈伯勒、哈里斯和梅森等著名经济学家主笔的长篇悼文《纪念时刻》中，熊彼特被称为是"哈佛最伟大之人"，他们对熊彼特这位导师和朋友给予了高度评价："尽管他是最国际化的人之一，但是，在维也纳的早年经历从未真正远离他。他始终保持有教养的老派奥地利绅士风度，直到人生终点……上天赐予了熊彼特无限的能量，而他则充分利用了它们。对于学生的提问，他总是知无不言，言无不尽。他在一生之中花费了大量时间来给世界各地的年轻学者提建议，并引导他们。他的去世在很大程度上归结于他燃烧自己、照亮他人的信条。……但是，无论是他自己还是他的朋友，都不希望他走上不同的生活道路。活力就是他生命的组成部分，而慷慨付出则是他生命的特征。"②

第二节　熊彼特与瓦尔拉斯和凯恩斯在学术思想上的联系与比较

比较是探寻思想的独特性与贡献的重要途径，但比较不当不仅很容易产生误

---

①　常言道："一个成功男人的背后，必定有位好女人。"但在熊彼特的一生中，他得到了很多位好女人的呵护，其中既包括他的母亲乔安娜，也包括他的第一任妻子格拉迪斯、第二任妻子安妮、第三任妻子伊丽莎白以及他曾经的秘书和情人米娅。麦克劳认为熊彼特一生总是处在极强理智与热烈情感的冲突中，这些女子先后深爱他并把他的幸福放在首位，没有她们的爱护，熊彼特可能早就毁掉了自己，而伊丽莎白应该是她们中最可敬的。"如果不是她周详地保护自己丈夫的话，他可能早已陷入绝望和抑郁之中，或者用其他方式毁灭自己了。如果没有伊丽莎白，也就不可能有《资本主义、社会主义与民主》或其他关于历史、科学和意识形态等方面的伟大论文问世，更不可能出现 1954 年的《经济分析史》……在伊丽莎白 1933 年遇到熊彼特之前的七年中，熊彼特自己组成了一个三人组合：乔安娜、安妮和他自己。伊丽莎白知道，她一直都没有被丈夫充分纳接。但是，她如此虔诚地相信他的伟大，并且如此深爱着他，以至于她甘愿做一名配角。"见［美］麦克劳：《创新的先知：熊彼特传》，陈叶盛、周瑞明、蔡静译，东方出版中心 2021 年版，第 469—470 页。

②　转引自［美］麦克劳：《创新的先知：熊彼特传》，陈叶盛、周瑞明、蔡静译，东方出版中心 2021 年版，第 465 页。

解,而且会导致很多无用的争论。另外,比较也不能简单基于文本来判断理论上对错,而应立足于时代背景、他们各自关注的问题以及他们各自的理论适用的条件与范围。作为20世纪世界最伟大的经济学家之一,熊彼特博学多才,其研究领域广泛,涉及商业周期、经济增长、统计和经济思想史等,是创新理论、精英民主理论、商业周期理论、经济社会学、演化经济学等的重要创始人或奠基者。但颇具矛盾性的是,熊彼特在奥地利学派的创立地维也纳大学学习经济学并受教于维塞尔和庞巴维克这两位奥地利学派第二代的代表人物,但他的经济学却并不被视为是"纯正的"奥地利学派经济学;熊彼特在1937—1941年间担任了美国"经济计量学会"会长,在1948—1949年间担任了"美国经济学会"会长,并在1949年7月当选为新创建的"国际经济学会"的第一任会长,等等,这些都是对他学术成就的高度肯定,但他的分析方法却与当代的宏观经济学、微观经济学和计量经济学迥然不同。在对熊彼特学术思想的比较研究以及对他留给世人的经济学思想遗产的讨论中,瓦尔拉斯和凯恩斯是被提及最多的。熊彼特早年坚信瓦尔拉斯均衡理论的重要性,并试图倡导运用数学来实现经济学的精确化,但他的创新理论却是与均衡分析格格不入的,"他通过一生的研究得出的结论,精确经济学同精确历史学一样难以实现,因为没有阴谋的人类故事只能是虚构的"[1]。而与熊彼特同年出生的凯恩斯在很长时间内都是熊彼特作为经济学家的思想和声名的重要参照,也一直是遮挡在熊彼特名声之上的阴影,"遭遇凯恩斯——既生瑜,何生亮"是舍尔佛所著的《熊彼特传》中一章的标题,这也确实是熊彼特在世时常有的感慨[2]。因此,对熊彼特在学术思想上与瓦尔拉斯和凯恩斯之间的关系进行辨析,有利于我们更好澄清熊彼特学术思想的合理参照问题。

一、瓦尔拉斯均衡只是熊彼特开展其经济理论研究的"自然状态"

熊彼特在1910年发表的纪念论文《马里·埃斯普里·莱昂·瓦尔拉斯(1834—1910)》一文中高度评价了瓦尔拉斯,认为"经济均衡理论是瓦尔拉斯的不

---

① ［美］麦克劳:《创新的先知:熊彼特传》,陈叶盛、周瑞明、蔡静译,东方出版中心2021年版,第47页。

② 与熊彼特类似,哈耶克也一直是将凯恩斯作为自己在思想和声名上的"头号竞争对手"的。他们之间的不同在于,熊彼特并未与凯恩斯展开公开的论战,而哈耶克与凯恩斯的论战甚至持续到凯恩斯去世多年之后。

朽贡献,这个伟大理论的基本思想如水晶般透彻,它用一个基本原理——经济均衡——就无比清晰地阐明了纯粹经济关系的结构"①。在其他很多场合,熊彼特也多次强调瓦尔拉斯均衡理论的重要性,他的成名作《经济发展理论》也是以对瓦尔拉斯均衡理论的分析为第一章的,甚至熊彼特在哈佛大学的最重要学生之一萨缪尔森在其著名的教科书《经济学》中也以熊彼特对瓦尔拉斯的评价为例来说明一般均衡理论对于经济学发展的重要性的②。因此,很多研究者认为瓦尔拉斯均衡理论是熊彼特作为经济学家建立其思想的主要基础,甚至哈耶克在 1945 年发表的《知识在社会中的利用》一文也以熊彼特为例批评那些受均衡分析影响的经济学家,认为"当它误导了我们的一些主要思想家,使他们相信它所描述的情况与实际问题的解决直接相关时,我们应该记住,它根本不涉及社会过程,它只不过是研究主要问题的有用的初步材料。"③但情况真的如此吗? 就如我们在区分经济学研究范式或传统时所表明的,基于边际效用分析所建立的瓦尔拉斯均衡实际上是属于选择经济范式经济学或新古典经济学的,如果熊彼特是一个基于选择范式经济学的均衡理论家,那他的理论又如何容得下创新和竞争这样的现代经济要素呢?

在社会科学研究中,运用假设的"自然状态"(nature state)来提出问题并展开理论推理是一种通常的做法,其中最为大家熟悉的就是政治哲学家霍布斯(Thomas Hobbes)在《利维坦》中所假设的"每一个人对每一个人的战争"或"人人相互为敌的战争"的"自然状态"。实际上,在经济学思想史中长期被广泛使用的"鲁滨逊经济"也是这样一种被假设的"自然状态"。由霍布斯对其"自然状态"的假设以及经济学对"鲁滨逊故事"的不同解读,我们可以得到的一个基本结论就是,理论家对"自然状态"的假设与其试图通过其理论建构来解决或回答的问题直接相关,也就是说,"自然状态"中所包含的各种现象之间最直接的内在联系就针对性地提出了理论家要研究的主要问题。但对"自然状态"的假设不是任意的,其

①　[美]熊彼特:《马里·埃斯普里·莱昂·瓦尔拉斯(1834—1910)》,载[美]熊彼特《十位伟大的经济学家:从马克思到凯恩斯》,贾拥民译,中国人民大学出版社 2017 年版,第 67 页。

②　萨缪尔森的原话是,"瓦尔拉斯发现了如何分析作为整体的经济——一种全部劳动、土地和产品市场的同时的一般均衡。后来的 J.熊彼特(1883—1950)曾经说,在所有伟大的经济学家中,瓦尔拉斯肯定是最伟大的——因为正是他发现了一般均衡。"见[美]萨缪尔森、诺德豪斯:《经济学》(第 12 版)(下),高鸿业等译,中国发展出版社 1992 年版,第 1278 页。

③　Hayek, F. A. (1945). "The Use of Knowkedge in Society", *The American Economic Review*, Vol. 35, No. 4, p. 530.

成功运用一定要能唤起的思想与情感的共鸣。因此,它可以来自对大家所熟悉的历史或现实的极度简化,也可来自对众所周知的故事的改编或借用,前者如霍布斯,他的"自然状态"反映的是他所在时代特别是英国长期深陷各类战争之中的现实困境,而其理论构建的目的就在于建立一种和平的社会秩序①;后者如经济学家们对笛福的著名小说《鲁滨逊漂流记》的运用。进一步地,我们可以看到,"自然状态"只是构建理论的一种简便方法和起点,在某些情况下,特定的"自然状态"对理论建构来说并非是必不可少,该"自然状态"也不是其理论的必要组成部分,作为理论构建的起点,它也完全可以通过其他替代性方式来完成。与选择范式经济学或新古典经济学将瓦尔拉斯均衡作为其理论体系的中心并追求如何通过最大化计算来实现瓦尔拉斯均衡不同,在熊彼特的整个经济学思想体系中,瓦尔拉斯均衡就只是我们这里所讨论的一种"自然状态",它只是熊彼特展开其研究的起点,除此之外对其理论构建并无特别的意义②。熊彼特的不同之处就在于,他是以一

---

① 霍布斯出生在 1588 年,去世在 1679 年,他所生活的年代正是英国社会秩序发生剧变的时代,社会矛盾十分尖锐,詹姆士一世和查理一世在"君权神授"思想下的政治专制与中世纪残留的宗教专制相结合,激发了大量的反抗,最终直到 1688 年,也就是在霍布斯去世之后,才完成了"光荣革命"。而在此之前,英国的历史也是充满战争,如英国在经历了英法两国的百年战争(1337 年至 1453 年)后马上又陷入了所谓的玫瑰战争(英格兰内战,主要发生在 1455 年至 1485 年/1487 年)。霍布斯害怕纷争和内战,"恐惧"是其情绪的真实写照,他明确相信绝不会在整个世界普遍出现"人人相互为敌的战争"这种状况,但也提出有许多地方的人现在就是这样生活的。霍布斯基于这样一个"自然状态"来揭示一种简单的关系或问题,即每个人对一切事物的自然权利会导致战争。于是,其理论推论就是,人们为了避免在"自然状态"下陷入孤独、贫困、卑污,残忍而短寿的悲惨命运,共同选择让渡一部分自己的自然权利来建立国家以形成秩序。后来有人批评霍布斯的国家理论是为君主专制辩护,但如果结合霍布斯的"自然状态"及其人生经历,我们可以认为,君主制只是霍布斯国家理论的外壳,他主张不惜牺牲个人自由和反抗暴政的权利与服从绝对君主制的绝对君威,其目的可能仅仅是在当时情形下尽快建立和平的社会秩序的需要,而从理论上讲,当君主制本身是大家让渡个人权利的产物时,是可以引申出对君主权力的限制的。否则霍布斯大可以迎合"君权神授论",而不需要建立一种基于个人权利让渡的契约性国家理论,而他在《利维坦》一书中还用专篇批评君权神授论,其中包括第三部分"论基督教体系的国家"和第四部分"论黑暗的王国"。参见[英]霍布斯:《利维坦》,黎思复、黎廷弼译,商务印书馆 1985 年版。

② 对熊彼特来说,包括瓦尔拉斯用于阐明其一般均衡理论的效用与边际效用理论也是如此,正如他在《维尔弗雷多·帕累托》一文中曾指出的,基于效用和边际效用理论,瓦尔拉斯不仅比奥地利学派或杰文斯更清晰地阐述了一般均衡这个概念,也更充分地发展了这个概念,但这"除了为我们提供了一个很好的方法,使我们可以用容易理解的方式来描述把经济体系维系成一个整体,并把实际上极容易分门别类的大量经济现象联结成一个统一的体系的各种(转下注)

个经济学家们都非常熟悉的理论来作为"自然状态"的。

在熊彼特看来,"瓦尔拉斯的整个纯粹经济学理论体系都是建立在以下两个前提假定的基础上的,第一,每一个经济单位都要最大化自己的效用;第二,每种商品的需求与供给都相等。"①在《经济发展理论》一书中,熊彼特向我们展示了他对瓦尔拉斯均衡所代表的"自然状态"的理解。在该"自然状态"下,社会是孤立的,制度是不变的,私人财产、分工和自由竞争居于统治地位;每一种供给都在某处有与之相应的需求,因而既没有存量问题,也没有积累需要,所有数量关系都根据长期经验来确定;企业虽然存在,但其唯一职能只是将劳动和土地这两种原始生产要素组合起来,而这一职能在每个时期内都好像是自行机械地完成的,并不需要一个有特别职能和特别收入的企业家;货币只是交换媒介,时间不起作用,所有交换都不涉及信用交易。而为了排除掉两个不同经济时期的衔接可能产生的不一致,熊彼特又进一步假设:"每一个时期,只消费上一个时期所生产的货物,只生产将在下一时期所消费的货物。"②当然,熊彼特在这一章当中是边分析边假定的,这样也使他对"由一定环境所制约的经济生活的循环流转"(第一章的标题)得以层层展开,其结论就是,在各种假定条件不发生变化的情况下,"就整个交换经济来说,有着同一的继续性,并在同一假设下,有着同一的不变性,就像就一个非交换经济来说的一样——不仅过程,而且价值,都是继续性和不变性。"③但这只是熊彼特分析的开始,它只是说明,在交换规律下,"这种循环流转怎样可以从给定的条件得到解释;它也告诉我们,只要这些条件保持不变,为什么这种循环流转就不会改变,以及为了使自己适应这些条件的改变,这种循环流转又为什么和怎样改变"④。

(续上注)关系之外,这个理论本身并没有特别重要的意义。或者,换一种说法,效用理论只不过是一个十分有用的启发性假说,而不是其他什么神秘莫测的东西。"为此,熊彼特还加了一个脚注特地说明,"正文中的叙述还必须补充下面这个附带条件:'只与建立静态均衡的确定性和稳定性的目的有关。见[美]熊彼特:《维尔弗雷多·帕累托(1848—1923)》,载[美]熊彼特:《十位伟大的经济学家:从马克思到凯恩斯》,贾拥民译,中国人民大学出版社 2017 年版,第 121 页。

① [美]熊彼特:《马里·埃斯普里·莱昂·瓦尔拉斯(1834—1910)》,载[美]熊彼特:《十位伟大的经济学家:从马克思到凯恩斯》,贾拥民译,中国人民大学出版社 2017 年版,第 69—70 页。

② [美]熊彼特:《经济发展理论》,何畏、易家详等译,商务印书馆 2020 年版,第 49 页。

③ [美]熊彼特:《经济发展理论》,何畏、易家详等译,商务印书馆 2020 年版,第 64 页。

④ [美]熊彼特:《经济发展理论》,何畏、易家详等译,商务印书馆 2020 年版,第 48—49 页。

很快,在《经济发展理论》的第二章,熊彼特就明确地将第一章的理论称为传统理论,是自从李嘉图的时代以来人们所理解的那种"经济理论",这种经济理论和桑巴特对西欧经济生活的发展的说明所展现的经济理论是不同的,它们将改变看作是偶然的,只是一种干扰。在熊彼特看来,如果说穆勒所列举的资本和人口变化以及消费者嗜好方向的改变还可以这样理解的话,但技术变革和生产组织变革则会引起与传统理论所说的干扰完全不同的事情。因此,熊彼特对自己所要研究的问题的陈述是,"第一章的理论从'循环流转'的观点描述经济生活,这种生活年复一年地基本上同样地在渠道中流动着",其中虽然有些变化,但它就像有机体在成长和衰亡过程中所发生的变化一样,总是处在同一结构之内的,但经济生活还经历其他的变化,"这些变化则不是继续不断地出现的,而且它们还会改变这种结构,即传统的过程本身。它们不能通过对循环流转的任何分析去理解……现在这类变化,以及随之而发生的现象,就是我们研究的对象"①。进一步地,熊彼特指出,对连续不断的变化及其适应的分析都还是属于"静态的"分析,"但是,'静态的'分析不仅不能预测传统的行事方式中的非连续性变化的后果;它还既不能说明这种生产性革命的出现,又不能说明伴随它们的现象。它只能在变化发生以后去研究新的均衡位置。而恰恰就是这种'革命性'变化的发生,才是我们要涉及的问题,也就是在一种非常狭隘和正式的意义上的经济发展的问题"②。熊彼特特别强调了经济增长与经济发展的区别,前者只是循环流转或走向均衡趋势中的同一种适应过程,后者则产生在质上是新的现象,"它是在流转渠道中的自发的和间断的变化,是对均衡的干扰,它永远在改变和代替以前存在的均衡状态。我们的发展理论,只不过是对这种现象和伴随它的过程的论述"③。

既然熊彼特要研究的经济发展问题不存在于瓦尔拉斯均衡之中,那他为什么还要以瓦尔拉斯均衡分析作为自己的第一章呢? 对此,熊彼特作了解释,即:"每一个具体的发展过程,最后都依存于以前的发展。但是为了看清事物的本质,我们将把这一点抽象掉,而是让发展从一种没有发展的地位上产生。每一个发展过程为下一个发展过程创造先决条件。从而后者的形式被改变了,事情将变得与在每一个具体发展阶段不得不首先创造它自己的条件时可能发生的事情不同。可

---

① [美]熊彼特:《经济发展理论》,何畏、易家详等译,商务印书馆 2020 年版,第 71 页。
② [美]熊彼特:《经济发展理论》,何畏、易家详等译,商务印书馆 2020 年版,第 72 页。
③ [美]熊彼特:《经济发展理论》,何畏、易家详等译,商务印书馆 2020 年版,第 74 页。

200   敞开的大门:熊彼特的《税收国家的危机》与财政社会学

是,如果我们想要找到事情的根源,我们可以不把所要解释的要素包括在我们的解释的数据之中。但是,如果我们不这样做,我们将会在事实与理论之间造成一个明显的脱节,这可能给读者造成重大的困难。"①但令人诧异的是,正是熊彼特试图以瓦尔拉斯均衡分析来降低读者的理解困难的做法给读者造成了困难,甚至都让哈耶克产生了误解,因为他做的恰恰正是哈耶克所要主张的,而这可能也正是瓦尔拉斯对自己的一般均衡理论在经济理论研究中的作用的主张,即:"跟着我走的经济学家们可以根据他们的喜好,自由地、一个接一个地插入一切的复杂情况。我认为,只要这样,他们和我就能够完成我们有责任去做的所有事情了。"②

二、凯恩斯不是理解熊彼特经济学思想的合理参照

在 1983 年熊彼特和凯恩斯百年诞辰之际,"现代管理学之父"德鲁克(Peter F. Drucker)在《福布斯》杂志上发表了《熊彼特与凯恩斯》一文,该文在充分肯定熊彼特对塑造未来经济理论和经济政策思维的重要性的基础上③对熊彼特和凯恩斯进行了比较,其最后一段总结性评论经常被人所引用④,即:"在某些方面,凯恩斯和熊彼特再现了西方传统中最著名的哲学家对抗——才华横溢、聪明而令人无法

---

① [美]熊彼特:《经济发展理论》,何畏、易家详等译,商务印书馆 2020 年版,第 73—74 页。

② 转引自[美]熊彼特:《维尔弗雷多·帕累托(1848—1923)》,载[美]熊彼特《十位伟大的经济学家:从马克思到凯恩斯》,贾拥民译,中国人民大学出版社 2017 年版,第 121 页。

③ 德鲁克在论文第一段就点明了这样一个事实及其判断,即:"有许多书籍、论文、会议和演讲在庆祝凯恩斯一百周年诞辰。但如果熊彼特一百周年诞辰能引起人们的注意,那只能是在小型的博士生研讨会上。然而,越来越清楚的是,正是熊彼特将在本世纪余下的时间里,甚至在未来 30 年或 50 年里,塑造经济理论和经济政策的思维,并为这些问题提供信息。"参见 Drucker, P. F. (1983). "Schumpeter And Keynes", https://www.bulidomics.com/w/images/7/70/Schumpeter-and-keynes-peter-f-druker-forbes.pdf.

④ Diamond 在 2009 年发表的论文《熊彼特与凯恩斯:"从长远来看并不是我们所有的人都死了"》似乎也为德鲁克的这一经典评论提供了重要证据,他对熊彼特和凯恩斯所有著作的引用检索进行了统计,结果表明,从 1956 年到 1974 年,学界对他们的引用是不相上下的,随后,凯恩斯在 1975—1986 年间领先,而熊彼特则从 1987 年开始领先至今(研究数据截止到 2006 年)并开始大幅度超过凯恩斯。参见 Diamond A. M. (2009). "Schumpeter vs. Keynes: 'In the Long Run Not All of Us Are Dead'". *Journal of the History of Economic Thought*, Vol. 31, No. 4. pp. 531—541. 如果 Diamond 考虑到由于 1970 年代中期西方发达国家陷入滞胀,对凯恩斯的引用可能更多是批评,那么,其证据会更有说服力。实际上,从时间起点上说,熊彼特开始更多受到关注可能也与 1986 年在德国成立了国际熊彼特学会(the International Schumpeter Society, ISS)并设立"熊彼特奖"有关,这使熊彼特的思想得到了比过去更好的研究和传播。

抗拒的智者(the brilliant, clever, irresistible sophist)帕门尼德(Parmenides)与行动缓慢、丑陋但智慧的(the slowmoving and ugly, but wise)苏格拉底之间的柏拉图式对话。在两次世界大战期间,没有人比凯恩斯更有才气、更聪明。相比之下,熊彼特显得平淡无奇(pedestrian),但他有智慧。聪明赢得一时(carries the day),但智慧却万古长存(endureth)。"①但这种将凯恩斯描述成类似投机取巧分子的比较显然是欠妥当的,最起码来讲,熊彼特在凯恩斯去世后于1946年在《美国经济评论》上发表的纪念论文《约翰·梅纳德·凯恩斯(1883—1946)》不仅高度肯定了凯恩斯的卓越才能和道德勇气,还认为凯恩斯"受到了很好的教育,而且充满智慧",而对于凯恩斯的"愉快、友善、充满活力",熊彼特更是表达了羡慕之情,"他可能是你能够想象到的最快乐的人"②,联系到长期抑郁伴身的熊彼特,这确实应该是他的肺腑之言。

后来者,包括像德鲁克那样的知名学者,总是习惯于简单地基于研究结论对凯恩斯和熊彼特的思想进行比较,其中一个貌似非常有理的观点认为,对凯恩斯来说,创新是外生的,而对熊彼特来说,创新则是内生的,因此,是熊彼特而非凯恩斯为席卷全球的快速经济增长提供了最好指引。但这种比较和结论实际上是再次陷入了科斯(Coase)在1937年发表的《企业的性质》一文开头所强调的经济学家经常因未能清晰阐明其假设造成的"困扰"之中。熊彼特的过人之处就在于他完全避开了这一"困扰",他在凯恩斯去世后发表的纪念论文《约翰·梅纳德·凯恩斯(1883—1946)》一文中清晰阐明,凯恩斯在其《就业、利息和货币通论》中是把他的模型限制在短期现象的范围之内的,并强调很多人在理解凯恩斯的理论时,"似乎并没有充分认识到他的模型对短期性的要求是多么严格,也没有认识到这个事实对《就业、利息和货币通论》一书的整体结构是何等重要。在凯恩斯这里,存在一些至关重要的限制条件:不仅生产函数和生产方法是固定的,而且厂房和设备的数量和质量也都不允许变化。对于这个限制,凯恩斯在他的论证过程中的每一个关键点上,都会不厌其烦地向读者强调",因此,"所有随着这些机器设备的创造和变化而发生的现象,都不适用凯恩斯这种分析,也就是说,支配资本主义生

---

① Drucker, P.F. (1983). "Schumpeter And Keynes", https://www.bulidomics.com/w/images/7/70/Schumpeter-and-keynes-peter-f-druker-forbes.pdf.

② [美]熊彼特:《约翰·梅纳德·凯恩斯(1883—1946)》,载[美]熊彼特《十位伟大的经济学家:从马克思到凯恩斯》,贾拥民译,中国人民大学出版社2017年版,第241、251页。

产过程的所有现象,全都被排除到了考虑范围之外"。尽管如此,熊彼特认为:"作为现实的一种写照,这个模型在萧条时期最接近于正确。"①正因为如此,熊彼特完全赞同希克斯将凯恩斯的经济学称为"萧条经济学"的主张,而其背后主要原因就是凯恩斯对现实政策问题执着关注;也正因为如此,熊彼特"体谅"凯恩斯基于现实政策需要所进行的理论论证的粗疏性,他主要批评的不过是凯恩斯"与老的自由贸易主义者一样,他总是把只在某些特定时期适用于英国的'真理'和'智慧'夸耀为适用于一切时间和地点的'真理'和'智慧'"②,这也正是后来哈耶克对凯恩斯的主要批评。但从哈耶克的回忆和相关传记来看,凯恩斯自己不仅完全清楚自己理论存在的这种问题,甚至是在特定情形下的有意为之③,因为在他看来 20 世纪30 年代迫切需要这些理论以对付正在蔓延的大萧条,其深层动机则是阻止法西斯主义在英美等国家的产生和蔓延,因为凯恩斯认为,希特勒的崛起并非是由于大政府带来的便利,而是资本主义的失败和大规模失业④。不仅如此,凯恩斯还完全清楚其理论模型和政策建议在实践中对实施者的严格道德要求⑤,这实际上也是

① [美]熊彼特:《约翰·梅纳德·凯恩斯(1883—1946)》,载[美]熊彼特《十位伟大的经济学家:从马克思到凯恩斯》,贾拥民译,中国人民大学出版社 2017 年版,第 261 页。

② [美]熊彼特:《约翰·梅纳德·凯恩斯(1883—1946)》,载[美]熊彼特《十位伟大的经济学家:从马克思到凯恩斯》,贾拥民译,中国人民大学出版社 2017 年版,第 253 页。

③ 哈耶克认为,凯恩斯本人也不会赞成那种造成战后大多数通货膨胀的那种过分简单的凯恩斯主义的。"我很有把握地认为,如果他依然在世,他会是反对通货膨胀最坚决的斗士。大约在我最后一次见到他时,即在他去世的几周前,他曾多少坦率地对我这样说过。这段时间他在其他方面有着充满睿智的见解,因此值得我重复一下他的谈话。我问他,对于他的一些信徒对他的理论的作用所作的解释,他是否有所警惕。他回答说,这些理论在 20 世纪 30 年代有着迫切的需要。但我确信,一旦它们变得有害,他会很快让公众舆论发生变化。我对他有所责怪,不过是因为他把这样一部应时之作称为'通论'。"参见[英]哈耶克:《对凯恩斯和"凯恩斯主义革命"的个人回忆》,载[英]哈耶克《哈耶克文选》,冯克利译,江苏人民出版社 2007 年版,第 161 页。

④ 这种认识和德鲁克是完全不一样的。德鲁克在 1939 年出版的《经济人的末日》中认为,造成欧洲"群众的绝望"进而拥抱法西斯主义的是马克思主义而非资本主义在欧洲的失败,因为马克思社会主义无法解决当时资本主义存在的问题。参见[美]德鲁克:《经济人的末日:极权主义的起源》,洪世民、赵志恒译,上海译文出版社 2015 年版。

⑤ 韦普肖特在《凯恩斯"大战"哈耶克》一书中所记载的凯恩斯与哈耶克的通信也表明了这一点。凯恩斯在 1944 年 6 月乘船横跨大西洋前往布雷顿森林酒店途中读了哈耶克寄给他的《通往奴役之路》之后给哈耶克回信,在先称赞了这是一本伟大的作品之后,凯恩斯为自己进行了辩护:"我应该说,我们想要的不是完全不计划,甚至减少计划,事实上,我应该说,我们几乎肯定想要更多的计划,但计划需要在这样一个社会下进行,即有尽量多的人,无论是领导者还是追随者,都完全跟你有着一样的道德立场……只要执行计划的人脑袋里、心灵里都有着(转下注)

其模型有效性的另一层重要限制。

由此,我们就看到,熊彼特基于长历史时段的经济发展对创新和企业家精神的关注与凯恩斯基于短期的现实压力对货币政策与财政政策的关注所构建的理论差异甚大,是不能直接进行比较的。但在凯恩斯的《就业、利息和货币通论》出版后,其影响逐渐扩大,以至于当熊彼特在哈佛大学组织学生对其《经济周期理论》进行讨论时,学生们的表现让熊彼特感到非常难堪,他们以凯恩斯的理论作为标准来评判熊彼特的理论,认为只有熊彼特与凯恩斯的理论相符的观点才是正确的①。熊彼特为此特别生气,所以他在《约翰·梅纳德·凯恩斯(1883—1946)》一文的最后所写的那段话应该也是有所指向的,并且再次表明了自己对凯恩斯的赞许:"许多人,虽然人们经常拿他们的名字为相互比较,但他们其实都是与众不同、无法相互比较的。不管凯恩斯学说的命运如何,他这个人肯定会活在人们的记忆当中,而且肯定会比凯恩斯主义以及人们对它的褒贬'长寿'得多。行文至此,我已经不用再多写什么了。我们每个人都知道,这位勇敢的战士为他的最后一部巨著进行了何等伟大的抗争。"②此外,熊彼特也将《经济分析史》的最后一章留给了

(续上注)正确的道德方向,适度的计划就很安全。其中一部分人确实是这样。但不妙的地方在于,还有相当一部分人,几乎可以确定地说,他们想要计划不光是为了享受它的果实,更因为他们在道德上持有和你完全相反的立场,希望侍奉的不是上帝,而是魔鬼。见[美]韦普肖特:《凯恩斯"大战"哈耶克》,闫佳译,机械工业出版社2013年版,第161—162页。

① 舍尔佛在其《熊彼特传》中记载了这一事实:"1940年年初,他组织了一堂讨论课,准备和学生对这部作品[指熊彼特新出版的《经济周期理论》]深入探讨一番。原本他们应该对这位伟大的导师敬佩不已,可是事实上,他们的表现却让熊彼特十分难堪。很明显,几乎没有人认真真读过这本书。可尽管如此,有些学生居然还能提出批判的观点,并以此狠狠质问熊彼特。在此过程中,他们唯一的评判标准就是约翰·梅纳德·凯恩斯的理论,在他们看来,熊彼特的观点只有与其相吻合,才能算是正确的。这些学生把凯恩斯的《就业、利息和货币通论》奉为圭臬,无论遇到何种经济学理论,总要带上'凯恩斯'的有色眼镜衡量一番。据一个当时参加讨论的学生回忆,人人都在谈论凯恩斯,没有谁提到熊彼特。活尔夫斯冈·施托尔珀也曾说过:'他(熊彼特)的书完全没有被认真对待。'熊彼特终于忍无可忍了,还没有谁见过他发那么大的脾气。他火冒三丈地说:'你们是否同意我的观点,那是你们的事。我只是希望,你们至少应该读过之后再来发表意见!'"见[德]舍尔佛:《熊彼特传》,刘斌、黄莎莉译,机械工业出版社2010年版,第170—171页。

② 在这篇论文中,熊彼特还曾引用一位美国著名经济学家在给他的信中对凯恩斯著作的评价,即"《就业、利息和货币通论》内的许多东西,过去已经、现在仍然在充实和完善着我们的思想和分析方法。虽然它没有使我们成为凯恩斯主义者,但是它使我们成了更好的经济学家。"熊彼特认为这个评价精确地概括了凯恩斯成就的实质,并指出:"特别是,它解释了这样(转下注)

凯恩斯,并且一开始就声明:"在一部经济分析史中,从现代宏观经济学的观点出发,我们必须把 J. M. 凯恩斯的《就业、利息和货币通论》(1936 年)视作我们时代最伟大的学术成就,也只有从这一观点出发,我们才能对它作出公允的评价,如从任何其他的观点出发,都不可避免地会带来曲解。"①但对凯恩斯的赞许并不表明熊彼特赞同凯恩斯的观点,事实上,熊彼特对凯恩斯的理论与方法进行了较为系统的批评,其中最为关键的一点则是批评说凯恩斯的著作是所谓"李嘉图恶习"②的一个显著例子,"也就是说,他习惯于在一个脆弱的基础之上,堆砌一大堆实际结论",而熊彼特对此似乎又感觉到无可奈何,"他的那个基础,虽说脆弱,可是,由于简单明了,似乎却又不大相称地不单很吸引人,而且还令人信服"③。这也使我们想起了哈耶克将凯恩斯的理论称为"小店主经济学"的批评④。但无论是熊彼特对

(续上注)一个问题:为什么那些充满知音的批评,尽管在攻击凯恩斯的个别主张或假设时显得很成功,却无法对他的整体结构造成致命的损害? 一个人,尽管他可能认为凯恩斯对社会的整体看法是错误的,甚至可能声称凯恩斯的每一个主张都会把人引入歧途,但是他仍然可能会非常推崇凯恩斯。在这一点上,凯恩斯与马克思很类似。"[美]熊彼特:《约翰·梅纳德·凯恩斯(1883—1946)》,载[美]熊彼特《十位伟大的经济学家:从马克思到凯恩斯》,贾拥民译,中国人民大学出版社 2017 年版,第 268—269 页。

① [美]熊彼特:《经济分析史》(第三卷),朱泱等译,商务印书馆 1994 年版,第 599 页。

② 对于"李嘉图恶习",熊彼特在《经济分析史》的明确说法是:"一种决不可能被驳倒、除了没有意思之外什么都不缺少的理论,诚然是妙不可言的理论。应用这种性质的结果去解决实际问题的习惯,我们将称之为'李嘉图的恶习'。"熊彼特还特地在"妙不可言的理论"后加了一个脚注,以点明凯恩斯与李嘉图的相似处,即:"在谈到凯恩斯勋爵的理论时,里昂惕夫教授曾称这种程序为'绝对推理'。这两个卓越人物,凯恩斯和李嘉图的目的和方法上的相似之处的确是惊人的,虽然那些主要是向一个作家寻求忠告的人不会深深感到这一点。自然,在这方面,凯恩斯与李嘉图之间是有着天壤之别的,而凯恩斯在经济政策上的观点同马尔萨斯的倒更为相似。但我所谈的是李嘉图和凯恩斯获得明确结果的方法。在这一点上,他们在精神上是兄弟。"见[美]熊彼特:《经济分析史》(第二卷),杨敬年译,商务印书馆 1992 年版,第 146—147 页。

③ [美]熊彼特:《经济分析史》(第三卷),朱泱等译,商务印书馆 1994 年版,第 601 页。

④ 相较于熊彼特,哈耶克对凯恩斯理论的批评更为系统,这也与他们之间长期进行直接的辩论有关,相关细节及观点可参见[美]韦普肖特:《凯恩斯"大战"哈耶克》,闻佳译,机械工业出版社 2013 年版;[德]霍伯:《哈耶克"舌战"凯恩斯:思想的巅峰对决》,张翎译,新华出版社 2020 年版。《哈耶克文选》收入了哈耶克批驳凯恩斯理论的两篇论文:《反凯恩斯主义通货膨胀运动》和《对凯恩斯和"凯恩斯主义革命"的个人回忆》。在《反凯恩斯主义通货膨胀运动》中,哈耶克称:"凯恩斯主义经济学征服了舆论,主要是因为这样一个事实:它的论证与年代久远的小店主意识颇为吻合,即他的生意兴隆,全赖消费者对他的货物有所需求。从这种个人的生意经验中得出的貌似有理的错误结论,即普遍繁荣能够通过保持高需求而得到维持,数代人以来一受到经济学的驳斥,却因为凯恩斯而突然重新走红。自 20 世纪 30 年代以来,在他这(转下注)

凯恩斯的赞许还是批评,都不足以构成我们将凯恩斯的经济学与熊彼特的经济学进行直接比较的理由,这是两个不同的问题,而且,他们的理论也明显地分属于两种不同性质的经济学理论:凯恩斯的经济学理论属于选择范式经济学,是一种控制经济学,而熊彼特的经济学属于交换范式经济学,是一种作为社会理论的自由经济学。

第三节　以马克思为镜来理解熊彼特的学术思想

熊彼特一生推崇马克思,但他却不是一个通常所说的马克思主义者,他的学生、诺贝尔经济学奖得主萨缪尔森甚至认为:"在我所有老师当中,熊彼特的经济学从本质上讲是离马克思思想最远的。"①但这不应该成为定论,因为如果我们仔细研究熊彼特与马克思的经济学思想,我们会发现熊彼特与马克思之间比很多自称为马克思主义的人与马克思之间有更多的思想共识,而且这并不是一种新的认识,正如 Elliott 在其 1980 年发表的一篇文章中就曾指出的,"马克思著作中的'熊彼特'比许多马克思主义者愿意接受的还要多,熊彼特分析中的'马克思'甚至比熊彼特愿意承认的还要多。在'资本主义的创造性破坏'这一特定主题上,这两种理论似乎比它们与任何其他一种关于资本主义未来的突出愿景都彼此更为接近"②,我们甚至可以认为熊彼特的经济学在某种意义上是对马克思的经济学的重要突破和发展。熊彼特认为自己是一个保守主义者,他以其创新理论为资本主义的发展动力和成效做了最深刻的系统描述,但他却坚信社会主义必将到来,不仅在《资本主义、社会主义与民主》中驳斥了反对社会主义的各种理由,甚至还详细地勾勒了社会主义民主的蓝图。也许正是因为熊彼特推崇马克思但却不是通常

（续上注）个学派的教诲下长大的整整一代经济学家,都把这作为很有意义的观点加以信奉。结果是 25 年来我们一直在系统地采取一切可能的手段去增加货币支出,从短期看这会创造额外的就业,同时也导致了对劳动力的误导,其最终结果必然是他们的失业。"见[英]哈耶克:《哈耶克文选》,冯克利译,江苏人民出版社 2007 年版,第 137 页。

　　①　转引自[美]麦克劳:《创新的先知:熊彼特传》,陈叶盛、周瑞明、蔡静译,东方出版中心 2021 年版,第 45 页。

　　②　Elliott, J. E. (1980). "Marx and Schumpeter on Capitalism's Creative Destruction: A Comparative Restatement". *The Quarterly Journal of Economics*, Vol. 95, No. 1, p.45—46.

所说的马克思主义者——连马克思自己也可能不是那种马克思主义者,马克思可以成为我们理解熊彼特学术思想参照最为重要的参照之一,甚至可以说,只有在马克思的思想背景下,熊彼特的经济学思想才能获得恰当的理解①。当然,相比于熊彼特,马克思的研究范围要广泛得多,所以我们这里将马克思作为理解熊彼特学术思想的合理参照,不仅只是就马克思政治经济学思想而言的,而且也只是就马克思政治经济学思想的一部分而言的,正如熊彼特在《经济发展理论》中在谈到自己对经济发展的理解与马克思相接近时所明确承认的,其对经济发展问题的新陈述"同马克思的陈述更加接近。因为根据马克思,有一种内部的经济发展,而不只是经济生活要与变化着的情况相适应。但是,我的结构只包括他的研究领域的一小部分。"②

一、马克思是熊彼特在学术追求上的重要榜样

我们可以说,在所有不赞同马克思一些具体研究结论的经济学家当中,作为世界上最为著名的经济学家的熊彼特给予了马克思的理论以最高评价,正如他在《资本主义、社会主义与民主》一书的"前言"的第一句话就指出的:"大多数智力或想像力的创作,经过短的不过饭后一小时,长的达到一个世纪的时间,就永远消失了。但有一些创作却不是这样。它们遭受几度隐没,复又重现,它们不是作为文化遗产中不可门诊的成分而重现,而是穿着自己的服装,带着人们能看到的、摸到

---

① 除马克思外,马克斯·韦伯也可以作为理解熊彼特思想的重要参照,但由于马克思本身也是我们恰当理解马克斯·韦伯思想的重要参照,所以我们这里选择以马克思作为熊彼特思想的参照是更为合理的。实际上,马克思、韦伯与熊彼特为解释资本主义所建立的理论体系可以构成我们理解资本主义的"思想三角",韦伯与熊彼特都在与马克思的对话中补充和发展了马克思关于资本主义的分析,进而形成对资本主义更为系统的理解,但这还需要得到进一步的系统梳理与辨析。韦伯对资本主义最为成熟的认识见于其最后的著作《经济通史》(Gerneral Economic History),洛维特所著的《韦伯与马克思以及黑格尔与哲学的扬弃》对韦伯与马克思的学术思想进行了一些比较,但他并没有对韦伯最后的著作《经济通史》进行分析,本迪克斯的《马克斯·韦伯思想肖像》也未专门介绍《经济通史》一书,但 Collins 在其 1986 年出版的《韦伯的社会学理论》中主要以《经济通史》为依据比较了韦伯与马克思的思想,并比较了韦伯与熊彼特的思想。具体可参见[德]洛维特:《韦伯与马克思以及黑格尔与哲学的扬弃》,刘心舟译,南京大学出版社 2019 年版;[美]本迪克斯:《马克斯·韦伯思想肖像》,刘北成等译,上海人民出版社 2020 年版;Webber, M.([1927] 2023). *General Economic History*. Translated by Knight, F. H., Routledge;Collins, R. (1986). *Weberian Sociological Theory*. Cambridge University Press.

② [美]熊彼特:《经济发展理论》,何畏、易家详等译,商务印书馆 2020 年版,第 70 页。

的自己的瘢痕而重现。这些创作,我们完全可以称之为伟大的创作——这个把伟大与生命力联结一起的称谓不会不恰当。从这个意义上说,无疑这伟大一词适合马克思的理论。"①

　　熊彼特之所以会对马克思的理论有如此高的评价,是因为他基于思想史对马克思思想的深入研究,庞巴维克则是熊彼特研究马克思思想的重要引路人②。在马克思去世那年出生的熊彼特不仅深受马克思思想的影响,也像马克思那样具有广博的学识和卓越的批判分析能力,这使他比其他经济学家能够更好地理解马克思,马克思甚至成了熊彼特在学术上的实际榜样,诚如熊彼特在哈佛大学的学生萨缪尔森曾指出的:"熊彼特对马克思'博学广识、敢于推测以及具有动态视角'的赞美实际上是在描述他自己。"③熊彼特在哈佛大学的另一位重要学生托宾也曾写道:"我一直认为熊彼特的野心是创建一个和马克思理论拥有相同视野和广度,但又能推翻马克思主义的历史理论。"④而熊彼特的妻子伊丽莎白·布迪·熊彼特在为熊彼特的《十位伟大的经济学家》所写的"前言"中也是明确地将熊彼特与马克思联系在一起的,而凯恩斯只是因为他在马克思去世那一年与熊彼特一起出生而被提

────────────────

　　① ［美］熊彼特:《资本主义、社会主义与民主》,吴良健译,商务印书馆1999年版,第43页。
　　② 正是从参加庞巴维克的研讨班开始,熊彼特不仅与一批马克思主义研究者和批评者不断进行交流,他自己也深入系统地研究了马克思的著作,由此,熊彼特持续一生与马克思展开了深层对话,这不仅集中体现在其人生晚期著述的《资本主义、社会主义与民主》和《经济分析史》中,也体现在其早年出版的《经济发展理论》中。在《经济分析史》中,熊彼特还总结了四点阅读心得,这特别值得我们重视,即"读读马克思著作的选录,或者甚至是单单读读《资本论》第一卷,都是没有什么意思的。任何一个想要对马克思稍稍进行研究的经济学家,必须定下心来仔细阅读整个的《资本论》三卷和《剩余价值学说》三卷。其次,没有事先的准备就去研究马克思也是没有一点意思的。他不仅是一个难于理解的作家,而且由于他所使用的科学工具的性质,如果不具备有关他那时期的经济学——特别是李嘉图——以及有关一般经济理论的必要知识,是不能了解他的。由于这种知识的需要并不能从表面看出,所以它就格外重要了。再次,读者必须提防被少数的黑格尔专门术语引入歧途……他有时使用的字眼是具有特殊的黑格尔含义的,一个从通常的意义去理解这些字眼的读者,就不能体会马克思的意思。最后,一个想要得到除教训之外的任何东西的读者,当然必须学会把事实和逻辑上健全的推理同意识形态上的幻想区别开来。马克思自己在这一方面帮助了我们:有时候,当他模糊地意识到意识形态上的幻想时,为了防卫,他的骂人的话也就格外激烈,因而这就指点出了不对头的那种地方。"见［美］熊彼特:《经济分析史》(第二卷),杨敬年译,商务印书馆1992年版,第21—22页。
　　③ 转引自［美］麦克劳:《创新的先知:熊彼特传》,陈叶盛、周端明、蔡静译,东方出版中心2021年版,第44页。
　　④ 转引自［美］麦克劳:《创新的先知:熊彼特传》,陈叶盛、周端明、蔡静译,东方出版中心2021年版,第337页。

及。进一步来看,熊彼特对资本主义的经济学分析不是今天所说的"纯经济学的",而是具有广阔时代背景和广阔历史视野的经济学,正如 Stolper 曾指出的,将经济理论、政治学、社会学和历史学等结合起来是熊彼特经济学的主要特征①,而这与马克思的政治经济学是极为相似的,他们所从事的都是作为社会理论的经济学。

二、熊彼特与马克思在学术思想上的共识

由于对社会变迁特别是资本主义演变这一核心议题的关注,马克思和熊彼特的经济学都是作为社会理论的经济学,伊丽莎白所重点强调的也正是熊彼特和马克思都把经济发展看成是一个过程这个共同点,她引用了熊彼特为《经济发展理论》的日文版所写的"序言"中的"自白"来作为证明:"开始时我不清楚,但是读者应该立刻就能看清,[我(熊彼特)本人的]这种思想、这种目标与构成卡尔·马克思的经济学说的基础的那种思想、那种目标完全一样。实际上,他[马克思]与他同时代的以及他以前的经济学家的区别就在于他对经济发展的独特看法,即把经济发展看成经济制度本身所导致的一种特定的过程。马克思政治经济学说的所有其他方面,都不过是采用和修改了李嘉图经济学的概念和观点而已。但是经济发展的概念,却可以说完全是马克思自己的创见,至于他把这个概念放入黑格尔哲学背景中的做法,其实并不是关键。很可能正是因为这一点,一代又一代经济学家才会不断地提及马克思,尽管他们可以从其他许多方面批评他。"②熊彼特不仅以"经济发展"作为其书名,还在《经济发展理论》的一处脚注中明确承认他基于技术变革和生产组织变革所形成的关于经济发展问题的新陈述同马克思的陈述更为接近,"因为根据马克思,有一种内部的经济发展,而不只是经济生活要与变化着的情况相适应"③。而他在正文中关于每个发展过程都依存于前一个发展过程的阐述④也与他

---

① Stolper,W.(1979)."Joseph Alois Schumpeter-A Personal Memoir",*Challenge*,XXI,pp.64—69.

② 转引自[美]伊丽莎白:《前言》,载[美]熊彼特《十位伟大的经济学家:从马克思到凯恩斯》,贾拥民译,中国人民大学出版社 2017 年版,第 2—3 页。

③ [美]熊彼特:《经济发展理论》,何畏、易家祥等译,商务印书馆 2020 年版,第 70 页,脚注。

④ 我们在前面讨论熊彼特为什么要将瓦尔拉斯均衡假设为自己研究的"自然状态"时已引述了相关内容,具体参见[美]熊彼特:《经济发展理论》,何畏、易家祥等译,商务印书馆 2020 年版,第 73 页。

后来在《资本主义、社会主义与民主》中对马克思理论的评述是完全一致的,即:"有一个真正伟大成就可以抵消马克思理论上的轻微过失。通过他分析中的有缺点甚至非科学的全部东西,贯穿着一个没有缺点也不是非科学的根本观念——一种理论观念,不仅是无数不连接的各别模式,也不仅是一般性经济数量的逻辑,而是那些模式或经济过程的实际序列,它在历史进程中以自身的动力前进,每时每刻产生由本身决定下一个状态的状态。因而,这位有许多错误观念的作者也是想像出即使在今天仍可算为未来经济理论的第一人。"①在《经济分析史》中,熊彼特也称:"马克思是试图为资本主义过程建立清晰模型的第一个人。"②

除对经济发展这个重要议题的一致性理解外,我们还可以通过熊彼特对马克思理论的诸多积极评价看到熊彼特经济学思想与马克思的相似之处,这主要包括但不限于以下几个方面。一是在研究的对象上将经济发展看作是一个内生的演进过程③。熊彼特在这方面对马克思的评价是:"马克思的理论具有一种为其他经济理论所没有的意义,即它是进化的:它企图揭示这样一种机制,仅仅由于这种机制的作用,不借外部因素的助力,就会把任何一定的社会状态转变为另一种社会状态。"④二是在研究的视角上强调过程及要素的社会性,也就是非经济因素的重要性。熊彼特并不将资本主义仅仅视作一个经济体系,"资本主义意味着一种价值体系,对生活的一种态度,一种文明——不平等的和家庭财产的文明"⑤,"当运用资本主义这个词时,我们所想到的现实不仅与各种不同的科学、政治以及民族主题相关,而且还与科学领域内的社会学、社会心理学、文化分析和历史相关"⑥,而对马克思来说,"非经济动机的作用和机制的解释以及社会现实如何反映在个

---

① [美]熊彼特:《资本主义、社会主义与民主》,吴良健译,商务印书馆1999年版,第96页。

② [美]熊彼特:《经济分析史》(第二卷),杨敬年译,商务印书馆1992年版,第20页。

③ 熊彼特在《经济发展理论》的英文版序言中曾提到,他最初使用了"静态"和"动态"来表示两种不同的结构,但他现在不这样使用了,他觉得他所说的"动态"与演进理论有惊人的相似,后来他在其他地方也提到现在在经济学中所说的"动态"是从一个均衡到另一个均衡,而这种分析方法实质上还是"静态的"。

④ [美]熊彼特:《经济分析史》(第二卷),杨敬年译,商务印书馆1992年版,第20页。

⑤ [美]熊彼特:《大步进入社会主义》,载[美]熊彼特《资本主义、社会主义与民主》,吴良健译,商务印书馆1999年版,第31页。

⑥ 转引自[美]麦克劳:《创新的先知:熊彼特传》,陈叶盛、周端明、蔡静译,东方出版中心2021年版,第45—46页。

人精神上的分析是这个理论的重要成分,也是它最有意义的贡献之一"①,其最重要的体现就是经济学与社会学的紧密结合②。在这个方面,按日本学者 Shionoya 的说法,"熊彼特将社会体系的相互依存性建立在上层建筑(the superstructure)和下层建筑(the substructure)之间的马克思二分法之上,而不是建立在瓦尔拉斯一般均衡方案之上。"③三是在研究的方法上将理论与历史很好地结合起来。这既源于熊彼特试图将德国历史学派与奥地利学派进行综合的意图,也源于他对很多经济学家只是将经济史中的事实用于说明问题或证明结论也就是只做到理论与历史的机械混合感到不满,"可是马克思的混合是一种化学结合;也就是说,他引用事实进入产生结论的论据之中,他是系统地看到和教导他人经济理论如何可以进入历史分析和历史叙述,如何可以进入历史理论的第一个一流经济学家"④。四是尽管理论依据是不同的,但在研究的结论上却也是相似的,那就是资本主义终将会被社会主义所取代。这是熊彼特所明确承认的,"虽然我的许多论点不同于许多社会主义作家、特别是所有马克思主义者的论点,但我的最后结论却与他们并无不同"⑤。

三、熊彼特的"资本主义—社会主义"观与马克思的区别及其认识根源

　　熊彼特一生专注于资本主义研究,而社会主义也是其持续 40 年的思考主题,

①　[美]熊彼特:《资本主义、社会主义与民主》,吴良健译,商务印书馆 1999 年版,第 52 页。
②　对此,熊彼特对马克思也有一段充满文采的评价:"在马克思的论证中社会学和经济学互相渗透。在意图上,某种程度也在具体实践上,它们是一件事。因此所有重要概念和命题既是经济学的又是社会学的……由此给予分析的生命力是不能怀疑的。经济理论的一些幽灵似的概念开始呼吸。无生气的定理逐渐能够活动、奔驰和呐喊;不失其逻辑性,它不再仅仅是一个关于抽象体系的逻辑特性的命题;它是描绘社会生活急剧动乱的画笔的笔触。这样的分析不仅传达了比所有经济分析所描绘的更丰富的意义,而且它还包含远为广阔的领域——它把每一种阶级活动绘入图画,不管这种阶级活动是否符合经济程序的一般规律。战争、革命、各种类型的立法、政府结构的变化,总之,所有非马克思主义经济学完全当作外部干扰对待的一切事物,全都与(譬如说)机器投资或劳动交易一起,找到它们的位置——单一的解释性图式包罗了每一件事物。"见[美]熊彼特著:《资本主义、社会主义与民主》,吴良健译,商务印书馆 1999 年版,第 98—99 页。
③　Shionoya,Y.(1997). *Shumpeter and the idea of social science: a metatheoretical study*. Cambridge University Press,p.248.
④　[美]熊彼特:《资本主义、社会主义与民主》,吴良健译,商务印书馆 1999 年版,第 97 页。
⑤　[美]熊彼特:《资本主义、社会主义与民主》,吴良健译,商务印书馆 1999 年版,第 120 页。

考虑到这也是马克思终其一生的研究主题①,这就进一步引出了一个重要的问题,为什么熊彼特在对经济发展的认识与马克思相一致并且在研究对象、研究视角、研究方法、研究结论等也与马克思相似的情况下,他们关于资本主义与社会主义的观点却会不一致呢?

让我们首先从他们对资本主义本质的不同认识开始。霍奇森在《资本主义的本质》一书中曾综合整理了学界对资本主义本质的理解并据此专门对马克思与熊彼特的资本主义观进行了比较,但这种比较仍有可商榷之处,我们可以以此为参考但不能局限于此②。总体而言,马克思将资本主义看作是拥有生产资料的资本家对缺乏生产资料的无产阶级或工人阶级进行剥削的制度体系,其驱动力在于资本家对剩余价值的追求。但对熊彼特来说,"资本主义本质上是一种经济变动的形式或方法,它不仅从来不是、而且也永远不可能是静止不变的……开动和保持资本主义发动机运动的根本推动力,来自资本主义企业创造的新消费品、新生产

---

① 对于资本主义,熊彼特并没有赋予其一个明确且一致的定义,但财产私有和自由企业制度是熊彼特在很多场合所强调的,但熊彼特对社会主义的明确定义,即"社会主义社会这个概念我们指的是这样一种制度模式,在这个模式中生产手段和生产本身的控制权都授予中央当局,或者我们可以说,在这个模式中,原则上社会的经济事务属于公共范围而不是属于私人范围。"([美]熊彼特:《资本主义、社会主义与民主》,吴良健译,商务印书馆1999年版,第258页)但马克思对于资本主义与社会主义同样没有给出十分明确的定义,它们的划分以生产资料所有制为基础,前者为私有制,后者为公有制,但马克思对于公有制的实现形式也没有给出明确的界定,包括对于共产主义,马克思也始终拒绝对其进行详细描述,在马克思看来,"共产主义对我们来说不是应当确立的状况,不是现实应当与之相适应的理想。我们所称为共产主义的是那种消灭现存状况的现实的运动。这个运动的条件是由现有的前提产生的。"([德]马克思、恩格斯:《德意志意识形态》,载《马克思恩格斯文集》(第1卷),人民出版社2009年版,第539页)

② 霍奇森在《资本主义的本质》一书中将资本主义定义为具有如下六个特征的一种社会经济体制,即:"(1)一个法律体系支持拥有、购买和出售私有财产的普遍个人权利和义务;(2)普遍的商品交换和包含货币的市场;(3)普遍的生产资料私人所有,企业据此为出售而生产物品和服务,追求利润;(4)多数生产的组织是分离的,脱离了居家生产和家庭生产;(5)普遍的雇佣劳动和雇佣合同;(6)一个有银行制度的发达金融体系,普遍使用可以把财产用作抵押的信用,出售债务。"以此为基础,霍奇森比较了马克思与熊彼特关于资本主义的认识区别。霍奇森将马克思的资本主义取名为M型资本主义,并认为它按照条件(1)—(5)来定义,但略去了条件(6);熊彼特的资本主义则被取名为S型资本主义,它按照条件(1)—(4)和(6)来定义,但略去了条件(5)。"(参见[英]霍奇森:《资本主义的本质:制度、演化和未来》,张林译,格致出版社、上海三联书店和上海人民出版社2019年版,第328—329页)但本书不采用这种区分,而且认为马克思忽略了条件(6)可能并不妥当,实际上,马克思在《资本论》第三卷关于股份制的讨论中就集中研究了信用的重要性。

方法或运输方法、新市场、新产业组织的形式"①。这是熊彼特早在《经济发展理论》中就已经形成的认识②,他将循环流转渠道中出现的自发的和间断的变化归于工业和商业领域而非消费者对最终产品的需要的领域③。同时,熊彼特强调有两个方面的事实对于伴随实现这些新组合而来的现象以及对于理解它所涉及的问题是至关重要的,一是"新组合并不一定要由控制被新过程所代替的生产或商业过程的同一批人去执行";二是"每当我们牵涉到根本原则时,我们绝不应假定,新组合的实现是通过使用闲置的生产手段来进行的"④。这样就带来了"资本家"与"企业家"的区分,前者主要是提供信用,后者则提供新组合。

特别需要注意的是,和马克思对"资本家"和"工人"等概念的使用方式⑤一样,熊彼特对"资本家"和"企业家"的理解也都是基于社会职能(function)的,也正是这一点将经济学对一些重要概念的使用与日常生活对这些概念的使用区别开来⑥。在熊彼特看来,虽然"马克思比同时代任何别的经济学家更清楚地看到这个

---

① [美]熊彼特:《资本主义、社会主义与民主》,吴良健译,商务印书馆1999年版,第120页。

② 在《经济发展理论》中,熊彼特将发展定义为执行新的组合,包括有五种情况,即"(1)采用一种新的产品……(2)采用一种新的生产方法……(3)开辟一个新的市场……(4)掠取或控制原材料或半制成品的一种新的供应来源……(5)实现任何一种工业的新的组织……"见[德]熊彼特:《经济发展理论》,何畏、易家祥等译,商务印书馆2020年版,第76页。

③ 熊彼特并未否定由消费者产生新的需要所带动的生产的变革,但坚持认为,"一般是生产者发动经济的变化,而消费者只是在必要时受到生产者的启发;消费者好像是被教导去需要新的东西,或者在某些方面不同于,或甚至完全不是他所习惯使用的东西。"见[德]熊彼特:《经济发展理论》,何畏、易家祥等译,商务印书馆2020年版,第75页。

④ [德]熊彼特:《经济发展理论》,何畏、易家祥等译,商务印书馆2020年版,第76—77页。

⑤ 马克思在《资本论》第一卷序言中曾写道:"为了避免可能产生的误解,要说明一下。我决不用玫瑰色描绘资本家和地主的面貌。不过这里涉及的人,只是经济范畴的人格化,是一定的阶级关系和利益的承担者。"([德]马克思:《资本论》(第一卷),人民出版社2004年版,第10页)在《资本论》的英文版中,与这里的"经济范畴"对应的英文为"economic categories"。(Karl Marx. *Capital: A Critique of Political Economy*, Vol. 1. Translated by Ben Fowkes, Penguin Books, 1976,p.92.)另外,按照马克思在《资本论》中用词,这里所讲的"一定的阶级关系和利益的承担者"就是一定社会职能(function)的承担者,其英译本明确使用的是"工人的职能"(the function of the worker)、"资本家的职能"(the function of a capitalist)。

⑥ 除科斯曾指出经济学家因未能阐明其假设而导致了大量误解和无谓的争辩外,未能意识到一些重要经济学概念与日常用语间的区别也是导致大量理论误用和争辩的重要原因。对于经济学家使用的一些术语与日常使用的区别,米塞斯(Mises)有非常清楚的陈述,即"当人们在处理他们自己的行动问题时,以及当经济史、描述性经济学和经济统计在报告他人的(转下注)

(转下注)

产业变化的过程,更全面地理解它的关键重要性。这点并不意味着他正确懂得了它的性质或正确分析了它的机制。对他来说,这个机制只能归结为构成大量资本。他没有适当的企业理论,他未能分辨企业家与资本家的区别"①。对于这种因时代不同而造成的局限性,熊彼特进行了相应的分析②,这也进一步确立了其理论的独特贡献,尽管这一贡献并非是完全原创性的③。因此,当马克思认为利润就是

(续上注)行动时,常会用到'企业家'(entrepreneur)、'资本家'(capitalist)、'地主'(landowner)、'工人'(worker)和'消费者'(consumer)等术语,这时他们所说的是观念类型(ideal types)。但当经济学家使用这些相同的术语时,它所说的是交换学范畴(catallactic categories)。经济理论中的企业家、资本家、地主、工人和消费者并不是人们在现实生活或历史中所遇到的活生生的人。他们只是市场运行中不同职能(function)的体现。"见 Mises, L. V., *Human Action: A Treatise on Economics* (4th Revised eds.). San Francisco:Fox & Wilkes,1996, p.251.

① [美]熊彼特:《资本主义、社会主义与民主》,吴良健译,商务印书馆1999年版,第81页。

② 在《经济发展理论》中,熊彼特称:"日益增长的专门化可能使职能及性质鲜明地表现出来,而在比较原始的状况中,由于和其他的职能及性质混合一起,则是比较难于认清的。这种情况在我们的例子里也是如此。在一个原始游牧民族的首领的一般地位中,很难把企业要素同其他要素分开。由于同样的理由,小穆勒时代以前的大多数经济学家未能把资本家和企业家分开,因为一百年以前的制造商是一身而二任的。"(见[德]熊彼特:《经济发展理论》,何畏、易家祥等译,商务印书馆2020年版,第87—88页)而在《经济分析史》中,熊彼特则突出强调了马克思的重要性,即:"在整个这一时期,有很大一批经济学家没有将企业家与资本家区分开来,没有将企业家的利得与资本家的利得区分开来。所有这些经济学家基本上仍然把企业家看作是A.斯密和李嘉图意义上的资本家。因此,对他们说来,所要解释的主要东西是资本的报酬。在持这种观点的所有经济学家当中,马克思主义者作为一个派别是最重要的。因此,马克思主义的剥削理论是资本剥削劳动的理论;所以,按照过去和现在的通常做法,把这种理论列入利息理论中是正确的。毫无疑问,在马克思的剧本中是有企业家的。但他是躲在幕后的,他的利得不是一个马克思主义的问题。只有对它作非马克思主义的再解释,才能把它插入马克思主义的体系中。甚至在马克思对集中过程的描述中,也是大资本家掠夺——'剥夺'——较小的资本家。一旦我们认识到这一点并因此而把马克思主义者以及其他采取类似观点的作家排除在外,我们便很难找到一个真正鼓吹我们所谓的企业家利得掠夺理论的作家。"(见[美]熊彼特:《经济分析史》(第三卷),朱泱等译,商务印书馆1994年版,第219—220页)

③ 在《经济分析史》中,熊彼特就明确提到:"按照法国(坎梯隆)传统行事的J.B.萨伊,是第一个在经济过程图式中给予企业家(作为企业家本身并有别于资本家)一定位置的人。他的贡献由下面一句精辟的话作了概括:企业家的职能在于把各个生产要素结合成为一个进行生产的有机体。的确,这句话可以有很大的意义,也可以没有意义。他肯定未能充分利用它,大概也没有看出它应用于分析的全部可能性。在某种程度上他认识到,如果使企业家在分析图式中成为他在资本主义现实中的那样的一种人,即每一样东西都围绕着他来旋转的枢轴,那么可以得到一种大为改进的经济过程理论。"见[美]熊彼特:《经济分析史》(第二卷),杨敬年译,商务印书馆1992年版,第273页。

剩余价值,并着力去讨论剩余价值率转化为利润率以及利润在产业资本家、商业资本家和货币资本家以及地主之间进行分配时,熊彼特将利润看作是企业家履行其职能的回报。

熊彼特对利润的不同认识使利润在社会中的角色发生了颠覆性变化,按照德鲁克的说法,一是"熊彼特的《经济发展理论》做了古典经济学家、马克思和凯恩斯都做不到的事情:它使利润实现了经济功能";二是当创新成为利润的唯一来源时,由于"创造性破坏"导致昨天的资本设备和资本投资过时,因而也需要更多的资本形成,利润由此成为一种维持和创造业务和就业的真正的成本,"如果利润是一种真正的成本,特别是如果利润是维持就业和创造新就业的唯一途径,那么'资本主义'再次成为一种道德体系"①。正是由于这种对利润的颠覆式认识,当马克思强调资本集中导致资本垄断而成为生产方式的桎梏时,熊彼特则在理论上公开为垄断进行辩护,认为"在那些企业家利润之中包含或者可能包含一种真正垄断收益的因素,它是资本主义社会颁给成功革新者的资金","对一家企业而言,由专利权或垄断策略获得的独家卖主地位的重要价值,主要不在于可以有暂时根据垄断图式行事的机会,而在于它提供了应付市场混乱的保护和保证企业执行长期计划的空间"②。可以说,正是由于对利润的不同理解,使熊彼特将一种全新的经济学思维带入了经济学并可能对政府政策产生重要影响,恰如德鲁克所指出的:"熊彼特经济学中的问题总是:有足够的利润吗?是否有足够的资本形成来支付未来的成本、继续经营的成本和'创造性破坏'的成本?仅此一点,熊彼特的经济模式就成为唯一一个可以作为我们所需经济政策起点的模式。"③

最终,我们看到,沿着马克思的逻辑,资本主义将因其失败而崩溃并迎来社会主义,即:"生产资料的集中和劳动的社会化,达到了同它们的资本主义外壳不能相容的地步。这个外壳会被炸开。资本主义私有制的丧钟响起来了。剥夺者被剥夺了"④。但熊彼特则提出了相反的结论,即:"资本主义制度的实际和预期的成

---

① Drucker,P. F.(1983)."Schumpeter And Keynes",https://www.bulidomics.com/w/images/7/70/Schumpeter-and-keynes-peter-f-druker-forbes.pdf.

② [美]熊彼特:《资本主义、社会主义与民主》,吴良健译,商务印书馆1999年版,第171页。

③ Drucker,P. F.(1983)."Schumpeter And Keynes",https://www.bulidomics.com/w/images/7/70/Schumpeter-and-keynes-peter-f-druker-forbes.pdf.

④ [德]马克思:《资本论》(第一卷),人民出版社2004年版,第874页。

就足以否定它要在经济失败的重压下崩溃的观点,但就是它的成功破坏了保护它的社会制度,'不可避免地'创造出资本主义不能生存下去并强烈地指定社会主义作为它继承人的条件。"①由此来看,熊彼特自认为的"最后结论却与他们并无不同"实际上只是表面的,因资本主义失败而产生的社会主义与因资本主义成功而产生的社会主义所需要面对的人和事应该会有极大的不同。

四、对熊彼特与马克思之间深层思想一致性的再探讨

正是资本主义与社会主义这样的宏大议题让熊彼特与马克思紧密地联系在了一起,虽然他们之间具体观点差异甚大,但也正是在资本主义最终将被社会主义所取代这一共同的理论结论中,我们确实又可以找到熊彼特思想与马克思思想在历史演进图式上的深层一致性,这也是马斯格雷夫在 1992 年的论文中曾指出的:"由于对马克思从封建主义到资本主义最终到后稀缺时代的社会主义这一线性发展轨迹的判断深信不疑,熊彼特不会接受以其他坐标表示的演化方式。"②

具体来看,这种深层一致性有两个主要特征,一是他们都采用了曾流行于中西方的"三段论"的历史图式,而且他们的"三段论"都是面向未来而非复古的③。熊彼特所设想的社会主义又回到他在《经济发展理论》中第一章所描述的

---

① [美]熊彼特:《资本主义、社会主义与民主》,吴良健译,商务印书馆 1999 年版,第120 页。

② Musgrave, R. A., (1992). "Schumpeter's crisis of the tax state: an essay in fiscal sociology", *Journal of Evolutionary Economics*, No. 2, p. 102.

③ 无论是在中国还是在西方的思想传统中,都曾流行"三段论"历史图式,其特点是肯定过去、否定现在和设想未来,如中国孔子提出的太平世、据乱世、升平世的"三世说",如基督教神学提出的伊甸园的纯洁、堕落、最后的拯救"三阶段说"等等。虽然现代观念的发展逐步否定了这种传统的历史图式,但启蒙运动后所提出的各种历史图式仍是"三段论",其与传统历史图式的主要区别在于是否肯定现在、是否以现在为起点。据此区分了两种类型,一是有一个未来阶段,但未来阶段不是按照某个被美化的过去而设想出来的,而是以现在的文明成就为起点来设计弥补不足的现实方案。大家所熟知的重要启蒙思想家康德属于此类,其主张是,人类从启蒙时期起已经进入了成年时期,其"最后的问题"是建立法治与民主的秩序,使人类本性所要求的自由得到充分实现。二是认为历史终结于现在,席勒、黑格尔和孔德等属于此类,如黑格尔把历史发展看作是精神的发展,经历主观精神、客观精神和绝对精神三个阶段,而"历史的最后阶段,就是我们的世界,我们的时代"。孔德所区分的三个阶段则是神学阶段(虚构阶段)、形而上学阶段(抽象阶段)和科学阶段(实证阶段),而他自己所处的阶段就是实证阶段。但这两种现代历史图式之间并无根本区别,其目的都在于强调现实的人的价值,肯定世俗活动的意义。受黑格尔"肯定—否定—否定之否定"辩证法的影响,马克思在斯密等人的奴隶社会、封建社会(转下注)

不存在创新的循环流转状态,但这也是需要严格的假定条件的,即:"假定生产方法已经完善到不容进一步改善的境地。此时将出现或多或少的静止的状态。本质上属于一个进化过程的资本主义就会萎缩衰退。此时,企业家将无事可做。"①二是和马克思所设想的一样,其社会主义都代表着一个生产力高度发达因而稀缺问题已经不复存在的阶段,此时其实是不存在交换范式经济学所认为的同时也是哈耶克和布坎南等所重视的经济问题了,也就是说,对社会主义本身的分析其实已经超出了交换范式经济学的研究范围,这既可能是马克思在《资本论》中拒绝详细讨论社会主义的主要原因,也可能是熊彼特在《资本主义、社会主义与民主》一书中对社会主义的讨论主要是针对民主这类非经济事务的主要原因。

其实,无论是对马克思来说,还是对熊彼特来说,他们所说的社会主义都只是基于其理论逻辑的社会预测,我们不必过于纠结于这种预测的具体结果本身,正如熊彼特曾指出的:"任何社会预测,有价值的不是由总结事实与论据所导出的是或否,而是那些事实与论据本身。它们包含着在最后结论中合乎科学的一切东西。此外的一切不是科学而是预言。不论是经济分析还是别的分析,得到的最多只是关于可以观察到的模式中所呈现趋势的一份报告书,这些趋势永远不会告诉我们这个模式将发生什么,只会告诉我们,这些趋势如果像我们观察时一直活动那样继续活动,如果没有别的因素侵入时会发生什么。'不可避免'或'必然性'决

（续上注）和资本主义社会的"三阶段说"之前后分别加了"原始共产主义社会"和"共产主义社会",中间的可概括为"阶级社会",从而形成马克思的"新三段论"。但与黑格尔把历史终结于现在不同,马克思历史图式的最后阶段是未来的。马克思恢复了传统观念中的"三段论",他根据人类原始部落的财产共有制来设想一个未来社会,进而以设想中的未来社会为标准来否定现实社会。从这个意义讲,马克思的"三段论"与启蒙运动的现代历史图式相对立,与浪漫主义相接近,正因为如此,被称为"浪漫主义之父"的德国剧作家席勒也被一些研究者称为是"马克思主义的不知道的父亲",这些研究者找到了马克思关于异化的论述与席勒对现代文明的批判之间的高度相似性。但马克思毕竟还是超越了浪漫主义,因为浪漫主义只是简单地将回到过去看作是拯救现在的出路,而马克思着眼的是未来,其对未来阶段的设想是建立在抽象的、未被观察到的事实的基础上的。北京大学尹保云教授简练地分析了马克思的历史图式及其与传统历史图式的联系,参见尹保云主编《走出困境:马克思主义与中国现代化》,中国人民公安大学出版社 2005 年版,第一章"马克思的现代化观"中的"马克思的历史图式",第 23—34 页。

① [美]熊彼特:《资本主义、社会主义与民主》,吴良健译,商务印书馆 1999 年版,第209 页。

不会有比这更多的意义。"①当我们读到熊彼特自问自答"资本主义能存在下去吗?不,我不认为它能存在下去"②以及"社会主义能行得通吗? 当然行得通"③时,牢记我们上面引用的熊彼特的那段话是十分重要的。

　　最后我们还可以提到熊彼特和马克思之间的一个共享经历,那就是他们都是由法律学习而最终转向作为社会理论的经济学研究的。熊彼特在维也纳大学主要是学习法律,所获得的学位是民事和罗马法学位,麦克劳认为,"获得该学位加深了他对政治和历史的理解。"④马克思在波恩大学学习的是法律与公共管理课程,转学到柏林大学后首先学习的也是法律专业,罗马法、民事诉讼法等也是必修课⑤。至于这段共同的法律学习经历是否构成熊彼特和马克思之间思想的深层一致性的一部分,这还需要进一步的研究。

---

　　① 〔美〕熊彼特:《资本主义、社会主义与民主》,吴良健译,商务印书馆 1999 年版,第119 页。

　　② 〔美〕熊彼特:《资本主义、社会主义与民主》,吴良健译,商务印书馆 1999 年版,第119 页。

　　③ 〔美〕熊彼特:《资本主义、社会主义与民主》,吴良健译,商务印书馆 1999 年版,第257 页。

　　④ 〔美〕麦克劳:《创新的先知:熊彼特传》,陈叶盛、周端明、蔡静译,东方出版中心 2021 年版,第 38 页。

　　⑤ 参见〔意〕默斯托:《另一个马克思:从早期手稿到国际工人协会》,孙亮译,中国人民大学出版社 2022 年版,第 22 页。

第 六 章

熊彼特的经济学与财政学思想

奥斯汀·罗宾逊(Austin Robinson)在 1953 年为 Harris 主编的纪念文集《社会科学家熊彼特》①所写书评的第一段自问自答道:"从经济学发展的长远视角来看,熊彼特在一百年后将享有何种地位? 我怀疑是这样的,回想起来,他将被证明是一个比同时代人更具权威性的人物(a more commanding figure)。因为很可能(我自己的观点是这样的),熊彼特提出了关于经济发展的原因和条件的真正重要和持久的问题,而他的许多同时代人却在不必要地纠缠于小问题。"②非常有意思的是,在《经济分析史》这本巨著中,熊彼特以其令人惊叹的博学对为经济学发展作出过杰出贡献的 1 000 多位经济学家和思想家进行了精彩绝伦且谦逊凝练的点评,但他对自己却只字未提。尽管如此,我们却可以从《经济分析史》中处处看到熊彼特在《经济发展理论》和《资本主义、社会主义与民主》及其他著作中所体现的学术思想。也许我们可以说,《经济分析史》是熊彼特关于自己学术思想及其形成的最为重要的说明。

第一节　熊彼特学术思想的方法论基础与文本特征

熊彼特的经济学是作为社会理论的经济学,对此我们可以进一步从熊彼特对方法论个人主义的使用来作进一步的确认,更何况学术界现在基本公认"方法论个人主义"(Der Methodologische Individualismus)这个词首先就是由熊彼特公开提出来的。同时,考虑到熊彼特在《经济分析史》中特别重视"愿景"(vision)对于

---

① Harris, S.E.(eds.)(1951). *Schumpeter*, *Social Scientis*. Harvard University Press.

② Robinson, A.(1953). Review of Schumpeter, Social Scientist. *The Economic Journal*, Vol. 63, No. 249, p.126.

理论构建的引领作用以及他常使用的讽刺的写作手法可能使人误解其真实意图，所以，理解这些方面对于我们更好地理解熊彼特的学术是非常重要的。

一、熊彼特的方法论个人主义

熊彼特在 1908 年出版的《国民经济理论的实质与主要内容》(*Das Wesen und der Hauptinhalt der theoretischen Nationalökonomie*)一书中将"方法论个人主义"作为一章的标题①，然后在 1909 年发表的英文论文《关于社会价值这个概念的看法》中提炼了其 1908 年的相关思想②，这也是"方法论个人主义"这个词最早出现在英文学术文献中③。熊彼特的最初看法是，认为有必要区分政治个人主义(political individualism)④和方法论个人主义，在熊彼特看来，"这两个概念没有任何共同点。第一个是一般性陈述，如指人们发展自己、参与福祉和遵守实际规则

---

① 可见的争议主要是有人认为是马克斯·韦伯(Marx Weber)最先使用了这个词，如邓正来认为："韦伯乃是同米塞斯一起共同发明了'方法论个人主义'这个术语的，因为正是米塞斯把韦伯所采用的'关于方法的个人主义'(individualism of method)或'个人主义方法论'(individualistic methodology)这个术语转述成了其当下的形式即'方法论个人主义'。"(见邓正来：《哈耶克方法论个人主义的研究——〈个人主义与经济秩序〉代译序》，载［英］哈耶克《个人主义与经济秩序》，邓正来译，生活·读书·新知三联书店 2003 年版，第 10 页)韦伯是熊彼特的老师，他可能在课堂上讲过这个词，但从文献出版的角度来说，应该还是熊彼特。Udehn 认为是韦伯将方法论个人主义从经济学引入了社会学。参见 Udehn, L. (2002). "The Changing Face of Methodological Individualism", *Annual Review of Sociology*, No. 28, p. 485.

② Schumpeter, J. A. (1909). "On the concept of social value", *Quarterly Journal of Economics*, Vol. 23, No. 2, pp. 213—232.

③ 关于方法论个人主义这个词在学术界的使用情况参见 Hodgson, G. M. (2007). "Meanings of Methodological Individualism", *Journal of Economic Methodology*, Vol. 14, No. 2, pp. 211—226.

④ 这种区分特别重要，政治个人主义也是我们通常所说的个人主义，过度的个人主义总是社会批评的对象，一些人也是因对这种过度的政治个人主义的反对而反对方法论个人主义的。但政治个人主义在不同时期也有变化。Thomson 曾研究了这种个人主义的内涵在 1920 年代和 1970 年代的不同，1920 年代的个人主义主要是一个自我表达(self-expression)和缺乏自我控制(the absence of self-control)的问题，它代表着对限制性社会(a restrictive society)的猛烈抨击；到了 1970 年代，社会已经失去了其约束性权力，个人主义成了一个自我吸收(self-absorption)和自我发展(self-development)的问题。Thomson 认为这些差异反映了关于自我与社会间关系的决定论思维的衰落，并且这种决定论思维的衰落与从"性格"(character)到"人格"(personality)再到"流动身份"(fluid identity)的运动有关。参见 Thomson, I. T. (1989). "The Transformation of the Social Bond: Images of Individualism in the 1920s Versus the 1970s", *Social Forces*, Vol. 67, No. 4, pp. 851—870.

的自由等。第二个不包括任何命题(proposition),也不涉及一个特定的起点。它只是指从个人出发,以描述某些经济关系"①。

虽然熊彼特一开始只是想通过运用方法论个人主义来区分经济学纯理论(the pure theory of economics)和其他社会科学研究,并将其严格限定在对属于个人的商品的分析,也就是对价格和个人行为间关系进行分析,但他在后来出版的《经济分析史》中又创造了"社会学个人主义"(sociological individualism)一词,其相应的解释是:"自治的个体构成了社会科学的终极单元;所有的社会现象都会自行分解为个体的决定和行动,这些决定和行动不需要或也不能够根据超个体的因素做进一步分析。"②在 Hodgson 看来,熊彼特的"社会学个人主义"与很多学者今天所说的方法论个人主义是非常接近的,但由于熊彼特随后又否定了社会学个人主义在解释个体决策和行动时的有效性,所以 Hodgson 认为:"很显然不能将他与今天倡导的各种重要的方法论个人主义版本联系在一起。"③Udehn 也认为熊彼特虽然最早使用了方法论个人主义一词,但他仅仅是区分了政治个人主义和方法论个人主义,并未为方法论个人主义增添具体内容,更重要的是,"他自己并不是一个方法论个人主义者,至少在他作为一个社会学家时不是。因为熊彼特的方法论个人主义是在理论经济学中而非在社会学中所使用的一种方法"④。但 Hodgson 和 Udehn 对熊彼特的方法论个人主义的认识可能存在偏差,熊彼特在其重要的社会学论文《相同种族环境中的各种社会阶级》中确实明确提出,"家族(family)——而非实质上的个人——才是构成阶级和阶级理论的单位"⑤,但其目的是为了强调"我们从不曾有片刻否认客观的社会环境的宰制(dominance)",但紧接着熊彼特就强调:"只不过,个别家族里的人物或其阶层的一般特质(disposition),亦属于此一客观社会环境。当环境里的其他因素已定时,此一元素即会扮演我们所主张的

---

① 转引自 Heertje, A. (2004). "Schumpeter and Methodological Individualism", *Journal of Evolutionary Economics*, No. 14, p. 153.

② 转引自 Hodgson, G. M. (2007). "Meanings of Methodological Individualism", *Journal of Economic Methodology*, Vol. 14, No. 2, p. 213.

③ Hodgson, G. M. (2007). "Meanings of Methodological Individualism", *Journal of Economic Methodology*, Vol. 14, No. 2, pp. 213—214.

④ Udehn, L. (2002). "The Changing Face of Methodological Individualism", *Annual Review of Sociology*, No. 28, pp. 484—485.

⑤ [美]熊彼特:《资本主义经济学及其社会学》,斯威德伯格编,蓝元骏译,联经出版 2017 年版,第 275 页。

关键性角色。"①熊彼特随后以投资问题对此作了说明："社会逻辑或客观情况无法决定究竟要投资多少的利润,以及要如何投资——除非我们将个人的性质特质考量在内。一旦如此,此一逻辑即不再只是体制里所固有,亦包含企业家个人所有的特性。"②

熊彼特之所以将方法论个人主义限定在纯经济学理论主要与方法论个人主义的先驱门格尔在 1871 年出版的《经济学原理》和 1883 年出版的《经济学与社会学问题》中将其方法称为"原子论方法"(atomistic method)或"原子主义"(atomism)有关③。实际上,Udehn 也在讨论门格尔的方法论个人主义时添加了一个脚注,即"可以补充的是,门格尔对方法论个人主义的呼吁仅限于理论经济学的精确科学,而不包括历史和社会科学中的'实证-现实取向'。"④但从门格尔要求将复杂的经济现象还原为其最简单的组成要素的主张来看,其"原子论方法"和"原子主义"更多是本体论的而非方法论的,就如 Hodgson 对米塞斯的方法论个人主义的评价一样。实际上,从 Hodgson 所引用的熊彼特关于社会学个人主义的陈述来看,那也是一种对个人主义的本体论陈述而非方法论陈述。因此,考虑到熊彼特将经济学分为经济史、统计学、经济理论与经济社会学,以及熊彼特自己的经济学就是作为社会理论的经济学,我们将熊彼特的方法论个人主义与我们前面讨论的交换范式经济学所主张的方法论个人主义等同起来才是恰当的。

二、"愿景"与熊彼特经济发展理论的特色

在《经济分析史》中,熊彼特提到了一门"关于科学的科学",即科学的社会学,"它把科学作为一种社会现象来研究。也就是说,它分析社会力量与过程,这些社会力量与过程产生特殊的科学活动方式,决定其发展速度,使它的方向朝着某些主题而不是朝着其他同等可能的主题,推动某些程序方法的形成而舍弃其他方

---

① [美]熊彼特:《资本主义经济学及其社会学》,斯威德伯格编,蓝元骏译,联经出版 2017 年版,第 278 页。

② [美]熊彼特:《资本主义经济学及其社会学》,斯威德伯格编,蓝元骏译,联经出版 2017 年版,第 280 页。

③ Heertje, A. (2004). "Schumpeter and Methodological Individualism", *Journal of Evolutionary Economics*, No. 14, p. 153.

④ Udehn, L. (2002). "The Changing Face of Methodological Individualism", *Annual Review of Sociology*, No. 28, p. 484.

法,建立那些足以决定科研路线或个人工作成败的社会机制,提高或降低科学家及其工作的地位与影响,等等"①。而熊彼特之所以强调科学的社会学,是为了讨论经济分析中的意识形态偏见所导致的理论玷污问题②。熊彼特明确反对以意识形态玷污为由否认存在"科学真理"的主张,"人们往往很容易抓住机会把自己不喜欢的一整套命题简单地称之为意识形态,加以一笔勾销。这种手法无疑非常有效,就像攻击一个对手时只要攻击他的个人动机就行了。但逻辑上这是不允许的"③。

通过赋予"意识形态影响"这个概念一种更为广泛的含义,熊彼特提出了两个重要的认识,一是不能将意识形态与特定经济利益的关系绝对化,即"社会地位对于塑造我们的思想无疑是一个有力的因素;但这并不等于说我们的思想完全是我们阶级地位中的经济因素所塑造;即使是这样,也并非完全由一种界限十分明确的阶级或集团利益所塑造";二是不能认为意识形态就是扯谎并过于轻易地认为意识形态都应该受到谴责,不仅"受意识形态制约的有关事实的陈述也不一定都错",甚至"出于一种意识形态背景的论述虽然值得怀疑,但也可能是完全正确的"④。但熊彼特此举的目的并非是要为意识形态进行辩护,恰恰相反,他是要通过对科学的社会学分析来对意识形态问题进行分析,以实现尽可能降低意识形态影响的目的,即:"让我们分析一下科学方法本身,以便弄清在什么地方意识形态的因素会进入科学方法,以及我们如何去识别或者消除这些因素的影响。"⑤通过假定我们白手起家进行分析,熊彼特提出了"愿景"(vision)⑥这个重要概念来指代

---

① [美]熊彼特:《经济分析史》(第一卷),朱泱等译,商务印书馆1991年版,第58—59页。
② 在熊彼特看来,就意识形态偏见来说,"在这种现象的全部重要性得到行家的认识并加以运用以前半个世纪,马克思和恩格斯就已经发现了它,并用来批判他们那个时代的'资产阶级'经济学……马克思进一步认识到,任何时间在任何特定的社会集团中流行的观念或观念体系,只要它们包含关于事实的命题或者从事实得出的推论,都很容易受到玷污,其理由正和一个人关于他自己个人行为的理论容易受到玷污一样。那就是说,人们的观念易于赞美那些处于上升地位的阶级的利益和它们的行动,因而容易为它们描绘或暗示可能与事实严重不符的图画来。"见[美]熊彼特:《经济分析史》(第一卷),朱泱等译,商务印书馆1991年版,第61页。
③ [美]熊彼特:《经济分析史》(第一卷),朱泱等译,商务印书馆1991年版,第63页。
④ [美]熊彼特:《经济分析史》(第一卷),朱泱等译,商务印书馆1991年版,第63—64页。
⑤ [美]熊彼特:《经济分析史》(第一卷),朱泱等译,商务印书馆1991年版,第70页。
⑥ 在商务印书馆出版的《经济分析史》中,第一卷将其译为"想像",第二卷译为"想象",但译为"愿景"更能表达熊彼特的意思,本书在直接引用中仍按原译文引用,但在后面加括号重译为"愿景"。

分析前的认识行为,即:"分析工作必然要有一种分析前的认识行为作前导,借以提供分析工作所需的素材。"①更明确地说,"想象(愿景)就是对所要研究的现象的最初知觉或印象,然后通过事实的和'理论的'分析,经过无数次协调和取舍,把它变成科学的命题。"②在熊彼特看来,"这种想像(愿景)不仅必须在历史上先于任何领域中分析努力的出现,而且每当有人告诉我们从某一角度去观察事物,而这个角度的来源不能从这门科学原有水平的事实、方法与结果中找到时,那么这种想像(愿景)也许会重新进入每一门已经确立的科学的历史之中。"③熊彼特认为凯恩斯的《就业、利息与货币通论》就是说明这个问题的最好例子,因为凯恩斯采用了在他进行分析之前就已经存在的关于英国正日趋衰退的愿景,这种愿景最晚在1919 年写作《和约的经济后果》时就已经刻画在凯恩斯的脑海中了,而"他在 1919 至 1936 年这整个时期都在致力于完成他对我们这个时代经济过程的特殊想像(愿景)"④。以熊彼特的见解,不仅从定义上来看这种愿景本身就是意识形态的,而且在将愿景概念化的过程中即概念与事实间不断的相互检验与调整中,意识形态因素也会加入进来。这既意味着不可能在事实上将经济学中的意识形态因素完全驱除出去,也不可能保证当旧的意识形态消逝后不会有新的意识形态取而代之。

根据经济学家关于人类经济前途的三种不同愿景,熊彼特讨论了三种经济发展理论。第一种是悲观主义的,与马尔萨斯、韦斯特、李嘉图和穆勒等人联系在一起,熊彼特对此的评价是:"这种想象(愿景)竟然如此缺乏想象力。这些作家生活在前所未有的最为壮观的经济发展的开端。巨大的可能性就在他们的眼前——变为现实。然而,他们所看到的却只有受到束缚的经济,人们为每天的面包而奔忙,得到的面包却愈来愈少。"⑤第二种是乐观主义的,与凯里、李斯特、萨伊和巴斯夏等人联系在一起,熊彼特认为"至少他们是不缺乏想象力的。他们直觉地感到,有关资本主义的最主要的事实是它创造生产能力的力量,并且他们看到了在最近的将来朦胧地出现的巨大的潜在可能性",因此,"'乐观主义'本身是比'悲观主义

---

① [美]熊彼特:《经济分析史》(第一卷),朱泱等译,商务印书馆 1991 年版,第 70—71 页。
② [美]熊彼特:《经济分析史》(第二卷),杨敬年译,商务印书馆 1992 年版,第 295 页。
③ [美]熊彼特:《经济分析史》(第一卷),朱泱等译,商务印书馆 1991 年版,第 71 页。
④ [美]熊彼特:《经济分析史》(第一卷),朱泱等译,商务印书馆 1991 年版,第 72 页。
⑤ [美]熊彼特:《经济分析史》(第二卷),杨敬年译,商务印书馆 1992 年版,第 297 页。

者'的想象(愿景)和理论更为正确的一种想象(愿景)和一种理论的结果:一种学说所包含的真理的多少并非总是同这种学说的提倡者所具有的能力成正比"①。第三种是马克思提出来的,预言人民大众将日益贫困化,熊彼特认为这种愿景是马克思从其青年时期的激进思想中得出的,这导致他对19世纪四五十年代的社会状况的诊断从根基上就受到了意识形态的"污染",既缺乏充足的事实,也缺乏充足的分析。尽管如此,熊彼特还是认为"马克思的理论却是最强有力的",主要理由有二,一是发展是马克思的一般思想图式的中心论题,这和那个时期所有其他经济学家只是将发展作为经济静态学中的一个附属品不同;二是马克思集中分析了由于自身内在逻辑而不断变动的经济过程是如何不断地改变着社会结构乃至整个社会的,马克思因此比最坚决的乐观主义者都更全面地构想了未来资本主义引擎的规模和力量,而且他还把积累或投资与技术变动联结在一起②。在这三种经济发展理论中,熊彼特显然是更重视马克思的,而且,熊彼特相信,如果马克思不固执于其早年的愿景,他的理论的影响与贡献会更大。

马克思是如此高地评价了资本主义对人类文明进步的贡献,他和恩格斯在《共产党宣言》中甚至声称"资产阶级在它的不到一百年的阶级统治中所创造的生产力,比过去一切世代创造的全部生产力还要多,还要大"③,但马克思还是严重低估了资本主义的发展潜力④,不仅如此,他还没有进一步地探究到底是什么东西让资产阶级创造了生产力的奇迹。这正是那个时代的经济学家的共同特点,"对他们来说——对马克思也是一样——经营过程实质上是自动进行的,使之运转所需

---

① [美]熊彼特:《经济分析史》(第二卷),杨敬年译,商务印书馆1992年版,第297—298页。

② 具体参见[美]熊彼特:《经济分析史》(第二卷),杨敬年译,商务印书馆1992年版,第300—302页。

③ [德]马克思、恩格斯:《共产党宣言》,载《马克思恩格斯选集》(第1卷),人民出版社1995年版,第277页。

④ 在那句著名的评论后面,马克思、恩格斯列举了当时的伟大成就,包括"自然力的征服,机器的采用,化学在工业和农业中的应用,轮船的行驶,铁路的通行,电报的使用,整个整个大陆的开垦,河川的通航,仿佛用法术从地下呼唤出来的大量的人口",并追问"过去哪一个世纪料想到在社会劳动里蕴藏有这样的生产力呢?"(见[德]马克思、恩格斯:《共产党宣言》,载《马克思恩格斯选集》(第1卷),人民出版社1995年版,第277页)但为马克思、恩格斯所惊叹的发展成就还仅仅只是属于第一次工业革命的,我们今天正处在新一轮工业革命的过程中,即使就今天已有的发展成就来说,未知也是远大于已知的。

要的唯一东西就是足够的资本供应。"①熊彼特认为这对马克思来说显得更为突出,"因为他对积累过程研究得那么仔细。对他来说,所积累的资本是按一种完全自动的方式自行投资的。机械化大企业出现过程中所有取决于人的因素的那些现象和机制,完全被排除在他的视野之外。《共产党宣言》中有一段(关于'资产阶级'所完成的'奇迹')著名的话,似乎与这一点相抵触,因为仅是所积累的资本的投资很难说能够产生'奇迹'。"②可以说,熊彼特正是在马克思的研究基础上看到了马克思所没有看到的企业家的作用,有了对世界不同于马克思的愿景,才有了他自己的经济发展理论,使我们能更好地理解持续的经济变迁,正如麦克劳在《创新的先知:熊彼特传》的"前言"中所指出的:"熊彼特作品的影响力如此之大,以至于当前有关资本主义的思想在很大程度上都与他相关,尤其是与他对创新、企业家精神、企业战略和创造性毁灭的强调相关……熊彼特之于资本主义正如弗洛伊德之于人的心智:他的思想已被普遍接受而且根深蒂固,以至于让我们的思想与他的基本思想密不可分。"③为了尽可能降低意识形态对理论分析的影响,熊彼特强调了分析工作中所使用的程序规则即学术规则的重要性,"这些规则中有许多是从很少或完全不受意识形态影响的学科的科研实践中产生并强制我们接受的……这些规则有助于从我们开始工作的想像(愿景)中消除因受意识形态的影响而犯的错误"④。

三、讽刺性文风与熊彼特对待社会主义的真实态度

如果说理解熊彼特所说的愿景对于分析工作的重要性以及他自己关于资本主义的愿景对于我们更好理解熊彼特思想的由来及其实质是非常必要的话,那么,进一步地了解熊彼特在其著作中呈现的讽刺性文风则有助于我们更好地理解熊彼特的意图,否则我们将可能陷入困惑,甚至是误读,其中最为关键的就是熊彼特对社会主义的看法。社会主义是熊彼特持续一生的思考主题,其1942年出版的《资本主义、社会主义与民主》受到广泛关注,其原因可能正如琼·罗宾逊夫

① [美]熊彼特:《经济分析史》(第二卷),杨敬年译,商务印书馆1992年版,第274页。
② [美]熊彼特:《经济分析史》(第二卷),杨敬年译,商务印书馆1992年版,第274页,脚注2。
③ [美]麦克劳:《创新的先知:熊彼特传》,陈叶盛、周端明、蔡静译,东方出版中心2021年版,第Ⅴ页。
④ [美]熊彼特:《经济分析史》(第一卷),朱泱等译,商务印书馆1991年版,第73页。

人(John Robinson)在 1943 年发表的书评中所提到的:"无论这本书是否令人信服,它都值得所有当代正统派的盲从者(the whole parrot-house of contemporary orthodoxies)阅读,无论这些正统派是左派、右派还是中间派。"①但同样在这篇书评中,罗宾逊夫人也提醒我们正视熊彼特的真正意图,"熊彼特教授,正如书中许多尖酸的表述(tart phrases)所揭示的那样,他一点都不热爱社会主义,对社会主义者更是如此。他天然地对资本主义扩张的英雄时代充满同理心(sympathyis)",在关于社会主义与民主的讨论中,"熊彼特教授自由地屈服于挑逗和挑衅的诱惑,也许这一部分主要是为了戳破一些特定的美国泡沫",最后,联系到苏联的一些做法和法西斯主义,罗宾逊夫人追问道:"现在的经历真的会让我们期待资本主义注定会安静而虔诚地死去吗?"②罗宾逊夫人的评论在当时似乎是一种共识,如沃尔夫(A. B. Wolfe)在 1943 年发表的书评中声称,"熊彼特教授是资本主义的耶利米(Jeremiah)。与马克思不同,他喜欢资本主义……人们开始怀疑是否整本书都是一部深刻的讽刺作品"③;Hawtrey 在 1944 年的书评中认为:"熊彼特教授对民主以及社会主义和资本主义的态度是一个宽容但讽刺的批评家。无论谁被重大问题冲昏头脑,都不会是他。"④正因为如此,穆勒在 2002 年出版的《市场与大师:西方思想如何看待资本主义》中重点讨论了熊彼特的写作风格,"在《资本主义、社会主义与民主》一书中,讽刺是一个撬开思想的楔子",面对当时大西洋两岸广大学者认为资本主义必然让位于社会主义的普遍推测,"熊彼特表面上假装同意,但其实这只是诱饵,诱使那些不可能阅读或认真对待捍卫资本主义的作品的左派知识分子去读他的作品。一旦上钩,阅读了他的书,那么他对资本主义和社会主义前景的讽刺评价就更有可能让左派知识分子重新考虑他们的推断。作为一部讽刺性作品,这本书的观点其实和它打算传递的信息正好相反。"⑤当然,这倒不是说

① Robinson, J. (1943). Review of *Capitalism*, *Socialism and Democracy*, *The Economic Journal*, Vol. 53, No. 212, p. 381.

② Robinson, J. (1943). Review of *Capitalism*, *Socialism and Democracy*, *The Economic Journal*, Vol. 53, No. 212, pp. 381—383.

③ Wolfe, A. B. (1943). Review of *Capitalism*, *Socialism and Democracy*, *Political Science Quarterly*, Vol. 58, No. 2, pp. 265—267.

④ Hawtrey, R. G. (1944). Review of *Capitalism*, *Socialism and Democracy*, *Economica*, Vol. 11, No. 41, p. 41.

⑤ [美]穆勒:《市场与大师:西方思想如何看待资本主义》,佘晓成、芦画泽译,社会科学文献出版社 2016 年版,第 376—377 页。

熊彼特是在知识上完全反对社会主义,因为正如前面曾指出的,社会主义构成熊彼特"三段论"历史图式中对未来的愿景,这种愿景是纯粹逻辑上和经济上的。也正因为如此,他才会如此执着地既反对长期以来被大多数人所理解的对经济进行整体控制的社会主义,又反对米塞斯等从纯粹基于经济上的计算逻辑对社会主义的反对。如果说在1918年发表的《税收国家的危机》中熊彼特搁置了对社会主义本身的讨论的话,那么1942年出版的《资本主义、社会主义与民主》则对社会主义问题作了最为系统的阐述,此外,他还在1920年发表过长篇论文《当今社会主义的可能性》并在1949年发表过《大步进入社会主义》的演讲。以此来看,我们甚至可以说《资本主义、社会主义与民主》是《税收国家的危机》一文的续篇,它们的写作具有同样的动机,那就是捍卫熊彼特心中充满创新活力的资本主义赖以存活的原则,并对现实中大家所理解的社会主义的可行性及其弊端进行警告。

进一步地,麦克劳认为:"熊彼特的书所激起的持续兴趣与其采取的讽刺风格有关,但是,更为重要的原因是作者永无止境的科学探求。"①事实上,为了做到这一点,熊彼特在《资本主义、社会主义与民主》中坚持从多学科的角度对资本主义和社会主义进行综合分析。沃尔夫在其书评的开始就指出了这一点,即:"这本书在不止一个方面引人注目。作者是纯粹经济学领域的领军理论家,在这里,他对纯粹经济学家通常认为要回避或无法处理的心理、文化、历史和政治因素进行了全面的分析。其结果是,这本书对决定制度演变,特别是经济制度演变的文化力量进行了广泛的调查,内容丰富,深度深入。这本书很难由一位出生在美国、受过美国教育的学者撰写。"②这就回应了熊彼特认为真正决定资本主义生存的核心问题不是经济问题而是文化问题的观点,也就是熊彼特在《资本主义、社会主义与民主》中所分析的资本主义过程怎样产生对它自己社会秩序那种几乎普遍的敌意,Ginzberg在1947年发表的书评中强调了这一点,即"这是一本不同的书。这是一本关于社会价值观的书,这些重要价值观影响人与人、人与国家、国家之间的关系。"③也正因为有了对社会

① [美]麦克劳:《创新的先知:熊彼特传》,陈叶盛、周瑞民、蔡静译,东方出版中心2021年版,第357页。

② Wolfe, A. B. (1943). Review of *Capitalism*, *Socialism and Democracy*, Political Science Quarterly, Vol. 58, No. 2, p. 265.

③ Eli Ginzberg, E. (1947). Review of *Capitalism*, *Socialism and Democracy*, *Industrial and Labor Relations Review*, Vol. 1, No. 1, p. 157.

主义的长期系统思考,也使熊彼特能够比其他人更敏锐地洞察出实践中所谓社会主义的弊病,这突出表现为他对苏联斯大林社会主义的评价:"斯大林政权本质上是军国主义专制政权,因为这个政权以单一的严格纪律的政党统治国家,不允许新闻自由,它具有法西斯主义的一个明确特征,并剥削(在此词的马克思主义意义上)群众。我们可以谅解并惋惜美国知识分子,他迫于环境不得不把这个政权称作民主社会主义——至少说它业已在望——虽然我们愤慨在他期待受到信任意图中所暗示的对我们智力的侮辱。但这样一个政权向整个欧亚扩展统治权的可见趋势显然不能简单地等同于任何社会主义的扩展……甚至可以想象,俄国力量的进一步扩展可能最终证明是朝大多数人在说社会主义这个词时想到和感到的方向发展的障碍。把俄国问题和社会主义问题混淆在一起——除非是为了效劳俄国所做的诡计——就是误解了世界的社会形势。"①

第二节　创造性破坏与熊彼特的经济学思想

在《经济发展理论》中,熊彼特把生产条件和生产要素的新组合的实现称为"企业",把实现这种新组合职能的人们称为"企业家",并将为实现新组合提供信用的人称为"资本家"。对"资本家"与"企业家"的区分是熊彼特的重要贡献,其实也是时代发展使然,因为它们所对应的正是 1860 年代后因股份制快速发展而产生的所有权与经营权相分离的实践,这是在马克思的时代尚未完全展开的社会过程②。熊彼特一方面强调"由于充当一个企业家并不是一种职业,一般说也不是一

---

① [美]熊彼特:《资本主义、社会主义与民主》,吴良健译,商务印书馆 1999 年版,第 573—575 页。

② 应该说,马克思与恩格斯已经敏锐地洞察到了股份制及信用制度的重要性,马克思甚至都已经指出了在股份公司内部实现了资本所有权与企业经营权的两权分离,但他将企业经营权简单地理解成"联合起来的生产者的职能"。一方面通过强调股份制下这种生产职能的联合,马克思强调了股份制所体现的社会化,因而是对私人企业、私人生产和私人产业的扬弃。同时,在另一方面,基于其对资本的定义,仍将股份制定位成一种更大范围的剥夺形式。因此,马克思的最后结论是:"在股份制度内,已经存在着社会生产资料借以表现为个人财产的旧形式的对立面;但是,这种向股份形式的转化本身,还是局限在资本主义界限之内;因此,这种转化并没有克服财富作为社会财富的性质和作为私人财富的性质之间的对立,而只是在新的形态上发展了这种对立。"另外,马克思虽然高度评价了信用制度的重要性,但也仍将其拉回到其原有的(转下注)

种持久的状况,所以企业家并不形成一个从专门意义上讲的社会阶级",另一方面继续提出了一个决定性的问题,即"为什么实现新的组合是一个特别的过程和一个特种'职能'的目标呢?"①正是在对这个问题的回答中,熊彼特否定了在循环流转中每个人都能迅速合理地行动以利用新的可能性的理性假设,并认为那种假设作为一种虚构仅适用于过去几十年甚至是千百年的经验仍然有效的范围以内;也是在对这个问题的回答中,熊彼特否定了边际分析在此的适用性②,因为这种只允许在边际上作小小变动的做法也是要保持其过去经验的有效性。这种理论起点的差异,已经使熊彼特的经济学思想既区别于当时正逐步上升为主流的新古典经济学,也区别于后来产生的凯恩斯主义经济学。

一、作为一种特殊的行为类型与人的类型的企业家

由于真正实现新组合的人要比所有具有实现新组合的可能性的人要少得多,所以熊彼特认为"企业家是一种特殊的类型",这里的特殊类型包括"行为的类型"和"人的类型"两个方面。熊彼特从两个方面说明了企业家行为的特殊性:"第一,因为它与其他行为比较,是指向某种不同的东西,并且意味着做某种不同的事情";"第二,我们所说的这一类行为,不仅与其他行为在目的上不相同,以'创新'作为它特有的目的;而且还有一个不同之点,那就是它以具有这样的才能为先决条件,而这种才能比起仅仅从事理性的经济行为的才能来,不仅在程度上不相同,而且在种类上也是不相同的。"③

为了进一步说明企业家是一种特殊类型的人,熊彼特首先基于是否涉及创新区分了单纯的经理和企业家,前者在已知方法中寻找最有利的方法,后者指向同例行工作相区别并决定和实现新计划的领导这种特殊职能。其次,熊彼特基于创新是否

(续上注)框架来强调信用制度的二重性,即:"信用制度固有的二重性质是:一方面,把资本主义生产的动力——用剥削他人劳动的办法来发财致富——发展成为最纯粹最巨大的赌博欺诈制度,并且使剥削社会财富的少数人的人数越来越减少;另一方面,造成转到一种新生产方式的过渡形式。"参见[德]马克思:《资本论》(第三卷),人民出版社 2004 年版,第 498—499 页。恩格斯的相关论述可以参见恩格斯:"《资本论》第三册增补",载[德]马克思《资本论》(第三卷),人民出版社 2004 年版,第 1029 页。

①　[美]熊彼特:《经济发展理论》,何畏、易家祥等译,商务印书馆 2020 年版,第 89—90 页。

②　这不是说熊彼特否定边际分析本身,而只是说不能用边际分析求均衡的方法来分析企业家行为。

③　[美]熊彼特:《经济发展理论》,何畏、易家祥等译,商务印书馆 2020 年版,第 93 页。

得到实际应用区分了企业家与发明家,"只要发明还没有得到实际上的应用,那么在经济上就是不起作用的。而实行任何改善并使之有效,这同它的发明是一个完全不同的任务,而且这个任务要求具有完全不同的才能……作为企业家的职能而要付诸实现的创新,也根本不一定必然是任何一种的发明"①。再次,熊彼特也将企业家式的领导与其他各种经济上的领导区别开来,企业家式的领导要做的是"领导"生产手段进入新的渠道,他不是通过特殊魅力或政治领袖等的方式说服人们相信他的新计划或创造对他领导能力的信任,"而是通过购买生产手段或它们的服务,然后按照他认为合适的方式去利用它们"②。在此基础上,熊彼特还强调了企业家式领导的几个特点,如他会吸引那些会减少并消灭他的利润的跟随者进入他的生产部门;他所提供的那种服务需要对这件事情具有专家的知识才能充分欣赏;他的经济地位的不稳定性导致他在社会上被看作是暴发户,其行为举止很容易受到嘲笑。

最后,熊彼特通过分析企业家的行为动机完成了他对企业家的描绘,这种动机不同于传统教科书关于"经济人"动机的理解。企业家是一类更加以自我为中心的人,其行为不能根据享乐主义所理解的均衡点来解释,"典型的企业家只是当(并且因为)他们的精力已经耗尽、从而感到再也不能胜任时,才退出舞台的"③。具体来说,企业家的行为动机主要在三个方面,"首先,存在有一种梦想和意志,要去找到一个私人王国,常常也是(虽然不一定是)一个王朝";"其次,存在有征服的意志:战斗的冲动,证明自己比别人优越的冲动,求得成功不是为了成功的果实,而是为了成功本身";"最后,存在有创造的欢乐,把事情办成的欢乐,或者只是施展个人的能力和智谋的欢乐"④。这也意味着为很多经济学家所重视的功利主义及其主张的最大多数人的最大的幸福原则与熊彼特的经济学思想是不相关的。事实上,在熊彼特看来,功利主义是一种偏见,它对经济分析来说不仅是无用的,它甚至是更糟糕的和有害的⑤。需要提到的是,熊彼特后来的思想发展并未将企

---

① ［美］熊彼特:《经济发展理论》,何畏、易家祥等译,商务印书馆 2020 年版,第 101 页。
② ［美］熊彼特:《经济发展理论》,何畏、易家祥等译,商务印书馆 2020 年版,第 102 页。
③ ［美］熊彼特:《经济发展理论》,何畏、易家祥等译,商务印书馆 2020 年版,第 106 页。
④ ［美］熊彼特:《经济发展理论》,何畏、易家祥等译,商务印书馆 2020 年版,第 106—107 页。
⑤ 在《经济分析史》中,针对杰文斯等许多经济学家把经济理论定义为"快乐和痛苦的计算"并宣称功利主义对经济理论具有头等重要意义的情况,熊彼特从经济分析的角度对功利主义作了粗略的四点评价:"第一,功利主义的假设对于解释经济史,对于解释经济的推动(转下注)

业家限定在个体层面,而是延伸到了组织,也就是说,企业家所承担的创新职能也可能通过组织来实现。

二、资本是履行独特职能的支付手段

根据对企业家的定义,熊彼特认为在原则上只有企业家才需要信贷,"信贷在本质上乃是为了授予企业家以购买力而进行的对购买力的创造,但并不单纯是现有的购买力的转移。在原则上,购买力的创造标志着在私有财产及劳动分工制度下实现发展的方法。凭借着信贷,企业家在对社会商品源流还不具备正式的要求权之前,就取得参与社会商品源流的活动的机会。"①因此,信贷对于产业发展而言起到一种根本性的作用,企业家则因其履行创新的经济职能而成为资本主义社会里的典型债务人。经由信贷的需要,熊彼特引入了"资本"这个概念并将其与商品区分开来②,"资本,无非是一种杠杆,凭借着它,企业家可以使他所需要的具体商品受他的控制,无非是把生产要素转用于新用途,或引向新的生产方向的一种手段","商品的作用,在于服务于与其技术性质相当的生产性目的。资本的作用,则在于为企业家获取用以进行生产的手段"③。这样,资本就被熊彼特定义为一笔购买力基金或支付手段,帮助企业家获得购买力是它不可或缺的唯一职能④。但这

<hr>

(续上注)力毫无价值。第二,功利主义的假设对于解释所有涉及实际动机的问题,例如对于解释遗产的经济影响问题,要比没有价值更糟糕。第三,功利主义的假设实际上只对经济理论的一部分即通常所谓的'福利经济学'具有根本性的重要意义……功利主义方法适用于这类问题的某一方面,但这个方面显然不是唯一的方面……第四,在最狭义的经济理论领域内,功利主义的假设不仅是多余的,而且是有害的。"见[美]熊彼特:《经济分析史》(第一卷),朱泱等译,商务印书馆1991年版,第206—207页。

① [美]熊彼特:《经济发展理论》,何畏、易家祥等译,商务印书馆2020年版,第122—123页。

② 熊彼特之所以要将资本与商品区别开来,是因为当时还是有很多经济学家将资本与具体商品联系在一起,也就是熊彼特在讨论利息问题时所指出的,"经济学家刚刚使自己挣脱了重商主义的表面性,并且逐渐习惯于注视货币帷幕后面的具体商品。他们强调资本是由具体商品组成的,并且一般倾向是把这种资本看作是构成一种特殊的生产要素。"[美]熊彼特:《经济发展理论》,何畏、易家祥等译,商务印书馆2020年版,第207页。

③ [美]熊彼特:《经济发展理论》,何畏、易家祥等译,商务印书馆2020年版,第133、134页。

④ 在《经济发展理论》的"中译本序言"中,张培刚先生以马克思对资本的定义来批评熊彼特,称熊彼特完全扭曲了资本的实质从而掩盖了资本家对雇佣工人的剥削关系,这也是我们很多人所习惯的评判方式,但这不是一种恰当的做法,正如当年哈佛大学的学生以凯恩斯经济学为准绳来度量熊彼特的理论是不恰当的一样。事实上,对概念的不同界定体现了不同的理论研究目的,学术创新往往也离不开对概念的重新定义,任何人都不可能在学术上垄断对(转下注)

里我们要特别注意到,也是熊彼特所特别强调的,因为"资本是一个发展的概念",所以"并非所有支付手段都是资本,只有那些确实履行我们论及的那种独特职能的支付手段,才是资本",也就是说,"如果支付手段起不到为企业家置办生产品的作用,并为此目的将生产品从其原先的用途中抽取出来,那么,它们就不能算是资本"①。企业家对资本的需求要通过信贷在货币市场上得到满足,因此,"货币市场历来是资本主义体系的总部,一道命令从这里下达到各个部门;而在这里所争论和决定的,实质上总是关系着未来进一步发展计划的拍板定案。一切种类的信贷要求齐聚于这个市场;一切种类的经济规划都首先要在这里彼此碰头并为各自的实现而竞争;一切种类的购买力和资金余额流向这里求售……可以说,货币市场或资本市场的主要职能是用信贷交易来为发展的目的筹措资金。发展创造了并且滋养这个市场"②。

三、企业家利润和资本利息都来自创新利得

在上述概念界定和研究准备的基础上,熊彼特解释了企业家利润,即:"企业家利润是一种超过成本的剩余,从企业家的角度看,正如许多经济学家所声称的那样,它是一个企业的收入与支出之间的差额。"③企业家利润是更有成效地使用现有商品实现了新的组合的利得,是开创者的利润,它与风险无关,因为"在任何情况下,承担风险并不构成企业家职能的一个要素",如果企业家承担了风险,"那他也只是以资本家或商品拥有者的身份,而不是以企业家的身份,来承担风险"④。利润仅仅与创新的实现联系在一起,"一旦企业家的作用已经完成,它就会立即从企业家的手中溜走。它附着于新事物的创造,附着于未来

(续上注)概念的定义权,对概念的定义的合理性只能在其自身的理论体系中才能得到确定。通过对其理论体系的研究,我们能够确定该概念的定义所适用的理论范围,但不能简单以其他定义来判断其对与错。在《经济分析史》中,熊彼特进一步表明了需要简单看待"资本"的观点,即:"假如经济学家有足够的知识,坚持这个词的货币的或会计上的意义,而不试图'深化'它们,那我们可以免去多少纠缠不清的、毫无意义的、愚蠢透顶的争论呵。"见[美]熊彼特:《经济分析史》(第一卷),朱泱等译,商务印书馆 1991 年版,第 483 页。

① [美]熊彼特:《经济发展理论》,何畏、易家祥等译,商务印书馆 2020 年版,第 139 页。
② [美]熊彼特:《经济发展理论》,何畏、易家祥等译,商务印书馆 2020 年版,第 144—145 页。
③ [美]熊彼特:《经济发展理论》,何畏、易家祥等译,商务印书馆 2020 年版,第 146 页。
④ [美]熊彼特:《经济发展理论》,何畏、易家祥等译,商务印书馆 2020 年版,第 157 页。

价值体系的实现。它既是发展的产儿,也是发展的牺牲品"①,因而,我们所目睹的宏观的社会现象,都是利润的后果,社会财富的积累来自利润。由于利润是企业家对生产所作贡献的价值表现,所以在熊彼特看来,它和工资一样,都不是剥削所得,但与工资不同之处在于,企业家利润的大小及其维持都不能明确决定,它是由竞争所决定的,利润不在成本规律和边际生产力规律的作用范围之内,讨论所谓的利润率平均化趋势是没有道理的,不过是把利息与利润混为一谈而已。

熊彼特将自己的利息理论建立在庞巴维克的理论基础之上,但没有接受他所说的利息是未来享受的贴现的观点,其利息理论的关键是要回答这样一个问题,即:"这种总是流到同一资本那里去的永久性的利息流,到底是怎样从暂时的、不断变化的利润中抽出来的?"②为此,基于利息是一种价值现象,熊彼特先是系统阐述了五个命题,即利息是发展的产物、利息来自利润、利息并不依附于具体商品、利息仅在交换经济中产生以及利息是一种持久的收入,在此基础上产生了他的第六个命题:"利息是购买力价格中的一个要素,而购买力又是作为控制生产品的一种手段。"③由于熊彼特考虑的是企业家的信贷需要,所以其讨论的利息也仅仅指向与实现新组合相关的活动,"只有当对现在购买力的控制意味着能对借款者带来更大的未来购买力时,借和贷才可能变成工商业日常事务的一部分,利息也才能从经济上和社会上获得它实际具有的重要性。"由于在货币市场上有效供给总是有限的,而有效需求则没有任何确定的界限,因此,必须把利率提高到零之上,"只要有高于零的利率存在,就会有许多企业家被淘汰;而且,随着利率的上升,被淘汰的企业家会越来越多"④,这也就决定了以获取利息为唯一动机的资本家需要在不同时期将钱借给不同的企业家。

四、经济周期源于创新会成组或成群地非连续性出现

《经济发展理论》的最后一章讨论的是经济周期问题,它所针对的是熊彼特所发现的这样一个事实:"无论如何存在着一类危机,它们是繁荣与衰退交迭时期的

① [美]熊彼特:《经济发展理论》,何畏、易家祥等译,商务印书馆 2020 年版,第 176 页。
② [美]熊彼特:《经济发展理论》,何畏、易家祥等译,商务印书馆 2020 年版,第 201 页。
③ [美]熊彼特:《经济发展理论》,何畏、易家祥等译,商务印书馆 2020 年版,第 211 页。
④ [美]熊彼特:《经济发展理论》,何畏、易家祥等译,商务印书馆 2020 年版,第 226 页。

波浪式运动的要素,或者无论如何也是有规律的,即使不一定是必要的事变,而这一类要素自从资本主义时代开始就渗入到经济生活之中。"①由此,熊彼特所概括的问题是:"为什么我们意指的经济发展,不是像一棵树的生长那样均匀地向前发展,而是跳跃式地向前发展? 为什么它呈现出那种特有的上升与下降呢?"②熊彼特基于其企业家创新理论构建了其经济周期理论的轮廓③,其简短表述就是:"这完全是因为新的组合,不是像人们依据一般的概念原理所期望的那样,从时间上均匀分布的……如果一旦出现,那就会成组或成群地不连续地出现。"④在熊彼特的周期理论中,企业家成批出现是繁荣产生的唯一原因,而企业家的出现之所以不是连续的,"这完全因为一个或者少数企业家的出现可以促使其他企业家出现,于是又可促使更多的企业家以不断增加的数目出现"⑤。所以,与那些从货币现象来看经济周期的学说不同,熊彼特将经济周期看作是竞争经济秩序中"经济发展机制的基本要素,并且它们是不能被消除的,否则就会使经济发展机制受到损伤"⑥。

熊彼特关于经济周期的完整研究体现在 1939 年出版的《经济周期》这本巨著中,它实际上是基于英国、德国尤其是美国的工商业发展史对《经济发展理论》的进一步展开⑦,这也体现了熊彼特像马克思一样希望将经济学理论与经济史研究很好地结合起来的追求。综合来看,熊彼特以企业家创新为中心的经济

---

① [美]熊彼特:《经济发展理论》,何畏、易家祥等译,商务印书馆 2020 年版,第 254 页。

② [美]熊彼特:《经济发展理论》,何畏、易家祥等译,商务印书馆 2020 年版,第 255 页。

③ 这也是熊彼特自己的说法,他在这一章的开头就对此作了声明:"我在这方面的工作还只是一个骨架;我自己所许诺的彻底研究尚未完成,而且按照我的工作计划,像这样的情况还要持续一段长的时期。"参见[美]熊彼特:《经济发展理论》,何畏、易家祥等译,商务印书馆 2020 年版,第 242 页。

④ [美]熊彼特:《经济发展理论》,何畏、易家祥等译,商务印书馆 2020 年版,第 255 页。

⑤ [美]熊彼特:《经济发展理论》,何畏、易家祥等译,商务印书馆 2020 年版,第 260 页。

⑥ [美]熊彼特:《经济发展理论》,何畏、易家祥等译,商务印书馆 2020 年版,第 287 页。

⑦ 在《经济周期》一书的"序言"的开头,熊彼特即指出:"分析经济周期就是分析资本主义时代的经济进程。我们大多数人发现了这一点,它同时揭示了任务的性质及其难以完成的一面(formidable dimensions)。周期并不像扁桃体那样是可以自行摘除的可分离的东西,而是像心脏的跳动一样,是有机体本质的自身表现。我把这本书称为'商业周期',目的是简明扼要地说明读者的期望,但副标题确实体现了我试图做的事情。"该书的副标题为"关于资本主义进程的理论的、历史的和统计的分析"。见: Schumpeter, J. A. (1939). *Business Cycles: A Theoretical Historical and Statistical Analysis of the Capitalist Process*. McGraw-Hill Book Company, Inc., p. Ⅴ.

发展理论要表达的主要观点是:"资本主义本质上是一个(内生的)经济变迁(economic change)过程。如果没有这种变迁,或者更准确地说,没有我们称之为演进(evolution)的那种变迁,资本主义社会就不可能存在,因为如果资本主义引擎停止运转,其领导阶层的经济职能和经济基础就会崩溃:没有创新,就没有企业家;没有创业成就(without entrepreneurial achievement),就没有资本主义的回报,也没有资本主义的推进。'进步'的工业革命氛围(the atmosphere of industrial revolutions of 'progress')是资本主义能够生存的唯一氛围。"[1]经济周期因创新或变迁的非连续性而产生,熊彼特将康波周期(约50~60年)、朱拉格周期(约8~10年)和基钦周期(约40个月)整合在一起并特别将康波周期与工业革命联系在一起,不仅强调了纺织、铁路、钢铁、汽车和电力等产业技术突破对经济变迁的革命性意义,还强调了工厂制、股份公司制和现代金融体系等制度安排对于企业家实现创新的基础性作用。也就是说,在一些基础性制度的支持下,当某个特殊产业出现了重大技术突破后,创新型公司的蜂拥而至会推动经济繁荣期的到来。特别值得一提的是,熊彼特在《经济周期》中看到了大公司正在涌现的趋势,在坦承大公司的形成过程会产生具有破坏性的不正当行为的同时,也为大公司进行了辩护,称这种并购运动是产业经济成长过程中一个合乎逻辑的阶段。

五、竞争性秩序是创新所需的核心制度安排

《资本主义、社会主义与民主》第七章的标题为"创造性毁灭"("Creative Destruction",通常也被译为"创造性破坏"),借助这个概念,熊彼特不仅进一步浓缩了其基于内生的产业突变来理解资本主义的观点,即"它不断地从内部使这个经济结构革命化,不断地破坏旧结构,不断地创造新结构。这个创造性破坏的过程,就是资本主义的本质性的事实。它是资本主义存在的事实和每一家资本主义公司赖以生存的事实"[2],更由此详细阐述了一种不同于新古典经济学甚至也不同于奥地利学派经济学的竞争理论,而创造性破坏这个概念本身也与马克思的思想

---

① Schumpeter, J. A. (1939). *Business Cycles: A Theoretical Historical and Statistical Analysis of the Capitalist Process*. McGraw-Hill Book Company, Inc., p. 1033.

② [美]熊彼特:《资本主义、社会主义与民主》,吴良健译,商务印书馆 1999 年版,第147 页。

具有很强的内在联系①。与经济学家们针对垄断问题通常思考的是如何管理现有结构不同,熊彼特认为:"与此相关的问题是,资本主义是如何创造并破坏这个结构的。只要不认识这个问题,研究者所做的工作就没有意义。一旦认识了这个问题,他对资本主义实践及其社会效果的看法就会大大改变。"②熊彼特提到的第一个改变就是对将价格变数作为核心的竞争及其所起作用的传统观念的改变,那种竞争观念只适用于不变的条件、不变的生产方法、特别是不变的行业组织形式,但在资本主义现实中,"有价值的不是那种竞争,而是新商品、新技术、新供应来源、新组织形式的竞争,也就是占有成本上或质量上决定性优势的竞争,这种竞争打击的不是现有企业的利润边际和产量,而是它们的基础和它们的生命"③。无疑,熊彼特所重视的这种竞争正是"创造性破坏"的来源,也正是因为"创造性破坏"对于资本主义经济变迁的重要性,所以"这种竞争比其他竞争有大得多的效率,犹如炮轰和徒手攻击的比较,这种竞争是如此重要,以致在寻常意义上它的作用发挥得快还是慢,变得比较无关紧要了"④。

由于将质量和销售努力等纳入到竞争当中,当时主流理论所认为的完全竞争在现实中就不可能存在,因此,熊彼特的一个自然结论就是,那些直接或间接依赖不存在的完全竞争来对现实中的限制性做法进行的批评大多数是不恰当的,因为

---

① 考虑到熊彼特与马克思在学术思想上的联系及其对"创造性毁灭"或"创造性破坏"的表述与马克思关于资本主义在历史上的作用的表述的相似性(具体可参见[德]马克思、恩格斯:《共产党宣言》,载《马克思恩格斯选集》(第 1 卷),人民出版社 1995 年版),我们可以合理推测他在创造这个概念并形成相关思想时受到了马克思的启发,而且可以进一步认为,马克思是从宏观层面讨论了资本主义在历史上的"创造性破坏",而熊彼特为此提供了重要的微观基础和作用机制。这是我们可以发现以马克思为镜来理解熊彼特经济学思想的又一个例证,但其间的具体关系还需要进一步论证。目前可以参考的是 Elliott 在 1980 年发表的论文《马克思和熊彼特关于资本主义创造性破坏的观点:一种比较性重述》,他比较了马克思与熊彼特关于资本主义创造性破坏的观点,重点讨论了三个主题,一是资本主义作为一种革命性的经济体系;二是从创造性破坏的角度看资本主义的经济失调;三是资本主义的转型和社会化。参见 Elliott, J. E. (1980). "Marx and Schumpeter on Capitalism's Creative Destruction: A Comparative Restatement". *The Quarterly Journal of Economics*, Vol. 95, No. 1, p. 45—46.

② [美]熊彼特:《资本主义、社会主义与民主》,吴良健译,商务印书馆 1999 年版,第 148 页。

③ [美]熊彼特:《资本主义、社会主义与民主》,吴良健译,商务印书馆 1999 年版,第 149 页。

④ [美]熊彼特:《资本主义、社会主义与民主》,吴良健译,商务印书馆 1999 年版,第 149 页。

"在创造性毁灭过程中,限制做法大大有助于风浪中的船只的稳定和减轻暂时性困难……在长期风暴条件下,这种类型的限制是长期扩张过程的附带事情,并常常是不可避免的附带事情,它们保护而不是抑制扩张过程"①。在排除了受到政府当局支持的垄断后,通常所说的垄断实际上可能是垄断者能够得到优越的生产方法,但在竞争压力下,垄断者并不一定像垄断理论所宣称的那样以更高的价格和更少的产量来实现利润最大化,而"新生产方法或新商品(尤其是后者),即使只有单独一家企业使用或生产,本身并不构成垄断",所以"在那些企业家利润之中包含或者可能包含一种真正垄断收益的因素,它是资本主义社会颁给成功革新者的奖金",而"对一家企业而言,由专利权或垄断策略获得的独家卖主地位的重要价值,主要不在于可以有暂时根据垄断图式行事的机会,而在于它提供了应付市场暂时混乱的保护和保证企业执行长期计划的空间"②。也就是说,"在创造性毁灭过程的突然迸发与盛衰变化之中……完全而即刻的灵活性甚至可能产生失去功能的灾难"。因此,在熊彼特看来,关于经济进步的大量东西与强调自由进入每一种行业的完全竞争是不能共存的,"因为完全竞争在现代产业条件下是不可能的——或者因为它一直以来是不可能的——所以必须把大规模的控制机构或单位作为与经济进步分不开的必要的祸害接受下来",进一步地,"完全竞争不但不可能而且效果不佳,它没有资格被树立为理想效率的模范"③。由此我们可以看到,熊彼特所支持的垄断是因为创新而产生的限制,由于实现新组合的竞争"不但在它存在时起作用,而且在它还仅仅是一种永远存在的威胁时也起作用"④,这种限制只是临时性的,但却又是必要的。学界将熊彼特的相关观点概括为"熊彼特假说"(意指两个命题,一个是"创新在垄断行业中比在竞争性组织中更为常见",另一个是"大公司比小公司有更多的创新"⑤)并对其进行实证研究的做法并不能

---

① [美]熊彼特:《资本主义、社会主义与民主》,吴良健译,商务印书馆1999年版,第151—153页。

② [美]熊彼特:《资本主义、社会主义与民主》,吴良健译,商务印书馆1999年版,第171页。

③ [美]熊彼特:《资本主义、社会主义与民主》,吴良健译,商务印书馆1999年版,第176页。

④ [美]熊彼特:《资本主义、社会主义与民主》,吴良健译,商务印书馆1999年版,第149页。

⑤ 参见[瑞典]斯威德伯格:《熊彼特传》,安佳译,江苏人民出版社2005年版,第248页。

真正反映熊彼特的意图,因为熊彼特表面上看起来是为垄断和大企业辩护,实际上是为促进新组合产生的竞争性秩序进行辩护①,这种不同于新古典经济学所说的完全竞争的竞争性秩序就是为熊彼特所重视并体现在私人企业制度中的资本主义秩序。

六、竞争性秩序的脆弱性

阿吉翁、安托南和比内尔在《创造性破坏的力量》中声称,"约瑟夫·熊彼特虽然热情赞美创造性破坏作为增长驱动力的意义,却对资本主义的未来感到悲观,尤其是,他预见大型企业集团将排挤中小型企业,不可逆转地导致企业家精神的消失,以及官僚机构和既得利益集团的胜利"②,其引用的文献为熊彼特的《资本主义、社会主义与民主》。但这可能是一种误解,正如熊彼特对基于悲观主义、乐观主义和马克思的看法对三种经济发展理论进行的考察以及他关于意识形态的影响的研究等所表明的,悲观主义-乐观主义并非理解熊彼特思想的恰当框架,他所要进行的是尽可能限制意识形态的影响以推进科学的分析。也就是说,阿吉翁、安托南和比内尔他们所说的"悲观"实际上是熊彼特基于对现实的观察所做的科学分析的结果,是其理论逻辑的产物,表明他所看重的那种有助于实现新组合的竞争性秩序在现实中其实是非常脆弱的。竞争性秩序的这种脆弱性是熊彼特的创新理论的必要组成部分,这也是《资本主义、社会主义与民主》要实现的一个重要理论目的。

---

① 在《经济分析史》中,熊彼特强调比较宽泛地解释垄断这个词只会带来混乱,因此他还进一步追溯了人们对"垄断"持反感态度的社会历史与心理根源。因为伊丽莎白和詹姆斯一世创立了为数众多的各种垄断组织,其存在的缺陷引发了公众的怨恨,"这个怪物在普通英国人的心目中是与皇室特权、徇私枉法、压迫百姓联系在一起的;同时垄断者一词也成了骂人的话。一个词一旦具有富于感情的褒义或贬义,就会自然而然地使几乎每个听到或看到它的人作出反应,演说家和作家就会尽可能多地使用这个词,以利用这种心理机制。因而垄断一词就被用来表示人们所不喜欢的与资本主义有关的几乎所有东西。因为大部分从英国移居到美国的人由于其他原因而坚决反对都铎—斯图亚特王朝的统治,所以很自然地,这种富于感情的态度较为迅速地传到了美国。无论在英国还是在美国,这种态度都延续了下来,而且至今仍强有力地影响着舆论、立法乃至专业人员的分析工作。"见[美]熊彼特:《经济分析史》(第一卷),朱泱等译,商务印书馆1991年版,第236—237页。

② [法]阿吉翁、安托南、比内尔:《创造性破坏的力量:经济剧变与国民财富》,余江、赵建航译,中信出版集团2021年版,第2页。

熊彼特在《经济周期》中对康波周期及近代以来所经历的几次工业革命的重视,充分表明过程以及长时段对理解其经济学思想的重要性,所以熊彼特也特别强调"创造性破坏"这个过程所带来的成就必须基于长时段来判断,他甚至提出这个长时段为几十年几百年。因此,在熊彼特看来,"一个制度——任何经济或别的制度——能在每一个特定时刻充分利用它的可能性达到最有利的程度,但从长期来看这个制度可能还不如在任何特定时刻做不到这一点的另一个制度,因为后者之所以做不到这一点,可能就是达到长期成就的水平和速度的条件"①。但是,要让一个活在当下的人理解并支持一个几十年几百年才能判定其最终成就的制度,这在现实中实属不易。因此,面对凯恩斯所说的"从长远来看,我们都死了"所带来的制度选择困境,对支持创造性破坏过程的竞争性秩序的不断阐明和捍卫就显得格外关键,也特别困难,这在经济面临危机或陷入萧条时就更是如此②。

熊彼特直面了这一困境,并以"公元 300 年时,向热情的基督教信徒详细讲解古代文明的成就在当时也是不容易的"③来自我激励,而其勇气也并非出自意识形态,而是源于其对康波周期这一历史事实的深刻把握,即:"从 1929 年最后一个季度到 1932 年第 3 季度经历的萧条不能证明资本主义生产推进机制中已经出现长期的停顿,因为这种严重程度的萧条曾经一再出现过——大约 55 年一次。"④在熊彼特看来,像美国新政这类政策从长时段来看会与竞争性秩序的有效运转不相容,他甚至认为正是有了新政才导致"有最好机会迅速恢复的美国却明显地是经

---

① [美]熊彼特:《资本主义、社会主义与民主》,吴良健译,商务印书馆 1999 年版,第147 页。

② 熊彼特在《资本主义、社会主义与民主》中曾明确指出了这一困境,并认为"这种情形当然是完全自然的":"我们马上得加以解释的对资本主义的敌视气氛,使人们对它的经济和文化成就形成合理的意见比没有这种气氛要困难得多。现在公众心理对它变得如此彻底的心情恶劣,以致使谴责资本主义及其全部工作成为预定的结论——几乎成为符合论述规则的需要了。不论他的政治倾向如何,每一个作者和演说者都急于遵守这个规则,强调他的批判态度,表明他没有'满足情绪',他相信资本主义成就的不足,他厌恶资本主义和对反对资本主义利益集团的同情。任何其他态度不但被看成愚蠢无知,而且被看成是反社会和不道德的奴隶心理的表现。"见[美]熊彼特:《资本主义、社会主义与民主》,吴良健译,商务印书馆 1999 年版,第121 页。

③ [美]熊彼特:《资本主义、社会主义与民主》,吴良健译,商务印书馆 1999 年版,第121 页。

④ [美]熊彼特:《资本主义、社会主义与民主》,吴良健译,商务印书馆 1999 年版,第123 页。

历了最令人不满的恢复过程的国家之一"①。针对当时批评家们普遍以失业为由对资本主义进行严厉控诉的社会氛围，熊彼特将其置于较为次要的地位，在他看来失业不是一种像贫穷那样的资本主义发展本身就能够消灭的罪恶，特别是，"超过正常的失业是紧跟每次革命带来'繁荣阶段'之后的适应时期的特色之一。我们在 19 世纪 20 年代和 70 年代见到它，1920 年后的一段时间简直就是另一个这样的时期。只要这种现象本质上是暂时性的，就不用它来推断未来⋯⋯真正的悲剧不是失业本身，而是失业加上不可能适当地为失业者提供救济而又不损害进一步发展经济的条件"②。对熊彼特来说，"我们自己的时代正处在资本主义发展早期阶段的无能力和资本主义制度充分成熟阶段的有能力之间的某一点上"，还有很大的发展潜能和余地③来实现将满足今天所迫切期待的东西④。进一步地，熊彼特还特别强调对资本主义竞争性秩序的评价不能限于直接的经济层面，还必须拓展到其他方面，比如文化成就，因为在熊彼特看来，"资本主义不仅仅是一般性的经济活动，它毕竟是人类行为理性化的推进力量"，"资本主义过程使人们的行为与思想理性化，这样一来，赶走了我们内心形而上学的信仰，也赶走了各种各样的神秘和浪漫的思想。这样，不仅改造了我们达到目的的方法，而且也改造了最终目的本身"⑤。

---

① ［美］熊彼特：《资本主义、社会主义与民主》，吴良健译，商务印书馆 1999 年版，第 123 页。

② ［美］熊彼特：《资本主义、社会主义与民主》，吴良健译，商务印书馆 1999 年版，第 130 页。

③ 在《资本主义、社会主义与民主》第二篇"资本主义能存在下去吗？"中第十四章"解体"的最后，熊彼特仍强调了这样一个事实，即："工业一体化远未完成。实际和潜在的竞争在任何经济形势中仍是重要因素。企业仍甚活跃，资产阶级集团的领导仍是经济过程的主要推动者。中产阶级仍是一股政治力量。资产阶级标准和资产阶级推动力量虽然正遭到日益剧增的损害，依然有生命力。"见［美］熊彼特：《资本主义、社会主义与民主》，吴良健译，商务印书馆 1999 年版，第 252—253 页。

④ 熊彼特指出："现在，如果资本主义制度像它在 1928 年以前 60 年中那样，还有另一个 60 年，真正达到了人均 1 300 美元的生产总值，那就容易看出，任何社会改革家迄今支持的所有迫切需要的东西——实际上毫无例外，甚至包括大部分幻想在内——或者会自动地得到满足，或者毋须重大地干预资本主义过程便能得到满足。"见［美］熊彼特：《资本主义、社会主义与民主》，吴良健译，商务印书馆 1999 年版，第 129 页。

⑤ ［美］熊彼特：《资本主义、社会主义与民主》，吴良健译，商务印书馆 1999 年版，第 202、204 页。

当然,熊彼特并未声称资本主义是永恒的,并且始终是在动态发展中来把握资本主义的,这也体现了马克思的唯物辩证法对他的影响。但与很多预言资本主义"失败"的经济学家不同,他认为资本主义未来的退出"就是它的成功破坏了保护它的社会制度,'不可避免地'创造出资本主义不能生存下去并强烈地指定社会主义为它的继承人条件"①。在此,我们不仅要注意到的是熊彼特所说的资本主义成功的标志性条件,即"假定生产方法已经完善到不容进一步改善的境地。此时将出现或多或少的静止的状态。本质上属于一个进化过程的资本主义就会萎缩衰退。此时,企业家将无事可做",还要注意到熊彼特说这种条件是一个"更加不现实的可能性"②。但既然如此,熊彼特为什么并不打算以资本主义秩序的令人难忘的经济成就和令人印象深刻的文化成就来论证说资本主义过程可以继续运行甚至还自问自答"资本主义能存在下去吗? 不,我不认为它能存在下去"③呢? 其背后的原因除经济上的逻辑外,主要还是政治上的和文化上的。

在熊彼特看来,实现创造性破坏的资本主义经济过程所导致的经济进步日益趋于与个人无关的自动化,不仅"早期商业性冒险的浪漫气氛正在很快消失","人格和意志力量的重要性降低了","机关和委员会的工作日渐取代个人的活动",而且"可以计算的结果最后将抹去'想像力'",也就是说,"如果资本主义的进化——'进步'——停止了,或者变得完全自动化了,那么产业资产阶级的经济基础,除了还能苟延一段时间的准地租与垄断利润的残余外,最后将降为付给日常行政工作的工资。"④除此之外,更为关键和紧迫的问题则是资本主义过程产生了对竞争性秩序的那种几乎普遍的敌意,主要原因在于:一是"资本主义过程以一包股票代替工厂的围墙和机器,夺走财产这个观念的生命力",结果导致"在大公司内外没有一个支持它的人"⑤;二是"资本主义创造了一种批判的心理结构,这个结构在毁坏

---

① [美]熊彼特:《资本主义、社会主义与民主》,吴良健译,商务印书馆 1999 年版,第 120 页。

② [美]熊彼特:《资本主义、社会主义与民主》,吴良健译,商务印书馆 1999 年版,第 209 页。

③ [美]熊彼特:《资本主义、社会主义与民主》,吴良健译,商务印书馆 1999 年版,第 119 页。

④ [美]熊彼特:《资本主义、社会主义与民主》,吴良健译,商务印书馆 1999 年版,第 211—213 页。

⑤ [美]熊彼特:《资本主义、社会主义与民主》,吴良健译,商务印书馆 1999 年版,第 224 页。

许许多多其他制度的道德权威之后,最后掉过头来反对它自己……继续攻击私有财产和资产阶级价值的整个体制"①;三是资本主义培养出了一群挥舞说话和写作力量但对实际事务又不负有直接责任的知识分子,同时,"资本主义制度既不愿意又不能够有效地控制知识分子阶层"②,这些知识分子不仅对社会的批判态度一天天强烈,还闯入劳工政治领域并竭力宣扬这个运动;等等。这样,在经济的与政治的和文化的原因的综合作用下,"以减少企业家和资本家职能重要性、打破保护层和保护制度、造成敌视气氛来破坏资产阶级地位的同一经济过程,也从内部瓦解资本主义的原动力。"③

如此一来,熊彼特就向我们提出了一个清楚但却是不那么容易理解的事实:"资本主义制度不但建筑在非资本主义材料造成的支柱上,而且它的精力来自非资本主义的行为模式,与此同时它必然要破坏这些材料和模式。"④理解熊彼特这一思想的关键在于理解熊彼特将西欧资本主义兴起与民族国家兴起联系在一起的看法,即"资产阶级兴起和民族国家兴起这两个互相关联的过程,在 16、17、18世纪,产生了一个在我们看来似乎是两栖的社会结构",也就是传统社会中的国王、贵族和骑士与新兴的工业家和商人这两个社会阶层形成了一种积极共生关系,"其中一个阶层无疑在经济上支持另一个阶层,反过来在政治上又受后者的支持"⑤。但熊彼特的这一结论不应该被一般化,而应该被当作是对特例的归纳,因为熊彼特很可能主要是基于英国的历史经验所做出的这个归纳,而托克维尔在其旅英笔记中就曾比较了英国与法国的贵族制度在性质上的重大差异,也就是英国贵族制度是相对比较开放的,而法国贵族制度对外界则是封闭的,类似于种姓制度,托克维尔认为英国的经济发展与它的贵族阶级的政策直接相关⑥。由此,我们也可以进一步明确,熊彼特基于创新对竞争性秩序的主张并不拘泥于某种具体的

① [美]熊彼特:《资本主义、社会主义与民主》,吴良健译,商务印书馆 1999 年版,第 225 页。
② [美]熊彼特:《资本主义、社会主义与民主》,吴良健译,商务印书馆 1999 年版,第 236 页。
③ [美]熊彼特:《资本主义、社会主义与民主》,吴良健译,商务印书馆 1999 年版,第 250 页。
④ [美]熊彼特:《资本主义、社会主义与民主》,吴良健译,商务印书馆 1999 年版,第 251 页。
⑤ [美]熊彼特:《资本主义、社会主义与民主》,吴良健译,商务印书馆 1999 年版,第 215 页。
⑥ 斯威德伯格在《托克维尔的政治经济学》一书的第五章"济贫法和财产的习俗"的第一节"19 世纪 30 年代的英国和爱尔兰之旅"中讨论了这个问题,也就是说,托克维尔认为,由于一个非贵族成员在英国有可能成为贵族新成员,尽管实际的机会比较小,但那也给人以"盼望"。具体分析参见[瑞典]斯威德伯格:《托克维尔的政治经济学》,李晋、马丽译,格致出版社、上海三联书店、上海人民出版社 2011 年版,第 226—237 页。

或纯粹的制度形式,同时,这种制度形式应该也不是固定的。随着资本主义过程的推进,不同国家在不同历史时期面临不同的主要历史任务时对竞争性秩序会有不同的诉求,正如他在谈到古典经济学家时曾谈到,他们在将总产量增长归因于相对自由企业和利润动机时"会提到作为一个条件的'有益的立法',可是他们所说的有益的立法可能指取消束缚,尤其可能指取消或降低 19 世纪时的保护性关税"①。因此,当我们理解了熊彼特所说的资本主义的非纯粹性及其演变性后,我们就能理解他所努力阐明与捍卫的乃是竞争性秩序原则,坚持这一原则在现实中甚至允许基于创新所形成的临时性垄断甚至以这种临时性垄断所取得的收益作为促进和实现新组合的必要条件。

第三节　税收国家与熊彼特的财政学思想

《税收国家的危机》是熊彼特最为重要的财政学文献,税收国家也被认为是熊彼特财政学思想的核心概念和对财政社会学最为重要的贡献②。虽然熊彼特在其《经济发展理论》《经济周期》和《资本主义、社会主义与民主》等经典著作中几乎很少涉及财政问题,也从未出版过财政方面的专著,甚至也没有这方面的写作计划,但熊彼特曾担任过波恩大学的财政学教授并讲授财政学课程,他还就奥地利财政政策问题发表过系列论文,也做过相关演讲③,特别是熊彼特在《经济分析史》中将历史上学者们关于财政分析的研究明确纳入经济分析当中并有过一些重要的评述。通过这些评述,我们可以初步把握熊彼特的一些主要财政学思想,而这些财政学思想也在《税收国家的危机》中得到了很好的体现,因而也构成我们更好理解《税收国家的危机》的重要思想基础。

---

① ［美］熊彼特:《资本主义、社会主义与民主》,吴良健译,商务印书馆 1999 年版,第136 页。

② 参见 Leroy M. （2011）. *Taxation, the State and Society: The Fiscal Sociology of Interventionist Democracy*. P. I. E. Peter Lang; Musgrave, R. A. , (1992). "Schumpeter's crisis of the tax state: an essay in fiscal sociology", Journal of Evolutionary Economics, No. 2; Green, C. (1993). "From 'tax state' to 'debt state'", Journal of Evolutionary Economics, No. 3.

③ 具体参见 Musgrave, R. A. , (1992). "Schumpeter's crisis of the tax state: an essay in fiscal sociology", Journal of Evolutionary Economics, No. 2.

一、财政学的应用研究与基础研究是不可分离的

熊彼特将财政学作为经济学的一门应用学科,就像农业经济学等一样。这些应用经济学依附于公共经济政策方面一些久已确立的部门,"不仅应用了一般经济学武库中现在的大量事实与技巧,而且还添了一些东西进去"①,虽然这使它们的影响与作用可能被限制在特定领域,但它们所积累起来的事实和概念图式还是应该被视为对一般经济分析的贡献。进一步来看,熊彼特在所谓的学科划分方面并不是固化的,他不仅强调不能基于学科划分来决定所要研究的问题,即"如果从尊重现有的分界线或学科结构出发来确定我们该做或不该做任何有意思的工作,那就极其愚蠢了",也强调应用学科与基础学科密不可分,即"各个学科的专家,个人也好,集体也好,在基础学科上的背景非常不同,所以根据他们选择的专业的不同需要,会用十分不同的方式来调配他们的技巧","不过原则上,要把任何应用学科与基础学科截然分开,那是不可能的"②。这既意味着财政学不能只被作为经济学中的应用科学来对待并局限于经济学能研究的问题,也意味着不同的经济学基础会产生不同的财政学,财政学的创新也依赖于经济学这一基础学科的创新。而熊彼特对斯密财政学思想贡献的评价则透露了他心目中理想的财政学研究状态,也许这正是熊彼特试图定义与推进的财政社会学,即:"值得称赞的是,理论探讨与事实材料以及事实材料所显示出来的一般发展趋势结合得很紧密。自那时以来,已积累了更多的材料,理论工具也有所改进,但至今还没有人像斯密那样成功地把这两者——外加一点政治社会学——结合在一起。"③

二、财政学的发展是资本主义与民族国家兴起的结果

熊彼特认为财政学的发展是资本主义与民族国家兴起的结果,并且会因其合理化现实的需要而呈现不同的立场与观点。在熊彼特看来,尽管我们可以在古代中国发现一套处理当时财政问题的高度发展的公共行政制度,也可以在拜占庭王朝中看到许多当时的精英人士处理了大量财政问题,但更多的是就事论事,缺乏系统的分析;经院学者虽然关注到财政政策,但他们几乎根本没有研究国家财政

---

① [美]熊彼特:《经济分析史》(第一卷),朱泱等译,商务印书馆1991年版,第45—46页。
② [美]熊彼特:《经济分析史》(第一卷),朱泱等译,商务印书馆1991年版,第45页。
③ [美]熊彼特:《经济分析史》(第一卷),朱泱等译,商务印书馆1991年版,第283页。

所特有的经济问题。但资本主义的兴起改变了这种状况,它"不仅带来了新的经济形态和问题,而且还使人们对所有问题采取了新的态度","其中最重要的一个结果就是世俗知识分子的出现,从而世俗科学的出现"①,经济学是如此,财政学也是如此。

另外,由于财政总是与国家联系在一起的,其发展也与民族国家建设的进程紧密联系在一起,所以,熊彼特特别强调:"在那些新兴国家中,财政问题不仅占有至高无上的地位,而且还获得了新的重要意义。可以毫不夸张地说,至少就我们已经考察过的欧洲大陆的经济文献而言,财政问题是中心论题,其余论题大都围绕着这一中心论题。所以,最好是回过头来更仔细地看一看这几个世纪的财政问题。"②由于英国与欧洲大陆在解决财政问题上的不同结果——在英国是国会控制了征税权,欧洲大陆则更多是官僚机构取得了征税权斗争的胜利,于是导致了财政学的不同立场与观点,即:"世俗作家的这类文献,在其英国分支和欧洲大陆分支之间,表现了明显不同的趋势:大陆作家大都站在官僚机构一边,常常认为出于阶级利益的抵抗是愚蠢的、反社会的;而绝大多数英国作家,特别是在反对查理一世征收造舰税的斗争中,则认为争取自由的立场是值得赞扬的。"③

三、政府财源变化及其斗争对国家与社会演进产生重大影响

熊彼特突出强调了财源变化特别是围绕税收展开的斗争对于民族国家形成过程和经济后果的重要性。在这方面,熊彼特的观点可细化四个方面的重要认识。一是税收作为一种固定的财政收入形式和财政制度的出现对于民族国家形成具有重要意义。对此,熊彼特的具体论述是:"我们所谓的财政,特别是现代的赋税,是在十五世纪意大利的城市共和国尤其是佛罗伦萨以及德国的自由城市中首先发展起来的。但对于我们来说,更为重要的却是诸民族国家以及意大利和德国的各个公国的财政制度的发展。"④

二是关于征税权的斗争在各国的结局是不一样的,这导致了其后不一样的发

---

① [美]熊彼特:《经济分析史》(第一卷),朱泱等译,商务印书馆 1991 年版,第 125—126 页。
② [美]熊彼特:《经济分析史》(第一卷),朱泱等译,商务印书馆 1991 年版,第 302 页。
③ [美]熊彼特:《经济分析史》(第一卷),朱泱等译,商务印书馆 1991 年版,第 305 页。
④ [美]熊彼特:《经济分析史》(第一卷),朱泱等译,商务印书馆 1991 年版,第 303 页。

展后果。其中,"英国国会成功地控制了这种新财源,从而最终在十七世纪夺取了国王的权力。然而在十八世纪,在其他国家,则大都是国王和君主,或更确切地说是其官僚机构取得了胜利,虽然法国的旧制度由于试图进行财政改革而崩溃。"①而对于那些官僚机构取得胜利的国家来说,"在官僚机构攻克僧侣、贵族和资产阶级的财政堡垒之前,愈来愈庞大的官僚机构不得不依赖旧财源。因此,扩展旧财源,特别是扩展各种财政权,就成了政府及其支持者的主要任务。这最终导致了间接税的过度发展,特别是导致了一般货物税和一般营业税的过分发展"②,其结果是,"无论旧财政权多么不合理,多么沉重,多么纷乱,政府也无法放弃得自这种权利的收入,所以由此而带来的结果只能用一个词来形容,就是令人难以置信的'混乱'。澄清这种混乱局面就是一项极为困难的工作。"③

三是围绕税收展开斗争的结果的多样性实际上源于条件的差异。这意味着特定结果的产生具有偶然性,即:"正是这些国家的结构、行为和变化,塑造了欧洲十五世纪以后的历史,这种历史既涉及思想又涉及行动。需要掌握的要点是:无论是这些国家的出现还是这些国家的行为(即"政策"),都不单纯是资本主义进化的表现形式。不管我们愿意不愿意,我们都不得不面对这样一个事实,即这些国家是环境结合的产物,而这种结合,从资本主义过程本身来看,应当看作是偶然的。"④

四是财政的不同筹资方式和筹资数量会给经济兴盛带来不同的结果。这体现在熊彼特在对法国军事工程师沃邦在其 1707 年出版的《什一税计划》一书中所发表的看法的高度评价中:"这是财政领域内的一本杰出著作,在论证的简洁巧妙和切中要害方面,都是空前绝后的。……首先,沃邦攀登到了前人很少达到的高度,从这一高度,他全面考察了经济过程,结论是,可以把财政政策看作是经济治疗学的一个工作。他以格拉德斯通所具有的那种远见卓识认识到,财政措施会影响经济有机体的每一个细胞,认识到如何筹措一定数量的资金关系很大,会带来截然不同的结果,要么使经济陷入瘫痪,要么使经济繁荣兴旺。"⑤

———————————
① [美]熊彼特:《经济分析史》(第一卷),朱泱等译,商务印书馆 1991 年版,第 303 页。
② [美]熊彼特:《经济分析史》(第一卷),朱泱等译,商务印书馆 1991 年版,第 304 页。
③ [美]熊彼特:《经济分析史》(第一卷),朱泱等译,商务印书馆 1991 年版,第 305 页。
④ [美]熊彼特:《经济分析史》(第一卷),朱泱等译,商务印书馆 1991 年版,第 304 页。
⑤ [美]熊彼特:《经济分析史》(第一卷),朱泱等译,商务印书馆 1991 年版,第 308—309 页。

四、"伟大财政"的判别标准在于适应时代和文明发展需要

在《经济分析史》中,熊彼特使用了"伟大财政"这个概念,并认为判别"伟大财政"的标准在于适应时代和文明发展需要,与资本主义兴起与发展相匹配的自由主义财政原则的具体要求并不是一成不变的。在熊彼特看来,英国 19 世纪时的著名首相和财长格拉德斯通(William Ewart Gladstone)①是最伟大的英国经济自由主义的理财家,其财政改革措施定义了"伟大财政"的特点,这也是所有"伟大财政"的共同特点,即"根据它所适用的国家的条件,极其充分地表达了那个时代的整个文明和需要;或者,稍稍改变一下说法,它把一种社会、政治与经济的看法——这种看法不但是在历史上正确的,而且是广博的——译成了一套协调的财政措施的条文"②。同时,熊彼特提出,他对于格拉德斯通财政措施的兴趣,"不是这些措施的细节,而只是其中所包含的原则",即:"格拉斯通的财政是一种'天赋自由'、放任主义和自由贸易的制度的财政。从这种制度所包含的社会与经济看法来看——对这种看法我们现在必须历史地去理解,而不问所有一般的赞成与反对的理由——最重要的事情是消除对私人活动所加的财政障碍。"③

具体来看,熊彼特对"伟大财政"的要求主要强调了三个方面。一是"必须使公共支出保持很低的水平"④;二是从经济机会与机制相统一的看法来看,对于必然征取的税收,要"使经济行为尽可能地少偏离它在没有一切赋税时会走的原道。而既然利润动机和储蓄偏好被认为是对一切阶级的经济进步都是极端重要的,这就特别意味着,征税应当尽可能地少干预企业的净收益。因此,就直接税而论,不应有累进"⑤;三是"最后,但并不是最不重要的,我们看到有平衡预算的原则"⑥。但对于这样一些在当时作为自由主义财政原则的具体要求,熊彼特的评论是:"从

---

① 格拉德斯通(1809 年 12 月 29 日—1898 年 5 月 19 日)是英国第 41、43、45、47 任(1868 年—1874 年,1880 年—1885 年,1886 年,1892 年—1894 年)首相,早年还曾在阿伯丁伯爵内阁和帕麦斯顿内阁担任财务大臣。格拉德斯通是取消英国《谷物法》的重要代表,他在第一届首相任内实行了一些重要的社会改革,使英国跨进了自由贸易和自由主义的极盛时代。
② [美]熊彼特:《经济分析史》(第二卷),杨敬年译,商务印书馆 1992 年版,第 39 页。
③ [美]熊彼特:《经济分析史》(第二卷),杨敬年译,商务印书馆 1992 年版,第 39 页。
④ [美]熊彼特:《经济分析史》(第二卷),杨敬年译,商务印书馆 1992 年版,第 39 页。
⑤ [美]熊彼特:《经济分析史》(第二卷),杨敬年译,商务印书馆 1992 年版,第 40—41 页。
⑥ [美]熊彼特:《经济分析史》(第二卷),杨敬年译,商务印书馆 1992 年版,第 41 页。

现代的观点去批评预算平衡或公债偿还政策,都是毫无意义的。即使我们同意现代赤字财政拥护者所主张的一切,我们也应当承认,在一个充满了'投资机会'的世界中,两种政策都不能认为纯粹的胡说。"①这就说明熊彼特在承认"伟大财政"的共同特点时并没有将自由主义财政原则绝对化,它们的具体做法总是与当时的社会条件密切联系在一起的。

五、基于社会条件和伦理来阐明和坚持自由主义财政原则

熊彼特在不同时期所提出的不同财政政策主张或政策评论不能被绝对化,而应该被看作是熊彼特基于具体社会条件变化和伦理要求对自由主义财政原则的阐明和坚持。也就是说,一国采取的税收制度应该通过促进工商业活动和创新来增加财政收入和社会财富。在熊彼特看来,"既然没有什么东西能像政府所采取的财政政策那么清楚地表明一个社会和一种文明的性质,因而可以预期,潮流和反潮流在这个领域内表现得特别明显。它们的确是这样"②。但在这里,"潮流与反潮流"的判别标准仍不是绝对的,因为熊彼特虽然是一个自由主义者,但他并不是一个放任自由主义者,而是和庞巴维克、维塞尔和哈耶克一样,是一个审慎自由主义者③。

熊彼特的自由主义财政原则反对的是政府对经济的全面干预而非所有的政府干预,比如,熊彼特曾谈到:"对于失业的主要补救办法是那些旨在扶植制造业的措施……对就业机会的关心是'重商主义'政策主要的动机之一。有些大陆国家,特别是德国,对农民土地所有权的保护是防止产业工人赤贫化的一条重要措施……在德国,救济事宜在'财政学家'的文献中自然而然地变成了一个标准的课题。德国政府把就业与维持生活看成是国家的当然职责。"④熊彼特在谈到格拉德斯通的财政原则时曾提到不应有累进税,但在谈到欧洲一些财政部长如皮尔松、

---

① [美]熊彼特:《经济分析史》(第二卷),杨敬年译,商务印书馆1992年版,第42页。
② [美]熊彼特:《经济分析史》(第三卷),朱泱等译,商务印书馆1994年版,第26页。
③ 但熊彼特并未区分这两种自由主义,他使用过"自由主义"和"放任自由主义",但却未使用过"审慎自由主义",因为在当时来说经济自由主义就是指放任自由主义。但随着社会条件的变化,经济自由主义内部出现了分化。庞巴维克担任过奥地利财政部部长并力推累进制个人所得税,单就这一点来说,他就和后来奥地利学派中的米塞斯和罗斯巴德这样的放任自由主义者不一样,庞巴维克应该算是一个审慎自由主义者,维塞尔和哈耶克也是,而就熊彼特并非反对一切政府干预来看,他显然也是一位审慎自由主义者。
④ [美]熊彼特:《经济分析史》(第一卷),朱泱等译,商务印书馆1991年版,第409—410页。

庞巴维克和米克尔时,却称他们对个人总收入征收累进所得税是一种伟大的成就,不仅"表明一种超越格拉德斯通财政的进展(在英国,1909 年实行的超额所得税可以部分地与这种进展相比拟)",而且"这种进展还可以说是和放任的自由主义纲领相适应的"①。而在《经济分析史》第三卷第六章"一般经济学:性质与内容"中——熊彼特要在这一部分中对 1870 年到 1914 年及以后经济学作一般性评论,标为"财政学"的部分只有约两页纸面,并被编者注明"未写完"。熊彼特在这未完成稿中称这一时期为财政的宽裕时期,从而使政治上对社会进行干预这种新潮流在经济学著作中得到表现,"诚如马歇尔这样的大学术权威不仅开始造成当时认为过高的直接税——包括遗产税在内——而且还开始甘冒违反格拉德斯通派财政精神的大罪,而拥护这样一种政策,即征税不仅是为了获得财政收入,而且是为了改变('纠正')收入分配状况。德国的阿道夫·瓦格纳和英国的 A. C. 皮古都可以作为鼓吹这种政策的例子。反对这种政策的人则认为,高额累进税制会对勤奋努力和资本形成产生有害的影响,通俗些说就是,高额累进税制无异于杀鸡取蛋。出现这种论点是很自然的,由于几乎所有有地位的经济学家都赞成储蓄,出现这种论点就显得更加自然了"②。从其字里行间的表述来看,熊彼特应该也是赞成税收在筹资收入之外承担一定的社会职能的,他并没有全面否定这种政策上的努力。

至于熊彼特在不同时期发表的关于财政政策的论文和演讲③,其中也有一些具体观点不一致的地方,但所有这些不一致可能都不能归为熊彼特自身的思想矛盾,而是熊彼特在不同社会条件下基于伦理要求对自由主义财政原则的阐明和坚持,正像熊彼特曾指出的:"伦理要求当然是随时代而变化的,'按能力纳税的原则'和'社会税收理论'——其中包括特种特权税,这个词含义日趋扩大——开始获得了信仰者。但我讨论的并不是这些和另一些正义原则本身,而是由于鼓吹这些原则所取得的真正的分析上的成就。提出正义原则可以是,也可以不是经济学家的事,但分析这些原则的含义,从而合理地说明它们却无疑是经济学家的事。"④

---

① ［美］熊彼特:《经济分析史》(第三卷),朱泱等译,商务印书馆 1994 年版,第 27 页。

② ［美］熊彼特:《经济分析史》(第三卷),朱泱等译,商务印书馆 1994 年版,第 287 页。

③ 具体参见 Musgrave, R. A., (1992). "Schumpeter's crisis of the tax state: an essay in fiscal sociology", *Journal of Evolutionary Economics*, No. 2, pp. 89—113.

④ ［美］熊彼特:《经济分析史》(第三卷),朱泱等译,商务印书馆 1994 年版,第 287—288 页。

六、自由主义财政原则的着眼点是竞争性经济秩序与创新

熊彼特自由主义财政原则的着眼点是竞争性经济秩序与创新,正是在这里,我们可以看到熊彼特的财政学思想与其经济学思想的内在紧密联系。除尽量避免束缚工商业活动外,熊彼特还要求财政政策应尽量避免损害资本形成,这也使得熊彼特在思考具体的财政问题时常常是把它与货币问题紧密联系在一起。熊彼特有这样的思考并非主要基于财政收支通常都要通过货币来进行这一事实,而是"纳税和政府支出,超出了它们对货币过程的通常意义,被赋予了另一种特殊的理论上的利益",即:"政府支出是通过在中央银行提取国家行政资金(funds of the state administration)来实现的,它增加了收款方银行的准备金,从而像黄金流入一样促进了信贷扩张。税收具有相反的效果,因此在这种情况下,对货币市场产生的紧缩或放松效应来自国家的财政管理,这是财政管理在所有情况下都会施加的影响。"①

由于熊彼特是基于货币的意义即支付手段来理解资本的,这意味着资本不仅是存量,也是可以通过货币创造来制造或创造的,在《经济发展理论》一书中,熊彼特更是将信用和货币市场作为资本主义体系的核心,甚至以是否通过信用创造资本来定义资本主义经济和非资本主义经济②,因此,我们可以看到,熊彼特在其《货币论》一书中反复讨论到财政支出和税收对货币市场的影响,这些影响最终通过财政收支对货币市场的紧缩或放松效应影响到社会上的资本形成。在这方面,熊彼特甚至强调了缴税截止日期的影响,比如,"所得税截止日期可能具有实际效果,因此,这只是因为纳税人要么为完成付款而临时获得信贷,要么临时清算其投资。"③在《经济分析史》中,熊彼特曾高度评价了 17 世纪的银行发起者之一约翰·

---

① Schumpeter, J. A. (2014). *Treatise on Money*, translated by Ruben Alvarado, Wordbridge Publishing, p.129.

② 熊彼特提出:"一个经济组织的形式,如果在那里新的生产所必需的货物,是靠着特别创造出来的购买力的干预,从它在循环流转中的原来位置抽调出来的,那么,这就是资本主义经济。与此同时,另一种经济组织的形式,如果在那里新的生产所必需的货物,是靠任何一种命令的权力,或靠一切有关方面的协议,从循环流转中抽调出来,那么,那就是非资本主义生产。"见〔美〕熊彼特:《经济发展理论》,何畏、易家祥等译,商务印书馆 2020 年版,第 132—133 页。

③ Schumpeter, J. A. (2014). *Treatise on Money*, translated by Ruben Alvarado, Wordbridge Publishing, p.256.

罗在 18 世纪初发表的一些小册子中提出的行动计划背后所体现的一个宏伟计划①,那就是通过管理通货和信用来管理经济过程,而熊彼特则将财政收支管理纳入到通货和信用管理之中。

---

① 按照熊彼特的一贯思路,他关心的不是这些具体的计划,而是其背后的东西,即:"在所有这一切的背后,有一个宏伟的计划,事实上正在成功之路上前进:就是通过控制和改革把法国的整个国民经济引向新水平。这就使罗的'体系'成了管理通货思想的真正鼻祖,不仅就这个名词的表面意义来讲是如此,就更广泛、更深刻的意义来讲也是如此,在后面一种意义上,该词意味着通过管理通货和信用来管理经济过程。而这就是罗的小册子中那几段朴实无华的文字的意义所在和发光的地方。"见[美]熊彼特:《经济分析史》(第一卷),朱泱等译,商务印书馆 1991 年版,第 482—483 页。

第七章

再读《税收国家的危机》

近半个世纪以来,无论是熊彼特的创新经济学还是其财政社会学,都正在经历复兴并进一步显示其重要的理论价值与实践价值,这也说明熊彼特思想的整体性,以今天的语境来说,其经济学思想和财政社会学思想都是其作为社会理论的经济学思想的重要组成部分。但熊彼特在 1918 年发表的《税收国家的危机》中所提出的问题以及熊彼特对这些问题的回答至今仍未得到恰当和深入的了解和理解,这些当年困扰着奥地利战后重建的问题,也仍然困扰着当下的世界各国。其中,对很多发达国家来说主要是税收国家原则遭到了日益严重的破坏,而对绝大部分发展中国家来说则主要是税收国家原则无法建立起来,像欧洲新财政史学那样主张税收国家是前现代国家并以财政国家来代替它不仅不能解决现代国家重建或构建中的许多重大问题,相反会对这些问题的理解和解决产生误导。财政社会学自创立时所提出的理论问题和实践问题都还没有得到较为圆满的解决,这使它在未来具有巨大的研究空间,但要在未来破解财政社会学的百年发展困局并发展好财政社会学,我们还是需要先回到并重读熊彼特的《税收国家的危机》。《税收国家的危机》一文很长,其中译本达到 4 万字左右,其中正文约 3 万字,脚注约1 万字①。该文分为五部分,分别为"议题""财政社会学""中世纪末期领主经济(the Desmesne Economy)的危机""税收国家的性质及其局限""税收国家一定会崩溃吗"。该文的理论性、思想性极强,正如其英译者 Stolper 和马斯格雷夫(Musgrave)曾在其英译本脚注中提醒我们的,"熊彼特观点的结构是非常复杂的,读

---

① 在《税收国家的危机》发表 100 周年时,我和刘守刚曾将该文译为中文并作为"财政政治学译丛"中《税收哲人》一书的附录。参见熊彼特:《税收国家的危机》,刘志广、刘守刚译,载格罗夫斯著、柯伦编《税收哲人》,刘守刚、刘雪梅译,上海财经大学出版社 2018 年版,附录。为方便读者,本书再次将该译文作为附录,但重新进行了校译。本书在引用时采用该文的英译本。

者必须抵制住断章取义的诱惑,至少直到他完整地读完了熊彼特的观点为止。"①

第一节　熊彼特所提出的主要问题

《税收国家的危机》一文的第一部分为"议题"(Issues),虽然只有不到两页的篇幅,但熊彼特除向我们非常简明地交待了该文的写作背景、它所讨论的问题的重要性之外,还在表述中实际阐述了一个既不同于过去也不同于现在我们绝大多数人所理解的"税收国家"(tax state)概念。但令人诧异的是,虽然《税收国家的危机》在各类研究中被反复引证,但却很少有人引用这一部分所包含的内容,这可能导致很多人从一开始就偏离了熊彼特写作和创立财政社会学的意图。

一、"一战"后期奥地利的"舆论场"

熊彼特早年生活所处的时代正是在第二次工业革命推动下欧洲乃至整个世界格局进入大变革大调整的时代,并在欧洲形成了同盟国和协约国两大军事集团②。相较于英、法、德等国,熊彼特所在奥匈帝国发展虽然较为迟缓,但进步依然十分明显。作为"一战"同盟国的重要成员,奥匈帝国是一个多民族的君主国,奥军作战失利更是推动了境内各民族的独立。青年熊彼特热切又忧心地关注着奥地利国内时势的变化,既思考着怎样保持奥匈帝国的版图完整,也思考着怎样使奥匈帝国赶上第二次工业革命的浪潮。自 1916 年初至 1917 年 4 月,熊彼特分别就当时奥匈帝国面临的政治、经济、军事和外交等问题向皇帝呈送了 3 篇政治备忘录,将国家振兴的使命寄希望于贵族特别是高级贵族③。这种早年的经历与思

---

① Schumpeter, J. A. [1918]. "The Crisis of Tax State", in Peter M. Jackson, eds. (1996). *The Foundations of Public Finance*, Vol. 2., Edward Elgar Publishing Ltd., p. 330.

② 虽然工业革命的传播带来了各主要国家的经济繁荣,但也使各类矛盾不断凸显,特别是国与国之间的矛盾如法德矛盾、俄奥矛盾和英德矛盾等左右着国际局势的发展。在熊彼特出生之前的 1879 年和 1882 年,针对俄国的"德奥同盟"和针对法国的"德奥意同盟"正式建立,而在 1892 年、1904 年和 1907 年,法国与俄罗斯、英国与法国、英国与俄罗斯也分别签署了协约,两大军事集团逐渐形成了。

③ 这隐隐地呈现了母亲和在特蕾西娅人文中学"准贵族"学习经历对熊彼特的影响,年青的他也一直渴望能够真正融入贵族阶层,事实上他在青年时期也常显摆其贵族式生活,经常衣冠楚楚地骑着高头大马去昂贵的餐厅用餐。

考使熊彼特一直在传统与现代、保守与创新之间徘徊,也成为我们理解其著作中广泛存在的悖论(paradox)和矛盾(contradiction)特别是他基于"两栖的社会结构"来理解资本主义的重要线索。

作为奥匈帝国主体的奥地利在"一战"中陷入了严重的财政危机之中,对于奥地利战后何去何从的争论在维也纳几乎形成了一边倒的倾向,那就是熊彼特在《税收国家的危机》一文的开头所点明的:"许多人断言,伴随此次大战而来的财政问题,无法在战前的经济秩序框架(the framework of our pre-war economic order)内得到解决;在某些圈子里的人看来,这一观点确实是不证自明的(axiomatic)。"①那么,这种"战前的经济秩序框架"是什么呢? 在1941年3月在波斯顿罗威尔研究所(Lowell Insitute)所作的系列演讲中,熊彼特对1871年至1914年间人们的态度与信念等进行了回顾,那是一个主要民族国家都已成形的时期,而且世界正迅速地走向国际化,无论从国际还是从国内来说,自由竞争经济都成为时代的"主旋律":从国际来看,"尽管实施自由贸易的国家只有英国,大部分经济学家,包括在美国者,都深信自由贸易的好处,并相信世界正在朝贸易自由化发展。除了关税的限制之外,商品原则上可以自由流通。人口与资金的流动自由是公认的原则";从各国国内来说,"几乎所有文明国家都对内宣称支持民主理想。教育普及与选举权的稳定扩张是广被接受的政策。在相当宽松的范围内,一般人同意个人有言论、思想、行动的自由,经济行动的自由也被包括在内。私有财产、继承、倡议与行为自由是那个文明的重要成分。一个颇能代表当时精神的一个用词:政府干预,只有在极罕有的情况下才受认可。政府必须以最少的成本为个人生活提供最简单的框架。廉价的政府(cheap state)的概念有个相辅相成的假设,那就是征税的金额必须能让商业与私人生活像不曾被征税般如常进行,那也是格兰斯顿时期(Gladstonian)的大略原则"②。对于这样一种显然是经过"美化"的经济秩序,熊彼特是心神向往或保持留恋的,他把这种经济秩序所包含的态度与信念看作是十四世纪以来商人阶级(business class)发展的结果,虽然当时势力不大,"但到了十九世纪,透过经济上的成功,商人阶级已经成为举足轻重的社会阶层",虽然这不

---

① Schumpeter, J. A. [1918]. "The Crisis of Tax State", in Peter M. Jackson, eds. (1996). *The Foundations of Public Finance*, Vol. 2., Edward Elgar Publishing Ltd., p.330.

② [美]熊彼特:《我们当代的经济解读》,载[美]熊彼特《资本主义经济学及其社会学》,[瑞典]斯威德伯格编,蓝元骏译,台湾联经出版社2017年版,第382—383页。

代表商人阶级成为真正的统治者,但"统治者即使不属于中产阶级,也会或多或少顾及他们的权益,根据他们的需求制定政策。从这个角度而言,商人阶级与隶属其下的人民成了社会上决定性的力量,他们的态度影响了国家的内政、外交、艺术、宗教,甚至是当时的整个文明"①。因此,熊彼特所说的当时奥地利"舆论场"的"不证自明的"的态度就是对自由的深切怀疑和对政府干预的热切期待。

二、作为反方出场的熊彼特

熊彼特承认,这样一种经济结构以及奠基其上的社会与政治结构甚至也包括奠基其上的文明或价值系统从根本上说是不稳定的。在1941年3月的系列演讲中,熊彼特在回顾1919年前那段历史时主要提到了三个方面的原因。一是"自由派与激进派人士对当时的社会系统有绝对的信心,因为他们自身就是那个系统的产物与倡导者。以至于他们完全忽略了:那个系统与他的中坚分子,也就是商人阶级,必须仰赖其他社会元素才能运作;而尽管这些人与商人阶级的结合如何紧密,在根本上而言还是形同陌路"②,这也就是熊彼特一直所强调的资本主义体系的正常运转依赖于一个"两栖的社会结构"③。二是正在构建的历史哲学的影响,这些历史哲学过度强调了经济因素的影响,但"个人、家庭、族群的地位要提升,就一定要在当时重要的社会活动中取得成就,而商业活动只是其中之一,而且只有

---

① [美]熊彼特:《我们当代的经济解读》,载[美]熊彼特《资本主义经济学及其社会学》,斯威德伯格编,蓝元骏译,台湾联经出版社2017年版,第384页。

② [美]熊彼特:《我们当代的经济解读》,载[美]熊彼特《资本主义经济学及其社会学》,斯威德伯格编,蓝元骏译,台湾联经出版社2017年版,第386页。

③ 在这次演讲中,为了说明这种"两栖的社会结构",熊彼特所举的例子是英国,即:"英国的自由派与激进派将上议院视为怪胎,对出身贵族的内阁成员也充满不信任,但他们信心满满,乐观地认为只要大众有足够的教育,拥有自由投票的权利,就会了解资本主义系统优越之处,依自由意志决定继续支持这个系统。但他们无视一件事:他们身处的社会之所以较为富裕,个人几乎享有不受限的自由,都是源于武力与反复被灌输纪律观念的社会阶层,而灌输这些观念者则是商人阶级在封建社会里的前身。自由派与激进派喜欢将所属的社会描述为纯粹理性的统治,但那个社会之所以能流畅地运作,与贵族统治的遗绪有极大关联。"另外,熊彼特认为,这种认识在世界各地都是如此,"在世界各地,中产阶级不管喜不喜欢君权统治,都把封建时代遗下的人事物视为无用废物,愈早抛弃愈好。但事实上,这些封建人物在中产阶级的世界里并非毫无用处。他们与新世界共同生存,有许多用途。他们保护、立法规范中产阶级,偶尔也对他们略行剥削,认为他们需要的是威亚的统治者"。[美]熊彼特:《我们当代的经济解读》,载[美]熊彼特《资本主义经济学及其社会学》,[瑞典]斯威德伯格编,蓝元骏译,台湾联经出版社2017年版,第386—387页。

商业活动带来领袖地位时,它们才能促成社会地位上升"①。三是各个政治思想流派都不能理解新的发展趋势并且相互争执,即:"拥护资本主义的保守派与拥护资本主义的自由派时常争执,拥护资本主义的自由派看不惯拥护资本主义的激进派,以上这些人全都和社会主义者合不来,而社会主义说到底还是资本主义系统的文化产物。"②正因为如此,当第一次世界大战发生时,其影响就进一步扩大了,但在熊彼特看来,"大战没有创造出任何新趋势,只加速了旧有趋势,摧毁了某些保护、支撑原有社会结构的梁柱,制造了一个看似全新的世界。大战前的社会情势与暗流是导致战争改变全世界的唯一原因"③。

当然,熊彼特对1871年至1914年间经济秩序框架的向往或留恋,并非是将那个时期实际的经济秩序看作是一种完美的或纯粹的状态,恰恰相反,熊彼特完全认识到了现实中存在的各种问题,所以他强调,"战前的经济秩序是由一些高度矛盾的要素混合组成的,只有经过极为大胆的抽象后才能被称为自由竞争经济"④,也正因为如此,熊彼特讲的是"战前的经济秩序框架"而非其具体制度安排——这也和他后面对税收国家原则而非现实中税收国家的强调保持了一致,其结论是:"战争若是发生在一个完整健全的社会里,当然还是会造成各种痛苦与恐惧,却不至于对社会结构造成深远影响。"⑤问题是第一次世界大战对社会结构所造成的这种影响是否足以达到必须改变"战前的经济秩序框架"的程度呢? 在当时绝大多数人认为答案是"不证自明的"时,熊彼特却追问道:"在战争负担的重压下,这种经济秩序会崩溃吗? 或者说,它必定会崩溃吗? 又或者说,国家必须要改变它进而创造出全新的经济秩序吗?"⑥在熊彼特看来,"现有的答案似乎并没有建立在不

① ［美］熊彼特:《我们当代的经济解读》,载［美］熊彼特《资本主义经济学及其社会学》,［瑞典］斯威德伯格编,蓝元骏译,台湾联经出版社2017年版,第387页。

② ［美］熊彼特:《我们当代的经济解读》,载［美］熊彼特《资本主义经济学及其社会学》,［瑞典］斯威德伯格编,蓝元骏译,台湾联经出版社2017年版,第387—388页。

③ ［美］熊彼特:《我们当代的经济解读》,载［美］熊彼特《资本主义经济学及其社会学》,［瑞典］斯威德伯格编,蓝元骏译,台湾联经出版社2017年版,第391页。

④ Schumpeter, J. A. ［1918］. "The Crisis of Tax State", in Peter M. Jackson, eds. (1996). *The Foundations of Public Finance*, Vol. 2., Edward Elgar Publishing Ltd., p. 330.

⑤ ［美］熊彼特:《我们当代的经济解读》,载［美］熊彼特《资本主义经济学及其社会学》,斯威德伯格编,蓝元骏译,台湾联经出版社2017年版,第391页。

⑥ Schumpeter, J. A. ［1918］. "The Crisis of Tax State", in Peter M. Jackson, eds. (1996). *The Foundations of Public Finance*, Vol. 2., Edward Elgar Publishing Ltd., p. 330.

带偏见的分析的基础之上。跟往常一样,每个人都竭力地宣称实现他自己的主张才是解决战后问题的必要之举。有些人预言,在战争期间达到顶点的'发达资本主义'(high capitalism)如今必定崩溃;也有人指望,经济自由将更胜从前;而另有一些人则期盼着由我们的'知识分子'所鼓吹的'管制经济'(administered economy)。这一切注定会发生,资产阶级自鸣得意地说,这是因为国家已经失败了;抑或是知识分子热情万分所说的,是因为经济自由已经失败了"①,但基于这种观点兜售各种解决方案的资产阶级和知识分子"都没有试图通过哪怕是有一点像是科学性的思维习惯去证明自己的判断,尽管其中的社会主义者可能做得比其他人要稍好一点。这些讨论,就像见诸或不见诸于当今文化的各种表现一样令人不快,只不过是证明了自由竞争至少还残留在口号上,那就是最低价者胜出(the cheapest wins)"②。

这些令人不快的讨论都只不过是每个人都自以为可以在经济事务上像专家一样发表意见的结果,"每一个人,随便是什么人,都天真地以为自己有资格来历数古老的谬论,并天真地宣称自己极为主观的经济的或思想意识的偏好才是最终的智慧"③,而这在其他知识领域是不可能发生的。于是,熊彼特以反方的姿态加入了这场大争论,他于1917年在维也纳社会学学会的会议上就奥地利的前途问题发表了演讲,1918年发表的《税收国家的危机》就是在那次演讲稿的基础上修改而成的。从其行文来看,熊彼特的演讲主要针对的是奥地利经济学家、社会学家葛德雪(Goldscheid)在1917年出版的小册子《国家社会主义还是国家资本主义》(*Staatssozialismus oder Staatskapitalismus*)④。这本小册子正是创立财政社

---

① Schumpeter, J. A. [1918]. "The Crisis of Tax State", in Peter M. Jackson, eds. (1996). *The Foundations of Public Finance*, Vol. 2., Edward Elgar Publishing Ltd., p. 330.

② Schumpeter, J. A. [1918]. "The Crisis of Tax State", in Peter M. Jackson, eds. (1996). *The Foundations of Public Finance*, Vol. 2., Edward Elgar Publishing Ltd., p. 330.

③ Schumpeter, J. A. [1918]. "The Crisis of Tax State", in Peter M. Jackson, eds. (1996). *The Foundations of Public Finance*, Vol. 2., Edward Elgar Publishing Ltd., p. 331.

④ 葛德雪1917年的小册子尚无英译本,所以本书关于葛德雪思想的引用的主要源自其1925年发表的论文《财政问题的社会学研究》,英文名为"A Sociological Approach to problems of Public Finance",由 Elizabeth Henderson 翻译成英文,载于 Richard A. Musgrave and Alan T. Peacock (eds) (1958), *Classics in the Theory of Public Finance*, London: Macmillan, pp. 202—213。该文中译本见:马斯格雷夫和皮考克主编《财政理论史上的经典文献》,刘守刚、王晓丹译,上海财经大学出版社2015年版。我在多年前也曾将这篇论文翻译成英文,现也将其作为本书的附录,在引用该文时,本书采用英译本和本书附录的翻译。

学的奠基之作,正是在这本小册子中,葛德雪明确提出要创立财政社会学并运用财政社会学对当时的重大财政问题进行分析,其副标题为"财政社会学对解决主权债务危机问题的贡献"(Ein finanzsoziologischer Beitrag zur Lösung des Staatsschulden-Problems)①。考虑到葛德雪对财政收入与支出间密切关系与国家资本主义解决方案的重视以及熊彼特在《税收国家的危机》中对信贷和货币问题的关注等,那种将财政社会学理解为仅仅研究税收问题,或认为财政社会学忽略了支出和公债的观点等②都源于对葛德雪和熊彼特相关著述的误解或忽略。我们可以将只研究税收的财政社会学称为税收社会学③,但不能认为税收社会学就涵盖了全部的财政社会学研究。实际上,在葛德雪和熊彼特的研究中,财政社会学不仅包括税收,也包括其他财政收入形式如公债等,同时,货币也是被考虑在内的④,政府作为最大的收入者、最大的支出者和最大的借款者,其财政行为与货币行为和货币市场是紧密联系在一起的。

---

① Hickel 在 1976 年主编了论文集《税收国家的财政危机:财政学对政治经济学的贡献》(Die Finanzkrise des Steuerstaats. Beiträge zur politischen Ökonomie der Staatsfinanzen),该论文集收入了葛德雪和熊彼特的相关论文共四篇,其中包括葛德雪的论文三篇,分别为"国家资本主义还是国家社会主义"(Staatssozialismus oder Staatskapitalismus)、"国家、公共预算与社会"(Staat, öffentlicher Haushalt und Gesellschaft)和"财政学与社会学"(Finanzwissenschaft und Soziologie),被收入的熊彼特的论文则为"税收国家的危机"(Die Krise des Steuerstaats)。由于不具备阅读德文的能力,所以非常遗憾不能更多直接从该文集进行引用,只是偶尔会根据在线翻译软件来翻译并引用部分段落。该论文集的出版信息为:Goldscheid R. and Schumpeter, J. A. (1976). *Die Finanzkrise des Steuerstaats. Beiträge zur politischen Ökonomie der Staatsfinanzen*. Hickel R. (eds.). Suhrkamp Verlag.

② 例如,Cofman 曾提出,支持英国和意大利所发展起来的财政社会学变体的一种关键认识是,税收仅仅是国家整个财政图景的一部分,一个完整的财政社会学不仅应该包括支出,还应该包括税收和公共借贷。参见 Cofman, D. (2017). "Fiscal States and Soverein Debt Markets: Fiscal Sociology and Historical Structure Change". In Cardinale, I., Cofman, D., and Scazzieri, R. eds. *The Political Economy of the Eurozone*. Cambridge University Press, pp. 37—59.

③ Mann 可能是创立"税收社会学"这个概念的人,他在 1943 年发表的论文就是以"税收社会学"为标题的,当然,他使用的是 the sociology of taxation。

④ Ganev 在其《被废止的税收国家》一文就将纳税人、征税的官僚机构和货币作为熊彼特的税收国家实现运转的三大组件,他甚至提出,"没有货币就没有熊彼特式的税收国家"(no money, no Schumpeterian tax state)这一命题应该成为财政社会学一个关键的方法论前提。参见 Ganev, V. I. (2011). "The annulled Tax state: Schumpeterian Prolegomena to the Study of Postcommunist Fiscal Sociology". *Communist and Post-Communist Studies*, No. 44, pp. 245—255.

三、熊彼特提出的主要问题及其重要意义

与其他人不同,被认为是社会主义者的葛德雪既没有就事论事,也没有以现有理论为依据来进行简单的理论演绎,而是提出要建立财政社会学,这实际上是首先认为战后奥地利的问题无法在现有理论体系中找到解决问题的思路。因为在葛德雪看来,"缺少财政社会学理论和对财政问题的讨论缺乏社会学基础是现在整个社会科学最为重大的缺陷。只有社会学能够说明我们的社会条件是如何决定公共需求的,并指出那些直接或间接地满足公共需求的方式,以及社会模式及其演化是如何最终决定公共支出与公共收入之间的相互关系的"[①]。葛德雪将欧洲的历史概括为从领主国家向税收国家发展的历史,但也是从富裕国家向贫穷国家发展的历史。在这种"非常规"历史解读下,税收国家失去了财产,因而不得不依靠私人资本家并被其控制,贫穷的税收国家将无力解决战后奥地利问题,奥地利必须通过国有化实行国家资本主义。

熊彼特不能接受葛德雪关于税收国家无法解决奥地利战后重建问题的结论,他敏锐地意识到:"如果税收国家失败了,那么接下来就要有另一种国家形式来满足社会的需要,从某种角度来说,这意味着它不只是用一种新的财政制度取代战前的财政制度。更确切地说,我们所称的'现代国家'将改变自己的性质,经济将沿着新的道路前进,被新的动力所驱动,社会结构不可能维持不变,生活方式及其文化内涵、个人的精神面貌等,所有的一切都将改变。"[②]看到后来苏联和其他类似国家所建立的国家体制及其推动的社会结构等的变化等,我们必须赞赏熊彼特在此表现出的思想深邃以及这一观点的正确性。随后,熊彼特点明了自己的基本观点,即:"税收国家的连续失败从来就不是任何一种干扰的偶然性结果,无论这种干扰有多大,就好像一个原本完全健康的税收国家也不会突然因为世界大战及其后果而变得无法维持。即便通过最简单的思考也可发现,战争最多就是把我们这个在财政上被称为'税收国家'的特定社会的更为基本的缺点暴露出来;或者说,

---

[①] Goldscheid, R. [1925]. "A Sociological Approach to problems of Public Finance", in Richard A. Musgrave and Alan T. Peacock (eds) (1958), *Classics in the Theory of Public Finance*, London: Macmillan, p. 202.

[②] Schumpeter, J. A. [1918]. "The Crisis of Tax State", in Peter M. Jackson, eds. (1996). *The Foundations of Public Finance*, Vol. 2., Edward Elgar Publishing Ltd., p. 331.

它最多只不过是提供了一个契机,以让我们揭露这个社会的结构性缺陷,战争因此引发了一场崩溃,而这场崩溃出于更深层的原因是不可避免的。"①这一结论显然是与当时知识界的判断和社会舆情相反的。因此,对奥地利战后何去何从这样一个事关国家性质、前途和命运的重大问题,熊彼特必须反复确认:"'税收国家的失败'是什么意思? 税收国家的本质是什么? 税收国家从何而来? 它现在一定会消失吗? 为什么? 在预算数字所呈现的表面事实的背后存在着什么样的社会过程?"②这些问题也就是熊彼特一生所关注的资本主义和社会主义问题,《税收国家的危机》将这些问题置于特定时期特定国家的特定情形中来讨论,也就是熊彼特所指出的:"在这里,我们涉及的是社会学的壮阔图景(the sociologically important vista),它经由财政状况(fiscal position)在我们面前呈现出来,这是我们主要关注的内容。"③从这个意义上说,《税收国家的危机》也是一扇窗户,通过它我们可以窥见熊彼特的整体经济学思想和财政学思想,而他后期的著作,特别是《资本主义、社会主义与民主》等,则有利于我们更好地把握《税收国家的危机》所包含的理论努力及实践价值。

四、"三位一体"的税收国家概念

在"议题"部分,除上文所提到的熊彼特对该文写作背景的陈述以及他对问题的进一步澄清之外,在这里需要特别提到的是,熊彼特实际上是提出了一个"三位一体"的税收国家概念,即自由竞争经济(或市场经济)、税收型财政制度和现代国家治理相统一。在该文的第一段中,熊彼特就提到,虽然像自由竞争经济这种战前的经济秩序在现实中并不是纯粹的,"然而,该秩序所驱动的变化以及取得的成就还是要归于这些被保留下来的自由竞争要素,尽管现在所有的一切,甚至所有的尝试,都处在国家监管之下,但这只是由战争所强化的,而不是由这种秩序所创造的"④。

① Schumpeter, J. A. [1918]. "The Crisis of Tax State", in Peter M. Jackson, eds. (1996). *The Foundations of Public Finance*, Vol. 2., Edward Elgar Publishing Ltd., p. 331.

② Schumpeter, J. A. [1918]. "The Crisis of Tax State", in Peter M. Jackson, eds. (1996). *The Foundations of Public Finance*, Vol. 2., Edward Elgar Publishing Ltd., p. 331.

③ Schumpeter, J. A. [1918]. "The Crisis of Tax State", in Peter M. Jackson, eds. (1996). *The Foundations of Public Finance*, Vol. 2., Edward Elgar Publishing Ltd., p. 331.

④ Schumpeter, J. A. [1918]. "The Crisis of Tax State", in Peter M. Jackson, eds. (1996). *The Foundations of Public Finance*, Vol. 2., Edward Elgar Publishing Ltd., p. 331.

虽然熊彼特的税收国家可能难以被简单等同于资本主义国家,但自由竞争经济秩序无疑是他们所共同具有的,也是熊彼特最为珍视的,而熊彼特之所以重视自由竞争经济,是因为它是战前经济秩序中残存不多的能够推动经济获得成功的要素,熊彼特的创新经济学就是建立在自由竞争经济的根基之上的。之后,虽然熊彼特认为"如果税收国家将失败,而社会接下来又需要有一个其他国家形式的话,那么从某个角度来说,这意味着有许多东西超出了用新财政制度(a new fiscal system)代替战前财政制度的范围"①,考虑该文所讨论的税收国家这一主题,这种战前财政制度也是可以被大胆抽象为税收型财政制度的。接下来,熊彼特进一步将税收国家的失败与现代国家性质将被改变联系在一起,并进而提出了《税收国家的危机》所希望回答的上述系列问题。

正因为税收国家涉及自由竞争经济、税收型财政制度和现代国家治理这三个在熊彼特看来对人类现代文明来说十分珍贵的要素,实际上也就是从传统社会向现代社会转型所带来的民主化与市场化的治理要求,所以他不能对其前途掉以轻心,必须要以科学的分析来反驳当时公共舆论中的各种谬误,以保持国家的正确发展方向。从自由竞争经济、税收型财政制度和现代国家治理这种"三位一体"的税收国家概念中,我们不仅可以看到熊彼特当年捍卫税收国家原则的意义所在,也能够更好地理解我们今天为什么还需要学习和发展熊彼特的税收国家概念和财政社会学思想。但由于已有研究很少关注《税收国家的危机》的"议题"部分,所以对于这样一个"三位一体"的税收国家概念也就几乎从来没有被人认真对待过,而这也许就是我们打破财政社会学百年发展困局的关键所在。我们当然不必将熊彼特关于"税收国家"的理解定于一尊,我们也确实看到了对税收国家这个概念有完全不同的理解,我们只是希望,当研究者在援引熊彼特的《税收国家的危机》并谈到税收国家时,首先应该对熊彼特是如何说的以及为什么这么说有一个初步的了解。但当我们看到最近有研究者以"希特勒的税收国家"(Hitlers Steuerstaa)②为题展开研究后时,我们的目的就不能止于此了,我们必须意识到对这个概念的混乱使用已经到了不得不进行澄清的地步了,熊彼特的税收国家的含义及其价值需要得到进一步的阐明。

---

① Schumpeter, J. A. [1918]. "The Crisis of Tax State", in Peter M. Jackson, eds. (1996). *The Foundations of Public Finance*, Vol. 2., Edward Elgar Publishing Ltd., p. 331.

② 参见 Banken, R. (2018). *Hitlers Steuerstaat: Die Steuerpolitik im Dritten Reich*. Walter de Gruyter GmbH.

第二节　熊彼特关于财政社会学的基本思想主张

《税收国家的危机》第二部分的标题为"财政社会学"(Fiscal Sociology)，它提供了全文的基本理论框架。虽然这一部分很简短，只有不到两页的篇幅，但熊彼特在这部分中不仅热切回应了葛德雪1917年提出要创建"财政社会学"的主张，而且也非常精练地概述了自己关于财政社会学的基本思想主张，这也就确立了这篇论文在财政社会学思想史中的地位，熊彼特也因此成为财政社会学的重要创始人之一。

一、预算、社会事实与财政社会学的"双重理论要求"

在1917年出版的《国家社会主义还是国家资本主义》这本小册子中，葛德雪提出："财政和生活似乎相距更远！然而，没有什么能像财政和国家生活那样深刻地渗透在彼此之间。因此，只有财政社会学才能充分洞察国家的真实性质；只有它才能追溯其最强大成就以及多方面失败的决定性原因。"[①]在后来发表的其他论文中，葛德雪也进一步强调了发展财政社会学的重要性，特别是在1925年发表的《对财政问题的社会学研究》中更是指出："缺少财政社会学理论和对财政问题的讨论缺乏社会学基础是现在整个社会科学最为严重的缺陷。"[②]葛德雪之所以如此重视创立和发展财政社会学，是因为他认为"只有社会学能够说明我们的社会条件是如何决定公共需要和那些直接或间接地满足公共需要的方式的，以及社会模

---

① 德文原文为："Finanzen und Leben，— was scheint weiter auseinander zu liegen! Und doch nichts durchdringt einander so tiefgreifend，wie *öffentliche* Finanzen und *Staatliches* leben. Nur die *Finanzsoziologie* vermag darum vollen Einblick in das wahre Wesen des Staates zu gewähren，nur sie ist imstande，sowohl für seine kraftvollsten Leistungen wie für sein mannigfaches folgenschweres Versagen die ausschlaggebenden Gründe aufzuspüren."其中斜体为原文所加。此段中译文根据百度在线翻译结果进行调整而成。见：Goldscheid，R. "Staatssozialismus oder Staatskapitalismus：Ein finanzsoziologischer Beitrag zur Lösung des Staatsschulden-Problems"，in Goldscheid，R. and Schumpeter，J. A. (1976). *Die Finanzkrise des Steuerstaats. Beiträge zur politischen Ökonomie der Staatsfinanzen*. Hickel R. (eds.). Suhrkamp Verlag，p.41.

② Goldscheid，R. [1925]. "A Sociological Approach to problems of Public Finance"，in Musgrave，R. A. and Peacock，A. T. (eds)(1958)，*Classics in the Theory of Public Finance*. Macmillan，p.202.

式及其演进是如何最终决定性塑造公共支出与公共收入之间的相互关系的"①。

熊彼特在《税收国家的危机》中高度赞许了葛德雪1917年出版的这本小册子,认为它是一本颇具智慧的著作,其在学术上最为重要的贡献就是提出了财政社会学的基本理念,而且这是一个不朽的贡献(enduring merit),熊彼特称葛德雪是"恰当地强调运用社会学方法来看待财政史的第一人。"②对葛德雪来说,"财政学就是关于公共预算的教学"③,熊彼特特地引用了他关于预算问题的那句著名表述,即"去除所有具有误导性的意识形态之后,预算就是一个国家的骨骼"④。不仅如此,葛德雪还将国内预算关系引至对国际关系的研究,比如他在1917年的那本小册中就提出:"随着每个国家预算秩序的根本改革,国家之间的关系有了全新的基础。"⑤葛德雪和熊彼特他们将预算看作是财政问题进而也是社会秩序问题的核心的思想在现代著名公共预算研究专家威尔达夫斯基的思想中也得到了清晰的表述,他将预算看作是一种社会契约,并建立起预算与社会秩序和社会变革的联系,即:"预算是社会秩序的反映;明智的预算必然反映协调的社会秩序,协调的社会秩序也必然带来明智的预算。如果把预算制定与社会生活其他方面完全割裂开来,其结果必然产生矛盾和对抗。如果一个国家正在经历预算基本方式的变革,或预期预算关系即将发生改变时,则必然可以推知其社会秩序也将发生剧烈变动。政局也必然处在剧烈的动荡之中。"⑥由于税收国家是葛德雪和熊彼特在讨

---

① Goldscheid, R.〔1925〕. "A Sociological Approach to problems of Public Finance", in Musgrave, R. A. and Peacock, A. T. (eds) (1958), *Classics in the Theory of Public Finance*. Macmillan, p. 202.

② Schumpeter, J. A.〔1918〕. "The Crisis of Tax State", in Peter M. Jackson, eds. (1996). *The Foundations of Public Finance*, Vol. 2., Edward Elgar Publishing Ltd., p. 331.

③ Goldscheid, R. "Staat, öffentlicher Haushalt und Gesellschaft", in Goldscheid R. and Schumpeter, J. A. (1976). *Die Finanzkrise des Steuerstaats. Beiträge zur politischen Ökonomie der Staatsfinanzen*. Hickel R. (eds.). Suhrkamp Verlag, p. 253.

④ 转引自 Schumpeter, J. A.〔1918〕. "The Crisis of Tax State", in Peter M. Jackson, eds. (1996). *The Foundations of Public Finance*, Vol. 2., Edward Elgar Publishing Ltd., p. 331.

⑤ Goldscheid, R. "Staatssozialismus oder Staatskapitalismus: Ein finanzsoziologischer Beitrag zur Lösung des Staatsschulden-Problems", in Goldscheid R. and Schumpeter, J. A. (1976). *Die Finanzkrise des Steuerstaats. Beiträge zur politischen Ökonomie der Staatsfinanzen*. Hickel R. (eds.). Suhrkamp Verlag, p. 42.

⑥ 〔美〕威尔达夫斯基:《预算与治理》,〔美〕斯瓦德洛编,苟燕楠译,上海财经大学出版社2010年版,第238页。

论财政社会学时的核心概念,所以当日本学者大岛通义认为对预算制度的关注超出了税收国家的范围并主张以预算国家来替代税收国家时①,其理由就显得不是那么充分了。

对于预算的这种重要性,熊彼特强调:"这个实情集合了确凿的、未经修饰的事实,现在仍未被纳入社会学研究领域。"②这句话既表明了熊彼特对发展财政社会学的支持,也表明了熊彼特对财政社会学的基本理解,那就是基于明确的社会事实而非形而上学的或先验的概念来推进财政问题研究。从熊彼特对社会学方法中"事实"的强调来看,其方法和迪尔凯姆(Durkheim,即涂尔干)在《社会学方法的准则》中所强调的用社会事实(social facts)来解释社会事实的做法最为接近,它是从宏观层面而非微观层面对方法论个人主义的运用,因而不会基于纯粹的心理学事实来进行解释③。但我们还是要看到,熊彼特和迪尔凯姆对"事实"的理解还是存在较大差异的,而且这种差异不能完全通过说他们所强调的是"事实"的不同侧面来解释。迪尔凯姆所强调的社会事实是不能依靠个人意识或心理来解释的特殊事实,即:"这类事实由存在于个人之身外,但又具有使个人不能不服从的强制力的行为方式、思维方式和感觉方式构成。"④联系上下文来看,熊彼特所强调的是经由专家提炼和加工的"事实",因为他非常反感当时在关于奥地利前途的讨论中每个人都自以为可以像专家一样发表意见。这种判断也可从熊彼特后来在《经济分析史》中对何为"科学"的界定中得到印证,即因为科学研究所发掘出来的"事

---

① 参见[日]大岛通义:《预算国家的"危机":从财政社会学看日本》,徐一睿译,上海财经大学出版社 2019 年版。

② Schumpeter, J. A.［1918］. "The Crisis of Tax State", in Peter M. Jackson, eds. (1996). *The Foundations of Public Finance*, Vol. 2., Edward Elgar Publishing Ltd., p. 331.

③ 正如前面曾提到的,熊彼特可能是创造方法论个人主义(methodological individualism)这个词的人,而且从其经济学属于作为社会理论的经济学来看,他的方法论个人主义也不是选择范式经济学所主张的那种基于孤立个体的或原子论的方法论个人主义。熊彼特的老师马克斯·韦伯在 1920 年出版的《经济与社会》中也提到方法论个人主义。在波普尔、米塞斯和哈耶克等人的努力下,方法论个人主义从经济学领域扩大到其他社会科学,对整个社会科学的发展产生了非常深远的影响。方法论个人主义这个词在 1961 年首次出现在社会学的顶级期刊《美国社会学研究》上,按照对方法论个人主义的不同理解,形成了微观和宏观两种不同的社会学研究取向,前者基于个人立场研究社会,将社会的建构还原到个人身上,因而并不排斥心理学研究;后者基于社会的立场研究社会,实际上就是迪尔凯姆所主张的以社会事实来解释社会事实,而且这种事实不能硬划为纯心理学事实。

④ [法]迪尔凯姆:《社会学方法的准则》,狄玉明译,商务印书馆 1995 年版,第 25 页。

实""都超越了日常生活中思维习惯与实际知识的范围",因而学者"所掌握的事实与方法使他们与一般'外行'有所区别,因而也和单纯的'实际工作者'有所区别"①。这样一来,熊彼特眼中的财政社会学所研究的"事实"以及对"事实"的解释就都成了理论问题——这可被称为财政社会学的"双重理论要求",这与默顿在《社会理论和社会结构》中关于理论问题是社会学的核心的主张相一致,因而我们也可以通过默顿关于社会学研究不能局限于显性功能(manifest function)更要发掘和探讨非预期的潜功能(latent function)②来理解财政社会学的"双重研究任务"。可以说,这正是财政社会学与当时以及今天的财政学相比的一个重要特殊之处。

二、熊彼特对财政社会学的五个基本主张

作为财政社会学的创立者,葛德雪的财政社会学思想显然是十分重要的,他在 1917 年后也有多篇相关论文发表,但我们对其思想的细致把握还是有限的,我们主要参考的是他后来被译成英文的论文《对财政问题的社会学研究》以及一些日本学者著作的中译本中对葛德雪财政社会学思想的介绍。对就财政社会学的发展来说,熊彼特是作为葛德雪的对话者而出现的,但除肯定了葛德雪创立财政社会学的重要贡献外并引用那句关于预算是国家的骨骼的"名言"外,熊彼特在《税收国家的危机》中再也没有提到葛德雪及其具体思想。除我们前面曾提到葛德雪和熊彼特因为关于税收国家的不同认识而导致不同路径的战后重建主张外,他们在财政社会学思想的基本主张上总体是一致的,也都未完成财政社会学的体系化,但他们之间在一些重要方面也确实存在差异。熊彼特在《税收国家的危机》第二部分"财政社会学"中所表达的基本主张可以概括为以下五个方面。

一是在总体上强调财政史的重要性和基于财政需要的理论解释力。在熊彼

① [美]熊彼特:《经济分析史》(第一卷),朱泱等译,商务印书馆 1991 年版,第 22 页。

② 默顿强调:"如果社会学家只限于研究显性功能,他的工作算什么呢? 如果正是如此,他所要做的就是看看为了某种目的而建立的行为模式,实际上有没有达到这个目的……如果社会学家只限于研究显性功能,他们的研究就被从事实际事务的人所左右,而不是为理论问题所引导。但理论问题却是社会学的核心。如果社会学家的主要工作是研究显性功能,其关键问题则是:人们有意设立的行为方式或组织有没有达到它的目标? 那么社会学家就变成一个日常行为模式的记录者。'评估'一词的意义就被从事实际事务的人和不懂理论的人所提出的问题所限定。"见[美]默顿:《社会理论和社会结构》,唐少杰等译,译林出版社 2006 年版,第 157 页。

特看来,"一个民族的财政史是其总体历史的最为重要的组成部分",其主要理由是,"在一些历史时期,财政需要以及国家政策对经济发展、对全部生活方式及文化的所有方面,都产生了直接的塑造作用,这种作用差不多可以解释诸多事件的一切主要特征。"从解释效力上说,这种基于财政需要的解释"对大多数历史时期而言,它都具有强大的解释力;只有在少数历史时期,它的解释才显得无力"①。所以,对财政社会学来说,财政史及其研究具有根本的重要性,这种重要性主要表现为对历史变迁规律与条件的把握,也就是熊彼特所强调的:"更为重要的是,财政史上的事件使人们能够洞悉社会存在和社会变化的规律、洞悉国家命运的推动力量,同时也能洞悉这些得以发生的具体条件(concrete conditions),特别是组织的形式及其成长和消失的方式。"②

二是在具体机制上强调财政压力或财政考虑在历史演变中起到了关键作用。熊彼特提出:"如果忽略了这一点,我们就无法理解我们的产业有机体(industrial organism)事实上是怎样的。我们的民族是被国家的财政压力所塑造出来的。直到19、20世纪之交,经济政策(当然不止经济政策)产生的最初动机都是出于财政考虑。"为此,熊彼特简要列举了一些重要的历史事实,如"财政动机完全决定了查理五世采取的经济政策;财政动机导致英国直到16世纪仍处在受国家保护的外国商人的统治之下;财政动机使科尔伯特(Colbert)时期的法国试图将整个国家置于行会秩序之下;财政动机还让普鲁士国王兼勃兰登堡大选帝侯腓特烈·威廉(Great Elector's Prussia)对法国工匠采取收留政策"。基于这些史实,熊彼特再次肯定了财政因素在解释社会变迁中的重要性:"所有这一切,创造了经济形式、人的类型(human types)和产业状况;如果没有财政因素的话,它们都不会按照这种方式发展。同样,所有这一切造成的影响延续至今。"③

三是强调财政史在财政社会学研究中的"双重意义",即因果关系和征兆意义。在强调财政史所包含的因果关系时,熊彼特实际上是区分了财政措施的意图

---

① Schumpeter, J. A. [1918]. "The Crisis of Tax State", in Peter M. Jackson, eds. (1996). *The Foundations of Public Finance*, Vol. 2., Edward Elgar Publishing Ltd., pp. 331—332.

② Schumpeter, J. A. [1918]. "The Crisis of Tax State", in Peter M. Jackson, eds. (1996). *The Foundations of Public Finance*, Vol. 2., Edward Elgar Publishing Ltd., p. 332.

③ Schumpeter, J. A. [1918]. "The Crisis of Tax State", in Peter M. Jackson, eds. (1996). *The Foundations of Public Finance*, Vol. 2., Edward Elgar Publishing Ltd., p. 332.

目的与非意图目的，甚至可以说是更加强调了非意图目的的重要性，即："尽管并非本意，但财政措施确实创造了也摧毁了产业、产业形态和产业布局，以此直接构建了(或扭曲了)现代经济大厦及透过它所体现的现代精神。"为避免读者将这句话作夸大式的绝对化理解，熊彼特加了一个脚注作进一步说明，即："历史学家总是倾向于过高地估计国家对经济的塑造作用。经济和预算从来就不能形成一种真正统一的'国家经济'，国家也不可能创造出自由经济所不曾创造的持久性东西，它们也许只是程度上或大或小而已。"事实上，不仅因果关系不能被任意延伸，而且在现实中往往也很难明确建立确定无疑的因果关系，所以熊彼特强调："比因果关系更重要的是财政史所包含的征兆意义(symptomatic significance)。去除所有的修饰之词，一个民族的精神，它的文化水平，它的社会结构，以及由政策预示的行为，所有这一切以及更多的内容，都被写在其财政史中。"熊彼特在脚注中甚至认为："任何人，只要他知道怎么解读预算或者曾经仔细分析过国际货币市场上所发生的事情，就能提前十年知道本次世界大战的到来。"正因为财政史所具有的"双重意义"，所以熊彼特再次重申了其总体性主张："懂得从财政史中聆听信息的人，比起那些从其他地方着手的人，更能清晰地洞悉世界历史的惊雷。"①

四是强调财政社会学研究的适用范围不是无限的但却是值得期待的。在指出"财政是开展社会调查的最佳起点之一，尤其是在调查并不排斥它所包含的政治生活时更是如此"时，熊彼特并未将财政社会学研究看作是万能的，也未将财政社会学研究看作是在任何条件下都有最佳研究成效的，相反，熊彼特对此作了一些限制，也就是，"在用于研究那些社会转折点或更好的时代(better epochs)之时，从财政入手的研究方法效果更为显著；在这一时期，现存的形式开始殒灭，转变为新的形式，而且在这一时期原有的财政措施往往会出现危机"。因此，尽管我们需要对财政社会学的适用范围施加相应的限制，但我们仍可在财政社会学这个"特殊的研究领域"(a special field)里"确定地谈论系列特殊的事实(a special set of facts)、一系列特殊的问题(a special set of problems)以及一种特殊的研究方法(a special approach)"。据此，熊彼特提出："对于财政社会学，人们可以寄予厚望。"②

---

① Schumpeter, J. A.［1918］."The Crisis of Tax State", in Peter M. Jackson, eds. (1996). *The Foundations of Public Finance*, Vol. 2., Edward Elgar Publishing Ltd., p. 332.

② Schumpeter, J. A.［1918］."The Crisis of Tax State", in Peter M. Jackson, eds. (1996). *The Foundations of Public Finance*, Vol. 2., Edward Elgar Publishing Ltd., p. 332.

五是简要点明了财政社会学的发展现状、思想价值与核心概念。熊彼特在坦承"财政社会学的发展到现在为止还远未成熟（in the lap of the Gods）"的同时，也进一步指明了财政社会学的吸引力也就是其思想价值主要在于，"它可以让我们从财政的角度来考察国家，探究它的性质、形式和命运"。另外，熊彼特还特别强调："'税收国家'这个词正是这一研究视角的产物，下面的研究所关注的是该词所明确包含的内涵。"[1]熊彼特的这一表述既为我们将"税收国家"确立为财政社会学的核心概念提供了重要依据，也使我们有更充足的理由认为，既然熊彼特要用这么长的一篇论文来讨论"税收国家"的内涵，所以这个概念绝不是轻易就可以得到清晰的界定和理解的。

　　初步比较来看[2]，熊彼特与葛德雪在财政社会学思想主张上的差异主要在三个方面。一是与葛德雪强调财政收支间紧密的内在联系不同，熊彼特更多强调的是财政收入侧的重要影响。在熊彼特那里，"财政需要"和"财政动机"更多是财政收入的具体来源和相应的负担，葛德雪虽然也强调财政社会学能够"对社会发展中的公共收入起源和组成问题作整体的解释，因而也能说明国家的命运和个人的遭遇"，但他相对来说更重视财政收支之间非常紧密的对应性功能关系（reciprocal functional relationship），甚至主张将财政收支间相互作用的依赖机制作为财政学的基本问题。葛德雪的明确说法是："只要你告诉我你们是怎样和从何处取得财政收入的，我将指出你们的支出预算是什么样子。同样，也可以反过来应用：只要你告诉我你们想将钱花在什么地方，我将指出你们将通过什么途径来获得所需要的收入，以及你们必须依靠哪些社会阶层以及你们所需要的行政组织的规模和类型。"[3]二是与葛德雪关注财政斗争并强调财政斗争的实质是阶级斗争不同，熊彼特更加重视的是财政收入来源变迁所体现的国家治理秩序的变迁。葛德雪的马

---

①　Schumpeter, J. A. [1918]. "The Crisis of Tax State", in Peter M. Jackson, eds. (1996). *The Foundations of Public Finance*, Vol. 2., Edward Elgar Publishing Ltd., p. 332.

②　之所以说是初步比较，是因为比较的依据是不全的，主要是葛德雪1925年发表的论文《关于财政问题的社会学研究》的英文版以及日本学者永田清在1937年出版的《现代财政学理论体系》中关于葛德雪财政社会学思想的简要介绍，葛德雪的其他德文文献，包括他1917年最早倡议发展财政社会学的小册子，都因自己的语言障碍而无法阅读，只能借助在线翻译偶尔对相关片段进行理解。

③　Goldscheid, R. [1925]. "A Sociological Approach to problems of Public Finance", in Musgrave, R. A. and Peacock, A. T. (eds) (1958), *Classics in the Theory of Public Finance*. Macmillan, p. 202.

克思主义思想背景使他基于阶级斗争来理解财政斗争,并认为"税收斗争是阶级斗争最为古老的形式"①;熊彼特虽然深受马克思研究方法的影响,但却始终与马克思的阶级斗争理论保持了一定的距离,从其相关研究来看,他所着眼的主要是不同利益集团之间的斗争。三是与葛德雪只强调了财政的决定性影响不同,熊彼特既强调了财政的决定性作用,也强调了其征兆意义。在葛德雪看来,"财政的形式总是对国家和社会的演进(national and social evolution)产生决定性的影响"②,但对于熊彼特来说,"无论是说财政政策具有决定性作用(就财政事件是所有变化得以发生的最为重要的原因这一意义而言),还是说它具有征兆意义(就所有发生的事情都会在财政上有所反映而言),都是真实的。"③

第三节　熊彼特的税收国家理论

"中世纪末期领主经济(the Desmesne Economy)的危机""税收国家的性质及其局限""税收国家一定会崩溃吗"这三个部分是《税收国家的危机》一文的主体部分,但这三部分并非仅仅是运用第二部分的基本思想对历史和奥地利现状进行分析,其写作方式是边叙边议或夹叙夹议,既是对第二部分所简述的基本思想的具体运用和检验,也在这种运用和检验中进一步丰富和发展了其财政社会学思想,构成了熊彼特的税收国家理论,所以论文的这些部分的基调更多是理论性的而非政策举措上的。

一、"中世纪末期领主经济的危机"与税收国家的产生

在这一部分中,熊彼特以奥地利和德国的素材为例,从中世纪末期欧洲领主经济危机中挖掘出了税收国家产生的历史根源及税收出现所带来的征兆意义。熊彼

---

① Goldscheid, R.［1925］. "A Sociological Approach to problems of Public Finance", in Musgrave, R. A. and Peacock, A. T.（eds）（1958）, *Classics in the Theory of Public Finance*. Macmillan, p.202.

② Goldscheid, R.［1925］. "A Sociological Approach to problems of Public Finance", in Musgrave, R. A. and Peacock, A. T.（eds）（1958）, *Classics in the Theory of Public Finance*. Macmillan, p.202.

③ Schumpeter, J. A.［1918］. "The Crisis of Tax State", in Peter M. Jackson, eds. (1996). *The Foundations of Public Finance*, Vol.2., Edward Elgar Publishing Ltd., p.332.

特首先表明的观点是:"如今我们所谈论的处于危机中的现代税收国家,它自己也是从前身即封建关系的危机中成长起来的……不管是从文化延续性或文化复兴(resuscitation)还是从'文化移植'(migration of culture)的意义上来说,现代税收国家都并非建立在古代税收国家的基础之上。"①这就明确地将"税收国家"所涉及的现代"税收"概念界定为一种与古代的税收实践相区别的社会过程,而且就熊彼特将英国作为最为接近税收国家的实例来说,古代税收与现代税收的重要区别就在于是否落实了"无代表不纳税"原则,这可以看作是熊彼特的税收国家在现代国家治理中的具体体现。不仅如此,熊彼特对"税收国家"所涉及的"国家"概念的理解也是现代社会过程产物,熊彼特并不认可将最高统治权看作是真正的国家权力的观点,"因为它并没有建立在任何普遍性统治权(general sovereiguty)的基础之上;国王可能会觉得自己是这种普遍性统治权的代表和化身,它来自于国王在其领土内所面对的剩余权力的权利许可"②。

在这里有必要特别提醒大家关注熊彼特在该部分第一段所加的两个很长的脚注。第一个长脚注主要强调了概念的条件性问题。熊彼特认为司法概念(juridical concepts)不适合于解释连续性的历史事件,特别是不适合用来比较历史上给定的条件类型(types of conditions)的特征,因为这些条件类型是特定法律制度的产物,当超出其合适的范围后,它们就失去了真正的含义,未能区分条件变化而使用同样的概念会让事情变得模糊不清。但熊彼特强调社会学的概念(the concepts of sociology)既不受法律制度限定,也不是司法的概念,而更多是理论上的,这使得对不同历史时期进行比较是可能的③。在第二个长脚注的一开头,熊彼特就指出,社会条件(social conditions)不是纯粹的,它"通常会包含过去的残留(remnants of the past)和未来的种子(seeds of the future);对于研究者来说,正是这些种子特别值得关注,需要用后世的眼光来对此加以回顾与考察"④。这就使熊彼特提出了科

① Schumpeter, J. A. [1918]. "The Crisis of Tax State", in Peter M. Jackson, eds. (1996). *The Foundations of Public Finance*, Vol. 2., Edward Elgar Publishing Ltd., p.333.

② Schumpeter, J. A. [1918]. "The Crisis of Tax State", in Peter M. Jackson, eds. (1996). *The Foundations of Public Finance*, Vol. 2., Edward Elgar Publishing Ltd., p.335.

③ 参见 Schumpeter, J. A. [1918]. "The Crisis of Tax State", in Peter M. Jackson, eds. (1996). *The Foundations of Public Finance*, Vol. 2., Edward Elgar Publishing Ltd., pp.333—334, 脚注 5.

④ Schumpeter, J. A. [1918]. "The Crisis of Tax State", in Peter M. Jackson, eds. (1996). *The Foundations of Public Finance*, Vol. 2., Edward Elgar Publishing Ltd., p.334, 脚注 6.

学研究的基本目的,那就是要用它们最纯粹的形式(their purest form)来详细说明社会条件所具有的特征。但回到现实中,这种最纯粹的形式却会与其他在逻辑上与之相矛盾的条件混杂在一起,这也就是熊彼特所说的,"一种社会条件可能会进一步地与几种在'内在逻辑'上就不一致的类型结合,以至于不得不将它们分别地加以处理"①。由这里所说的第一个长脚注我们能够更好理解熊彼特在《税收国家的危机》第二部分的结尾时所说的"税收国家"这个概念是财政社会学这一研究方法的产物,它既意味着"税收""国家"和"税收国家"都是社会学概念而非司法概念,它们基于经验但却又是超越经验的,也即具有规范性。由这里所说的第二个长脚注我们可以理解熊彼特所说"税收国家"不是对现实社会条件的抽象,而是对现实社会条件中代表"未来种子"的社会条件的抽象。只有理解了上述方面,才能真正理解熊彼特将"税收"和"国家"这两个词组合成的"税收国家"的性质、意义及其与欧洲具体历史条件的密切相关性。由此,我们可以说,熊彼特所说的税收国家的产生指的是税收国家所指代的那种代表未来种子的社会条件的形成,未能注意到并理解熊彼特的这两个长脚注可能是导致熊彼特的税收国家概念长期未能得到恰当理解的重要原因。

14 世纪以后的欧洲邦国林立,但各诸侯还不是其国家的绝对统治者,他们面临地位稳固的各个等级的挑战,因为在当时的封建关系下,诸侯作为最高领主与其他领主的区别仅仅在于级别而非隶属关系。熊彼特认为,当国王的权利甚至是司法权都具有私权的性质时,也就是说国家还没有作为一种独立且真实的权力存在时,那么区分公法和私法就没有任何意义,而这种区分正是熊彼特所理解的"国家"这个概念的关键所在②。因此,判断熊彼特意义上的"国家"是否产生的标准也很清晰,那就是看国王是否有权为其从事的事务在自己的领地之外进行筹资,因

---

① Schumpeter, J. A. [1918]. "The Crisis of Tax State", in Peter M. Jackson, eds. (1996). *The Foundations of Public Finance*, Vol. 2., Edward Elgar Publishing Ltd., p. 334, 脚注 6.

② 但在国家不存在时,并不意味着相关现象不存在,这是熊彼特所强调的,即:"那种声称在中世纪的公法中充满了私法因素,或者述说中世纪只存在私法的观点,就跟运用我们今天的思考模式去考虑过去并将过去看作是不合理的一样,是一种错误的论断。国家这个概念不适用于当时存在的环境;但这并不意味着我们今天见到的国家领域内的现象在当时不存在,也不意味着当时只有私人领域存在。相反,在那个时代的组织形式中包含了我们今天所讲的公共领域和私人领域,只不过它们被结合在一种跟今天根本不同的单元(unity)中。"参见 Schumpeter, J. A. [1918]. "The Crisis of Tax State", in Peter M. Jackson, eds. (1996). *The Foundations of Public Finance*, Vol. 2., Edward Elgar Publishing Ltd., p. 336.

为当相关事务只是国王自己的事务时,按照罗马法的传统,国王必须自己承担所有政策的所有支出。随着神圣罗马帝国的衰落以及各领主对帝国的依赖关系的逐步消失,人民对领地内大领主的主从关系不断巩固并融合发展为完整的统治权利(sovereign rights)①。但在传统思维中,各领主运用自己权利的方式与国王并无区别,还无法讨论任何与共同福利相关的问题,国王仍然必须为其自身范围内的事务承担所有的花费,其收入主要来源于自有土地、司法权力、作为城镇与市政管辖区的领主身份、封臣上贡的传统礼物以及教会的捐赠等,还没有一般性的权利去"征税"②。但在熊彼特看来,市镇是难得的例外,"尽管人们还不知道什么是国家,但他们知道了什么是市镇,并且正像他们在其他事情上所做到的一样,他们预料到了很久以后才会在国家内实现的发展"③。在欧洲中世纪,市镇其实是国王和其他贵族领主斗争的重要场所和主体,市镇既通过向国王纳税来换取自治的权利,也成为农奴逃离领主土地并获得自由民权利后的栖身之所。耶希特(Jecht)继承了熊彼特在这方面的思想,在其 1928 年出版的《财政经济本质与形态》中就将中世纪城市财政和近代国家财政一起归入"合理的财政"的范围,以与归入"传统的财政"范围的领主财政或封建财政相区别④。因此,我们可以说,欧洲中世纪市镇的历史是我们透视税收国家产生的重要参照。

---

① 熊彼特在后来的《经济分析史》中进一步指出了其背后的社会过程,即中世纪的欧洲世界是一文化统一体,神圣罗马帝国和天主教会结合在一起构成了一种超国家的权力,是当时最有效的国际权威,不仅得到普遍承认,而且在政治上也不可战胜;但后来神圣罗马帝国皇帝与教皇陷入了两败俱伤的斗争,双方都耗尽了各自的政治资源,"教皇丧失了权威,罗马帝国开始瓦解。结果,中世纪的国际主义寿终正寝了,民族国家开始维护自身的独立,与那种超国家的权威相对抗"。参见[美]熊彼特:《经济分析史》(第一卷),朱泱等译,商务印书馆 1991 年版,第 223—224 页。

② 熊彼特在讲到这个问题时加了一个很长的脚注,他承认我们可以偶然地发现有些东西能够与现代税收加以比较,他也列举了将税收概念运用到对过去的一些研究以及在这些问题上存在的争议,其最后一句话虽是"附带地说"或"顺便说一句"(incidentally),但却是熊彼特所认可的结论,即:"胡布纳(Hübner)在其 1908 著作《德国私法的基本特征》(*Grundziige des Deutschen Privatrechts*)中,拒绝了区分那个时代的私法和公法。"参见 Schumpeter, J. A.［1918］. "The Crisis of Tax State", in Peter M. Jackson, eds.（1996）. *The Foundations of Public Finance*, Vol. 2., Edward Elgar Publishing Ltd., p. 337,脚注 11.

③ Schumpeter, J. A.［1918］. "The Crisis of Tax State", in Peter M. Jackson, eds.（1996）. *The Foundations of Public Finance*, Vol. 2., Edward Elgar Publishing Ltd., p. 338.

④ 参见[日]坂入长太郎:《欧美财政思想史》,张淳译,中国财政经济出版社 1987 年版,第350—351 页。

但对税收国家产生最具重要性的社会事实是国王们陷入了财政困境或财政危机，熊彼特总结了三个方面的主要原因，一是国王们对自己领地管理不善，但熊彼特认为这其实不能算是财政制度面临的危机，而只是个别国王的私人经济的危机。二是在神圣罗马帝国衰落和崩溃后，国王们要树立自己对贵族的权威并取得贵族的支持就必须提供越来越多的宫廷服务，而这在过去是不需要的，所以历史学家称之为"宫廷浪费"（courtly waste）。熊彼特认为在这里"既可找到社会变化过程的缘起和症状，也能找到君主财政经济失败的原因"，并认为"这正是我们有兴趣从'原则'的角度（the point of view of "principle"）进行研究的原因"①。但熊彼特认为最重要的还是第三个原因即战争费用的持续增长。到了 16 世纪时，原封建关系下的采邑制早就变成了事实上的世袭制，而在民族国家独立运动过程中，侵略或防务成了国王政策的重点②，但此时已经不再可能依靠传统封建义务去征召贵族打仗了，而且由贵族组成的军队还常常打败仗。熊彼特将这一发展过程称之为"人格的世袭化"（Patrimonialization of the Personality），不仅雇佣军是这一过程的产物，财政需要也在这一过程中被创造出来了，它们反过来成为情况进一步发展的推动力量，于是国王开始陷入债务当中。但当他无法再借到更多的钱时，他就只好求助于各等级，并签署各种保证书以承诺不会要求更多；而当他还不起钱时，他就提出像战争这类事情不能算是他个人的事务，而是一种"共同急需"（common exigency）。在欧洲经常上演的被征服案例及其后果使各等级逐渐承认了国王的说辞，而这意味着国王过去因偶然征税而被迫签署的各种保证性文件逐渐被全部清除，此情形的历史意义在于私人领域—公共领域的分立终于被创造出来，国家也就在"共同急需"中产生了。随着承认税收有效的社会等级越来越多，"税收义务建立在多数人决定的基础上，甚至普遍的税收义务以及在领主及封臣

---

① Schumpeter, J. A. ［1918］. "The Crisis of Tax State", in Peter M. Jackson, eds. (1996). *The Foundations of Public Finance*, Vol. 2., Edward Elgar Publishing Ltd., p. 338.

② 熊彼特在《经济分析史》中分析了新兴民族国家具有侵略性问题背后的深层原因，"贵族统治的延续、可随意支配的财富的增加以及中世纪超国家权力的崩溃，而不是可以从资本主义过程本身推导出来的东西，一方面说明了现代国家的出现，另一方面说明了现代国家的政治面貌……社会结构决定了这些新的主权国家是好战的。它们是偶然出现的。它们当中没有一个拥有自己所需要的一切，而是彼此拥有所需要的东西。而且它们很快就被新世界所包围，诱使它们竞相去征服和掠夺"。参见［美］熊彼特：《经济分析史》（第一卷），朱泱等译，商务印书馆1991 年版，第 224 页。

之间进行的法定税收负担的分配也是如此——这一切都出现了,只是发展得比较缓慢"①。熊彼特特别强调了这一过程的意义,那就是"这一发展在各个方面都与国家的出现齐头并进,财政因素经常在其中起到推动作用,这在任何情况下都成为社会事务发展的忠实写照"②。与此过程相伴随的则是对国王征税权的限制,税收也不再仅仅为了满足国王所要求的目的,它也被用来服务于其他的目的。因此,"不管怎样说,税收国家的理念及其机构体系(machinery)都已经到来"③。尽管欧洲各地的国王们都想征服这种国家,但斗争的最终结果是:"在欧洲大陆的每一个地方,国王的官僚机构都变成了国家的官僚机构,国王的权力变成了国家的权力。除了残留的未被同化并在后来转入国王私法领域的权利外,国王以前拥有的所有权利和地位,都转变为国家的权力。但是最先发生的事情是,国王权利'世袭的(patrimonial)'观念被转入他所征服的国家的权力之中:现在他真正站在他的国家之上了,就像一个地主站在他的土地上;现在,他就是国家——一种公共领域中的真正权力。"④

在这一部分中,对财政社会学来说最具理论意义的观点有两个。一是熊彼特就税收国家提出了一种完全不同于葛德雪的认识,他们之间的这种认识区别也成为我们理解他们在政策主张上相区别的关键:在葛德雪看来,国家因成为税收国家而变穷了,但在熊彼特看来,国家是因为变穷后才成为税收国家的。二是熊彼特对财政危机的定义使我们进一步将财政与深层社会结构变迁联系在一起。对熊彼特来说,准确界定"危机"的内涵是非常重要的,"尤其是将它应用到税收国家时就更是如此"⑤。在谈到国王可能因领地管理不善而陷入财政困难时,熊彼特特别强调,"每一种财政制度都有偶然崩溃的可能,但这绝不意味着是其原则的崩溃",即:"只要引发财政危机的原因是偶然的,也就是说只要它并非来自制度的内

① Schumpeter, J. A. [1918]. "The Crisis of Tax State", in Peter M. Jackson, eds. (1996). *The Foundations of Public Finance*, Vol. 2., Edward Elgar Publishing Ltd., p. 340.

② Schumpeter, J. A. [1918]. "The Crisis of Tax State", in Peter M. Jackson, eds. (1996). *The Foundations of Public Finance*, Vol. 2., Edward Elgar Publishing Ltd., p. 340.

③ Schumpeter, J. A. [1918]. "The Crisis of Tax State", in Peter M. Jackson, eds. (1996). *The Foundations of Public Finance*, Vol. 2., Edward Elgar Publishing Ltd., p. 341.

④ Schumpeter, J. A. [1918]. "The Crisis of Tax State", in Peter M. Jackson, eds. (1996). *The Foundations of Public Finance*, Vol. 2., Edward Elgar Publishing Ltd., p. 341.

⑤ Schumpeter, J. A. [1918]. "The Crisis of Tax State", in Peter M. Jackson, eds. (1996). *The Foundations of Public Finance*, Vol. 2., Edward Elgar Publishing Ltd., p. 338.

在逻辑,而且只要能在制度内能找到补救办法(在刚才的例子中可以是更有效的领地管理),那么也许就只有历史学家而不是社会学家会对这样的财政崩溃感兴趣。"①熊彼特明确将"潜在的社会进程"(an underlying social process)是否发生改变作为判别"危机"的重要标准,他为财政危机下了一个像教科书那样清晰的定义,即:"因不可改变的社会变迁(social change)导致的明白无误的、不可避免的、持续不断的失败。"②也就是说,如果能够在现有财政制度或原则内找到补救的办法,或者在经过某种方式的清算后其运作又能回到原来的轨道上,那就不是熊彼特所说的财政危机,而熊彼特所说的"税收国家的危机"也必须基于这一定义来理解③。熊彼特的这一标准贯彻了其财政社会学必须研究社会过程及其变迁的主张,而他也正是按照这一标准来对引发中世纪国王财政危机的原因进行辨析以区分其重要性的。可以指出的是,熊彼特对"危机"的定义与马克思对"危机"的使用是一致的,马克思所说的"危机"正是基于资本主义的内在矛盾将导致资本主义秩序或原则不可避免地崩溃④。

---

① Schumpeter, J. A. [1918]. "The Crisis of Tax State", in Peter M. Jackson, eds. (1996). *The Foundations of Public Finance*, Vol. 2., Edward Elgar Publishing Ltd., p.338.

② Schumpeter, J. A. [1918]. "The Crisis of Tax State", in Peter M. Jackson, eds. (1996). *The Foundations of Public Finance*, Vol. 2., Edward Elgar Publishing Ltd., p.339.

③ 实际上,很多人在阅读甚至是引用熊彼特的《税收国家的危机》时,并没有注意到熊彼特对"危机"的这一明确定义,这也导致了对税收国家的危机的不同理解。比如德国波恩大学的Bös教授在 1982 年发表了同名论文《税收国家的危机》,但他对税收国家的危机的理解是民众对累进税制的不满超过一定限度就会使税收国家陷入危机,所以他在具体度量时采用多数投票模型来定义这个特定限度并将 50% 作为不满的临界点。具体参见 Bös, D. (1982). "Crisis of Tax State". Public Choice, No.38, pp.225—241.

④ "危机"这一概念在马克思的理论中具有特别的重要性,自 1848 年欧洲革命失败后,马克思和恩格斯一直乐观地期待大危机的到来,他们相信危机是实现革命的必要前提,正如马克思在《中国革命与欧洲革命》中所指出的:"欧洲从 18 世纪初以来没有一次严重的革命事先没发生过商业危机和金融危机。"(参见[德]马克思:《中国革命与欧洲革命》,载《马克思恩格斯全集》[第 12 卷],人民出版社 1998 年版,第 120 页)。1857 年的欧洲经济危机进一步激发了马克思的政治经济学研究热情,他在 1857 年 12 月 8 日致恩格斯的信中写道,"我现在发狂似的通宵总结我的经济学研究,为的是在洪水之前至少把一些基本问题搞清楚";12 月 18 日,马克思再次写信给恩格斯,称:"我的工作量很大,多半工作到早晨四点钟。工作是双重的:(1)写完政治经济学原理。(这项工作非常必要,它可以使公众认清事物的实质,也可以使我自己摆脱这个讨厌的东西。)(2)当前的危机……";而在 12 月 21 日致拉萨尔的信中,马克思也写道:"目前的商业危机促使我认真着手研究我的政治经济学原理,并且搞一些关于当前危机的东西。"参见《马克思恩格斯〈资本论〉书信集》,人民出版社 1976 年版,第 113、119、120 页。

后来学界关于"财政-军事国家"的大量研究使我们可以更好地理解熊彼特对战争在税收国家形成过程中的作用的认识,但相关的研究也为此提供了很多重要补充。以汤普逊出版的《中世纪晚期欧洲经济社会史》为例来说,其对中世纪战争的性质以及教廷财政的研究就具有相当的重要性。熊彼特以民族国家形成为背景并基于侵略和防务来看待战争,但汤普逊还关注到当时战争的另一面,它是一种获得财政收入的重要"投资活动",即"战争已经成为由国王税收支持的一种交易,其中亦有巨额私人资本投入"①,也就是说战争与税收在当时成了相互强化的手段,从而进一步放大了其对政治、经济与社会的影响。另外,教廷在欧洲历史发展中起到了一种独特的作用,除教廷财政本身的影响外,教权与王权(含自治城镇)在财政上的冲突与斗争也是推动欧洲民族国家形成与近代商业社会发展的重要因素,但熊彼特将它完全忽略了。汤普逊在该书第十一章"14 和 15 世纪教皇的财经政策"中对此作了专门讨论,汤普逊认为,英法的国王、意大利和德国的诸侯与城市不断地扩张其税收权,从而压缩了教廷的收入来源,罗马教廷为了满足急剧扩大的活动的花销,被迫不断地以各种方式开辟新的财源,其中最可恶的就是出售赎罪券,它也是教皇最能获利的手段,"正是这种把'上帝的赦罪'商业化以行财政剥削之实的行为,剧烈地动摇了 14 世纪人们的宗教感情,而宗教改革者们和异端教派集中火力痛斥的也是这一点"②。汤普逊认为这正是宗教改革的重要经济背景,也就是说,真正导致宗教改革的原因不是宗教的,而是世俗的,甚至可以明确地说是财政上的。这就可以为马克斯·韦伯的新教伦理补充其财政上的起源,从而使韦伯关于近代资本主义兴起的思想与熊彼特的观点能够更好地融合起来,也进一步证明葛德雪和熊彼特所说的财政活动对人的精神的重要影响。这种宗教上的不满进一步被国王、诸侯和城市所利用,其"反教权"政策主要是争夺教廷财产,尤其是教会的永久产业,而这也间接推动了近代商业社会的发展。

二、"税收国家的性质及其局限"

这一部分详细阐述了税收国家的性质及其所受到的限制,也讨论了怎样的税种

---

① [美]汤普逊:《中世纪晚期欧洲经济社会史》,徐家玲等译,商务印书馆 1992 年版,第675 页。

② [美]汤普逊:《中世纪晚期欧洲经济社会史》,徐家玲等译,商务印书馆 1992 年版,第393 页。

和对什么征税才能不损害社会生产的积极性这样具体的问题,既是对第二部分"财政社会学"的理论拓展,也是为第五部分提供更为具体的理论基础。作为对上一部分的总结,熊彼特在该部分的开头即指出:"我们已经看到,如果没有财政需要,那就缺乏创造现代国家的直接原因。反过来说,这种财政需要的出现以及完全通过税收要求的方式得到满足的情况,可以从中世纪生活方式的瓦解过程而得到解释。也许可以从导致经济基础变化的各种中间原因(intermediate causes)来追溯这一过程本身;以个体家庭为基础的自由经济形成之后,该过程也就终结了。"据此,熊彼特进一步肯定了财政社会学对于挖掘深层社会事实的意义,即:"这就是为什么这种观察事实的方法开启了一条理解更深层次社会发展路径的原因。税收并非仅仅只是一种表面现象,它是这种发展的表现,在一个特别的方向上概括了这种发展。"①

当然,财政与国家之间的关系并非如此简单而直接,当国家因财政需要而发展起来后,财政就会成为一种服务性工具(a serving tool),使国家的性质难以单纯从财政角度进行理解,正如熊彼特所指出的:"如果说财政创建并部分地塑造了现代国家,那么现在国家又去塑造财政并扩大财政的范围,使财政深入到私人经济的肌体之中。"②熊彼特对税收与国家之间密切联系的阐述可以帮助我们深化相关认识,即:"税收不仅帮助创建了国家,还帮助塑造了国家。税收机构是这样一个机构,其发展使其他机构的发展成为必要。利用手中的税单,国家渗透到私人经济之中,并日益加深对它的统治。"③熊彼特的这一观点在 Coffman 于 2013 年出版的《消费税与公债的起源》一书中得到了很好的支持。Coffman 将关于消费税在英国的征收引发社会变迁的观点追溯到休谟④,

---

① Schumpeter, J. A. [1918]. "The Crisis of Tax State", in Peter M. Jackson, eds. (1996). *The Foundations of Public Finance*, Vol. 2., Edward Elgar Publishing Ltd., p. 341.

② Schumpeter, J. A. [1918]. "The Crisis of Tax State", in Peter M. Jackson, eds. (1996). *The Foundations of Public Finance*, Vol. 2., Edward Elgar Publishing Ltd., p. 344.

③ Schumpeter, J. A. [1918]. "The Crisis of Tax State", in Peter M. Jackson, eds. (1996). *The Foundations of Public Finance*, Vol. 2., Edward Elgar Publishing Ltd., p. 342.

④ Coffman 引用了休谟在《论公共信用》(Of Public Credit)中的一段话,即:"在每个国家,总有一些征税方法比其他方法更容易符合人民的生活方式和他们使用的商品。在英国,对麦芽和啤酒的征税会带来巨额收入,因为制作麦芽和酿造啤酒的流程是冗长的(tedious),并且难以被隐匿起来;同时,这些商品对生活来说并非是绝对必要的,因此提高它们的价格会对穷人所消费的商品(the poorer sort)产生很大的影响。这些税现在都被抵押出去了,找到新的税真是太难了!这真是穷人的烦恼和祸根啊!"转引自 Coffman, D. (2018). "Modern Fiscal Sociology", in Cardinale, I. and Scazzieri, R. (eds.), *The Palgrave Handbook of Political Economy*, Palgrave Macmillan, p. 536.

认为休谟在其关于公债的论述中已经观察到消费税适应了英国经济及其新兴商业社会的发展,他自己的观点则是:消费税具有将国家财政延伸至偏远地区的能力,其针对商品而非个人征收的特性,不仅可以使其可以平等地将纳税义务施加以各个不同的群体,也通过信息收集和监控异议等方式实质性地扩大了国家管辖范围,从而带来了一系列的社会效应。进一步地,Coffman 认为,消费税的引入为 17 世纪英国税收制度的彻底变革注入了催化剂,促成了英国从领地国家向税收国家的转型,也就是说,消费税不仅"催生了结构性变革,同时也为政治妥协提供了可能,它保留了革命前的合法性话语,同时也使新的话语得到发展,以适应新的潜在现实"①。一定的税收结构是一定社会结构的产物,但它们之间的关系并非单向的,而是互动的,也就是熊彼特所说的:"税收的种类与水平由社会结构所决定,但税收一经产生,它在某种程度上就成为一柄把手,社会力量可以抓住它以改变这种社会结构。"②在 1983 年发表的《走向财政社会学:美国各州税收累退性的决定因素》一文中,Jacobs 和 Waldman 认为他们关于弱势群体不成比例地承担较大的治理成本的研究结果③支持了熊彼特的观点,并认为:"在这种情况下,国家税收制度不仅是社会决定因素的结果,而且有证据表明,这些税收提供了一种微妙的手段来惩罚一个特定的少数群体。"④应该说,Jacobs 和 Waldman 对美国各州税收累

---

① Coffman, D. (2013). *Excise Taxation and the Origins of Public Debt*. Palgrave Macmillan, p.6.

② Schumpeter, J. A. [1918]. "The Crisis of Tax State", in Peter M. Jackson, eds. (1996). *The Foundations of Public Finance*, Vol.2., Edward Elgar Publishing Ltd., p.342.

③ 税收的累退性是指纳税能力越强的人缴税更少,而纳税能力越弱的人却缴税更多。Jacobs 和 Waldman 的研究结果为,黑人和小企业占比比较高的州,其税收制度具有更为明显的累退特征;而在社会不平等程度较高的州,税收累退性程度则相对较低。因此,他们认为,对美国各州税收累退性的研究实际上支持了他们的假设,即当较不富裕的社会阶层中有大量成员属于遭受严重歧视的少数群体时,各州的税收政策可能会更加不利于这一阶层的经济利益,也就是弱势群体不成比例地承担了较大的治理成本。由此,Jacobs 和 Waldman 认为相对于国家的社会契约论来说,马克思和马克斯·韦伯等社会理论家关于公共政策的决定性因素是弱者与强者之间的不平等竞争的观点更为合理。从这个意义上说,他们的这篇论文不仅对葛德雪和熊彼特的国家论提供了支持,也是对葛德雪所强调的财政剥削的一种证明。具体参见 Jacobs, D. and Waldman, D. (1983). "Toward A Fiscal Sociology: Determinants of Tax Regressivity in the American States". *Social Science Quarterly*, Vol.64, No.3, pp.550—565.

④ Jacobs, D. and Waldman, D. (1983). "Toward A Fiscal Sociology: Determinants of Tax Regressivity in the American States". *Social Science Quarterly*, Vol.64, No.3, p.563.

退性决定因素的研究为我们研究政治和经济阶层之间的联系进而对财政社会学的这一重要观点进行实证研究提供了十分有益的参考。当然,熊彼特在这篇论文中只是对财政社会学这种研究方法的全部价值略作提示,但却已是向我们打开了一个巨大的研究空间。事实确实也是如此,当熊彼特写出"税收把金钱与算计精神带到了此前它们从未到达过的各个角落,并因此成为那个曾经产生了税收的社会有机体的塑造力量"①时,这就非常明确地蕴含了一种不同于马克斯·韦伯的新教伦理说的资本主义起源说。

熊彼特在脚注中进一步阐明了从税收角度看待国家性质的意义,他列举了三个方面:一是国家的性质不是单一的,其内部存在着不同的但皆为正确的东西,这是国家形而上学的含义所不能揭示的;二是对国家性质的探讨既不能陷入以研究起源处的动力来探寻本质的错误中,也不能忘记通过回溯分析更早的起源来发现被创造出来的某一类型所具有的特殊性质;三是任何对国家的现实分析都会发现其基础有被破坏的一面,不能只从其中寻找最好的方面②。因此,熊彼特提出:"除了从性质上将国家看作是为了实现某些相当狭隘的目的的机器(这台机器面对着整个民族的文化生活及其基本驱动力)之外,对于现实地理解国家现象来说,认清它呈现的社会形态(social form)所代表的群体以及那些对国家进行支配的因素的重要性,是至关重要的。"③为进一步说明这一点,熊彼特又加了一个重要的脚注,这对于我们更好地理解熊彼特的国家观是至关重要的。熊彼特在该脚注中主要表述了三层意思,一是熊彼特认为对现实国家性质的理解是至关重要的,"我们真的不该说'国家做这个或做那个'。极为重要的是,要认清楚是谁或谁的利益让国家机器运转并通过它来表达"。二是熊彼特的这种现实国家观是超越剥削国家论和契约国家论的,熊彼特在承认那些坚持"国家都是人类最高的善、是人类成就的最高峰、是人类理想和力量的最佳汇聚"的人会反对自己观点的基础上,也承认虽然"无论是对阶级国家的描述,还是将国家描述为超越所有简单组织起来的党派

---

① Schumpeter, J. A. [1918]. "The Crisis of Tax State", in Peter M. Jackson, eds. (1996). *The Foundations of Public Finance*, Vol. 2., Edward Elgar Publishing Ltd., p. 342.

② 参见 Schumpeter, J. A. [1918]. "The Crisis of Tax State", in Peter M. Jackson, eds. (1996). *The Foundations of Public Finance*, Vol. 2., Edward Elgar Publishing Ltd., p. 342,脚注 17.

③ Schumpeter, J. A. [1918]. "The Crisis of Tax State", in Peter M. Jackson, eds. (1996). *The Foundations of Public Finance*, Vol. 2., Edward Elgar Publishing Ltd., p. 344.

与阶级之上的某种东西,都不足以充分地反映国家的本质",但"这两种描述,当然也并非全属子虚乌有",并且,即使"在其他认为国家除了是统治阶级的剥削工具外什么也不是的错误理论中还是包含了一些正确的内容"。三是熊彼特的现实国家观并非只是现实的直接反映,而是包含了重要的理念,即:"国家确实经常反映了社会权力关系,即便它并不仅仅是它们的反映。国家确实使有关国家的理念成为必要,对此人们根据自己所处环境给国家赋予了或多或少的内容,即便这一理念并非是一种将整个社会包括在内的关于国家的抽象理念的产物。"①熊彼特强调,有了这种基于现实的国家观,"这样就可以解释国家的真正权力及其被使用和被发展的途径。起初,国家的真正主人通常是国王,欧洲大陆的现代民主正是从国王手中接收了国家或者正准备接收国家。后来,人们常常将官僚机构说成是国家。最终,国家深深地渗透到民众的意识之中——国王的铁拳对此作出了贡献,以至于它真正能成为某种非人格化的东西(something impersonal),成为一种仅仅提供服务而非统治心灵的工具。这种类型的国家,也许可以仅仅作为公民的思想习惯而继续存在,或许在某些国家已经得以实现"②。

熊彼特将公共领域与私人领域的分立作为现代国家存在的前提,这应该是秉承了欧洲的个人主义传统和罗马法传统。在熊彼特看来,"只有在个人生活以其自身为中心展开、个人生活的意义集中于个体和他私人的领域、个性的实现(fulfillment of the personality)就是其自身的目的之地,国家才作为一种真实的现象而存在"③。熊彼特在此为国家的存在找到了"公共善"以及实现"总体善"的理由,即只有它成为必要时,它才会兴起,于是"因为这样的原因,国家永远不可能是其自身的目的,它只是服务于那些共同目的的工具……只有在此时,国家才成为一种独立的、可识别的社会实体(social entity)"④。这样,经济领域仅仅与个人目

---

① Schumpeter, J. A. [1918]. "The Crisis of Tax State", in Peter M. Jackson, eds. (1996). *The Foundations of Public Finance*, Vol. 2., Edward Elgar Publishing Ltd., p. 344,脚注 19.

② Schumpeter, J. A. [1918]. "The Crisis of Tax State", in Peter M. Jackson, eds. (1996). *The Foundations of Public Finance*, Vol. 2., Edward Elgar Publishing Ltd., p. 344—345.

③ Schumpeter, J. A. [1918]. "The Crisis of Tax State", in Peter M. Jackson, eds. (1996). *The Foundations of Public Finance*, Vol. 2., Edward Elgar Publishing Ltd., p. 343.

④ Schumpeter, J. A. [1918]. "The Crisis of Tax State", in Peter M. Jackson, eds. (1996). *The Foundations of Public Finance*, Vol. 2., Edward Elgar Publishing Ltd., p. 343.

的相关,其他非个人利益范围内的事务都被剥夺了所有经济手段而需要依靠财政,"这就是为什么财政需求成为现代国家生活的第一个标志的原因。这就是为什么'税收'与'国家'有很大的关系,以至于'税收国家'这样的表述几乎可以被看作是赘语(pleonasm)。这就是为什么财政社会学对国家理论来说如此富有成效的原因"①。也就是说,在熊彼特这里,国家就是一个现代现象,税收国家就是现代国家,它有作为一种公民思维习惯的一面,也就是它已经包含了与现代市场经济或自由竞争经济相匹配的特定观念与制度主张。在这里,我们可以看到熊彼特的国家观与戴森在《西欧的国家传统:观念与制度的研究》中所表述的作为观念与制度的西欧国家传统之间的内在联系。就中世纪神权政治在西欧所具有的至高无上权威作用而言,政治观念中的中世纪社会是"无国家社会",后来国王在神圣罗马帝国和天主教两败俱伤的斗争中逐渐获得了神权统治者和封建领主的职能,进而推动了西欧从"无国家社会"到"国家社会"的转变,其中的关键就在于是否形成了一个世俗化的、被普遍接受的"公共权威"②。可以说,西欧国家观念的形成与现代国家的兴起紧密相连,而且,与英美国家观念重在强调机制分析不同,"在欧陆的历史和思想传统中,国家观念的重要性由它为制度和行为提供依据的方式得以加强"③。熊彼特的国家观可以归入与法学国家概念传统相对的社会学国家概念传统④,其独特的贡献在于为西欧从无国家社会向国家社会的复杂转变确立了财

①　Schumpeter, J. A. ［1918］. "The Crisis of Tax State", in Peter M. Jackson, eds. (1996). *The Foundations of Public Finance*, Vol. 2., Edward Elgar Publishing Ltd., p. 344.

②　戴森曾提到"无国家社会"这一术语的应用环境,即:"它缺乏一个把国家作为以公共权威之名义(或某些行动可以归结于此)行动的一种制度的历史和法律传统,以及在政治光谱中对国家观念的持续智识关注的传统。"参见[英]戴森:《西欧的国家传统:观念与制度的研究》,康子兴译,译林出版社 2015 年版,"前言",第 2 页。

③　[英]戴森:《西欧的国家传统:观念与制度的研究》,康子兴译,译林出版社 2015 年版,第 16 页。

④　法学国家概念传统"关注的是国家的必要的形式特征",社会学国家概念传统"关心的是产生规范背离的事实本质和力量"。([英]戴森:《西欧的国家传统:观念与制度的研究》,康子兴译,译林出版社 2015 年版,第 15 页)。事实上,熊彼特在脚注中专门陈述了其反对基于法律概念来理解国家的理由,即:"这样的法律概念不适合解释连续性的历史事件,特别是不适合用来比较历史上给定的环境类型的特征,更不适合用于从历史中抽象出来的环境类型特征。"(Schumpeter, J. A. ［1918］. "The Crisis of Tax State", in Peter M. Jackson, eds. (1996). *The Foundations of Public Finance*, Vol. 2., Edward Elgar Publishing Ltd., p. 333,脚注 5),这与戴森对德国国家法律理论的评论基本一致,即:"它们专门的国家法律概念意味着丧失了哲学、(转下注)

政这根独特的因果主线,从而为现代国家起源说提供了新的理论与思考维度。

但我们在此主要关注的是熊彼特的税收国家所承载的、不同于其他"版本"的现代国家如哲学家的文化国家、法学家的法权国家、公共官员的官僚国家以及政党成员的政党国家等的具体意图。从熊彼特自己的表述来看,税收国家是一种纯粹类型(a pure type),它在当前任何地方都不存在,这也进一步表明熊彼特不是将税收国家作为一个经验性概念来使用的。那为什么熊彼特要如此重视税收国家这个概念呢?这就主要在于税收国家这个概念因其包含的观念与制度主张而具有的规范性价值。一是"在今天的每个地方,这种税收国家都代表了最具创新性的力量"①,因此,在当时那样一个处处充满旧的成分、或多或少可以清楚看到未来发展的阴影笼罩其上并受到战争残酷摧残的现实国家中,秉持自由竞争经济观念和秩序的税收国家就像是清晨的一缕阳光,或黑暗中的一盏明灯,给世人、给未来以希望。二是税收国家受其财政潜力的限制,"绝对不能从民众那里索取太多"②,这是从理论上理解税收国家的经济能力的主导性原则。因为作为"一只经济寄生虫"(an economy parasite),国家的所得是从私人经济中挤出来的,如果国家要求太多,民众会丧失生产兴趣,或不肯尽力工作。这两个具体意图可由熊彼特所强调的私人生活的自主性来强化,即:"税收国家越接近该限度,它受到的抵抗就越大,其运转时的能量损失也就越大。为了实施税法,就不得不依靠越来越庞大的官僚队伍,税收调查就变得越来越具有侵入性,征税花招也就变得越来越让人难

（续上注）历史和社会视角,意味着丧失了政治,以及同时关注国家与社会的一体化概念。"(［英］戴森:《西欧的国家传统:观念与制度的研究》,康子兴译,译林出版社 2015 年版,第 14 页)于是,熊彼特主张:"社会学的概念既不受法律制度限定,也不是司法的概念,而更多是理论上的。因此,当历史学家(也包括政制史学家)在对社会的(包括政制的)条件进行解释或构造概念时(更不用说在关注具体的法律问题时),他们应该转向社会学而不是法理学。"(Schumpeter, J. A. ［1918］. "The Crisis of Tax State", in Peter M. Jackson, eds. (1996). *The Foundations of Public Finance*, Vol. 2., Edward Elgar Publishing Ltd., p.333, 脚注 5)正是基于这一判断,熊彼特在该脚注中明确反对贝洛(Below)在 1914 年出版的《中世纪的德意志国家》中基于法律概念将中世纪的国家看作是现代意义上的国家的观点。

① 该句话的德文原文为"Aber überall ist er heute immer noch der Ausdruck der schaffendsten Kräfte",英译版为"Yet everywhere this tax state is today still the expression of the most creative forces"。参见 Schumpeter, J. A. ［1918］. "The Crisis of Tax State", in Peter M. Jackson, eds. (1996). *The Foundations of Public Finance*, Vol. 2., Edward Elgar Publishing Ltd., p.333.

② Schumpeter, J. A. ［1918］. "The Crisis of Tax State", in Peter M. Jackson, eds. (1996). *The Foundations of Public Finance*, Vol. 2., Edward Elgar Publishing Ltd., p.345.

以忍受。这样一幅浪费国家能力的荒诞图景表明：税收国家作为一个组织的价值，依赖于私人经济和私人生活的自主性；当国家不能尊重这种自主性时，税收国家组织也就丧失了自身的价值。"①熊彼特在对税制设计的考察中遵循了这两个具体意图，他对间接税的讨论主要考虑的是税率与税收总额之间的关系，其内容和后来拉弗曲线的表述是完全一致的；而在对直接税的讨论中，他所关注的是就征税对象来说具有独特性的收入类型，包括创业性利润、垄断利润、利润、利息、租金和工资，其总体思想是，对生产性所得如创业性利润、利息和工资征税要有限度，而对非生产性所得如垄断利润、地租征税不会伤及生产积极性。在具体论述中，熊彼特特别强调了对企业家利润征税时应注意的限度。基于在《经济发展理论》中已经形成的理论，熊彼特指出企业家利润是社会对创新的奖赏（premium），它会持续地出现，也会不断地消失，由于企业家利润是推动产业进步最为重要的个人工作动力，所以哪怕是税收只是取走企业家利润的一部分，也会极大地迟缓产业的发展进程，因此，"对我们来说，只有一件事是重要的：对企业家利润征税存在一个限度，超出这个限度，税收压力将首先会伤害然后会摧毁征税的对象。理想的最佳税收实践是，我们能够视每一种企业家利润得以产生的情况而给予区别对待。这样将比现有的税收实践获得更多的税额；现有的税收实践虽然在获取税额方面有一点点的成功，但是粗暴地摧毁了经济发展的众多可能性"②。

当然，熊彼特并不认为现实中的税收国家不允许国家有其他的收入来源，国家甚至可以通过自己经营企业来获得产业利润。但熊彼特肯定的是这种做法的可能性，但最终却否定了这种做法的必要性，这其实也就否定了葛德雪的国家资本主义解决方案的现实必要性，其主要理由有二。一是熊彼特提出了一个和今天的竞争中立原则相一致的评价标准，即："撇开国家可能会为自己寻求垄断地位不论，至关重要的评价标准是，国家是否继续在自由经济的框架下运作并在自己的企业内采用自由经济的信息和方法。"③这一标准之所以至关重要，是因为如果国

---

① Schumpeter, J. A.［1918］. "The Crisis of Tax State", in Peter M. Jackson, eds. (1996). *The Foundations of Public Finance*, Vol. 2., Edward Elgar Publishing Ltd., p. 349, 脚注 21.

② Schumpeter, J. A.［1918］. "The Crisis of Tax State", in Peter M. Jackson, eds. (1996). *The Foundations of Public Finance*, Vol. 2., Edward Elgar Publishing Ltd., p. 347.

③ Schumpeter, J. A.［1918］. "The Crisis of Tax State", in Peter M. Jackson, eds. (1996). *The Foundations of Public Finance*, Vol. 2., Edward Elgar Publishing Ltd., p. 349.

家这样做了,税收国家原则及其所指向的自由经济原则就得到了遵守,但在这种情况下,国家通过自己经营企业获得的利润不可能超过它通过直接税和间接税得到的收入。二是熊彼特认为:"甚至哪怕国家利用可能的垄断地位来实行极端的财政剥削,并忽视国家事实上拥有的企业家才能非常小这一事实,它获得的产业利润也可能比它所获得的税收低。"①

那么,作为纯粹类型的税收国家自身会遇到哪些挑战呢?熊彼特在看到税收国家的产生所带来的巨变的同时,也看到税收国家在国家与个人层面所表现出来的双重矛盾:对国家来说,个人主义经济是其产生和存在的前提,但"国家作为共同目的的代表,反对个人利己主义(individual egotism)就是其本性的一部分"②。而对于个人来说,一方面,"个体经济使个人(或家庭)完全地依赖于自己,并迫使他像吃了伊甸园的苹果一样睁开眼睛,关注这个世界的经济现实并从自己的利益出发找到目的所在";但另一方面,"他的视野变得狭窄,他的生活就只安顿在自己的精神家园中,并只通过自己的窗口来观察世界。他不会看得很远,因为很快他的视野就会被其他这样的家园的院墙所遮挡"③。正是这种双重的内在矛盾推动着税收国家的演化,并最终使税收国家突破自身的限制而陷入崩溃。熊彼特列举了几种重要的情形:一是"人民的意愿是要求越来越多的公共支出";二是"越来越多的收入被用于私人在生产时并不遵循的目的上";三是"越来越多的权力支持这种意愿";四是"关于私人财产与生活方式的全新思想掌控了所有阶层的人民。"最终,如果这些发生了,那按照熊彼特的说法,"那么税收国家就将走向尽头,而社会就将不得不依靠其他动力而非自我利益来发展经济。"④在熊彼特看来,税收国家是不可能从突破这一财政界限中存活的,但税收国家内在的"双重矛盾"却一定会推动税收国家朝这一方向演进,所以他不无肯定地说:"这一限度以及因这一限度而使税收国家难以生存的危机肯定会到来。毫无疑问,税

---

① Schumpeter, J. A. [1918]. "The Crisis of Tax State", in Peter M. Jackson, eds. (1996). *The Foundations of Public Finance*, Vol. 2., Edward Elgar Publishing Ltd., p. 349.

② Schumpeter, J. A. [1918]. "The Crisis of Tax State", in Peter M. Jackson, eds. (1996). *The Foundations of Public Finance*, Vol. 2., Edward Elgar Publishing Ltd., p. 343.

③ Schumpeter, J. A. [1918]. "The Crisis of Tax State", in Peter M. Jackson, eds. (1996). *The Foundations of Public Finance*, Vol. 2., Edward Elgar Publishing Ltd., pp. 343—344.

④ Schumpeter, J. A. [1918]. "The Crisis of Tax State", in Peter M. Jackson, eds. (1996). *The Foundations of Public Finance*, Vol. 2., Edward Elgar Publishing Ltd., p. 349.

收国家可能会崩溃。"①从这里，我们看到了熊彼特对现代民主及其运作持有的警惕与悲观之心，这种心态在他1919年担任奥地利财政部部长的经历中得到了强化，可能是促使他在《资本主义、社会主义与民主》中详细地阐述他仅仅将民主看作是一种政治方法的精英民主观的主要原因。熊彼特反对对民主的无条件忠诚，他主张"对民主的合理忠诚必须有两个先决条件，即不但要有超理性价值的图式，而且要有可期望民主能以我们赞同的方式发挥作用的社会状况"。②

三、"税收国家一定会崩溃吗?"

"税收国家已经崩溃过无数次了"③，乍一看，熊彼特以这样的开头来回应第五部分的标题确实有些令人诧异，但这恰恰表明了熊彼特对这一问题的回答所展现的独特思辨性，即现实中的税收国家可能因各种原因而崩溃，但这并是税收国家原则的崩溃，熊彼特认为："无论经历了多么严重的管理不善，也无论在特定事件中有过多么严重的错误，这一制度都在土耳其战争、反对西班牙威胁的世界战争、三十年战争、反对旧政权的法国的世界战争以及反对拿破仑的世界战争等中成功地生存了下来。"④将现实中的税收国家与税收国家原则区分开来，虽然体现了熊彼特的一种论辩技巧，并反映了熊彼特眼中税收国家这个概念所具有的理念价值，所以他才会说"税收国家制度迄今遭遇到了所有的挑战，无论何时当它在特定情形下无法应对挑战时，我们都可以发现其失败源于某种特殊的原因而非其本质使然"⑤，但这种做法本身是不妥当的，实际上也导致后人的很多误解，因为既然税收国家是一种纯粹类型，在现实中就不应该产生"税收国家已经崩溃过无数次了"这样的事实。因此，考虑到熊彼特所说的税收国家是一种承载特定国家理念和价

---

① Schumpeter, J. A. [1918]. "The Crisis of Tax State", in Peter M. Jackson, eds. (1996). *The Foundations of Public Finance*, Vol. 2., Edward Elgar Publishing Ltd., p. 349.

② [美]熊彼特:《资本主义、社会主义与民主》，吴良健译，商务印书馆1999年版，第360页。

③ Schumpeter, J. A. [1918]. "The Crisis of Tax State", in Peter M. Jackson, eds. (1996). *The Foundations of Public Finance*, Vol. 2., Edward Elgar Publishing Ltd., p. 350.

④ Schumpeter, J. A. [1918]. "The Crisis of Tax State", in Peter M. Jackson, eds. (1996). *The Foundations of Public Finance*, Vol. 2., Edward Elgar Publishing Ltd., p. 350.

⑤ Schumpeter, J. A. [1918]. "The Crisis of Tax State", in Peter M. Jackson, eds. (1996). *The Foundations of Public Finance*, Vol. 2., Edward Elgar Publishing Ltd., p. 350.

值主张的纯粹类型以及他对税收国家原则的捍卫，熊彼特在这句话及随后的解释中所想表述的意思应该为，确实有很多曾实行过税收国家原则的国家崩溃了，但这并非税收国家原则本身的失败，相反，它恰恰经受住了各种考验。在该文绝大部分场合中，熊彼特所说的税收国家都应该被理解为纯粹类型或税收国家原则，如果将熊彼特在该文中将税收国家这个概念与现实中具体国家等同起来的一些说法加以澄清，对熊彼特所要表述的思想及对税收国家这一概念的一些误解是可以得到排除的。所以，熊彼特在这一部分中所要回答的问题是，如果税收国家原则在历史上经受住了各种考验，那么税收国家原则在这次所面对的挑战会不一样吗？

由于并没有其他参战国说要放弃税收国家原则，而且熊彼特认为英国对战争经费的重大需要一开始就是通过税收来满足的并坚信英国一定能在自由经济框架内承受战争的负担，不仅英国如此，德国、意大利和法国也是如此，所以熊彼特将讨论范围限制在了奥地利，因为"有关税收国家缺陷的观点，几乎全部出自奥地利"①，而他所主要针对的是 1917 年葛德雪发表的《国家社会主义还是国家资本主义》，恰好葛德雪也是奥地利人。鉴于奥地利刚刚从奥匈帝国脱胎出来，其实施税收国家原则的基础还是比较有限的，因此，"如果连奥地利这一税收国家能够经受住此次考验，那么其他国家就不用说了"②。在此，我们忽略熊彼特所进行的具体数据推演，这虽然会弱化讨论的奥地利色彩，但却能让我们更好地理解财政社会学在思考和解决现实问题上的一般思想价值，特别是税收国家原则所代表的自由经济框架的顽强适应能力。熊彼特将税收国家原则在奥地利面临的挑战具体化为两个问题，一个是奥地利按照税收国家原则能不能弥补战争成本问题，另一个是奥地利能不能按照税收国家原则承担起重建的重任。熊彼特认为："这两个问题并非同一类问题。更准确地说，它们分属于两个不同的领域，在讨论经济问题时需要将二者严格地分开，将它们混为一谈纯属典型的外行错误。"③

① Schumpeter，J. A. ［1918］. "The Crisis of Tax State"，in Peter M. Jackson，eds. (1996). *The Foundations of Public Finance*，Vol. 2.，Edward Elgar Publishing Ltd.，p. 350，脚注 22.

② Schumpeter，J. A. ［1918］. "The Crisis of Tax State"，in Peter M. Jackson，eds. (1996). *The Foundations of Public Finance*，Vol. 2.，Edward Elgar Publishing Ltd.，p.351.

③ Schumpeter，J. A. ［1918］. "The Crisis of Tax State"，in Peter M. Jackson，eds. (1996). *The Foundations of Public Finance*，Vol. 2.，Edward Elgar Publishing Ltd.，p.351.

第一个问题是财政问题,具体来说就是税收国家能不能用自己的收入来履行国家职责并消除赤字,它和战时涉及的产品问题不同。熊彼特认为,在战争期间,大量实物被生产出来并消耗殆尽,部分地区被摧毁,劳动力也遭受损失,这些是战争的真正成本,这种战时的问题已经得到解决了;在战后要解决的问题是,私人经济部门在战时所拥有的大量政府债券和增发的货币在战后需要得到清偿。造成这种战后沉重负担的原因并非是税收国家自身的制度错误,这种负担也不是任何制度能够承受得起的,也不能说明税收国家原则的失效。但这种战争负担问题不是绝对水平问题,而是相对水平问题,即战争期间不受约束的纸币经济助推了通货膨胀并使名义货币数字上的收益、收入和资产等大大增加,因此,"只要印钞机依然像现在这样地使用,那么现有条件就会像这个样子持续下去,并在将来还可能进一步地恶化"①。主要基于这样的认识,熊彼特提出:"现在要做的是,简单地调整货币价值,使其重新与实际物品数量保持一致;也就是说,大规模调减账面价值。而这只能通过国家从经济的货币债权(the money claims)和货币存量(money stocks)中弥补其货币义务来实现。"②从这里我们可以看到,与财政问题密切相关的货币问题是熊彼特所主张的财政社会学的重要研究议题之一。

为此,熊彼特提出了两个解决方法,第一个方法是通过将奥地利货币保持战前价值以缓解预算负担,但这在不减少货币存量的条件下必须依靠其他途径来降低价格水平;第二个方法是"对资本征收一次性税收,其数额高到足以让国家不仅能归还银行贷款和预付款,而且能偿还大部分战争债券"③,该方法既与财政有关,也与货币秩序(monetary order)有关。为了澄清问题并面对用"人民的破产"(pepole's bankruptcy)来替代"国家的破产"(the bankruptcy of the state)的责难,熊彼特指出,对资本征税并不要求从经济中进一步获取物品,因为"征税的对象,并不是那些在战争中已经贬值的财富,即真实的国民财富,而仅仅是那些在战争中升值的财富,这种上升与真实国民财富无关,这种财富实际上是名义的国民财

① Schumpeter, J. A. [1918]. "The Crisis of Tax State", in Peter M. Jackson, eds. (1996). *The Foundations of Public Finance*, Vol. 2., Edward Elgar Publishing Ltd., p. 353.

② Schumpeter, J. A. [1918]. "The Crisis of Tax State", in Peter M. Jackson, eds. (1996). *The Foundations of Public Finance*, Vol. 2., Edward Elgar Publishing Ltd., p. 352.

③ Schumpeter, J. A. [1918]. "The Crisis of Tax State", in Peter M. Jackson, eds. (1996). *The Foundations of Public Finance*, Vol. 2., Edward Elgar Publishing Ltd., p. 355.

富",这样一来,"征收资本税只会降低国民财富的货币价值,而不会减少经济中的真实财富"①。但出于征收资本税是为了调整货币价值或大规模调减账面价值的目的,熊彼特要求征收资本税获得的收入并不能用于财政支出,而只能用于偿还国家所欠国民的战争债,以对战时被超额消费和巨额纸币打破的商品世界与纸币价值进行平衡,因此,"上述进程结束于炉火之中,即把那些通过资本税征收而落入国家手中的现金与权益凭证统统付之一炬"②。当然,熊彼特也考虑到,如果获得的是股权证书,那就不能烧掉,而是要与人们手中的现金或战争公债进行交换。熊彼特当然没有将征收资本税作为唯一需要采取的政策,而只是认为它完成了大部分工作,除此之外,"开征新税、增加税收甚至是政府垄断等都可能仍是必要的"③。熊彼特的最终结论是,面对战后沉重的负担问题,"经由这样的方式,税收国家不仅不会崩溃,也不会饱受折磨,相反,它会迎来更美好的未来——尽管这种美好的机会是由不熟练地征收资本税所创造的。如果遇到失败,那只能是由于缺乏道德力量和技术能力"④。熊彼特的这一资本税方案完全不同于葛德雪立足于国有化的资本税方案,在坚持税收国家原则下,通过对战争中增值的资本征收资本税来注销经济中过多的货币和公债是具有创新性的可行之举⑤。

第二个问题是战后重建问题,"它不是或至少从最终意义上讲不是筹措资金的问题,而是要确保产品实物的供应"⑥。由于"自由经济是与税收国家相匹配的,而税收国家就其本质而言,需要将重建工作留给市场来进行,使重建工作无异于

---

① Schumpeter, J. A. [1918]. "The Crisis of Tax State", in Peter M. Jackson, eds. (1996). *The Foundations of Public Finance*, Vol. 2., Edward Elgar Publishing Ltd., p. 356.

② Schumpeter, J. A. [1918]. "The Crisis of Tax State", in Peter M. Jackson, eds. (1996). *The Foundations of Public Finance*, Vol. 2., Edward Elgar Publishing Ltd., p. 358.

③ Schumpeter, J. A. [1918]. "The Crisis of Tax State", in Peter M. Jackson, eds. (1996). *The Foundations of Public Finance*, Vol. 2., Edward Elgar Publishing Ltd., p. 359.

④ Schumpeter, J. A. [1918]. "The Crisis of Tax State", in Peter M. Jackson, eds. (1996). *The Foundations of Public Finance*, Vol. 2., Edward Elgar Publishing Ltd., p. 359.

⑤ 熊彼特的这一资本税解决方案对解决中国今天面临的货币发行过多和地方政府债务过重问题也非常具有参考价值。也许今天征收房产税的首要目的不是为地方政府提供替代性税源,而是要注销经济中过多的货币和地方政府债务,这可能会让经济更快恢复到正常的发展状态。

⑥ Schumpeter, J. A. [1918]. "The Crisis of Tax State", in Peter M. Jackson, eds. (1996). *The Foundations of Public Finance*, Vol. 2., Edward Elgar Publishing Ltd., p. 352.

通常的经济活动"①,这在税收国家原则是可以完成的任务吗？熊彼特并无意去证明自由经济是承担重建任务的"绝对好的"(absolutely best)方法,也就是说熊彼特并不希望陷入对各种讨论背后所隐含的东西的讨论,如偏见或党派之争等,"我们只想估计,基于具体的历史条件,我们现在对竞争经济可以期望什么,目的在于考察这种经济是否有能力无拖延地立刻实施经济重建"。同时,熊彼特认为,与其主张的方案相对应的另外一种也是唯一可能的替代方案是由国家实行范围广泛的管制经济(administrative economy),也就是说,葛德雪所主张的国家资本主义并不在熊彼特认为的可性性方案之内。当然,熊彼特主张战后重建可以在自由经济框架下进行并非否定国家干预,相反,他甚至提出在一些领域进行国家干预是必不可少的:"诸如纠正战争期间不正常的发展,特别是人力高度集中于军队的情形;消除私人经济难以承受的紧急状态;通过行政机构恢复经济的神经系统(the nervous system of the economy),等等,所有这些以及其他事情都需要国家出面协调和帮助,在某些情况下,这些协调和帮助还会变成常设的,典型的例子就是劳务中介(the labor exchanges)。"②但这些在熊彼特看来是不言自明的,就战后重建来说,"关键的问题是,自由经济的动力(motive force)能否保持不变,或者国家是否必须取而代之;以及是否只有国家干预才能解决这项基本任务"③。

葛德雪所说的"再资本化"(recapitalization)这一至关重要的任务是检验熊彼特的自由经济解决方案的关键。在熊彼特看来,"'战时经济'(war economy)从本质上讲是将经济从为了满足和平生活需要而生产'转变成'(switching)为了满足战争需要而生产"④,或者说"转向战时经济要求将生产资源用于当前的而非未来的产品生产,而重回和平经济则要求相反的过程,前者是一种经济浪费行为,受即时必需品需求的刺激;后者则是一种储蓄行为,旨在抵消即时的经济浪费"⑤,而一

① Schumpeter, J. A. ［1918］. "The Crisis of Tax State", in Peter M. Jackson, eds. (1996). *The Foundations of Public Finance*, Vol. 2., Edward Elgar Publishing Ltd., p. 359.

② Schumpeter, J. A. ［1918］. "The Crisis of Tax State", in Peter M. Jackson, eds. (1996). *The Foundations of Public Finance*, Vol. 2., Edward Elgar Publishing Ltd., p. 359.

③ Schumpeter, J. A. ［1918］. "The Crisis of Tax State", in Peter M. Jackson, eds. (1996). *The Foundations of Public Finance*, Vol. 2., Edward Elgar Publishing Ltd., pp. 359—360.

④ Schumpeter, J. A. ［1918］. "The Crisis of Tax State", in Peter M. Jackson, eds. (1996). *The Foundations of Public Finance*, Vol. 2., Edward Elgar Publishing Ltd., p. 360.

⑤ Schumpeter, J. A. ［1918］. "The Crisis of Tax State", in Peter M. Jackson, eds. (1996). *The Foundations of Public Finance*, Vol. 2., Edward Elgar Publishing Ltd., p. 36.

个非常清楚的事实是："当初将经济转向战时紧急状态所取得的巨大产业成就，至少90％要归功于自由经济的自发机制与自利动机的作用。"①熊彼特认为自由经济的功劳不仅在于"它满足了军队的装备和供给，满足了战争前线绝大多数的家庭需求"，还在于"它在相当大程度上（超过了公众愿意承认的程度）保证了物资的分配并因此至少维持了大量人口的生存。工人得以维持生计，需要感激的不是政府的措施，而是自己每天获得的40或50克朗的工资，这是竞争经济的自发机制将他安排到合适的地方所带来的"②。因此，熊彼特坚信自由经济相比管制经济更能成功地实现向和平经济的转型，也就是说，"就其本质而言，竞争经济的组织形式在战后能够重建经济，正如它曾经创造了现代经济；在公共领域与竞争经济相伴的税收国家里，竞争经济对于重建来说也是有效的方法，因而它不可能给重建任务带来悲伤的结果。"就熊彼特而言，《共产党宣言》已经极为准确地论证了这种方法的有效性③。另外，就再资本化所要求的原材料的供应哪怕是对这些原材料的进口来说，熊彼特也认为企业能比国家干得更好。因此，熊彼特认为，没有必要与那些认为理想运行的国家能表现得比私人经济更好的人去争论，"只要官僚机构不妨碍它、不在我们与必要原材料之间堆积文山，私人经济就会做得更迅速、更及时"④。

至此，熊彼特的结论已经非常清楚，税收国家是竞争经济在公共领域的对应物（counterpart），在奥地利并不存在"税收国家的危机"，其具体含义是指自由经济既能解决战后负担问题，也能解决战后重建问题，并不需要以一种新的经济框架来取代自由经济框架。但熊彼特认为其讨论和结论的有效性受到两个方面的限制：一是特定问题的限制，其讨论所对应的问题是，"税收国家和自由经济的组织形式能否成功地应对战后形势而不至于崩溃或者遇到压倒性困难"⑤，对于其他

① Schumpeter, J. A. ［1918］. "The Crisis of Tax State", in Peter M. Jackson, eds. (1996). *The Foundations of Public Finance*, Vol. 2., Edward Elgar Publishing Ltd. , p. 360.

② Schumpeter, J. A. ［1918］. "The Crisis of Tax State", in Peter M. Jackson, eds. (1996). *The Foundations of Public Finance*, Vol. 2., Edward Elgar Publishing Ltd. , p. 360.

③ 这是指马克思和恩格斯在《共产党宣言》中对资本主义在过去所取得成就的充分肯定。

④ Schumpeter, J. A. ［1918］. "The Crisis of Tax State", in Peter M. Jackson, eds. (1996). *The Foundations of Public Finance*, Vol. 2., Edward Elgar Publishing Ltd. , p. 362.

⑤ Schumpeter, J. A. ［1918］. "The Crisis of Tax State", in Peter M. Jackson, eds. (1996). *The Foundations of Public Finance*, Vol. 2., Edward Elgar Publishing Ltd. , p. 362.

原因导致的对税收国家的自动放弃则不在该讨论与结论的范围之内;二是特定情境的限制,也就是奥地利战后重建这一特殊的历史时刻,用熊彼特的话来说就是:"我们并不打算将自由经济神圣化为人类的最高智慧。我也没有习惯给资产阶级戴上桂冠。然而,自由经济与资产阶级所能做的恰恰就是现在所需要的。"①这样,熊彼特在《税收国家的危机》一文的最后又回到了他一生所关注的从资本主义向社会主义的转型问题,这一问题在其后来出版的《资本主义、社会主义与民主》中有更为详尽的表述。熊彼特言之凿凿地认为税收国家终将完成其历史使命而被社会主义所取代,"这样的时刻终将到来。随着经济发展及随之而来的[对社会主义的]社会支持(social sympathy)的范围扩大,私人企业将逐渐失去其社会意义……社会的发展将超越私人企业和税收国家,但这并非因为战争使然,更与战争无关"②。然而,熊彼特借马克思嘲笑了那些将管制经济当作社会主义的开端的人,并认为马克思也会同意他的这一看法,那就是"管制经济是最不民主的东西,它实际上退回到竞争经济之前,而只有竞争经济才能够独立地为社会主义创造前提条件并最终逐渐形成社会主义本身"③,其主要理由是:"未来社会的社会形态(social form),既不可能从比现在还落后的贫困经济中成长出来,也不可能从本能冲动中成长出来……实现社会主义社会的首要前提条件是,资本主义已经完成其历史使命并且存在一个资本充足、完全被企业家的逻辑思维能力(entrepreneurial brains)所理性化的经济。"④正是基于这样的认识,针对当时社会舆论对俄国 1917 年"十月革命"所推行的社会主义实践的热切期盼,熊彼特给出了完全相反的评价,即:"对于最近的俄国来说,它已经变成所有尝试实现新社会秩序的人的悲剧。"⑤

---

① Schumpeter, J. A. [1918]. "The Crisis of Tax State", in Peter M. Jackson, eds. (1996). *The Foundations of Public Finance*, Vol. 2., Edward Elgar Publishing Ltd., p. 362.

② Schumpeter, J. A. [1918]. "The Crisis of Tax State", in Peter M. Jackson, eds. (1996). *The Foundations of Public Finance*, Vol. 2., Edward Elgar Publishing Ltd., p. 363.

③ Schumpeter, J. A. [1918]. "The Crisis of Tax State", in Peter M. Jackson, eds. (1996). *The Foundations of Public Finance*, Vol. 2., Edward Elgar Publishing Ltd., p. 363.

④ Schumpeter, J. A. [1918]. "The Crisis of Tax State", in Peter M. Jackson, eds. (1996). *The Foundations of Public Finance*, Vol. 2., Edward Elgar Publishing Ltd., p. 363.

⑤ Schumpeter, J. A. [1918]. "The Crisis of Tax State", in Peter M. Jackson, eds. (1996). *The Foundations of Public Finance*, Vol. 2., Edward Elgar Publishing Ltd., p. 363.

第 八 章

对熊彼特财政社会学思想后来遭遇的进一步探讨

《税收国家的危机》在熊彼特一生的学术著述中具有承上启下的地位,它集中展现了财政社会学的宏大主题和思想魅力;同时,正如财政学是亚当·斯密政治经济学的有机组成部分一样,财政社会学也是熊彼特经济学的有机组成部分,熊彼特一生的学术追求可以在财政社会学及其力图阐释和捍卫的税收国家原则中得到集中呈现。进一步地,我们也可以认为,相比于葛德雪和帕累托的财政社会学思想,熊彼特的财政社会学更具有包容性和现实针对性,为进一步整合财政社会学思想提供了基本的思想资源。但我们需要追问的是,为什么代表熊彼特财政社会学思想的《税收国家的危机》在熊彼特的学术思想研究中甚至在财政社会学的百年发展中没有得到应有的重视?虽然我们前面关于财政学不同经济学基础以及不同财政学研究传统和财政社会学百年发展困局等的研究可以部分地回答这个问题,但在再读过《税收国家的危机》之后,我们还是有必要在此提供更具针对性的深入探讨。

第一节　对熊彼特财政学思想长期被忽略的再思考

熊彼特对财政学的贡献之所以在现代财政学教材及主流财政学文献中几乎都消失不见,其关键恰恰在于"二战"后财政学的经济学基础发生了一个重大转变,即从古典政治经济学变成了新古典经济学,后者是 1870 年代后发生的边际革命的产物。需要指出的是,在边际革命的三大发起人中,门格尔的边际思想是不同于杰文斯和瓦尔拉斯的,虽然他们都以主观效用价值论来建立自己的边际分析框架,但门格尔的效用函数是非连续的,而杰文斯和瓦尔拉斯的效用函数是连续的——连续函数使经济学的数学化成为可能,这一区别造成了后来经济学发展路径的重大分野。门格尔成为奥地利学派经济学的创始人,重在对社会和经济制度及其变迁作综合的解释,主要关注的是过程;而杰文斯和瓦尔拉斯的理论则推动了新古典经济学的形成,重在对稀缺资源如何配置进行选择,主要关注的是数学上的均衡。当现代财政学以新古典经济学为基础时,像熊彼特那种关注社会结构与社会变迁过程的财政社会学就被排除在外了。耐人寻味的是,"二战"后财政学的这种巨大转向恰恰与熊彼特在美国哈佛大学时的两位优秀学生密切相关,一位是马斯格雷夫,另一位是萨缪尔森(Samuelson)①,可以说正是他们的重要贡献共同推动了基于新古典经济学和凯恩斯主义经济学的现代财政学理论的发展,财政学被明确作为一个经济学的应用领域,而财政政策也主要服务于宏观调控的目的。

一、马斯格雷夫和萨缪尔森与其老师熊彼特的分歧所在

熊彼特在哈佛大学时深受研究生们的欢迎,主要是他愿意腾出时间和他们一起讨论各种问题,这使他们在课堂之外进一步受益,萨缪尔森就曾提到一份受到熊彼特激励并即将成为经济学领域杰出人物的研究生名单,而从当年在熊彼特因对哈佛不满准备离开前往耶鲁大学时萨缪尔森组织哈佛的研究生所写的请愿书中也可以看出学生们对熊彼特的深深感激之情②。相较于马斯格雷夫,在熊彼特的各种传记中更多记录了熊彼特与萨缪尔森的交往细节,在英国传记作家罗杰·巴克豪斯所著的《萨缪尔森传》中,更是专门有一章讲述萨缪尔森与熊彼特之间的关系,从萨缪尔森在哈佛大学读研究生起,直到熊彼特去世前夕,他们都保持了密切的联系。罗杰·巴克豪斯提到,从萨缪尔森赞扬熊彼特的方式不同于其他老师

---

① 萨缪尔森被称为经济学界最后一位通才,对经济学的很多重要领域都作出了重要贡献,他在 1970 年获诺贝尔经济学奖,是第一个获得诺贝尔经济学奖的美国人,并且担任过熊彼特曾担任过的计量经济学会主席和美国经济学会主席。

② 在英国传记作家罗杰·巴克豪斯所著的《萨缪尔森传》中记录了这份研究生名单,并刊载了这封请愿信的部分内容:"我们每一个人都被您思想的广度和视野所激励着。您对我们提出的问题,无论在哪个领域,都表现出极大的兴趣;我们一直都非常感激您愿意把宝贵的时间和精力花在我们身上。您有益的批评和慷慨的鼓励,极大地帮助了我们的研究。您向我们灌输了一种信念,让我们更准确也更客观地认识到经济科学的重要性,并希望对它的发展作出贡献。最重要的是,对我们来说,您不仅是我们的老师,更是我们一直引以为傲的真正的朋友。我们觉得,我们的分别对我们和哈佛未来的学生来说,都将是不可弥补的损失。"见〔英〕罗杰·巴克豪斯《萨缪尔森传:现代经济学奠基者的一生》(第一卷),姜井勇、柯珊珊译,中信出版集团 2020 年版,第 183—184 页。

就可以看出熊彼特对他的重要性。熊彼特非常欣赏和爱护萨缪尔森,而萨缪尔森对熊彼特也是十分尊敬和感激,由于他们交往甚密,因此,熊彼特对萨缪尔森的影响是多方面的,其中一个重要方面就是对待经济科学的态度,"他将使萨缪尔森接触到一种工具主义的、以实践为导向的科学观点"①。但萨缪尔森后来将这种工具主义更多导向了数学,虽然熊彼特也非常重视数学在经济学中的运用,但他还是对这种运用提出了很多的限制性条件。对此,萨缪尔森并未有意识地给予关注,所以当他听说熊彼特在去世前曾说过将经济史与数量计量经济学放在一起做选择时要选经济史时,他感到很惊讶。

但真正让熊彼特和他的学生们包括马斯格雷夫和萨缪尔森在思想上产生分歧的根源并不是数学在经济学中的运用,而是他们后来对凯恩斯理论的拥抱。熊彼特和凯恩斯之间有很多相似点,但他们在对经济学的理解和对待科学的态度和方式等重要问题上却是不同的,当舍尔佛在《熊彼特传》中以专章"遭遇凯恩斯——既生瑜,何生亮"讨论熊彼特与凯恩斯的关系时,其章名总给人一种悲壮的感慨。在熊彼特看来,凯恩斯的《就业、利息和货币通论》只是描述了经济萧条这一相当有限的状况,其理论也忽略了生产力和创新这些长期过程,更让他难以忍受甚至心生厌恶的是,凯恩斯的所有分析和假设都是在为某项特定政策进行鼓吹,这是"李嘉图恶习"的一个显著例子。熊彼特甚至认为,凯恩斯的著作偏离了学术,但却营造了一种纯粹进行理论探讨的表象,是"一部明显很糟糕的作品"②。

应该说,熊彼特对凯恩斯的批评是一针见血的,不仅哈耶克也责怪凯恩斯将他这样一个为特殊时期采取特殊政策进行辩护的论证命名为"通论"③,凯恩斯自

① [英]罗杰·巴克豪斯:《萨缪尔森传:现代经济学奠基者的一生》(第一卷),姜井勇、柯珊珊译,中信出版集团 2020 年版,第 180 页。

② 熊彼特是在给兰格的信中提到这一点的,舍尔佛在其《熊彼特传》中引用了这封信的一部分:"你对凯恩斯的崇拜,当然还有许多其他优秀人士也和你一样,助长了他内心的优越感,他的社会地位也上升了。如果我要写关于成功社会学的论文(虽然这是我绝对不会触碰的题材),一定会把这当作典型案例写进去!我并不怀疑凯恩斯的旺盛精力,还有他的贡献……但让我很难理解的是,一部明显很糟糕的作品居然会受到如此多人的大力追捧,他们难道不知道一个好的作品应该是什么样的吗?!"参见[德]舍尔佛:《熊彼特传》,刘斌、黄莎莉译,机械工业出版社 2010 年版,第 180—181 页。

③ 哈耶克声称:"我对他有所责怪,不过是因为他把这样一部应时之作称为'通论'。"参见[英]哈耶克:《对凯恩斯和"凯恩斯主义革命"的个人回忆》,载[英]哈耶克《哈耶克文选》,冯克利译,江苏人民出版社 2007 年第 2 版,第 161 页。

已对此也是十分清楚的,因为其目的本来就不是为了理论而是为了让政府在当时的局势下对经济进行干预以拯救时局①。但最让熊彼特难受的是,他在哈佛大学的很多同事和学生都倒向了凯恩斯主义,一些学生甚至以凯恩斯的理论作为经济学理论的唯一评判标准并用它来判断熊彼特思想的对错②。撇开具体观点不谈,熊彼特对凯恩斯的批评可能也体现了在他们身上所呈现出的截然不同的学术风格。对此,舍尔佛将凯恩斯的《就业、利息和货币通论》与熊彼特的《经济周期理论》进行

---

① 这在哈耶克的回忆和相关传记中可以得到相互印证。哈耶克回忆道:"我问他,对于他的一些信徒对他的理论的作用所作的解释,他是否有所警惕。他回答说,这些理论在 20 世纪 30 年代有着迫切的需要。但我确信,一旦它们变得有害,他会很快让公众舆论发生变化。"([英]哈耶克:《对凯恩斯和"凯恩斯主义革命"的个人回忆》,载[英]哈耶克《哈耶克文选》,冯克利译,江苏人民出版社 2007 年第 2 版,第 161 页。)哈耶克的这个回忆应该来自他和凯恩斯在 1946 年 1 月在剑桥的会面,韦普肖特在其所著的《凯恩斯"大战"哈耶克》中对此作了更为详细的记录:"1946 年 1 月,哈耶克和凯恩斯在剑桥见了面。两人本来聊着伊丽莎白时代的书籍,哈耶克却掉转话头。在他看来,凯恩斯的追随者(他应该指的是琼·罗宾逊和理查德·卡恩)似乎是为了自己个人的目的而接受凯恩斯的观点。凯恩斯是否为此感到困扰? 他能怎么做呢? '他对提及的人做了一番不大恭敬的评论,'哈耶克回忆说,'之后宽慰地对我解释说,他提出那些观点的时候,时代正迫切需要之。他暗示我不必惊慌;如果它们变得危险,他会迅速掉转公共舆论的;他还用手迅速地挥动了一下,示意到底会有多快。'凯恩斯对自己摆布公共舆论的力量极其自负,'哈耶克回忆道,'他相信自己可以把舆论当成工具般摆弄。出于这个原因,对自己的想法遭人误解,他完全不感到吃惊。哦,我随时可以纠正它啊。这就是他的感觉'。"([美]韦普肖特:《凯恩斯"大战"哈耶克》,闫佳译,机械工业出版社 2013 年版,第 167 页。)遗憾的是,仅在哈耶克与凯恩斯会面三个月后,凯恩斯就因心脏病去世了,他再也没有机会去做他本来可能要去做的事情了,而凯恩斯为大萧条准备的政策与理论在后来被频繁地服务于日常的政府宏观调控,其目的也偏离了凯恩斯的初衷,正如凯恩斯在读到哈耶克给他寄送的《通往奴役之路》后给哈耶克的回信中所清楚认识到的:"我应该说,我们想要的不是完全不计划,甚至减少计划,事实上,我应该说,我们几乎肯定想要更多的计划。但计划需要在这样一个社会下进行,即有尽量多的人,无论是领导者还是追随者,都完全跟你一样有道德立场……只要执行计划的人脑袋里、心灵里都有着正确的道德方向,适度的计划就很安全。其中一部分人确实是这样。但不妙的地方在于,还有相当一部分人,几乎可以确定地说,他们想要计划不光是为了享受它的果实,更因为他们在道德上持有和你完全相反的立场,希望侍奉的不是上帝,而是魔鬼。"在这封信中,凯恩斯进一步阐明了自己的写作理由,他将希特勒的崛起归为资本主义的失败和大规模失业,并认为:"如果美国在和平时期,失业率回到 20 世纪 30 年代的水平,就有可能带来政治极端主义,再次把世界拉进战争之中。"([美]韦普肖特:《凯恩斯"大战"哈耶克》,闫佳译,机械工业出版社 2013 年版,第 162—163 页。)

② 舍尔佛在其《熊彼特传》中所引用的熊彼特给一位同事的信中的一句话很好地体现了熊彼特的感受:"那些特别优秀的年轻人,绝大多数都疯狂迷恋凯恩斯,这似乎已经成了一种普遍现象,真是让我痛心疾首!"参见[德]舍尔佛:《熊彼特传》,刘斌、黄莎莉译,机械工业出版社 2010 年版,第 180 页。

了比较,其结论是,熊彼特"他倾向于研究变量可以更改且相互联系的复杂'进化型'理论;他喜欢从经济历史和社会学的角度分析问题,这虽然能让他的观点更加全面、多元化,也更加贴近现实,但是对读者的知识背景也提出了更高的要求,令他们更加难以掌握。与此相反,凯恩斯则是一个简化大师,从来都是以最言简意赅的方式论证问题。他从不关心细枝末节,而是一直将注意力放在核心的关键点上"①。

二、马斯格雷夫和萨缪尔森都成了凯恩斯主义者

与马斯格雷夫相比,我们可以从相关传记中找到更多关于萨缪尔森是如何从与凯恩斯主义划清界限并最终走向凯恩斯主义的记录,罗杰·巴克豪斯在其所著的《萨缪尔森传》中专门设置了一章来讨论萨缪尔森与凯恩斯主义的关系,章名就为"凯恩斯和凯恩斯经济学"。从该章的记述来看,萨缪尔森似乎很难明确定位自己与凯恩斯理论的关系——"真正的捍卫者""强大的反对者"抑或"中立者"②,因为他在一开始确实是像其老师熊彼特一样对凯恩斯的理论持批评态度的,并努力与其划清界限,但到后来也在其博士生劳伦斯·克莱因、老师汉森等的影响下开始接受美国的凯恩斯革命,虽然他并未全盘接受凯恩斯的思想,也认为凯恩斯的理论是一种需要其他人加以丰富和完善的新理论体系。在回应批评者称其为凯恩斯主义者时,萨缪尔森称他之所以改变对凯恩斯理论的看法,是因为"尽管他(指凯恩斯)的著作有许多逻辑上的缺陷和遗漏,但他的研究工具却是对我们经济知识的重要补充",同时,萨缪尔森也声称他自己"并未特别宗奉凯恩斯所倡导的具体政策或他的一般世界观"③。在该章的最后,罗杰·巴克豪斯认为萨缪尔森的说辞可能不无道理,但也认为萨缪尔森的这些声明可能正是他在从事战争和战后有关的紧迫的实际问题研究时所处立场的如实反映,其实际后果是:"这一版本的凯恩斯经济学不仅植根于《通论》,也植根于克拉克和汉森的思想,它很快将在萨

---

① [德]舍尔佛:《熊彼特传》,刘斌、黄莎莉译,机械工业出版社 2010 年版,第 177 页。

② 这一困惑源自萨缪尔森的一次半玩笑的回答。1947 年时,保罗·道格拉斯以美国经济学会主席的身份邀请萨缪尔森参加 1947 年的凯恩斯经济学研讨会,研讨会拟邀请一个凯恩斯的真正捍卫者、一个强大的反对者以及另外两个中立者,萨缪尔森在给道格拉斯的回信中说自己不太确定"自己应该被归入哪个立场"。参见[英]罗杰·巴克豪斯:《萨缪尔森传:现代经济学奠基者的一生》(第一卷),姜井勇、柯珊珊译,中信出版集团 2020 年版,第 633 页脚注 1。

③ 转引自[英]罗杰·巴克豪斯:《萨缪尔森传:现代经济学奠基者的一生》(第一卷),姜井勇、柯珊珊译,中信出版集团 2020 年版,第 633 页。

缪尔森的畅销教科书中得到普及。"①这也许可再次说明熊彼特曾提出的"工具主义的、以实践为导向的科学观点"对萨缪尔森的重要影响。

据萨缪尔森的回忆，马斯格雷夫也曾经历了类似的转变过程。马斯格雷夫在哈佛参加汉森-威廉斯研讨会时还被看作是凯恩斯主义的反对者，但他在离开哈佛后去了斯沃斯莫尔学院，之后又去了美联储等地，最后回到哈佛，不仅成为财政学领域里他那一代人的一号人物，也成为货币和凯恩斯学说领域中为数不多的顶尖人物，所以萨缪尔森感慨地说："天哪！马克思说得对，人是由职业造就的啊。"②这种感慨多少也与萨缪尔森自己的经历有关，他通过汉森和国家资源规划委员会进入了华盛顿圈子，经常参加国会作证，并在联邦委员会、美国财政部和各种私人非营利机构担任学术顾问。马斯格雷夫和萨缪尔森在凯恩斯主义的干预主义框架下理解财政问题和处理财政政策，这也就注定了熊彼特的财政学思想无法在这种新的财政学理论体系中找到栖身之处。按照马斯格雷夫在《萨缪尔森论公共物品》一文中的说法，他和萨缪尔森等所推进的财政学研究取向"在精神上都是新古典主义的，这和财政社会学的葛德雪-熊彼特传统(the Goldscheid-Schumpeter tradition of fiscal sociology)所提供的截然不同的视角形成了鲜明对比。后者认为，财政制度的形成(fiscal institutions)和作用发挥被视为是群体互动的结果，并且是社会的更广泛的社会和经济结构的一种反映"③。

三、马斯格雷夫和萨缪尔森奠定了财政学的新的理论基础

马斯格雷夫在 1939 年发表了《公共经济自愿交换论》一文，该文否定了 1880 年代以来从自愿交换的角度对公共经济进行理论解释的方向，但却认为仍可从理性角度对公共收入-公共支出间关系进行分析④，其观点在 1941 年的《公共经济中

---

① 转引自[英]罗杰·巴克豪斯：《萨缪尔森传：现代经济学奠基者的一生》(第一卷)，姜井勇、柯珊珊译，中信出版集团 2020 年版，第 633 页。

② 转引自萨缪尔森：《凯恩斯主义在美国》，载[美]萨缪尔森《萨缪尔森自述》，吕吉尔译，格致出版社、上海人民出版社 2020 年版，第 93 页。

③ Musgrave, R. A., (1986[1983]). "Samuelson on Public Good", In Musgrave, R. A., *Public Finance in Democratic Society* (Volume Ⅱ: *Fiscal Doctrine, Growth and Institutions*), New York University Press, Washington Square, New York, p. 332.

④ Musgrave R. A., (1939). "The Voluntary Exchange Theory of Public Economy", *The Quarterly Journal of Economics*, No. 2, pp. 213—237.

的计划取向:一个回应》一文中得到更为清晰的阐明。在马斯格雷夫看来,由于公共服务很难用严格区分的单元来度量,集体需要难以从个体成员的偏好中产生,因此,无论是维克塞尔(Wicksell)和林达尔(Lindahl)所假设的自愿交换,还是达·马可(De Marco)所假设的合作行动,都是不现实的,其建议的计划方法是研究如何将给定的社会需要规模转化为具体的收入-支出措施①。马斯格雷夫认为,这样一种规划模型表达了高效政府的基本原理,它为我们提供了一个标准,可以对照这个标准来检查我们实际收支过程的成就;只要实际收支过程偏离规范,就需要改进政策的规划和执行。

　　萨缪尔森在 1954 年发表了论文《公共支出的纯理论》②,这篇只有两页半纸的经典论文沿着马斯格雷夫的思路将公共物品定义为每一个人对这种产品的消费并不减少任何他人也对这种产品的消费(即 $X_{n+j} = X_{n+j}^i$),进而基于其新福利经济学观点对公共物品提供的最优条件进行了数学阐释,并证明任何去中心化的市场或投票机制都无法达到或计算这个最优条件。在萨缪尔森看来,市场交易的失灵并不能否认如下事实,即只要有足够的知识,就可以通过审视(scanning over)世界上所有可达到的状态,并根据假设的道德福利函数选择最佳的状态来找到最佳决策。也就是说,由政府提供公共物品的解决方案是"存在"的,问题在于如何"找到"它,萨缪尔森最后将任务分配给了"社会学"或"福利政治学"的数学领域。而在 1955 年发表的《公共支出理论的图解阐释》一文中,萨缪尔森进一步以二维图的形式给出了该理论最佳条件的基本等价公式③。正是基于这样的数学阐释,萨缪尔森最终将公共物品供给问题纳入了新古典学的理论体系,并在此基础上整合了凯恩斯主义理论。

　　马斯格雷夫在 1983 年发表了《萨缪尔森论公共物品》一文,高度评价了萨缪尔

---

　　① 在马斯格雷夫看来,将提供集体需求满足的经济过程进行理论化,可以类似地在给定的社会偏好规模的基础上进行,通过这个复杂的过程,社区成员的个人偏好被转化为对集体和私人需求的有效集体评估,其结果可以被视为预先确定的。马斯格雷夫明确承认这种做法并不是提供一个描述型的现实理论,但却认为它指向了当今财政面临的真实问题,从这一意义上说,它是现实的。见 Musgrave R. A. , (1941). "The Planning Approach in Public Economy: A Reply", *Quarterly Journal of Economics* , No. 2, pp. 319—324.

　　② Samuelson, Paul. (1954). "Pure Theory of Public Expenditure", *Review of Economics and Statistics* , No. 36, pp. 387—389.

　　③ Samuelson, Paul. (1955). "Diagrammatic Exposition of a Theory of Public Expenditures", *Review of Economics and Statistics* , No. 37, pp. 350—356.

森的贡献,称 1954 年是财政学理论具有里程碑意义的日期(a landmark date)①;而在 1994 年为《财政理论史上的经典文献》第五次印刷撰写的序言中,马斯格雷夫和另一位主编皮考克则表示,1958 年主编该书时未将萨缪尔森 1954 年那篇关于支出的纯理论的经典论文收入是一大遗憾,因为"它第一次正式地将预算活动和福利经济学框架结合在一起"②。同样令人尊敬的是,萨缪尔森也没有居功自傲,他在 2007 年接受采访时公开表示后悔写了那篇被频繁引用的论文,称他对自愿纳税理论所知的一切都是从马斯格雷夫那学来的,他本该找到马斯格雷夫一起合写那篇论文,而他"这篇论文有可能造成了马斯格雷夫与诺贝尔奖失之交臂"③。不管我们如何评价马斯格雷夫和萨缪尔森的具体学术观点,他们之间的这段故事应该成为财政学思想史乃到学术思想史上的一段佳话。

但无论是马斯格雷夫还是萨缪尔森,最终都成了美国乃至世界著名的凯恩斯主义者,这使他们对财政学的看法更多转向了具体的财政政策。马斯格雷夫提出了公共物品与私人物品的区分,并提出了财政的三大职能——资源配置、收入分配和宏观经济稳定,其在 1959 年出版的《财政学原理》被称为后凯恩斯时代的代表作。马斯格雷夫基于福利经济学将财政学体系与凯恩斯的宏观财政政策理论进行了整合,建立了基于公共物品理论、新古典主义最优配置范式和边际分析方法相结合的现代财政学基本框架,主张积极的政府干预。马斯格雷夫在 1973 年与其夫人佩吉·布莱沃·马斯格雷夫(Peggy Brewer Musgrave)合著的《财政理论与实践》(Public Finance in Theory and Practice)也成为经典的财政学教材。马斯格雷夫在《财政学原理》一书的第一章中简单区分了两种不同的财政学研究方法:一是在最初定义的条件基础上确定最佳预算计划并研究它如何实现,也就是阐明公共经济有效运作的规则和原则,马斯格雷夫称之为公共家庭的规范或最优理论(a normative or optimal theory of the public household);二是试图发展一种理论,使我们能够解释为什么要推行现有政策,并预测未来将推行哪些政策,马斯

---

① 参见 Musgrave, R. A., (1986[1983]). "Samuelson on Public Good", In Musgrave, R. A., *Public Finance in Democratic Society* (*Volume Ⅱ: Fiscal Doctrine, Growth and Institutions*), New York University Press, Washington Square, New York, p. 332.

② 参见马斯格雷夫、皮考克主编《财政理论史上的经典文献》,刘守刚、王晓丹译,上海财经大学出版社 2015 年版,"第五次印刷序言",第 2 页。

③ 参见萨缪尔森:《我的学术之路》,载[美]萨缪尔森《萨缪尔森自述》,吕吉尔译,格致出版社、上海人民出版社 2020 年版,第 209 页。

格雷夫称之为财政政治社会学(a sociology of fiscal politics),也就是财政社会学。这也对应了我们前面关于财政学不同研究传统的区分。尽管马斯格雷夫随后提到关于财政政治的理论虽然很有趣也很重要,他在脚注中提到了熊彼特和葛德雪的相关著述,但也明确表示,由于他这本书的目的主要在于关注财政学的规范理论,所以他只会偶然提及它①。萨缪尔森在其著名的《经济学》中也确定了政府的四大职能——在马斯格雷夫三大职能基础上加上了确立法律体制的职能,并将旧式财政学与现代财政学区别开来——仅仅关注到是否应该为政府赤字和债务担忧这一个方面②。萨缪尔森在《经济学》中的一处关于现代经济增长理论的附录中专门给了熊彼特一小节的篇幅,所关注的仅是熊彼特的创新思想③,也没有涉及任何熊彼特的财政学思想。

第二节 对熊彼特后来不再提及财政社会学的猜测性解释

在《税收国家的危机》中,熊彼特对财政社会学寄予了厚望,我们甚至可以认为,熊彼特一生的学术追求在财政社会学中可以得到集中的呈现。但为什么熊彼特没有将《税收国家的危机》纳入其社会学方面的主要论述,特别是熊彼特后来为什么再也没有明确提及财政社会学和他曾经珍视的"税收国家",这仍是一个被忽略的问题,甚至是被有意回避了,因为这个问题本身可能比较复杂,也可能比较敏感,一些人甚至可能认为如果让人知道熊彼特本人后来对《税收国家的危机》一文的沉默态度会有损财政社会学在学界的认可度。但为了财政社会学未来的发展,这个问题还是必须得到探讨,哪怕只是一些猜测性解释也比简单的忽略或有意的回避要好。

英国著名经济学思想史家霍奇逊在《经济学是如何忘记历史的》一书中谈到

---

① 参见 Musgrave, R.A. (1959). *The Theory of Public Finance: A Study in Public Economy*. McGraw-Hill, New York, p.4.

② 参见[美]萨缪尔森、诺德豪斯:《经济学》(第12版),高鸿业等译,中国发展出版社1992年版,第十七章,第569—570页。

③ 参见[美]萨缪尔森、诺德豪斯:《经济学》(第12版),高鸿业等译,中国发展出版社1992年版,第三十六章,第1346—1347页。

了熊彼特对待德国历史学派和美国制度主义的态度转变：从1926年对施穆勒表示同情的论文到1930年至1931年敌对的论述，熊彼特倾向于摒弃并且使自己脱离德国历史学派和美国制度主义，而这帮助他申请了1932年在哈佛大学的终身教职。但不可忽略的是，熊彼特在其一生中都在持续地汲取德国历史学派的研究成果。因此，霍奇逊提出："关键是，与哈佛的接触似乎使帕森斯和熊彼特都改变了他们已经发表的对于历史主义和制度主义的看法。我们被迫考虑这样一个令人不快的解释，即他们由于学术的机会主义而改变了自己的观点，虽然这一点很难得到证明。"①但从学术投机的角度来解释还是有些差强人意的，因为熊彼特后来虽然没有直接提及财政社会学和税收国家，但他在《税收国家的危机》中所体现的一些重要思想却又是经常闪现在他后来的《资本主义、社会主义与民主》和《经济分析史》等著作当中的。斯威德伯格显然也没有这么看，他在《经济社会学原理》一书中曾从"跨期"的角度探讨了熊彼特学术思想的独特性。斯威德伯格将熊彼特看作是后古典主义经济社会学家，而且是所有经济社会学家中特别值得提及的一位，因为"与其他经济学家不同的是，熊彼特成功跨越了现代经济学的两个时期——19世纪与20世纪之交现代经济学诞生的时期和十几年之后的现代经济学数学化转向'主流经济学'时期。同样地，熊彼特在20世纪初期与马克斯·韦伯、20世纪三四十年代与塔尔科特·帕森斯的合作中也跨越了社会学两个不同的时期。熊彼特明确清晰地谈论经济社会学并试图为其创建仅次于经济理论和经济历史的特殊地位，为此他在经济学家中是独特的"②，但这些只能作为我们探讨这个问题的有用的认知背景，而不能作为对该问题的直接回答。

一、四种猜测性解释

在思想史的研究中，当没有更多证据来提供强有力的证明之前，为了解决某些研究中的困惑，猜测也是必要的，既能保持研究环节的完整，也能为未来研究留下空间，甚至还能为研究带来趣味性。当然，这种趣味性并不限于被猜测回答的问题本身，而是由此可能会吸引了更多的人对《税收国家的危机》一文产生深入研

---

① [英]霍奇逊：《经济学是如何忘记历史的：社会科学中的历史特性问题》，高伟等译，中国人民大学出版社2008年版，第215页。
② [瑞典]斯威德伯格：《经济社会学原理》，周长城等译，中国人民大学出版社2005年版，第17页。

究的兴趣。毕竟,就思想史研究来说,一篇铁板钉钉的论文远不及富有各种争议与未解之谜的论文具有吸引力,后者也正是很多伟大作品的一个共同特征。

第一种猜测性解释是,这篇论文所依据的财政社会学思想不是熊彼特自己提出来的,他可能觉得自己只是在葛德雪的思想框架下对税收国家作出了不同的解释。也就是说,以革新经济理论为己任的熊彼特并不认为自己的那篇论文具有独有的学术贡献。Mumford 在其 2019 年出版的《百年财政学》中也提到了这一点,即熊彼特"在很大程度上借鉴了葛德雪(Goldscheid)等人的著作。因此,当他发表《税收国家的危机》时,认为自己只是加入了一项运动,而不是发起一项运动"①。这一点还可以从熊彼特因凯恩斯在其《货币论》中已经论证了自己想要论证的核心思想而放弃自己长期的努力中得到印证。舍尔佛在其《熊彼特传》中较为详细了记录了相关情况,并引证了熊彼特的学生施耐德的回忆:"我永远也不会忘记那个夏日的傍晚,他(熊彼特)告诉我,他的书永远也不会出版了。他原本想要论证的所有核心思想都已经出现在了凯恩斯的书里。现在除了放弃,别无他法。但是如果你知道,他花了多少时间和精力写这本书,他又多么希望看到它出版,那你就会理解,他的反应为什么会如此强烈了!"②

第二种猜测性解释是,熊彼特虽然在《税收国家的危机》中对财政社会学寄予了厚望,但他自己在理论上并没有实现新的突破,这既可能是他确实未找到建立一个财政社会学理论体系的方法——这在该文发表一百年后也仍是困扰财政社会学研究者的大难题,也可能与他之后对财政问题的关注主要是现实的财政政策问题并在到达美国后接受了英美学界将财政学作为经济学的应用领域有关。这两方面的因素都可以从熊彼特的遗著《经济分析史》中得到反映。前者可见其在"顾问行政官和小册子作家"一章中所阐述的内容,实际上主要是重复了他在《税收国家的危机》中的相关观点③。我们可以通过这一章来探讨熊彼特财政社会学思想的重要思想来源。后者可见其在"一般经济学:性质与内容"一章的内容安排,财政学在其中是被划为一般经济学在实用领域的一个贡献的,但其内容不仅被限于不完整的两页左右

---

① Mumford,Ann.(2019). *Fiscal Sociology at the Centenary: UK Perspectives on Budgeting, Taxation and Austerity*. Palgrave Macmillan,p. 187.

② 转引自[德]舍尔佛:《熊彼特传》,刘斌、黄莎莉译,机械工业出版社 2010 年版,第175 页。

③ 参见[美]熊彼特:《经济分析史》(第一卷),朱泱等译,商务印书馆 1991 年版,第 302 页。

的篇幅中,而且在其中所提到的财政学家除德国的瓦格纳外,也只有马歇尔、埃奇沃思、巴罗尼和庇古这几位英语学界的学者了①。对于像熊彼特这样一个以马克思为榜样的经济学家来说,在财政学的发展"已然如此"的情况下,就无须再以财政社会学为旗号来发展财政学了。更何况当时财政社会学主要兴盛于德、意、日,熊彼特的主张只能算是财政社会学的一种主张,而且在当时还并非主流主张,在无法对财政社会学与法西斯主义进行有效切割的情况下,舍弃财政社会学这个旗号也具有合理性。

第三种猜测性解释是,熊彼特认识到"一战"后资本主义正经历一个重大制度转型,这使得他认为自己在《税收国家的危机》中所提出的税收国家原则得以坚持和贯彻的社会条件正逐渐被消除,税收国家原则在新的社会条件下已经显得有些不合时宜了。和马克思一样,熊彼特坚信资本主义制度有毁灭其自身的趋向,也都相信资本主义在其生产潜力未能充分实现之前并不会自动消亡②,他在《税收国家的危机》中将税收国家存续的关键设定为国家是否尊重私人经济和私人生活的自主性。在熊彼特看来,这种自主性在"罗斯福新政"前后正遭受破坏,因而其对社会主义的关注也从在《税收国家的危机》中只是作为远期可能的简单展望转变成对社会主义现实可行性的思考,其主要成果就是 1942 年出版的《资本主义、社会主义与民主》。在《资本主义、社会主义与民主》一书的初版序言中,熊彼特一开始就写道:"本书是把几乎 40 年来我对社会主义这个主题的大量思考、观察和研究写成一本易读读物的努力的结果。"③1949 年 12 月 30 日,熊彼特在纽约美国经济学会上发表"大步进入社会主义"的演讲,他把大步进入社会主义与国家征服私人企业等同起来,并认为"罗斯福新政"前后的政策、"二战"及"二战"后持续的通货膨胀压力对于官僚政治机构最后征服私人企业制度能够发挥重要作用。因此,他在演讲中

---

① 参见熊彼特:《经济分析史》(第三卷),朱泱等译,商务印书馆 1994 年版,第 287—288 页。

② 但他们的论证基础则是不同的,用里昂惕夫在 1947 年春天哈佛大学经济学院"资本主义 vs. 社会主义"辩论会(辩论的双方是斯威奇和熊彼特)上的总结来说:"资本主义生病了,迎接它的将是怎样的命运? 答案是:它会不可避免地走向死亡,在这一点上我们的辩手们英雄所见略同。然而不同的是两人论断的根基。代表马列主义的斯威奇断言,这个可怜的病人将死于无药可救的癌症,它的结局早已注定。……而另一方熊彼特则大度地承认,资本主义会死……但不是因为身体的痛苦,而是源于内心的折磨。他说,这个自怨自艾的病人丧失了生存的愿望,变得不可爱了。而不可爱的东西,也不会得到爱。"转引自[德]舍尔佛:《熊彼特传》,刘斌、黄莎莉译,机械工业出版社 2010 年版,第 224 页。

③ [美]熊彼特:《资本主义、社会主义与民主》,吴良健译,商务印书馆 1999 年版,第 9 页。

指出："我想要强调的是,我们确实已经远离放任资本主义原则的这个事实,要强调的另一个事实是,很有可能发展和调整资本主义制度,以与真正社会主义计划相差无几的方式来制约私人企业的工作……资本主义意味着一种价值体系,对生活的一种态度、一种文明——不平等的和家庭财产的文明,可是这种文明正迅速逝去。"①

需要说明的是,这并不表明熊彼特倾向于他基于中央集权所定义的社会主义,因为熊彼特曾明确坦承:"我并不宣扬社会主义。我也不打算讨论它是否值得想望,不论这种讨论有什么意义。"②也就是说,熊彼特完全是根据社会条件的变化或对新的事实的发现而讨论社会主义问题的,这种基本立场在他 1948 年底在美国经济学会会议的讲话《科学与意识形态》("Science and Ideology")中得到清楚的表达。熊彼特并不拒斥价值判断或为某种特定利益进行辩护,但反对基于先入之见或意识形态对经济过程进行分析,即:"我们头脑中还有另外一种关于经济过程的先入之见,这些先入之见对我们知识的累积性增长和我们分析工作的科学性质更为有害。价值判断或某种特别的辩护是我们能够控制的,而这些先入之见却似乎在我们的控制能力之外。"③

此外,我们还可以提及第四种猜测性解释,那就是熊彼特在《税收国家的危机》一文中提出的在坚持税收国家原则下进行战后重建的政策主张,在其担任奥地利财政部部长后因种种原因无法施行,相反,那段经历却成为他一生都不愿主动去触及的东西。亲手操刀自己主张的解决方案都无法实施,甚至还使自己想做一名成功的政治家的梦想彻底破灭,这可能使《税收国家的危机》与这段成为他心中永远的痛的经历联系在了一起④,这种痛在熊彼特一生中可能仅次于他母亲和

---

① 〔美〕熊彼特:《资本主义、社会主义与民主》,吴良健译,商务印书馆 1999 年版,第 30—31 页。

② 〔美〕熊彼特:《资本主义、社会主义与民主》,吴良健译,商务印书馆 1999 年版,第 26 页。

③ 转引自〔美〕艾伦:《开门——创新理论大师熊彼特》(下),马春文等译,吉林人民出版社 2010 年版,第 503 页。也可参见 Schumpeter, J. A., "Science and Ideology", in *American Economic Review*, Vol. 39, No. 2, 1949, pp. 345—359.

④ 舍尔佛在《熊彼特传》中所引证的梅尔茨跟随导师熊彼特修改博士论文的经历可为此提供很好的证明。据梅尔茨回忆:"熊彼特对于我论文的进展非常关注。这也是国在为我所研究的是一个范围广泛的经济学历史专题——《多瑙王朝的瓦解所造成的经济后果》。论文中一个相当长的章节是叙述 1918 年和 1919 年奥匈两个帝国命运发生了重大转折的重要年份,这两年也恰好涵盖了熊彼特担任战后奥地利共和国财政部长的那段时间,尽管如此,他却几乎没有对这个章节发表过意见,更不要提给我提供些可供借鉴的资料了。多年以后,当我转而研究熊彼特当年实行的财政政策时,才渐渐明白,为什么每次一涉及这个话题,他就会表现出那种不同寻常的压抑和不安。"转引自〔德〕舍尔佛:《熊彼特传》,刘斌、黄莎莉译,机械工业出版社 2010 年版,第 90—91 页。

妻儿突然去世给他造成的打击。另外,这段经历也成为熊彼特的人生"污点",他公然打破了自己曾经提出的"纯粹戒律"并铩羽而归①。对于患有慢性抑郁症并一生都处于忧郁和绝望之中的熊彼特来说②,在短短七个月的时间里,他从一个备受瞩目的经济学家变成了一个不受欢迎的失败政客,这是其人生遭遇的第一次重创,不去主动触及它也许是一种心理上很自然的自我保护③。

到底上述猜测性解释哪种更合理,我们现在并不能做出明确的判断,但这并不是最重要的,因为这些猜测性解释都有利于我们加深对熊彼特的独特与矛盾人生的理解。所以,让我们再次回到问题本身,也许真正令熊彼特始料未及的是,他所看重的《帝国主义的社会学》和《种族同源环境中的社会阶级》在今天几乎完全被人遗忘了,而几乎不被他提及的《税收国家的危机》却不仅被流传了下来,他更因这篇被自己"遗忘"的论文而被后人尊为财政社会学的重要创始人之一并在税收国家理论方面获得高度赞誉。事实上,正是由于熊彼特基于具体社会条件变化

---

① 舍尔佛在《熊彼特传》中记录了熊彼特的这一矛盾性选择:"自青年时代起,他就坚决主张保持学术研究的纯粹性和中立性,而且他不但自己坚持,还要身边的同事也这么做。1908年,在他第一本书《经济学原理和方法》的序言里他就写道:'现实的政治离我很遥远,我唯一关心的就是获取真知,其他别无所求。'1915年,他还写过一篇题为《社会科学的过去和未来》的论文,告诫学界同仁不要'将精力全都用在解决现实问题上。只专注于现实问题,必然会威胁到单纯的学术理论研究,使之蒙上其他色彩,最终拖累科学前进的步伐'。"转引自[德]舍尔佛:《熊彼特传》,刘斌、黄莎莉译,机械工业出版社2010年版,第92页。

② 关于熊彼特的各种传记都会关注熊彼特的心理问题,并且有大量源于熊彼特的日记和当事人回忆作为证据。如舍尔佛在《熊彼特传》的"前言"中就写道,"一次又一次的探访,使我渐渐认识到:心理因素始终影响与控制着熊彼特的'悲情人生'。熊彼特曾患有慢性抑郁症,这估计与其非凡的创造力有着千丝万缕的联系",由于熊彼特在日记中坦诚地写出了自己最隐私的事情和想法,这"使今天的我们能认识一个完整的熊彼特——一个天才,一个会痛苦、会嫉妒、会自私的凡人,一个学术研究的产量、质量和持续性都使其他人难以望其项背的巨人,一个穷其一生不断与悲伤、挫折和自我怀疑卓绝斗争的战士。"而在书中谈到熊彼特1919年至1925年那段参与政治并作为银行家的失败经历时,舍尔佛也写道:"很难说清楚,在政坛和银行界这两次失败的历练对熊彼特的内心和自我形象产生了怎样的影响。之后,他也几乎从不提及这一段过往。但是从书信和日记来看,这两段经历其实让熊彼特久久难以释怀。"转引自[德]舍尔佛:《熊彼特传》,刘斌、黄莎莉译,机械工业出版社2010年版,第Ⅷ—Ⅸ页,第114页。

③ 这就相当于心理学上所讲的自我保护机制中的隔离。熊彼特在1932年离开德国时将他的大部分物品留在了德国,包括他早年出版的著作和论文,之后他有足够的机会把这些东西运到美国,但他没有这样做,这件事也许可以为此判断提供一种证据,正如斯威德伯格所指出的:"这是某种具有象征性的举动,表明他希望与过去决裂。"转引自[瑞典]斯威德伯格:《熊彼特》,安佳译,江苏人民出版社2005年版,第167页。

对《税收国家的危机》的"遗忘"使我们可以根据对社会条件的重新观察而找到重新解读《税收国家的危机》的当代价值的可能性与必要性。

二、进一步探寻：熊彼特短暂而失败的政治生涯

对于上面所提到的第四个猜测性解释来说，还有一个问题需要进一步探寻，那就是熊彼特为什么在只担任了七个月的奥地利财政部长就会被解职了呢？这个问题对于我们更好地理解《税收国家的危机》可能也是非常重要的。除熊彼特自身的性格①和他自己所承认的在革命时代担任财政部部长的不容易②以及熊彼特对"一战"后《圣日耳曼条约》的激烈批评③外，威斯德伯格特别提到的两个重要原因也值得我们关注："第一，他反对社会民主党带领奥地利亲近德国的政策；第二，他被控以一种不光明正大的方式竭力阻挠社会民主党的社会化计划。"④这第一个原因与熊彼特在 1916 年至 1917 年间积极阻止奥匈帝国与德国签署关税协定的态度相一致⑤，但他却在 1919 年 1 月应两位马克思主义友人鲁道夫·希法亭（Rudolf

---

① 斯威德伯格在《熊彼特》一书中专门谈到了这个问题，他引用了社会民主党的《工人报》在熊彼特被解职前几天对熊彼特的指责，即"见人说人话，见鬼说鬼话：当他对工人委员会说话时，他说的话就像一个社会民主党说的话，而当他对农民听众演讲时，他说的话就像一个农民说的话"，但斯威德伯格为熊彼特进行了辩护，以表明熊彼特并不是有意这么做的，即"熊彼特或许是认为，他有时候应该讲一个政治家该讲的话，而有时候，又只能讲一个经济学家该讲的话。但是，虽然熊彼特本人能游刃有余地扮演各种不同的角色，但可以理解的是，他肯定把他的听众搞糊涂了。"因此，斯威德伯格认为熊彼特并不是一个手段高超的政治家，他的性格对于投身严酷政治的人来说明显是一种障碍。参见［瑞典］斯威德伯格：《熊彼特》，安佳译，江苏人民出版社 2005 年版，第 93 页。

② 在 1919 年 3 月担任奥地利财政部长后，熊彼特在《税收国家的危机》中所倡导的资本税方案在内阁受挫，这使他不得不在 1919 年 9 月提出《当下及未来三年财政政策的基本纲要》，其重点从资本税转到鼓励外国资本投资奥地利的问题上，但结果不仅没有获得内阁同意，相反，他还很快被解职了。

③ 与凯恩斯反对《凡尔赛和约》一样，熊彼特也公开谴责《圣日耳曼条约》是对他的祖国"宣判死刑"，其经济条款"完全没有人性"。关于《圣日耳曼条约》的具体情况及熊彼特的批评，参见［美］麦克劳：《创新的先知：熊彼特传》，陈叶盛等译，东方出版中心 2021 年版，第 99—101 页。

④ ［瑞典］斯威德伯格：《熊彼特》，安佳译，江苏人民出版社 2005 年版，第 89 页。

⑤ 熊彼特将奥匈帝国视为自己的祖国，他之所以反对与德国签署关税协定，是因为他担心德国会借此吞并奥匈帝国。熊彼特正是借此事开始积极参与政治的，他为此写有很多本备忘录并积极进行游说。

Hilferding)和埃米尔·莱德勒(Emil Lederer)①的邀请加入了德国社会化委员会；这第二个原因与熊彼特在《税收国家的危机》中所表明的观点相吻合，但他在主要由社会主义者组成但也包含一些自由派成员的德国社会化委员会中，却"在大多数时候总是附和那些更极端的、想要立即和从总体上进行社会化的鼓吹者"②。

熊彼特在学术上是坚决反对企业的社会化的，舍尔佛在《熊彼特传》中记录道："在委员会之外，他一再强调，企业的社会化是经济发展的严重威胁。一次，有个学生提出疑惑，既然他如此坚决地支持企业自由发展，那为什么还要加入社会化委员会？他给出的答案是：'当有人想要自杀的时候，最好留个医生在他身边。'"③应该说，熊彼特的这种解释是符合其一贯风格的，他在1918年末与马克斯·韦伯在一家咖啡屋讨论俄国革命时的态度就与之类似，他在承认其可能造成灾难性后果的同时，也将其看作是一个检验理论的好的实验室④。有意思的是，熊彼特在1919年3月能够出任奥地利财政部部长，也是因为得到了希法亭和当时另一位奥地利马克思主义者奥托·鲍尔⑤的举荐。

---

① 希法亭和莱德勒都是熊彼特1905—1906年在维也纳大学参加庞巴维克讨论班时的同学。希法亭的主要著作是1910年出版的《金融资本论》，这也使他获得考茨基(Karl Kautsky)的赏识，后来还曾两度出任德国财政部长；埃米尔·莱德勒是德国社会学家，他在1912年出版的《现代经济发展中的私人基础》中最早对中产阶级与社会稳定关系提出"稳定器"的概念。考茨基和希法亭等在1917年4月一起组建了"德国独立社会民主党"，在新成立的德国社会化委员会中，考茨基担任主席，他是社会民主主义活动家、德国和国际工人运动理论家、第二国际领导人之一，亦是马克思主义及社会民主主义发展史中的重要人物，编辑整理了卡尔·马克思的《剩余价值论》。

② 转引自[瑞典]斯威德伯格：《熊彼特》，安佳译，江苏人民出版社2005年版，第82页。

③ 转引自[德]舍尔佛：《熊彼特传》，刘斌、黄莎莉译，机械工业出版社2010年版，第100页。

④ 熊彼特非常欣赏马克斯·韦伯的著作，在韦伯刚刚成为维也纳大学的一名教授后不久，熊彼特与韦伯在维也纳大学对面的一家咖啡屋进行了一次长谈，后来话题转到了俄国革命。当韦伯认为俄国革命的结果很可能是灾难性的时，熊彼特承认这一点，但却认为它可成为检验我们理论的一个好的实验室，最后两人不欢而散。（具体参见[美]麦克劳：《创新的先知：熊彼特传》，陈叶盛等译，东方出版中心2021年版，第93页。）但这并不意味着熊彼特不同意韦伯的观点，实际上，他在1918年发表的《税收国家的危机》一文最后就对俄国实践提出了与韦伯类似的判断，而这篇论文实际上是1917年发表的演讲稿，也就是说，熊彼特可能是在1917年俄国革命后不久就产生这一判断，但他也可能是在论文发表前进行修改时添加上去的。

⑤ 奥托·鲍尔(Otto Bauer)也是熊彼特1905—1906年在维也纳大学参加庞巴维克讨论班时的同学，后成为奥地利社会民主党的重要理论家，在当时担任了奥地利外交部长一职。

这两段熊彼特早年最重要的政治生涯都与当时德国或奥地利的重要马克思主义者的信任有关,但为什么熊彼特在德国社会化委员会的表现和他担任奥地利财政部部长的主张如此矛盾呢?对于熊彼特到底是反对社会化还是主张社会化这一熊彼特研究中的巨大疑问①,斯威德伯格在《熊彼特》一书中列出了不同人的说法,但认为这些说法的可靠性都不得而知,他自己的解释则是:"情况更像是这样,熊彼特觉得,在历史的这一阶段,搞社会主义的时机尚未成熟,要搞就注定要失败——但如果想要尝试一下,那就得全面试验。"②舍尔佛在《熊彼特传》中也重点追问了这个问题,但其追问的问题更倾向于展现熊彼特在政治上的投机性③,但这可能是不恰当的。如果熊彼特真的是政治上的投机分子,那在明确知道其举荐者鲍尔的态度和新政府的官方政策以及大多数奥地利人的愿望都是奥德统一④和社会化各个产业的时候,他就不会一直与他们对着干了,其在维也纳大学的老师维塞尔就在日记中对熊彼特的勇气给予了很高的赞誉⑤。当然,指出熊彼特的一些行为和言论欠妥则是完全有根据的,他拥有一腔爱国热情,也有自己坚定的信念,但确实不是一个成熟老练的政治家。

综合来看,斯威德伯格在书中所列举的索马利的解释可能更为合理,那就是

---

① 需要指出的是,熊彼特和德国社会化委员会所主张的社会化不是国有化,它"必须赋予新的管理者完全的自由,让他们自行就自己的看法作出决定。同时,工人的民主权利也必须得到尊重。"参见[瑞典]斯威德伯格:《熊彼特》,安佳译,江苏人民出版社 2005 年版,第 83 页。

② [瑞典]斯威德伯格:《熊彼特》,安佳译,江苏人民出版社 2005 年版,第 85 页。

③ 舍尔佛是这样追问的:"熊彼特为什么会有这样的举动?难道就像戈特弗里德·哈伯勒所猜测的那样,他是为了讨好莱德勒,所以才持这种极端观点的吗?或者如菲利克斯·索马利所想的,他是在玩弄从特莉西娅人文中学学到的那套党派和理论的游戏规则,想同时在左右阵营里游刃有余吗?还是按照福格尔施泰因的推理,在他眼里,社会化是一次既不能不做又不能全然置身其中的有趣试验?抑或者,这一切都是权宜之计,是熊彼特为自己政治上更为长远的发展所铺下的垫脚石呢?"转引自[德]舍尔佛:《熊彼特传》,刘斌、黄莎莉译,机械工业出版社 2010 年版,第 100 页。

④ 德奥关系问题自 19 世纪以来几经转换,在 1848—1849 年间曾就奥地利在多大程度上应该被划入新的德意志帝国产生了激烈的争辩,维也纳革命者在 1848 年时是完全希望奥地利成为统一的德意志的一部分的,但在 1866 年,俾斯麦强硬地将奥地利驱逐出了德意志,其主要原因在于奥地利帝国是一个多民族帝国,内部矛盾比较复杂,但在后来的国际局势变幻中,德奥关系仍处在不断的调整与变化之中。参见[美]拉波特:《1848:革命之年》,郭东波、杜利敏译,上海社会科学院出版社 2019 年版。

⑤ 参见[美]麦克劳:《创新的先知:熊彼特传》,陈叶盛等译,东方出版中心 2021 年版,第 99 页。

熊彼特"根本不激进；[在这一具体情况中]他只是根据给出的前提条件得出结论"①。这一判断与前面提到的第三个猜测性解释相一致，也可在熊彼特在"大步进入社会主义"的演讲中找到一些证据，即他认为"在战败国里，社会结构着了火，倾向社会主义重建的潜在趋势浮现到表层上来证明它的存在，并在一个短时期内占据绝对优势"②。也就是说，熊彼特在德国社会化委员会支持社会化与他在担任奥地利财政部部长时反对社会化并不矛盾，它们都是熊彼特根据其对具体社会条件的变化所做出的政策选择，而这与他到底是反对社会化还是主张社会化的问题无关。进一步说，熊彼特在讨论社会现实问题时并不预设立场，这就使激进—保守这样的二元对立框架并不适合于讨论熊彼特的思想③，而希法亭和莱德勒之所以安排熊彼特进入德国社会化委员会，就是因为"他们知道他们的朋友熊彼特是一位严肃的经济学家，而无论在何种情况下委员会的任务都更具有技术性而非政治性"④。这是我们在理解熊彼特思想包括其税收国家思想时必须谨记在心的。

　　然而，后来的历史发展证明，熊彼特对当时社会条件的变化还是出现了误判，他所观察得到的趋势更多是战争及战后重建（包括"一战"和"二战"）以及大萧条这样的特殊时期的特殊事实，而非资本主义社会不可避免要解体的趋势，真正决定资本主义能否存续的创新仍在继续甚至有了更大的突破，"创造性破坏"也仍是我们这个时代时常出现的主题。但这种结局又还是在熊彼特的意料之中的，因为他关于资本主义秩序倾向于毁灭自己而中央集权社会主义将成为可能的继承者的结论只是他基于对社会条件变化的认识所做的一种诊断和说明，而"这种诊断

---

① 转引自[瑞典]斯威德伯格：《熊彼特》，安佳译，江苏人民出版社 2005 年版，第 83 页。

② [美]熊彼特：《资本主义、社会主义与民主》，吴良健译，商务印书馆 1999 年版，第 32 页。

③ 就激进主要是指社会化而言，熊彼特是保守的，但这种保守所坚持和捍卫的是竞争性市场秩序。在熊彼特看来，"一个在基本问题上必须有成为保守派的政治勇气，并且有以这种坚定的态度、按此思想来行事的勇气"。（转引自[瑞典]斯威德伯格：《熊彼特》，安佳译，江苏人民出版社 2005 年版，第 78 页）。据此，他为保守党设计的政策是低税率政策、产业促进政策并对社会福利加以某种程度的限制。但如果就熊彼特在《税收国家的危机》中对社会条件的阐明而言，竞争性市场秩序在当时还只能算是"未来的种子"，一个对当时尚未占据主导地位的秩序进行辩护的人是很难被称为真正的保守主义者的。这样我们才能够理解，为什么熊彼特的这两段重要的政治生涯都是由马克思主义者而非其保守主义同伴铺设的。

④ [美]麦克劳：《创新的先知：熊彼特传》，陈叶盛等译，东方出版中心 2021 年版，第 96 页。

和说明本身不等于预测或预知,因为在选择的观察范围以外的种种因素可能插进来阻止这些趋势逻辑发展的完成;因为社会现象完全不同于天文学家有幸面对的那种可以舒适观察的条件,在社会现象中,观察到的趋势即使允许它自发发展,也可能不止与一个结果相适应;因为现有趋势与各种抵抗力量相抗争,也许不能完整地发展为合乎逻辑的结果,也可能最终在半途'搁浅'。"①也许熊彼特的研究本身就成了观察范围以外的因素,其结论包括像"大步进入社会主义"这样的演讲更像是一种警告,在唤起与"大步进入社会主义"的趋势相反的抵抗力量的过程中发挥了重要作用,其效果就像一些人对马克思及其著作的评价一样,即如果没有马克思及其著作,今天的资本主义可能会有很大的不同。这其实也正是社会科学研究的重要意义,我们认识和研究这个世界的富有影响力的成果,是可能改变世界的运作和面貌的。

第三节　对欧洲新财政史学财政国家论的批判性回应

由于熊彼特在《税收国家的危机》一文中"拯救"了"税收国家"这个概念,所以我们在谈到税收国家时通常想到的就是熊彼特及其《税收国家的危机》。但熊彼特对税收国家及其原则的阐述长期以来并未得到恰当的理解并获得应有的重视,相反,它不断地被以各种理由宣布失败或过时,其中尤以近年来兴起的欧洲新财政史学所提出的"财政国家论"最具代表性②。邦尼(Bonney)和奥姆罗德(Ormrod)等新财政史学家一方面承认熊彼特的财政社会学对其研究所产生的巨大影响,但一方面却宣称"税收国家"是夭折的前现代国家,进而主张以"财政国家"(fiscal

---

① [美]熊彼特:《资本主义、社会主义与民主》,吴良健译,商务印书馆 1999 年版,第 26 页。

② "财政国家"是欧洲新财政史学的核心概念,它由欧洲科学基金会协调的关于现代国家起源的项目("现代欧洲国家的起源:13—18 世纪")所推动。在邦尼等主持下先后出版了《经济系统与国家财政:现代欧洲财政国家的起源:13—18 世纪》(1995)、《危机、革命与自维持型增长:1130—1830 年的欧洲财政史》(1999)、《欧洲财政国家的兴起:1200—1815 年》(1999)等重要论文集,这三本论文集构成邦尼"'财政国家'三部曲",被纳入刘守刚、魏陆主编的"财政政治学译丛",译者皆为沈国华老师,目前,这三本论文集的中文版都已由上海财经大学出版社出版。欧洲新财政史学在国际学术界产生了广泛的影响力,其研究被认为为重新解读欧洲史甚至世界史提供了新的视角。

state)为现代国家的代名词①。概念是我们思考问题并在比较历史、透视现在和展望未来之间建立内在联系的重要媒介,一个新的概念取代旧的概念,往往意味着提出不同的问题并以不同的方式分析和解决问题。因此,以"财政国家"代替"税收国家",这个问题兹事体大,会给相关理论和实践带来不同前景,我们不能想当然地认为新概念总比旧概念好。

一、"财政国家"与邦尼-奥姆罗德模型

在《危机、革命与自维持型增长》一书的"导论"中,邦尼和奥姆罗德详述了其财政历史变迁概念模型,这也构成我们理解其"财政国家"概念及理论的最为重要的文本基础。

1. 以熊彼特的财政社会学作为主要论辩对象

任何新的理论和概念的产生,都通过与前人的理论和概念进行论辩以确立自身的合理性。在"导论"开头,邦尼和奥姆罗德即提到由霍夫曼(Hoffman)和诺伯格(Norbderg)任主编的《财政危机、自由和代议制政府:1450—1789 年》(*Fiscal Crisis*, *Liberty*, *and Representative Government*, *1450—1789*,1994)和由邦尼任主编的《经济系统与国家财政:现代欧洲财政国家的起源:13—18 世纪》(*Economic Systems and State Finance*,1995)试图开辟一个被称为财政史的研究新领域,并且对这个新的研究领域进行范畴界定,其目的在于深化财政变迁性质的研究。鉴于在英国的史学研究传统中财政史研究一直被作为宪政史研究的一个附属部分,以及在法国的史学研究传统中强调财政发展对于国家在中世纪显现其"现代性"的重要意义,邦尼和奥姆罗德提到其他国家尤其是德国和斯堪的纳维亚的财政史学术传统深受熊彼特的财政变迁观影响,而彼得森(Peterson)和克鲁格(Krüger)的较新研究虽然对熊彼特的观点进行了修正,但并没有从根本上提出质疑,所以为了证明

---

① 现在,新财政史学及其"财政国家"概念的影响日益增强,国内也有越来越多的学者借用这一概念对中国财政史及国家治理变迁史进行研究。需要指出的是,一些学者对"财政国家"(fiscal state)这一概念的使用存在不同理解,甚至试图使其与熊彼特的思想脱钩,如 Bartolomé Yun-Casalilla(2012,p2)在为论文集《财政国家的兴起》(*The Rise of Fiscal States: A Global History 1500—1914*)所写导论的一个脚注中就声称:"'财政国家'"一词在本书中被作者们广泛使用,但并不总是与熊彼特的思想联系在一起。我将不再依赖于熊彼特,而是试图区分财政制度(fiscal regims)和财政国家(fiscal state),财政制度不一定与民族国家和税收国家挂钩。"限于篇幅,对 Bartolomé Yun-Casalilla 及该论文集中作者观点的辨析需要另外再作讨论。

其研究的"新"并构建一个反映财政史变迁的概念模型,他们把克鲁格在1987年提出的从领地国家(domain state)到税收国家的转型模型作为研究的起点。

从这里我们可以看到,邦尼和奥姆罗德在其"导论"一开始就是以熊彼特财政社会学思想中的财政变迁观作为论辩对象的,其财政史研究的"新"主要体现在相对于熊彼特财政变迁观的"新"。而在"导论"的后面,邦尼和奥姆罗德再次明确提到:"就像我们在开篇时所做的那样,我们仍用约瑟夫·熊彼特的'财政社会学'来结束本导论,因为熊彼特的财政社会学对我们更愿意称之为'新财政史学'的东西产生过巨大的影响。"[1]而在《经济系统与国家财政》和《欧洲财政国家的兴起》的导论中,熊彼特的财政社会学也是多次被提到的。

2. 以"财政国家"作为现代国家来替代熊彼特的"税收国家"

在列出了克鲁格模型的主要内容后,邦尼和奥姆罗德直言:"克鲁格的这个模型过分局限于欧洲某个特定时期和区域,因此无法解释支出、收入与信贷之间的动态影响,或许更重要的是,无法解释支出、收入与信贷体系不稳定和/或者发生突变的原因。"[2]而这也就是他们对熊彼特财政变迁观的质疑,也就是他们构建的财政史变迁概念模型所针对的主要问题。邦尼和奥姆罗德以战争支出不断增加造成的财政需要和财政规模扩大是推动国家发展的主要因素作为考虑点对克鲁格模型进行了修正:将领地国家与税收国家两类国家的划分修正为贡纳国家、领地国家、税收国家和财政国家四类国家的划分,其维度也从克鲁格的"十六个"调整为"十八个"[3]。

---

① [英]邦尼、奥姆罗德:《导论:危机、革命与自维持型增长——财政历史变迁概念模型构建》,载[英]奥姆罗德、玛格丽特·邦尼、理查德·邦尼主编《危机、革命与自维持型增长:1130—1830年的欧洲财政史》,沈国华译,上海财经大学出版社2020年版,第25页。

② [英]邦尼、奥姆罗德:《导论:危机、革命与自维持型增长——财政历史变迁概念模型构建》,载[英]奥姆罗德、玛格丽特·邦尼、理查德·邦尼主编《危机、革命与自维持型增长:1130—1830年的欧洲财政史》,沈国华译,上海财经大学出版社2020年版,第2页。

③ 克鲁格模型的"十六个"维度是:财政理论、治理方式、中央政府、地方政府、官员、国家职责、筹款方式、收入来源、赋税、贷款、在经济中扮演的角色、经济政策、公营企业、政治参与、社会影响和统计资料;邦尼-奥姆罗德模型的"十八个"维度是:财政政府、治理方式、中央行政机构、地方行政机构、任职官员、国家职责、筹款方法、财政收入来源、财政支出、财政收入、信贷结构、在经济中扮演的角色、经济政策、公共事业(或企业)、政治参与、社会影响、统计/会计、不稳定成因/变迁成因(参见[英]邦尼、奥姆罗德:《导论:危机、革命与自维持型增长——财政历史变迁概念模型构建》,载[英]奥姆罗德、玛格丽特·邦尼、理查德·邦尼主编《危机、革命与自维持型增长:1130—1830年的欧洲财政史》,沈国华译,上海财经大学出版社2020年版,第2—8页)。忽略具体表述的差异,邦尼和奥姆罗德主要是增加了两个维度,一个是财政支出,另一个是不稳定成因/变迁成因。

针对"税收国家"、"金融国家"(finance state)、"财政国家"和"财政-军事化国家"(fiscal-military state)等不同术语,邦尼和奥姆罗德特别强调了精确定义的重要性,即:"如果我们不能确切地使用这些术语,那么就不可能构建一个反映欧洲财政史变迁的符合逻辑、理由充分的概念模型;而倘若没有这样一个反映欧洲财政史变迁的新模型,那么,我们将继续遇到如何界定欧洲历史不同时代或者欧洲各国历史上发生的'财政危机',更不用说如何界定欧洲历史不同时期或者欧洲各国历史上爆发的'财政革命'的问题。"①邦尼和奥姆罗德在术语界定中最受人关注的就是对"税收国家"的现代性的否定,一是认为熊彼特的"领地国家"与"税收国家"之间的区别并没有明确的评判标准,因为在他们所定义的具有"领地国家"主要特征的财政体系内部也存在税收;二是"税收国家"无论其收入基础有多么现代,其信贷结构有多么复杂,都无法通过现代国家基于公共信贷的自维持型增长的检验。邦尼和奥姆罗德将领地国家界定为其"财政体系就是一种统治者通过行使王权来敛取钱财的财政体系",而税收国家则是"统治者的大部分收入来自税收"②,并且税收具有规则性和准经常性的特点。考虑到特定财政体系内部的发展或成熟过程,邦尼和奥姆罗德除将领地国家区分为原始型、较不原始型、企业型和殖民型四种类型外,还将税收国家区分为原始的税收国家和发达的税收国家。最为关键的是,邦尼和奥姆罗德认为熊彼特的历史分析是有缺陷的,那就是:"他没看到很多税收国家很早就夭折的例子:拿破仑的军队导致很多税收国家'英年早逝'。"③

邦尼和奥姆罗德的最终结论是:"从政治和经济两个方面来看,英国成熟的信贷结构和保证财政持续增长的能力之间的这种组合,在当时是独一无二的:到拿破仑战争结束时,英国以唯一一个超级经济大国的面目脱颖而出。后来,英国成了

① [英]邦尼、奥姆罗德:《导论:危机、革命与自维持型增长——财政历史变迁概念模型构建》,载奥姆罗德、玛格丽特·邦尼、理查德·邦尼主编《危机、革命与自维持型增长:1130—1830年的欧洲财政史》,沈国华译,上海财经大学出版社 2020 年版,第 10 页。

② [英]邦尼、奥姆罗德:《导论:危机、革命与自维持型增长——财政历史变迁概念模型构建》,载奥姆罗德、玛格丽特·邦尼、理查德·邦尼主编《危机、革命与自维持型增长:1130—1830年的欧洲财政史》,沈国华译,上海财经大学出版社 2020 年版,第 19—20 页。

③ [英]邦尼、奥姆罗德:《导论:危机、革命与自维持型增长——财政历史变迁概念模型构建》,载奥姆罗德、玛格丽特·邦尼、理查德·邦尼主编《危机、革命与自维持型增长:1130—1830年的欧洲财政史》,沈国华译,上海财经大学出版社 2020 年版,第 25 页。

超级经济大国,而其他国家也学会了如何把自己发展成真正的现代财政国家。"①这样,我们也就看到,邦尼和奥姆罗德实际上基于英国的财政史来否定熊彼特的"税收国家"的现代性,进而将"财政国家"确立为现代国家的代名词。英国是邦尼-奥姆罗德模型中原生型财政国家的代表,这一点在《欧洲财政国家的兴起》的导论的结尾表达得更为明确:"先进的信贷结构与持续的增长财政能力的结合造就了当时在政治和经济方面独一无二的英国:英国在拿破仑战争结束后成了唯一的经济超级大国。从这个意义上讲,本书应该取名为《一个欧洲财政国家的兴起:1200—1815 年》,而不是《欧洲财政国家的兴起:1200—1815 年》。"而之所没有这样做,是因为"这样可能要否定其他欧洲国家财政体制中以欠发达形式已经出现的现代'财政国家'的元素:1815 年前这些特点在英国产生了动态的相互影响这一事实,并不能反证在其他国家就不存在这些特点"②。

二、邦尼和奥姆罗德自认为其模型与熊彼特模型间的重大分歧

在邦尼-奥姆罗德模型中,"财政革命"与"自维持型增长"是两个关键概念,这也是他们自认为其分析与熊彼特模型存在重大分歧之处,也是他们对克鲁格模型的主要修正,从而构成其财政史变迁概念模型的关键所在。事实上,邦尼-奥姆罗德模型就是将《危机、革命与自维持型增长》这本书名的三个词串起来:首先,"危机发生在财政体系内部,但并不会改变财政体系的基本性质"。其次,有可能发生不同类型的财政危机,其中有些财政危机会发展到失控状态,进而触发财政革命,"革命会导致财政体系更替",这是一种性质的改变,"持续时间的长短并不是检验是否发生财政革命的关键指标"③。邦尼-奥姆罗德模型对"危机"与"革命"的区分显然是针对熊彼特的,在他们看来,熊彼特在《税收国家的危机》一文中所说的导致税收国家不能生存下去的危机是"财政危机"而不是"财政革命",他们认为这确

---

① [英]邦尼、奥姆罗德:《导论:危机、革命与自维持型增长——财政历史变迁概念模型构建》,载[英]奥姆罗德、玛格丽特·邦尼、理查德·邦尼主编《危机、革命与自维持型增长:1130—1830 年的欧洲财政史》,沈国华译,上海财经大学出版社 2020 年版,第 26 页。

② [英]邦尼主编《欧洲财政国家的兴起:1200—1915 年》,沈国华译,上海财经大学出版社 2016 年版,第 14 页。

③ [英]邦尼、奥姆罗德:《导论:危机、革命与自维持型增长——财政历史变迁概念模型构建》,载[英]奥姆罗德、玛格丽特·邦尼、理查德·邦尼主编《危机、革命与自维持型增长:1130—1830 年的欧洲财政史》,沈国华译,上海财经大学出版社 2020 年版,第 10—11 页。

实就是熊彼特后来对奥地利 1919 年形势的解读。最后,"'自维持型增长'是现代'财政国家'内部的一种发展模式",这一阶段"必须与之前的'税收国家'区分开来"①。邦尼-奥姆罗德模型将面对军事超级大国的外部威胁时能不能自卫看作判断现代国家的重要标准,税收国家是不堪重负的,"自维持型增长"是欧洲和美国现代"财政国家"最显著的发展状态,而"只有英国在 1815 年达到了财政国家比较高级的发展阶段,因此有能力保护自己不受超级军事大国的侵犯"②。

此外,邦尼和奥姆罗德认为熊彼特将从"领地国家"向"税收国家"的转型看作是不可避免的,但约 1815 年前的欧洲财政史并没有遵循任何线性发展模式,这种目的论并不适合财政史研究,因为"某种财政体系一旦崩溃,未必就会按照某种预定的'纠错'顺序被另一种财政体系所取代"。因此,在邦尼和奥姆罗德看来,"'领地国家'并不必然会取代'贡纳国家';然后,'领地国家'被'税收国家'所取代;最后,'税收国家'被'财政国家'所取代",他们所提出的基本观点是,"一般来说,如果之前的财政体系包含多个竞争性元素,那么,在有利的政治和经济条件下,这种财政体系所包含的竞争性元素都有可能突然成为主导元素",因此,他们进一步提出:"至少从理论上讲,也可能出现'领地国家'不经过'税收国家'阶段直接跳跃过渡到'财政国家'的情况。"③

三、对财政国家和邦尼-奥姆罗德模型所提批评的回应

虽然邦尼-奥姆罗德模型及其财政国家概念明确以熊彼特的财政变迁观和税收国家概念为辩论对象,但令人诧异的是,在《经济系统与国家财政:现代欧洲财政国家的起源:13—18 世纪》《危机、革命与自维持型增长:1130—1830 年的欧洲财政史》和《欧洲财政国家的兴起:1200—1815 年》这三本论文集的三篇"导论"的

---

① [英]邦尼、奥姆罗德:《导论:危机、革命与自维持型增长——财政历史变迁概念模型构建》,载[英]奥姆罗德、玛格丽特·邦尼、理查德·邦尼主编《危机、革命与自维持型增长:1130—1830 年的欧洲财政史》,沈国华译,上海财经大学出版社 2020 年版,第 12 页。

② [英]邦尼、奥姆罗德:《导论:危机、革命与自维持型增长——财政历史变迁概念模型构建》,载[英]奥姆罗德、玛格丽特·邦尼、理查德·邦尼主编《危机、革命与自维持型增长:1130—1830 年的欧洲财政史》,沈国华译,上海财经大学出版社 2020 年版,第 25 页。

③ [英]邦尼、奥姆罗德:《导论:危机、革命与自维持型增长——财政历史变迁概念模型构建》,载[英]奥姆罗德、玛格丽特·邦尼、理查德·邦尼主编《危机、革命与自维持型增长:1130—1830 年的欧洲财政史》,沈国华译,上海财经大学出版社 2020 年版,第 15 页。

正文中,他们直接引用熊彼特《税收国家的危机》一文的观点只有两次,一次是在《危机、革命与自维持型增长》中,引用了"这个极限——也就是导致税收国家不能生存下去的危机——肯定能够达到:毫无疑问,税收国家迟早会消亡"①这句话,其目的是想说明熊彼特在这里所说的是"财政危机"而不是"财政革命",但其理解却是错误的;另一次是在《欧洲财政国家的兴起》中,引用了"公共财政是最好的社会研究起点之一"②这句话,并转述熊彼特把财政社会学这门学科说成是理解政治和社会变革的手段的观点,而这实际上正是熊彼特的财政社会学对新财政史学所从事研究的最为重要的影响。在《经济系统与国家财政》的"导论"的脚注中虽然有三次引用,但主要目的并不是为了批驳熊彼特的观点③。从论辩的角度来看,邦尼和奥姆罗德的这种做法显然并不妥当,但我们并不想仅仅以此指责说邦尼和奥姆罗德对熊彼特的批评是缺乏依据的,因为熊彼特的税收国家概念和财政社会学思想也需要在对各种批评的回应中得到进一步的阐明。如果不知道反对者反对的是什么,不知道质疑者质疑的是什么,我们就难以真正理解自己所坚持和力图继承发扬的是什么。

1. 邦尼和奥姆罗德对熊彼特财政社会学思想的总体把握存在偏误

邦尼和奥姆罗德批评彼得森和克鲁格只是完成对熊彼特观点的修正而未对

---

① [英]邦尼、奥姆罗德:《导论:危机、革命与自维持型增长——财政历史变迁概念模型构建》,载[英]奥姆罗德、玛格丽特·邦尼、理查德·邦尼主编《危机、革命与自维持型增长:1130—1830 年的欧洲财政史》,沈国华译,上海财经大学出版社 2020 年版,第 25 页。

② [英]邦尼主编《欧洲财政国家的兴起:1200—1915 年》,沈国华译,上海财经大学出版社 2016 年版,第 6 页。

③ 在《经济系统与国家财政》的导论的脚注 26 中,邦尼引用了熊彼特所说的 19 世纪末之前的经济政策"主要是出于财政考虑"推行的,其目的是对其正文"政府要通过实施一系列旨在从被置于统治者掌控之下的全体民众那里攫取充分资源的财政政策来实现自己的目标"补充一个不同的观点。在脚注 28 中,邦尼引用了"……国家有确定的财政潜力权限","……可征到的税收不但受制于税收客体减去纳税主体最低生活需要后的经济规模,而且还受限于自由经济驱动力的性质",其目的是为了证明自己的观点,即:"熊彼特曾强调指出财政国家发展的极限:基本上就是我们所说的税基发展速度(税收国家不能向其国民索要太多,以免他们失去生产的经济兴趣,或者至少停止把自己的精力用于生产)。"在脚注 31 中,邦尼引用了"目前,对现代税收国家'危机'这个问题争论不休,而现代税收国家就是在摆脱其'前身'遭遇过的危机后发展起来的,封建关系……",其目的是对"熊彼特的税收国家危机说是这种思想的最早阐述之一"这句话提供佐证。参见[英]邦尼主编《经济系统与国家财政:现代欧洲财政国家的起源(13—18 世纪)》,沈国华译,上海财经大学出版社 2018 年版,第 5—7 页。

其提出质疑,邦尼-奥姆罗德模型以克鲁格模型作为研究起点,其言下之意是克鲁格模型仍在很大程度上坚持了熊彼特的观点。但我们从邦尼和奥姆罗德所提供的表 A.1"从领地国家到税收国家的转型(克鲁格模型)"①所进行的初步分析②表明,克鲁格模型并不是对熊彼特观点的修正,其对税收国家的把握在一些关键内容上偏离了熊彼特的主要观点,但该模型也不能被视作对熊彼特观点的质疑,也许将其视作是与熊彼特的研究没有多少联系的研究更为妥当③。毫无疑问,熊彼特在《税收国家的危机》中并未对领地国家和税收国家间的区别进行系统比较,更别提克鲁格所提出的十六个比较维度了。但对比克鲁格模型和熊彼特的原文,除筹款方式(领地国家是实物,税收国家是货币)和收入来源(领地国家是领地产出剩余,税收国家是税收)与熊彼特的观点基本相符外,其它绝大部分内容都是熊彼特未曾具体谈及的,其中有三个关键点是完全不同于熊彼特的观点的。

　　一是税收国家财政理论的源头。克鲁格将税收国家财政理论的代表人物归为 Justus Lipsius、Barrholomäus 和 Keckermann,邦尼-奥姆罗德模型也列出了这些人物,并补充有"后来的'重商学派'和官房学派作者"④,由此,我们可知克鲁格所列出的代表人物是在重商学派和官房学派之前,这显然就决定了其理解的税收国家是完全不同于熊彼特的。领地国家和税收国家概念是德国历史学派提出的,而熊彼特在 1918 年提出创立财政社会学的论文中只借用了"税收国家"这个概念,对于克鲁格所说的"领地国家"(domain state),熊彼特说的是"领主经济"(désmesne economy)。熊彼特高度赞扬葛德雪的不朽贡献在于"他是恰当地强调

　　①　参见[英]邦尼、奥姆罗德:《导论:危机、革命与自维持型增长——财政历史变迁概念模型构建》,载奥姆罗德、玛格丽特·邦尼、理查德·邦尼主编:《危机、革命与自维持型增长:1130—1830 年的欧洲财政史》,沈国华译,上海财经大学出版社 2020 年版,第 2—3 页。

　　②　我目前尚未获得克鲁格 1987 年发表的那篇英文原文,所以只能借助邦尼和奥姆罗德提供的表 A.1,而这张表格是从原文中来的,因而就是克鲁格自己的观点。该英文的具体信息为:Krüger. K. (1987). ""Public Finance and Modernisation:The Change from Domain State to Tax State in Hesse in the Sixteenth and Seventeenth Centuries- a Case Study", in P.C. Witt, eds., *Wealth and Taxation in Central Europe: The History and Sociology of Public Finance*. Leamington Spa.

　　③　我猜测克鲁格的研究可能更接近德国历史学派而非熊彼特,但这还需要得到文献和文本上的佐证。

　　④　[英]邦尼、奥姆罗德:《导论:危机、革命与自维持型增长——财政历史变迁概念模型构建》,载[英]奥姆罗德、玛格丽特·邦尼、理查德·邦尼主编:《危机、革命与自维持型增长:1130—1830 年的欧洲财政史》,沈国华译,上海财经大学出版社 2020 年版,第 4 页,表 A.2。

运用社会学方法来看待财政史的第一人"①,并对财政社会学这样一个"特殊的研究领域"寄予厚望,认为税收国家这个概念就是财政社会学这一研究方法的产物。也就是说,支撑熊彼特的税收国家的财政理论只能是刚刚创立并有待继续阐明的财政社会学,而不可能是几个世纪前的重商主义和官房学派,更不可能是它们之前的财政思想,尽管这种财政社会学可以在它们身上找到一些思想的源头。

二是税收在经济中扮演的角色。克鲁格模型称税收国家把税收作为分享子民收益的手段,邦尼-奥姆罗德模型沿用了这一说法,并补充有"通过引入复杂的信贷结构来对新型财富征税"②。虽然熊彼特也说过从私人产业中分享利润(profit sharing)"只是税收的另一种表达方式而已"③,但仅仅将税收作为筹集财政收入的外在手段并限定其影响仅限于经济,这与熊彼特对征税所涉及的社会过程的整体关注还是有很大差距的。熊彼特认为追溯由税收方式来满足财政需要这一社会过程的方法,开启了一条理解更深层次社会发展的路径,不仅社会结构决定了税收的种类与水平,税收本身也会成为改变社会结构的重要把手,因此,"税收并非仅仅只是一种表面现象,它是这种发展的表现,在一个特别的方向上概括了这种发展。"④

三是税收国家中的政治参与。克鲁格模型的描述是"先是税收授权和征管水平提升,后受到专制国家遏制",邦尼-奥姆罗德模型对此作了补充:"政治参与度最初有所提高;税收授权和管理在有些国家后来受到'专制'统治者的限制,或者被他们废除;复杂的信贷结构要求较高的政治参与度。"⑤但这显然只是税收国家形成过程中所发生的,并不能作为对成型期税收国家政治参与的描述。事实上,从熊彼特来看,税收一经产生就成为各种社会力量争夺的对象,而各种社会力量

---

① Schumpeter,J. A. [1918]. "The Crisis of Tax State", in Peter M. Jackson, eds. (1996). *The Foundations of Public Finance*, Vol. 2., Edward Elgar Publishing Ltd., p.331.

② [英]邦尼、奥姆罗德:《导论:危机、革命与自维持型增长——财政历史变迁概念模型构建》,载[英]奥姆罗德、玛格丽特·邦尼、理查德·邦尼主编《危机、革命与自维持型增长:1130—1830年的欧洲财政史》,沈国华译,上海财经大学出版社2020年版,第6页,表A.2。

③ Schumpeter,J. A. [1918]. "The Crisis of Tax State", in Peter M. Jackson, eds. (1996). *The Foundations of Public Finance*, Vol. 2., Edward Elgar Publishing Ltd., p.341.

④ Schumpeter,J. A. [1918]. "The Crisis of Tax State", in Peter M. Jackson, eds. (1996). *The Foundations of Public Finance*, Vol. 2., Edward Elgar Publishing Ltd., p.341.

⑤ [英]邦尼、奥姆罗德:《导论:危机、革命与自维持型增长——财政历史变迁概念模型构建》,载[英]奥姆罗德、玛格丽特·邦尼、理查德·邦尼主编《危机、革命与自维持型增长:1130—1830年的欧洲财政史》,沈国华译,上海财经大学出版社2020年版,第7页,表A.2。

对事物的看法或态度显然会对政治参与结果产生重要影响,这也就是熊彼特所说的:"如果人民的意愿是要求越来越多的公共支出,如果越来越多的资金被用于满足这些目的而私人却还未能将它们生产出来,如果越来越多的权力支持这种意愿,如果关于私人财产与生活方式的全新思想最终掌握了所有阶层的人民,那么税收国家就将走向尽头,而社会就将不得不依靠其他动力而非自我利益来发展经济。"①

还可提及的是,相对于克鲁格来说,彼得森(Petersen)的研究倒确实可看作是对熊彼特观点的修正和完善。彼得森在 1975 年发表了论文《从领地国家到税收国家:综合与解释》("From Domain State to Tax State: Synthesis and Interpretation"),在其论文一开头即较为准确地介绍了熊彼特的财政变迁观点,即"熊彼特论点的主旨是,在从中世纪到现代的过渡时期,不断扩张的君主政府出于军事目的所产生的对现金收入的需求对社会进行了根本重塑。"②彼得森也充分肯定了熊彼特模型的有效性,只是"熊彼特的社会-财政重组过程模型可能过于狭隘(narrow),无法涵盖从自给自足经济向货币经济的转型"③,而其研究的目的就在于完善这一理论,使之与历史条件建立更为紧密的联系,并以更细致的方式来分析政治和财政之间的关系。但邦尼和奥姆罗德只是提到彼得森,却从未引用其关于熊彼特的财政社会学与税收国家思想的具体观点,这也颇耐人寻味。

2. 邦尼和奥姆罗德对熊彼特财政变迁观和税收国家的批驳难以成立

综合起来看,邦尼和奥姆罗德对熊彼特的财政变迁观及税收国家概念的批驳主要包括但不限于以下几个方面:一是熊彼特认为从"领地国家"向"税收国家"转型在所难免,但财政体系变革并不遵循任何线性模式;二是熊彼特的"领地国家"与"税收国家"间不存在明确的划分标准,而且在领地国家也存在税收;另外,熊彼特的领地国家和税收国家概念无法概括丰富的历史实践,在同一财政体系内可能经历不同的成熟程度并开展不同的经济活动;三是熊彼特说的财政危机不同于财政革命,而只有财政革命才能够导致不同性质财政体系的更替;四是熊彼特没有

---

① Schumpeter, J. A. [1918]. "The Crisis of Tax State", in Peter M. Jackson, eds. (1996). *The Foundations of Public Finance*, Vol. 2., Edward Elgar Publishing Ltd., p. 349.

② Petersen. (1975). "From Domain State to Tax State", *Scandinavian Economic History Review*, Vol. 23, No. 2, p. 116.

③ Petersen. (1975). "From Domain State to Tax State", *Scandinavian Economic History Review*, Vol. 23, No. 2, p. 119.

看到很多税收国家很早就夭折的例子,英国作为原生型财政国家抵御住了超级军事大国的侵犯,并被其他国家所模仿。由于缺乏对熊彼特相关观点的详细引述,同时作为其研究起点的克鲁格模型也较大地偏离了熊彼特的思想,所以邦尼和奥姆罗德对熊彼特财政变迁观和税收国家概念的批驳要么是未能理解熊彼特的意思,要么是错误的,要么只是对熊彼特观点的补充完善。

一是熊彼特的财政变迁观并不是线性的。邦尼和奥姆罗德认为熊彼特的财政变迁观是线性的,即认为从"领地国家"向"税收国家"转型在所难免,但这显然是一种误读。首先,熊彼特在《税收国家的危机》一文中只谈到了"税收国家"这一种国家类型,他所使用的是"领主经济"(désmesne economy)而非"领地国家"(domain state),因为在熊彼特看来,国家是建立在普遍性统治权的基础上的,但这在当时的封建关系下并不存在。即使我们可以将熊彼特所说的"领主经济"称为"领地国家",虽然两点间可以画出一条直线,但并不能认为这两点间就是线性关系。其次,熊彼特非常明确地提到税收国家是从其前身即封建关系的危机中成长起来的,但他研究的素材限于德国和奥地利,这是一个诸侯邦国林立的环境,在 14—16 世纪有大量的小政权,考虑现实的历史,熊彼特也不可能认为当时德国和奥地利境内的每一个诸侯邦国都要或都能成功转向税收国家。最后,熊彼特并不认为向税收国家的转型都是成功的,他特别谈到,"欧洲各地的国王们都为征服这种国家而斗争。在英国,斗争以查理一世被送上断头台而告终。但在欧洲其他地方,斗争则以国王的胜利而结束。"[1]君主依托其在宗教战争中保留下来的军队,先是从各等级手中将国家夺了过去,但后来欧洲大陆的现代民主机构又将国家从君主手中夺了回来,在此过程中,"国王以前拥有的所有权利和地位,都转变为国家的权力"[2]。事实上,这段话表明,熊彼特认为只有英国转向税收国家是成功的,也就是英国能够在拿破仑战争后脱颖而出,不是因为税收国家失败了,而是因为发展税收国家的努力成功了;对其他国家来说,则是"不管怎样说,税收国家的理念及其机构体系(machinery)都已经到来"[3]。

① Schumpeter, J. A. [1918]. "The Crisis of Tax State", in Peter M. Jackson, eds. (1996). *The Foundations of Public Finance*, Vol. 2., Edward Elgar Publishing Ltd., p. 341.

② Schumpeter, J. A. [1918]. "The Crisis of Tax State", in Peter M. Jackson, eds. (1996). *The Foundations of Public Finance*, Vol. 2., Edward Elgar Publishing Ltd., p. 341.

③ Schumpeter, J. A. [1918]. "The Crisis of Tax State", in Peter M. Jackson, eds. (1996). *The Foundations of Public Finance*, Vol. 2., Edward Elgar Publishing Ltd., p. 341.

二是熊彼特并不认为现实中的领主经济和税收国家是纯粹的。在领主经济中，国王只是最高领主，他的权利与其他领主并无质的区别，最开始主要是级别不同，所以无论是国王获得的一次性收入还是他的统治权，都不是依靠集中的国家权力所获得的。熊彼特明确强调了国王收入来源的多样性，如自有土地是国王获得收入的最重要来源，铸币、市场、关税、采矿和对犹太人的保护等各种封建权利形成了各种收入，他还能依据君主的司法权力以及他作为城镇与市镇管辖区的领主获得收入，等等。而且，在熊彼特看来，税收国家的收入也并非都是来自于税收，它也可以有自己来自于土地或经营企业的收入。所以邦尼和奥姆罗德以领地国家也有税收来批评熊彼特的"领地国家"和"税收国家"之间缺乏明确的评判标准是不恰当的，更何况熊彼特本人并未使用"领地国家"这一概念。特别是在熊彼特看来，由于税收与国家的关系是如此之密切，以至于"税收国家"这样的表达形式都是一种啰唆，应该说没有比这更为明确的区别了。另外，熊彼特也是从社会过程的角度来看待税收国家的产生的，也就是说，税收国家的产生与成长是一个演化的过程，如首先是国家从"共同急需"中产生；但一开始普遍的纳税义务并未产生，面对各种内外征服，最开始产生的是税收国家的理念及其体系，甚至，熊彼特明确提出："作为一种纯粹类型（a pure type）的资产阶级税收国家在当前任何地方都不存在。"①因此，邦尼和奥姆罗德所做的四种领地国家分类和原始的税收国家与发达的税收国家的分类，都不构成对熊彼特观点的批驳，相反，却是可以在一定条件下作为对熊彼特观点的细化与完善。

三是邦尼和奥姆罗德所说的财政革命观与熊彼特的财政制度危机观其实是一致的。邦尼和奥姆罗德想通过引用"这个极限——也就是导致税收国家不能生存下去的危机——肯定能够达到：毫无疑问，税收国家迟早会消亡"这句话来证明熊彼特在这里所说的"财政危机"不是他们所说的"财政革命"，这也是他们在《危机、革命与自维持型增长》的导论中对熊彼特观点的唯一直引，但其理解却是错误的。事实上，这句话是熊彼特这篇论文第四部分"税收国家的性质及其局限"的结尾，它是从上面那段话延伸下来的——"国家的财政能力有其限度，这不仅仅是不证自明的，而且对社会主义社会来说也是如此，但对税收国家来说，这种限度的范

---

① Schumpeter, J. A. ［1918］. "The Crisis of Tax State", in Peter M. Jackson, eds. (1996). *The Foundations of Public Finance*, Vol. 2., Edward Elgar Publishing Ltd., p. 345.

围要窄得多,而且更加令人痛苦……"①而在第三部分"中世纪末期领主经济的危机"中,熊彼特更是明确将财政制度危机与财政危机区别开来,即:"只要引发财政危机的原因是偶然的,也就是说只要它并非来自制度的内在逻辑,而且只要能在制度内能找到补救办法(在刚才的例子中可以是更有效的领地管理),那么也许就只有历史学家而不是社会学家会对这样的财政崩溃感兴趣了。这样的话,我们就无法下结论说,潜在的社会进程(an underlying social process)已经发生了改变。"②进一步地,熊彼特对财政制度危机进行了界定,即"因不可改变的(unalterable)社会变迁导致的明白无误的(obvious)、不可避免的(incluctable)、持续不断的(contunuous)失败"③,也就是原来的财政原则无法适应新的社会进程。因此,我们可以看到,邦尼和奥姆罗德的财政革命观与熊彼特的财政制度危机观是一致的,两相比较,甚至可以认为熊彼特的界定要更为深刻也更具前瞻性。因为邦尼和奥姆罗德是从是否产生了不同性质的财政体系这一结果来倒推财政革命是否发生,这就具有明显的事后追溯色彩,而熊彼特则是从社会进程是否已经发生改变来预判是否会发生财政制度危机。至于邦尼和奥姆罗德所说的财政危机,则与熊彼特所说的财政危机是同义的。

四是熊彼特在意的不是现实中税收国家的崩溃,而是税收国家原则是否仍然有效。无论是在《危机、革命与自维持型增长》的导论中,还是在《欧洲财政国家的兴起》的导论中,邦尼和奥姆罗德都强调熊彼特的历史分析的缺陷在于他没有看到税收国家崩溃的众多案例,拿破仑的军队灭掉了许多这样的国家。但这完全可以说是忽略了熊彼特的原文导致的,因为熊彼特在该文第五部分"税收国家一定会崩溃吗?"的第一句话就是"税收国家已经崩溃过无数次了,更为常见的是,人们总是预期税收国家会崩溃,甚至像英国这样已保持最长时间财政清偿能力不中断的国家也会被这样预期"。并且,熊彼特强调:"这些崩溃总是被人解释为是特定意外或犯罪(crimes)的结果,从来没有人对税收国家制度表示绝望。这样做是对的。

① Schumpeter, J. A. [1918]. "The Crisis of Tax State", in Peter M. Jackson, eds. (1996). *The Foundations of Public Finance*, Vol. 2., Edward Elgar Publishing Ltd., p. 349.

② Schumpeter, J. A. [1918]. "The Crisis of Tax State", in Peter M. Jackson, eds. (1996). *The Foundations of Public Finance*, Vol. 2., Edward Elgar Publishing Ltd., p. 338.

③ Schumpeter, J. A. [1918]. "The Crisis of Tax State", in Peter M. Jackson, eds. (1996). *The Foundations of Public Finance*, Vol. 2., Edward Elgar Publishing Ltd., p339.

无论经历了多么严重的管理不善，也无论在特定事件中有过多么严重的错误，这一制度都在土耳其战争、反对西班牙威胁的世界战争、三十年战争、反对旧政权的法国的世界战争以及反对拿破仑的世界战争等中成功地生存了下来。"①另外，在谈到税收国家在战后陷入的困境时，熊彼特也明确提出，"税收国家陷入到如此状况并非因为其自身的制度错误，所以哪怕税收国家失败了，也并不表明税收国家的原则有问题"；在谈到战后沉重负担部分来自不受约束的货币贬值时，熊彼特则认为，"单独拿英国做例子就能够说明，此种负担无论如何都不是税收国家制度的必然后果"；在谈到有人认为奥地利缺乏足够的道德动力去保持货币的战前价值时，熊彼特更是再次明确："如果真是如此，那它也是奥地利的问题，而不是税收国家的错误。尤为重要的是，这种的税收负担无论如何都不是毁灭性的，也不意味着会带来匮乏与贫困。"②

由此看来，邦尼和奥姆罗德因拿破仑的军队灭掉了许多具体的税收国家就宣称税收国家制度失去了现代性，这种论证方法不仅混淆了概念，也具有强烈的社会达尔文主义（Social Darwinism）色彩，并面临着与社会达尔文主义类似的道德与价值困境。另外，当他们从 17—19 世纪回到 20 世纪时，实践上的困境也产生了，因为他们所说的由信贷所支持的财政国家的自维持型增长无法继续下去了，正如他们在《危机、革命与自维持型增长》的导论的最后所说的："如果自维持型增长的时代确实已经离我们而去，那么真有可能发生财政危机。但我们需要一些令人信服的证据能够证明，财政革命已经爆发，以紧缩和私有化为特点的后现代财政国家、小政府国家或者停滞不前的国家的时代已经到来。"③如果"财政国家"作为现代国家这么快就失去了现代性而需要以"后现代财政国家"来替代，那创造"财政国家"这个概念的意义就大打折扣了。事实上，在熊彼特所阐明的税收国家原则内，我们既能完全回应邦尼和奥姆罗德所说的国家在税收国家之后的新发展，即税收国家的日益成熟使国家信用大大提升，从而依靠借贷的自维持型增长能力也

---

① Schumpeter, J. A. ［1918］. "The Crisis of Tax State", in Peter M. Jackson, eds. (1996). The Foundations of Public Finance, Vol. 2., Edward Elgar Publishing Ltd., p. 350.

② Schumpeter, J. A. ［1918］. "The Crisis of Tax State", in Peter M. Jackson, eds. (1996). *The Foundations of Public Finance*, Vol. 2., Edward Elgar Publishing Ltd., pp. 353—355.

③ ［英］邦尼、奥姆罗德：《导论：危机、革命与自维持型增长——财政历史变迁概念模型构建》，载［英］奥姆罗德、玛格丽特·邦尼、理查德·邦尼主编《危机、革命与自维持型增长：1130—1830 年的欧洲财政史》，沈国华译，上海财经大学出版社 2020 年版，第 27 页。

大幅提升;也能完全回应他们所说的"财政国家"在现实中面临的挑战,即国家借贷的规模超出了税收国家的自我生存能力范围,其出路就在于捍卫和坚持熊彼特所阐明的税收国家原则。

在社会科学研究中,不能清晰地阐明概念的性质导致了大量的模糊、误用甚至是无谓的论辩。进一步来看,邦尼-奥姆罗德模型与熊彼特模型的关键区别在于他们对税收国家这一概念的性质的理解是完全不同的,这可能也是作为历史学家的邦尼和奥姆罗德与作为社会理论家的熊彼特的区别。邦尼和奥姆罗德从历史学研究传统出发,要求概念能够描述实际的历史进程,当具体的税收国家在现实中遭遇崩溃后即宣告税收国家这个概念已经过时;而熊彼特则从社会理论研究传统出发,强调概念更多是理论上的,因此他并不特别在意历史上具体的税收国家是否曾经崩溃或会崩溃,而是强调支撑税收国家原则的社会进程是否已经改变。从这个意义上说,我们可以接受邦尼和奥姆罗德所说的熊彼特的财政社会学对他们的新财政史学产生了巨大影响,但不能接受他们对熊彼特财政变迁观和税收国家概念的批驳,因为他们所使用的概念在性质上是完全不同的。需要说明的是,否定邦尼和奥姆罗德等新财政史学家对熊彼特的税收国家的批评的合理性,并不意味着否定新财政史学研究的理论价值,事实上,这些财政史实研究为深入研究税收国家和财政社会学奠定了重要基础。至于"财政国家"这一概念,则最好是弃之不用。

第九章

财政社会学：何去何从？

回顾财政社会学百年发展史，无论是从其 1910 年代被创立、1970 年代重新兴起于学术界，还是新世纪以来正在经历的复兴来看，无不反映了时下社会经济结构所面临的深层次危机及转型的迫切需要，正如熊彼特所指出的："在这一时期，现存的形式开始殒灭，转变为新的形式，而且在这一时期原有的财政措施往往会出现危机。"①但是，近百年的社会经济发展史同样表明，新的形式并不一定就比旧的形式好，新的财政策略往往造成比旧的财政策略更大的困局，而且经济全球化和新技术的发展，使税收国家原则实践所面临的社会条件也变得越来越复杂。现在的那些发达国家能够呵护好税收国家原则吗？税收国家原则的种子能够在发展中国家成长吗？一句话，未来的世界能够变得更好吗？谁也无法给予肯定的回答！熊彼特在《税收国家的危机》一文中所预见到的那些破坏税收国家原则的主要力量是始终存在的。

既然"没有任何地方能够像在公共家庭那样清晰地反映任何给定的社会和经济秩序，国家不可能很大不同于其财政制度，每一个单独的私人家庭都与国家家庭（State household）紧密地联系在一起"②，既然"没有什么东西能够像政府所采取的财政政策那么清楚地表明一个社会和一种文明的性质"③，那么，我们今天就仍可以像熊彼特在百年前一样对财政社会学寄予厚望，并将熊彼特 1918 年发表的《税收国家的危机》作为我们通往伟大财政的重要思想阶梯。但发展财政社会

---

① Schumpeter, J. A. ［1918］. "The Crisis of Tax State", in Peter M. Jackson, eds. (1996). *The Foundations of Public Finance*, Vol. 2., Edward Elgar Publishing Ltd., p. 332.

② Goldscheid, R. ［1925］. "A Sociological Approach to problems of Public Finance", in Richard A. Musgrave and Alan T. Peacock (eds) (1958), *Classics in the Theory of Public Finance*, London: Macmillan, p. 210.

③ ［美］熊彼特：《经济分析史》（第三卷），朱泱等译，商务印书馆 1994 年版，第 26 页。

学最令人期待的结果并不在于形成像现代主流财政学那样统一且标准化的理论以对世界进行工具性控制,而在于通过财政社会学这种多元、开放的思想体系吸收和转化不同学科的研究成果,进一步在不同历史条件下挖掘、发展和捍卫熊彼特所揭示的税收国家原则,并将这种独到的综合性思考成果不断地融入所要分析的主题中,实现社会更深层次、更广范围的反思性对话,正如 Green 所强调的:"具有自生能力的'税收国家'是文明社会的最好希望。"①与此同时,正如本书所力图揭示的,财政社会学是一门以财政为主线来研究社会变迁的特殊的社会理论,也是作为社会理论的经济学的有机组成部分,但无论是社会理论还是作为社会理论的经济学都会因秉持的经济哲学与政治哲学等的差异而不可能形成标准化的理论体系,所以财政社会学的未来主要还在于满足最低共识,除我们在前面讨论的税收国家这一核心概念外,财政社会学还需要具有共识性的人性论和国家理论,然后在此基础上确立财政社会学的主要研究领域。而对这些问题的探讨不能自限在已有财政社会学文献所涉及的范围内,我们必须超越财政社会学本身才能更好地讨论财政社会学的未来,当下始终应该立足或关注的问题主线是:在一个人工智能越来越发挥重要作用的世界里,为更好地实现结构化共同生活(structural living-togerther)以建设美好社会,我们是否仍需要财政社会学并坚持税收国家原则?

第一节　财政社会学的人性论与社会权利体系

与选择范式财政学以选择范式经济学为基础,进而以孤立个体选择为依据将财政问题当作技术问题以求得最优解不同,交换范式财政学以交换范式经济学或以作为社会理论的经济学为基础,始终认为人是生活在社会当中的,正如巴斯夏曾指出的,当经济现象全部发生在孤立个体身上时,"那样就只有一个一个的人,而不会有社会,也许会有个人经济学,但不会有政治经济学"②。人是共同生活在社会当中的,而这种共同生活是结构化的,其基础则在于特定的社会权利体系。基于交换范式经济学和财政社会学所主张的那种方法论个人主义,这种社会权利

---

①　Green, C., (1993). "From 'Tax State' to 'Debt State'", *Journal of Evolutionary Economics*, Vol. 3, No. 1, p. 41.

②　[法]巴斯夏:《和谐经济论》,许明龙等译,中国社会科学出版社 1995 年版,第 73 页。

体系具有吉登斯所说的"结构二重性",也就是"社会系统的结构性特征对于它们反复组织起来的实践来说,既是后者的中介,又是它的结果。相对于个人而言,结构并不是什么'外在之物'……不应将结构等同于制约。相反,结构总是同时具有制约性和使动性"①。引入结构化共同生活这个概念和吉登斯的"结构二重性",我们可以更好关注对人的能动作用和社会制度的理解,但要实现吉登斯所说的社会理论的重要任务即"对人的社会活动和具有能动作用的行动者的性质作出理论概括"②以有助于经验研究,我们必须对人性本身有更多的关注和理解。

一、人性原理的重要性

休谟在其《人性论》的"引论"中曾指出,"一个具有判断力和学识的人很容易看到这样一个事实,即那些最为世人称道,而且自命为高高达到精确和深刻推理地步的各家体系,它们的基础也是很脆弱的",这种脆弱性的主要表现包括"盲目接受的原理,由此而推出来的残缺的理论,各个部分之间的不相调和,整个体系的缺乏证据"③。对此,休谟所提出的解决方案是对人性进行探究,因为"一切科学对于人性总是或多或少地有些关系,任何学科不论似乎与人性离得多远,它们总是会通过这样或那样的途径回到人性",这样,"在我们的哲学研究中,我们可以希望借以获得成功的唯一途径,即是抛开我们一向所采用的那种可厌的迂回曲折的老方法,不再在边界上一会儿攻取一个堡垒,一会儿占领一个村落,而是直捣这些科学的首都或心脏,即人性本身;一旦被掌握了人性以后,我们在其他各方面就有希望轻而易举地取得胜利了……任何重要问题的解决关键,无不包括在关于人的科学中间;在我们没有熟悉这门科学之前,任何问题都不能得到确实的解决。因此,在试图说明人性的原理的时候,我们实际上就是在提出一个建立在几乎是全新的基础上的完整的科学体系,而这个基础也正是一切科学唯一稳固的基础。"④对此,亚当·斯密也表达了类似观点,比如他在《道德情操论》中就曾提出:"每一个在这世上曾经有过任何

---

① [英]吉登斯:《社会的构成》,李康、李猛译,生活·读书·新知三联书店1998年版,第89—90页。
② [英]吉登斯:《社会的构成》,李康、李猛译,生活·读书·新知三联书店1998年版,第36页。
③ [英]休谟:《人性论》(上),关文运译,商务印书馆1980年版,第5页。
④ [英]休谟:《人性论》(上),关文运译,商务印书馆1980年版,第5页。

名气的道德理论体系,最终也许都源自某一个或另一个我已在前面努力表明的人性原理,所以就这一点而言,它们会有几分是正确的。但是,由于它们当中有许多是源自某一局部的、不完整的人性观点,所以它们当中有许多在某些方面是错的。"①

无论是亚里士多德的《伦理学》,还是休谟的《人性论》,或是亚当·斯密的《道德情操论》等,都在于为其理论体系奠定坚实的人性原理。以亚当·斯密为例,《道德情操论》是他的第一本成名作,也是他终其一生不断进行修订的著作②,其主要目的就在于它是斯密试图建立的其他理论原理的原理,正如他在该书最后一段所说的:"我将在另一门课中努力说明法律与政府的一般原理,说明那些原理在不同的时代与社会发展阶段所经历过的各种不同的变革,不仅在有关正义的方面,而且也在有关公共政策、公共收入、军备国防以及其他一切法律目标的方面。"③在第六版添加的"告读者"中,斯密特别提到这段话是该书第一版就有的,并称"在《国富论》中,我已部分履行了这个承诺,至少就公共政策、公共收入与军备国防的部分而言。剩下的是有关正义的法律原理或所谓法理学的部分"④。从后来根据斯密学生随堂讲稿记录整理出版的《亚当·斯密关于法律、警察、岁入及军备的演讲》和《法理学讲义》中,我们也都可以看到《道德情操论》所提到的人性原理的支撑作用。因此,将《道德情操论》与斯密的其他著作割裂开来会导致很多误解,其中最著名的就是所谓的"斯密问题"(Adam Smith Problem)或"斯密悖论"(Smith Paradox),即斯密在《道德情操论》中对利他的强调和《国富论》对自利的强调是矛盾的。弗莱施哈克尔(Fleisechacher)的研究表明,所谓《道德情操论》与《国富论》间的断层问题在 18 世纪的读者群中是不存在的,"一直要到更为后来的 19 世纪,当更多的读者了解《国富论》,但却对《道德情操论》最多只是一知半解时,人们才开始提出这两本著作对人性有着完全不同的解读这个看法/观点。"⑤

---

① 〔英〕亚当·斯密:《道德情操论》,谢宗林译,中央编译出版社 2011 年版,第 340 页。

② 亚当·斯密的《道德情操论》初版于 1759 年,后来历经五次修订改版,其中,第二版、第三版、第四版、第五版和第六版分别出版于 1761 年、1767 年、1774 年、1781 年和 1790 年,由于斯密是在 1790 年去世的,所以可以说斯密终其一生都在对《道德情操论》进行修订,这当然不能说是斯密对该书不满意,而是他太重视这本书的意义。

③ 〔英〕亚当·斯密:《道德情操论》,谢宗林译,中央编译出版社 2011 年版,第 437 页。

④ 〔英〕亚当·斯密:《道德情操论》,谢宗林译,中央编译出版社 2011 年版,第 9 页。

⑤ 〔美〕弗莱施哈克尔:《论亚当·斯密的〈国富论〉:哲学指南》,张亚萍、王涛译,华东师范大学出版社 2023 年版,第 143 页。

人性原理的重要性决定了要想在社会科学研究中真正实现创新或巩固其理论基础,必须对人性本身有较为深度的阐述或理解。就我们所要从事的作为社会理论的经济学和财政社会学来说,人性论既为对共同生活中的人的道德期望设置了上限——我们无法要求人人都像天使一样纯洁或像圣人一样崇高,也为共同生活中规范人的行为的制度规则及国家治理等设置了目标——我们无法忽视人性中可能破坏共同生活的特征,正如弗莱施哈克尔曾指出的:"如果人们真正追求的是自由或哲学启蒙,那么把物质快乐最大化作为国家的目的就毫无意义;如果人们仅能对物质快乐感兴趣,那么将自由和启蒙作为国家的中心目标同样荒谬。"①

二、人性原理的经验性基础与规范性诉求

休谟在强调关于人的科学是其他科学的唯一牢固的基础的同时,也特别强调:"我们对这一科学本身所能给予的唯一牢固的基础,又必须建立在经验和观察之上。"②这就凸显了休谟反对各种基于形而上学的推理来进行人性研究的立场,也正因为如此,休谟强调:"心灵的本质既然和外界物体的本质同样是我们所不认识的,因此,若非借助于仔细和精确的实验,并观察心灵的不同的条件和情况所产生的那些特殊结果,那么对心灵的能力和性质,也一定同样不可能形成任何概念。我们虽然必须努力将我们的实验推溯到底,并以最少的和最简单的原因来说明所有的结果,借以使我们的全部原则达到最大可能的普遍程度,但是我们不能超越经验,这一点仍然是确定的;凡自命为发现人性终极的原始性质的任何假设,一下子就应该被认为狂妄和虚幻,予以摒弃。"③在此,我们需要特别注意到休谟对经验的理解,即:"经验也就是一般人的理由,这种理由,即使对于最特殊、最奇特的现象,也无需经过研究便可以直接发现出来。"④这也就是弗莱施哈克尔所指出的,"休谟主要关注的是摒弃对人类事件的奇迹化解释"⑤。

休谟的人性论对经验的看重不能被等同于当代经济学对"明示偏好"(expressed

① [美]弗莱施哈克尔:《论亚当·斯密的〈国富论〉:哲学指南》,张亚萍、王涛译,华东师范大学出版社 2023 年版,第 101 页。

② [英]休谟:《人性论》(上),关文运译,商务印书馆 1980 年版,第 8 页。

③ [英]休谟:《人性论》(上),关文运译,商务印书馆 1980 年版,第 8—9 页。

④ [英]休谟:《人性论》(上),关文运译,商务印书馆 1980 年版,第 9 页。

⑤ [美]弗莱施哈克尔:《论亚当·斯密的〈国富论〉:哲学指南》,张亚萍、王涛译,华东师范大学出版社 2023 年版,第 107 页。

preference)的偏重,也不能被理解为是对规范性诉求的拒斥。当然,这里的规范性诉求也是源于经验的,这可以从休谟对印象与观念、感觉印象与反省印象、记忆观念与想像观念等的区分中可以体会到,并最终体现在休谟对知性的强调上,即:"人性由两个主要的部分组成,这两个部分是它的一切活动所必需的,那就是感情和知性;的确,感情的盲目活动,如果没有知性的指导,就会使人类不适于社会的生活。"①休谟对正义及其起源的分析很好地表明了人性的规范性诉求是对人性中一些特征带来的不便进行"补救"的必要组成部分。在休谟看来,虽然关于人的自然状态是黄金时代的描述是"一种无聊的虚构",但却能够使我们注意到一些"德"的起源,那就是当人们身处一个外物相对于其需要和欲望来得稀少的社会中时,他们该如何共同生活? 休谟认为:"由于我们的所有物比起我们的需要来显得稀少,这才刺激起自私;为了限制这种自私,人类才被迫把自己和社会分开,把他们自己的和他人的财物加以区别。"②正是在共同生活的过程中,为了协调人与人之间的不同利益,财产权和义务、正义和非义等概念才通过人为措施和人类协议得以产生,在休谟看来,"划定财产、稳定财物占有的协议,是确立人类社会的一切条件中最必要的条件"③。这也就意味着,按照休谟的人性论,只要资源稀缺的状态没有发生根本改变,现在的人就不会比过去的人更加利他,人类曾经的样子和现在的样子也不会有很大的不同,其自然结论就是,在资源稀缺状态下,人类要在劳动力和财产纯粹公有的社会中实现长期繁荣是不可能的。

亚当·斯密的人性论以不同的论证方式展现了与休谟的共同点,那就是他"赞同休谟关于乌托邦以及公共精神的有限性的观点,并因此赞同其有关私人财产的必要性的观点"④。由此我们也可以理解斯密为什么选择以自利和自爱而非公共精神和仁慈等作为人与人合作与交换的基础。斯密认为人们所具有的同情心会使人们在相互交往中将内省和想象代入,这既使斯密对无私的普遍性抱有怀疑,也使斯密相信某些行为者在特定条件下其实也能够做出无偏私的选择。这就使我们不能过度解读斯密在《国富论》中论及"看不见的手"的那句话,即:"在这场

① [英]休谟:《人性论》(下),关文运译,商务印书馆 1980 年版,第 533—534 页。
② [英]休谟:《人性论》(下),关文运译,商务印书馆 1980 年版,第 535 页。
③ [英]休谟:《人性论》(下),关文运译,商务印书馆 1980 年版,第 532 页。
④ [美]弗莱施哈克尔:《论亚当·斯密的〈国富论〉:哲学指南》,张亚萍、王涛译,华东师范大学出版社 2023 年版,第 108 页。

合,像在其他许多场合一样,他受着一只看不见的手的指导,去尽力达到一个并非他本意想要达到的目的。"①这句话所说的"这场合"是指每个人把资本用以支持国内产业的场合,虽然斯密将其推广到"其他许多场合",但并未推及所有场合,而且斯密在整本《国富论》中仅在此处一次提到"看不见的手"②。其实,斯密在《国富论》中列举了很多例子以说明毫无节制地追求个人利益并不能促进社会共同利益,从其对"政治修明"的强调也说明斯密并不认为在错误或不良的制度框架下,简单地基于自利就能有利于社会。因此,斯密诉诸人人平等和正义原则等来规范人的自利选择,这些是他所倡导的自然自由体系得以建立并正常运行的重要基础。在弗莱施哈克尔看来,"对斯密而言,人性总是包含着人们有志于怎样的那一面,而绝不仅仅只是人们碰巧具有的欲望","我们并非是'效用怪物',也不是冷酷的消费者或原子个体;我们一直以来就是被认为的那样复杂的、首先是社会性的、道德的和智慧的存在",进一步地,"在整本《国富论》中,斯密对于正义重要性的强调本身,就是对平等重要性的呼吁"③。另外,斯密对无偏私存在的认可,也使他所主张的自然自由体系并非完全自由放任,他在谴责"党争"和"派系精神"时还是对立法者超越其"片面利益"抱有希望。弗莱施哈克尔对斯密人性论研究的一个重要结论是,斯密关于人性的认识"与斯密信奉的常识方法论吻合,斯密对于人性的刻画也与我们通常的直觉相符:斯密没有提出一种有关人类根本面貌的反常识理论。事实上,我们都知道,斯密意在通过驳斥各种挑战,验证我们关于人性的常识看法是对的,而非提出另一种看法"④。这是斯密常识人性论与休谟经验人性论的深层一致性,也应该是后世经济学

---

① ［英］亚当·斯密:《国民财富的性质和原因的研究》(下),郭大力、王亚南译,商务印书馆 1974 年版,第 27 页。

② 斯密是在《国富论》第四篇"论政治经济学体系"中的第二章"论限制从外国输入国内能生产的货物"中使用"看不见的手"这个隐喻的,其主要目的就是反对当时重商主义主张政府要对经济进行控制的认识和政策。斯密认为,对私人在国内产业上将资本用于何处以及怎样实现最大价值等问题,个人比政治家或立法家的判断要好得多,因此,"如果政治家企图指导私人应如何运用他们的资本,那不仅是自寻烦恼地去注意最不需注意的问题,而且是僭取一种不能放心地委托给任何个人、也不能放心地委之于任何委员会或参议院的权力。把这种权力交给一个大言不惭地、荒唐地自认为有资格行使的人,是再危险也没有了。"参见［英］亚当·斯密:《国民财富的性质和原因的研究》(下),郭大力、王亚南译,商务印书馆 1974 年版,第 27—28 页。

③ ［美］弗莱施哈克尔:《论亚当·斯密的〈国富论〉:哲学指南》,张亚萍、王涛译,华东师范大学出版社 2023 年版,第 105、114、130 页。

④ ［美］弗莱施哈克尔:《论亚当·斯密的〈国富论〉:哲学指南》,张亚萍、王涛译,华东师范大学出版社 2023 年版,第 114 页。

家在探讨政治经济学的未来发展时会不断重回斯密也需要重回斯密的主要原因。

三、人性中的行动倾向与人类的可完善性

相比于《道德情操论》，斯密在《国富论》中所关注的人性的范围要狭窄很多，这也意味着各个学科对人性的关注应该是与其学科的性质和所要研究的问题紧密联系在一起，对于经济学和财政社会学的研究来说，我们并不需要研究所有的人性问题或人性的所有侧面。在《国富论》中，除强调自利这一经济活动的普遍人性基础外，斯密还强调了人性的另外两个方面，一个是每个人改善自身境况的愿望，另一个是人与人之间相互交换的倾向。虽然斯密是在谈及节俭的原因时讲到改善自身境况的愿望的，即"一个人所以会节俭，当然因为他有改良自身状况的愿望。这愿望，虽然是冷静的、沉着的，但我们从胎里出来一直到死，从没一刻放弃过这愿望。我们一生到死，对于自身地位，几乎没有一个人会有一刻觉得完全满意，不求进步，不想改良"，但由于斯密是将节俭作为资本积累的重要来源，所以他进一步强调，"每个人改善自身境况的一致的、经常的、不断的努力是社会财富、国民财富以及私人财富所赖以产生的重大因素"①。斯密将人与人之间相互交换的倾向作为分工得以产生的原因来考虑，即："引出上述许多利益的分工，原不是人类智慧的结果，尽管人类智慧预见到分工会产生普遍富裕并想利用它来实现普遍富裕。它是不以这广大效用为目标的一种人类倾向所缓慢而逐渐造成的结果，这种倾向就是互通有无，物物交换，互相交易。"②在斯密看来，"这种倾向，为人类所共有，亦为人类所特有，在其他各种动物中是找不到的"，进一步地，"他们依着互通有无、物物交换和互相交易的一般倾向，好像把各种才能所生产的各种不同产物，结成一个共同的资源，各个人都可从这个资源随意购取自己需要的别人生产的物品。"③因此，如果说改善自身境况的愿望从人性角度奠定了财富增加的动力基础的话，那么相互交换的倾向则从人性角度指明了改善自身境况的合理途径。

---

① ［英］亚当·斯密：《国民财富的性质和原因的研究》(上)，郭大力、王亚南译，商务印书馆 1972 年版，第 314—315 页。

② ［英］亚当·斯密：《国民财富的性质和原因的研究》(上)，郭大力、王亚南译，商务印书馆 1972 年版，第 12 页。

③ ［英］亚当·斯密：《国民财富的性质和原因的研究》(上)，郭大力、王亚南译，商务印书馆 1972 年版，第 13、16 页。

但显而易见的是，人们改善自身境况的途径并非只有相互交换，因为如果只有这样一种途径的话，那么休谟和斯密等所强调的平等、正义等人性的规范性诉求就失去了必要性，平等、正义总是相对于不平等和非正义而言的。因此，如果说相互交换代表了在平等条件下改善自身境况的正义方式的话，那这也就意味着在非平等条件下改善自身境况的非正义方式的存在。对于这一点，斯密没有特别强调，但却是其理论的应有之义，而在休谟的《人性论》中，我们可以找到能够与相互交换相对立的人性倾向，也就是休谟称之为人性的弱点的东西，其具体含义是指"舍远图近的褊狭心理"①，但其更好的表述应该是休谟在书中所谈到的"各人都在找寻借口，要想使自己省却麻烦和开支，而把全部负担加在他人身上"②。需要注意的是，休谟是在第三卷"道德学"的第二章"论正义与非义"中论及政府的起源时谈及这一人性的弱点的，他称之为"人性中使我们的行为发生最致命的错误的性质"，并认为"一切人类既然都在某种程度上受同一弱点的支配，所以必然发生这样一种现象；就是，公道的破坏在社会上必然会成为非常频繁，而人类的交往也因此而成为很危险而不可靠的了"③。但人性的这一弱点是自然的弱点，不可能从根本上得到消除，那么该如何对其进行克制以保证共同生活的顺利进行呢？休谟所提出的解决方案是："我们所能做的最大限度只是改变我们的外在条件和状况，使遵守正义法则成为我们的最切近的利益，而破坏正义法则成为我们的最辽远的利益"④，这也就是休谟所说的政府和社会的起源。但相比于斯密，休谟对政府的信心显然是过于乐观了，他认为"这个政府虽然也是由人类所有的缺点所支配的一些人所组成的，可是它却借着最精微的、最巧妙的一种发明，成为在某种程度上免去了所有这些缺点的一个组织"⑤。政府是救治人性弱点的必要产物，但政府也是由人来运作的，所以基于同样的人性弱点，规范和限制政府的权力也始终应该是国家治理中必须直面的问题⑥。

---

① ［英］休谟：《人性论》（下），关文运译，商务印书馆1980年版，第578页。
② ［英］休谟：《人性论》（下），关文运译，商务印书馆1980年版，第579页。
③ ［英］休谟：《人性论》（下），关文运译，商务印书馆1980年版，第578、575—576页。
④ ［英］休谟：《人性论》（下），关文运译，商务印书馆1980年版，第577页。
⑤ ［英］休谟：《人性论》（下），关文运译，商务印书馆1980年版，第579页。
⑥ 正如巴斯夏在《和谐经济论》中曾追问的："要求国家干预吗？可是国家也是由人组成的呀！恐怕非得证明他们不是一般的人，他们肩负着改变普遍规律的重任，所以不受普遍规律的支配才行。这一点如果得不到证实，困难就无法克服。"［法］巴斯夏：《和谐经济论》，许明龙等译，中国社会科学出版社1995年版，第63—64页。

巴斯夏在《和谐经济论》中所提出的"需要-努力-满足"①模型很好地综合了斯密和休谟的上述人性思想，可以成为我们构建作为社会理论的经济和财政社会学的基础性人性模型。巴斯夏认为政治经济学的主题是人，"从经济观点看，需要、努力、满足就是人"②，这三个词包容了人类命运，其中，"需要"与"满足"统一在同一个人身上，而"努力"却是可以转移的③，"这就告诉我们，社会原理和政治经济学的根源，不应到需要和满足中去寻找，而应该到中间那个词，即人的努力中去寻找。"④努力转移的方式之一是交换，它意指"每个人都让别人分享他的努力，同时以合适的比例分享他人的努力"，这引起了两种现象，"一是将人们的力量联合起来，一是促使人们进行分工"，而强力对交换进行干预也会产生两种结果，"或是引起了不应有的交换，或是阻止了本应有的交换，无论是前者或后者，都会导致劳动和资本的浪费和误用，进而引起混乱"⑤。因此，巴斯夏认为，"努力的转移，劳务的交换以及在时空中形成的纷繁复杂的各种交换方式的组合，这些组成了政治经济学，展示了政治经济学的根源，界定了政治经济学的范畴"，"交换的动机虽不崇高，但无论在其最初的以物易物阶段，还是后来遍布各地的商业阶段，交换都在社会中推动了崇高的趋向"⑥。

但巴斯夏最重要的贡献不仅是论证了自由交换下人与人之间的利益和谐，更是强调了在自由交换之外所有人共有的以他人为代价来求得自己的生存和

---

① 巴斯夏在《和谐经济论》中有两种不同的提法，一种是需要（wants）、努力（efforts）、满足（satisfactions），另一种是感觉（sensation）、努力（effort）、满足（satisfaction）。考虑到该章的标题就是"需要、努力、满足"以及后面一章的标题是"人的需要"等，我们这里采用"需要、努力、满足"这一提法。需要指出的是，二者并无大的区别，如巴斯夏就同时提到"我们可以想像没有得到满足的感觉，没有得到满足的需要。"参见［法］巴斯夏：《和谐经济论》，许明龙等译，中国社会科学出版社1995年版，第73页。

② ［法］巴斯夏：《和谐经济论》，许明龙等译，中国社会科学出版社1995年版，第100页。

③ 巴斯夏明确将通过自己的努力来使自己的需要得到满足的情形，也即鲁滨逊那种自给自足的情形，排除在政治经济学的研究之外，因为如果努力只能是自己的努力，"那么，人就是绝对孤立的存在物了。经济现象也就全部发生在孤立的人身上了。那样就只有一个一个的人，而不会有社会，也许会有个人经济学，但不会有政治经济学。"参见［法］巴斯夏：《和谐经济论》，许明龙等译，中国社会科学出版社1995年版，第73页。

④ ［法］巴斯夏：《和谐经济论》，许明龙等译，中国社会科学出版社1995年版，第74页。

⑤ ［法］巴斯夏：《和谐经济论》，许明龙等译，中国社会科学出版社1995年版，第105、106、117页。

⑥ ［法］巴斯夏：《和谐经济论》，许明龙等译，中国社会科学出版社1995年版，第74、118页。

发展的掠夺倾向,即:"处于需求和劳动两种痛苦之间的人,在个人利益的驱使下,力图找到一种至少可以在某种程度上避免这两种痛苦的办法。这时,他们便把掠夺看作是解决问题的办法。"①巴斯夏强调的掠夺倾向与休谟强调的人性弱点和斯密人性论的应有之义是一致的。掠夺的具体形式包括欺诈、暴力、强权、诡计和战争等,它们"并未增加人类的享乐,反而降低了它,而且把欢乐给与不应享有它的人"②。据此,巴斯夏明确将生产与掠夺作为两种满足需要的方式对立起来,其中,"化铁为犁为生产的象征",而"化铁为剑是掠夺的象征","掠夺和生产一样植根于人心中。如果生产不能逐渐使掠夺失去意义,那么社会法律就不是和谐的。"③但巴斯夏的分析并没有在此止步,而是进一步将自由交换的对象确定为产权,"人与人之间只是互为价值的主人,价值只代表经过比较、自由接受和自由提供的劳务","对于其他人来说,我只是也只能是我的努力和我的劳务的产权的所有者"④。如果说自由交换的本质是对产权的理解和承认,那么掠夺的本质则是对产权的侵犯。由于自由交换与掠夺皆是人性的组成部分,因此,掠夺的历史与交换的历史一样久远,"自世界形成之初就存在着夺取产权的阴谋,这种阴谋还没有停止",并且,"在实际上产权还远未建立起它的独霸地位,它还面对着与它敌对的事实。有的劳务不是自愿提供的,其报酬不是自由决定的,有的劳务的等价性被暴力或欺骗破坏了,一句话,有掠夺现象"⑤。但在这种情况下,"产权原则的合法性没有被宣告无效,而是被证实了。人们侵犯它,正说明了它的存在","在我们看来,劳务的自由交换,正义、产权、自由和安全永远是体现在各个方面的同一思想",据此,巴斯夏明确提出,"应该反对的不是产权的原则,而是对立的原则、掠夺的原则"⑥。需要指出的是,巴斯夏将产权定义为"把自己的努力归于自己的权利,或以接受同等努力的让与将它出卖的权利",因此,他反

① [法]巴斯夏:《和谐经济论》,许明龙等译,中国社会科学出版社1995年版,第451页。
② [法]巴斯夏:《和谐经济论》,许明龙等译,中国社会科学出版社1995年版,第449页。
③ [法]巴斯夏:《和谐经济论》,许明龙等译,中国社会科学出版社1995年版,第449、454页。
④ [法]巴斯夏:《和谐经济论》,许明龙等译,中国社会科学出版社1995年版,第225、238页。
⑤ [法]巴斯夏:《和谐经济论》,许明龙等译,中国社会科学出版社1995年版,第220、223—224页。
⑥ [法]巴斯夏:《和谐经济论》,许明龙等译,中国社会科学出版社1995年版,第224、220页。

对区别产权所有者和无产者，"除非人们认为有一个不从事任何劳动或没有权利拥有自己的努力、没有权利给别人提供劳务或接受交换得为的劳务这样一个阶级"①。这样，巴斯夏就将产权与自由等同起来，因而也将产权与特权区别开来：产权原则就是自由原则，是和谐原则；特权原则是压迫原则，是不和谐原则，其目的是实现不公正的占有。巴斯夏认为，"这两种力量的争斗构成了全部人类历史"②，其对掠夺的反对也就自然地转为对特权的反对，而这也成为巴斯夏思想中最深刻、最生动的组成部分，那就是为了维护劳动者权益，必须通过反对特权来反对掠夺和压迫③。在巴斯夏看来，人们对粗暴掠夺的反抗使掠夺的手法变得更加诡诈，社会由此进入使掠夺系统化、制度化的特权时代，而垄断和限制等则成为掩盖形式越来越巧妙的掠夺的特权来源，进而改变了社会运行机制④。如果说善恶论是关于人性中人的伦理层面的考量的话，那交换倾向和掠夺倾向就是对人性中的人的行动可能性的层面的考量，正因为它们是人们满足其需求的可能性选择，所以个人以及由个人组成的社会的能动性在美好共同生

---

① ［法］巴斯夏：《和谐经济论》，许明龙等译，中国社会科学出版社 1995 年版，第 234 页。

② ［法］巴斯夏：《和谐经济论》，许明龙等译，中国社会科学出版社 1995 年版，第 313 页。

③ 巴斯夏有一段话很鲜明地展现了其政治经济学思想的这一特征，即："整部政治经济学的任务就是要了解劳动者的条件，揭示其前景和未来，因为这门科学除了劳动者外还能有什么其他的对象呢？我搞错了，还有掠夺者。什么东西能均等劳务呢？是自由。什么东西可以破坏劳务的均等呢？是压迫。这就是我们要绕的圈子。"另外，巴斯夏还强调："从掠夺的产生到它在地球上消亡（如果有一天它真能消失的话），这一成分深深影响着整个社会机制，骚扰我们极力揭示和描绘的协调法则，将它们弄得面目全非……掠夺不是偶然影响社会机制、瞬息即逝的祸害，经济学对它不能撇开不谈。"参见［法］巴斯夏：《和谐经济论》，许明龙等译，中国社会科学出版社 1995 年版，第 303、313—314 页。

④ 巴斯夏对此的具体描述是："掠夺转移了交换的自然趋向，人为地引导资本流向，用资本引导劳动，用劳动引导人口流动；它让人在北方花大力气制造在南方很容易生产的物品；它创建一些不稳定的产业和生存条件；它用艰苦的劳动替代大自然的无偿力量；它策划建立一些根本无法进行竞争的机构，动用武力对付竞争对手；它煽动国与国之间的嫉妒，迎合爱国主义的傲慢，发明一些具有创造性但却是为了骗人的理论；它不时制造工业危机和破产；它动摇公民对未来的信心，对自由的信仰甚至对一切正义的追求。当最后科学揭露了它的各种恶行时，它甚至会将其受害者们也纠集在一起来反对科学，并大喊大叫道：不要乌托邦！更有甚者，它不仅否认有碍于它的科学，而且还利用悲观主义的格言'原则是不存在的'来否认存在这类科学的可能性"，也就是说，掠夺者为了维护其掠夺，最终会完成对思想的控制，"他们将奴隶的烙印打在赛义德的心坎上，也打在斯巴达克的前额上，完成了似乎不可能实现的精神奴役。精神奴役！这是多么可怕的词组啊！"参见［法］巴斯夏：《和谐经济论》，许明龙等译，中国社会科学出版社 1995 年版，第 315—316 页。

活的构建中就有了充足的空间①。

巴斯夏不仅强调人人痛恨别人的特权,也强调人人希望自己的特权,并最终由令人憎恨发展到荒谬无比的境地②,这是他对人的掠夺倾向最为精彩的分析之一,据此,他认为主动放弃一切特权是不可能的③,只有公正和启蒙才能拯救社会,

---

① 在人类历史上,关于人性本恶还是人性本善的争论从未停止,也很难统一,大家在使用善恶这对概念时所指也有差异,比如中国的《三字经》中有"人之初,性本善"的说法,其中的"善"指向的是人的禀性;而亚里士多德在《政治学》中也讨论"善人",但他所说的"善人"是完美的人,经常和"最好的人"相混用。但以往所有关于善恶的讨论都陷入了二元对立当中,要么是从类的角度关于人性本善与人性本恶的对立,要么是从个体的角度关于善人与恶人的对立。但近年来发展的进化博弈论超越了这种二元对立或非此即彼的思路,认为善恶是共存于同一个人身上的,善恶本身以及善恶的比例是由人的行为的结果来判定的,这样也就区分了人在现实中是表现为天使还是恶魔,前者坚持人与人之间的合作,后者秉持机会主义以获得好处。应该说,进化博弈论所说的善恶已经和通常所说的伦理上的善恶不一样了,它更接近于我们这里所说的人的交换倾向和掠夺倾向。

② 比如,巴斯夏谈到,"当社会中尚有众多的阶层时,不难想象,处于最高的第一阶层以损害其他阶层为代价享受着特权。这种现象确实令人憎恨,但并不荒谬。第二阶层肯定要向特权发动猛攻,在人民的协同下,它迟早会发动一场革命。于是,暴力转入它的手中。不难想象,它照样会给自己规定一些特权。这依然是令人憎恨,但并不荒谬,至少不是行不通的。因为,只要下面有群众的支持,特权就能存在。倘若第三、第四阶层也闹起革命来,只要它们愿意,照样可以借助巧妙地确立起来的特权剥削人民群众。但是,受尽蹂躏和压迫、几乎无力反抗的人民群众也会闹革命。他们怎么闹呢?你们可能以为他们会取消特权,让普遍的公正主宰一切;以为他们会说:'让限制、障碍、垄断、有利于一个阶级的政府干预、苛捐杂税、政治和外交阴谋,统统见鬼去吧!'不,你们错了,他们另有所图。他们把自己变成申请者,他们也要求拥有特权。他们——人民中的大多数——步上层阶级的后尘,轮到他们要求特权了。他们要求获得劳动权、信贷权、受教育权、受救济权,但是,靠谁出钱出力呢?他们不屑一想。他们只知道,只要劳动、借贷、教育和晚年的安逸有了保障,不必花钱,那就十分幸福,谁也不会反对。然而,这可能吗?可惜,不可能!所以我要说,到了那时,令人憎恨的事虽没了,但荒谬却到了无以复加的地步。"(参见[法]巴斯夏:《和谐经济论》,许明龙等译,中国社会科学出版社1995年版,第125—126页)当然,我们要看到,巴斯夏将特权扩大化了,由于权利抗争、物质财富的丰裕和社会政策体系的建立等,劳动权、信贷权、受教育权、受救济权等已经成为今天的基本人权,这也成为社会文明进步的重要标志。需要指出的是,巴斯夏也并不是反对这些权利,而是反对通过利用国家来单方面地来满足这些权利,他所主张的是通过各种互助协会及其建立的基金来做这些事,并认为它们是文明的结果和对文明的回报。因此,如果联系诱发2009年欧洲主权债务危机的深层根源,巴斯夏在这里所说问题也可看作是对福利国家危机的前瞻性预见,这些问题也与熊彼特所说的税收国家原则受到的挑战相一致。

③ 对此,巴斯夏也有一段非常精彩的论述:"上层阶级应该仔细观察一下,看看自己是否享有某些垄断权,是否从某些人为的不平等现象中得到好处,看看对自然社会规律的干扰是不是——至少部分是——造成贫困的原因,如果答案是肯定的,那就放弃特权,消除不平(转下注)

其公正指的是自由与财产,启蒙主要是指启蒙运动所强调的恢复人的理性,使人们认识到并相信不可能通过侵犯权利来实现幸福①。具体来说,在强调保障自由交换的基础上,巴斯夏主要强调了三大机制对人的掠夺倾向进行制衡。一是竞争,"竞争就是不需要一个对交换进行裁决的专制当局",它意味着自由,"破坏了行动的自由,也就破坏了选择、判断、比较的可能性和能力;也就扼杀了智慧、思想和人";它在本质上是民主法则,"民主法则是上帝为使人类社会发展的诸多法则中最进步、最平等、最共同的法则……尽管这一法则在行使中经常是粗暴的,但从社会协调和总体结果上看,没有比之更具有生命力的了。"②因此,与当时很多人批评竞争破坏社会团结不同③,巴斯夏认为竞争是人类团结这一伟大法则的重要组成部分④,"竞争与个人利益巧妙地结合在一起,它既遏制个人主义的贪婪又刺激人们去劳动,我们应

（续上注）等,停止干扰。这样,上层阶级就可以伸出双手给人民看,并对人民说:'我的两只手是满满的,但都是干干净净的。'它们是这样做的吗? 除非我瞎了眼,它们做的恰恰相反。它们一开始就抱住垄断不放,后来甚至企图利用革命来扩大垄断。它们就这样把自己置于一个不能说真话、也不能以原则作标榜的地位,因为否则它们就会露出言行不一致的面目来。于是,它们向人民许诺,说什么要像对待自己那样对待人民,它们还想用特权来诱惑人民。"参见[法]巴斯夏:《和谐经济论》,许明龙等译,中国社会科学出版社 1995 年版,第 127—128 页。

①　比如巴斯夏针对立法会议的作为反问道:"我们的立法者为什么把政治经济学的所有概念搅成一团糟呢? 为什么他们不让同情和公正各得其所呢? 同情本应留在它的自然领域——自由——中,而公正也应留在它的领域——法律——中。为什么他们不把法律仅仅用来实现普遍公正呢? 是因为他们不喜欢吗?"他自己的回答是:"不,他们喜欢,但他们不相信。公正,就是自由和财产。然而,他们都是不自觉的社会主义者。不管他们嘴上怎么说,他们其实不相信自由、财产,因而也不相信公正有助于逐步消灭贫困、增加财富。正因为如此,他们才十分真诚地打算以不断侵犯权利来实现幸福。"参见[法]巴斯夏:《和谐经济论》,许明龙等译,中国社会科学出版社 1995 年版,第 129 页。

②　[法]巴斯夏:《和谐经济论》,许明龙等译,中国社会科学出版社 1995 年版,第 288—289 页。

③　比如恩格斯在其《政治经济学批判大纲》中就把竞争作为私有制批判的切入口,他不仅认为竞争是人类不道德达到极点的标志,也认为垄断引起竞争,竞争又导致垄断,所以卷入竞争的人不得不放弃一切真正的人的目的。另外,恩格斯还认为是竞争导致了经济波动并引发危机,从而将竞争的矛盾和私有制本身的矛盾等同起来,即:"单个人的利益是要占有一切,而群体的利益是要使每个人所占有的都相等。因此,普遍利益和个人利益是直接对立的。竞争的矛盾在于: 每个人都必定希望取得垄断地位,可是群体本身却因垄断而一定遭受损失,因此一定要排除垄断。"参见[德]恩格斯:《国民经济学批判大纲》,载《马克思恩格斯全集》(第 3 卷),人民出版社 2002 年版,第 459 页。

④　人们既可能为了竞争而合作,也可能为了合作而竞争。我们可以说,巴斯夏基于限制掠夺看竞争与熊彼特基于创新看竞争、哈耶克基于发现过程看竞争具有内在一致性,它们共同构成对竞争的社会价值的更为完整的认识。

赞美竞争,把它看作是上帝对人类公正关怀的最明显表示"①。二是习惯和习俗,也就是我们今天所说的非正式规范或社会资本。巴斯夏是将习惯与需要的提升联系在一起的,"看来造物主赋予习惯以一种异乎寻常的能量,使它如同机器上的齿轮一样在人身上起作用,把人推向一个比一个更高的台阶,无法停留在文明的某个阶段",因此,"习惯的作用在于防止人类后退"②,这实际上也是斯密所说的人类改善自身境况的愿望在起作用。而习俗则可以说是人们在劳务交换过程中所积淀下来的有利于彼此利益的相处方式,它会推动个人和阶级之间的逐渐均等,因而是与人类社会的全面进步结合在一起的,巴斯夏称之为人类社会的伟大法则,据此,他提出:"我们不要愚蠢地去追求改变人类,似乎我们不是人类的成员,与其错误和软弱毫无关系。让生产者和消费者拥有自己的利益并通过合法和宁静的习俗去讨论、争论、解决他们的自身利益。"③三是自由与责任,巴斯夏认为,自由与责任可以修正选择,取消或限制坏的行为和习惯,我们不能因为自由选择可能会犯错而剥夺人们行动的自由、选择的自由和自由意识,因为"每个人都承认自己和别人身上有自由意识,没有自由意识,就没有选择,没有建议,没有预见,没有道德,没有德行",而"责任是行为者行为与后果的自然连系,是一种必然的惩罚和奖励的完整体系……责任显然是为了减少有害行为,增加有益行为"④,因此,巴斯夏进一步强调:"没有自由,责任便是不可想象的;不自愿的行为不能产生任何的教益和任何有价值的经验……自由是进步的本质之所在。损害人的自由,这不仅是伤害人,使他们变得渺小,而且是改变人的本质,是在对人施加压力的情况下,使人成为不可完善的。"⑤正是考虑到人性中的掠夺倾向有可能受到其他社会机制的制衡,巴斯夏相信人类是可完善的,但归根结底,必须在竞争、习惯与习俗、自由与责任中找出实现人类完善的方法。这样,我们实际上可以在人的交换倾向和掠夺倾向之外再增加第三个倾向,也就是追求社会认同或社会承认的倾向⑥,否则竞

① [法]巴斯夏:《和谐经济论》,许明龙等译,中国社会科学出版社 1995 年版,第 296 页。
② [法]巴斯夏:《和谐经济论》,许明龙等译,中国社会科学出版社 1995 年版,第 82—83 页。
③ [法]巴斯夏:《和谐经济论》,许明龙等译,中国社会科学出版社 1995 年版,第 321 页。
④ [法]巴斯夏:《和谐经济论》,许明龙等译,中国社会科学出版社 1995 年版,第 463 页。
⑤ [法]巴斯夏:《和谐经济论》,许明龙等译,中国社会科学出版社 1995 年版,第 496 页。
⑥ 黑格尔有为承认而斗争之说,福山将其理解为所有人都希望自己从根本上作为自由的、道德的存在而被其他人承认,并在其《历史的终结与最后的人》中将人类寻求承认的渴望作为人类历史进程的重要引擎。但这里所说的认同或承认并不特意指向黑格尔和福山所说的自由的、道德的存在,而是在更为宽泛的意义上指向被其所在群体所接纳,也就是寻求其行动的合法性。

争、习惯与习俗、自由与责任就无法对个人选择起作用。人性当中是"交换的倾向"得到激发还是"掠夺的倾向"得到激发，并非仅仅是个人的事务，而是一定社会制度环境下的个人选择，而这种制度环境则是历史的产物。财政社会学的重要任务之一就是揭示不同类型财政制度安排及财政政策是激励还是抑制人的交换倾向或者说是激励或抑制人的掠夺倾向。

另外，需要指出的是，巴斯夏并没有陷入简单的二元对立论中，也就是没有绝对否定人的掠夺倾向，相反，他甚至赋予邪恶一项使命，因为要使好的习惯和习俗能够形成，必须让人感到不良后果的影响，于是邪恶就"存在于普遍和谐之中，它的一项使命就是摧毁它本身存在的原因，限制自己，帮助实现善良，鼓励进步"①。也许我们可以进一步探讨的是，人的掠夺倾向并不仅仅是因其会带来不良后果而督促人类的自我改善，它本身就是竞争这一重要制衡机制产生的原因，并在恰当的条件下成为激发创新的重要人性基础之一。也就是说，人的自利和自由交换并不足以激发合理的竞争，恰恰是人人都想在自由交换中少付出多获得这一掠夺倾向起作用但通常所说的掠夺方式又被限制或禁止才会产生竞争的需要，而合理的制度框架或斯密所强调的"政治修明"则成为使人的掠夺倾向发挥积极作用的重要保证。在这一对人性的认识的基础之上，我们可以构建出一种不同于社会契约论和暴力论的国家理论以及一种不同于基于市场失灵的政府理论，而这也正是财政社会学未来发展的重要理论根基。

四、人性的三个维度及其对财政社会学研究的启示

在休谟、亚当·斯密和巴斯夏之外，马克思也在 19 世纪为人性论研究作出了非常重要的贡献。作为启蒙运动与启蒙精神的重要继承者，马克思始终重视的是个体及其自由，他反对费尔巴哈对人的"类本质"的强调②而主张从现实中来理解

① ［法］巴斯夏：《和谐经济论》，许明龙等译，中国社会科学出版社 1995 年版，第 467 页。
② 在恩格斯 1888 年整理发表的《马克思论费尔巴哈》中，马克思指出："费尔巴哈把宗教的本质归结于人的本质。但是，人的本质不是单个人所固有的抽象物，在其现实性上，它是一切社会关系的总和。费尔巴哈没有对这种现实的本质进行批判，因此他不得不：（1）撇开历史的进程，把宗教感情固定为独立的东西，并假定有一种抽象的——孤立的——人的个体；（2）因此，他只能把人的本质理解为'类'理解为一种内在的、无声的、把许多个人纯粹自然地联系起来的普遍性。"参见［德］马克思：《关于费尔巴哈的提纲》，载《马克思恩格斯文集》（第 1 卷），人民出版社 2009 年版，第 501 页。

人,这种方法与作为社会理论的经济学所主张的方法论个人主义以及休谟和亚当·斯密基于经验来研究人性的传统是相一致的①。马克思和恩格斯在《德意志意识形态》中明确主张:"我们开始要谈的前提不是任意提出的,不是教条,而是一些只有在臆想中才能撇开的现实前提。这是一些现实的个人,是他们的活动和他们的物质生活条件,包括他们已有的和由他们自己的活动创造出来的物质生活条件。因此,这些前提可以用纯粹经验的方法来确认。"②马克思和恩格斯将有生命的个人的存在作为全部人类历史的第一个确定无疑的前提并将人开始生产自己的生活资料作为人将自己与动物区别开来的主要标志,所以他们认为:"个人怎样表现自己的生命,他们自己就是怎样。因此,他们是什么样的,这同他们的生产是一致的——既和他们生产什么一致,又和他们怎样生产一致。因而,个人是什么样的,这取决于他们进行生产的物质条件。"③在此基础上,马克思和恩格斯的重要结论是:"以一定的方式进行生产活动的一定的个人,发生一定的社会关系和政治关系。经验的观察在任何情况下都应当根据经验来揭示社会结构和政治结构同生产的联系,而不应当带有任何神秘和思辨的色彩。社会结构和国家总是从一定的个人的生活过程中产生的。但是,这里所说的个人不是他们自己或别人想象中的那种个人,而是现实中的个人,也就是说,这些个人是从事活动的,进行物质生产的,因而是在一定的物质的、不受他们任意支配的界限、前提和条件下活动着的。"④另外,就马

---

① 马克思是在 1849 年流亡伦敦后才系统研究政治经济学的,而英国政治经济学是英国启蒙运动的产物,休谟和亚当·斯密都是苏格兰启蒙运动的主要代表,所以这种马克思早期思想与休谟和亚当·斯密思想的一致性,对于后来马克思主要基于对英国古典政治经济学的批判来建立自己的政治经济学理论体系,也就是《资本论》的写作是至关重要的。理解这一点也是我们理解马克思早期思想与后来思想存在差异的重要基础,马克思早年受德国启蒙运动思想影响,后来流亡巴黎,也受到法国启蒙运动思想的影响,其中,德国启蒙运动思想重在哲学层面的思辨,而法国启蒙运动思想重在政治层面的革命,苏格兰启蒙运动传统则重在经济和社会层面的演变。但马克思的这种思想变化不应该被理解为是断裂式的转变,而应该是其思想中不同成分所占地位的改变,其改变的重要时间节点与事件主要是 1848 欧洲革命失败。马克思的早年思想以激进主义为主要特征,但却包含有苏格兰启蒙运动所主张的渐进主义的因子;其后期思想以渐进主义为主要特征,但仍残留有激进主义的色彩。

② 〔德〕马克思、恩格斯:《德意志意识形态》,载《马克思恩格斯文集》(第 1 卷),人民出版社 2009 年版,第 516—519 页。

③ 〔德〕马克思、恩格斯:《德意志意识形态》,载《马克思恩格斯文集》(第 1 卷),人民出版社 2009 年版,第 520 页。

④ 〔德〕马克思、恩格斯:《德意志意识形态》,载《马克思恩格斯文集》(第 1 卷),人民出版社 2009 年版,第 523—524 页。

克思在《共产党宣言》中所倡导的"自由人的联合体"来说,其中的"自由人"也是自由的个体,因为,"在那里,每个人的自由发展是一切人的自由发展的条件。"①因此,当马克思强调"人的本质不是单个人所固有的抽象物,在其现实性上,它是一切社会关系的总和"②并将其研究重点放在对所有制关系的研究时,马克思的方法论并非集体主义或整体主义与个人主义方法论的对立,而是作为社会理论的经济学所主张的方法论个人主义内部的关注点差异,马克思更多关注的是决定和制约现实中个人自由及其能动性的"界限、前提和条件",尤其是以所有制为基础的结构化制度环境。

如果说休谟、亚当·斯密和巴斯夏等所强调的人性中交换倾向和掠夺倾向是人性的自然维度的话,那马克思主要强调的就是人性中交换倾向和掠夺倾向的社会维度和历史维度,它既使我们能够从社会权利体系的角度来更好地理解人的结构化共同生活,也使休谟、亚当·斯密和巴斯夏等基于人性的自然维度所要求的社会正义及人性的可塑性和可完善性等在人性本身而非人性之外找到了栖身之所。进一步地,当马克思的人性论能够以人性的自然维度为依据和基础时,其对社会具体运行机制的理解也会更为全面,其中尤其是对竞争和所有制的认识可以实现重大突破,进而化解其政治经济学理论中潜藏的深层矛盾③。由于交换倾向

① [德]马克思、恩格斯:《共产党宣言》,载《马克思恩格斯选集》(第1卷),人民出版社1995年版,第294页。

② [德]马克思:《关于费尔巴哈的提纲》,载《马克思恩格斯文集》(第1卷),人民出版社2009年版,第501页。

③ 《资本论》是马克思在政治经济学上最成熟的著作,但也是未完成的著作。虽然对于马克思未完成《资本论》有各种说法,但不可忽略的是,由于19世纪中后期社会现实发生了巨大变化,这可能使马克思感觉到要以《资本论》第一卷阐明的理论来解释现实存在一定困难,所以他一直致力于对第一卷的修改,所以即使是马克思生前最后修订的版本,也不能认为是马克思非常满意的版本。这种潜藏的深层矛盾主要体现在《资本论》第三卷关于股份制和竞争的分析中。在马克思的整体思想中,资本主义生产资料私有制与社会化大生产之间的矛盾是资本主义的基本矛盾,是这一矛盾的展开使资本主义生产资料私有制发展为社会所有制。但在《资本论》第三卷第二十七章讨论"信用在资本主义生产中的作用"时,马克思认为,股份公司的成立不仅使"生产规模惊人地扩大了,个别资本不可能建立的企业出现了",同时"以前曾经是政府企业的那些企业,变成了社会的企业",于是,"那种本身建立在社会生产方式的基础上并以生产资料和劳动的社会集中为前提的资本,在这里直接取得了社会资本(即那些直接联合起来的个人的资本)的形式,而与私人资本相对立,并且它的企业也表现为社会企业,而与私人企业相对立"。从这里我们可以看到,马克思所说的资本主义生产资料私有制指的是个别资本及与之对应的私人企业,而与它们相对立的则是社会资本和社会企业,而股份公司就是社会资本和社会企(转下注)

和掠夺倾向都是人性的自然维度,所以它们都是不可消除的,而是只能通过社会权利体系或制度安排(包括正式制度和非正式制度,后者包括习惯和习俗等)来解放、鼓励、禁止或限制,其结果就表现为人性的社会维度。同时也由于人的能动性,这些社会权利体系或制度安排会不断发生改革或变迁,因而就使人性的社会维度在不同历史时期或阶段显现出差异和变迁,这就是人性的历史维度。在马克思之后,特别是 20 世纪中叶以来,社会生物学、行为遗传学、演化心理学和行为经济学等都对人性研究有了更细致的发现,但交换倾向与掠夺倾向都是一个重要的研究领域,相关结论也都可以归入到对人性的自然维度、社会维度和历史维度的看法当中①。需要指出的是,由于任何社会条件都是历史的产物,因而不可能是纯

(续上注)业的表现形式。特别是,恩格斯为马克思所说的"社会"和"社会的"加了编者注,认为马克思在这里所说的"社会"和"社会的"在德文中有"公司"和"公司的"含义。(参见[德]马克思:《资本论》(第三卷),人民出版社 2004 年版,第 494—495 页)马克思在这里所表述的看法应该说还是与其早在《共产党宣言》中表述的看法是一致的,那就是由于"资本不是一种个人力量,而是一种社会力量",因此,"把资本变为公共的、属于社会全体成员的财产,这并不是把个人财产变为社会财产。这里所改变的只是财产的社会性质。"(参见[德]马克思、恩格斯:《共产党宣言》,载《马克思恩格斯选集》[第 1 卷],人民出版社 1995 年版,第 287 页)试想一下,如果马克思所说的"社会资本"和"社会的企业"被翻译成"公司资本"和"公司的企业",那马克思所说的"个别资本"和"私人企业"所对应的就是业主制这种 19 世纪的经典私有制形式,这会对马克思理论的最终结论产生多大的影响啊。应该说,马克思在股份公司还刚刚发展时就对股份制给出了如此概括,确实体现了非常深刻的理论洞见。但我们要看到,尽管马克思声称股份制只是作为私人财产的资本在资本主义生产方式本身范围内的扬弃,只是由资本主义生产方式转化为联合的生产方式的过渡形式,但他并没有对此给出富有说服力的论证,更像是坚守其资本主义基本矛盾论断的断语。如果我们只看马克思关于股份制是社会资本和社会企业的观点,那我们所要进一步讨论的问题可能就不是股份制只是一种过渡形式的问题,而应该是如何在股份制的基础上完成"重建个人所有制"的问题,也就是说,对"个别资本"和"私人企业"的扬弃问题不是消灭私有制问题,而是私有制本身的发展与完善问题。事实上,在 19 世纪之后进一步发展的公共领域与私人领域的分离及与之对应的"公法"与"私法"的区分中,按公司法注册成立的国有企业也是法律上的私有企业,我们有两个简单的证据可以为此提供支撑,一是新加坡的淡马锡公司是100%的国资,但其英文名称为 Temasek Holdings Private Limited,中译名为淡马锡私人有限公司;二是在国际上广泛流行的 PPP(public private parternaship)模式中,国有企业是作为 private 方而非作为 public 方来参与的。

① 比如,Loewenstein、Thompson 和 Bazerman 在他们的一项实验中区分了圣人、忠贞的人和无情的人,其中圣人始终偏好平等,不愿意接受比更高的支付,即使他们和对手处于消极关系中;忠贞的人在中立的或积极的人际关系中不愿意接受更高的支付,但是当处于消极关系中时会寻求有利不平等;无情的人不论人际关系的类型如何,始终偏好于获得更高的支付。他们的实验给出的数据是,在他们的实验对象中,22%的人是圣人,39%是忠贞的人,29%是(转下注)

粹的,它包含有过去的各种残留,所以这里的社会权利体系并非是按照同一逻辑和标准建立起来的,也就是说在现实社会中不是只存在一套社会权利体系,而是有多套社会权利体系共存,而主导性社会权利体系则成为我们划分特定社会形态的重要标准。

如果说基于人性的社会维度,我们可以讨论公平、正义、平等、自由、责任等一般性范畴及其重要性的话,那么基于人性的历史维度,我们就可以讨论现实中公平、正义、平等、自由与责任等的具体表现及结构化共同生活的具体条件与结果,而基于人性的自然维度使我们在讨论这些问题时可以有效地避免各种形而上学的争论和幻觉,并对公平、正义、平等、自由、责任等采取一种历史的、演进的态度,正如巴斯夏所强调的:"平等如同财富、自由、博爱、团结一样,是一种结果,而不是起点。平等出现在社会的自然而正常的发展中;人类离平等并不远,而且一直在走向平等,这样说更令人欣慰,也更真实。"①财政社会学以这样的人性论为基础,可以彰显并坚守在启蒙运动中确立的正义、竞争、自由、责任、产权原则等对建立美好的结构化共同生活的价值,并在过程中通过反对特权等方式追求这些价值的实现,从而使自己的理论同时具有建设性和批判性。

第二节　财政社会学的国家理论与国家类型

作为财政社会学的主要创始人的葛德雪和熊彼特都非常重视国家理论,但他们都不愿意接受现有的国家理论,既反对像社会契约论那样将国家理解为超然或

（续上注）无情的人（参见 Loewenstein, George E, Leigh Thompson, and Max H. Bazerman (1989). "Social Utility and Decision Making in Interpersonal Contexts". *Journal of Personality and Social Psychology*, Vol. 57, No. 3, pp. 426—441）。美国经济学家鲍尔斯曾引用这个实验的结果来说明人的异质性并强调人的多面性和可塑性（参见［美］鲍尔斯:《微观经济学:行为、制度和演化》,江艇等译,中国人民大学出版社 2006 年版,第 91—92 页）。由这一实验还可以得出其他有意义的结论,比如,只要交换条件是消极的,那么就至少有 68% 的人选择不平等交换;而如果交换条件是中立或积极的,则至少有 61% 的人会选择平等交换。这也就充分说明,就大多数人来说,其人性中是包含自由等价交换和掠夺这两种人性的自然属性的,但是哪种人性主导人的行为还取决于行为人所面对的环境,这正是人性的社会维度,而其在现实中的具体表现则为人性的历史维度,它也表明环境与人的选择之间存在正反馈效应。

① ［法］巴斯夏:《和谐经济论》,许明龙等译,中国社会科学出版社 1995 年版,第 96 页。

中立于社会中冲突的利益的力量,也反对像暴力论那样将国家完全理解为是外在于社会的剥削力量或一个阶级剥削另一个阶级的工具。葛德雪说得很到位,"财政学主要研究国家的财政问题,但它从来没有停止过追问谁才是真正的国家(who in fact is the state)"①。熊彼特的认识与之完全一致,即:"我们真的不该说'国家做这个或做那个'。极为重要的是,要认清楚是谁或谁的利益让国家机器运转并通过它来表达。"②所以,在熊彼特看来,认为国家是"人类最高的善、是人类成就的最高峰、是人类理想和力量的最佳汇聚"的观点是不现实的,"无论是对阶级国家的描述,还是将国家描述为超越所有简单组织起来的党派与阶级之上的某种东西,都不足以充分地反映国家的本质。这两种描述,当然也并非全属子虚乌有"③。但相比于社会契约论,熊彼特认为国家除了是统治阶级的剥削工具外什么也不是的观点虽然也是错误的,但还是包含了一些正确的内容。

当我们将财政社会学定位于作为社会理论的财政学研究时,我们也要特别注意到,与其他社会理论相区别,财政社会学必须有自己较为独特的国家理论,因为财政总是与国家联系在一起的。进一步地,要使财政社会学得到真正的复兴与发展,其国家理论不能与选择范式财政学基于社会福利函数的国家模型相等同,这种国家模型实际上将国家定位于开明的、仁慈的专制统治者,实际上是对维克塞尔早在 1896 年发表的《正义税收的新原则》中就已经批评过的传统财政学理论的不足的延续或回归④。追问"谁才是真正的国家"是探讨财政本质的基本立足点,这实际上就褪去了盖在选择范式财政学上的温情面纱,使所谓边际效用分析和求解社

① Goldsheid, R. [1925]. "A Sociological Approach to Problems of Public Finance", translated by Elizabeth Henderson, in Richard A Musgrave and Alan T Peacock eds. , *Classics in the Theory of Public Finance*. London:Macmillan, 1958, p.203.

② Schumpeter, J. A. [1918]. "The Crisis of Tax State", in Peter M. Jackson, eds. (1996). *The Foundations of Public Finance*, Vol.2., Edward Elgar Publishing Ltd. , p.350.

③ Schumpeter, J. A. [1918]. "The Crisis of Tax State", in Peter M. Jackson, eds. (1996). *The Foundations of Public Finance*, Vol.2., Edward Elgar Publishing Ltd. , p.350.

④ 维克塞尔的具体批评意见是:"他们的财政学理论基础几乎全部都是已过时的绝对主义政治哲学。财政学似乎还保留着在萌芽期(17 和 18 世纪)作出的假设,在当时绝对主义权力几乎统治着整个欧洲。当然,随着源自 1815 年或 1830 年的君主立宪制元素的出现,绝对主义权力的纯粹概念已经淡化。不过,几乎没有人在财政学再往前走一步,哪怕是在那些君主制已不存在的国家(或者是由于成文宪法的颁布或者是由于事实造就)。"见[瑞典]维克塞尔:《正义税收的新原则》,载马斯格雷夫、皮考克主编《财政理论史上的经典文献》,刘守刚、王晓丹译,上海财经大学出版社 2015 年版,第 122 页。

会福利函数最大化等方法失去了其社会合理性,事实上也只有如此才能真正回应马斯格雷夫进行财政研究时经常提及并彼此联系的两个问题:"美好社会"(good society)建设问题与公平正义问题。追问"谁才是真正的国家",使财政社会学不能将自己的研究建立在一些既有理论的虚幻观念之上①,而是必须对它们进行历史与思想史的分析,通过把握国家财政的历史及其所包含和塑造的利益冲突来实现新的理论框架的建构。

一、葛德雪对财政社会学国家理论的重要思想贡献

仅就葛德雪在 1925 年发表的《财政问题的社会学研究》而言②,其对财政社会学国家理论的重要思想贡献起码可以体现在五个方面,它们一起构建了财政社会学国家理论的基本理论框架。一是葛德雪明确确立了国家特性及人民的基本民主权利与财政安排之间的内在历史逻辑,正是这种内在历史逻辑确立了财政社会学在社会理论中的独特地位与价值并建立其理论逻辑。在葛德雪看来,"国家的独特特征是如此地取决于财政的演进,基本民主权利的起源也引人注目地证明了这一点",具体来说就是:"当财产所有者(estates)要求有权控制税收时,议会制度就产生了;选举权(franchise)最初与税收评定(tax assessment)紧密地联系在一起的,只有纳税人才有权进行投票。"③因此,葛德雪的重要结论是:"几乎所有特权阶级的特权都是税收特权,阶级从很大程度上说就是税收阶级(tax classes)。战争和权力政治的财政需求成为社会形态(social forms)的起源,这也确认了我们的主题,即只有首先抓住国家的军事和最为重要的财政性

---

① 葛德雪在谈到过去财政学的缺陷时就指出了这一点,认为:"现有的财政学都存在非现实的虚拟。而且都是以法律学、国家学、经济及财政学等既有理论的虚拟观念为前提构成的。例如对国家的概念,不进行社会学的分析,而捏造黑格尔神化了的国家理念。虽使财政现象与社会结构之间有相互的机能关系,却不能意识其机能的依赖性,而渗透于虚拟财政学中。"转引自[日]坂入长太郎:《欧美财政思想史》,张淳译,中国财政经济出版社 1987 年版,第348 页。

② 由于相关研究者指出葛德雪 1925 年这篇论文的主要思想与他 1917 年出版的创立财政社会学的小册子没有大的差异,并且他 1917 年的小册子还没有英文版,所以我们在此以他 1925 年的这篇论文作为对其国家理论进行分析的文本依据。

③ Goldsheid, R. [1925]. "A Sociological Approach to Problems of Public Finance", translated by Elizabeth Henderson, in Richard A Musgrave and Alan T Peacock eds. (1958), *Classics in the Theory of Public Finance*. London: Macmillan, p. 204.

质,才能恰当地理解国家的法律性质(juridical nature)。"①抛开葛德雪关于以国家资本主义代替税收国家的具体观点不谈,他基于上述历史逻辑与理论逻辑得出的财政社会学的基本洞见以及对财政理论与财政实践改革的重要性的强调是特别值得我们关注的,即"从财政社会学可得到的基本洞见是:没有任何地方能够像在公共家庭那样清晰地反映任何给定的社会和经济秩序,国家不可能很大不同于其财政制度,每一个单独的私人家庭都与国家家庭(State household)紧密地联系在一起"②,因此,"每一个社会问题,当然还有每一个经济问题,最终都可归结为财政问题"③,这样,要改变现状,我们"必须在财政理论和财政实践的领域掀起具有决定性意义的革命性转变(the decisive revolutionary battle),无论如何,关于资本主义的核心教义根植于财政学。这就是为什么财政改革对我们的意义与一百年前宪法和行政改革对我们这一代人的意义一样大甚至更大的原因"④。

二是葛德雪强调了财政收入与财政支出之间的功能性关系,并由此确立了创立和发展财政社会学的必要性及其需要研究的基本问题。葛德雪认为,从长期来看,不能将财政收入与财政支出分开进行孤立的考察,在它们之间存在非常紧密的对应性功能关系(reciprocal functional relationship),也就是彼此相互作用甚至互为因果的紧密联系。因此,葛德雪提出:"只要你告诉我你们是怎样和从何处取得财政收入的,我将指出你们的支出预算是什么样子。同样,也可以反过来应用:只要你告诉我你们想将钱花在什么地方,我将指出你们将通过什么途径来获得所需要的收入,以及你们必须依靠哪些社会阶层以及你们所需要

① Goldsheid, R. [1925]. "A Sociological Approach to Problems of Public Finance", translated by Elizabeth Henderson, in Richard A Musgrave and Alan T Peacock eds. (1958), *Classics in the Theory of Public Finance*. London: Macmillan, p. 204.

② Goldsheid, R. [1925]. "A Sociological Approach to Problems of Public Finance", translated by Elizabeth Henderson, in Richard A Musgrave and Alan T Peacock eds. (1958), *Classics in the Theory of Public Finance*. London: Macmillan, p. 210.

③ Goldsheid, R. [1925]. "A Sociological Approach to Problems of Public Finance", translated by Elizabeth Henderson, in Richard A Musgrave and Alan T Peacock eds. (1958), *Classics in the Theory of Public Finance*. London: Macmillan, p. 212.

④ Goldsheid, R. [1925]. "A Sociological Approach to Problems of Public Finance", translated by Elizabeth Henderson, in Richard A Musgrave and Alan T Peacock eds. (1958), *Classics in the Theory of Public Finance*. London: Macmillan, p. 209.

的行政组织的规模和类型。公共支出和公共收入间相互依赖的作用机制,应该成为财政学的基本问题。"①但对于这样一个基本问题的研究不仅不可能在此前的财政学理论框架内得到解决,而且它们那种纯粹表面化的比较只会提出在实践中更恰当的做法是应该削减支出还是应该增加收入这样的问题,并不会对揭示社会结构中的这种功能关系产生特别的需要。所以,葛德雪提出,"只有社会学能够说明我们的社会条件是如何决定公共需要和那些直接或间接地满足公共需要的方式的,以及社会模式及其演进是如何最终决定性塑造公共支出与公共收入之间的相互关系的",也正因为如此,葛德雪才不无肯定地提出:"缺少财政社会学理论和对财政问题的讨论缺乏社会学基础是现在整个社会科学最为严重的缺陷。"②

三是葛德雪提出了财政对国家和社会演进的两大影响机制,即决定性作用和重大诱因。在葛德雪看来,"财政的形式总是对国家和社会的演进(national and social evolution)产生决定性的影响。税收斗争是阶级斗争最为古老的形式,而且即使是人类社会最强有力的精神运动,财政事件也是一个重要的诱因(contributory cause)。事实上,像伟大的宗教革命也可以被证明是深深根植于难以承受的税收压力。另外,非常有趣的是,我们可以观察到,绝大部分革命的失败都可归结于相同的社会根源,那就是胜利阶级的财政政策的缺陷(deficiencies)。"③葛德雪的这些认识可以由法国大革命、美国独立战争以及欧洲的宗教改革等重要历史事件得到有力支持,我们从中也可以看到葛德雪对财政社会重要思想先驱托克维尔和马克思的相关财政思想的继承,特别是可以感受到马克思的阶级分析方法对葛德雪的影响。由于将税收压力看作是历史上任何地方社会斗争最有力的动力来源,葛德雪特别强调了"财政剥削"(fiscal exploitation)这个概念,"财政剥削是战争中很

---

① Goldsheid, R. [1925]. "A Sociological Approach to Problems of Public Finance", translated by Elizabeth Henderson, in Richard A Musgrave and Alan T Peacock eds. (1958), *Classics in the Theory of Public Finance*. London: Macmillan, p. 202.

② Goldsheid, R. [1925]. "A Sociological Approach to Problems of Public Finance", translated by Elizabeth Henderson, in Richard A Musgrave and Alan T Peacock eds. (1958), *Classics in the Theory of Public Finance*. London: Macmillan, p. 202.

③ Goldsheid, R. [1925]. "A Sociological Approach to Problems of Public Finance", translated by Elizabeth Henderson, in Richard A Musgrave and Alan T Peacock eds. (1958), *Classics in the Theory of Public Finance*. London: Macmillan, p. 202.

多被打败民族的命运,财政剥削也是自由人沦为奴隶这一进程的开端"①。进一步地,葛德雪认为财政剥削这种除直接奴隶制外最古老的剥削形式早在资本主义经济制度出现很久之前就在运行了,并因此为资本主义经济的产生逐渐准备了基础,也就是说,"在所有这些剥削的原始形式和早期资本主义形式中,财政制度和税收制度都起到了决定性作用。"②在葛德雪看来,马克思在将公债描述为原始资本积累的杠杆时就非常清楚地认识到了这一点,但他奇怪于马克思未能将这一深邃的洞见纳入到其整个学说体系当中去。虽然马克思未能这样做可能是其未能完成自己国家理论的研究计划,但我们由此也可以进一步确定马克思作为财政社会学重要思想先驱的地位,而葛德雪则是进一步发展了马克思的财政社会学思想。

四是葛德雪在强调阐明国家是什么的同时也应该阐明它们应该成为什么样的国家的问题,这就凸显了国家理念对财政社会学国家理论的重要性。在讨论"社会虚构与社会现实"问题时,葛德雪一开始就明确提出:"在支配我们时代的学说中最为天真的部分,就是认为科学关注的只是'是什么'的问题而不是'应该是什么'的问题。这就非常方便地免除了对财产秩序和财政制度的真实效应的探寻,或者是实际上将从客观上确定他们是否要以促进公共福祉(the common weal)为目标的问题排除之外。"③在葛德雪看来,国家的实质(essence)在现实中并不是由某个目标所赋予的,事实甚至是恰恰相反的,也就是说,如果财政学按照国家宣称的目标来理解国家就会存在基本幻觉(fundamental illusion)。针对人们不太愿意仔细地调查为什么事情会是这个样子或不愿意去揭示事情可能是另外一个样子这样的现状,葛德雪不无深刻地指出:"当一个人既不直面事情的原因也不直面事情的效应时,基于同样的理由,为了粗暴地对待人民,他就必须粗暴地对

---

① Goldsheid, R. [1925]. "A Sociological Approach to Problems of Public Finance", translated by Elizabeth Henderson, in Richard A Musgrave and Alan T Peacock eds. (1958), *Classics in the Theory of Public Finance*. London: Macmillan, p. 204.

② Goldsheid, R. [1925]. "A Sociological Approach to Problems of Public Finance", translated by Elizabeth Henderson, in Richard A Musgrave and Alan T Peacock eds. (1958), *Classics in the Theory of Public Finance*. London: Macmillan, p. 204.

③ Goldsheid, R. [1925]. "A Sociological Approach to Problems of Public Finance", translated by Elizabeth Henderson, in Richard A Musgrave and Alan T Peacock eds. (1958), *Classics in the Theory of Public Finance*. London: Macmillan, p. 205.

待事实。"①葛德雪强调必须对社会结构和财政环境互为条件的形式进行诚实、公正的研究,这样才能得到更为深刻和可信的结果,在研究过程中,"单纯根据好与坏、正义与非正义或某种一般性标准来考察国家、社会和经济组织,当然是犯了严重的错误,但是简单地想当然认为而不是去证明它们在客观上是好的、是正义的和是符合人类目的的,则是一个更为严重的错误。这样做无异于用对病理的描述来代替诊断和治疗。"②所以在葛德雪看来,称赞封建国家、绝对君主制或者资本主义经济的优点(virtues)是完全可能的,但是如果相信在这些社会制度中存在公正税收的可能性则是荒唐可笑的,在不可能忽略社会结构与经济结构之间以及其法律的上层结构与财政的上层结构之间的矛盾来看待主权(sovereign)也就是国家时,恰当的国家理念就显得至关重要,因此,葛德雪既反对对国家抱有幻觉,也反对对国家只怀有敌意,其想树立的国家理念中最重要的就是反对财政剥削并建立人民的财政(the finance of the people)。

五是葛德雪将"国中之国"(the state within the state)问题确立为财政社会学研究的核心议题。正是基于财政剥削这个概念,葛德雪认为:"只要剥削仍是主导性原则,国家的结构和功能就不会发生什么改变。就此而言,是国家进行剥削还是国家被剥削,并没有多大的区别。"③因此,"不论发生何种情况,剥削机制都会导致像国中之国这样的事情发生,这才是真实的国家,在这里,既宣布正式的合法秩序,也宣扬其道德的伪装",就此,葛德雪提出:"财政学必须认识到,其主要任务是处理国中之国的财政问题,描述其规律,并寻找满足其要求的规范……在过去,无论什么时候对国家的任何建议或讨论,都忽视或隐匿了国中之国的'国'的真实内涵;也正因为这个原因,所有试图将财政拉上正轨的努力都失败了,或者说在构建财政制度上浪费了很多创造力,要么是天真地自欺欺人,要么就是愚弄人民。国

① Goldsheid, R. [1925]. "A Sociological Approach to Problems of Public Finance", translated by Elizabeth Henderson, in Richard A Musgrave and Alan T Peacock eds. (1958), *Classics in the Theory of Public Finance*. London: Macmillan, p.206.

② Goldsheid, R. [1925]. "A Sociological Approach to Problems of Public Finance", translated by Elizabeth Henderson, in Richard A Musgrave and Alan T Peacock eds. (1958), *Classics in the Theory of Public Finance*. London: Macmillan, p.206.

③ Goldsheid, R. [1925]. "A Sociological Approach to Problems of Public Finance", translated by Elizabeth Henderson, in Richard A Musgrave and Alan T Peacock eds. (1958), *Classics in the Theory of Public Finance*. London: Macmillan, p.210.

家与国中之国的斗争妨碍了国家在一个不断变动的社会中承担其应该承担的职能。国家仍与其自身的社会基础相冲突,因为它的财政制度使它与一个陈旧的过去联系在了一起。"①葛德雪所说的"国中之国"问题主要是指私人资本介于国家与国民之间并使国家从属于私人资本特别是金融资本,从而使财政剥削成为私人企业剥削不可缺少的附属物(adjunct),它不仅构成了资本主义的合法性基础,也成为资本主义实践的重要内容之一。据此,葛德雪对传统财政学提出了尖锐的批评,即:"只要财政学仍然像现在这个样子,而不是将财政看成是人民的财政并把它们统一起来,财政学就将继续与社会最重要的需求脱节,并且将越来越陷入到寻找指令的错误当中,而这样的指令实际上会破坏任何的健康发展。"②与此同时,葛德雪也对当时的社会主义理论提出了批评,即:"社会主义理论为我们详细而敏锐地描述了为争夺国家控制权而开展的阶级斗争,但我们对最终导致所有阶级反对国家的斗争缺乏同样敏锐的描述。然而,正是这后一种现象成为塑造财政因而也成为塑造国家和社会整个发展的决定性因素。"③

二、熊彼特对财政社会学国家理论的重要思想贡献

在《税收国家的危机》一文中,熊彼特除高度赞扬葛德雪创立财政社会学的不朽贡献和那句"去除所有具有误导性的意识形态之后,预算就是一个国家的骨骼"④的经典表述外,也全面积极回应并进一步拓展或发展了我们上面所总结的葛德雪对财政社会学国家理论的重要思想贡献。虽然通过回看本书前面关于《税收国家的危机》一文的解读可以更好地体会这一点,但在此还是需要对几个方面作进一步的强调和简要分析。

---

① Goldsheid, R. [1925]. "A Sociological Approach to Problems of Public Finance", translated by Elizabeth Henderson, in Richard A Musgrave and Alan T Peacock eds. (1958), *Classics in the Theory of Public Finance*. London: Macmillan, pp. 210—211.

② Goldsheid, R. [1925]. "A Sociological Approach to Problems of Public Finance", translated by Elizabeth Henderson, in Richard A Musgrave and Alan T Peacock eds. (1958), *Classics in the Theory of Public Finance*. London: Macmillan, pp. 210—211.

③ Goldsheid, R. [1925]. "A Sociological Approach to Problems of Public Finance", translated by Elizabeth Henderson, in Richard A Musgrave and Alan T Peacock eds. (1958), *Classics in the Theory of Public Finance*. London: Macmillan, p. 211.

④ 转引自 Schumpeter, J. A. [1918]. "The Crisis of Tax State", in Peter M. Jackson, eds. (1996). *The Foundations of Public Finance*, Vol. 2., Edward Elgar Publishing Ltd., p. 331.

第一,对于国家特性及人民的基本民主权利与财政安排之间的内在历史逻辑和理论逻辑,熊彼特的看法与葛德雪是类似的,并就此进一步强调了财政史研究对财政社会学研究的重要性。熊彼特将一个民族的财政史看作是其总体历史的最为重要的组成部分,"去除所有的修饰之词,一个民族的精神,它的文化水平,它的社会结构,以及由政策预示的行为,所有这一切以及更多的内容,都被写在其财政史中。懂得从财政史中聆听信息的人,比起那些从其他地方着手的人,更能清晰地洞悉世界历史的惊雷。"①因此,熊彼特提出:"财政史上的事件使人们能够洞悉社会存在和社会变化的规律、洞悉国家命运的推动力量,同时也能洞悉这些得以发生的具体条件(concrete conditions),特别是组织的形式及其成长和消失的方式。"②

第二,熊彼特虽然没有特别强调财政收入与财政支出之间的功能性联系,但他也没有将它们孤立起来考虑,而是将它们作为一个整体并更加突出强调了财政收入的重要性。一方面,熊彼特认为,"为了满足国家的需要而进行的经济汲取及其使用结果,对国家的命运产生了极大的影响。在一些历史时期,财政需要以及国家政策对经济发展、对全部生活方式及文化的所有方面,都产生了直接的塑造作用,这种作用差不多可以解释诸多事件的一切主要特征。对大多数历史时期而言,它都具有强大的解释力;只有在少数历史时期,它的解释才显得无力。如果忽略了这一点,我们就无法理解我们的产业有机体(industrial organism)事实上是怎样的"③;另一方面,熊彼特所使用的财政需要(fiscal needs)、财政考虑(fiscal considerations)、财政动机(fiscal motives)、财政压力(fiscal pressure)、财政危机(fiscal crisis)、财政措施(fiscal methods, fiscal measures)和财政政策(fiscal policy)等概念更多都是与财政收入相关的。

第三,关于财政对国家和社会演进机制的影响,熊彼特没有像葛德雪那样区分决定性作用和重要诱因,而是强调了财政的决定性作用和征兆意义(the symptomatic

---

① Schumpeter, J. A. [1918]. "The Crisis of Tax State", in Peter M. Jackson, eds. (1996). *The Foundations of Public Finance*, Vol. 2., Edward Elgar Publishing Ltd., p. 331.

② Schumpeter, J. A. [1918]. "The Crisis of Tax State", in Peter M. Jackson, eds. (1996). *The Foundations of Public Finance*, Vol. 2., Edward Elgar Publishing Ltd., p. 332.

③ Schumpeter, J. A. [1918]. "The Crisis of Tax State", in Peter M. Jackson, eds. (1996). *The Foundations of Public Finance*, Vol. 2., Edward Elgar Publishing Ltd., pp. 331—332.

significance)。葛德雪和熊彼特所说的决定性作用都指主要原因①,但熊彼特所提到的财政起决定性作用的领域比葛德雪更为广泛和具体,包括经济形式、人的类型(human types)、产业状况(包括产业、产业形态和产业布局等)、现代经济大厦及透过它所体现的现代精神等,特别是他所提到的人的类型,更是可以使我们进一步探讨财政制度对前面所讨论过的人性的交换倾向和掠夺倾向的社会维度和历史维度的决定性意义。熊彼特对财政的征兆意义的强调是对葛德雪财政社会学分析的一个重要补充,这一补充使我们可以避免在进行财政社会学研究时将财政的重要性无差别地推及各种情况。由此,通过考察葛德雪和熊彼特在这方面的主张,我们也可归纳出财政社会学研究的三大领域或事项,一是财政及其变化所决定的领域或事项;二是财政及其变化所诱致的领域或事项;三是透过财政及其变化可进一步探究的领域或事项,它们之间的界限当然不是清晰的,但它们确实构成了财政社会学一个较为完整的研究范围。

第四,熊彼特比葛德雪更为强调国家理念的重要性,并且更为明确的是,熊彼特明确反对基于形而上学来探讨国家的含义,认为这种探讨的视野与范围都没有触及财政社会学所要讨论的内容,同时,他也反对基于司法目的来定义国家,认为那样的国家与财政社会学所追求的目标没有任何共同之处②。熊彼特主要考虑的是基于对社会条件(social conditions)的抽象来确立国家理念,正如他所强调的:"大自然不作飞跃(natura non facit saltum),而且在严格定义的类型的意义上,我们谈论任何社会条件时都必须经由抽象才能进行。但是在进行一种简练的思考

---

① 比如,熊彼特提到:"尤其在国王们的国内政策方面,财政成了推动因素;对于国王们来说,他们对农民的友好以及他们对代议制关乎"作为整体的国家"的利益的看法等,都可以主要用他们的财政利益以及他们受制于土地贵族的地位来解释。正是财政必要性作为主因,才驱使国王们不断地前行并迫使土地贵族不断地后退。"参见 Schumpeter, J. A. [1918]. "The Crisis of Tax State", in Peter M. Jackson, eds. (1996). *The Foundations of Public Finance*, Vol. 2., Edward Elgar Publishing Ltd., p. 340,脚注 15.

② 在熊彼特看来,"司法概念不适合于解释连续性的历史事件,特别是不适合用来比较历史上给定的条件类型(types of conditions)的特征,一种比较好的方法是,这些特征应该从历史中抽象出来。此处说的比较,正是讨论的问题所在。因为这些类型是特定法律制度的产物,所以它们也是特定社会状况与之相适应的法理学的产物。在它们合适的范围之外,这些类型就失去了真正的含义,尽管后世坚持使用相同的名称,但这一事实却让事情变得模糊起来。"参见 Schumpeter, J. A. [1918]. "The Crisis of Tax State", in Peter M. Jackson, eds. (1996). *The Foundations of Public Finance*, Vol. 2., Edward Elgar Publishing Ltd., p. 333,脚注 4.

(an economy of thinking)时,这样的抽象是最为基本的。"①在熊彼特看来,一个社会的条件不是纯粹的,它通常都包含有过去的残留(remnants of the past)和未来的种子(seeds of the future),但对于研究者来说,所需要特别关注的正是这些未来的种子,只是这些种子在当时很难识别,需要用后世的眼光来对此加以回顾与考察。也就是说,熊彼特所说的国家理念就是社会条件中代表未来的种子的社会条件所体现的理念,是用其最纯粹的形式来表现的。因此,熊彼特所主张的国家理念既源于现实,但又抽象于现实,同时也由于熊彼特将税收国家作为现代国家的代名词,其试图阐明并捍卫的国家理念就是税收国家原则。

第五,熊彼特虽然没有直接使用"国中之国"这个短语,但在《税收国家的危机》的第三部分"中世纪末期领主经济(the Desmesne Economy)的危机"中所研究的内容简直就是为拓展对葛德雪的"国中之国"概念的理解提供了一种财政史的生动注脚,并为"国中之国"中的第二个"国"增加了一种积极的含义。在中世纪末期的领主经济中,国王还只是最大的领主,并不具有高于其他领主的权威②,国王要成为"国中之国"中第一个"国"的权力的代表和化身,就必须要与代表第二个"国"的各等级进行斗争和合作。熊彼特描述了国王怎样因财政危机而引发与各等级的冲突并怎样因对抗与妥协而促成了税收国家的出现。因此,税收国家实际上是各等级的"国"而非国王的"国"③,于是我们就看到:"欧洲各地的国王们都为征服这种国家而斗争",当然,有些暂时成功了,有些却失败了,但无论如何,税收

---

① Schumpeter, J. A. [1918]. "The Crisis of Tax State", in Peter M. Jackson, eds. (1996). *The Foundations of Public Finance*, Vol. 2., Edward Elgar Publishing Ltd., p. 334.

② 比如,熊彼特写道:"在 14 至 15 世纪之时,国王(prince)还不是他的国家的绝对统治者,直到三十年战争之后才是。他所面对的是坚固的社会等级体系(the solid position of the estates):在其最上层是不同级别的贵族,接下来是僧侣,再接下来是市镇商人,最下等也最不重要的是残留下来的自由农,特别是处在蒂罗尔(the Tyrol)和东弗利西亚(Eastern Frisia)的自由农。各等级凭借各自的权力和权利来保持其与国王相对的地位,这种地位在本质上与国王相似,依赖于实质上相同的许可权(sanctions),也由实质上相同的要素构成。国王的地位也只不过是由公爵、法庭、不同的封建官吏以及地主等拥有的权利之和,就像所有其他土地所有者和相对独立的完全保有地产所有权的领主(allodial lords)一样。最高领主与其他领主的区别,最初仅仅在于级别的不同:最高领主居于首位。"见 Schumpeter, J. A. [1918]. "The Crisis of Tax State", in Peter M. Jackson, eds. (1996). *The Foundations of Public Finance*, Vol. 2., Edward Elgar Publishing Ltd., p. 334.

③ 从征税权上说,一个最突出的表现就是"无代表不纳税",各等级正是通过代表以获得对征税权的控制,进而也就试图控制国家,或者说使国王的"国"成为他们自己的"国"。

国家这种现代国家逐渐出现了,它意味着"国中之国"的第二个"国"反过来成为了第一个"国",即未来的种子最终战胜了"过去的残留",成为占主导地位的社会条件,其过程为:"税收不仅帮助创建了国家,还帮助塑造了国家。税收机构是这样一个机构,其发展使其他机构的发展成为必要。利用手中的税单,国家渗透到私人经济之中,并获得对它日益扩大的管辖权。税收把金钱与算计精神带到了此前它们从未到达过的各个角落,并因此成为那个曾经产生了税收的社会有机体的塑造力量。"[①]从这个意义上说,在熊彼特这里,"国中之国"的第二个"国"是对社会和国家演进具有积极意义的"国",它和葛德雪所认为的第二个"国"为私人资本和金融资本控制的"国"是不同的。但熊彼特同样没有否定葛德雪那种意义上的第二个"国"的存在,熊彼特特别强调了税收国家产生之后其内部发生的蜕变,即:"税收的种类与水平由社会结构所决定,但税收一经产生,它在某种程度上就成为一柄把手(a handle),社会力量可以抓住它以改变这种社会结构。"[②]它意味着葛德雪意义上的"国中之国"问题的产生,这里的第二个"国"代表的是"特权",它指向熊彼特所说的可能导致税收国家原则崩溃的那些因素,这也使得不断阐明和捍卫税收国家原则成为必要。综合来看,熊彼特对"国中之国"问题中第二个"国"的两种含义的研究很好地体现了巴斯夏所说的生产与掠夺的斗争,也就是人性中交换倾向与掠夺倾向之间的矛盾在现实中的展开。

可以说,熊彼特对葛德雪财政社会学国家理论基本框架的积极回应和拓展等使该框架更具一般性意义,而熊彼特自己对财政社会学国家理论的最大思想贡献则是根据其对国家理念的理解从葛德雪手中"拯救"了税收国家这个重要概念并赋予财政社会学一个不同于葛德雪的具有现实意义的"灵魂"。葛德雪实际上是秉承了马克思的看法,将税收国家看作是一个由占人口少数的私人财产拥有者承担纳税任务并因此受这些少数私人财产拥有者控制的无财产国家,所以他希望通过将财产还给国家的国家资本主义方案来解决财政剥削问题,以实现其"人民的财政"这一国家理念。但这一认识和主张存在两个重大理论缺陷,一是由社会事实认定错误导致税收国家性质的错配。葛德雪将纳税人仅仅视作是占人口少数

---

① Schumpeter, J. A. [1918]. "The Crisis of Tax State", in Peter M. Jackson, eds. (1996). *The Foundations of Public Finance*, Vol. 2., Edward Elgar Publishing Ltd., p.342.

② Schumpeter, J. A. [1918]. "The Crisis of Tax State", in Peter M. Jackson, eds. (1996). *The Foundations of Public Finance*, Vol. 2., Edward Elgar Publishing Ltd., p.342.

的私人财产拥有者,因而由纳税资格和义务所确立的社会权利体系是极度不平等的,但其现实性可能只符合税收国家早期阶段的情形,当后来纳税人的范围不断扩大后,其现实性就不复存在了,但葛德雪却将这样一个仍处于襁褓期的税收国家,实际上也是一个代表封建时代的"过去的残留"仍居主导地位的国家视作税收国家的成熟状态。二是由于忽略作为自然维度存在的人性弱点导致国家资本主义解决方案的乌托邦性。葛德雪虽然以其"人类经济理论"作为其财政社会学的经济学基础,但这种经济学主要是一种基于人道主义的反剥削理论,它并没有对人性本身作进一步的探讨,更没有关注到人性的弱点及其作为人性的自然维度的存在,将财产还给国家并不能消除人的掠夺倾向,相反,由于竞争、习惯与习俗、自由与责任等平衡人的掠夺倾向的机制在国家资本主义发展过程中被不断淡化或扭曲,人的掠夺倾向恰恰可能被进一步激发出来。因此,如果税收国家这样一个重要概念竟因这样一个存在重大缺陷的理论观点宣布为过时并被世人所普遍接受,那不仅会是财政社会学的不幸,也会是维持人类文明发展希望的不幸。

熊彼特将现代意义上的税收征取包括征税权的形成与税收的普遍化当作现代民族国家形成的直接推动力量,并以中世纪生活方式的瓦解过程来解释其中的内在机制,其主要结果就是自由竞争秩序的逐步成长,这也是熊彼特所定义的与税收国家这一概念相匹配的社会条件。在此条件的形成过程中,个人在经济生活中的自主性不断扩展,熊彼特将此作为现代国家形成的重要标志,即:"只有在个人生活以其自身为中心展开、个人生活的意义集中于个体和他私人的领域、个性的实现(fulfillment of the personality)就是其自身的目的之地,国家才作为一种真实的现象而存在。"①对个人自主性的强调使熊彼特明确将古代的税收与现代意义上的税收区别开来②,前者"不过是对土地征收的一种费(a charge),它与土地束缚

---

① Schumpeter, J. A. [1918]. "The Crisis of Tax State", in Peter M. Jackson, eds. (1996). *The Foundations of Public Finance*, Vol. 2., Edward Elgar Publishing Ltd., p. 343.

② 未能注意到同一概念在不同时期所代表的社会进程及其实质意义的区别,是很多比较历史研究中存在的一个突出问题。熊彼特在区分古代税收与现代税收的基础上也就提出了要将古代税收国家与他所说的税收国家区别开来,其具体提法是:"不管是从文化延续性或文化复兴(resuscitation)还是从"文化移植"(migration of culture)的意义上来说,现代税收国家(the modern tax state)都并非建立在古代税收国家(the tax state of antiquity)的基础之上。"参见 Schumpeter, J. A. [1918]. "The Crisis of Tax State", in Peter M. Jackson, eds. (1996). *The Foundations of Public Finance*, Vol. 2., Edward Elgar Publishing Ltd., p. 333.

(predial bondage)联系在一起"①,后者则"并非仅仅只是一种表面现象,它是这种发展的表现,在一个特别的方向上概括了这种发展"②。熊彼特由此也感慨,"这就是为什么这种观察事实的方法[即财政社会学方法,著者注]开启了一条理解更深层次社会发展路径的原因"③,并由此声称"税收国家"这个词正是财政社会学这一研究视角的产物。现代意义上的税收及其推动的个人自主性与现代国家在熊彼特这里被如此紧密地联系在一起,以至于熊彼特将这种个人生活的自主性是否得到尊重和维系当作税收国家原则是否能够存续的主要条件。也正因为如此,熊彼特敏锐地洞悉到与税收国家这一纯粹类型相对应的社会条件即自由竞争经济秩序哪怕是对"一战"前那些处于发展前列的国家来说,都只是"未来的种子":他不仅在《税收国家的危机》一文的开头即指出"战前的经济秩序是由一些高度矛盾的要素混合组成的,只有经过极为大胆的抽象后才能被称为自由竞争性经济"④,还在该文讨论"税收国家的性质及其限度"时再次强调:"作为一种纯粹类型的资产阶级税收国家在当前任何地方都不存在。在所有地方,它都充满了旧的成份;在所有地方,未来发展的阴影都或多或少地清晰可见。"⑤

由此我们可以看到,熊彼特与葛德雪之间在理解和运用税收国家这个概念时存在重大分歧。葛德雪秉承马克思的阶级斗争学说,将税收国家与社会中阶级斗争联系在一起,使其成为私人资本和金融寡头对民众进行财政剥削的工具,这使得税收国家这个概念成为"过去的残留"而具有了相对于国家资本主义这个概念的反面规范性价值,但正如我们前面所指出的葛德雪的这种认识存在两个重大理论缺陷,所以他对税收国家承载反面规范性价值的认定是不恰当的。我们可以说,熊彼特是通过将税收国家作为代表"未来的种子"的纯粹类型而非一个代表

① Schumpeter, J. A. [1918]. "The Crisis of Tax State", in Peter M. Jackson, eds. (1996). *The Foundations of Public Finance*, Vol. 2., Edward Elgar Publishing Ltd., p. 336,脚注 10.

② Schumpeter, J. A. [1918]. "The Crisis of Tax State", in Peter M. Jackson, eds. (1996). *The Foundations of Public Finance*, Vol. 2., Edward Elgar Publishing Ltd., p. 341.

③ Schumpeter, J. A. [1918]. "The Crisis of Tax State", in Peter M. Jackson, eds. (1996). *The Foundations of Public Finance*, Vol. 2., Edward Elgar Publishing Ltd., p. 341.

④ Schumpeter, J. A. [1918]. "The Crisis of Tax State", in Peter M. Jackson, eds. (1996). *The Foundations of Public Finance*, Vol. 2., Edward Elgar Publishing Ltd., p. 330.

⑤ Schumpeter, J. A. [1918]. "The Crisis of Tax State", in Peter M. Jackson, eds. (1996). *The Foundations of Public Finance*, Vol. 2., Edward Elgar Publishing Ltd., p. 345.

"过去的残留"的经验类型或反面典型来"拯救"了这个概念。这自然使得熊彼特在其税收国家概念中淡化了马克思和葛德雪所强调的二元阶级对立思想,但这并非意味着熊彼特否认税收国家中存在利益冲突,恰恰相反,他突出强调了在今天看来属于利益集团理论所要研究的内容,即"对于现实地理解国家现象来说,认清它呈现的社会形态(social form)所代表的群体以及那些对国家进行支配的因素的重要性,是至关重要的。这样就可以解释国家的真正权力及其被使用和被发展的途径",实际上也正是基于人的掠夺倾向的利益集团之间的斗争成为我们理解税收国家在实践中不断面临困境的重要因素。

　　财政社会学必须关注国家及国家传统,但也正如戴森所说,"对国家传统的关注,必须避免将国家与国家观念混同的范畴错误"①,但这种错误却弥漫在众多关于国家的文献中,结果导致一种"超理想主义",将国家观念的变化等同于国家自身的变化。熊彼特显然是努力避免了这一错误,其税收国家是一个税收型财政制度、自由竞争秩序和现代国家治理"三位一体"的概念,他试图用最纯粹的形式来详细说明与自由竞争秩序相应的社会条件,并以税收国家原则这样的词语来表述其欲阐明和捍卫的国家理念,"国家确实经常反映了社会权力关系,即便它并不仅仅是它们的反映。国家确实使有关国家的理念成为必要,对此人们根据自己所处环境给国家赋予了或多或少的内容,即便这一理念并非一种将整个社会包括在内的关于国家的抽象理念的产物"②。所以当熊彼特主张奥地利可以在税收国家原则下解决战后重建问题时,他并不是说奥地利可以维持现有国家财政体系不变,他所要努力捍卫的是在奥地利已经存在的税收国家这一代表未来的种子,他不仅要为这颗种子的生根发芽争取机会,更害怕其他重建方式特别是葛德雪所主张也得到当时社会舆论支持的国家资本主义方案会摧毁这颗种子。因此,我们完全可以说,熊彼特的税收国家承载了特定的国家理念,并非仅仅指向具体的国家或具体的国家制度安排,也只有如此,我们才能更好地理解,熊彼特在看到现实中一些曾实行税收国家原则的国家已经崩溃过无数次的情况下还要捍卫税收国家

---

　　① ［英］戴森:《西欧的国家传统:观念与制度的研究》,康子兴译,译林出版社 2015 年版,第 3 页。

　　② Schumpeter, J. A. ［1918］. "The Crisis of Tax State", in Peter M. Jackson, eds. (1996). *The Foundations of Public Finance*, Vol. 2., Edward Elgar Publishing Ltd., p. 344, footnote 19.

和税收国家原则的原因。

　　熊彼特从国家理念角度对税收国家这一概念的重新阐释很好地体现了欧洲大陆的国家研究传统和智识传统,这在英美传统中是不一样的,正像戴森所指出的:"从传统的英国经验主义和美国实用主义观点来看,有用的概念必须以经验为基础。"①所以我们也可以看到,基于英美的研究传统,研究者往往将税收比重这个单一指标来衡量税收国家这个概念,这实际上也正是以邦尼和奥姆罗德等为代表的欧洲新财政史学的研究思路。这种基于简单的数据比重来使用概念的做法,表面上看好像是符合经验并可以在各处使用该概念,但实际上不仅将该概念限定在了特定的历史条件下——超过一定比重才具有该概念所揭示的社会过程,同时也容易导致该概念被滥用于不同的历史条件——同样超过一定比重却并没有该概念所揭示的社会过程。于是我们可以看到,熊彼特将税收国家看作是"现在时"和"将来时"的,而邦尼和奥姆罗德则是将税收国家看作是"过去时"和"完成时"的。当然,我们要看到,作为承载特定国家理念也即自由竞争经济秩序的税收国家并不是脱离历史经验的,熊彼特恰恰是基于历史经验来看待这一概念的,但它主要是抽象而不是写实,是规范而不是描述,是作为未来的种子而被作为现代国家的代名词的。由于作为国家理念的税收国家包含了对现代国家应该是什么的主张,所以这样的税收国家概念与现实总是存在一定的张力,但这却是一个能够兼具建设与批判功能的概念所必需的。

三、财政社会学的国家类型与税收国家的未来

　　虽然在熊彼特的研究中,"税收"与"国家"关系是如此之深,"以至于'税收国家'这样的表述几乎可以被看作是赘语(pleonasm)"②,但财政社会学要真正发展自己的长时段历史分析并超越西欧的历史经验对世界上其他国家或地区的发展产生价值,就不能像熊彼特那样将国家仅仅定义为现代国家并将自己的分析局限于税收国家,而是应该确立与税收国家相类似的若干纯粹国家类型,以揭示不同的社会条件及其后果。实际上,熊彼特在《税收国家的危机》中已经敏锐地意识到了这一点,即:"一种社会条件可能会进一步地与几种在'内在逻辑'上就不一致的

---

　　①　[英]戴森:《西欧的国家传统:观念与制度的研究》,康子兴译,译林出版社2015年版,第3页。
　　②　Schumpeter, J. A. [1918]. "The Crisis of Tax State", in Peter M. Jackson, eds. (1996). *The Foundations of Public Finance*, Vol. 2., Edward Elgar Publishing Ltd., p. 344.

类型结合,以至于不得不将它们分别地加以处理。"①为此,熊彼特还特别赞赏了冯·贝洛对采邑国家(Lehensstaat)和封建国家(Feudalstaat)所进行的区分,并强调:"所有这些努力,都基于这样的方向,即对历史中的事物进行区分足以成为弄清历史的方法。"②

　　建立国家类型体系在思想史上具有悠久传统,如亚里士多德在苏格拉底和柏拉图等思想的基础上通过对历史上一些典型政制如克里特政制、拉栖第蒙政制和迦太基政制等的分析,孟德斯鸠对君主、共和和专制的分类与分析等③。但对财政社会学这样一种以作为社会理论的经济学为主要学科基础的社会理论来说,其国家类型的分类标准又是什么呢? 我们可以看到,税收国家是一个基于国家财政收入来源所构建的概念,葛德雪所主张的国家资本主义也是如此,因此,财政收入来源可以成为财政社会学建立自己的国家类型体系的基础④,这在财政社会学文献

---

① Schumpeter, J. A. ［1918］. "The Crisis of Tax State", in Peter M. Jackson, eds. (1996). *The Foundations of Public Finance*, Vol. 2., Edward Elgar Publishing Ltd., p. 334, footnote 6.

② Schumpeter, J. A. ［1918］. "The Crisis of Tax State", in Peter M. Jackson, eds. (1996). *The Foundations of Public Finance*, Vol. 2., Edward Elgar Publishing Ltd., p. 334, footnote 6.

③ 亚里士多德根据政府宗旨和掌权者人数将城邦政体分为两类六种,其中,正宗政体包括君主制、贵族制和共和制,这些政体由一个人、少数人或多数人掌握最高权力,并以城邦公共利益为依归;变态政体包括僭主制、寡头制和平民政体,这些政体同样由一个人、少数人或多数人掌握最高权力,但都只谋取掌权者自身的利益,其《政治学》主要就是关于古希腊城邦共和国中不同政体类型及其社会后果的分析。在亚里士多德之后,孟德斯鸠在《论法的精神》中在对欧洲的君主政体与古代共和国进行比较的基础上,提出了君主、共和、专制的政体分类体系、分类原则及其社会后果。参见［古希腊］亚里士多德:《政治学》,吴寿彭译,商务印书馆 1965 年版;［法］孟德斯鸠:《论法的精神》(上、下),许明龙译,商务印书馆 2012 年版。

④ 除财政收入来源外,马克斯·韦伯基于财政收入形式(货币还是实物)的分类也有一定的代表性。韦伯认为,纯粹实物的财政收入形式不利于以市场为取向的资本主义发展,而且对于纯粹货币捐税的国家来说,只有自己主持捐税的征收而不是出让给他人包收或出借抵押给他人征收才能给以市场为取向的资本主义以最佳的机会。但由于财政收入征取方式和财政收入形式并不能界定财政收入的性质,因此,韦伯的研究思路存在不足,正如韦伯自己所承认的:"然而,公共负担原则的方式尽管十分重要,对于经济行为的取向方式来说,它并不说明某一明确的发展方向。尽管(似乎)不存在这方面的任何典型的障碍,在一些大的区域和时代里,合理的(以市场为取向的)资本主义并未发展起来;在另外的地方,尽管(似乎)从公共负担的原则方面往往有十分严重的障碍,资本主义却获得成功。"参见［德］韦伯:《经济与社会》(上卷),林荣远译,商务印书馆 1997 年版,第 230—231 页。

中也已经获得较多共识,如利瓦伊(Levi)在其《统治与岁入》一书开篇第一句话就强调:"国家收入生产的历史就是国家演进的历史。"①Moore 也主张:"不同的国家收入来源对于解释国家秩序之间以及它们如何与其国民交往之间存在的差异显得十分关键。"②另外,根据熊彼特的介绍,法国的军事工程师沃邦在 1707 年出版的《什一税计划》就以格拉德斯通所具有的那种远见卓识认识到,"财政措施会影响经济有机体的每一个细胞,认识到如何筹措一定数量的资金关系很大,会带来截然不同的结果,要么使经济陷于瘫痪,要么使经济繁荣兴旺"③。而我国台湾学者葛克昌也曾指出:"按财源为国家之物质基础,犹资本之于公司,财源之取得方式足以影响国家之性格,尤其是基本法律秩序。"④维斯和霍布森在《国家与经济发展》一书中对军事化封建(militarized-feudal)、军事化农业(militarized-agrarian)和军事化资本主义(militarized-capitalist)三种经济形成的主要道路的分析很好地体现了这种研究思路⑤。

通过对政府财政收入来源进行研究的相关文献的比较分析,我们发现贡纳(tributes)、租金(rents)、利润(profit)、税收(taxes)、关税(tariffs)和公债(bond)等财政收入来源具有典型性意义,但考虑到关税作为一国主要财政收入来源不具有普遍性,而公债作为一种特殊的财政收入来源——需要还本付息,其对国家性质的影响要依其偿还来源来确定,贡纳、租金、利润和税收这四种财政收入来源更具有类型学价值。由此,我们可以区分四类财政制度,即贡纳型财政制度、租金型财政制度、利润型财政制度和税收型财政制度,它们所对应的国家秩序及国家理念

---

① Levi,M. (1988). *Of Rule and Revenue*. University of California Press,p.1.

② Moore,M. (2004). Revenues, State Formation, and the Quality of Governance in Developing Countries", *International Political Science Review*, Vol.25, No.3.

③ 参见[美]熊彼特:《经济分析史》(第 1 卷),朱泱等译,商务印书馆 1991 年版,第 309 页。

④ 葛克昌:《国家学与国家法——社会国、租税国与法治国理念》,月旦出版社股份有限公司 1995 年版,第 140 页。

⑤ 在维斯和霍布森看来,面对 17 世纪时战争导致的财政压力,法国选择了"军事农业化"道路——通过建立受国家保护的农民公社直接取得财政收入,英国选择了"军事化资本主义"道路——支持圈地政策,将国家财政收入建立在以贸易为基础的间接税上,普鲁士和俄罗斯则选择了"军事化封建"道路——通过重建农奴制而依赖贵族取得财政收入,这样,英国、法国、普鲁士和俄罗斯在应付军事革命带来的财政压力时,形成了明显不同的社会结构和相应的劳工关系。参见[澳大利亚]维斯、霍布森:《国家与经济发展——一个比较及历史性的分析》,黄兆辉等译,吉林出版集团有限责任公司 2009 年版。

则分别为贡纳国家(tributes state)、租金国家(rents state)、利润国家(profit state)和税收国家(taxes state)①。套用熊彼特的说法,这四种纯粹国家类型具有不同的"内在逻辑",同时也由于现实中往往是几种纯粹类型的混合,这就决定了从历史上说,这四种纯粹类型的演进并非是线性的,它们之间也并不存在明确的先后演进顺序。因此,要将这些国家类型运用到长时段历史分析和现实分析中,我们还需要做更多的工作②,套用耶希特的话说,这种国家类型区分"不是建立在财政

---

① 具体分析参见刘志广:《新财政社会学研究:财政制度、分工与经济发展》,上海人民出版社 2012 年版。

② 这种国家类型观和选择范式财政学是完全不一样的,选择范式财政学只有一个基于市场失灵的政府干预模型,因此并不适合于进行长历史时段分析,同时由于其所定义的市场失灵是无处不在的,所以也不适合于现实分析。但选择范式财政学的兴起并不会对像英国那样的先发国家的现代国家治理产生明显的负面影响,因为不仅如熊彼特曾指出的,一旦现代国家形成以后,国家就会进一步地发展起来,并迅速变成一种其性质不再仅仅通过财政角度就能被理解的事物,而且这样自然成长起来的先发国家并不是依靠某种理论建立起来的,不仅其内部存在不同理论的竞争与制衡,而且其外部也缺乏相应的挑战力量,因此,其理论缺陷对实践的影响难以被放大。但对于后发追赶型国家来说情况就完全不一样了,简单地说,其面临的重大挑战是:在极短的时间内建立一个能在被先发国家改变和塑造的国际环境中成功实现国家经济赶超的国家治理体系。此时财政理论的重要性就凸显出来了,不仅如熊彼特所说从财政入手的研究方法在用于研究社会转折点时效果更为显著,实践对理论的需求也更为紧迫,因为此时国家治理体系的建设水平往往就是理论水平的映射。对于落后国家来说,这大概是一个普遍性原则。因为落后国家所面对的国际国内环境都与先发国家不同,所以不大可能通过简单模仿先发国家的制度和模式来实现发展,大规模的国家制度建设既需要理论来指引和规划,也需要理论来统一认识以减少分歧。落后国家实现赶超仍是以"边干边学"为基础的,但恰当的理论能够让其"边干边学"更为高效并少走弯路,降低赶超代价,因为恰当的理论能够帮助在权力相对集中下掌握国家权力的社会精英形成恰当的发展理念、思维习惯进而更可能建立恰当的国家治理体系。德国在 19 世纪中后期的历史及其理论努力对此作了绝佳的注解,既包括成功的经验,也包括惨痛的历史教训。这也正是当时交换范式财政学发展面临的问题,因为德国历史学派就是在国民经济学的体系内讨论财政问题的(具体可参见[德]罗雪尔:《历史方法的国民经济学讲义大纲》,朱绍文译,商务印书馆 1981 年版),而与此同时,基于新古典经济学分析框架的选择范式财政学则逐渐在德国流行起来,因为历史学派后来成为德国的主流经济学,由于德国的单一民族特性,德国历史学派强调民族的差异,但其挑战者不是来自于英国的新古典经济学的集大成者马歇尔,而是来自于同为德语系的以门格尔为代表的奥地利学派。1866 年普奥战争使奥地利被排除在德意志联邦之外,作为多民族聚居地,面对的是多民族要求解放的困局,这正是门格尔所处的时代,它要求其经济学更强调全人类的共同因素而淡化民族差异即历史特征(具体参见[美]斯皮格尔:《经济思想的成长》(下),晏智杰等译,中国社会科学出版社 1999 年版,第二十三章)。因此,门格尔与施穆勒的经济学方法论之争实质上是两个国家应对不同国家建设任务的理论之争,彼此通过对方来澄清自身的主张。这很少被人所理解,连门格尔与施穆勒也很可能未自觉认识到这一点。

学研究的终点,而正是其研究的开始"①。

从新经济史学的研究来看,不同国家类型所代表的社会治理秩序的差异的根源就在于产权结构。由于产权(property rights)这个概念并非是简单针对物的,它所体现与规范的是人与人之间关系,所以它与人权是密切相关的,在历史上产权与人权往往是交织和结合在一起的,所以产权结构也可被称为社会权利结构。诺思在其新经济史学研究中明确将产权的界定和保护与国家财政需要联系起来并强调了国家理论的重要性,即:"因为是国家界定产权结构,因而国家理论是根本性的。最终是国家要对造成经济增长、停滞和衰退的产权结构的效率负责。"②综合来看,诺思实际上是提出了从政府财政收入来源来研究国家秩序和产权类型的思路③,这是诺思对财政社会学的重要发展和贡献,他使财政社会学能够在新制度经济学、产权经济学和新经济史学的研究基础上将其主要思想在历史与现实中具体化。马克斯·韦伯在《经济通史》中对世界各地一些较为典型的所谓原始农业共产主义的考察表明,那样的一些产权制度安排归根结底都是出于财政方面的考虑,而他对领主所有权、殖民地所有权、欧洲行会制度、资本主义发展之前的工矿业、前资本主义时代的商业与交换以及现代资本主义的开端的研究等都

---

① 转引自[日]坂入长太郎:《欧美财政思想史》,张淳译,中国财政经济出版社 1987 年版,第 350—351 页。

② [美]诺思:《经济史中的结构与变迁》,陈郁、罗华平等译,上海三联书店、上海人民出版社 1994 年版,第 17 页。

③ 和葛德雪和熊彼特一样,诺思也不同意单一的暴力论国家理论和契约论国家论,他以"暴力潜能"来统一国家契约论和掠夺论并提出了其古典国家模型。该模型刻画了国家的行为特征与社会后果:首先,国家为了获取收入,以一组服务与公正作交换;其次,国家试图像一个带有歧视性的垄断者那样活动,为使政府收入最大化,它将选民分为不同的集团,并为每一个集团设计产权;最后,由于总是存在着能提供同样服务的潜在竞争对手,国家受制于其选民的机会成本。第一个特征说明统治者与选民的交换过程,第二、三个特征是说明确定交换要素的条件。考虑到国家有两个方面的目的,既要实现统治者的租金最大化,又要降低交易费用以使全社会总产出最大化,以维持其统治的合法性,但二者之间却存在持久的冲突。正是这种基本矛盾及其解决构成了社会能否实现经济发展的关键。由于统治者的利益具有优先权,因此,上述矛盾的解决往往是统治者租金最大化的需求(特别是在短期内)压倒了全社会总产出最大化的要求,结果导致非效率的产权界定。在分析了近代欧洲的结构与变迁后,诺思认为,国家实现财政收入的方式对国家的经济至关重要,在每种情况下都意味着变更产权,而国家往往限于短期财政利益,以财政收入交换产权,其结果就是经济停滞甚至衰退成为各国历史的常态。具体参见[美]诺思:《经济史中的结构与变迁》,陈郁、罗华平等译,上海三联书店、上海人民出版社 1994 年版。

凸显了财政需要在其中扮演的重要角色①,这与诺思"以产权换收入"的思想是相通的。阿西莫格鲁和罗宾逊在《国家为什么会失败》一书中提供的很多案例也都能为诺思的"以产权换收入"思想提供历史证据,特别是西班牙和英国在美洲的殖民开发相当于提供了重要的自然试验②。基于产权界定与保护和国家收入来源间的内在历史联系,我们可以详细分析贡纳国家、租金国家、利润国家和税收国家所决定的产权结构。从整体上说,在贡纳国家、租金国家、利润国家下,由于财政收入都是与特定对象联系在一起的,因而造成产权界定与保护中的"特权-非特权"的结构性对立,这些特权主要是以身份关系、血缘、种族、信仰和所有制等为基础的。而税收国家则是在反对这些旧式特权的基础上产生的,与其他国家类型相比,其形成过程会推动平等化产权结构和社会权利结构的实现,从而引发社会经济与政治的巨变。可以说,税收国家的成长或税收国家原则的普及过程重塑了国家的合法性基础,使现代国家治理体系和治理能力真正建立在启蒙运动所追求的平等化社会契约之上。

熊彼特在《税收国家的危机》中曾以私人领域与公共领域的分离作为税收国家的现代性特质,即:"私人领域于是被创造出来,并作为一个可辨别的要素面对着公共领域。"③但熊彼特也认识到公共领域与私人领域之间在现实中并不存在明

---

① 与自由主义者为了证明私有财产的神圣性而竭尽可能把私有财产起源追根溯源至想象中的人类远祖时期不同,也与社会主义作者为了视私有财产导致美德向罪恶堕落而认为存在原始共产主义不同,马克斯·韦伯认为我们并不能对原始人的经济生活做出任何确切的一般性推断,而通过对一些被作为原始农业共产主义的典型案例进行考察,比如法兰克王国的海得组织、日耳曼土地制度、俄罗斯米尔制、中国井田制、印度 Ryotvari 制等,韦伯认为它们的成立并不是源于原始条件,而是出于财政方面的考虑。限于篇幅,在此不详细介绍韦伯的这些研究,具体可参见 Webber, M. (〔1927〕2023). *General Economic History*. Translated by Knight, F. H., Routledge.

② 比如,阿西莫格鲁和罗宾逊在书中提到西班牙对阿兹特克完成军事征服后所采取的政策:"科尔蒂斯成了新西班牙的总督,然后就开始通过赐封制度分割最有价值的资源和土著人口。赐封制度最早出现在 15 世纪的西班牙,是从摩尔人那里重新夺回国家南部采取的一种分封形式。在新大陆,它是一种更加有害的形式加以推行的;赐封成了原住民对西班牙人的一种承诺,后者称为委托监护人。原住民必须向监护人缴纳贡赋和提供劳役,作为交换,监护人负责使他们皈依为基督徒。"参见〔美〕阿西莫格鲁、罗宾逊:《国家为什么会失败》,李增刚译,湖南科学技术出版社 2015 年版,第 5—6 页。

③ Schumpeter, J. A. 〔1918〕. "The Crisis of Tax State", in Peter M. Jackson, eds. (1996). *The Foundations of Public Finance*, Vol. 2., Edward Elgar Publishing Ltd., p.340.

确的界限,试图通过某些确有必要的公共功能来定义国家是徒劳的。实际上,换成国家类型下产权结构的视角,我们可能能够对税收国家所塑造的这种公共领域与私人领域的分离形成新的理解。在贡纳国家、租金国家和利润国家中,由于其产权结构以身份关系、血缘、种族、信仰和所有制等私人性因素为基础,这导致公共领域与私人领域的混杂,正如熊彼特曾指出的:"在那个时代的组织形式中包含了我们今天所讲的公共领域和私人领域,只不过它们被结合在一种跟今天根本不同的单元(unity)中。"①税收国家打破了依据这些私人性因素来界定和保护产权的规则,使身份关系、血缘、种族、信仰和所有制等私人性因素退出公共领域,进而使熊彼特所强调的公法与私法的区分具有了真正的意义。公法现在建立在权利平等的基础上了,因而具有了理论上的公正性,国家治理秩序也因此实现了诺思、瓦利斯和韦格斯特所说的从"限制进入的秩序"(limited access order)向"开放进入的秩序"(open access order)的飞跃②。该秩序下的国家能力及其自主性以迈克尔·曼(Mann)所说的渗透性权力(infrastructural power)即指那种真正嵌入社会当中而又能保证国家不受既得利益集团左右的制定和实施政策的能力为基础,其对社会的管理以集约式技术(intensive technology)为主要特征③。贡纳国家、租金国家和利润国家所代表的国家秩序则具有与之相反的特征④。平等化的产权结构是市场经济的要求,它通过激励财富生产而不是财富分配来实现社会前所未有的繁荣,它意味着人性的交换倾向得到了鼓励,掠夺倾向不仅受到了限制与禁止,并被规范为促进人的交换倾向的重要力量。贡纳国家、租金国家、利润国家下的产权制度安排和税收国家下的产权制度安排大致可对应于阿西莫格鲁和罗宾逊所说的包容性(inclusive)经济制度和汲取性(extractive)经济制度,它们对于社会和国家能否实现持续繁荣至关重要,其中,包容性经济制度是指"允许和鼓励大多

---

① Schumpeter, J. A.［1918］. "The Crisis of Tax State", in Peter M. Jackson, eds. (1996). *The Foundations of Public Finance*, Vol. 2., Edward Elgar Publishing Ltd., p. 336.

② 具体参见［美］诺思、沃利斯、温加斯特:《暴力与社会秩序》,杭行、王亮译,格致出版社2017年版。

③ 参见 Mann, Michael. (1986). *The Sources of Social Power* (*vol. 1*): *A History of Power from the Beginning to A. D. 1760*. Cambridge: Cambridge University Press.

④ 在这些国家类型所代表的秩序下,国家通过向精英赋予特权来赎买其忠诚以控制社会暴力;其国家能力及其自主性体现的是迈克尔·曼所强调的传统权力即任意性权力(despotic power),国家精英被授权制定和实施政策而无须经过与社会中相关团体的程序化的、制度化的谈判,其对社会的管理以粗放式技术(extensive technology)为主要特征。

数人参与经济活动,并尽最大努力发挥个人才能和技术,能够让个人自由选择",其要求是"经济制度必须以具有保护私有财产、公正的法律制度和提供公共服务的特征,能够为人们交易和签约提供基础;它还必须允许新企业进入,并允许人们自由选择职业";而汲取性经济制度则具有相反的制度特征,其制度设计"从根本上就是为了从社会一部分人那里攫取收入和财富,让另一部分人受益"①。用博弈论的术语来说,包容性经济制度实现的是正数和博弈,而汲取性经济制度实现的则是零和博弈甚至是负数和博弈。

这样,税收国家就成了熊彼特所说的创业性国家(entrepreneurial states),进而与其他食利性国家(rentier states)相区别。由此,我们才能更好地理解熊彼特所说的,"在所有地方,这种税收国家在今天所表示的仍是最具创新力(the most creative forces)之地"②。这也使得熊彼特的创新理论成为理解其税收国家及其原则的重要基础。Ebner 在其 2006 年发表的《制度、创业精神和政府原理:熊彼特国家理论概述》一文中挖掘了熊彼特的这一思想,将熊彼特的税收国家理论看作是与其创新理论相平行的理论,并据此阐明国家与创新之间的内在关联③。基于前面的分析,我们可以进一步地将熊彼特的税收国家理论看作是与其创新理论是交织在一起的。税收国家的形成并非是仅从税收比重就能判定的④,它必须以产权结构中旧式特权成分被消除取得重大进展为标志,诺思针对英格兰、荷兰、法国和西班牙出现增长差异所做的分析为此提供了很好的例证:

---

① [美]阿西莫格鲁、罗宾逊:《国家为什么会失败》,李增刚译,湖南科技出版社 2015 年版,第 52—53 页。

② Schumpeter, J. A. [1918]. "The Crisis of Tax State", in Peter M. Jackson, eds. (1996). *The Foundations of Public Finance*, Vol. 2., Edward Elgar Publishing Ltd., p. 336.

③ Ebner, A. (2006). Institutions, "Entrepreneurship, and the Rational of Government: An Outline of the Schumpeterian Theory of the State". *Journal of Economic Behaviour & Organization*, Vol. 59, pp. 497—515.

④ 一些研究以税收占财政收入的特定比重来确认一个国家是否为税收国家,这种做法适合于早期税收国家的形成,也就是现代税收的早期形成过程,那时国家相对于纳税人来说处于信息劣势,对税基和纳税信息知之甚少,所以征税问题是一个重要的长期社会博弈过程,结果是国家对税收日益加重的依赖倒逼了国家治理转型和社会权利体系的重建。但在此之后,特别是当征税体系变得更为成熟后,税收问题被技术化了,落后国家可以引进相应的征税体系而无需诉诸长期的社会博弈,特别是在今天,当信息劣势问题颠倒过来后,税收尽管在表面上也采取了现代税收的形式,但在实践中却可能异化为一种国家的控制手段,因此,税收占比问题就只具有参考意义而非决定性意义了,此时需要对一国征税的具体环境作更为具体的分析。

"在两个成功的国家里,所建立的产权激励人们更有效地使用资源,并把资源投入发明与创新活动之中。在不太成功的国家里,税收的绝对量和取得财政收入的来源刺激个人做相反的事情。"①但是由于缺少"税收国家"概念,诺思在新经济史学中关于"以产权换收入"的故事是不完整的,甚至导致其最后结论中财政要素与重要价值主张的缺失。因此,承载现代国家理念的税收国家不仅可以将各种社会理论关于从传统社会到现代社会转型的研究作为参照和借鉴,而且它本身也可以为从传统社会到现代社会的转型提供独到的研究视角与有益的观点。

当然,由于每种国家类型都是一种纯粹类型,因而也都承载了与之相应的国家理念,同时又由于它们之间并不存在明确的先后演进顺序,所以我们不能不顾社会条件变化而简单地谈论不同国家类型的优劣,也许只有在某种国家类型在与其他国家类型相竞争时已经处于明显的优势地位时,我们才能结合当时的社会条件来据此讨论财政制度的变革与国家类型选择②,这也就是熊彼特所强调的:"国家的本质自身就存在分歧,内部存在着不同的皆为正确的东西。我们很难认识到这一点,但若对此有误解,就会带来太多无意义的争论和'伪问题'。"③承认国家本质观背后分歧的正确性实际上是承认国家本质的历史性与多样性,而这也意味着承认财政社会学在财政史研究方面的多元性与开放性。像税收国家有其限度(limits)一样,贡纳国家、租金国家和利润国家也都有其限度,这些限度不是关于其社会行动领域的在概念上可界定的限度,而是关于其财政潜力的限度,这些限

---

① [美]诺思:《经济史中的结构与变迁》,陈郁、罗华平等译,上海三联书店、上海人民出版社 1994 年版,第 167 页。

② 由于税收国家是创业性国家,所以也只有当一个国家发展到需要通过创新来推动时,税收国家可能才是最合理的选择。我们确认税收国家是现代国家的代名词,但这并非意味着我们主张所有国家都不顾自己的现实条件和发展阶段而在同一时间选择税收国家模式。但税收国家已然存在并代表了现代社会的发展要求,那就意味着即使一个国家未能立即采取与税收国家相适应的制度安排,也应该努力创造其所需要的社会条件。正如当年李斯特反对亚当·斯密的自由贸易理论,他所反对的不是理论,而是德国基于当时的现实不能采取自由贸易政策,其主张的德国实行关税保护政策的目的也是为了待德国工业化取得一定成绩后以实现自由贸易,所以其关税政策是对外的,而国内则是取消原来的各种内部关税以实现统一并自由竞争的国内大市场。

③ Schumpeter, J. A. [1918]. "The Crisis of Tax State", in Peter M. Jackson, eds. (1996). *The Foundations of Public Finance*, Vol. 2., Edward Elgar Publishing Ltd., p. 342, footnote 17.

度也决定了其应对各种挑战的能力①。根据不同国家的富裕或贫穷程度、民族与社会结构的具体细节以及财富性质的不同,这样的限度将随具体情况而变化②。由于现实中往往是某种国家类型居于主导地位并伴之其他国家类型的混杂,这带来了产权结构的复杂性,不仅存在特权与非特权的对立,不同来源的特权之间的斗争与合作也是历史的重要组成部分,这是我们在运用财政社会学的国家类型进行历史研究时必须注意的。正如我们前面曾指出的,在现实社会中存在多套社会权利体系,产权结构也是如此,而且正是不同产权结构的共存成为产生多套社会权利体系共存的最为重要的因素,这些不同产权结构和社会权利体系间的重叠、嵌套和互动成为我们运用财政社会学的国家类型理论深入分析和把握社会现实的最为重要的视角。我们可以把不同的国家类型看作是邦尼和奥姆罗德所说的一国财政体系中所包含的多个竞争性元素,而所谓国家类型的更替或财政制度革命就是"在有利的政治和经济条件下,这种财政体系所包含的竞争性元素都有可能突然成为主导元素"③。当然,这一过程绝非是温情脉脉的,即使是对税收国家的产生来说也是如此,正如哈特所指出的:"'税收国家'的诞生与巩固两者既是造成近代早期欧洲国家很多动乱的原因,又是这类动乱导致的结果。"④因此,在运用财政社会学进行财政史研究时,不仅形而上学思想所主张的目的论不适合,而且用某种纯粹国家类型来套用现实同样是不合适的,各种纯粹类型只是为了说明相应的社会条件,而非描述整个的社会条件。

---

① 一个国家的财政潜力越接近该限度,它受到来自社会的抵抗就越大,其运转所依赖的合法性的损失也就越大。为了筹集财政收入,其措施对社会来说就变得越来越具有侵犯性,越来越变得让人难以忍受,从而产生了历史上很多荒诞的图景。这个视角对于研究各国历史上的各种革命与动荡是非常具有价值的。

② 在新生的、积极的、不断成长的财富与旧有的财富之间,在创业性国家(entrepreneurial states)和食利性国家(rentier states)之间,这样的限度也存在着巨大的区别。根据军事开支或债务清偿程度、官僚机构的权力和道德状况、民众的"国家意识"(state-consciousness)的强度等的不同,财政潜力的限度也会不一样。但是,财政潜力的限度总是存在的,概括地说,可以根据国家的性质从理论上加以确定。

③ 〔英〕邦尼、奥姆罗德:《导论:危机、革命与自维持型增长——财政历史变迁概念模型构建》,载〔英〕奥姆罗德、玛格丽特·邦尼、理查德·邦尼主编《危机、革命与自维持型增长:1130—1830年的欧洲财政史》,沈国华译,上海财经大学出版社2020年版,第15页。

④ 〔英〕哈特:《"税收国家"的诞生与巩固(Ⅱ):17世纪》,载〔英〕邦尼主编《经济系统与国家财政:现代欧洲财政国家的起源(13—18世纪)》,沈国华译,上海财经大学出版社2018年版,第299页。

正是考虑了各种国家类型都承载了相应的国家理念并适用于不同的社会条件，所以这使我们可以基于“共容利益”(encompassing interests)而非“共同需要”(common needs)或“公共需要”(public needs)等来构建财政社会学所需要的国家理论。在传统契约论思想影响下，学界往往借助于“共同需要”或“公共需要”这类具有形而上学特征的核心概念为国家财政行为提供合法性辩护和伦理性约束，它们是构建公共物品理论、外部性理论的基础。但有“同”就有“异”，“共同需要”“公共需要”强调的是“异中求同”、存量中求“同”，是立足现在的“同”，对“异”如何看待如何处理是搁置的，这在特殊情况下就可能发展为“党同伐异”，而且也往往因以“小同”的欺骗性求得“大异”而最终导致合法性的丧失。奥尔森(Olson)在其关于国家起源的“流寇—坐寇”理论中所强调的共容利益概念为解决这一困境提供了新的基础①。显然，“共容利益”以承认“异”为前提，它可以包含“异中求同”，但并不必然要求有“同”。它更强调的“异上求同”，这里的“同”不必是拘泥于现在的“同”，更是可以指向未来的“同”，或者说是增量中求“同”。因此，我们可以说，“共容利益”要求人们在沟通、对话的基础上看待、规范和处理“异”。“共容利益”是社会公平正义的真正基础，是阐明财政行为合法性的更好理念支撑。此外，正是“共容利益”对不同需要或不同利益的重视才为

---

① 奥尔森也反对单一的暴力论国家理论和契约论国家理论，不同于诺思的是，他实际上是基于人的掠夺倾向来建立其国家理论的，这就是著名的“流寇-坐寇”理论，而坐寇之所以能够带上皇冠取得统治与掠夺的合法性，则源于共容利益。这也是坐寇与流寇的根本区别，前者要为民众留下未来发展的资源，以便于长期掠夺；而后者则是一次性掠夺，与民众之间属于零和博弈关系。这是一种比诺思的暴力潜能论更具分析价值的国家理论，也是财政社会学可直接参考的国家理论。有意思的是，奥尔森的“流寇-坐寇”理论是他在阅读中国20世纪初军阀混战时期一份关于窜匪“白狼”(white wolf)的资料时所突然悟到的，汤普逊在其《中世纪晚期欧洲社会经济史》中记载的14—15世纪时意大利的雇佣兵组织的情况也可为这一理论提供很好的事实支撑。在汤普逊看来，当时在意大利的那些外国雇佣军纯属有组织的盗匪集团，所以当红衣主教阿尔博诺要求其中一支雇佣军和平撤出教皇国时，那位雇佣军队长的回答所体现的就是流寇的思维，即“尊敬的大人，我们在意大利的生活方式是家喻户晓尽人皆知的，谁抵抗我们，我们就抢他、劫他、杀他，这就是我们的规矩。各乡各地，我们开到哪里，哪里就是我们的抵押品，这就是我们的生财之道。凡是想留条活命的人都得不惜垂钓重金，购买和平安宁。因此，如果您，特使先生，希望安居乐业，希望教皇陛下的城市平安无事，那好说，世界上别人怎么办，就请他老人家也怎么办，干脆说吧，给钱！给钱！给钱！”参见[美]汤普逊：《中世纪晚期欧洲经济社会史》，徐家玲等译，商务印书馆1992年版，第397页。关于奥尔森的相关理论和思想可参见[美]奥尔森：《权力与繁荣》，苏长和、嵇飞译，上海世纪出版集团2005年版；或Olson.(1993). Dictatorship, Democracy, and Development. *The American Political Science Review*, Vol.87, pp.567—576。

多元主义和"交换"的存在留下了空间,正是在交换过程中才能发现和实现共容利益,这就为财政问题研究的"交换范式"奠定了真正的基础。相反,在"共同需要"和"公共需要"概念中并不必然包含对交换的需要和多元的尊重,因为一旦以"共同需要"和"公共需要"这类概念为名义,那就意味着它已经具备了客观的内容或客观的标准,进而也就大大缩减甚至改变了人的参与和公共决策的必要。

熊彼特对税收国家原则在现实中受到的挑战表示担忧,这种担忧实际上源自人性中可以受到限制和禁止但却不可能被消除的掠夺倾向,它在民主制度下可以得到塔洛克寻租理论的支持,即"合理无知"和"合理漠不关心的无知"的选民不大可能享受在"同意的计算"下所概括的系统的交易收益①。现代政党政治和利益集团政治大大增加了税收国家所面临的威胁。这就是我们需要讨论的税收国家悖论②,即税收国家在消除旧式特权的基础上得以产生,但却在其进一步发展中不断产生新的特权,从而破坏熊彼特所珍视的税收国家所代表的自由竞争原则。税收国家悖论的存在也说明,迈克尔·曼所说的现代国家能摆脱利益集团左右、以嵌入式自主(embedded autonomy)为特征的渗透性权力并不是稳固的,仍然时刻面临各种改头换面的任意性权力的侵害。如果说"具有自生能力的'税收国家'是文明社会的最好希望"③,那么财政社会学对税收国家原则的阐释和捍卫必须进一步落实到布坎南所强调的财政宪则(fiscal constitution)和货币宪则(monetary constitution)

---

① [美]塔洛克:《寻租》,载[美]罗利主编《财产权与民主的限度》,刘晓峰译,商务印书馆2007年版。

② 在诺思、瓦利斯和韦格斯特关于暴力与社会秩序的研究中,限制进入的秩序有一个从脆弱的到初级的再到成熟的发展过程,但开放进入的秩序则只有一种状态了,这就把开放进入的秩序"天堂化"了。正如前面曾指出的,税收国家代表开放进入的秩序,但对于已经能够被称之为税收国家的国家来说,"美好社会"也从未真正降临,因为各社会集团都希望抓住税收这个手柄以改变社会结构,税收国家形成过程中所产生的大众民主和政党政治等则为此提供了便利。税收国家悖论的产生存在多种来源。我们下面可以列举几种,如税收国家悖论之一是各利益集团争夺税收政策的制定权,从而导致新的特权的产生;税收国家悖论之二是政府因财政利益需要而纵容大公司,使大公司获得新的特权;税收国家悖论之三是大众民主下债务与福利增长由于财政幻觉的存在而超出了税收国家的财力;税收国家悖论之四在于理论界未能清晰阐明税收国家的性质和意义,并试图以其他概念如债务国家、财政国家、预算国家和福利国家等来替代税收国家,这使税收国家变得似乎是一个过时的概念;等等。

③ Green, C., (1993). "From 'tax state' to 'debt state'", *Journal of Evolutionary Economics*, No.3, p.42.

之上①,并将对财政宪则的捍卫和完善看作是一个持续的过程。在此意义上,历史不会终结,也不可能终结。当然,需要指出的是,财政宪则和货币宪则问题可以被一般化,也就是对贡纳国家、租金国家和利润国家来说,也有与其国家理念相应的财政宪则和货币宪则要求。就此而言,邦尼和奥姆罗德将"财政宪法"看作是"一种主要财政体系在某个特定国家历史的某个特定阶段所采取的特定形式"②就有了其合理性。但我们需要注意到的是,在非税收国家中,其财政宪则和货币宪则更多是对掠夺限度的控制,因为其财政制度本身就建立在等级化掠夺的基础之上,其制度性质决定它会进一步激发人性中的掠夺倾向,最终会破坏社会繁荣的根基并扩大和加深社会的苦难。

在具体研究中,我们可以对于财政收入来源与社会权利体系或产权结构间的关系问题作进一步的分类分层研究。科迪维拉曾指出:"对税收的选择显然关系到鼓励和不鼓励某一事物……向某种活动征税越多,我们对这种活动的阻碍也就越多……因此,税收的所有方案所暗示的就不仅仅是经济活动的不同水平了。它们承诺,有些活动和生活方式,同其他活动和生活方式相比,是通向发财致富的更可靠的道路。"③税收负担当然是一个非常重要的问题,但从财政社会学的角度来说,税收及税种的选择与具体政策设计都包含了基于社会权利体系或产权结构对人的行动领域的解放、鼓励、禁止和限制的内容,这也正是社会治理秩序的核心内容,对其他财政收入来源来说也是如此。从财政收入来源角度对社会权利体系形

---

① 在布坎南看来,"财政制度是广义政治宪章的一个组成部分……必须把财政宪章的变化视为半永久性的和长期的社会结构特征。如果个人和集团,包括政治家们,热衷于考虑操纵基本的财政制度以实现短期目标的可能性,讨价还价的因素就会很快压倒效率方面的所有考虑"。([美]布坎南:《民主财政论》,穆怀朋译,商务印书馆,1993 年版,第 313 页)布坎南考虑到财政与货币的紧密联系以及货币在当今世界的重要地位,提出货币宪法"必然比我们前面讨论的财政限制更为严格"。([美]布伦南、布坎南:《征税权》,载《宪政经济学》(合集),冯克利等译,中国社会科学出版社 2004 年版,第 153 页)需要指出的是,由于布坎南主要发展的是缺乏税收国家观念的意大利学派财政社会学,这样就导致其所主张的财政宪法和货币宪法只是对抽象规则与程序的讨论。

② [英]邦尼、奥姆罗德:《导论:危机、革命与自维持型增长——财政历史变迁概念模型构建》,载[英]奥姆罗德、玛格丽特·邦尼、理查德·邦尼主编《危机、革命与自维持型增长:1130—1830 年的欧洲财政史》,沈国华译,上海财经大学出版社 2020 年版,第 9 页。

③ [美]科迪维拉:《国家的性格:政治怎样制造和破坏繁荣、家庭和文明礼貌》,张智仁译,上海人民出版社 2001 年版,第 85 页。

成及其运作的研究,可从宏观、中观和微观三个层次来进一步展开,其中,贡纳、租金、利润、税收等财政收入来源问题属于一阶问题,它们决定和反映了宏观层面的国家性质等整体性问题;贡纳、租金、利润和税收的具体形式、种类与政策设计等问题,包括是采取货币形式还是实物形式,属于二阶问题,它们决定和反映了中观层面的行业或群体发展空间等系统性问题;具体的财政负担则属于三阶问题,它们所决定和反映的是微观层面的个体(包括企业)生存机会等选择性问题。另外,中央政府与地方政府之间以及不同政府部门之间的财政-权力关系在财政社会学研究中也处于重要地位,这些关系可以在上述分类分层研究中得到具体化,同时,它们之间的财政-权力关系也会在不同程度上影响到上述分类分层社会权利体系的形成①。

在财政社会学研究中,财政收入与财政支出是紧密联系在一起的,特别是从长期来看更是如此,葛德雪据此强调应当将财政支出和财政收入间相互依赖的作用机制作为财政学的基本问题,这一基本问题可以成为今后财政社会学的一个重要研究领域。基于前面关于财政收入来源及其对社会权利体系界定的决定性作用的研究,财政社会学可以坚持的一个基本主张是,财政支出会服从和服务于由财政收入来源所界定的社会权利结构及站立其后的国家政权的合法性需要,比如在财政收入来源主要为贡纳、租金或利润的情况下,其财政支出所主要服从和服务的就是特权-非特权的社会权利体系及既设置特权又维护特权的国家的合法性。但在税收国家原则起主导作用的情况下,由于特权被有效限制和消除,社会权利平等已经使个体自由成为基本的社会条件,这会使财政支出更多关注阿玛蒂亚·森所强调的自由的过程层面和机会层面并重视实质性个人自由。阿玛蒂亚·森在《以自由看待发展》中将个人自由看作是一种社会产品,并以意指个体有可能实现的、各种可能的功能性活动组合的"可行能力"(capability)概念来衡量实质性个人自由,个人的可行能力集代表了个人的真实机会,"这些可行能力可以通

---

① 日本学者 Naohiko 和 Andrew 在其 1998 年发表的论文《日本的征税官:财政社会学与财产税抗争》中研究了日本 1990 年代的财产税抗争,其涉及的主要就是代表中央政府的日本财政部(The Ministries of Finance,MOF)与代表地方政府的内政部(The Ministries of Home Affairs',MOHA)之间的财政利益冲突。因此,Naohiko 和 Andrew 认为,对于任何方法来说,将官僚机构排除在税收政治的研究之外都是不明智的。参见 Naohiko, J, and Andrew, D. (1998). "Japan's Taxing Bureaucrats: Fiscal Sociology and the Property-Tax Revolt". *Social Science Japan Journal*, Vol. 1, No. 2, pp. 233—246.

过公共政策而扩大,但是另一方面,公众有效地参与公共政策的制定也可以影响公共政策的方向"①。

　　预算的制度化是税收国家的一个侧面,其最终成形是复式预算的出现,它将财政预算按照财政收入和财政支出两种方式进行划分,形成财政收支对照表,集中呈现了财政收入与财政支出之间相对稳定的特定对应关系。这种特定对应关系反映了葛德雪所强调的财政收入与财政支出间相互依赖的作用机制,从而使"预算是国家的骨骼"这一财政社会学的基本主张可以得到深入的研究。国家预算的覆盖范围、预算科目的分类、预算标准及其编制、预算决定权的配置、预算结果及其执行、预算公开等是我们透视国家财政收支运行及其所体现的社会秩序的一个重要窗口。预算过程既是一个重要的政治过程②,也是一个重要的社会与经济过程,它会强化每个国家的治理模式和社会秩序。凯恩斯主义的盛行使平衡预算被功能预算所取代,这在实践中导致了大岛通义在《预算国家的"危机"》中所强调的预算责任的变质甚至是退场,其突出表现之一就是国家债务不断地快速累积并因此带来一系列与税收国家原则相违背的后果,熊彼特在《税收国家的危机》中所谈到的导致税收国家原则遭到破坏的情形和我们前面所讨论的"税收国家悖论"也因此而变得更为严重。因此,对于阐明和捍卫税收国家原则来说,预算制度及其过程等都应该是财政宪则研究和货币宪则研究必须重点关注的领域,并成为细化和深化财政社会学国家类型研究的重要内容。

第三节　重回托克维尔与面向人工智能新时代

　　作为纯粹类型的税收国家在熊彼特 1918 年写作《税收国家的危机》百年后仍

---

　　①　[印度]阿马蒂亚·森:《以自由看待发展》,任赜、于真译,中国人民大学出版社 2002 年版,第 13 页。

　　②　威尔达夫斯基和凯顿对此作了很好的研究,他们曾指出:"如果将政治部分地看作决定国家政策的各种偏好之间的冲突,那么预算记录了这一斗争的结果。如果某人问'政府将资源给了谁?',那么答案就记录在那时的预算中。如果人们视政治为政府动用资源应对迫切问题的过程,那么预算就是这些努力的一个集中体现……从最基本的意义上讲,预算——试图通过政治过程配置稀缺的财政资源,以实现对美好生活的不同构想——居于政治过程的核心。正是由于存在对美好生活的不同构想,人们能够通过预算相互承诺。"见[美]威尔达夫斯基、凯顿:《预算过程中的新政治》(第五版),苟燕楠译,中国人民大学出版社 2014 年版,第 6 页。

不存在,税收国家原则并未在实践中真正树立其权威地位。与之相反,税收国家原则即使在发达国家也不断地遭到破坏,2008 年美国金融危机以及之后的欧洲主权债务危机等都可以从这个角度得到更为深入与合理的解释①。与此同时,由于国际国内条件的变化,在早期欧洲形成和确立税收国家原则的社会过程很难通过历史重演而在广大发展中国家中促成税收国家原则占据主导地位。相反,在现代民族国家已经集中垄断了暴力并因技术系统支持而使纳税人信息变得越来越透明时,国家财政收入对税收日益加重的依赖过程可能不仅不会引发相应的社会经济与政治巨变,相反还可能成为压制这种相应变革的系统性手段。这正成为很多发展中国家走向现代国家治理秩序的"魔咒"②。除此之外,那些曾完全废止了税收国家原则的转型国家在重新确立税收国家原则的过程中也遭遇了诸多波折与困难③。发达国家、发展中国家和转型国家维系或建立税收国家原则的问题都是财政社会学今后需要继续聚焦的主要问题,但对财政社会学的未来发展来说,要基于当下更好地研究这些问题,一方面我们仍需要不断地重回托克维尔,以回应现代国家治理体系和治理能力需要关注的基本问题,另一方面我们还需要特别关

---

① 税收国家原则与现代民主政治紧密联系在一起,但在 2008 年美国金融危机和欧洲主权债务危机的背后,我们都可以看到现代民主政治特别是政党政治和利益集团政治热衷于操纵财政政策以实现短期目标,这破坏了税收国家原则得以存在的宪政条件。具体分析可参见刘志广:《新财政社会学研究:财政制度、分工与经济发展》,上海人民出版社 2012 年版。

② 国内外有很多研究希望借英国现代国家成长史来揭示财政斗争与现代国家构建之间的关系,事实上,这也是熊彼特在《税收国家的危机》中的研究思路,但税收之所以能够推进西欧的现代国家构建,很重要的有两个条件:一是这种现代意义上的税收是从无到有的,税收各要素的成熟形式最终是长期斗争与妥协的结果;二是在纳税人与征税人之间存在严重的信息不对称,而纳税人处于信息优势地位,这使纳税人能够在现代税收的发展中处于有利位置并最终对征税权形成宪法制约。但研究者希望这一过程在今天的发展中国家身上重演却并不现实,一是发展中国家可以在无斗争与妥协的情况下引入发达国家已然成熟的税收形式;二是日益完备的征管技术特别是正在发展的大数据技术使纳税人在征税人面前变得越来越透明,纳税人日益失去在税收设计与征管过程中的谈判地位。这样我们就可以看到,虽然大量发展中国家引入了与发达国家类似的国家治理架构,它们像发达国家一样征税,但国家的运行与社会价值观念却完全不是税收国家式的。另外,我们还要看到,很多发展中国家至今都无法普遍地征税。但这些并不意味着税收国家原则对这些发展中国家的国家建设和发展缺乏意义,如果这些国家的精英和社会大众能够更多地接受税收国家原则所传递的现代国家治理理念,那么就可以有意识地推动形成实行税收国家原则所需要的社会条件。

③ Ganev 在其 2011 年发表的《被废除的税收国家》对相关问题进行了分析,具体参见 Ganev, V. I. (2011). "The annulled Tax state: Schumpeterian Prolegomena to the Study of Postcommunist Fiscal Sociology". *Communist and Post-Communist Studies*, No. 44, pp. 245—255.

注到时代的变化,尤其是人工智能发展可能对民族国家治理和人类结构化共同生活带来的重大影响。

一、重回托克维尔:平等化的民主社会怎样实现自由、正义与繁荣?

18世纪和19世纪是人类历史上非常重要的一次转型期,这次转型促生了现代社会及民族国家的逐渐形成,进而带来了现代国家治理的实践,熊彼特所努力阐释和捍卫的税收国家原则也是此过程的产物,对这一过程及其发生原因的探讨与理解是各种社会理论包括财政社会学的一个核心任务,也正是在此意义上,我们可以称财政社会学是一门特殊的现代化理论。英国工业革命、法国大革命和美国独立革命是此过程中发生的三大关键性事件,托克维尔曾在1831年赴美国考察并在1833年、1835年和1857年三次赴英国考察,虽然其《论美国的民主》和《旧制度与大革命》分别讨论的是美国和法国,但从整体上说,在托克维尔的研究中,英国相当于实验中的对照组(control group),法国相当于实验组(treatment group),而美国则相当于空白组或负对照组(negative control group)①,其主要目的是研究整个现代社会并为法国寻找出路。

我们重回托克维尔并非为了强调其作为财政社会学先驱的身份及其在《论美国的民主》和《旧制度与大革命》中所表述的具体观点,而是回到托克维尔的观点所从属的一个仍需要持续关注的基本事实和问题,那就是在等级化的贵族社会退出历史舞台之后,一个平等化的民主社会该怎样来进行治理才能确保人类的自由、正义与社会的繁荣。这一事实首先是由法国的自由派在1820年代即复辟时期与极端保皇派的大辩论中所发掘的,在他们看来,由贵族社会向民主社会转变是11世纪以来欧洲所经历的不可逆转的趋势②。由此所产生的历史解读是:欧

---

① 比较是托克维尔的基本研究方法,西登托普在《托克维尔传》中曾提到,为了写作《旧制度与大革命》,托克维尔甚至订了一份德国报纸并开始学习德语,他想通过了解18世纪的德国来更好地了解18世纪的法国。因此,我们可以说,托克维尔是将其研究置于欧美这一广阔的历史背景当中的。

② 托克维尔在《论美国的民主》的"绪论"中重申了这一发现,并认为这种现象不仅发生在法国,而是只眼基督教世界的普遍趋势,即:"如果我们从十一世纪开始考察一下法国每五十年的变化,我们将不会不发现在每五十年末社会体制都发生过一次双重的革命:在社会的阶梯上,贵族下降,平民上升。一个从上降下来,一个从下升上去。这样,每经过半个世纪,他们之间的距离就缩短一些,以致不久以后他们就会合了。而且,这种现象并非法国所独有。无论面向何处,我们都会看到同样的革命正在整个基督教世界进行。"参见[法]托克维尔著:《论美国的民主》(上),董果良译,商务印书馆年1989年版,第7页。

洲中世纪以来的历史是一个由权利和身份的不平等走向平等的过程,等级制的逐渐瓦解促使了中世纪后期城镇和商业的复兴,一个新的中间社会阶级出现并发展壮大起来,与之同步发展的则是平等化的个人权利体系的推进。但随之而来的关键问题是,这样一种新的社会该如何进行治理? 自由派主张采取英国的议会制度,但却忽略了法国并不具备像英国那样保障地方自治的"自然贵族";极端保皇派主张通过重建以特权为基础的贵族制来复兴地方自治,完全无视贵族制存在的社会条件已经完全改变的事实。这场大辩论塑造了托克维尔的思想并确立了其一生所要探讨的问题,即怎样维持中央权力和地方自治之间的平衡①。

托克维尔的著述继承并发扬了孟德斯鸠的一项重要主张,那就是"重要的不是让人阅读,而是让人思考"②,其中一个重要体现就是"民主"一词在托克维尔著述中存在众多不同的定义③。但综合来看,托克维尔所说的"民主"主要是指一种社会状态,其三个层面的含义值得特别关注,一是社会中个体身份和权利的平等,它代表着一种不同于贵族制的新的社会类型;二是一种基于分权的政治组织方式或制度;三是指一种公民自由联合并积极参与公共事务的精神或民情。这三个层面的民主含义是我们理解托克维尔的《论美国的民主》的三个重要维度,托克维尔选择以美国的市镇自治为窗口对它们进行了系统考察。正是自由的民情加上社会个体间的平等使美国在独立革命后逐渐建立起了联邦制,它通过政府集权和行政分权实现了托克维尔所关注的中央权力与地方自治间的平衡④。因此,托克维

① 托克维尔早在 1828 年时就已经明确了这一研究问题,他在当年致博蒙的信中写道:"就一个民族的组织而言,需要避免两种最糟糕的情况:或者社会力量全部集中于一点,或者全部分散在各个地区。两种情况各有自己的优劣:如果把一切都捆绑在一起,一旦捆不住就会全部散开,民族也就解体了;如果权力是分散的,对行动的限制固然是[没]有了,但阻碍却会无处不在。能不能在这两个极端之间找到平衡呢?"转引自[英]西登托普《托克维尔传》,林猛译,商务印书馆 2013 年版,第 44 页。

② [法]孟德斯鸠:《论法的精神》(上),许明龙译,商务印书馆 2012 年版,第 220 页。

③ 例如,若姆在《托克维尔:自由的贵族源泉》一书的第一部分即为"怎样理解托克维尔的'民主'",他提到,詹姆斯·施莱弗(James Schleifer)甚至就《论美国的民主》统计出了 11 种民主的含义,而若姆自己采取的各种主张中的一种,即托克维尔的民主包含有三层含义,一是代表着当地权力;二是宗教替代品或"大众宗教";三是"物质享受"的承诺。参见[法]若姆:《托克维尔:自由的贵族源泉》,马洁宁译,漓江出版社 2017 年版。

④ 托克维尔将政府集权与行政集权区分开来,其具体定义是,政府集权是指那些与全国都有利害关系的事情的领导权集中于同一个地方或同个人手中的做法;而行政集权则是将国内某一地区特有的事业按政府集权的方法进行集中的做法。在托克维尔看来,"如果政(转下注)

尔通过对美国社会状况的研究得出的两个重要结论是,中央集权并非法国民主革命后的必然选择,美国人发现的统治形式也绝非民主可能提供的唯一形式①。托克维尔认为人能自我完善是人所独有的特点,基于对法国与美国的比较,他更为系统地比较了贵族社会与民主社会这两种纯粹类型②的基本特征:在贵族社会中,身份与地位是合一的,自由是特权下的自由,从而过分限制了人可完善的范围;但在民主社会中,身份与地位是分离的,身份的平等化在带来了契约观念普及的同时也使人们拥有了追求地位的普遍自由,从而极大地拓展了人可完善的范围。托克维尔既未将美国的民主限于美国,也未将民主社会理想化③,而是进一步系统探究了其内在的矛盾冲突,比如看到了民主社会可能带来道德与知识的双重

(续上注)府集权与行政集权结合起来,那它就要获得无限的权力。这样,它便会使人习惯于长期和完全不敢表示自己的意志,习惯于不是在一个问题上或只是暂时地表示服从,而是在所有问题上和天天表示服从。因此,它不仅能用自己的权力制服人民,而且能利用人民的习惯驾驭人民。它先把人民彼此孤立起来,然后再个个击破,使他们成为顺民。"虽然托克维尔认为这两种集权会相互帮助、相互吸引,但他绝不认为它们是不可分离的,他想要的是政府集权而不要行政集权,"至于我个人,我绝不能设想一个国家没有强大的政府集权会生存下去,尤其是会繁荣富强。但我认为,行政集权只能使它治下的人民委靡不振,因为它在不断消磨人民的公民精神。"参见[法]托克维尔:《论美国的民主》(上),董果良译,商务印书馆1989年版,第106—107页。

① 对此,托克维尔有一段精彩的陈述:"如果读过我的这本书之后,断定我写此书的意图,是让已经具有民主的社会情况的国家全都仿效英裔美国人的法制和民情,那他就大错特错了。这样的读者只注意到我的思想的外表,而没有认识我的思想的实质。我的目的,是想以美国为例来说明:法制,尤其是民情,能使一个民主国家保持自由。但我绝不认为,我们应当照抄美国提供的一切,照搬美国为达到它所追求的目的而使用的手段,因为我不是不知道,一个国家的自然环境和以往经历,也对它的政治制度发生某种影响;而且,如果自由要以同样的一些特点出现于世界各地,我还觉得那是人类的一大不幸。"但托克维尔更重要的意图则在于:"如果我们不逐渐采用并最后建立民主制度,不向全体公民灌输那些使他们首先懂得自由和随后享用自由的思想和感情,那么,不论是有产者还是贵族,不论是穷人还是富人,谁都不能独立自主,而暴政则将统治所有的人。我还可以预见,如果我们不及时建立绝大多数人的和平统治,我们迟早要陷于独夫的无限淫威之下。"参见[法]托克维尔:《论美国的民主》(上),董果良译,商务印书馆1989年版,第402页。

② 虽然托克维尔是将法国看作贵族社会并将美国看作是民主社会,但联系托克维尔的具体研究,我们还是应该将它们看作是一种纯粹类型,就像熊彼特的税收国家那样,它们不是对现实的简单描述,而是对现实的大胆抽象,并承载了与之相应的价值与理念。

③ 正如托克维尔在《论美国的民主》的"绪论"中所指出的,"我自信,我在美国看到的超过了美国自身持有的。我所探讨的,除了民主本身的形象,还有它的意向、特性、偏见和激情。我想弄清民主的究竟,以使我们至少知道应当希望它如何和害怕它什么。"参见[法]托克维尔:《论美国的民主》(上),董果良译,商务印书馆1989年版,第17页。

停滞与沦丧以及与之相伴随的舆论暴政等弊端,但他还是坚信平等的正义性并有可能在此基础上建立高尚而繁荣的社会①。托克维尔的坚信并非盲目乐观②,他将条件赋予给了一国国民自己的选择,即:"现代的各国将不能在国内使身份不平等了。但是,平等将导致奴役还是导致自由,导致文明还是导致野蛮,导致繁荣还是导致贫困,这就全靠各国自己了。"③托克维尔将希望寄托在民情即基于权利的正义观上,它由社会正确的道德选择和自由思想所确立④。西登托普在其《托克维尔传》中很好地总结了托克维尔的重要结论所凸显的方法特征及其意义,即:"托克维尔采用的关注社会状况和个人意图之间的互动的研究方法,以及他对自由事业的热心,对后来社会思想的发展可能都产生了深远的影响……托克维尔的方法提供了超越实证论和理念论、'原因'和'理由'之争的途径——这一困境由德国哲学传统做了最精确的揭示。"⑤

路易·拿破仑的崛起和政变使托克维尔离开了他钟爱的公共生活并重新投入到对法国大革命的研究中。托克维尔认为路易·拿破仑重建的国家机器是旧制度下中央集权制度和观念的回归,这和他所期望的分权化选择背道而驰,因此,

---

① 托克维尔认为,"平等也许并不怎么崇高,但它却是非常正义的,它的正义性使它变得伟大和美丽",所以基于对民主社会的全面分析,托克维尔在矛盾中还是坚定地选择了民主国家,他说道:"我既感到恐惧又怀有希望。我看到一些严重的危险,但觉得可以排除;我看到一些重大弊端,但认为能够避免或抵制。因此,我越来越坚信,民主国家只要愿意干,还是能够建成高尚而繁荣的社会的。"参见[法]托克维尔:《论美国的民主》(下),董果良译,商务印书馆 1989 年版,第 963、964 页。

② 应该说,托克维尔的《论美国的民主》始终坚持了辩证地对民主社会下各个方面的社会状况进行批判性分析,提出了很多深刻的洞见或警言警句。如在谈到我们不能因为不会再发生像蛮族入侵罗马那样的事件就相信我们的文明不会灭亡时,托克维尔强调说:"绝不要以为蛮族离我们尚远而高枕无忧,因为如果说有的民族曾任凭异族将文明的火把从自己的手中夺走,那么,有的民族也曾用自己的脚踏灭过文明的火把。"参见[法]托克维尔:《论美国的民主》(下),董果良译,商务印书馆 1989 年版,第 620 页。

③ [法]托克维尔:《论美国的民主》(下),董果良译,商务印书馆 1989 年版,第 965 页。

④ 在 1831 年 12 月 4 日致伊波利特的信中,托克维尔自问道:"我们生活在一个转变的时代,这是最明显的事实。但我们是走向自由,还是走向专制呢?"其回答是:"我认为,我的希望还是比恐惧多。我觉得,在我们所处的混乱之中,能看到一个无可争辩的事实:这就是,四十年来,我们已经在自由思想的实际理解方面取得了巨大进步。无论是民族还是个人,他们在了解如何行动之前,都需要接受自由思想之教育。我们的这一教育事业在前进,对此我不能怀疑。"参见[法]托克维尔:《政治与友谊:托克维尔书信集》,黄艳红译,上海三联书店 2010 年版,第 33—34 页。

⑤ [英]西登托普:《托克维尔传》,林猛译,商务印书馆 2013 年版。

为了理解法国大革命的这一后果,就必须研究旧制度及其与大革命的关系。在托克维尔看来,1789年大革命将法国的过去与未来分隔开来,法国人要建立一个新天地,因而非常警惕将过去的东西带入,但结果却是,他们不仅在不知不觉中运用旧制度的一切来摧毁旧制度,甚至还利用它来建设新社会①。基于对自由价值的坚定信仰②,托克维尔既激烈地批评了18世纪中叶时法国的文人作家趋向于各自以理性为唯一依据来勾画出崭新的蓝图以重建当代社会,也激烈地批评了18世纪法国人的非宗教倾向成为普遍占上风的激情,还激烈地批评了重农学派幻想依靠一个唯一的、拥有无限权力的政府来改变社会形式③,认为正是它们造成了上述法国大革命悖论的存在。托克维尔在这里实际上是严厉批评了法国启蒙运动因对理性的过度崇拜而沉迷于普遍理论和虚构社会——在那里,"一切显得简单、协

---

① 托克维尔在《旧制度与大革命》的"前言"中概括了这种矛盾,也就是那些在1789年的最初时期"对平等和自由的热爱共同占据着他们的心灵"的人,"不仅想建立民主的制度,而且要建立自由的制度;不仅要摧毁各种特权,而且要确认各种权利,使之神圣化",但最后结果却事与愿违。因此,他所要研究并说明的问题是:"同样是这些法国人,由于哪些事件,哪些错误,哪些失策,终于抛弃了他们的最初目的,忘却了自由,只想成为世界霸主的平等的仆役;一个比大革命所推翻的政府更加强大、更加专制的政府,如何重新夺得并集中全部权力,取消了以如此高昂代价换来的一切自由,只留下空洞无物的自由表象;这个政府如何把选举人的普选权标榜为人民主权,而选举人既不明真相,不能共同商议,又不能进行选择;它又如何把议会的屈从和默认吹嘘为表决捐税权;与此同时,它还取消了国民的自治权,取消了权利的各种主要保障,取消了思想、言论、写作自由——这些正是1789年取得的最珍贵、最崇高的成果——而它居然还以这个伟大的名言自诩。"参见[法]托克维尔:《旧制度与大革命》,冯棠译,商务印书馆1992年版,第32—33页。

② 托克维尔关于如何对待自由的观点特别值得较为完整地引用:"我也不相信真正的对自由的热爱是由于人们只见到自由带来的物质利益;因为这种看法常常使人模糊。的的确确,对于那些善于保持自由的人,自由久而久之总会带来富裕、福利,而且常常带来财富;但有些时候,它暂时使人不能享受这类福利;在另些时候,只有专制制度能使人得到短暂的满足。在自由中只欣赏这些好处的人,从未长久保持自由。多少世代中,有些人的心一直紧紧依恋着自由,使他们依恋的是自由的诱惑力、自由本身的魅力,与自由的物质利益无关;这就是在上帝和法律的唯一统治下,能无拘无束地言论、行动、呼吸的快乐。谁在自由中寻找自由本身以外的其他东西,谁就只配受奴役。"参见[法]托克维尔:《旧制度与大革命》,冯棠译,商务印书馆1992年版,第202—203页。

③ 国内一些研究者着力证明法国重农学派与中国的渊源,但托克维尔特别批评了重农学派以中国作为其心中的政府典范完全是由于无知导致的,即:"我毫不夸张地说,没有一个人在他们著作的某一部分中,不对中国倍加赞扬。只要读他们的书,就一定会看到对中国的赞美;由于对中国还很不了解,他们对我们讲的尽是些无稽之谈。被一小撮欧洲人任意摆布的那个虚弱野蛮的政府,在他们看来是可供世界各国仿效的最完美的典范。"参见[法]托克维尔:《旧制度与大革命》,冯棠译,商务印书馆1992年版,第198页。

调、一致、合理,一切都合乎理性"①,其结果就是以激进革命来代替渐进改革、以专制代替民主并最终牺牲了自由②。

托克维尔在《旧制度与大革命》中延续了其在《论美国的民主》中所关注的基本问题,也延续了其在《论美国的民主》中的主要思想和研究方法,但《论美国的民主》更像是《旧制度与大革命》的铺垫,因为正是通过以美国和英国为背景对法国大革命的后果进行历史比较研究,托克维尔论证了建构理性对一个平等化的民主社会未来走向的重大影响,这应该也是学界对法国启蒙运动中建构理性泛滥的最早也是最为有力的批评。托克维尔的研究在 Himmelfarb 于 2005 年出版的《现代化之路:英国、法国与美国的启蒙运动》中得到积极回应,Himmelfarb 在该书中将英国工业革命、法国大革命和美国独立战争及其结果进行了历史比较研究,从而将英国、法国和美国的启蒙运动的特质分别概括为美德的社会学(the sociology of virtue)、理性的意识形态(the ideology of reason)和自由的政治(the politics of liberty),其中,自由的政治在 Himmelfarb 看来"在某种意义上只是美德的社会学的必然结果"③。可以说,Himmelfarb 对启蒙运动的研究进行了修正,从而既使启蒙运动更加英国化,也使英国启蒙运动更具包容性,其基本要求就是在承认人的理性有限的基础上强调自由和美德的并举,而这也正是托克维尔曾经得出的主要结论④。

---

① [法]托克维尔:《旧制度与大革命》,冯棠译,商务印书馆 1992 年版,第 181 页。

② 托克维尔曾明确地指出:"人们研究法国革命史就会看到,大革命正是本着卷帙浩繁的评论治国的抽象著作的同一精神进行的:即本着对普遍理论,对完整的立法体系和精确对称的法律的同一爱好;对现存事物的同样蔑视;对理论的同样信任;对于政治机构中独特、精巧新颖的东西的同一兴致;遵循逻辑法则,依据统一方案,一举彻底改革结构,而不在枝节上修修补补的同一愿望而进行的。这是何等骇人的景象!因为在作家身上引为美德的东西,在政治家身上有时却是罪恶,那些常使人写出优美著作的事物,却能导致庞大的革命。"参见[法]托克维尔:《旧制度与大革命》,冯棠译,商务印书馆 1992 年版,第 182 页。

③ Himmelfarb, G. (2005). *The Roads to Modernity: The British, French, and American Enlightenments*. Vintage Books, p. 198.

④ 福山在《信任:社会美德与创造经济繁荣》一书中所阐明的应该也是这一基本主张。福山在强调了人的自由的重要性时也强调了社会资本的重要性及其与文化的关系,即"社会资本根植于文化,它是信任的熔炉,是一个经济体健康与否的关键",而"文化中最为重要的部分和人们吃饭或梳妆的习惯无关,而是关于社会用以规范其成员行为的伦理准则——也就是哲学家尼采所为的一个人群的'善与恶的语言'。无论文化怎么变化多样,所有的文化都企图通过建立不成文的道德准则来限制人性中赤裸的自私性。"参见[美]福山:《信任:社会美德与创造经济繁荣》,郭华译,广西师范大学出版社 2016 年版,第 35、37 页。

也就是说,托克维尔这位具有深厚贵族情结的伟大研究者,基于自己对美国、英国和法国的观察和研究,最终坚定地抛弃了法国启蒙运动的理性幻想而自觉地拥抱了英国启蒙运动传统①。实践不在于追求一个完美的社会,而在于确保一个能为人所承受并能给人带来更多自由的社会②,这可以看作是托克维尔为一个平等化的民主社会该怎样来进行治理才能确保人类的自由、正义与社会的繁荣这个基本问题所提供的最为重要的解答。

托克维尔所关注的基本问题正是近现代以来从传统社会向现代社会转型即现代化所面临的基本问题,启蒙运动是我们思考这一基本问题的认知背景。启蒙运动虽然作为一个历史性事件已经结束,但其过程却仍在延续,不仅因为启蒙运动关涉的是人的自我发现与决断即人的自由这一伴随人类命运始终的最为重要的基本哲学命题,而且启蒙运动所反对的人的愚昧、偏见和压迫等也是人类在追求自由中始终面临的实践困境,正如 Himmelfarb 在其研究的最后所提醒我们,我们都"仍然在关于人性、社会和政治的真理和谬误、假设和信念中挣扎,而这些真理和谬误正是英国道德哲学家、法国哲学家和美国建国者所实践的"③。托克维尔和 Himmelfarb 等的研究也提醒我们,启蒙运动有不同的传统,它们虽然对于将人从传统等级制等束缚下解放出来以建立人的平等身份和平等意识具有相

---

① 对于英国和美国启蒙运动及其社会效果,各种研究包括托克维尔的研究,自然都带有理想化的成分,实际上这一过程也是充满斗争与曲折的,对于启蒙运动过程及启蒙思想的影响,可参见[美]伯恩斯:《启蒙:思想运动如何改变世界》,祝薪闲译,文汇出版社 2019 年版。

② 在 1831 年致斯托菲尔的信中,托克维尔实际上是通过回顾了自己的心路历程来对斯托菲尔进行劝诫。托克维尔认为斯托菲尔因生活在一个幻想的世界中并因现实与幻想的差距而悲伤沮丧,他开导说:"生活既不是非常美好,也不是很坏,而是某种由好坏两方面所混合的中等事物。不应对它有过多的期待,亦不应对它有过多的恐惧,而应努力把它看作既不令人厌恶也不让人狂热的东西,看作是一个既非人所创造也非人所能终止,重要的是使之变得能为人承受的不可避免的事实。"同时,托克维尔在信中也坦诚,他也曾拥有强烈的激情去追求无限的幸福,并且还有一种少年时的空想,那就是"当我开始思考时,我曾认为这世界上满是已经被证明的真理,所要做的只是去好好观察和认识它们",但认真的思考却让他发生了改变,即"当我试图对事物进行认真的思考时,我发现的只是些纠缠不清的疑惑",而这一发现让托克维尔自己感到恐惧并与这种疑惑进行了激烈的思想交锋,最终,托克维尔终于相信:"追求绝对的、可以论证的真理,就像追求完美的幸福一样,是一种不可能成功的努力。"参见[法]托克维尔:《政治与友谊:托克维尔书信集》,黄艳红译,上海三联书店 2010 年版,第 33—34 页。

③ Himmelfarb, G.（2005）. *The Roads to Modernity: The British，French，and American Enlightenments*. Vintage Books, p. 235.

似的作用,但其带来的"革命后果"却可能是迥异的,甚至与启蒙运动的初衷背道而驰。托克维尔所关注的基本问题及其深刻洞见为我们重回托克维尔并关注不同启蒙运动传统及其影响提供了坚实的理由,而且,托克维尔在进行这些比较研究时,其一个鲜明的思想特色是将财政要素始终作为机制与原因分析中的一个核心因素来考虑①,也正因为如此,托克维尔可以被认为是财政社会学的重要先驱。

托克维尔在 19 世纪中叶基于英国、美国和法国的历史比较研究选择了倾向于英国启蒙运动传统,马克思在青年时期深受法国启蒙思想和德国启蒙运动中青年黑格尔派的影响,但在 1850 年代后在对英国古典政治经济学的深入研究中也更加倾向于英国启蒙运动传统②,而 Himmelfarb 在一个半世纪以后基于英国、美国和法国的历史比较研究仍然选择了赞赏英国运动启蒙传统,其背后所主张的实

---

① 这在《旧制度与大革命》中表现得更为明显,比如托克维尔在谈到英国和法国为什么从邻近点出发但最终却走向不同结局的问题时就将原因主要归为"无纳税人同意不得征税"这句格言是否在实践中得到持续的遵从,"14 世纪,'无纳税人同意不得征税'这句格言在法国和在英国似乎同样牢固确定下来。人们经常提起这句话:违反它相当于实行暴政,恪守它相当于服从法律。在那个时代,正如我说过的,法国的政治机构和英国的政治机构存在许多相似之处;但是后来,随着时间的推移,两个民族的命运彼此分离,越来越不同。它们就像两条线,从邻近点出发,但沿着略有不同的倾斜度伸展,结果两条线越延长,相隔越远。我敢断言,自国王约翰被俘、查理六世疯癫而造成长期混乱、国民疲惫不堪之日起,国王便可以不经国民合作就确定普遍税则,而贵族只要自己享有免税权,就卑鄙地听凭国王向第三等级征税;从那一天起便种下了几乎全部弊病与祸害的根苗,它们折磨旧制度后期的生命并使它骤然死亡。我很赞赏科米内这句具有远见卓识的话:'查理七世终于做到了不需各等级同意便可任意征派军役税,这件事成为他和他的后继者心上沉重的负担,并在王国身上切开一道伤口,鲜血将长期流淌。'"参见[法]托克维尔:《旧制度与大革命》,冯棠译,商务印书馆 1992 年版,第 136—137 页。
② 马克思的思想尤其是他在《资本论》中所表述的政治经济学思想,必须在启蒙运动思想特别是英国启蒙运动思想的背景下才能得到很好的理解。在《启蒙:思想运动如何改变世界》中,伯恩斯曾指出,马克思在 1867 年出版的《资本论》是一部"对启蒙运动的批判方法与经验主义有着里程碑意义的著作",并特别提到,马克思"按照弗朗西斯·培根所赞许的做法不知疲倦地采集各类事实与数据,近距离观察工业及其生产条件。他尤其关注自己生活了三十余年的伦敦的工业生产状况。他曾长期待在大英博物馆,整理枯燥乏味的经济统计数据,研读洛克、休谟以及亚当·斯密等人的启蒙思想。这些研究工作最终融入他自己的著作当中,其中最引人注目的莫过于他对资本主义生产及劳动剥削的大规模研究。1867 年,《资本论》第一卷出版,这是一部分史诗般的详尽著作,若借用启蒙运动的话来说,《资本论》可谓一部百科全书式的著作。"参见[美]伯恩斯:《启蒙:思想运动如何改变世界》,祝薪闲译,文汇出版社 2019 年版,第 7、334 页。

际上就是以亚当·斯密、休谟、孟德斯鸠和哈耶克等为代表的作为社会理论的自由主义①。根据我们前面的讨论，作为交换范式经济学和交换范式财政学的重要代表人物的亚当·斯密和休谟就是英国启蒙运动的主要代表，我们关于财政社会学所需要的人性论也主要借鉴于亚当·斯密和休谟的思想，而熊彼特在《税收国家的危机》中也正是以英国为典型案例来阐释和捍卫其税收国家原则的。因此，我们可以有较为充足的理由确定英国启蒙运动对于推动和维系现代化的重要性，作为社会理论的财政社会学应该以英国启蒙运动作为其主要的哲学基础并融合其他启蒙运动传统的合理成分。进一步地，对税收国家所承载的现代国家理念的阐释和捍卫所主要关注的应该就是 Himmelfarb 所提到的不同启蒙运动传统关于人性、社会和政治的真理和谬误、假设和信念的理解，这些问题并不是被完全证明的真理，而是充满疑惑，也在现实中被有意或无意加以扭曲或掩盖，需要在不同时代、不同国家、不同历史条件下不断地进行阐明和辨析，以更好实现启蒙运动所追求的理想、理念、实践与后果的协调统一。我们仍然必须靠我们自己去回答汉密尔顿在《联邦党人文集》第一篇的开头所提出的问题，即："人类社会是否真正能够通过深思熟虑和自由选择来建立一个良好的政府，还是他们永远注定要靠机遇和强力来决定他们的政治组织。"②

二、面向人工智能新时代：未来还需要财政社会学并坚持税收国家原则吗？

与从传统社会向现代社会转型相伴随的是技术与机器的不断迭代与突破，它们不断地改变并重塑人类生存与发展的社会条件。在《德意志意识形态》中，马克

①　邓正来在《哈耶克的社会理论——〈自由秩序原理〉代译序》中详细地分析了哈耶克的自由主义与其他自由主义的区别，也就是是否关注人作为社会存在的性质：哈耶克所批判的笛卡尔式唯理主义正是法国启蒙运动的传统，这是一种思辨的及唯理主义的自由理论传统，认为理性具有至上的地位；而哈耶克所主张的则是一种经验的且非系统的自由理论传统，认为个人理性受制于特定的社会生活进程。邓正来认为，哈耶克的重要贡献正是推进和发展了"一直被忽略的以亚当·福格森、孟德斯鸠、休谟、亚当·斯密、麦迪逊和托克维尔等古典自由主义思想家的洞见为基础的自由主义的社会理论传统"。参见邓正来：《哈耶克的社会理论——〈自由秩序原理〉代译序》，载［英］哈耶克：《自由秩序原理》（上），邓正来译，生活·读书·新知三联书店1997年版，第49页。
②　［美］汉密尔顿、杰伊、麦迪逊：《联邦党人文集》，程逢如、在汉、舒逊译，商务印书馆1980年版，第3页。

思参照亚当·斯密的经济学,主要基于创新生产方式和破坏人类生存形式这两个方面的事实强调了机器的社会历史意义①;而在《哲学的贫困》中,马克思则进一步强调了机器对于社会型构的价值,也就是技术的变化不仅会导致资本结构与社会存在的变化,还会导致社会存在中人的变化,也就是马克思所说的"手工磨产生的是封建主为首的社会,蒸汽磨产生的是工业资本家为首的社会"②。如果按照今天所流行的工业 4.0 的说法,马克思所说的"蒸汽磨"属于第一次工业革命所带来的机械化时期或工业 1.0 时代,之后人类社会又经历了工业 2.0 即电气化时代和工业 3.0 即自动化时代,现在正在朝工业 4.0 即智能化时代迈进。由人工智能、区块链、云计算和大数据等推动的数字经济全球化自然会使财政问题面临许多新的挑战,数字经济条件下的税收征缴也已经成为财政社会学新的重要研究课题。但一个更为重要和根本的问题则在于,如果说税收国家原则产生于机械化时代并在电气化和自动化时代彰显了自身的价值,那么它在智能化时代还有存在的必要性吗? 由于税收国家原则与自由竞争经济的内在逻辑联系,这个问题可以被看作是百年来经济学思想史中计划经济是否可行大论辩的延续,即人工智能时代计划经济是否可行?

无论是施瓦布的《第四次工业革命:转型的力量》,还是里夫金的《第三次工业革命:新经济模式如何改变世界》,都特别强调当前正在进行的新工业革命将给生产方式及人的社会生存方式带来系统性深层次变革,其能量、影响力和历史意义都不亚于已经发生的历次工业革命③。我们甚至可以说,无论就其创新发展速度还是创新传播速度而言,也无论是就其颠覆式创新还是创造性破坏而言,这场新工业革命都将呈现有过之而不及的力量。相较于施瓦布对技术和数字化对各个行业带来的变革以及不同学科和发现成果之间的协同与整合的重视,里夫金像马

---

① 马克思所说的社会历史意义具有全球视野,正如"如果在英国发明了一种机器,它夺走了印度和中国的无数劳动者的饭碗,并引起这些国家的整个生存形式的改变,那么,这个发明便成为一个世界历史性的事实。"参见[德]马克思、恩格斯:《德意志意识形态》,载《马克思恩格斯文集》(第 1 卷),人民出版社 2009 年版,第 583 页。

② [德]马克思:《哲学的贫困》(节选),载《马克思恩格斯选集》(第一卷),人民出版社 1994 年版,第 142 页。

③ 具体参见[德]施瓦布:《第四次工业革命:转型的力量》,李菁译,中信出版社 2021 年版;[美]里夫金:《第三次工业革命:新经济模式如何改变世界》,张体伟、孙豫宁译,中信出版社 2012 年版。

克思一样,更加关注这场新工业革命对社会型构与人的影响。里夫金认为,基于分散式的信息和通信技术与分散式的可再生能源的结合所形成的这场新工业革命将使人类社会"摆脱主导过去两个世纪的工业化经济发展模式,开创一种协作的生活方式",也即在经济史上完成从工业革命到合作革命的伟大转折。在里夫金看来,"如果说工业时代强调纪律和勤奋的价值,遵循自上而下的权威模式,注重金融资本、市场的运行机制以及私有财产关系的话,合作时代则更多看重创造、互动、社会资本、参与开放共享以及加入全球网络。"①按照里夫金的预测,这场新工业革命将在 2050 年达到顶峰,然后在本世纪的下半叶保持平衡状态。非常令人感兴趣并使里夫金区别于所有其他著名新工业革命预言家的是,里夫金认为新工业革命所创造的新的社会条件将使人们活着不是为了工作而是为了游乐,这就使亚当·斯密和萨伊等建立在牛顿力学隐喻上的经济学思想失效了。由于财政社会学与税收国家原则是以亚当·斯密及其开创的交换范式经济学为其经济学基础的,所以对新工业革命背景下未来是否还需要财政社会学并坚持税收国家原则的讨论可以先转换为对亚当·斯密所代表的交换范式经济学是否仍然有效的讨论②。

在亚当·斯密生活的那个时代,援引牛顿的名字和借用他的术语是一种常用的修辞手法。在不同时期的经济学思想史研究中,通常也都认为斯密发现经济一般规律的努力直接受到了牛顿成功发现自然运动规律的启发和影响③,但对于这种启发和影响的具体认识并不相同,甚至还是对立的。以我们对选择范式经济学和交换范式经济学的区分来说,是选择范式经济学采用了物理学类比,从而更接

---

① [美]里夫金:《第三次工业革命:新经济模式如何改变世界》,张体伟、孙豫宁译,中信出版社 2012 年版,第 274 页。

② 如果里夫金所说的一切都言之成理,那财政社会学与税收国家原则在未来就难以获得其存续与发展的条件,而且也正是因为里夫金是如此认真地讨论了斯密和萨伊的经济学思想来主张其未来社会设想,所以我们才能如此明确地进行问题转换。

③ 例如,Hetherington 就提出:"对《国富论》的充分理解和欣赏必须包括艾萨克·牛顿对斯密的影响。"参见 Hetherington, N. S. (1983). "Isaac Newton's Influence on Adam Smith's Natural Laws in Economics". *Journal of the History of Ideas*, Vol. 44, No. 3, p. 505. 再如 Skinner 认为,斯密的《道德情操论》和《国富论》"必须被视为斯密将这种牛顿方法首先应用于伦理学然后应用于经济学的有意尝试"。Skinner, A. S. (1974). "Adam Smith, Science and the Role of the Imagination". In Todd, W. B. (eds.). *Hume and the Enlightenment*. Edinburgh University Press, pp. 180—181.

近于以追求逻辑一致性和公理基础的牛顿方法,但斯密的经济学却是属于交换范式的。在 Redman 看来,斯密的方法与牛顿的方法在本质上是对立的,是斯密推崇牛顿方法的言论被后人误解了,这实际上鼓励了他永远不会赞同的曲解①。这种认识可以得到一些研究的支持,如 Thompson 在 1965 年发表的《亚当·斯密的科学哲学》一文中就认为斯密并不遵循严格的理性标准,"他既不愿意接受一致性的理性检验,也不愿意接受与观察到的事实相符的经验标准。"② Mitchell 认为斯密的结论,"主要是由(1)逻辑推理得出的,而逻辑推理的前提部分是由(2)对当代事实的观察,部分是由(3)历史调查,部分是由(4)关于人性的假设(通常是默认的)所提供的"③,这就既支持了 Redman 的主张,也支持了 Thompson 的判断。但我们无法回避的一个问题是,人们对牛顿的方法有不同的解读,Schofield 曾区分了培根主义版(Baconian)、莱布尼茨主义版(Leibnizian)和笛卡尔主义版(Cartesian)的"牛顿主义"(Newtonianisms),而牛顿本人的实际主张则不属于其中任何一个版本④。Montes 在 2008 年发表的《牛顿对亚当·斯密的真正影响及其语境》比较了法国和英国对牛顿方法的不同解读,并将其归因为两国不同的启蒙运动传统及其在自然科学观上的表现⑤,其最终结果就是:"如果说法国人采用

---

① Radman,D. A. (1993). "Adam Smith and Isaac Newton". *Scoffish Journal of Political Economy*,Vol. 40,No. 2,pp. 210—230.

② Thompson,H. F. (1965). "Adam Smith's philosophy of science". *Quarterly Journal of Economics*,Vol. 79,p. 219.

③ Mitchell,W. C. (1967). *Types of Economic Theory from Mercantilism to Institutionalism*,Vol. 1. Augustus M. Kelley,p. 816.

④ Schofield,R. E. (1978). "An Evolutionary Taxonomy of Eighteenth-Century Newtonianisms". *Studies in Eighteenth Century Culture*,vol. 7,pp. 175—192.

⑤ 法国遵循笛卡尔的理性传统,重视数学和抽象,并为法国启蒙运动所接受;英国依靠培根开创并为牛顿所发展的实验传统,重视现象和经验,并为苏格兰启蒙运动所吸收。这样从科学研究上来说,法国和英国启蒙运动的区别就体现在对待数学的不同认识上。Montes 认为,苏格兰启蒙运动传统更充分地理解了牛顿的基本思想,即数学是描述自然的工具,而不是现实的模型,牛顿的实际方法论偏离了现代经济学中占主导地位的实证主义解读,它包含了一个开放系统的概念,一个不断追求真理的过程,并且将解析的方法置于构成的方法之上(the method of resolution above composition),也就是说,就牛顿来说,对现象进行解释要比数学难多了。但笛卡尔教条主义在法国的科学议程中根深蒂固,他们所接受的牛顿主义具有典型的笛卡尔风格,强调科学探究的公理演绎性质,这也必然导致他们对牛顿遗产的实证解释。具体参见 Montes,L. (2008). "Newton's Real Influence on Adam Smith and Its Context". *Cambridge Journal of Economics*,No. 32,pp. 555—576.

了牛顿的惊人发现,并将其改编成一个可能导致瓦尔拉斯的不同方案的话,那么正是苏格兰人保留了对社会现象的现实主义和牛顿主义方法。凭借后见之明的好处(with the benefit of hindsight),法国人取得了胜利。成功的数学抽象产生了对世界的另一种看法。新古典经济学继承了这一观点,并以一种不同于真正的牛顿和斯密的方法论方法(a methodological approach)为基础。"①Montes 的这一结论,可以使我们基于对待牛顿主义的理解分歧及其背后的英法不同的启蒙运动传统来进一步理解选择范式经济学与交换范式经济学、选择范式财政学与交换范式财政学的差异,并进一步强化财政社会学及税收国家概念与英国启蒙运动传统之间的内在联系。

实际上,虽然苏格兰的哲学家们强调牛顿方法的重要性,但他们确实观察到了研究社会现象与研究自然现象在方法上的显著区别,亚当·斯密也正是在此基础上在《道德情操论》中对关于自然哲学体系和道德哲学体系的研究进行了明确区分,即与自然哲学体系可以看起来非常合理但完全远离真相不同,"一个预先倾向于解释我们道德情感起源的作者,不能如此严重地欺骗我们,也不能如此远离与真理的相似之处。"②据此,Redman 提出,斯密对牛顿方法的实际态度是,"牛顿方法必须以一种剥离了精确的数学-实验牛顿特征的方式来塑造和重新适应社会现象。"③如此看来,里夫金称"亚当·斯密等人希望用物理学的这种数学确定性来

---

① Montes, L. (2008). "Newton's Real Influence on Adam Smith and Its Context". *Cambridge Journal of Economics*, No. 32, p. 573.

② 亚当·斯密对此的完整表述是:"一个自然哲学体系可能看起来非常合理,在很长一段时间内在世界上非常普遍,但在自然界中没有基础,也与真理没有任何相似之处。在将近一个世纪的时间里,一个非常聪明的国家将笛卡尔的旋涡理论视为是对天体旋转的最令人满意的描述。然而,事实已经证明,全人类都坚信,造成这些奇妙后果的所谓理由不仅不存在,而且是完全不可能的,如果它们确实存在,就不会产生归因于它们的影响。但道德哲学体系的情况并非如此,一个预先倾向于解释我们道德情感起源的作者,不能如此严重地欺骗我们,也不能如此远离与真理的相似之处。当一个旅行者讲述某个遥远的国家时,他可能会把最毫无根据和荒谬的虚构作为最确定的事实强加给我们。但是,当一个人假装告诉我们附近发生了什么,以及我们所居住的教区的事情时,尽管我们也在这里,如果我们太粗心了,以至于不亲自检查这些事情,他可能会在很多方面欺骗我们,但他强加给我们的最大的谎言一定与真相有一些相似之处,甚至一定有相当多的真相。"参见 Smith, A. *The Theory of Moral Sentiments*. Edited by Haakonssen, K., Cambridge University Press, p. 370.

③ Radman, D. A. (1993). "Adam Smith and Isaac Newton". *Scoffish Journal of Political Economy*, Vol. 40, No. 2, p. 221.

论证其对市场经济的思考"①是完全误解了亚当·斯密对牛顿方法的借鉴,更不用说他认为亚当·斯密的经济学是希望借用牛顿的经典力学理论解释市场运行机制所犯的错误了②,这也就决定了他对牛顿力学的批评以及主张以热力学定律为基础来重建经济学理论与亚当·斯密的经济学是否合理是无关的③。也正因为未能真正理解亚当·斯密的经济学,同时也未能真正理解萨伊定律④,里夫金所主张的工业时代将终结以及我们将进入一个合作的时代的认识在亚当·斯密的经济学中是难以被理解的,更何况其对合作时代倡导是以对工业行为特征与合作行为特征的区分为条件的⑤,这一区分忽略了合作本身就是人类社会得以存在的一个基本条件并且合作本身也是一个不断演进与调整的过程⑥,而交换本身就是合作,

---

① [美]里夫金:《第三次工业革命:新经济模式如何改变世界》,张体伟、孙豫宁译,中信出版社 2012 年版,第 202 页。

② 里夫金对牛顿定律的批评表明他对亚当·斯密的经济学很可能只是"道听途说"或简单地将亚当·斯密的经济学等同于他所看到的主流经济学即选择范式经济学。里夫金称:"牛顿三大定律对帮助我们理解经济活动的本质并没有太大的帮助,也不足以支撑整个经济学理论的基础。实际上,牛顿三大定律误导了我们对经济的理解,因为牛顿力学是建立在相互独立的个体物质基础上,并没有考虑时间发展和过程的概念。"(参见[美]里夫金:《第三次工业革命:新经济模式如何改变世界》,张体伟、孙豫宁译,中信出版社 2012 年版,第 203 页。)但对亚当·斯密的经济学及其所属的交换范式经济学来说,时间与过程都是非常关键的。

③ 同样类似的是,一些人主张由于量子力学的出现,建立在牛顿力学基础上的经济学已经过时了,必须基于量子力学来重建经济学理论,其误解和错误同里夫金是一样的。

④ 必须承认,自萨伊定律被提出来后,萨伊定律之争就伴随着整个经济学思想的发展,限于篇幅,在此并不能进一步展开,只是指出,众多关于萨伊定律的不同解读恰恰表明了交换范式经济学和选择范式经济学的区别,正如它们对瓦格纳定律的不同解读一样。作为斯密理论的重要继承者和阐释者,萨伊显然也是属于交换范式经济学的。需要指出的是,里夫金同样是基于牛顿力学隐喻来理解萨伊定律的,并且很明确地是新古典经济学即选择范式经济学所重新阐释的萨伊定律,即除非受外力作用,否则经济将始终保持均衡。这种认识和属于古典政治经济学传统的萨伊定律本身的含义是不同的,但里夫金并未能识别古典政治经济学与新古典经济学在范式上的区别,而是将新古典经济学看作是对古典政治经济学的自然传承。

⑤ 里夫金的看法是,"如果说工业时代强调纪律和勤奋的价值,遵循自上而下的权威模式,注重金融资本、市场的运行机制以及私有财产关系的话,合作时代则更多地看重创造、互动、社会资本、参与开放共享以及加入全球网络",因此,"活着不仅仅是为了工作"就成为工业时代终结和合作时代开启的重要标志。参见[美]里夫金:《第三次工业革命:新经济模式如何改变世界》,张体伟、孙豫宁译,中信出版社 2012 年版,第 274 页。

⑥ 阿克塞尔罗德将合作定义为相互回报或"一报还一报",并基于个体自利假设和博弈论方法研究了合作的进化,并从中发现了一些社会结构如标记、信誉、管理和领地等对于合作进化的必要性。参见[美]阿克塞尔罗德:《合作的进化》,吴坚忠译,上海世纪出版集团 2007 年版。

市场经济则为无中心权威强迫下基于个体自利的合作及其进化提供了最有效的秩序。因此,面对亚当·斯密的经济学,里夫金只是重复了一个长期以来的错误做法,就像 Galbraith 曾指出的,《国富论》"与《圣经》和马克思的《资本论》一起,是连识字能力都成问题的人也认为他们可以在没有阅读的情况下进行引用的三本书之一"①。

    Redman 在 1993 年发表的《亚当·斯密与牛顿》一文中令人信服地论证了斯密的修辞所体现的对牛顿体系的几乎不加批判的接受、对牛顿术语的模仿及其在道德哲学和物理学之间思想的自由流动,实际上所体现的是在牛顿和亚当·斯密的时代关于科学的共识,那就是以一种非机械的方法来渐进地寻找秩序背后的力量,牛顿寻找决定行星运动的力量,而斯密寻找的的是决定经济秩序的力量,它们都是基于想像力的理论构建②。Montes 同样反对将牛顿的方法看作是机械的,即牛顿并不需要一种接触机制来解释引力的存在,因为在牛顿看来,引力真的存在就足够了。基于对牛顿实验哲学本质的再认识,Montes 将亚当·斯密所推崇的牛顿方法也就是 Redman 所说的关于科学的共识概括为一种科学现实主义方法,从而主张理论的进步是开放式的③,即:"将自己的发现作为一个过程的一部分……它允许进一步的科学进步。"④与牛顿基于万有引力解释观察到的自然现象类似,亚当·斯密以人的交换倾向来解释社会经济秩序,斯密虽然也不确定人的交换倾向的来源,但却将其排除在了研究之外,即:"这种倾向,是不是一种不能进一步分析的本然的性能,或者更确切地说是不是理性和言语能力的必然结果,这不属于我们现在研究的范围。"⑤对斯密来说,人的交换倾向是基于经验而归纳出的一个关于人性的基本假设,它和万有引力一样是真实存在的,可以同理心、自利等一起被选择用来最大限度地反映和解释现实世界。至于里夫金所说的同理心

---

①   Galbraith, J. K. (1987). *Economics in Perspective: A Critical History*. Houghton-Mifflin, p. 62.

②   参见 Radman, D. A. (1993). "Adam Smith and Isaac Newton". *Scoffish Journal of Political Economy*, Vol. 40, No. 2, pp. 210—230.

③   这就和选择范式经济学将牛顿的理论与一般均衡研究联系在一起,进而从封闭性角度来建构理论和理解现实的做法是相冲突的。

④   Montes, L. (2008). "Newton's Real Influence on Adam Smith and Its Context". *Cambridge Journal of Economics*, No. 32, p. 559.

⑤   [英]亚当·斯密:《国民财富的性质和原因的研究》(上),郭大力、王亚南译,商务印书馆 1972 年版,第 13 页。

会随着时代发生变化,他所指的也只是人性的社会维度和历史维度,但人性的自然维度包括人性中的交换倾向和掠夺倾向并无法消除,因此也无法据此得出亚当·斯密的经济学已经随着第三次工业革命而渐渐远去的结论。恰恰相反,按照里夫金所主张的第三次工业革命推动的分布式能源与分散式生产的组合将会使市场经济更有必要,因为分散式生产将进一步强化哈耶克所强调的知识的分散性以及竞争作为一个发现的过程的作用。从理论上说,一个使集中生产变得不必要的社会,可能正是市场经济能够更好发挥其协调作用以实现更好合作的社会。

在此,我们仍需要进一步讨论的问题是,作为这场新工业革命的核心技术,人工智能的发展及其应用是否会消除稀缺和竞争并使计划经济成为不可避免的选择。这一议题是 1930 年代计划经济可行性大辩论在计算机时代、信息时代和大数据时代重新兴起之后的自然延续①,泰格马克在《生命 3.0》中所关注的人工智能的快速发展,到底是会导致由上而下进行控制的极权主义还是会赋予个体更多自由的问题②也与这一议题密切相关。我们可进一步探讨的问题是,让泰格马克所担心的那种单极化的超级力量,是否能在人工智能时代支持计划经济的运转。尽管从社会和政治的角度来说,基于现有技术就可以做到广泛的信息收集和自上而下的控制③,但对于经济来说,它在不破坏启蒙运动以来所珍视的个体自由和社

---

① 在 1920 年代米塞斯以社会主义计算问题为名发起计划经济可行性大辩论并在 1940 年代因"二战"爆发和战后重建而不了了之后,兰格曾在 1950 年代认为 1930 年代大辩论争论的问题可以轻易得到解决了,Cottrell 和 Cockshott 在 1990 年代也以信息技术进步为依据重新论证计划经济的可行性,在 2010 年代大数据概念流行之后,又有研究者主张大数据时代计划经济可行了。

② 泰格马克对生命采取了一种极为宽泛的定义,并根据复杂程度将生命形式分为生命 1.0、生命 2.0 和生命 3.0 三个层次,其中,生命 1.0 对应的是发源于约 40 亿年前的生物阶段,是一个完全依靠进化的自然过程;生命 2.0 指的是大约 10 万年前由于人类诞生而产生的文化阶段,是一个人类可以重新设计自己的"软件"如学习语言、技能等来提高生命能力的阶段;生命 3.0 则是一个由人工智能重塑的科技阶段,在此阶段,生命摆脱了进化的约束,不仅可以重新设计自己的"软件",还能重新设计自己的"硬件"也就是生命有机体。泰格马克的一个重要观点是,人工智能的发展及其应用可能是人类历史上最好的事情,也可能是最坏的事情。参见[美]泰格马克:《生命 3.0》,汪婕舒译,浙江教育出版社 2023 年版。

③ 这是一个极具现实可能性的结果,泰格马克认为基于人工智能的新型监控技术为未来的独裁者提供了前所未有的希望,因为"即便只使用现有技术,一个全球性的极权主义国家也能监控地球上每个人的每次电话、电子邮件、网络搜索、网页浏览和信用卡交易记录,并通过手机定位和配有人脸识别功能的监控摄像头来监控每个人的行踪",并且,"即便是远低于人类水平的通用人工智能的机器学习技术,也可以高效地分析和处理这些庞大的数据,从而发(转下注)

会繁荣的条件下仍是可能的和可行的吗?

我们必须首先重新回到稀缺性问题,稀缺是经济问题得以产生的前提,也是经济问题持续存在的前提。在选择范式经济学和交换范式经济学中,稀缺的含义是有差异的。由于将个人的偏好和效用函数等视为给定并假设人是同质化的,所以在选择范式经济学中,稀缺仅仅意味着现有手段在满足现有需要上存在的不足,其所谓的稀缺主要是量的问题。但在交换范式经济学中,不仅个人的偏好和效用函数等不是给定的和同质化的,相反,它们是高度个人化的,并且会在人与人的互动中不断调整变化,它不仅包含量的问题,更包含质的问题,特别是随着量的问题的逐步解决,质以及质的差异性对于稀缺问题的理解来说也显得更为重要。同时,稀缺也并非限于现有手段在满足现有需要上的不足而言,而是更多指向未来,不仅需要会变,满足需要的手段也会因技术变革等而发生变化。这样,可以追问的问题是,面对泰格马克在《生命3.0》所说的情形时,即只要政策允许,人工智能驱动的技术是否可以很容易就能满足我们的基本需求,让人们过上一种"锦衣玉食、安居乐业、歌舞升平"的生活呢?

基于不同的经济学研究范式会有不同的回答。在选择范式经济学的视野下,人工智能将驱动生产力极大提升,因而是可能打破稀缺问题的限制,进而极大地压缩经济问题的存在空间,从而使计划经济成为可能。但对交换范式经济学来说,即使是基本的需求也不会是同质化的,计划经济虽然可能能够满足一定的差异化需要,但由于计划经济只适合于一个消除了稀缺性的确定性世界,这种差异化只能是已有范围内已经确定的差异化。但我们要看到的是,当人工智能将人从更多具体事务中解放出来后——这意味着人工智能的发展主要是服务于人而非单方面地取代人,其需求的多样性不是减少了而是会进一步增加,而在人工智能的帮助下,满足这些多样化需求的手段也会进一步增加。也就是说,在交换范式经济学的视野下,只要人类个体还关注自身的意义和目标,还是一个具有主观能动性的存在,那稀缺问题是永远难以在当下就被把握并被消除的,即使是在人工智能时代也不可能做到。

从选择范式经济学来说,人工智能时代实施计划经济在理论上是可能的,事

(续上注)现扰乱治安的可疑行为,让那些闹事者在对政府构成严重威胁之前就被处理掉",因此,"如果未来真有一个强大的政治势力决定实施这种全球性的1984式统治,他们会发现,根本无须做太多事情,只需要打开开关就行了,因为技术早已存在。"参见[美]泰格马克:《生命3.0》,汪婕舒译,浙江教育出版社2023年版,第258—259页。

实上,以往关于计划经济可行的论证也都主要是以选择范式经济学为基础的,如计划经济可行论的主要代表兰格(Oskar Ryszard Lange)用于论辩的主要依据就是瓦尔拉斯均衡理论。哈耶克在 1945 年发表的论文《知识在社会中的利用》中以知识是分散的以及那些关于特定时空的知识不可能被有效集中起来并传递给单一的头脑的论证为反驳计划经济可行论提供了最强有力的认识基础①,所以当 Cottrell 和 Cockshott 在 1990 年代以信息技术进步为依据重新发起计划经济可行性的论辩时,他们主要针对的就是哈耶克的这篇论文,其主要理由是哈耶克对信息的认识过时了,现代信息技术的发展使建立既平等又高效的计划经济成为可能②。从其行文来看,Cottrell 和 Cockshott 明确承认哈耶克对基于新古典经济学的计划经济可行论的批判,认为新古典经济学的缺陷在于个体偏好并不是给定"计划者"的,他们主张基于马克思主义经济学将真正的问题表述为让生产潜力与社会需要的模式相一致,而这里的社会需要模式是通过民主政治决定和消费者购买行为的总和表现出来的。但问题在于,Cottrell 和 Cockshott 不仅未能对他们所倡导的马克思主义经济学作出详细交待,其对经济问题的认识也完全是新古典经济学式的,是在特定的区间寻求最优点,这就完全是在选择范式经济学的视野下来考虑问题了。也就是说,Cottrell 和 Cockshott 实际上还是陷入了布坎南在 1964 年发表的论文《经济学家应该做什么?》中所认为的以资源配置理论为中心的经济学即选择范式经济学所关注的技术问题而难以自拔,几乎未能真正触及哈耶克和布坎南等所认为的由不确定性导致的经济问题。另外,与科斯在 1937 年发表的《企业的性质》一文一样③,Cottrell 和 Cockshott 也将大型企业的计划等同于

---

① 参见 Hayek, F. A. (1945). "The Use of Knowkedge in Society", *The American Economic Review*, Vol. 35, No. 4, pp. 519—530.

② 参见 Cottrell and Cockshott(1993). "Calculation, complexity and planning: the socialist calculation debate once again". *Review of Political Economy*, Vol. 5, pp. 73—112; Cockshott and Cottrell(1997). "Information and Economics: A Critique of Hayek". *Research in Political Economy*, Vol. 16.

③ 一个很少被关注到的事实是,科斯的《企业的性质》也是一篇参加 1930 年代计划经济可行性大辩论的文献,科斯的心中深层的心智模式仍是新古典经济学或选择经济范式的,所以他也无法区分企业之计划与计划经济之计划。关于科斯的具体观点参见 Coase. (1937). "The Nature of the firm". Economica, Vol. 16, No. 4, pp. 386—405;[美]威廉姆森、温特主编《企业的性质》,中译本,姚海鑫、邢源源译,商务印书馆 2010 年版;[美]科斯:《企业、市场与法律》,盛洪、陈郁译校,格致出版社、上海三联书店和上海人民出版社 2014 年版。

计划经济之计划,但实际上,他们所称的制定计划的大型资本主义企业恰恰是处在市场环境之中的。因此,基于技术进步条件下的计划经济可行论仅仅在选择范式经济学的术语与特定的假定条件下才能在理论上得以确立,这也是哈耶克当年参与计划经济大辩论时所承认的,即:"'从理论上讲',解决办法总是可以想见的。"①

几乎不用考虑实际,只要我们脱离选择范式经济学所关心的资源配置最优这个狭义的领域,进一步从社会的角度将经济与政治等综合起来考虑,则其计划经济可行论的主张马上就将陷入理论困境。如果 Cottrell 和 Cockshott 的论证是有效的,即从信息技术的进步来看,对分布式信息的提取与整理完全可能并且成本低廉,那么不仅市场经济是不需要的,连民主政治也是不需要的,因为民主政治也不过是一种收集和处理信息的方式。这就显然与作者自己关于让生产潜力与社会需要的模式相一致这个真正的问题的界定相矛盾了,而其最后的实践结果可能就是泰格马克在《生命 3.0》中所担心的极权主义的出现,这也正是哈耶克在《通往奴役之路》中所阐明的内在逻辑,即如果想像驾驭自然力量那样驾驭社会力量,那是错误的,"这不仅是一条通向极权主义的道路,而且是一条通向我们文明的毁灭的道路,一条必然阻碍未来进步的道路。那些提出这些要求的人,恰恰是通过他们的要求表明他们尚未了解光是维护我们的既得成果,我们得在何等程度上依赖非人为力量对个人的努力所起的协调作用。"②

泰格马克在《生命 3.0》中仔细地讨论了人工智能可能带来的各种后果(见表9.3.1)并认为可以基于它来进一步拓展可能性的范围,其中就包括多种与启蒙运动以来人类所追求的目标相违背的情形,但我们还是应该像凯文·凯利在《5 000 天后的世界》中所表明的那样,秉持一种乐观主义的态度,认识到人工智能是一项帮助我们扩展无限可能的科技,它在引发各种各样的新问题的同时又孕育着新的可能。在凯文·凯利看来,对于人工智能的应用,我们没有选择的自由,"我们只是在如何推进这个维度上有选择的余地,而且根据选择不同,结果也会大不相同。"③据此,凯

① ［英］哈耶克:《社会主义的计算(二):辩论的状况》,载［英］哈耶克:《个人主义与经济秩序》,邓正来译,生活·读书·新知三联书店 2003 年版,第 217 页。

② ［英］哈耶克:《通往奴役之路》,王明毅、冯兴元等译,中国社会科学出版社 1997 年版,第195 页。

③ ［美］凯文·凯利著,［日］大野和基编《5 000 天后的世界:AI 扩展人类无限的可能性》,潘小多译,中信出版集团 2023 年版,第 4 页。

文·凯利主张,"只有能想象出美好明天的人,才更有可能实现它。这就是某种能动的想象力。"①凯文·凯利的一个重要设想是,人工智能催生的镜像世界仍是一个资本主义的世界,而平台将成为未来人工智能时代经济的关键,"报酬递增"和"赢者通吃"之类的法则也因此而不可能消失。凯文·凯利认为,平台是一个既不同于公司又有别于政府并兼具营利性组织和非营利性组织特征的扁平化的新的组织形式,而在平台间竞争中起重要作用的"赢者通吃"法则,"就是通过构建环境而产生全新的标准,而数以千万计的企业在这一标准上应运而生"②。无论是新的标准的产生,还是在此标准上新产生的数以千万计的企业及其运作,都必须依靠创新和竞争——它们正是熊彼特所理解的资本主义的重要功能与特征,也许正因为如此,凯文·凯利并不认为人工智能时代会是一个全新的社会,而是认为平台的不断发展与不断壮大最终所形成的是未来的资本主义形态。

表 9.3.1　人工智能可能带来的后果总汇

自由主义乌托邦	由于大家都尊重产权,人类、赛博格、上传者和超级智能才会和平共处
善意的独裁者	每个人都知道人工智能控制着社会,并执行着严苛的规则,但大多数人认为这是一件好事
平等主义乌托邦	由于废除了产权制度和收入保障政策,人类、赛博格和上传者和平共处
看门人	一个超级智能创生的目标是,在必要时减少干预,以防止产生另一个超级智能。结果,智力低于人类的助手机器人比比皆是,而且还存在人类与机器相结合的赛博格,但技术的进步遭到了永远的桎梏
守护神	从本质上来说,全知全能的人工智能只对人类进行很少的干涉,以致让人类觉得自己的命运还是掌控在自己手中,以此来最大化人类的幸福感;同时,人工智能隐藏得很好,许多人甚至怀疑人工智能是不是真的存在
被奴役的神	一个超级智能被困于人类的控制之下,用来生产难以想象的技术和财富。这些技术和财富可能被用来做好事,也可能被用来做坏事,这取决于谁处于控制地位
征服者	人工智能掌管了世界。它认为,人类是一种威胁,是讨厌鬼,是对资源的浪费,所以决定用一些人类无法理解的方式来消灭人类

---

① ［美］凯文·凯利著,［日］大野和基编《5 000 天后的世界:AI 扩展人类无限的可能性》,潘小多译,中信出版集团 2023 年版,第 140 页。

② ［美］凯文·凯利著,［日］大野和基编《5 000 天后的世界:AI 扩展人类无限的可能性》,潘小多译,中信出版集团 2023 年版,第 22 页。

后裔	人工智能虽然取代了人类,但其允许我们从容优雅地退出历史舞台,让我们把它们视为值得称道的后裔,就像父母为子女比自己聪明而感到高兴和骄傲一样,虽然子女向父母学习了很多,但它们取得了父母做梦都想不到的成就,即使父母活不到亲眼目睹的那一天
动物管理员	无所不能的人工智能还在身边留着一些人类,这些人类感觉自己就像动物园里的动物一样,悲叹着自己的命运
1984	向超级智能前进的技术进步被永久地销毁了,但并不是被人工智能所销毁,而是被人类领导的奥威尔式监控国家所销毁。在这些国家中,某些人工智能研究被严格禁止
逆转	社会倒退回阿米什人生活的那种风格的"前技术社会"(pretechnological society),阻止了技术向超级智能前进的步伐
自我毁灭	超级智能从未创生,因为人类用其他方法将自己毁灭了,比如,核战争或环境危机外加生物技术造成的破坏

资料来源:[美]泰格马克:《生命3.0》,汪婕舒译,浙江教育出版社2023年版,第219—220页。

但资本主义一词确实容易引起太多的误解,除资本主义本身的多样性和众多定义①之外,绝大部分人在使用这个概念时都没有给予其一个清晰可辨的定义②,但一旦给予一个清晰的定义后马上就面临定义失效的问题③。对资本主义与市场经济之间的关系也有不同的认识,除通常所说的"等同论"外,还有"包含论"和"区

---

① 布罗代尔专门研究了"资本""资本家"和"资本主义"三个词的起源及其含义,其中,"资本"大概出现于12—13世纪,"资本家"大概产生于17世纪中叶,"资本主义"的出现则要到18世纪中叶,各种使用含义都不相同,只是到了20世纪初,"资本主义"这个词才作为社会主义的天然反义词。参见[法]布罗代尔:《十五至十八世纪的物质文明、经济和资本主义》(第二卷 形形色色的交换),顾良、施康强译,商务印书馆2017年版。

② 比如就像科利尔在《资本主义的未来》这样一本书中也未见其对资本主义下定义,只是提到,"作为经济学家,我知道资本主义的核心——分散的、以市场为基础的竞争,是实现富裕的唯一途径。"(参见[英]科利尔:《资本主义的未来》,刘波译,上海三联书店2020年版,第27页。)所以他基于道德重建对资本主义未来的讨论也只是关注到资本主义的某个侧面。

③ 以某种特征和制度来定义资本主义虽然也是一种常见的做法,比如用所有制来定义,但实践中这些内容也都是不断在发生变化的,正因为如此,克罗斯兰在1950年代出版的《社会主义的未来》的第二章的标题就为"这还是资本主义吗?"由于他将资本主义"特指具有英国在19世纪30年代到20世纪30年代间的基本社会、经济和意识形态特征的社会",所以他在分析了英国的社会变迁后所得出的一个肯定结论是,"1956年的英国不再是这样的社会了。因此,对于'这还是资本主义吗?'这一问题,我的回答是'不'。"参见[英]克罗斯兰:《社会主义的未来》,轩传树、朱美荣、张寒译,上海人民出版社2011年版,第39页。

别论"。在《资本主义的本质》一书中,霍奇森认为市场经济被包含在资本主义之中,他强调"资本主义不可能在原则上是一个百分之百的市场体制"以及"资本主义不可避免地意味着对市场和商品交换范围的限制"①。为什么会是这样呢? 霍奇森认为,"只有通过完全奴役劳动力的供应者,让他们非人化,才能得到完全的市场","资本主义的诞生受到个人在法律面前的自由和平等这种启蒙运动思想的激励"②。霍奇森为了给资本主义这个概念提供辩护,将我们对市场经济的认识颠倒过来了,但这并不具有合理性。与之相反,布罗代尔不仅反对那种资本主义"体系"会自上而下地贯穿整个社会的认识,还主张将资本主义与市场经济二者明确区分开来,即"形形色色的资本主义与'市场经济'之间存在着毋庸置疑的区别",而"我们若毫无保留地接受市场经济和资本主义的区分,就能避免政治家必定向我们建议的极端立场"③。这显然是一种更值得进一步探讨的区分,而且在此基础上我们还可以进一步探讨人工智能时代可能带来的资本主义与市场经济关系的改变。

布罗代尔不仅提出要区分资本主义和市场经济,还将这一区分包含进他通过历史确认的经济层次的"三分法",并认为这既是一个适用于现时的模式,也是一种破译现时密码的格式:其上层是资本主义,以大型企业和垄断为主要特征;中层是市场经济,以中小企业和竞争为主要特征;最下层则是被上层资本主义和中层竞争领域所放弃的部分,以脱离市场和不受国家监督为主要特征④。布罗代尔高度重视市场经济因竞争而产生的巨大创造力及其重要的社会功能,即:"市场的创造力对经济不仅是一种基本的富源,而且是当经济遇到危机、战争和严重故障而需要实行结构变革时的一条退路。作为经济大厦的底层,市场没有机构臃肿和运转不灵的毛病,而是始终能够随机应变;市场是一切经济活动的源泉,各种应急的、革新的办法都首先从这里出现。"⑤但在现时

---

① [英]霍奇森:《资本主义的本质:制度、演化和未来》,张林译,格致出版社、上海三联书店、上海人民出版社 2019 年版,第 326、327 页。

② [英]霍奇森:《资本主义的本质:制度、演化和未来》,张林译,格致出版社、上海三联书店、上海人民出版社 2019 年版,第 327 页。

③ [法]布罗代尔:《十五至十八世纪的物质文明、经济和资本主义》(第三卷:世界的时间),顾良、施康强译,商务印书馆 2017 年版,第 798、803 页。

④ 布罗代尔之所以在资本主义与市场经济之外再加了经济的第三层次,是因为市场经济并没有包含所有被资本主义所放弃的领域,而这一部分根据相关的研究,其比重甚至可以占到全部经济活动的 30%～40%。

⑤ [法]布罗代尔:《十五至十八世纪的物质文明、经济和资本主义》(第三卷:世界的时间),顾良、施康强译,商务印书馆 2017 年版,第 802—803 页。

的经济模式中,最好的发现后来总归会落到资本家的手里,所以布罗代尔谋求"把为一个统治集团独占的经济利益转为市场服务的经济方案",而且他认为通过认真寻找扩展的市场领域是可以实现的,但困难主要来自社会方面,即:"正如人们不能期待作为经济世界中心的国家在国际上放弃其特权一样,在一国之内,谁能指望掌握着资本和国家并获得国际支持的统治集团愿意接受竞争和放弃自己的统治地位?"①但技术条件的变化及其所支撑的新的社会形态可能会改变这种困难,顺着马克思所说的"手推磨产生的是封建主为首的社会,蒸汽机产生的是工业资本家为首的社会"②,我们也许可以说"人工智能磨"产生的是一个以市场经济为主的时代,在这样一个新的时代,市场经济和资本主义的位置发生了颠倒,市场经济处于经济模式的上层,中层是资本主义,原来处于下层的非市场化活动有一部分进入市场经济领域,但也仍保留了一部分。这样一种市场经济可由凯文·凯利所强调的人工智能时代的平台经济来想象,他将这一场景描述为"数百万人一起工作的未来"。这种基于平台的协作重新定义了工作,实现了工作与闲暇或游乐的融合,它不仅因标志着经典雇佣关系的终结而使其区别于资本主义③,也因其超越了大卫·哈维(David Harvey)所重视的马克思基于 6 小时工作时间所进行的直接生产时间和自由支配时间的区分④而超越了对社会主义的传统认识。当我们将资

---

① [法]布罗代尔:《十五至十八世纪的物质文明、经济和资本主义》(第三卷:世界的时间),顾良、施康强译,商务印书馆 2017 年版,第 803 页。

② [德]马克思:《哲学的贫困》(节选),载《马克思恩格斯选集》(第一卷),人民出版社 1994 年版,第 142 页。

③ 霍奇森关于信息技术时代知识密集化的影响的探讨倒是可以对此提供有力的支持。霍奇森认为这种发展会改变雇佣关系这一资本主义的核心,进而导致资本主义灭亡,即:"随着专业和罕见的知识的作用增大,以及真正的自营和半自营的出现……工作和闲暇的界线变得模糊不清……随着所有这些的发展,雇佣合同的含义将延伸到极限,产生了规范上的和法律上的紧张关系,可能会提出对它进行激进的重构。这预示着经典的雇佣关系的终结、资本主义企业的转变,以及这里定义的资本主义自身的灭亡。"参见[英]霍奇森:《资本主义的本质:制度、演化和未来》,张林译,格致出版社、上海三联书店、上海人民出版社 2019 年版,第 320—321 页。但国内一些平台利用大数据"杀熟"和利用算法对平台服务进行"泰勒式"规范(如对快递员服务时间的严格控制等)不能被看作是这里所说的基于平台协作对工作的重新定义。

④ 在谈到国家的富裕时,马克思引用了《国民困难的原因及其解决办法》这本小册子的一段话,但这段话不是原话,是马克思意译的话,即:"一个国家只有在劳动 6 小时而不是劳动 12 小时的时候,才是真正富裕的。财富(现实的财富)不是对剩余劳动时间的支配,而是除了耗费在直接生产上面的时间以外,每一个个人和整个社会可以自由支配的时间。"(参见[德]马克思:《政治经济学批判(1857—1858 年手稿)[手稿后半部分],载《马克思恩格斯全集》(第 31 (转下注)

本主义与市场经济区别开来并使社会主义与计划经济"脱钩"后,也许我们可以将这样一种新经济模式称之为未来的社会主义市场经济,在这种模式之下,启蒙运动和社会主义所重视的个体自由、人生幸福和公平正义等可以得到更好的实现。

　　但泰格马克考虑到人工智能可能带来各种后果,其中有些是与人的自由和幸福背道而驰的,这就使我们要进一步认识到,人工智能并不是单纯的技术,它是对人的智能的模拟,本身就带有伦理与社会责任方面的考量①,其带来的后果综合体现了人工智能设计者、使用者以及其网络学习材料所承载的人的思维方法、价值理念等。也就是说,最终决定人工智能的社会后果的还是人的思想,这在人工智能时代和前人工智能时代都是一样的。凯恩斯和哈耶克这对理论上的"宿敌"对此具有一致的认识,凯恩斯在《就业、利息与货币通论》中的最后一句话是,"不论早晚,不论好坏,危险的东西不是既得利益,而是思想"②;而哈耶克在《通往奴役之路》中的说法则是,"在社会演进中,没有什么东西是不可避免的,使其成为不可避免的是思想。"③由此来看,既然在人工智能时代,我们仍然需要市场经济并且有可能在平台基础上通过使市场经济更有效地运行,来实现个体自由和人生幸福这个启蒙运动和社会主义解放运动所追求的目标,那财政社会学就仍有用武之地,而坚持税收国家原则也仍是必需的。考虑可能破坏税收国家原则的诸种因素,也许

（续上注)卷),人民出版社 1998 年版,第 102 页。)针对这个被马克思一再提出的观点,哈维面对美国 2 600 万失业人员所设想的是一个资本主义社会的可替代方案,如集体供应食物等,哈维所追问的问题是:"这难题不是一个我们可以利用这种社会主义想象力来构建一个替代社会的时刻吗? 这不是乌托邦。"哈维认为如果这 2 600 万失业人员必须回去工作的话,那就采取集体行动,让他们每天工作 6 小时而不是 12 小时,而其余时间完全可以按照自己的意愿做自己喜欢做的事情。(参见[美]哈维:《反资本世界简史》,陈诺译,广东人民出版社 2023 年版。)但这样一种以 6 小时工作代替 12 小时工作的社会主义方案与霍奇森和凯文・凯利等对未来社会的构想相比,实在是过于思想贫乏了,人工智能时代可能为我们提供一个远较哈维所设想的社会主义社会的更美好的未来。

　　① 美国卡梅陇大学于 2018 年秋季设立"人工智能科学(science in artificial intelligence)"专业,授予学士学位,这也是世界范围内第一个人工智能本科专业,其教学除涉及计算机科学系、人机交互研究所、语言技术研究所、机器学习系、机器人研究所以及软件和社会系统系的专业技术性课程外,还专门设置了伦理和社会责任方面的课程,旨在培养拥有职业伦理道德和社会责任感的人工智能人才,以使人工智能更好服务于社会的善(social good)。参见 https://www.cs.cmu.edu/bs-in-artificial-intelligence/。

　　② [英]凯恩斯:《就业、利息和货币通论》,高鸿业译,商务印书馆 1999 年版,第 397 页。

　　③ [英]哈耶克:《通往奴役之路》,王明毅、冯兴元等译,中国社会科学出版社 1997 年版,第 51 页。

我们可以教给人工智能一些相应的限制,正如泰格马克在《生命3.0》中讨论把人们广泛接受的伦理原则编入未来人工智能的程序时所强调的:"现在,是时候教给它们一些限制了。每个设计机器的工程师都应该问问,机器在使用过程中,有哪些事情是可以做但不应该做的,然后考虑一下如何在实践中避免用户实施这种行为,不管是出于恶意还是愚蠢。"①这不一定能够成功,但总还得去努力,在人工智能时代我们仍需要启蒙思想以及对启蒙思想的反思和辨析来为我们的未来保驾护航,就像吉登斯曾指出的:"人类的历史是由人的有意图的活动创造的,但它并不是某种合乎意图的筹划;它总是顽固地躲开人们将其置于自觉意识指引之下的努力。虽说如此,人们还是始终不断地作着这样的尝试。环境告诉人们,人类是唯一能认识到自己在创造自己的'历史'的造物。这样的境况既含有威胁,又带着希望。人类正是面对这种威胁和希望,进行着他们的尝试。"②

---

① [美]泰格马克:《生命3.0》,汪婕舒译,浙江教育出版社2023年版,第363—364页。
② [英]吉登斯:《社会的构成》,李康、李猛译,生活·读书·新知三联书店1998年版,第91页。

附 录 一

税收国家的危机[①]

熊彼特(Joseph A. Schumpeter)

一、争论的问题

许多人断言,伴随此次大战而来的财政问题,无法在战前的经济秩序框架内得

[①] 　这篇论文是熊彼特在"维也纳社会学学会"演讲稿基础上扩充形成的。初稿发表于 1918 年,题目为"税收国家的危机"(Die Krise der Steuerstaates),刊登在 *Zeitfragen aus dem Gebiet der Soziologie* 上。在 Elizabeth B. Schumpeter 不动产委托人的安排下,W. E. Stolper 和 R. A. Musgrave 将这篇论文从德文翻译为英文,英文名为"The Crisis of Tax State",载 Alan T. Peacock, eds., *International Economic Papers*, No. 4., MacMillan. 1954,5—38.

编者按(原编者——译者注):《税收国家的危机》已经成为熊彼特的主要经济社会学著作中最难获得的一篇论文了,而且也是他目前唯一没有被翻译成英文的论文。这篇论文将对现代民主国家起源及其性质的历史分析与对税收的社会学分析结合起来,概要式地提出了税收能力理论,并对因流动性过剩导致的战后通货膨胀提出了应对之策,这与近年来的货币改革方案有惊人的相似性。

回顾起来,熊彼特对奥地利战后问题的评估将由第一任财政部长来执行,尽管其评估有些悲观,但后来证明还是被低估了。无论如何,他都没有预料到他自己会在战后当选的由 Renner. G 领导的政府中担任财政部长。Haberler 的讣告(Quarterly Journal of Economics,Vol. 64,1950,特别是在第 344—354 页)告诉了我们熊彼特生命中的这段插曲。这段插曲并不成功。Renner 领导的看守政府(the caretaker government)已经开征了资本税,熊彼特花了几个月的时间来采取措施以实施这部法律。看起来,在一个接下来伴随着饥荒和崩溃的混乱时期,任何人都难以取得熊彼特在《税收国家的危机》中所概述的成功标准。

熊彼特的很多观察特别是那些与税收能力有关的观察都主要是与当时的情境相适应的。然而,熊彼特观点的结构是非常复杂的,读者必须抵制住断章取义的诱惑,至少直到他完整地读完了熊彼特的观点为止。

(1996 年该文再次被收入 Peter M. Jackson, eds., *The Foundations of Public Finance*,Vol. 2., Edward Elgar Publishing Ltd. 1996,330—363.本文根据该版本译出,最早作为《税收哲人》一书的附录出版于 2018 年,以纪念《税收国家的危机》发表 100 周年,参见[美]熊彼特:《税收国家的危机》,刘志广、刘守刚译,载[美]格罗夫斯著、柯伦编《税收哲人》,刘守刚、刘雪梅译,上海财经大学出版社 2018 年版,附录。本次出版时,译者对原译文作了进一步的调整和修改,并参考了台湾学者蓝元骏的译本,参见[美]熊彼特著,斯威德伯格编《资本主义经济学及其社会学》,蓝元骏译,台湾联经出版社 2017 年版。——译者注)

到解决;在某些圈子里的人看来,这一观点确实是不证自明的。战前的经济秩序是由一些高度矛盾的要素混合组成的,只有经过极为大胆的抽象后才能被称为自由竞争经济。然而,该秩序所驱动的变化以及取得的成就还是要归于这些被保留下来的自由竞争要素,尽管现在所有的一切,甚至所有的尝试,都处在国家监管之下,但这只是由战争所强化的,而不是由这种秩序所创造的。在战争负担的重压下,这种经济秩序会崩溃吗?或者说,它必定会崩溃吗?又或者说,国家必须要改变它进而创造出全新的经济秩序吗?现有的答案似乎并没有建立在不带偏见的分析的基础之上。跟往常一样,每个人都竭力地宣称实现他自己的主张才是解决战后问题的必要之举。有些人预言,在战争期间达到顶点的"发达资本主义"(high capitalism)如今必定崩溃;也有人指望,经济自由将更胜从前;而另有一些人则期盼着由我们的"知识分子"所鼓吹的"管制经济"(administered economy)。这一切注定会发生,资产阶级自鸣得意地说,这是因为国家已经失败了;抑或是知识分子热情万分所说的,是因为经济自由已经失败了。资产阶级和知识分子都没有试图通过哪怕是有一点像是科学性的思维习惯去证明自己的判断,尽管其中的社会主义者可能做得比其他人要稍好一点。这些讨论,就像见诸或不见诸当今文化的各种表现一样令人不快,只不过是证明了自由竞争至少还残留在口号上,那就是最低价者胜出(the cheapest wins)。在其他知识领域中,这样的情况是不可能发生的;只有在经济事务上,每个人都自以为可以像专家一样发表意见。每一个人,随便是什么人,都天真地以为自己有资格来历数古老的谬论,并天真地宣称自己极为主观的经济的或思想意识的偏好才是最终的智慧。然而,在这篇论文中,我们只是触及这个问题。想要更详尽地讨论这一问题的人,恐怕要抛开这本小册子,因为我们主要关注的是其他事项。

如果最初的断言属实,那么我们现在面临的危机,在范围上就要比论文标题所表达的更为广泛。如果税收国家失败了,那么接下来就要有另一种国家形式来满足社会的需要,从某种角度来说,这意味着它不只是用一种新的财政制度取代战前的财政制度。更确切地说,我们所称的"现代国家"将改变自己的性质,经济将沿着新的道路前进,被新的动力所驱动,社会结构不可能维持不变,生活方式及其文化内涵、个人的精神面貌等,所有的一切都将改变。从另一个角度来说,结论也很清楚,税收国家的连续失败从来就不是任何一种干扰的偶然性结果,无论这种干扰有多大,就好像一个原本完全健康的税收国家也不会突然因为世界大战及其后果而变得无法维持。即便通过最简单的思考也可发现,战争最多就是把我们这个在财政上被称为"税收国家"(tax state)的特定社会的更为基本的缺点暴露出来;或者说,它最多只不过是提供了一个契机,以让我们揭露这个社会的结构性缺陷,战争因此引发了一场崩溃,而这场崩溃出于更深层的原因是不可避免的。在这里,我们涉及的是社会学的壮阔图景(the sociologically important vista),它经由财政状况(fiscal position)在我们面前呈现出来,这是我们主要关注的内容。我们要问的是,"税收国家的失败"是什么意思? 税收国家的本质是什么? 税收国家从何而来? 它现在一定会消失吗? 为什么? 在预算数字所呈现的表面事实的背后存在着什么样的社会过程?

二、财政社会学

葛德雪(Goldscheid)的不朽贡献①在于,他是恰当地强调运用社会学方法来看待财政史的第一人,并使这样一个实情广为人知:"去除所有具有误导性的意识形态之后,预算就是一个国家的骨骼。"这个实情集合了确凿的、未经修饰的事实,现在仍未被纳入社会学研究领域。一个民族的财政史是其总体历史的最为重要的组成部分。为了满足国家的需要而进行的经济汲取及其使用结果,对国家的命运产生了极大的影响。在一些历史时期,财政需要以及国家政策对经济发展、对全部生活方式及文化的所有方面,都产生了直接的塑造作用,这种作用差不多可以解释诸多事件的一切主要特征。对大多数历史时期而言,它都具有强大的解释力;只有在少数历史时期,它的解释才显得无力。如果忽略了这一点,我们就无法理解我们的产业有机体(industrial organism)事实上是怎样的。我们的民族是被国家的财政压力所塑造出来的。直到 19、20 世纪之交,经济政策(当然不止经济政策)产生的最初动机都是出于财政考虑。例如,财政动机完全决定了查理五世采取的经济政策;财政动机导致英国直到 16 世纪仍处在受国家保护的外国商人的统治之下;财政动机使科尔伯特(Colbert)时期的法国试图将整个国家置于行会

---

① 葛德雪在 1917 年出版了《国家社会主义与国家资本主义》(*Staatssozialismus oder Staatskapitalismus*)一书。这本颇具智慧的著作在学术上最为重要的贡献是提出了财政社会学的基本理念。该书成功之处还在于它为解决财政问题提出了实践方案。在此处我们并不关心他说的实践方案,尽管本文后面的部分内容包含了一点对这些方案的批评。同时,葛德雪和我都同意一次性地(once-and-for-all)征收资本税,尽管我们是以完全不同的方式来判断其重要性的。

秩序之下;财政动机还让"伟大的选侯"治下的普鲁士(Great Elector's Prussia)①对法国工匠采取收留政策。所有这一切,创造了经济形式、人的类型(human types)和产业状况;如果没有财政因素的话,它们都不会按照这种方式发展。同样,所有这一切造成的影响延续至今。不仅如此,尽管并非本意,但财政措施确实创造了也摧毁了产业、产业形态和产业布局,以此直接构建了(或扭曲了)现代经济大厦及透过它所体现的现代精神②。但是比因果关系更重要的是财政史所包含的征兆意义(symptomatic significance)。去除所有的修饰之词,一个民族的精神,它的文化水平,它的社会结构,以及由政策预示的行为③,所有这一切以及更多的内容,都被写在其财政史中。懂得从财政史中聆听信息的人,比起那些从其他地方着手的人,更能清晰地洞悉世界历史的惊雷。

更为重要的是,财政史上的事件使人们能够洞悉社会存在和社会变化的规律、洞悉国家命运的推动力量,同时也能洞悉这些得以发生的具体条件(concrete conditions),特别是组织的形式及其成长和消失的方式。财政是开展社会调查的最佳起点之一,尤其是在调查并不排斥它所包含的政治生活时更是如此。在用于研究那些社会转折点或更好的时代(better epochs)之时,从财政入手的研究方法效果更为显著;在这一时期,现存的形式开始殒灭,转变为新的形式,并且在这一时期原有的财政措施往往会出现危机。无论是说财政政策具有决定性作用(就财政事件是所有变化得以发生的最为重要的原因这一意义而言),还是说它具有征兆意义(就所有发生的事情都会在财政上有所反映而言),都是真实的。尽管人们对其适用范围施加了种种限制,但我们仍可以确定地谈论一系列特殊的事实、一系列特殊的问题,以及一种特殊的研究方法——简而言之,一个特殊的研究领域:财政社会学。对于财政社会学,人们可以寄予厚望。

---

① "伟大的选侯"(the Great Eletor)指的是勃兰登堡选帝侯腓特烈·威廉(Friedrich Wilhelm,1640—1688在位),在任期间废除了雇佣兵体制,开始创建正式的国家军事体制,后来被称为"普鲁士军队之父"。——译者注

② 这一点常常得不到足够的认同。相反,历史学家总是倾向于过高地估计国家对经济的塑造作用。经济和预算从来就不能形成一种真正统一的"国家经济",国家也不可能创造出自由经济所不曾创造的持久性东西,它们也许只是程度上或大或小而已。例如,旧式市场特权解释了一些产业直至今天的区位布局,但这样的例子从整体上来说只是稍微偏离了"经济决定区位布局"这一结论。

③ 任何人,只要他知道怎么解读预算或者曾经仔细分析过国际货币市场上所发生的事情,就能提前十年知道本次世界大战的到来。

这些研究方法的发展,到现在为止还远未成熟(in the lap of the Gods),但对我们特别有吸引力的地方在于,它可以让我们从财政的角度来考察国家,探究它的性质、形式和命运。"税收国家"这个词正是这一研究视角的产物,下面的研究所关注的是该词所明确包含的内涵。

三、中世纪末期领主经济(the Desmesne Economy)的危机

　　如今我们所谈论的处于危机中的现代税收国家,它自己也是从前身即封建关系的危机中成长起来的。至少就德国和奥地利来说(我们研究的素材基本上限于这两个国家),众所周知的是,不管是从文化延续性或文化复兴(resuscitation)还是从"文化移植"(migration of culture)的意义上来说,现代税收国家都并非建立在古代税收国家的基础之上①。相反,它立足于德国诸邦国高度地方性的环境(autochthonous circumstances)及 14 至 16 世纪各国王政权的基础之上。我们可以用几个词来说明它的起源②,即时代的压力造就了它(The pressure of the times created it)。在

---

　　①　诚然,正如布伦塔诺(Brentano)曾宣称的,经过拜占庭帝国的衔接,现代生活已经与古代生活建立起连续性,而且也只有这样才能得到理解;即使是日耳曼人的采邑制度,也必须从罗马大庄园制那里开始考察才能得到理解。毫无疑问,这只不过是对我们通常已接受的措辞进行夸张式的强调而已——我们能够这样说而无须全盘拒斥布伦塔诺的想法。这对税收史来说尤为正确。当然,这种类比是足够清晰的,但它们只不过说明"相同的原因会产生相同的结果"罢了。另可参见 A. Rambaud, *L'Empire Grec au Dixieme Siecle*, 1870; F. Chalandon, *Essai sur le Règne d'Alexis 1er*, 1900; Bussell, *The Roman Empire*, 1910。

　　②　这里的每一个词都值得商榷。桑德尔(Sander)出版于 1906 年的著作《封建国家与公民宪政(*Feudalstaat und bürgerliche Verfassung*)》的优点在于揭示了,笼罩在德国宪政史上的疑云都有其源头,它们只有部分源于事情本身,如某些物质的严重短缺、经常轮廓模糊的事件,另外还有一部分原因是缺少足够的概念工具。正如桑德尔看到的,后一种缺陷反过来不仅可归咎于历史学家(甚至法制史学者)经常草率地使用司法概念(juridical concepts),还可以归咎于他们只使用司法概念而排除其他概念的事实,这样他们就可以按司法意义来使用任何他们需要的概念。这样的司法概念不适合于解释连续性的历史事件,特别是不适合用来比较历史上给定的条件类型(types of conditions)的特征,一种比较好的方法是,这些特征应该从历史中抽象出来。此处说的比较,正是讨论的问题所在。因为这些类型是特定法律制度的产物,所以它们也是特定社会状况及与之相适应的法理学的产物。在它们合适的范围之外,这些类型就失去了真正的含义,尽管后世坚持使用相同的名称,但这一事实却让事情变得模糊起来。

　　社会学的概念既不受法律制度限定,也不是司法的概念,而更多是理论上的。因(转下注)

14 至 15 世纪之时,国王(prince)还不是他的国家的绝对统治者,直到三十年战争之后才是。他所面对的是坚固的社会等级体系(the solid position of the estates):在其最上层是不同级别的贵族,接下来是僧侣,再接下来是市镇商人,最下等也最不重要的是残留下来的自由农,特别是处在蒂罗尔(the Tyrol)和东弗利西亚(Eastern Frisia)的自由农。各等级凭借各自的权力和权利来保持其与国王相对的地位,这种地位在本质上与国王相似,依赖于实质上相同的许可权(sanctions),也由实质上相同的要素构成。国王的地位也只不过是由公爵、法庭、不同的封建

(续上注)此,当历史学家,也包括宪法史学家,在对社会的(包括宪法的)条件进行解释或构造概念时,更不用说在关注具体的法律问题时,他们应该转向社会学而不是法理学。在谈到法律概念的应用时,历史学家是完全正确的,他所用的几乎是非常陈旧的警告:从一个时代产生的知识方法不能用在其他的时代,特别地,绝对不能将现代概念用到中世纪去。从这个意义上说,杰利内克(Jellinek)曾经的断言也有部分的真理性,他说,从广泛分离时代的现象中产生不出通用的宪法概念(constitutional concepts)。然而,这并不意味着,就像经常有人理所当然认为的那样,根本就没有任何概念(例如经济学概念或社会学概念)能用于所有的或多个不同的历史时期。如果这是正确的,那么在任何人类行为及其痛苦的领域中,既没有可能进行比较研究,也不可能进行科学的观察。

虽然如此,对被视为是共同意见(communis opinio)的东西,哪怕是关于法律史,我们想说的都很少,尤其是当撇开国家这一概念时。为了支撑我们所立论的事实,我们可以凭自己的喜好引证从黑格尔到吉尔克(Gierke)这样一长串观点各不相同的权威人物的观点,同时还不排斥布伦纳(Brunner)以及历史社会学家中的施穆勒(Schmoller);我们也可以引证几乎同样长串的权威人物的观点来支持我们对事实的大多数解释。基于此原因,我们还需要马上就提到一个最为重要的权威人物冯·贝洛(G. v. Below),他部分地回到过去所接受的科学观,以其特有的精力站在反对的立场上。他在 1914 年出版的著作《中世纪的德国国家(Der Deutsche Staat des Mittelalters)》(第一卷)致力于证明在他已广为人知的其他著作中宣告过的主题,那就是,中世纪的国家就是现代意义上的国家,它的法律就是"公共的"法律(公法),以及公法中臣属关系的理念从来就没有完全地消失。在这个意义上,从"私法"方面来解释中世纪的宪政条件(constitutional conditions)是行不通的,特别是想要满意地从土地所有权出发引申出国家主权是不可能的;当然,从他论文所持立场而言,这点是毋庸置疑的。我需要特别强调这一点。然而,就此而言,当冯·贝洛试图证明相反的观点时,他看起来就陷入不幸之中,因为他忽略了桑德尔最早所强调的观点。他依据概念清晰在这些问题中是至关重要的这样一种让历史学家感到满意的认识开始了其论述。然而,他看起来除了会运用司法概念来研究自己的资料外对其他的一无所知,这就与他的良好意图"将我们这个时代所有的构成要素(formative elements)都考虑进来"产生了鲜明的对比。与此相似,冯·贝洛经常承认的历史主义所包含的严格的反理论主张,很难与他拯救中世纪的荣光这一严格的意图保持一致,更不用说他以现代报纸政论的口气对皇帝奥托一世的批评了。就此而言,他所提供的事实几乎是众所周知的,对它们进行解释应该是社会学的问题;对解决这样的问题,他贡献很少,可以肯定比他所严厉谴责的桑德尔要少得多。

官吏以及地主等拥有的权利之和,就像所有其他土地所有者和相对独立的完全保有地产所有权的领主(allodial lords)一样。最高领主与其他领主的区别,最初仅仅在于级别的不同:最高领主居于首位。但是这一区别逐渐地被以下的事实所遮蔽:通过分封制以及别的方式而形成的王国最高领主,对神圣罗马帝国皇帝以及帝国(Reich)的依赖关系逐步消失;与此同时,人民对领地内那些拥有各种特别头衔的大领主的主从关系,不仅被完整地保留下来,而且还不断地巩固生长,最终融合而成为完整的统治权利(sovereign rights),一种特殊的"最高统治权"(sovereignty)。这种最高统治权是国家权力的萌芽①,尽管它与处于较低等级的封建领主的权力没什么区别,后者当然级别更低、范围也更小。即使那样,得到事实逻辑支持和罗马思维方式帮助的国王,也只是看起来享有了国家权力及其名义。在这种最高统治权之下,一些早期的建制性职位和一些卡洛林王朝和奥托帝

① 社会条件(Social conditions)通常会包含过去的残留和未来的种子(seeds of the future);对于研究者来说,正是这些种子特别值得关注,需要用后世的眼光来对此加以回顾与考察。大自然不作飞跃(natura non facit saltum),而且在严格定义的类型的意义上,我们谈论任何社会条件时都必须经由抽象才能进行。但是在进行一种简练的思考(an economy of thinking)时,这样的抽象是最为基本的。此外,每一种实际情形在整体上(本身未经过抽象化)都带来了后续的情形。然而,靠抽象而产生的某种类型,并不需要创造出后续的、具有相同逻辑特征的类型,因为纳入抽象的实际历史对象(historical object)的组成要素,仅仅是有效的实际原因的一部分。这就是每一种"发展理论"都存在的一种困难。确实,正如冯·贝洛(v. Below)所强调的,中世纪的社会权力不能化约为"私人"关系,"共同目的(common purpose)"从来不曾完全缺失过。不过,无论从其中一点说还是就总体而言,吉尔克(Gierke)下面的论点均属夸张:农民的平凡地位(banalities)和国王的领地权,都可归入领地财产法这一概念之下。但在另一方面,如果说国家这个术语跟我们今天的含义有什么共同之处的话,那么无论是"不可化约性"(irreducibility)"还是"共同目的"都不足以证明使用"国家"(state)这个词是合理的。当然,这一认识并不能够免除我们下面的任务,即要用最纯粹的形式来详细说明社会条件所具有的特征。对我们来说,这看起来正是科学研究的基本目的。

一种社会条件可能会进一步地与几种在"内在逻辑"上就不一致的类型结合,以至于不得不将它们分别地加以处理。在这个程度上,冯·贝洛对采邑国家(Lehensstaat)和封建国家(Feudalstaat)所进行的区分是明智的,就像罗泰克(Rotteck)对采地制度(Lehenswesen)和自由地制度(allodialwesen)的区分。不过,罗泰克所做的区分是将二者作为对立的原则来使用,而冯·贝洛的"封建国家"是作为更宽泛的概念来使用的,它包括了"采邑国家"这一特殊类型。所有这些努力,都基于这样的方向,即对历史中的事物进行区分足以成为弄清历史的方法。的确,"采地制度"这一概念并不能完全用来透视社会实体。不过,"采地制度"可用来刻画从9世纪到13世纪社会组织形式的特征;伴随着采地制度,封建国家的另一种形式逐渐地发展起来,并接下来主导了随后的若干世纪。

国（Ottonian Reich）时的非世袭高层职位（deposable dignitary）确实得以保留下来①。但它还不是国家权力，因为它并没有建立在任何普遍性统治权的基础之上；国王可能会觉得自己是这种普遍性统治权的代表和化身，它来自于国王在其领土内所面对的剩余权利的许可。国王依据其利益拥有了一大堆权利与有权的职位，因此，举例来看，他当时及后来关于公共福利的说法和今天的工厂主所宣称的意思是相似的。自然法区分了国王的公共人格（persona publica）和私人人格（persona private），虽然这样的区分在当时并非无人知晓，但由于法学和社会学分析的不足②，它既没有什么事实依据，也没有什么实际意义。国王并不像一个现代财产所有者对待自己的牲畜那样对待自己的领土。这些都是后来才发生的。不过，国王的确是如此看待自己拥有的全部权利的：作为一种世袭之物（a patrimonium），他以何种方式处置这些权利与其他人无关。

国王并不是唯一按照这种方式看待自己权利（prerogatives）的人，在当时所有其他的人都是这样看的，特别是那些对其个人意见需要予以重视的其他"领主（lords）"也是如此。当然，这些领主依国王行使其权利的同样方式行事。但他们这样做时，其立场只不过是和今天在产业内或者地区中拥有权益者面对地主或工厂主的让人头疼或反社会的行为时那样如出一辙。今天，我们认为这是非常怪异且不正义的。这是因为，它让我们没有办法去讨论有关共同福利的任何问题，而这些问题正是我们现在所关心的。然而，在那时不可能谈论关于共同福利的任何观点，这是我们未听到过的。没有人代表这样的观点，也没有任何社会力量支持这样的观点。

当然，在那时，国王的权利中还是有不少是用来服务于共同体需要的，尤其是其中的司法权。但是，这并没有让国王的这些权利变得具有任何"公共的"或"政府的"性质。共同体成员也需要鞋子，但这无论如何也不会把制鞋变成为一项公

---

① 比如，直到 10 世纪时，奥斯特马克公国的伯爵（Margrave of the Ostmark）仍是可自由任免的职位。尽管如此，要解释他的职位是否更像一个现代的总督，还是更像一个独立管理地产的私人雇员，又或者更像一个承租人，仍有困难。当然，这些现代的范畴没有一个适合它。

② 冯·贝洛在《德意志国家（Der Deutsche Staat）》一书中提供了一些例子，以证明相反的情况。不过，我们还是可以发现帝国财产（Reich property）和皇家财产（royal property）之间有区别，"皇帝"（emperor）和"帝国"（Reich）之间冲突的可能性也已得到承认；在理解上，二者的区分不同于对"公共"领域和"私人"领域的区分。而且很清楚，帝国内发生的事情与领土范围内发生的事情会存在部分差别，我们在这里只谈后一种情形。

共事务,尽管如此做是可能的。总之,一旦国家存在,就没有一样东西不能称之为"一般的"或"公共的"事务;除非我们谈及国家,否则就没有任何事情会落入"公共的"或"国家的"领域中①。只要国家不是作为一种独立的、真实的权力存在,那么区分公法和私法就没有任何意义。那种声称在中世纪的公法中充满了私法因素,或者述说中世纪只存在私法的观点,就跟运用我们今天的思考模式去考虑过去并将过去看作是不合理的一样,是一种错误的论断②。国家这个概念不适用于当时存在的环境;但这并不意味着我们今天见到的国家领域内的现象在当时不存在,也不意味着当时只有私人领域存在。相反,在那个时代的组织形式中包含了我们今天所讲的公共领域和私人领域,只不过它们被结合在一种跟今天根本不同的单元(unity)中。

只要涉及的是国王的经济事务,随之而来的就是,他必须承担所有政策的所有支出,因为这些政策是他的私人事务而非国家政策。例如,他必须本人承担抵抗"他自己的"敌人的战争成本,除非他有权用某种特别的名义获得必要的捐资(contributions),比如封臣们按封建义务提供的军事服务。无论国王为此目的获得的收入还是他的统治权,都不是从什么集中的国家权力而来的。其中,收入是

---

① 当然,我们已习惯于将特定的社会功能置于国家领域内来考察,并将其他的社会功能置于"私人"领域内来考察。然而,在公共领域与私人领域二者之间,并不存在明确的界限,除非我们满足于说"公共"就是在一个特定的时期被人们认为是"公共"的任何事物。但这样说,是以国家的存在作为先行条件的。由于这个原因,试图通过某些确有必要的公共功能来定义国家,这一做法是毫无希望的;就像相反的努力,即从国家的"本质"中推导出国家的"有效范围"(limits of its effectiveness),同样是毫无希望的。这样的努力在100年前就开始了,现在还在不时地进行。特别需要指出的是,"共同目的"(common purpose)与"国家目的"(purpose of the state)并不是完全相同的。

就我们的目的来说,方便的做法是,将"国家"和"公法"在性质上看作是完全一致的,因为只有国家产生后,区分私法和公法才具有真正的意义。因此,我们使用了一个与桑德尔(Sander)所用术语相对立的术语,但并不想否认桑德尔术语的"正当性"。顺便提一下,我们不会对此作详细的讨论。

② 参见前面的注释。除了可参看吉尔克外,也可阅读冯·舒尔特(v. Schulte)的论文《封建国家和现代国家》(Feudalstaat und moderner Staat)(《一生的回忆》(Lebenserinnerungen)),Vol. 3)。在这篇论文中,冯·舒尔特批驳了自霍亨斯陶芬(Hohenstaufen)王朝时代就存在帝国军队和帝国收入的说法。他断言,那时并没有普遍性的附庸关系存在,只有国王、贵族和城市的联盟关系存在。他说,在整个领土范围内都是类似这样的关系。这样的描述,并没有公平地处理所有的细节问题,不过它描述出来的总体印象并不因此是错误的。他所说的在那个时代的"税收",不过是对土地征收的一种费,它与土地束缚(predial bondage)联系在一起。

各种不同来源收入的组合,而统治权则是各种不同来源权利的组合。国王自有土地是获得收入的最重要来源,这是国王作为地主获得的、由其治下的农奴上缴的收入。自 13 世纪起,农奴(peasant-serfs)就用货币形式上缴自己的赋税(dues)。直到 16 和 17 世纪,人们都认为这些收入是国王的经济基础;与此同时,这些收入也是财政问题的核心,与 13 至 16 世纪时发生在各领地的行政管理改革息息相关。另外,还存在着各式各样的封建权利,如铸币、市场、关税、采矿以及保护犹太人的特别权利(protection-of-jewry regalia)等等,最终,国王作为司法管理者或是市镇的领主和执行官从这些权力获得收入。除了上述收入外,国王还可以得到封臣上贡的传统礼物和饱受争议的教会捐资,但他并没有一般性的权利去"征税"①。市

---

①　偶然地,我们发现有些东西能够与现代税收加以比较,比如,当国王亨利一世不得不提高曾经向伯爵们承诺的贡金时。这是为帝国目的而缴纳的款项,但它被严格地限制于萨克森邦(Saxnoy)。尽管亨利四世、亨利五世和奥托四世等作出了很多努力,但是直到 15 世纪末期(即 Kammerziler 时代、Gemeine Pfennige 时代和 Römermonate 时代),帝国仍然没有发展出税收制度。不过,在那个时代,与税收相类的东西在各领地范围内已经萌芽。依王权(regalia)而征收间接税也发展了起来,并在施陶芬(Stauffer)王朝时期成为领土权力的一部分(fell to the territorial powers)。比如,奥地利公爵在 12 世纪时接受了源自国王(the crown)的财政权利,这极大地强化了他的地位;在 1156 年他获得的特权(the privilege of 1156),也为他身上原来的附庸关系松了绑。因此,在 1192 年之后,奥地利公爵称自己是"大地主人(dominus terrae)"。就我所知,我们所发现的在 12、13 世纪以"比德(Bede)"、"施考斯(Schoss)"或者"呈请(petition)"、"塔列(tallia)"等名义在德意志全境的征收的财政收入具有怎样的性质仍是值得商榷的问题。冯·贝洛在其著作,特别是在《于利希与伯格的直接国家税(Die direkten Staatssteuern in Jülich und Berg)》一书中,经常强调这些税收所具有的"公法"特征,并且完全将它们视作一种现代的土地税和不动产税。部分因为他的影响,有关这一特殊问题的专著都近乎无保留地接受了他的观点;不过也有些作者(吉尔克最为坚决),否认土地租金与此种土地税之间不存在种类差异的主张。有一个事实是,比德(Bede)后来常常并到土地租金中;另一个事实是,那个时期有关收入计算的文献压倒性地将比德看作是一种无须补偿即可废除的"公共"收入。我们没有理由继续认为,前一个事实比后一个事实更重要。然而,此种"纳税义务"所存在的大量例外,界定了可税人口的范围,这一范围大致与司法权管辖的范围相同。实际上,休默尔(Zeumer)在《德意志城市税(Deutsche Städtesteuern)》一书中,就是从司法权中引申出了比德的征收权。在他举出的案例中,对司法的权力来说是正确的东西,对比德来说也是有效的。司法长官(juridical lord)收费的权利或权力依据的是他与司法管辖区的某种"特殊联系",正如他自己和其他贵族对其他收入享有的权利一样。没有必要像莫勒(G. L. v. Maurer)、兰普雷克特(Lamprecht)、斯特内格(v. Inama Sternegg)那样,将所有中世纪的权力都建立于封建土地所有权基础上。然而,从拒绝这种观点到认为刑事司法权和"税收权利"都来自于国家权力,在这期间有很长的路要走,现有文献还不足以刻画这一过程。就文献而言,我们可以参考冯·贝洛的论文。在农民为主的地区可以见到比德最纯粹的形式,在这方面与奥地利有关的,最有趣的情形发生在蒂罗尔(Tyrol)[对此我们可参(转下注)

镇充其量是个例外。尽管人们还不知道什么是国家,但他们知道了什么是市镇,并且正像他们在其他事情上所做到的一样,他们预料到了很久以后才会在国家中实现的发展。除此之外,无论是自由民还是处于附庸地位的贵族,都没有将纳税作为一项规则。

到 14、15 世纪之时,国王们越来越陷入财政困境之中,这与他们在其他方面地位的上升,无论是跟神圣罗马帝国皇帝相比还是跟领地内的其他领主的权力相比,形成了奇怪的对照,由此常常导致悲喜交加状况的发生。在 15、16 世纪之交,就像早在 14 世纪就已个别发生的情形一样,情况变得难以为继:财政经济的危机

(续上注)考科格勒(F. Kogler)的著作],其次有趣的发生在西里西亚[对此我们也许可以参考克尼斯(Knies)和拉赫法尔(Rachfahl)的著作]。对这些问题更古老一些看法,可以参考朗(K. H. Lang)在 1793 年出版的著作《德意志税法基本法的发展史(*Historische Entwicklung der Teutschen Steuerverfassung*)》。关于波希米亚·博尔(Bohemian Berna)的情形,可以参考利伯特(Lippert)1896 年出版的《胡斯派期间博门斯的社会历史(*Sozialgeschichte Bölmens in vorhussitischer Zeit*)》,该书认为比德是罗马时代的残留。格力曼(Gliemann)在《普鲁士消费税介绍(*Einführung der Akzise in Preussen*)一书中,相信比德最早也是由贵族支付的,而 15、16 世纪领地税收(territorial tax)即是由此发展而来的。霍夫曼(Hoffmann)在 1883 年的《直接税在巴伐利亚的历史(*Geschichte der direkten Steuern in Bayern*)》一书中,认为 13 世纪的比德和税收虽"常常具有私法特征"但却包含了作为公共制度发展的萌芽。勋伯格(Schönberg)在 1879 年出版的《巴塞尔市的财政状况(*Finanzverhältnisse der Stadt Basel*)》一书中相信,现代意义上的税收是在城市里发展起来的。应该强调的是,休默尔(Zeumer)《德意志城市税(*Deutsche Städtesteuern*)》一书在表达上相当含糊,但当他将"税收"(他认为比德的性质与税收相同,可其他人不这么看)看成是跟封建制下与官员职位相联系的一项权利时,他就在很多案例中都留下了探索封建起源可能性的空间。施莫勒(Schmoller)在《施莫勒年鉴(*Schmollers Jahrbuch*)》第一卷中,宣称 13 世纪时马克·勃兰登堡(Mark Brandenburg)征收的比德(自 1280 年开始征收)就是一种单纯的"一般财产税"。多普施(Dopsch)在《奥地利在 13 世纪财政管理上的历史贡献(*Beiträge Zur Geschichte der Finanzverwaltung Österreichs im 13. Jahrhundert*)》中,将 Marchfutter、Landpfennige、Burgwer 都看作是公法性质的财政上缴,并接受这样一种观点(过去非常流行,现在仍被布伦纳持有),即它由那些不承担战争服役义务的人缴纳。还可参考肖克(Schalk)1881 年所著《奥地利在冯·曼根治下的财政管理(*Osterreichs Finanzverwaltung unter Bcrthold von Mangen*)》一书。布鲁德(Bruder)宣称,存在于奥地利的真正税收只来源于奥地利公爵有权行使司法管理权的那些国王的附庸以及封建贵族的次级附庸——尽管如此,还是会偶尔超出这一范围,如 1235 年和 1336 年。对这个问题,我们在此不能再做进一步的探讨。然而,我们已经引证的各种观点足以证明本文所作的描述。事实上,如果我们不得不追随冯·贝洛而像布伦内克(Brennecke)和胡布纳(Hübner)那样,将比德说成具有"公共"特征的话,那么从本质上说,我们的说法也不用改变(虽然个别观点可能有变)。附带地说,胡布纳在其 1908 著作《德国私法的基本特征(*Grundziige des Deutschen Privatrechts*)》中,拒绝了区分那个时代的私法和公法。

已经迫在眉睫。让我们来仔细地考察一下奥地利的情况，而奥地利，用传统的术语来说就是"南奥地利五邦（five Lower-Austrian Länder）"。国王陷入债务危机达到难以为继的程度的直接原因是，他没处理好自己的事务，对自己的领地管理不善。如果这是全部原因的话，我们可以说这是个别国王的经济危机，而不是整个财政制度（fiscal system）的危机。每一种财政制度都有偶然崩溃的可能，但这绝不意味着是其原则的崩溃。只要引发财政危机的原因是偶然的，也就是说只要它并非来自制度的内在逻辑，而且只要能在制度内能找到补救办法（在刚才的例子中可以是更有效的领地管理），那么也许就只有历史学家而不是社会学家会对这样的财政崩溃感兴趣了。这样的话，我们就无法下结论说，潜在的社会进程（an underlying social process）已经发生了改变。崩溃的经济，在经过某种方式清算后，又回到了原来的轨道①。这对于我们准确界定"危机"（crisis）的内涵来说是非常重要的，尤其是将它应用到税收国家时就更是如此。

国王们陷入财政困境的另外一个原因就要有意思得多，历史学家们将其称为宫廷浪费（courtly waste）。为了让所有的贵族为自己的主人继续效劳，宫廷不得不花费巨大的成本。不过此类特别支出既非突发，也无法避免。宫廷提供有报酬的服务，会把桀骜不驯的乡村贵族转化成为温顺的、正式的和军事的贵族；当封君封臣关系开始松动时，如果国王想要获得相对于各等级领主来说更稳固的地位的话，他就不得不提供这样的宫廷服务。但是国王的收入最初并不是准备用来承担此类支出的，而且也被证明无法满足支出的需要。在此，我们既可找到社会变化过程的缘起和症状，也能找到国王财政经济失败的原因。这正是我们有兴趣从"原则"视野进行研究的原因。

然而，财政困难最为重要的成因，是战争费用的不断增长。雇佣军的出现（它使国王面临着近代贵族家庭不得不面对的类似情形，即后者必须按工业劳动力市场决定的工资水平给每一位佣员支付报酬），当然不是发明了火药的结果；高中课本这么说只是开了一个不经意的玩笑，因为封建军队早就学会使用火药武器了。在很长一段时间内，雇佣兵是骑着战马冲向敌人的，这跟贵族所做的是一样的。不过，对于封建制而言，首先遇到的不利条件就是军队在数量上不足，尤其在跟土

---

① 类比：如果今天有企业倒闭，那不会引起人们的特别兴趣。然而如果资本主义企业必定因内部原因而不得不倒闭，那我们就必须面对社会主义理论中所说的通过生产的企业形式而发生的资本主义崩溃到底是什么意思。

耳其军队作战时更是如此。此外,贵族阶层日益抵制自己该履行的军事义务,而由贵族组成的军队在与敌人作战中战败也变得越来越多。国王最终意识到,再征召贵族打仗没什么用;而且他发现,在 16 世纪这样的时代再运用他的权利去重申封建禁令,只会引起早已抗命不遵的各等级的厌烦。为什么会这样呢? 可以将原因简单地归于以下的事实:此时的生活状况正在突破封建组织结构的约束,采邑制早就变成事实上的世袭制了,封臣们开始觉得自己是自有土地上独立的主人,并在精神上将自己与家臣身份脱钩(所谓的家臣身份,其实质就是不间断地战斗,不间断地征服,以及过中世纪早期那种武士的生活)①。这就是我经常提到的我使用"人格的世袭化"(Patrimonialization of the Personality)来描述的过程的一种形式。雇佣军同样也是这一过程的产物,相应的财政需求也在这一过程中创造出来。这些反过来又成为这种情况进一步发展的推动力量。大约在公元 1500 年左右,科隆选帝侯(electorate of Cologne)在财政上的正常收入是 11 万莱茵盾(Rhenish guilders),美因茨(Mayence)是 8 万莱茵盾,特里夫斯(Treves)是 6 万莱茵盾,勃兰登堡(Brandenburg)是 4 万莱茵盾。哈布斯堡家族(the house of Hapsburg)的财政收入远远高于他们,单从处于奥地利的世袭领地就获得了 30 万莱茵盾。但即使是这些收入之和,也只够支付 6 000 名步兵或者 2 500 名铁甲骑兵一年的费用。如果有 6 000 名步兵或者 2 500 名骑兵的话,国王就能轻松地对抗奥斯曼帝国(Sublime Porte)随时能派出来的 25 万名土耳其士兵。在此处,我们要像教科书那样清晰地界定财政制度危机的含义:因不可改变的社会变迁导致的明白无误的、不可避免的、持续不断的失败。

国王只好做他能做的:借债。可当他无法再借到更多的钱时,他转而求助于各

---

① 在这种意义上,一种新的组织形式代替了正在衰落中的附庸关系。首先,这种附庸关系已经瓦解了卡洛林帝国(Carolingian Reich),而这一帝国如果真像书面呈现出来的那样的话〔在比较方面所做的研究,可参见冯·顿根(v. Dungern)在 1911 年出版的著作《几个世纪的国家与人民(Staat und Vold durch die Jahrhunderte)》;在事实方面尤其可参考多普施(Dopsch)所著《加洛林时期(Karolingerzeit)》〕,那么卡洛林帝国就真的已非常接近国家的形式了;索姆(Sohm)就是这样认为的,因为他说弗兰哥帝国(the Franconian Reich)就是一个国家,只是在后来失去了国家的特征。依据同样的道理,通过将封地世袭化(patrimonialization)或者完全保有封地所有权(allodification)的过程,附庸关系也不断地趋于解体,并因此兴起一个新的以自我为中心的生活方式,在这样的社会中出现独立的国家就成为必然。旧式的公民联盟(the old civitas)、部落王国的联盟、弗兰哥帝国、封建附庸关系,以及领地(the seignioralty)等,所有这些中世纪不同类型的国家,在历史上先后出现但并非属于内生的发展。

等级。国王承认自己无权提出财政上的要求,他宣称接受他的请求并不会损害各等级的权利;他还承诺说绝不会再提出新的请求。这些内容记载在那些《保证书》(Schadlosbriefe)上。如果这一发展能持续进行而不中断的话,《保证书》就会代替英国《大宪章》在历史上的地位。但国王后来表明自己无力偿债,并且提出,像土耳其战争这类事情并非仅仅他个人的事务,而是一种"共同急需"(common exigency)。各等级也承认这一点;可一旦他们承认了,他们就必须废除所有反对税收需求的书面保证。这种情形意味着将全部人格嵌入到一个超个人目标体系(super-personal system of aims)之中的旧的制度形式已经死了;每个家庭的个别经济(the individual economy)已经成为其存在的中心;现在,私人领域于是被创造出来,并作为一个可辨别的要素面对着公共领域。这样,国家就从"共同急需"中产生了。

一开始,对税收的承认并不意味着普遍性纳税义务的产生。先前关于中世纪政治共同体性质的描述被观察到的事实所证实,它们完全符合这一性质,并一步步朝着与现代国家理念相符的方向发展。对税收的承认并不只是对那些批准征税的各等级有效,对他们的封臣来说也许也是如此(自 1518 年起,在奥地利,在国王的同意下,那些批准征税的各等级在任何情况下都可以从自己的封臣那里获得对其缴纳税收的部分补偿),但对整个国家来说就不是如此了。起初只有那些实际参与投票并承诺缴税的等级有纳税义务,那些在承诺缴税前已经跨上战马并离开的等级不用缴税①。这就非常清楚了。税收义务建立在多数人决定的基础上,甚至普遍的税收义务以及在领主及封臣之间进行的法定税收负担的分配也是如此——这一切都出现了,只是发展得比较缓慢。虽然我们无法进行更多的细节描述,但我们对该进程中感兴趣的内容是,这一发展在各个方面都与国家的出现齐头并进,财政因素经常在其中起到推动作用②,这在任何情况下都成为社会事务发展的忠实写照。

---

① 那些所居城堡非常遥远的贵族,比如在蒂罗尔(Tyrol)的阿洛克(Aroc)伯爵和洛德容(Lodron)伯爵,就充分利用对自己有利的这一状况。[参见冯·萨托利-蒙特克罗克(v. Sartori-Montecroce)的著作《蒂罗尔的土地税(*Das Landständische Steuerwesen Tirols*)》]。在这方面的文献非常丰富。考虑一下波希米亚(Bohemia)的情况,它在某些方面的情况有所不同[参见金得利(Gindely)的著作《捷克财政史(*Geschichte der böhmischen Finanzen*),1526—1618》]。

② 尤其在国王们的国内政策方面,财政成了推动因素;对于国王们来说,他们对农民的友好以及他们对代议制关乎"作为整体的国家"的利益的看法等,都可以主要用他们的财政利益以及他们受制于土地贵族的地位来解释。正是财政必要性作为主因,才驱使国王们不断地前行并迫使土地贵族不断地后退。

各等级都不信任他们的国王,经常通过自己的代理人将筹集来的钱款用于他们意图的目的。除非在对有困难的征收要求达不成一致意见的时候,他们通常反对国王对经投票确定的税收征收方式进行干预。由此促使了一种受各等级属下官僚主导的等级税收制度(an estate tax system)的发展,它在 16 世纪下半叶发展到顶峰,也成为各等级在其他事务上进行自治的基础。新生国家开始具有了坚实的架构,它创设了自己的机构,从而发展成为一种独立的权力。税收不再仅仅为了国王所要求的目的而征收,它也被用来服务于其他的目的。比如,施蒂利亚(Styria)和卡林西亚(Carinthia)的各等级,就利用税收为公共学校以及在总体上发展出一种自由自主、富有吸引力的文化生活等做了很多事情。当然,所有这些都是为一个阶级的自由、文化和政策服务的,而农民受到的依然是铁腕控制。不过,这是与那个时代的精神相一致的自由、文化和政策。它当然带有所有自由主义历史学家的狭隘性,这些历史学家更偏爱国王的官僚机构,在国王与各等级斗争中站在国王一边,把国王比拟为(stylize)这个国家的父亲,他追求国家的福利,为被压迫者反抗残暴的封建领主而斗争。不管怎样说,税收国家的理念及其机构体系(machinery)都已经到来。

欧洲各地的国王们都为征服这种国家而斗争。在英国,斗争以查理一世被送上断头台而告终。但在欧洲其他地方,斗争则以国王的胜利而结束。这是因为,经过宗教战争的摧毁后,国王和他的军队是唯一保存完好的权力机构。现在,国王亮出了锐利的武器,他将"国家"从各等级手中夺过来并开始锻造它。接下来,欧洲大陆的现代民主机构又将国家从国王手中抢夺过来,但此时的国家已按照国王的利益和取向而加以型构,并在未来相当长的时间里继续发挥影响。在欧洲大陆的每一个地方,国王的官僚机构都变成了国家的官僚机构,国王的权力变成了国家的权力。除了残留的未被同化并在后来转入国王私法领域的权利外,国王以前拥有的所有权利和地位,都转变为国家的权力。但是最先发生的事情是,国王权利(the rights of the prince)"世袭的(patrimonial)"观念被转入他所征服的国家的权力之中:现在他真正站在他的国家之上了,就像一个地主站在他的土地上;现在,他就是国家———一种公共领域中的真正权力①。

---

① 这一时刻才是国家生活与哈勒(Haller)的理论最为匹配的时候,哈勒被称为是德国的伯克(Burke)(Edmund Burke,1729—1797,英国爱尔兰政治家、作家、哲学家,著有《法国大革命反思录》等,反对法国大革命,被认为是保守派的主要代表。——译者注)。然而,这并不算是他的功绩,他只是一个最早尝试用一种现实的社会学视角来看待国家这一现象的学者之一,也是最早帮助将这一观点置于正确的位置以反对从司法角度解释国家现象的学者之一。当(转下注)

四、税收国家的性质及其限度

我们已经看到,如果没有财政需要,那就缺乏创造现代国家的直接原因。反过来说,这种财政需要的出现以及完全通过税收要求的方式得到满足的情况,可以从中世纪生活方式的瓦解过程而得到解释。也许可以从导致经济基础变化的各种中间原因(intermediate causes)来追溯这一过程本身;以个体家庭为基础的自由经济形成之后,该过程也就终结了。这就是为什么这种观察事实的方法开启了一条理解更深层次社会发展路径的原因。税收并非仅仅只是一种表面现象,它是这种发展的表现,在一个特别的方向上概括了这种发展。

税收不仅帮助创建了国家,还帮助塑造了国家。税收机构是这样一个机构,其发展使其他机构的发展成为必要。利用手中的税单,国家渗透到私人经济之中,并获得对它日益扩大的管辖权。税收把金钱与算计精神带到了此前它们从未到达过的各个角落,并因此成为那个曾经产生了税收的社会有机体的塑造力量。税收的种类与水平由社会结构所决定,但税收一经产生,它在某种程度上就成为一柄把手,社会力量可以抓住它以改变这种社会结构。然而,这种方法的全部成果,在这里只能略作示意。

既然"国家"(state)与"税收"相互间有如此密切的联系,那么从这一角度去揭示国家的性质就再自然不过了①。在这个意义上,"国家"这个词指向了我们所看

(续上注)然,就弗朗兹(C. Frantz)的意义而言,他的尝试[如《国家的自然史》(*Natural History of the State*)]并没有取得完全的成功;而且,尽管他的著作有时会给我们某种粗糙的印象,但却包含了很多合理的内容。

① 在判断这些努力时,我们必须考虑以下三件事情。第一,对利益是国家的本质这样的认识,有非常多不同的观点。但是,就每一种观点来说,它们都应该有某种与众不同的东西。照此看来,国家的本质自身就存在分歧,内部存在着不同的皆为正确的东西。我们很难认识到这一点,但若对此有误解,就会带来太多无意义的争论和"伪问题"。那些希望探讨国家形而上学含义的人,其视野与范围都没有触及我们讨论的内容。那些从司法目的来定义国家的人,与我们追求的目标没有任何共同之处。对我们来说真正有意义的,就只是要理解社会生活中历史给定的、具有明确特征的要素。第二,我们必须认识到,仅仅理解一种社会现象自身的起源并不能揭示它的"实质"、它的"含义"、它的"文化意义"以及它的"内在逻辑"。如果财政社会学的观点只是让我们理解国家的产生,那我们也许仍将处在以研究地质状况来"解释"风景印象这样的错误中。要注意的是,我们不能陷入以研究起源处的动力来探寻本质的错误中,但我们也不能忘记通过回溯分析更早的起源来发现被创造出来的某一类型所具有的特殊性质。第三,(转下注)

到的在我们周围起作用的社会生活的要素,而不仅仅是"共同体"或"社会组织"这些概念的同义词。其实,在"共同体"或"社会组织"中一开始并没有"国家"这一特殊现象存在的空间,所有领域的社会生活都是"社会化(socialized)"的,所有个体的活动都被融合进社会整体之中。这就是为什么原始的游牧部落没有国家的原因。这种部落的社会组织是一种实体,它发挥着后来落在国家身上的各种功能,但此时独立的国家还没有从中发展出来。如果我们想在这里找"国家",我们就不得不通过社会秩序(social order)来识别它。

由于同样的原因,一个按照社会主义原则组织起来的民族也没有国家。当然,这样的社会主义共同体也是国际法上的一个主体,而且在这个意义上,它也是国际法意义上的国家。不过,从其内部组织来讲,并不存在区别于其他社会权力的国家权力。如果说通过国家权力控制经济而使社会主义变成了现实,那么国家正是通过自身的这种扩张最终消灭了自己。

对于一个纯粹且完全的领主-附庸共同体来说,这些应该也是真实的;不过毫无疑问,这样的情况从未存在过,正如自由经济就其纯粹形式而言从未出现过一样。尽管如此,如果我们想使用清晰的概念去研究特定历史状况的话,那为了理论的目的,我们就不得不假定它的存在。在这样一个领主—附庸共同体中,非常完美的生活(the very ideal of life)将在共同体中实现。共同体将成为个人生活指导原则的起源地,在最接近于社会现实(social reality)的超个人的和绝对的生活中找到自己的意义。当然,一部分人仍处在这种生活圈之外,但他们也是属于这个世界的,作为该世界中能工作的动物(working animals)而存在。如果没有农奴上缴的赋税,就不可能有"圣杯"(the Holy Grail)中的城堡。可是,他们在这个世界的地位极低,就像雅典精神世界中的古代奴隶一样。这里有上帝、领主和骑士——这是对那个时代生活形式的表达,但没有国家,除非我们是从蜜蜂王国的

(续上注)对国家的任何现实分析,都会发现其基础有变坏的一面。那些现代国家的崇拜者,倾向于尽可能地在国家中发现最好的、"最高级的"、"包罗万象(all-embracing)"的东西,但这样夸大而成的有关国家的现代认识,远远超出了其真实的形象——就像将立面技术用于文艺复兴时期的教堂上一样。就像这是令人难以置信的歧变一样,所有的文化都从属于国家的目标,于是国家的范围就成为一个庞大的抽象物,吞噬整个社会生活,所有的制度与其他重要特征都消失了。当然,如果一个人将国家说成是基于众意而存在的任何社会组织的话,那么他就会发现国家无处不在——但这样他也就把握不住国家的任何特征。像秩序本身一样,将国家的概念作为其规范性本质,这自然而然同样是正确的。

意义上谈论国家。当生产力革命的洪流最终将这样的世界一扫而空的时候,当骑士们忘记了"圣杯"而自认为自己拥有自己的时候,这样一种秩序就破裂了,就像尸体因腐败气体膨胀而破裂一样——它最终分解成为无数个利益相互冲突的个人和家庭。

只有在个人生活以其自身为中心展开、个人生活的意义集中于个体和他私人的领域、个性的实现(fulfillment of the personality)就是其自身的目的之地,国家才作为一种真实的现象而存在。只有当国家成为必要时,不管是因为发现自己要有代言人在未来作为国家的主人这样一种"共同需要",还是因为曾统揽一切(all-embracing)的共同体解体后留下了一些功能——无论它们是什么,而新创设出来的个体自治(individual autonomies)不愿意或没能力接管它们,它才会兴起。由于这样的原因,国家永远不可能是其自身的目的,它只是服务于那些共同目的的工具。因此,国家作为共同目的的代表,反对个人利己主义(individual egotism)就是其本性的一部分。只有在此时,国家才成为一种独立的、可识别的社会实体(social entity)。

当然,经济是极其重要的。只要经济仍是整个群体所关心的事情,或至少受制于一个超个体体系——一种有意识的监管体系,而不仅仅只是一种以个体或家庭为中心的无意识互动体系,任何经济体都是如此——只要经济还是这样,全部文化生活的统一体(essential unity of all cultural life)就不会给国家的存在留下空间①。个体经济(individual economy)破坏了这个统一体。这种个体经济是怎样从前述经济形式中成长起来的呢? 这个问题可以通过一些基本的经济术语来得到理解,虽然这只有通过无数的中间环节和意识形态的火焰魔法(ideological fire magics)才能实现,就像通过相反的过程也能做到这一点,如果这个相反的过程在将来会发生的话。个体经济使个人(或家庭)完全地依赖于自己,并迫使他像吃了伊甸园的苹果一样睁开眼睛,关注这个世界的经济现实并从自己的利益出发找到目的所在。他的视野变得狭窄,他的生活就只安顿在自己的精神家园中,并只通过自己的窗口来观察世界。他不会看得很远,因为很快他的视野就会被其他这样的家园的院墙所遮挡。现在,个人为了自己而从事经济活动;无论从原则上还是在事实上,不在个人利益范围内的其他事务,作为习惯(a rule)仍得以保存,

---

① 这可以用来解释文化的"对象性(objectivity)"这一术语是什么。它将文化现象理解为超越个人的规范,以此与自由经济文化中的个人原子化(the subjective atomization)相对立。

但被剥夺了所有的经济手段——除非像教会那样，为自己另找独立的经济基础。这就是为什么财政需求成为现代国家生活的第一个标志的原因。这就是为什么"税收"与"国家"有很大的关系，以至于"税收国家"这样的表述几乎可以被看作是赘语（pleonasm）。这就是为什么财政社会学对国家理论来说如此富有成效的原因。

这不是说国家除了为共同需要而不得不征税（这是国家诞生的原因）外就不做其他事情了。一旦国家作为现实、作为一种社会机构（a social institution）而存在，一旦国家已经成为那些管理政府机器的人和利益集中其上的那些人的中心，最终，一旦国家被认为适合处理很多事情，甚至那些反抗它的人也如此认为——一旦所有这些都发生了，那么国家就会进一步地发展起来，并迅速变成一种其性质不再仅仅通过财政角度（fiscal standpoint）就能被理解的事物，财政成为了一种服务性工具（a serving tool）。如果说财政创建并部分地塑造了现代国家，那么现在国家又去塑造财政并扩大财政的范围，使财政深入到私人经济的肌体之中。

但是，除了从性质上将国家看作是为了实现某些相当狭隘的目的的机器（这台机器面对着整个民族的文化生活及其基本驱动力）之外，对于现实地理解国家现象来说，认清它呈现的社会形态（social form）所代表的群体以及那些对国家进行支配的因素的重要性，是至关重要的①。这样就可以解释国家的真正权力及其被使用和被发展的途径。起初，国家的真正主人通常是国王，欧洲大陆的现代民主正是从国王手中接收了国家或者正准备接收国家。后来，人们常常将官僚机构说成是国家。最终，国家深深地渗透到民众的意识之中——国王的铁拳对此作出了贡献，以至于它真正能成为某种非人格化的东西（something impersonal），成为一种仅仅提供服务而非统治心灵的工具。这种类型的国家，也许可以仅仅作为公

---

① 我们真的不该说"国家做这个或做那个"。极为重要的是，要认清楚是谁或谁的利益让国家机器运转并通过它来表达。这样的说法也许会被持有以下观点的人所排斥，对这些人来说，国家都是人类最高的善、是人类成就的最高峰、是人类理想和力量的最佳汇聚。不过，显然只有这里的观点才是现实的。在其他认为国家除了是统治阶级的剥削工具外什么也不是的错误理论中还是包含了一些正确的内容。无论是对阶级国家的描述，还是将国家描述为超越所有简单组织起来的党派与阶级之上的某种东西，都不足以充分地反映国家的本质。这两种描述，当然也并非全属子虚乌有。国家确实经常反映了社会权力关系，即便它并不仅仅是它们的反映。国家确实使有关国家的理念成为必要，对此人们根据自己所处环境给国家赋予了或多或少的内容，即便这一理念并非是一种将整个社会包括在内的关于国家的抽象理念的产物。

民的思想习惯而继续存在,或许在某些国家已经得以实现。

无论从哪方面来说,国家都有其确定的限度(limits)。当然,这些限度不是关于其社会行动领域的在概念上可界定的限度,而是关于其财政潜力的限度。根据不同国家的富裕或贫穷程度、民族与社会结构的具体细节以及财富性质的不同,这样的限度将随具体情况而变化。在新生的、积极的、不断成长的财富与旧有的财富之间,在创业性国家(entrepreneurial states)和食利性国家(rentier states)之间,这样的限度也存在着巨大的区别。根据军事开支或债务清偿程度、官僚机构的权力和道德状况、民众的"国家意识"(state-consciousness)的强度等的不同,财政潜力的限度也会不一样。但是,财政潜力的限度总是存在的,概括地说,可以根据国家的性质从理论上加以确定。

作为一种纯粹类型的资产阶级税收国家在当前任何地方都不存在。在所有地方,它都充满了旧的成分;在所有地方,未来发展的阴影都或多或少地清晰可见。然而,在所有地方,这种税收国家在今天所表示的仍是最具创新力(the most creative forces)之地。在所有地方,税收国家都是一种独立的存在,不仅是对那些以私人生活为中心和目的的个人和家庭是如此,对这些个人的整体来说也是如此。在所有地方,当国家依赖于从私人经济中挤出来的收入时,国家都只能以相对有限的手段面对私人经济,而私人经济的意义和动力只在于为私人领域服务,并只为私人领域生产。尽管可以感觉到国家无处不在,尽管有关国家的词汇自孩童时期就由国家机构向公民反复灌输,但它仍然只是某种次要的东西,某种对私人经济的恰当目的(the proper purpose)来说是不相容的东西,甚至是某种敌对的东西,这在任何情况下都可以推导出来。

至此,我们在事实上已经得到了从理论上理解税收国家的经济能力的主导性原则。在资本主义社会,每个人都为他自己、他的家庭,或者可能为他自己选择的某些目的(ends)而工作、储蓄。无论什么产品,都是为了私人经济主体而被生产出来的,其驱动力就是个体利益,我们可以从非常广义的角度来理解个体利益,但无论如何,个体利益与享乐式的个人利己主义(hedonistic individual egotism)都是同义的。在这样一个世界里,国家作为一只经济的寄生虫(an economic parasite)而存在。只有当它与每一种特定社会心理状态下都能持续存在的个体利益保持一致时,它才能够从私人经济中不断地汲取钱财。换句话说,税收国家绝对不能从民众那里索取太多,否则民众会无法从生产中获益,或者无论如何都不肯对生产尽最大的努力。这个额度因一个特定的民族在特定的历史状况中如何看待国家所需要的税收而不同。在爱国热情高涨的时代,税收水平可以达到生产能力可承受的最极端的程度,这在通常情况下会导致生产停止。不过,尽管税收数量的限度在不同的情况下有高有低,但根据我们的原则,它们在每一种情况下都是可识别的。

让我们首先考虑一下间接税能够收到多少。由于间接税的影响非常复杂,我们无法简单地描述它们在转嫁过程中以及在缩减消费过程中具体产生了什么影响。不过,我们感兴趣的并不是间接税首先对经济,然后对生活方式,最后对文化水平所造成的阻碍和破坏。我们感兴趣的也不是去探究今天大多数国家人民知识水平和道德水准的低落在多大程度上可最终归结为间接税的影响。我们所关心的只是,间接税是目前税收国家运行机制中必不可少且最为重要的成分以及这样一个事实,即对于每一种物品(article)的税收负担,以及由间接税所获得的整体收入,都存在着一个限度,超过这个限度,进一步增加税收负担意味着税收收入的降低而不是增加。要确定所能产生的最大税收收入水平,会遇到两个非常重大的实践难题:首先,每一种重要的间接税都会造成生产设备在技术和商业上的改变,而其结果难以预料;其次,间接税征收所处的环境并非保持不变,在实践中总会有其他"干扰"的存在,它们要么会削弱间接税对消费者的影响(比如国外的这种产品在生产上突然扩张),或者强化间接税对消费者的影响并抑制其对生产者的影响(比如人口同时增长)。暂且不论财政无能(fiscal ineptness)这个非常重要的因素,上述这些困难部分地解释为什么直到今天,几乎所有的国家都在这种或那种间接税上超出限度,导致某些物品的税负非常沉重以至于损害了国家自身的财政利益,而若减税的话反而会带来税收收入的增加。通过减税来提高税收收入的最好例证,来自于小皮特(the younger Pitt)和格莱斯顿(Gladstone)。不过,无论哪种间接税,它能提供的最大收入都有限度,越过此限度,收入就会降低;如果充分了解了这些事实,就总有可能确定这一限度。没有一种财政制度能够从间接税中获得超出最大限度的收入,这样的最大限度于是成为一种基线(datum),它独立于国家的意志。一旦达到这一限度,我们也就达到了这种征税方法的有效性的极限。再增加一点点资金需要就可以成为压死骆驼的那根最后的稻草(No need for more funds can push it further out)。

在实践中,直接税带来的影响虽然还不怎么清楚,但却可以看出有明显的不同。在此我们仅仅考察对不同收入类型（individual types of income）包括企业家利润（entrepreneurial profit）、垄断利润、利息、租金和工资的征税。我们之所以只考虑这些收入，是因为此处所使用的推理方法与我们在研究间接税时非常相似，我们可以用这样的方法去研究那些针对具有独特性质的收入类型所征收的特殊税收，如对建筑物、股息等的征税。无论如何，对每个人来说，所得税仅仅是对组成他收入的那些报酬所征的税收。只有一种税，就类别而言自成一类，那就是普鲁士所实行的财产税；这种财产税不是以收入为税基（因而不是一种简单的所得税类型），而是对财产的真实转让（real cession）征税。不过这种财产税只是一种少见的且简单的征税方法，我们在此可将其忽略。到下一部分时，我们再回过头来讨论它。

恰当意义上的企业家利润（entrepreneurial profit），有别于过去常之合并在一起的利息，也有别于明显不属于净收入的风险溢价，还有别于企业家工资（the wages of the entrepreneur）这种特殊的工资形式，它产生于在资本主义经济中任何一种新的生产方法、新的商业组合、新的形式或新的组织被成功引入之处。所以企业家利润是资本主义给予创新的奖赏（premium）。正像企业家利润会持续地出现一样，企业家利润也会不断地消失，其原因来自于竞争效应，即在利润的诱惑下，创新者会很快地被追赶上。如果企业家利润都被税收取走的话，经济进步的因素会就此缺失；迄今为止，企业家利润都是推动产业进步最为重要的个人工作动力。即使税收只是取走企业家利润的一部分，产业发展的进程也会大大地放缓，正如奥地利的灾难所明确显示出来的。在这里，我们并不关心它对奥地利经济的显著影响，因此，归根结底，我们也不关心它对奥地利国家财政的影响。对我们来说，只有一件事是重要的：对企业家利润征税存在一个限度，超出这个限度，税收压力将首先会伤害然后会摧毁征税的对象。理想的最佳税收实践是，我们能够视每一种企业家利润得以产生的情况而给予区别对待。这样将比现有的税收实践获得更多的税额；现有的税收实践虽然在获取税额方面有一点点的成功，但是粗暴地摧毁了经济发展的众多可能性。不过，即使是最理想的征税技术，也会达到税收的限度，而且会很快地达到。

至于说垄断利润和地租，上面的结论就不对了。例如，一个卡特尔的垄断利润，是该企业的净收入减去在生产中所使用的各要素的必要报酬（包括利息）之和后的剩余额；即使用税收将其几乎全部取走，也不会产生什么不利的后果。对于纯粹地租也可以这样做,它是乡村或城市地块的净回报的组成部分,在扣除资本投入的利息额(其中已经包括了在固定资本安装和运行上所支付的工资总额)——当然,不能扣除加在购买价格上的利息——后仍会存在。既然这种纯地租仅仅是土地拥有的自然生产力的报酬,即使所有者没有得到任何回报也会保有;并且,既然开发土地的动力在于其产出能够给所投入的劳动和资本带来回报,即使地租被税收征走也是如此,那么这种税收就根本不会对生产过程产生负面影响。对所有不是由具体经济活动产生的意外利润(windfall profits)进行征税的效果都是一样的。不过,遗产恐怕难以归入其中,但各种各样的"非劳动所得的增值"(unearned increments of value)一般都可归入其中。尽管在大多数情况下,我们很难从一般人笼统说到的"非劳动所得的增值"现象中将它们一一辨别出来,但"非劳动所得"确实适用于那些情况,特别是在价值增长并非履行风险报酬或利息功能的情况下就更是如此。在前述所有的情况下,我们都有理想的征税对象,倘若人们通常都能毫无疑问地将其辨识出来,并将其与看起来相似但实质不同的东西区分开来,那么我们就能设计出正确的征税技术来对待它们。可是,迄今为止,我们还从来没有成功地做到这一点。在实践中,我们找到的大多是徒劳无功的做法。即使在此处也存在着税收的限度,只不过这一限度仅由可税对象是否存在及其规模大小来决定。

对利息和工资来说,税收不可能过于深入地课及税收对象。由于我们在此处考虑的是对所有形式的资本收益和工资征税,因此不必担心资本和劳动会从一种涉税的用途向其他不涉税的用途转移。而且由于我们在这儿处理的是所有税收国家都存在的一个普遍问题,它是制度性问题(a problem of the system)而不是某个特定国家的问题,因此我们将忽略掉资本和劳动向低税负国家转移的趋势,虽然这样的转移对奥地利来说是一个严重的问题。但即使这样,我们仍要考虑发生在资本和劳动身上的两种反应。第一种反应是,这样的税收让企业支付了更高的利息与工资,从而阻碍了取消税收时可能得到的生产扩张。另一种反应是,这些税收向资本家和工人的所得征收,有时候甚至可能会带来比没有这些税收时更多的储蓄与劳动付出。不过,对于资本而言,因为税收而增加储蓄的情况是罕见的例外;对于劳动而言,其重要性只有在开征此税前的工作时间相对比较短的情况下才会显现出来。在其他更多的情况下,资本形成将被税收所阻碍,甚至将因为缺乏摊销和维护而转为资本消耗。对高劳动收入(在税收实践中,只有这些高收入者才是重要的)征收额外的税,将挫伤所有超出平均水平的人在工作上的积极性,因为努力本身并不是其目的所在。再说一遍,这些税收的经济影响并非我们此处所关心的。我们要关心的是,可能的税收收入不仅受减去维持纳税人最低生活水平所需数额后的课税对象规模的约束,还受到自由经济的驱动力的性质的限制。当然,普通人(layman)会认为大额收入(big income)对于税收来说几乎是取之不尽的源泉。那些在总体观念(whole outlook)上基本属于小资产阶级(petit-bourgeois)的知识分子,倾向于将大额收入的下限设在刚刚超过薪资等级或者他希望自己能达到的收入水平之上。然而,无论是大额收入的数额、规模,还是承受税负的能力①,都没有那么大,而且世界上难得有哪个国家对大额收入的界定会低于我们(奥地利)。对那些依靠遗产租金生活而没有孩子的富翁来说,他们的收入是一次性给定的,对他们的收入征税就不用担心资本的缩减。这样的例子当然非常罕见,虽然这样的时代——资产阶级整体性地成了没有孩子的食租富翁——也许会来临。

税收国家并非只有来源于他人的收入(derived revenues)。它不仅拥有其前身大部分的小额遗产,而且还可以在资本主义世界中开创出自己的经济领域,并让自己成为一名企业家。我在此并不是说从私人产业中"分享利润"(profit sharing),因为这只是税收的另一种表达方式而已。我要说的是国家自己经营企业。实际上,当它这么做时,它就越过了自己的界限。然而,只要国家还没有吞噬掉经济的全部或绝大部分,它就会保持自己原来的样子。撇开国家可能会为自己寻求垄断地位不论,至关重要的评价标准是,国家是否继续在自由经济的框架下运作并在自己的企业内采用自由经济中的信息与方法。如果国家这样做了,即它仍在资本主义精神中活动并追求尽可能高的货币利润,那么它的可能利润就会受到资本主义生产中的经济规律的限制。这些限制要比普通人相信的严格许多。既然国家必须像其他企业家那样运用货币资本,而且只能通过借贷来增加货币资本,那它在某一产业中所保有的利润就不可能比它通过直接税和间接税(包括对该行业的收入进行征税)得到的收入更多。甚至哪怕国家利用可能的垄断地位来

---

① 顺便提一下,这仅仅是从公平的现代理想观念中得出来的结论,即高收入群体承担税负的能力大于缴纳同样税收量的低收入群体,除非后者的收入接近于维持生计的收入最小值。通常来说,经济能力并无实质性区别,也就是本文所讨论的那些人对税收的反应通常与低收入群体一样大。

实行极端的财政剥削,并且我们忽略国家实际上拥有的企业家才能非常小这一事实,该结论也是成立的。

现在我们可以看到,说公共经济与私人经济相反,是量出为入(income depends on outgoings)的,这是多么地站不住脚。国家的财政能力有其限度①,这不仅仅是不证自明的,而且对社会主义社会来说也是如此,但对税收国家来说,这种限度的范围要窄得多,而且更加令人痛苦。如果人民的意愿是要求越来越多的公共支出,如果越来越多的收入被用于私人在生产时并不遵循的目的上,如果越来越多的权力支持这种意愿,如果关于私人财产与生活方式的全新思想最终掌握了所有阶层的人民,那么税收国家就将走向尽头,而社会就将不得不依靠其他动力而非自我利益来发展经济。这一限度以及因这一限度而使税收国家难以生存的危机肯定会到来。毫无疑问,税收国家可能会崩溃。

五、税收国家一定会崩溃吗?

税收国家已经崩溃过无数次了,更为常见的是,人们总是预期税收国家会崩溃,甚至像英国这样已保持最长时间财政清偿能力不中断的国家也会被这样预期。然而,这些崩溃总是被人解释为是特定意外或犯罪(crimes)的结果,从来没有人对税收国家制度表示绝望。这样做是对的。无论经历了多么严重的管理不善,也无论在特定事件中有过多么严重的错误,这一制度都在土耳其战争、反对西班牙威胁的世界战争、三十年战争、反对旧政权的法国的世界战争以及反对拿破仑的世界战争等中成功地生存了下来。即使说当时的支出比今天要少,可供应支出的收入至少也同样地少。

当人们考察几个世纪以来税收国家的扩张时,很可能几乎忘掉了我们在前面描述过的税收国家的限度。英国政府收入从"王政复辟"(Restoration)时期(1680

---

① 税收国家越接近该限度,它受到的抵抗就越大,其运转时的能量损失也就越大。为了实施税法,就不得不依靠越来越庞大的官僚队伍,税收调查就变得越来越具有侵入性,征税花招也就变得越来越让人难以忍受。这样一幅浪费国家能力的荒诞图景表明:税收国家作为一个组织的价值,依赖于私人经济和私人生活的自主性;当国家不能尊重这种自主性时,税收国家组织也就丧失了自身的价值。

年)的350万英镑,增长到1912—1913财政年度的1.888亿英镑,最近的战争预算更是达到了天文数字!奥地利政府收入在二元君主制(dual monarchy)①时期,从1868年的2.8124亿盾(guilders)增加到1888年的5.145亿盾,并在此次大战开始前一年增加到30亿克朗(crowns)。不过,这些数字本身并不重要;重要的是,税收国家制度迄今遭遇了所有的挑战,无论何时当它在特定情形下无法应对挑战时,我们都可以发现其失败源于某种特殊的原因而非其本质使然。对欧洲大陆来说,最好的时期是在19世纪与20世纪之交;对英国来说,最好的时期是格莱斯顿时期。在最好的时期,几乎到处都在走出苦难、走出过去的耻辱,事事都处于上升态势,经济剩余也在不断地增加。与其说是由于社会支出的增加,还不如说是因为即将来临的世界大战的财政阴影,导致这种数量上的增长走到了尽头。不过,对于税收国家来说,不断增长的社会支出比战争支出更为可怕,这是从能否被克服的角度来说。无论如何,我们所面临的大问题,无论是财政问题还是其他问题,都根植于战前环境之中。此次大战没有带来任何新的问题,它只是强化了现有的处境。就此而论,将税收国家或任何社会制度的生死问题与战争联系在一起的观点是非常浅薄的。然而,在现阶段,我们也只是想这么做。

这个问题在哪里也不像在奥地利这么明显。实际上,如果说税收国家会在哪里崩溃的话,那它一定是奥地利的某个地方性事件(甚至不是一个奥匈帝国的事件)。俄罗斯的崩溃是一个特殊例子,它不属于此处讨论的范围。在俄罗斯发生崩溃的,是其嫁接到农民民主之上的特有暴政。这种暴政已经强悍到足以阻止具有政治行动力的上层阶级的形成,因此,想附带说明的是,像这样的俄罗斯革命是处于一种非典型的特殊地位。俄罗斯的财政崩溃,也仅仅是反对资本主义意志的一个后果。即使是按对1890年以来对俄罗斯财政发展状况的最差判断来说,这样一个拥有无限可能性的大国根本就不应该崩溃。捎带提及的是,向税收国家的回归是一定的,特别是在俄罗斯这样的例子中。因此,我们既不能把它说成是税收国家原则的失败,也不能把它说成是无望的失败。不过,并没有其他的参战国会被迫放弃税收国家②。

___

① 在二元君主制下,世袭君主为拥有实权的国家元首,他任命内阁成员,政府也对君主负责,议会行使立法权,但君主对其有否决权。——译者注

② 有关税收国家缺陷的观点,几乎全都出自奥地利;这并非偶然,并且特别地与葛德雪是奥地利人有关。在奥地利,人们经常听说,因为"所有其他方面都已经非常糟糕了",所以奥地利令人绝望的境况再也不会惨到哪里去了。但是,这样的说法并不是真的。

实际上,税收从一开始就满足了英国对战争经费的重大需要。至于说英国能否在自由经济框架内承受战争的负担这个问题,答案是非常清晰的"能"。不必怀疑,德国有能力通过税收国家筹集的收入坚持下来。即使在意大利,情况也没到令人绝望的地步。法国怎么样?如果法国崩溃了,那唯一的原因只能是其北部地区遭到了巨大破坏。对于这样的破坏,没有哪个社会能有现成的手段加以应对。不过,法国不会崩溃。实际上,所有这些都能够被克服,我们不仅可以运用税收国家的手段,而且还能依靠它过去的手段。我们今天的财政政策,既缺乏新意也不怎么高明。

因此,我们将自己的讨论范围限制在奥地利。如果连奥地利这一税收国家都能够经受得住此次考验,那么其他国家就不用说了。让我们把这个问题表述得再具体一点:如果说税收国家不能处理此次大战遗留下来的问题,那就意味着出现了以下两个问题或其中之一:一个是战争负担和弥补战争成本的问题,另一个则与重建混乱不堪的经济有关。这意味着税收国家无法用自身的手段来承担战争的财政负担,也无法执行重建的任务。不过,这两个问题并非同一类问题。更准确地说,它们分属于两个不同的领域,在讨论经济问题时需要将二者严格地分开,将它们混为一谈纯属典型的外行错误。

第一个问题是财政问题,具体来说就是钱的问题:国家需要钱来履行其职责,并消除赤字。这个问题并不涉及产品,例如战争物资、供应军队的食品和衣服等。可以肯定的是,此次大战造成的真正成本都发生在产品领域:物品被耗用、部分地区被摧毁、劳动力遭受损失等,这些都是战争给经济造成的真实"成本"。要从事战争,就要耗用大量的物品,而在战时这是要应对的最大问题;筹集必要数额的金钱反倒是财政技术中属于相对次要的问题。不过,这个问题已经得以解决。为军队和民众所需要的实物形式的战争耗用品,我们已不择手段地(by hook or by crook)筹集到了,并且在战争期间还会不间断地筹集。现在剩下来的问题,就只是一个"钱的问题"了。此时我们的处境就像一个企业主,他的工厂已经被烧毁,现在面对的是如何在账册上表示其损失。战争就像一场大火,毁灭了我们国家的很大一部分财富,经济也因此变得更为贫困。这一切已经发生了,已无法改变;为战争目的所需用的物资,将在战争结束前供应完毕。然而,以货币来衡量,经济并没有变得更为贫困。这怎么可能呢?简单地说就是对国家和货币代币(money token)的清偿需求已经取代了对私人经济中商品库存的需求。国家没有能力把自己从私人经济中取走的物品再放回去——它能做的终究只是把它们从经济本身中取走。现在要做的是，简单地调整货币价值，使其重新与实际物品数量保持一致；也就是说，大规模调减账面价值。而这只能通过国家从经济的货币债权（the money claims）和货币存量（money stocks）中弥补其货币义务来实现。在此处需要解决的是，弥补战争成本到底是什么意思？这对税收国家来说是一个很特殊的问题，因为税收国家形式和基于私人产权的自由经济形式，仅能解释战争融资的方式和问题的起源。战争融资就像企业购买物品和开展借贷一样，唯一的不同就是军事服务，它是一笔巨大的实物支付。这也是这个问题能够得到解决的保证。

重建问题则不同，它不是或至少从最终意义上讲不是筹措资金的问题，而是要确保产品实物的供应。在和平协议完成后，战时运行的那种战争经济就已终止，此时要实现的是和平经济。这个问题并非只特别针对税收国家，其实每一种组织形式都会遇到此类问题。不过，只有税收国家才需要用货币去弥补战争成本，也只有税收国家为了战争的进行而被迫对个人承担义务。不管我们生活在哪一种组织形式中，在任何情况下，重建都是需要物品的。

现在考虑第一个问题。战争负担在财政上的绝对水平跟我们的讨论已没什么关系，因为它已经推升了通货膨胀并使收益（yields）、所得与财产在货币数字上大大增加。因为这个原因，我们不必关心正在摧毁欧洲的疯狂破坏何时结束的问题。仅仅为了让表达更为精确，我们假定今年秋天就可以实现和平。即使到那时，我们也没法得到战争负担的精确数据，因为不能预见到伤残抚恤金、复员成本、毁损地区的重建以及战损补偿等到底是多少。这些项目可以作为战争成本的一部分加以计算，而不用计入重建费用之中。为此到底需要多少，主要决定于政治角力（political intrigues）而非客观的考量。进一步地说，即使只用货币来度量，我们到后来也不可能知道战争的真实成本。不过，如果将所有这些项目进行加总并把永久负担予以资本化，那么 1 000 亿克朗的总额也许还是太低而不是太高。这个总额将包括战争债券、银行债务和银行预付款，或者那些将会很快转化为上述形式中不是这种就是那种的项目。就这样一个总额，对国家来说，大部分通过单纯的名义利率调整就可以归还，这样一来，虽然战后利率会不可避免地上涨，如果我们假定平均利率是 5％，它意味着增加 50 亿克朗的年偿债额，那我们在可能的限度内还是比较宽裕的。既然我们相信可以将所有的战争支出在最宽泛的意义上估计为 1 000 亿克朗之内,那它还在战前预算的数额范围内。其中有些数额并没有随着通货膨胀而增长,最明显的是债务。但有些数额可能已经上升了十倍。有不少服务特别是市政服务的价格,并没有上涨这么多倍;但如果现有条件保持不变的话,它们也将不可避免地出现暴涨。只要印钞机依然像现在这样地使用,那么现有条件就会像这个样子持续下去,并在将来还可能进一步地恶化。现在还不可能预知结果到底如何。如果我们假设财政部长在测算下一年度的预算时①——根据我们的假定,这将在达成和约后的数星期内发生,尽管考虑和约商议的困难使其可能性不大——他至少要算一算,把战前 30 亿克朗的预算收入规模提高到 100 亿克朗的规模,这还是一种很保守的估计。因此,根据我们的假设,和平预算支出最终有可能会达到 150 亿克朗的规模,这可与上一个战争预算 230 亿克朗的规模相比较。我们认为跟上一个战争预算相似,这一预算可能还会有 50 亿克朗支出要用税收之外的资金来弥补。这样就意味着会出现 100 亿克朗的赤字,而上一个战争预算的赤字是 180 亿克朗。可以确定的是,在和平的第一年赤字将会很大,但任何额外的增加都应恰当地纳入那 1 000 亿克朗的战争成本中。我们再重申一遍,这些数字仅仅是为了举例的需要,它们几乎不能算是一个预言,就像我们假定战争将在今年秋天结束一样。

那么在这种情况下,税收国家可以做些什么呢?我们能够立即想到的是三件事。第一,税收国家陷入到如此状况并非因为其自身的制度错误,所以哪怕税收国家失败了,也并不表明税收国家的原则有问题。如此无限制的战争消耗所形成的沉重负担,从一开始就不是任何一个制度能承受的。即使没有这种消耗,情况仍旧会很严峻,但要比现在好得多。第二,如此沉重的负担是不受约束的纸币经济的后果。单独拿英国做例子就能够说明,此种负担无论如何都不是税收国家制度的必然后果。进一步严格地说,非常清楚的是,我们本来是可以从私人经济中挤出必要的货币的,就像我们事实上将物品从私人经济中挤出了一样。本来我们可以通过税收来做到这一点,虽然这样的税收看起来具有窒息性,但在事实上并不比用通货膨胀让货币贬值这样的替代方案更具有压迫性。如果用税收挤出货币,虽然个人在经济上能使用的货币数量要少一些,但他们支付商品的价格按相

---

① 编者注:战争结束时发生的种种事件证明了熊彼特的"假设"。然而,大家想知道他是否预计到自己会成为财政部长从而负责制定第一个战后的财政预算。参见编者在论文开头加的注。

同比例来说就会更低，为此付出的牺牲也会更为平均和合理地在个人之间分担。若用这种方法解决问题的话，情况本可以变得更好而不是更糟。但现在所发生的事情是，无论从政治上看还是从财政技术上看，所有的国家都不可能完全用税收来弥补战争成本。这一点在奥地利尤为真实。其实，我们本可以得到比事实上取得的更大的成就。考虑到社会的和经济的结果，现在我们再一次拒绝讨论通过扩大纸币发行以增加 100 亿克朗年度收入的可能性。即使不考虑其他因素，公共支出也会伴随价格水平而增加至一个新的高点，这将变成一种无尽的螺旋式上升，使当前价格与预算数字看起来显得微不足道。第三，我们同样拒绝 1811 年和 1816 年两次缔结和约的方法。我们异常坚决地表示这种拒绝态度，因为反对他们那样做的声音从来不会完全沉默。即使在那个时候，这些方法不仅是无耻的，也是荒谬的。在现在再采用这种方法的话，它们只会更加无耻和荒谬。

这样就还剩下两个解决问题的方法。第一个方法从承认以下事实开始：如果奥地利货币仍然保持其战前的价值，那么我们的预算数字就不会像现在这样沉重；即使这么说有点令人悲哀，但无论如何对奥地利人都算是一种安慰。用 150 亿克朗货币表示的物品量，跟四年前已经完全不同了。对现在来说重要的是，要满足从经济中抽取 150 亿克朗货币的要求，它所对应的物品与资金的确切数量是多少。当和平来临时，如果货币存量还没有减少，那么就只能靠其他导致高物价的原因的消失了，如因生产和进口中断所导致的物品稀缺。在这种情况下，价格将保持在和平时期的价格水平之上。一般来说，收入本身会随着价格水平而进行调整，现在的 150 亿克朗将不会是和平时期 30 亿克朗的五倍，也许两倍都不到。现在当然不可能将每一种国家收入都增加五倍，必须考虑到有些人的收入并没有增加或者没有成比例地增加。而这也正是其他一些人收入超比例增长的原因——绝非只有"富人"的收入这样增长①。大体上，不管从技术细

---

① 这是一种在公共生活中经常被具有误导性言辞进行处理的观点之一，在财政问题上尤其不能接受。除了圈子相对小的大商人（说一个不大受欢迎的真相，他们才是真正的大发战争财的人）外，在资本主义社会的上层，我们很难找到其收入相对于下降的货币价值而上升的人。资本家（不管是股东还是固定利息证券的持有者）中的绝大部分，都属于"战争受损者"；因为只有在极少的情况下，他们获得的股息才会相应地增长，而从狭义上说，他们的利息从不增长。与他们相比，工人倒是处于更有利的位置。这很自然，因为工人的收入不仅随着货币贬值而增长，而且由于兵役要求，劳动力供给减少也会带来工资的上涨。在农业领域（熟悉情况的人都不会否认），农民是真正发战争财的人，这是因为大土地所有者因种种原因而被禁止充分利用战争机会发财。上述说法常会引起人们激烈的反对意见，但这些意见很难与逐渐清晰的事实对得上号。

节上说有多少困难,实现国家收入的如此增长还是有可能的。有人可能会争辩说,奥地利缺乏足够的道德动力去这样做。如果真是如此,那它也是奥地利的问题,而不是税收国家的错误。尤为重要的是,这种的税收负担无论如何都不是毁灭性的,也不意味着会带来匮乏与贫困。同样地,它也不意味着相应的直接税与间接税会出现以下情况:谁能为他消费的商品支付 5 倍的价格,那他也能够支付 5 倍的消费税——现在还没到价格上涨 5 倍的程度,但这种情况注定要发生,因为如果通货膨胀持续下去的话,那么目前人为规定的最高限价就无法长期维持①。不过通货膨胀肯定能让消费者支付 5 倍的消费税;如果这么说让人觉得刺耳,那仅仅是因为我们还在用克朗原来的购买力在思考问题。不过,我们这样去思考也有问题,因为它假定通货膨胀会持续以及会放弃我们货币制度的秩序(order in our monetary system)。

第二个方法不仅与财政有关,同时也与货币秩序(monetary order)有关。这个方法有另外一个好处,那就是,它至少能部分地抑制战争债券食利阶层的出现。我的意思是,对资本征收一次性税收,其数额高到足以让国家不仅能归还银行贷款和预付款,而且能偿还大部分战争债券。这个方法是必要的,因为偿还欠银行的债务意味着可以让潮水般的银行券(bank notes)退出流通,由此可以带来价格水平的急剧下降,或者说带来货币购买力的增加,这两种情况是一样的。这样一来,以战争债券形式存在的公债,无论从本金还从利息来看,其真实价值都将增加,政府以公债形式承担的经济负担也会因此提高。不过从另一方面看,用这种方法增加货币价值对国家来说也是有好处的。比如说,国家可以不用增加公务员的薪水,在建筑物或机动车等所需物品上花的钱也可以更少。在上述状况下,和平时期的支出预算就不用预计得非常高。也许 60 或 70 亿克朗的财政收入就够用了,包括支付尚未偿还的战争债券的利息。

我承认自己一度着迷于用这一方法来挽救时局,而且迄今为止仍相信它在原则上是正确的。如果说在此期间我已学会去怀疑它能否成功的话,那也不是因为经济学的理由。只有建立在最广泛政治基础上、能让公众感受到具有真正权力与领导能力的强势政府,才敢于尝试去克服遭遇到的一切障碍,特别是避免使用破坏性的强制力只对私人经济很小的一部分征税——对于获取成功而言这样的税

---

① 在当前形势下,消费税不会完全落在消费者身上,这种税收在政治上会遭到抵制。

收太少了。能完成如此任务的政治家,需要有真正的政治能力和财政能力,而且还要有非凡的意志力以及让所有民众都信任的言辞能力。此外,到目前为止,我们的财政政策对问题的处理都几乎是按照专家的预先判断来进行的。不过这些跟我们在此处的讨论没有什么关系。跟我们的讨论有关的,既不是政治能力也不是执行技巧,而是这样的事情在原则上是否可行的证据。如果我们能够证明这一点,那么实践的失败,如果它真的发生了,也不能说我们的证明失效①,即使事实证明,是奥地利局势的真正难以克服的困难而非其他原因是导致实践失败的主要因素。这再一次说明,奥地利可能会失败,但税收国家不会。

这听起来似乎有点奇怪,在因战争而致贫的经济中对资本征税,我们所期望的不是去根除财政中的弊端,而是力图将财政弊端缩小到可控的范围内。难道已缩水的财富可以进一步地缩水吗?还可以从公民身上榨取出什么东西来吗?这难道不是在提倡一种相当于承认税收国家失败和以道德代替财政破产的做法吗?——引用通常的说法就是,这是要用"人民的破产"来代替国家的破产吗?不是这样的,对资本征税并不要求从经济中更进一步地获取物品,这样的牺牲已经发生了。征税的对象,并不是那些在战争中已经贬值的财富,即真实的国民财富,而仅仅是那些在战争中升值的财富,这种上升与真实国民财富无关,这种财富实际上是名义的国民财富。征收资本税只会降低国民财富的货币价值,而不会减少经济中的真实财富。对于奥地利来说,这一点是特别的正确;对俄罗斯来说,则是更为正确,但在其他地方可能会有所不同。正因如此,相对于其他国家来说,资本税问题在奥地利比较特殊,它的危害性非常小;在其他的国家,如果要为资本税辩护的话,就可能需要有所保留并需要基于其他的理由。征收资本税,并没有将任何物品转移到国家手中,国家得到的仅仅是货币和债权(claims)②。而之所以这样做,仅仅是因为这一部分货币和债权可以被消除掉,而不是被用于财政支出。如果情况不是这样的话,那么我将不仅承认资本税不能挽救税收国家反而是一种打击,而且我还将收回资本税不会摧毁财富的断言。强调这一点非常重要,因为

---

① 考虑到事情的可能原因,我坚持这一观点。最坏的做法是用不充分的政治手段并基于显著的不确定性来处理这样的任务。

② 在这一点上,此处所建议的措施不同于葛德雪(R. Goldscheid)所倡导的资本税。然而,需要强调的是,我在此并不打算讨论葛德雪的问题也不打算反驳他。我只是希望表明,在一个极为有限的目的上,税收解决方案是否具有可行性。

这样才能将我们的立场与另外一些声音区别开,那些声音的主张是:确切地将财富从收入的真实来源如土地、工厂等永久性地转移到国家手中。我在此处提到的资本税,不仅适用于自由经济,而且也与经济自由原则保持一致并可对其进行保护。这一方法,也与那种把资本税当作国有化措施的看法完全相反。

之所以有可能通过资本税来偿还国家所欠的战争债,仅仅在于战争债的债权人绝大多数都是我们自己的国民①。可以设想但肯定无法付诸实践的一件事是,我们向这些债权人征收的税收在数额上等于他们已借给国家的金额。让我们按照索特贝尔(Soetbeer)以前的一个思想实验来设想整个的过程:如果将国家所有的负债(包括银行债务、银行与部门的预付款)都转为战争债,那它将达到 1 000 亿克朗;假设所有的公民都将同一比例的财富投资于战争债,那么按此比例征收资本税自然可以解决所有问题,很显然也不会伤害其中任何一个人。实践的困难只是在于这样的事实:不是所有的私人财产中都包含有相同比例的战争债券,也不是所有的国家债务都由战争债组成或者都能转化为战争债。然而,这些实践上的困难,仅仅只是让成功变得不能彻底而已。

我们当然可以谈谈彻底的成功是什么样子。假设我们最终要解决的债务金额为 400 亿克朗,另外还有 600 亿克朗战争债或者可转化为战争债的国家债务。经过对预算如此精心的排序后,它们当然可以被转化为 5% 的利率问题②。在假设税率为 20% 的情况下,要产生 400 亿克朗的财政收入,所要求的可税财富为 2 000 亿克朗。这种数量的财富是完全可以有的,除非人为阻止这种财富的形成。一个非常恰当的假定是,在和平协议签订后并减少货币流通量之前,平均价格水平可能是战前的 5 倍。按照费尔纳(Fellner)不算过分的估计,我们国家战前的国民财富大概是 800 亿克朗。5 倍的价格水平价格意味着 5 倍的回报和 5 倍的资本化价值,那就是 4 000 亿克朗③。现在,当然在这里存在着很多的例外情况,比如

---

① 国外所持有的债务估计可能有 150 亿克朗,但其所占的比例不足以改变问题的重心所在。

② 在本文的前面,熊彼特提到可以通过单纯地提高名义利率来偿还国家债务的构想,他假定平均利率是 5%,认为这样虽然会增加 50 亿克朗的年偿债额,但还是在可控制的限度内。——译者注

③ 我清楚地意识到,如果我对论文中所给出的这些数字的含义不加考虑的话,那么我将陷入到洪水般的反对意见中。特别地,不能忘记的是我们所讨论的财富,其货币价值并不是真实存在的,而是由合适的财政政策带来的结果,而且我在此的目的仅仅是为读者进行(转下注)

说：在战争中被破坏的地区要予以排除；从数量上说战后的生产一开始将低于战时的生产；很多回报（如被控制的租金）及其资本化价值因特别原因并不会与物价水平同步增长；小额财产（比如说 20 000 克朗以下）的价值很难估计等。然而，我们需要的只是 4 000 亿克朗的一半。如果我们得不到这一数额，那就是我们自己的错误，特别是错误地对资本表现出毫无意义的敌意，就像通常对资本采取的非理性敌视态度一样，这将导致资本流向匈牙利并阻碍股本和股份的相应增长，并因此摧毁或减少重要的课税对象，从而完全走到我们想要达到的目的的反面。当然，更激进的措施也可加以考虑。从财政的角度来看，一个给政府留下 600 亿战争债的解决方案并不是很理想的方案，它也很难让物价完全回到战前水平。但这是一条出路，而且对我们来说已经足够了。

　　不管真正会发生什么事情，上面的方案不会因为技术困难而失败。必须认识到，真正重要的是将国家从耻辱和不幸（evil）中拯救出来，而不是空喊受人欢迎的口号，尤其是不要对不受欢迎的群体（unpopular circles）进行普遍的、狭隘的迫害。这种征税其实是一件很简单的事情，因为从它的目的来看，不会用到累进制度，这也是需要进行税务调查的唯一理由。征税应该是对应税对象的收费，其所有者可

（续上注）非常粗略的描述。因此，完全不能引用我们的数字来反驳沃格尔（Vogel）在《奥地利经济学家（Österreichischer Volkswirt）》杂志（1917 年 12 月 22 日和 1918 年 1 月 1 日）中发表的结果，即使从他自己的立场来看，这些数字是完全没有问题的。顺便说一下，我们的研究起点是菲尔纳（Fellner）所做的估计，但正如沃格尔所强调的，菲尔纳估计的数据即使在和平时期也太低了，更不要说它远离了 1911 年（菲尔纳在进行估计时所使用的最后年份）之后所发生的事实：国民财富必须进一步增加到满足战争的需要，出于征收资本税的目的，国家要将自己对国民的欠债（即公债券）添加到国民财富（即国民拥有的资产）之上，不过，必须将国家财产和其他司法主体免征的税额从税收中扣除出来，这是理所当然的。沃格尔对战时的资本利得的估计是严重不足的，其估算方式在方法论上也是不正确的。比如，他估算时将奥地利的数字与普鲁士的数字进行对比，不言而喻，这是不可以的，因为普鲁士所经历的通货膨胀比奥地利要小得多。也许还留有一些疑问：按照我们的假设，单是向个人对国家的债权（即公债券）征税，就可获得 200 亿克朗。难道真的不能从其他财产征收到相同数量的税收吗？在此时，每若克（Joch，比 1.5 英亩稍微少一点）最好的土地价值 10 000 克朗，即使不算建筑物及改良措施，农田地的销售价（这是相关的）估算为 1 000 亿克朗，这难道不也太低了吗？沃格尔估算的结果之所以悲观，可以用他设想的征税技术所具有的特定方法来解释。在此处我不能进行深入的探究，尽管可能有人会因此责备我，就像指责我当初在一个五十分钟的演讲中未能穷尽这个问题一样，那个演讲涉及的是一个社会学议题，包含了很广的范围，从中世纪共同体的本质到我们自己的财政状况。诚然，不管动用何种费心费力的程序，对税收违法行为进行调查与起诉只会带来扰民（sauve qui peut）的结果并必然阻碍我们去获得成功。

以从其债权人的债权中扣除适当的税款。此处涉及的问题将是如何估计市场价值;对于联合股份公司来说,还可以使用到其他技术。国家当然是有权获得豁免的债务人之一。经济中巨大的流动性有利于这样一种税收的缴纳。当然,战争债券可以用来纳税。只有在少数情况下,才可以因经济理由来延迟缴纳资本税或者分若干年缴纳——不管怎么样,这在政治上都是可行的。

正是这种流动性有助于人们克服对经济可能存有的犹疑。任何拥有现金或战争债券,或者拥有可用来购买战争债券的银行存款的人,都不会遭遇到什么危险,哪怕他从流动资本中支付资本税。虽然纳税后他拥有的货币单位变少了,但其购买力却是一样的,在特定情况下其购买力甚至比以前拥有更多货币单位时更大。那些既不拥有现金,也没有战争债券或银行存款的人,在纳资本税时不得不先借入一些然后再逐渐地予以偿还。这样做通常是可行的,因为战争债券、现金和存款等供应非常充足,而且一定有很多人的现金、战争债券和银行存款的数量超过必须缴纳的税收。总之,资本税不可能冻结企业和家庭所需要的资金,也不会通过额外创造信用而加剧通货膨胀,只要我们在征税时像商业行为那样果决,而且确保公正无私而不像强盗抢劫那样。

上述进程结束于炉火之中,即把那些通过资本税征收而落入国家手中的现金与权益凭证统统付之一炬。对国家来说,如果获得的是股权证书,当然不是焚毁它们,而是把它们跟人们手中的现金或战争债券进行交换。如此操作的意义在于,让商品世界与纸币价值恢复平衡,而这一平衡在战时被超额消费和巨额纸币所打破。这样一来,无法承受的负担、贫困化以及让我们诅咒税收国家并宁可用其他东西来替代它的种种理由,都不再存在。当然,还有很多事情需要去处理。开征新税、增加税收甚至是政府垄断等都可能仍是必要的。但主要的工作已经由资本税完成了。很清楚,经由这样的方式,税收国家不仅不会崩溃,也不会饱受折磨,相反,它会迎来更美好的未来——尽管这种美好的机会是由不熟练地征收资本税所创造的。如果遇到失败,那只能是由于缺乏道德力量和技术能力。资本税是可能的行动方向,这就是我们希望表明的。

不过,税收国家仍然可能在战后重建中失败。这意味着"自由经济"也就是企业家和资本家的竞争经济可能会失败。这是因为,自由经济是与税收国家相匹配的,而税收国家就其本质而言,需要将重建工作留给市场来进行,使重建工作无异于通常的经济活动。如果在此领域的失败是意料之中的,那么我们上面的说法就什么都没有证明。如果税收国家能够拯救自己，但经济却在这一过程中趋于毁灭或注定陷入悲惨境地，那么上面所做的一切也都是无用功。在此处我们并不想费心探讨自由经济是不是解决重建任务的"绝对好的"方法。总会有极为严重的偏见问题，会有基于非科学理由的党派之争；而且，在现有的条件下，我们也不可能考虑到所有的细节。不过，对我们的目的来说，这些问题都是无关紧要的。我们真的不关心通常隐含在这种讨论背后的那些东西，比如说对竞争经济的潜藏谴责或者神化竞争经济的优越性。我们只想估计，基于具体的历史条件，我们现在对竞争经济可以期望什么，目的在于考察这种经济是否有能力无拖延地立刻实施经济重建。与此形成对比的，是另外一种也是唯一可行的替代方案，即由国家实行范围广泛的管制经济（administrative economy）。

在一般化的情形中，对于自由经济能否完成重建任务的问题，答案当然是否定的。在一切都被打乱、很多东西都被破坏以及重建是整个社会压倒一切的任务的情形下，税收国家机器当然要为此尽其所能。诸如纠正战争期间不正常的发展，特别是人力高度集中于军队的情形；消除私人经济难以承受的紧急状态；通过行政机构恢复经济的神经系统（the nervous system of the economy）；等等。所有这些以及其他事情都需要国家出面协调和帮助，在某些情况下，这些协调和帮助还会变成常设的，典型的例子就是劳务中介（the labor exchanges）。然而，上述这些都是不言自明的。关键的问题是，自由经济的动力（motive force）能否保持不变，或者国家是否必须取而代之；以及是否只有国家干预才能解决这项基本任务。用葛德雪的话来说，这个至关重要的任务就是"再资本化"（recapitalization）。接下来我们不得不讨论两个问题，它们都涉及确保物品而非增加货币的问题。

首先，"战时经济"（war economy）从本质上讲是将经济从为了满足和平生活需要而生产"转变成"（switching）为了满足战争需要而生产。这首先意味着将一部分可用生产资料用于生产不同的最终产品，当然主要是战争物资；不过，大多数生产资料仍被用于生产跟战前一样的消费品，只是消费者与和平时期不一样了。进一步地说，这意味着可用生产资料被主要用于生产尽可能多的即时消费品，以至于损害了生产资料的生产——特别是机器与工厂。这样一来，在和平时期占据重要地位的维持和扩大生产工具的活动，在战时不断地下降。这样做的可能性在于，原来用于生产资本品并间接地用于消费品生产的劳动和资本（用技术的术语来说就是它们原来生产"未来"产品而不是"现在"产品），现在被用来生产即时消费品。这种可能性在战时因提供了巨大的储备（great reserve）而拯救了我们，它也防止了消费物品生产能力的完全消失。这种可能性解释了现代生产工具的能力，同时也解释了生产工具的能力为什么可能会很快地耗尽自己，正如莱德勒（Lederer）已经指出的那样。显然，只有在战后，我们的贫困问题才会达到最大限度；因为只有在那时，磨损的机器、破旧的建筑、无人照料的土地、死去的家畜、毁坏的森林，才会向我们显示出战争全部的、至深的后果。所以，再资本化的首要任务就是，重建生产工具并使其回归到和平时期的生产状态。而这一切，可能首先使得消费品短缺问题更加突出。

现在已很清楚，当初将经济转向战时紧急状态所取得的巨大产业成就，至少90%要归功于自由经济的自发机制与自利动机的作用。我们归功于它，不仅是因为它满足了军队的装备和供给，满足了战争前线绝大多数的家庭需求；还因为它在相当大程度上（超过了公众愿意承认的程度）保证了物资的分配并因此至少维持了大量人口的生存。工人得以维持生计，需要感激的不是政府的措施，而是自己每天获得的 40 或 50 克朗的工资，这是竞争经济的自发机制将他安排到合适的地方所带来的。只有在那些被比喻为"受困的堡垒"（a beleaguered fortress）之处，说国家的贡献是毋庸置疑的才是恰当的，这是一个为我们知识分子所信奉的明喻（simile），但公众要通过放大镜才能看到它。在每一个其他的场合，只要我们作出判断时不是基于偏袒的立场或者纯粹基于某种个人利益，那我们判断成功与否，就不仅要看其即时结果，也要看它们对供给产生的影响。重回和平经济与市场曾成功地实现的向战时经济的转变相比，在一个重要方面存在不同，尽管在某种程度上，人们永远无法公正地判断其相对优点和缺点，而且可能永远是暗中为害的短语（insidious phrases）的受害者。转向战时经济要求将生产资源用于当前的而非未来的产品生产，而重回和平经济则要求相反的过程。前者是一种经济浪费行为，受即时必需品需求的刺激；后者则是一种储蓄行为，旨在抵消即时的经济浪费。战时经济可能最终会轻易地滑入集体经济，尽管也已证明在其中必须要有企业家活动才能成功。和平经济除了要求有企业家活动外，后者还需要一些在没有私人动机的情况下也可以做的事情，与资本主义早期相比，这种事情已经尽可能的少了；如果私人经济的动力被赋予完全自由的话，这一目标就可以特别迅速地实现。如果说自由经济曾经成功地实现向战时经济的转变，那么它就也能成功地实现向和平经济的转型。在此我们不打算提及一个老问题，即国家对经济的指导是否会带来基于整体人格的承诺(commitment of the whole personality),单是这种"拼命的干劲(desperate energy)"就能够导向未来的成功,它本是用来刻画企业家的成功的。事实上,对于这样的观点,自18世纪中期以来,各学派的经济学家都没有异议,社会主义者也不例外。我们也不需要指出,私人产业而不是政府官僚正控制着90%的产业经验与产业能力;我们也不需要表明,在自由经济的方法中所遭遇到的困苦是实现成功的必要动力,这些困苦对未来及后代来说意味着收益。我们现在只要强调下面的观点就够了:就其本质而言,竞争经济的组织形式在战后能够重建经济,正如它曾经创造了现代经济一样;因此,税收国家,作为竞争经济在公共领域的对应物(counterpart),也有关于重建的有效方法,不会在完成这一任务上令人失望。这确实是《共产党宣言》的一大亮点,它以极为准确的方式论证了这种方法的有效性。税收国家能够极为有效地推进重建工作,只要它的税收政策能为重建所需的储蓄提供补贴并避免受到干扰;特别地,如果税收国家知道如何去提升巨大干劲的话就更能成功,在奥地利,这种干劲已经都浪费在了与非理性的立法、行政和政治所造成的人格枷锁的斗争中,这些枷锁将企业家从其组织、技术和商业任务中带走,只给他们留下了政治与行政后面的阶梯(backstairs)作为通往成功的唯一路径。

再资本化的第二个任务在于对这些物品特别是原材料的供应做出安排,而这些原材料还不得不从国外进口。经常有人说私人经济不可能保证必要的供给,因此我们必须超越税收国家的基本性质。对此有一丁点想法的人都知道,就寻求外国贷款而言,任何一家好的银行比起国家来都有更好的渠道,也更容易做到。很显然,在战后原材料供应困难的情况下,在我们这个"患资本主义病的"(capitalistically diseased)世界里,商业创造性会被巨大的私人收益预期刺激起来,这会让我们能够在这里或那里找到方法和资金将这一船或那一船的货物从购买力更强的人手中夺得,从而让奥地利获得资源供应。受大银行资金支持的联合体旗下的那些企业,可能因得到了保证而安心。其他企业也可能会如此。当然,可以肯定的是,在这一过程中,我们不可能人人都得到符合自己需要的原材料分配,还有许多企业可能需要政府的补贴。但同样可以肯定的是,在真正的问题是从我们最需要的所有商品中获取任何东西的时候,这一点并不重要。从私人经济的角度来说,工资水平和流动资本的数量将会确保这些重要的进口成为最有利可图的事情。就让别人坚持去说理想运行的国家能表现得比私人经济更好吧,没必要跟他们争论。私人经济肯定可以做好这一切,而且只要官僚机构不妨碍它、不在我们与必要原材料之间堆积文山,私人经济就会做得更迅速、更及时。下面的做法也是一种国家扶持形式:不去处罚给我们带来所需物品的进口商,设法制定某种政策能让外国供应我们。事实上,这也许就是能让我们在此时走得更远的国家扶持方式。如果在此基础上实施我们在前面描述过的税收和货币政策,那人们就可以按需要进行进口并且无须担心汇率的风险。

我们上面的讨论是否有效,受到两个方面的限制。首先,我们的讨论仅限于这样的问题,即税收国家和自由经济的组织形式能否成功地应对战后形势而不至于崩溃或者遇到压倒性困难。对于这个问题,我们可以毫不含糊地回答:"是!"我们在此并不关心是否存在其他的原因会促使各个国家自动放弃这种组织形式。但他们肯定不会是因为税收国家的失败而被迫放弃它的,战争及其后果也不会是充分理由。在这其中,唯一重要的是,此处不存在"税收国家的危机"。

第二,我们讨论的内容仅适用于当前我们所处的特殊历史时刻。我们并不打算将自由经济神圣化为人类的最高智慧。我也没有习惯给资产阶级戴上桂冠。然而,自由经济与资产阶级所能做的恰恰就是现在所需要的。这一事实并没有减损对资产阶级的狭隘性和文化贫困的认识。马克思自己,如果他今天还活着,也不会对此持有异议的。而且他会对着自己的那些信徒冷笑(laugh grimly),因为他们欢迎目前的管制经济,将其当作是社会主义的开端——管制经济是最不民主的东西,它实际上退回到竞争经济之前,而只有竞争经济才能够独立地为社会主义创造前提条件并最终逐渐形成社会主义本身。未来社会的社会形态(social form),既不可能从比现在还落后的贫困经济中成长出来,也不可能从本能冲动中成长出来。对于最近的俄国来说,它已经变成所有尝试实现新社会秩序的人的悲剧;只有在迫不及待的需要下,在一种无法指望真正成功的情况下,人们才能被说服,而这种情况恰恰是资产阶级商人以其独特的心态、独特的经验和方法能够成功应对的。

实现社会主义社会的首要前提条件是,资本主义已经完成其历史使命并且存在一个资本充足、完全被企业家的逻辑思维能力(entrepreneurial brains)所理性化的经济。只有在这个时候,人们才可能平静地看待不可避免的经济发展放缓,这是社会主义的伴随物,因为社会主义意味着人的生活从经济及源自经济的异化中解放出来。不过这一时刻还没有到来,战争已经将其延后了。现在的时刻仍属于私人企业，属于将经济努力发挥到其极致的时刻。这种属于私人企业的时刻，也是属于税收国家的时刻。只有让所有人都付出沉重的代价，包括工人的利益，才能将现在的时刻从他们手中夺走。这是非常确定的。

然而这样的时刻终将到来。随着经济发展及随之而来的[对社会主义的]社会支持(social sympathy)的范围扩大，私人企业将逐渐失去其社会意义。这一趋势的种种征兆已经见诸我们四周，它是19世纪后半叶的趋势所固有的，而这一趋势的最后反常可能在这次世界大战中达到了顶峰。社会的发展将逐渐超越私人企业和税收国家，但这并非因为战争使然，更与战争无关。而这也是确定的。

（刘志广、刘守刚译）

附 录 二

对财政问题的社会学研究[①]

葛德雪（Rudolf Goldscheid）

一、财政社会学的性质与意义

国家起源于防卫目的和满足共同的财政需要。这两个因素从法律上赋予国家作为一种社团（association）的独特地位。因此，缺少财政社会学理论和对财政问题的讨论缺乏社会学基础是现在整个社会科学最为严重的缺陷。只有社会学能够说明我们的社会条件是如何决定公共需要和那些直接或间接地满足公共需要的方式的，以及社会模式及其演进是如何最终决定性塑造公共支出与公共收入之间的相互关系的。从长期来看，一个共同体的支出和收入不可能被孤立地看待，它们之间存在非常紧密的对应性功能关系（reciprocal functional relationship）[②]。因此，我们可以说：只要你告诉我你们是怎样和从何处取得财政收入的，我将指出你们的支出预算是什么样子。同样，也可以反过来应用：只要你告诉我你们想将钱花在什么地方，我将指出你们将通过什么途径来获得所需要的收入，以及你们必须依靠哪些社会阶层以及你们所需要的行政组织的规模和类

---

① 论文英文名为"A Sociological Approach to problems of Public Finance"，该文为 Rudolf Goldscheid 1925 年发表的论文，后由 Elizabeth Henderson 翻译成英文，载于 Richard A. Musgrave and Alan T. Peacock（eds）（1958），*Classics in the Theory of Public Finance*，London：Macmillan，pp.202—13. 德文版篇名及出处为："Staat, öffentlicher Haushalt und Gesellschaft, Wesen und Aufgaen der Finanzwissenschaften vom Standpunkte der Soziologie"，*Handbuch der Finanzwissenschaft*，edited by W. Gerloff and F. Meisel，Vol.1，Tübingen，1925，pp.146—185. 葛德雪关于财政社会学的更为细致的阐述参见 Goldscheid. Staatssozialismus oder Staatskapitalismus，Vienna，1917.

本文根据英译本翻译而来。本文初译于 2008 年，本次出版时进行了校对，校对时参考了刘守刚和王晓丹译本，参见 [奥地利] 葛德雪：《财政问题的社会学研究路径》，载 [德] 马斯格雷夫、皮考克主编《财政理论史上的经典文献》，刘守刚、王晓丹译，上海财经大学出版社 2015 年版，第 260—274 页。

② 功能关系是指彼此相互作用甚至互为因果的紧密联系。——译者注

型。公共支出和公共收入间相互依赖的作用机制，应该成为财政学的基本问题。虽然这方面的研究常有试验性的开始，但从未得到一致的延续，取而代之的只是纯粹表面化的比较，充其量只是提出了这样一个问题，在实践中更恰当的做法是应该削减支出呢还是应该增加收入。在这样的情况下，财政学并不会对揭示社会结构中的这种功能关系产生特别的需要。

财政的形式总是对国家和社会的演进（national and social evolution）产生决定性的影响。税收斗争是阶级斗争最为古老的形式，而且即使是人类社会最强有力的精神运动，财政事件也是一个重要的诱因（contributory cause）。事实上，像伟大的宗教革命也可以被证明是深深根植于难以承受的税收压力。另外，非常有趣的是，我们可以观察到，绝大部分革命的失败都可归结于相同的社会根源，那就是胜利阶级的财政政策的缺陷（deficiencies）。

二、对国家的剥夺

财政学主要关注的是国家的财政问题，但它从来没有停止过追问谁才是真正的国家（Who in fact is the State）。事实是怎样的呢？在一个社会被组织成一个国家的早期阶段，进行严格的阶级划分看起来是非常自然而然的事情。外部保护、权力和部分阶级的富裕是以其他人为代价的，这也通常是贡赋制度（contributory systems）的目的。但是不久之前，在公共生活中的事情发生了很大的变化，这些变化对今天来说是根本性的。实际上，就某些方面来说，最近几个世纪的发展已经使我们既无法忽视过去的财政条件，也无法对我们自己取得的成就感到自豪。原因主要有二：首先，与表面看起来的情形相反，在文明的早期阶段，公共家庭（public household）赖以建立的基础比我们今天最为发达的现代国家还要坚实。国家在过去并不总是像我们今天的税收国家那样，不仅没有财产，并且实际上总是深陷债务之中。巨额债务绝非从源头上说就是国家必然具有的特征。从古代社会直至中世纪，国家都拥有大量的财产，虽然其形式表现为国王的个人财产。事实上，有些时候，这些财产是如此巨大，以至于什一税、税收或者关税等通常都是临时性的，通常只是作为公共财产（事实上，这些公共财产主要是国王、贵族或教会的财产）的补充，或者弥补由于战争或战争的结果、统治者管理不善和浪费等导致的额外支出而被征集。只是后来，国家才在一个我们最好称之为"夺取国家的财产"（expropriation of the state）的过程中慢慢地、逐渐地失去了其财产。到现在，这种夺取已经进行得如此深入，以至于成为使当代财政制度即使与那些最为早远的财政制度相比也显得非常令人反感的原因之一。其次，早期的财政是非常单纯的（ingenuous），由此看起来也更为诚实。税收正义这一假想之物（fiction）还没有流行开来，也没有必要如此广泛地使用它，这种广泛使用是中世纪末期以来的事，特别是民主制在上世纪占据支配地位以来的事。

财政学的早期形式是理财学（chrematistics），后来发展为官房学（cameralistics）。现在丰盈国王的国库成为理财学的公开目标。如果那些早期的财政专家们偶尔试图把国王财富的增加和民众福利看作是一样的话，他们这样做也纯属偶然。最为体现这一点的是在抵御外来入侵的问题上，此时国家资金是被作为战争资金来使用的。而在其他时候人民却被理所当然地要求并不得不为国王奢华的生活方式提供资金。这种态度很好地浓缩在路易十四的名言"朕即国家"（L'état c'est moi）中。但是，无论国王们怎样经常肆无忌惮地挥霍其剥削来的财富，也改变不了这样一个事实，那就是长期以来人们很自然地认为国家是富裕的。这在古代的早期，特别是重商主义初期，都是如此。发达资本主义是贫穷国家的缔造者，或者我们可以说，从原则上说，国家应该是贫穷的。

国王与国王之间、国王与教会之间的斗争，导致了国家的这种发展，并要求一个强大的资本主义结构与之相适应。封建国家、行会国家（the guild State）和绝对君主制国家在尽可能多地积累财富、在维持其经济的压倒性地位、在从细微处对经济进行规制以使自己获得尽可能多的新兴私人财富以及支配臣民的财产等方面具有天然的兴趣。税收压力在任何地方都成为社会斗争最有力的动力来源。财政剥削（fiscal exploitation）是除直接奴隶制外的最古老的剥削形式。财政剥削是战争中很多被打败民族的命运，财政剥削也是自由人沦为奴隶这一进程的开端。在资本主义经济制度出现很久之前，财政剥削看起来就在运行了，并因此为资本主义经济的产生逐渐准备了基础。我们可以通过战争和奴隶制经济等最古老的剥削形式，通过国王资本主义、贵族资本主义、行会资本主义以及教会资本主义等资本主义的最古老形式来追溯这种发展。在所有这些剥削的原始形式和早期资本主义形式中，财政制度和税收制度都起到了决定性作用。马克思在将公债描述为原始资本积累的杠杆时就非常清楚地认识到了这一点。然而，令人奇怪的是,他却未能将这一深邃的洞见纳入到其整个学说体系当中去。

国家的独特特征是如此地取决于财政的演进,基本民主权利的起源也引人注目地证明了这一点。总体来说,当财产所有者(estates)要求有权控制税收时,议会制度就产生了;选举权(franchise)最初与税收评定(tax assessment)紧密地联系在一起的,只有纳税人才有权进行投票。这种对投票权施加的限制一直延续至今。我们差不多可以说,几乎所有特权阶级的特权都是税收特权,阶级从很大程度上说就是税收阶级(tax classes)。战争和权力政治的财政需求成为社会形态(social forms)的起源,这也确认了我们的主题,即只有首先抓住国家的军事和最为重要的财政性质,才能恰当地理解国家的法律性质(juridical nature)。

在国家演进史中,最有趣的篇章是最合乎统治阶级需要的利益开始由一个贫穷国家而非由一个富裕国家来提供这一转型阶段。在纯粹的封建国家和纯粹的绝对国家里,当人们无权对财政管理产生任何影响而统治者能够随意挥霍公共财富并指望从民众的支出中得到补充时,公共财产仅仅是那些当权者私人财产的一种特殊形式。自公共财产开始受制于某种形式的公共控制时起——但这种控制是受到限制的,国家的任何经济实力就都成为新统治者行使专断权力的障碍。因此,我们可以发现两个同等的趋势结合起来导致了对国家的剥夺(the dispossession of the State):一方面,国王不计后果地借钱、轻率地处置国家土地和自己的领地,并且无力管理公共财产和经营经济(conduct the economy);另一方面,国家的新债主的利益在于越来越多地剥削国家。于是,国家的剥削在对税收国家的剥削中终止了。

最终在国家中获得了更大权力的大众看到了他们受骗得来的奖赏,他们得到的不是富裕国家而是贫穷国家时。贫穷国家能够平静地被允许落入人民之手,但他们什么也得不到,除了空空如也的国库。这就是国家至高无上的政治权力和经济无能——即使是现在正在做的事情也无法维持——相结合的最隐秘的含义,因此,当穷人控制了贫穷国家的权力时,会发现这只不过是一场被剥夺者的聚会。私人财产与公共财产之间的关系由此成为整个财产秩序发展中一个决定性的因素。在绝对国家,那些拥有最大权力的人就是国家本身,国家的财富就是他们的财富。而在宪政政府时期,国家和财产被分离开来。随着宪政政府的发展和大规模私人企业在自由经济中获得权力,那些企业家警惕地试图阻止国家在经济领域与其开展竞争。成长着的资产阶级需要贫穷国家,一个在收入上依赖于他们的恩惠的国家,因为这些阶级知道,他们自己的权力依赖于国家做了什么或没有钱做什么。但是贫穷国家必然最终会对生产产生制约,受贫穷折磨之国(the poverty-stricken State)必定会因同样的原因而成为贫穷制造之国(the poverty-creating State)。

三、社会虚构与社会现实

在支配我们时代的学说中最为天真的部分,就是认为科学关注的只是"是什么"的问题而不是"应该是什么"的问题。这就非常方便地免除了对财产秩序和财政制度的真实效应的探寻,或者是实际上将从客观上确定他们是否要以促进公共福祉(the common weal)为目标的问题排除之外。

设想和推断一个经济体或一个国家以满足人们需求为目标当然是可能的。但在现实中,经济体和国家的实质(essence)并不是由这样一个目标所赋予的。与之相反的事例却是层出不穷,国家经常根本不打算在管理上厉行节约,它所做的就是浪费,就是为了满足一个人而去剥夺另一个人,就是让自己变穷从而不需要给予。因此,不管专业化的科学给经济体和国家所下的定义如何正确,这些定义都忽略了在阐明经济体和国家是什么的同时也应该阐明它们应该成为什么样的经济体和国家的问题。这些定义与事实相反,其中存在着社会科学的基本幻觉(fundamental illusion)。

不去探寻导致事情发生的内在原因,这在我们时代仍是一个不成文的规则。人们不太愿意仔细地调查为什么事情会是这个样子,也不愿意去揭示事情可能是另外一个样子。当一个人既不直面事情的原因也不直面事情的效应时,基于同样的理由,为了粗暴地对待人民,他就必须粗暴地对待事实。

如果我们对社会结构和财政环境互为条件的形式进行诚实、公正的研究,我们将会比运用暗含政党政治偏见(这种偏见导致不妥协,从而为发现客观真相预先设置了障碍)的传统方法得到更为深刻和可信的结果。单纯根据好与坏、正义与非正义或某种一般性标准来考察国家、社会和经济组织,当然是犯了严重的错误,但是简单地想当然认为而不是去证明它们在客观上是好的、是正义的和是符合人类目的的,则是一个更为严重的错误。这样做无异于用对病理的描述来代替诊断和治疗。社会措施的目标完全是由给定的社会结构所决定的,只有将分析和判断建立在真实目标上而非像出于政治理由所描述的目标上,它们才能得到客观的研究。

因此,称赞封建国家、绝对君主制或者资本主义经济的优点(virtues)是完全可能的,但是如果相信在这些社会制度中存在公正税收的可能性则是荒唐可笑的。这就像一个人可以将彻底消除战争的社会看成是乌托邦,但是却不能接受这样一种幻想,即在一个被战争撕裂的世界中可以通过某种方式创设出一个稳定的财政秩序。基于某些主观的理由,有人可能赞同国家负债相对于私人资本的日益增加,但是相信一个被剥夺了财产、负债累累的国家有能力完成主要的社会任务,则是愚蠢的自欺欺人。最后,忽略社会结构与经济结构之间以及其法律的上层结构与财政的上层结构之间的矛盾来看待主权(sovereign)也是不可能的;但是,如果将这种矛盾必然导致的缺陷视为偶然的干扰或由于人性或社会和经济的性质而不可避免的罪恶,那将是完全不现实的歪曲。所有这些都证明社会学方法是任何一种客观的财政学理论的基础性条件。或者说,财政史学、财政社会学和财政统计学是能够支撑一种不完全脱离现实的财政学理论的三根支柱。

在这三根基本支柱中,财政社会学是最为重要的。单靠财政社会学就能揭示公共收入的来源和构成在整个社会发展中所起的作用,进而说明国家的命运和个人的遭遇。财政社会学依赖于对社会结构以及各种政治性或非政治性问题的分析:是选择实物税还是货币税;是否以及在多强偏好下选择直接税还是间接税,是选择对人课税还是对物课税,是选择所得税和利润税,还是土地税、投资税、财产税或死亡税;税收政策是应该紧一点还是松一点,准备让哪个群体承担更重或更轻的税负;是应该更多依赖于关税、消费税还是借款;是内债还是外债更为可取;是要消减支出呢还是要增加收入,税收是怎样与经济动机结合在一起的;等等。

四、财政改革与社会问题

如果国家没有自己的财产,那国库就只能依靠税款这样一个渠道。在公共财产缺少一个所有者的情况下,对税收收入来说,总是有一种趋势,那就是因巨额利润而增加的税收,会返回到那些据称最富有的人手中,而这些最富有的人据说是要为国库作出最大贡献的。这导致所有财政理论和实践都存在严重缺陷,事实上也导致所有经济理论都存在严重缺陷。经济理论坚持一种纯粹私人的和个人主义的方法,也这样来研究财政问题,但从社会经济的角度来说,如果没有一种公共财产理论作为基础,就不能这样来进行研究。从这个意义上说,关于社会与经济的社会主义理论和资产阶级理论一样会归于失败,因为它们归根结底都一样对国家怀有敌意。社会主义理论将国家看成只是阶级国家,因而不可能积极地对待它,至少从理论上说是如此。自由主义理论对国家的态度就更受矛盾的煎熬。由于自由主义的财政政策迫使其接受国家权力,它也丧失了生存的能力。自由主义陷入到一种矛盾当中,一方面,它对国家相对于公民的广泛政治权力作出让步;另一方面,它认为国家仅仅是一个深陷债务的、笨拙的官僚机构,无力对经济进行管理,因此应尽可能地阻止国家干预经济。

在这种情况下,无论怎样排斥保守主义对国家权力的强调,保守主义的国家观都会在困难时期脱颖而出,这既不令人奇怪,也不会让人感到意外。即使保守主义理论根据特定统治阶级的利益主张对国家进行限制,它至少会提倡国家必须在政治上和经济上保持某种程度的强大。因此,这种理论看起来还是在最大限度上实现了其学说的一致性和连贯性。事实上,即使是保守主义理论也没有像其假装的那样对国家采取一种积极的态度。保守主义理论所捍卫的国家并不是身处社会中的人们所期望的国家,尽管它将"人民的创造精神"挂在嘴边,热情地大声宣称国家与人民的统一。但这种对国家与人民相统一的认同只是停留在理念领域,从未转化为国家对人民的实际关怀;相反,神圣不可侵犯的私人企业通常是一堵横亘在国家和人民之间的不可逾越的围墙。因此,如果说自由主义者和社会主义者对国家持有敌意的话,那保守主义者则对人民持有敌意。国家作为人民的组织,缺少它能从其中获得支持的政治性权力集团。这一严重的缺陷强烈地反映在财政学当中。事实上尤其明显的是,财政学作为社会科学的一部分,已经在最近几十年中大大地落后了,甚至相比于过去都没有什么进展。自相矛盾的是,其中一个重要的原因竟是因为社会主义学说的发展。当经济学的其他所有分支都受到社会主义学说的充分刺激时,在财政学上却看不到这种情形。考虑到所有经济理论发展的决定性推动力都是支持或反对社会主义学说的斗争,而社会主义学说一个非常重要的特征就是忽略国家,因为国家被认为是行将消亡的,我们很难说财政学所面临的是另外的情形。

确实,现在的社会主义学说不再倾向于对财政问题撒手不管,也不再倾向于将这些问题单独留给统治阶级。现代社会主义者不再无条件地反对预算,他们非常正确地强调,重要的不是税收的种类和高低,而是对税收的利用;他们坚持只有税收的社会效应才能说明税收的正当性,而不是它们从形式上说是直接税但实际上是间接税;他们要求消除和替换不断增长的消费税和转让税,而不是由所得税和财产税来补充(这是社会主义政党代表大会 1909 年在耶拿通过的决议)。这确实是相当大的进步,但却没有形成一种一致的、具有内在逻辑的积极财政计划;拒绝所有的公债和反复要求除大幅征收累进所得税外还应彻底地对财产征收财产税和遗产税,也不是这样一种积极财政计划。

首先需要的是彻底理解财政在国家和社会演进中以及它们的相互依赖中所起的作用。这当然无助于我们为国家制定出最为完善的责任计划,如果这种计划意味着要求财政去做现有结构下它所不能做的事情的话。因此,主要的问题是,何以期望国家结构能够得到根本的改变? 马克思将他的希望寄托在资本集聚和资本集中达到被剥削者会起来剥夺剥削者的时候;但他没有考虑到这样一个事实,即一旦资本主义有可能成为自己的掘墓人时,它就会使国家陷入战争当中。实际上,马克思在其结论中完全忽视了国家,因此,他没有洞察到国家的剥削是如何有助于私人剥削者的。即使到现在,虽然社会主义者早就已经放弃了关于资本主义经济能够立即转变为社会主义经济的信念,虽然他们也认同国家并与资产阶级政党一起加入政府联盟,但他们对国家的积极态度仍然仅限于其政治方面,他们仍然忽视了国家的经济方面。仅仅赞同预算,还不足以说明是在经济上对国家持积极态度;国家必须被重塑,这样它才能够在最大限度上承担经济功能。换句话说,国家不可能在没有经济实力和经济效率的情况下达到经济正义。既然这些必须主要在公共家庭(public household)中被展现出来,那么只要财政在任何层面上仍与阶级保留联系,国家就不能不成为一个阶级国家。

马克思和恩格斯将工人与生产资料的分离看成是原罪,但只要仍囿限于个人主义意识形态,所有他们关于私人企业的最严厉的社会批判都不能改变资本主义权力国家(the capitalist power State)的统治地位。真正的社会原罪在于国家与生产资料的分离,在于有组织的社会被排除在国家物质财富的所有权之外的事实。如果不能清晰地理解国家与社会间的关系,生产资料国有化就仍然只能是空洞的信条。资产阶级通过剥夺国家的财富而征服了国家,工人阶级则必须通过将财富还给国家而尝试去征服国家。一个无财产的国家可以被工人阶级从政治上征服一时，但它却不可能从经济上长期地被持有。必须在财政理论和财政实践的领域掀起具有决定性意义的革命性转变(the decisive revolutionary battle)，无论如何，关于资本主义的核心教义根植于财政学。这就是为什么财政改革对我们的意义与一百年前宪法和行政改革对我们这一代人的意义一样大甚至更大的原因。

国家社会主义不可能取得任何决定性的结果。真正的进步只能发生在国家资本主义之下，它从根本上改变了公共家庭结构，并因此改变了国家的整个经济结构。例如，我们可以在任何地方观察到国家的形成受到对钢铁和煤进行控制的重工业、大地产所有者和金融大亨的决定性影响。但无论社会主义学说如何关注它，只要不是按照通向其逻辑结论（即通过这些紧密联系的阶级的影响给财政施加的模式）的方式来考虑它，他们的这点认识就不可能实现其想要的全部结果。

因此，既荒谬又令人感到非常奇怪的是，从马克思到我们今天，几乎所有最重要的社会主义理论家，都非常轻视资产阶级的经济理论和财政理论，他们完全认为税收改革和财政改革从总体上不会改变现存的社会和经济秩序，对于解决社会问题来说，财政政策的作用是微乎极微的，甚至根本就没有作用。卡尔·伦纳(Karl Renner)坚定地接受了这一观点，他的小册子《税收与劳动人民》(Die Steuern und das arbeitende Volk，1909)是社会主义者研究财政问题的最好文献之一，也第一次包含了财政社会学的重要基础。这种观点也同样明显地体现在爱德华·伯恩斯坦(Eduard Bernstein)的《社会民主党的纲领》(Das Steueprogramm der Sozialdemokratie，1914)中，除去对财政问题的忽视外，这本书还是包含了许多富有价值的细节。我们可以推理出，用这样的措辞来提出社会问题会使问题变成是无法解决的。只要公共家庭的基本结构保持不变，就不要指望"不要公债"或"废除间接税"这些口号能起到多大的作用，这些口号是伦纳、伯恩斯坦和绝大多数社会民主党人所采用的。一个没有自己财产的国家，其对财政收入来源的选择是非常有限的，统治阶级在那里行使征税权，即使国家想放弃激进的消费税，它也不可能办到。就这样的一个国家，由于它的这样一种结构，注定是要日益陷入债务当中，即使它努力想避免也是如此。与伦纳和伯恩斯坦所说的恰恰完全相反：认为不需要对公共家庭进行根本性改革，不需要消除其财政基础，就可以克服资本主义及其给国家和社会带来的所有恶果，这是一种小资产阶级的并归根结底是一种个人主义的幻觉。只有富裕国家(a rich State)才能成为一个正义国家(a just State)。

从财政社会学可得到的基本洞见是：没有任何地方能够像在公共家庭那样清晰地反映任何给定的社会和经济秩序，国家不可能很大不同于其财政制度，每一个单独的私人家庭都与国家家庭（State household）紧密地联系在一起。如果国家家庭缺乏健全的基础，那么出于同样的原因，每一个私人家庭都会遭到破坏，这种破坏不仅仅是经济上的，也是道德上的。我们可以更进一步地说，公共家庭的健全程度决定了公共道德的水平。如果国家和其他公共机构的财政实践不能够经受住考验，特别是经济标准的考验，无休止地抱怨税收道德水平低下又有什么意义呢？难道要让道德独自前行吗？

五、国中之国（the State within the State）

只要剥削仍是主导性原则，国家的结构和功能就不会发生什么改变。就此而言，是国家进行剥削还是国家被剥削，并没有多大的区别。不论发生何种情况，剥削机制都会导致像国中之国这样的事情发生，这才是真实的国家，在这里，既宣布正式的合法秩序，也宣扬其道德的伪装。财政学必须认识到，其主要任务是处理国中之国的财政问题，描述其规律，并寻找满足其要求的规范。只要财政学仍然像现在这个样子，而不是将财政看成是人民的财政并把它们统一起来，财政学就将继续与社会最重要的需求脱节，并且将越来越陷入到寻找指令的错误当中，而这样的指令实际上会破坏任何的健康发展。在过去，无论什么时候对国家的任何建议或讨论，都忽视或隐匿了国中之国的"国"的真实内涵；也正由于这个原因，所有试图将财政拉上正轨的努力都失败了，或者说在构建财政制度上浪费了很多创造力，要么是天真地自欺欺人，要么就是愚弄人民。国家与国中之国的斗争妨碍了国家在一个不断变动的社会中承担其应该承担的职能。国家仍与其自身的社会基础相冲突，因为它的财政制度使它与一个陈旧的过去联系在了一起。

所有这些关系在过去都被严重忽略了。这就是我们为什么无法理解税收剥削和资本主义剥削到底有多重的原因，税收螺丝的转动和利润螺丝的转动相互强化。一旦意识到了这一点，在所有水平上的剥削的相互关系就能一览无余了。财政剥削是私人企业剥削不可缺少的附属物（adjunct），它构成了资本主义的合法性基础，并成为资本主义实践的重要内容之一。但即使是社会主义理论也完全忽略了这个方面。社会主义理论为我们详细而敏锐地描述了为争夺国家控制权而开展的阶级斗争，但我们对最终导致所有阶级反对国家的斗争缺乏同样敏锐的描述。然而，正是这后一种现象成为塑造财政因而也成为塑造国家和社会整个发展的决定性因素。我们可以一再地观察到，只要资本家阶级控制国家的权力减弱，他们就会通过各种手段刺激通货膨胀；只要他们在权力的位置上坐得足够稳并且可以做到随心所欲，他们就会立即鼓吹通货紧缩的措施。资本家通常都需要通过国家的帮助来建立真正大规模的利润，如果没有财政作为支撑，他们就不可能巩固其在经济上、社会上和政治上的优势地位。通过将财政组织强加在国家身上，统治阶级使国家成为自己的工具。自从资本主义以金融资本的形式上取得胜利以后，资本家就从最大限度上利用公共家庭来提高他们的利润并扩展他们的权力。

构建了国中之国的私人资本和金融大亨们，深知他们自己在什么地方最容易受到攻击。他们知道，如果不想自己的权力从根基上受到削弱，他们就必须始终保持对公共家庭的控制。在一个民主且同时其经济力量十分强大的社会中，国中之国是没有生存的空间的。只有在一个国家受制于私人资本、在财力上被迫勉强糊口且被剥夺了足够的资金来满足最迫切的社会需求时，国中之国才会存在。也就是说，如果国家总是不能满足最迫切的社会需求，因为国家是这个国家里最穷的人，因为整个国家的财富都完全归这个国家的私人所有，因为国家只能通过间接的方式来获取资源，那么国家除了愤怒地反对自己外还能宣称什么呢？那些拥有权力的人敌视国家，是因为他们很自然地希望国家在经济上保持虚弱，这样国家就不可能在不损害自己的情况下从他们手中拿走太多；而穷人之所以敌视国家，是因为在他们处于贫弱状态且只能求助于共同体时，国家却无力给予他们想要的。只有富人足够多，穷人才可能得到帮助，这早就是经济理论中不成文的基本定律。据说，攻击私人财富就是为社会制造贫穷。富裕阶级经常伪称穷人是寄生虫，如果他们破坏私人财富，那他们就会破坏自己的宿主。因此，必须确保经济不受国家侵害以及国家不受穷人侵害，这仍是统治这个国家的人的最高智慧。

六、把财富还给国家

每一个社会问题，当然还有每一个经济问题，最终都可归结为财政问题。不管我们讨论什么问题,是通过化学进步以开发其惊人潜力的农业集约化问题,还是工业生产合理化问题,抑或是试图通过文化进步来避免人们在生活和健康上的巨大浪费问题,我们通常都需要资本,这些资本在事先被用来购买设备,但要到后来才会产生回报。从这个意义上说,资本主义是一个永恒的经济范畴,至于那些任务是公共经济事务还是私人经济事务,则是无关紧要的。由此可见,除了公共经济有能力在技术生产和人力资源经济(the economy of human resources)中采用更为准确的方法外,经济计算对于公共经济和私人经济来说都是一样的。公共经济与私人经济之间的重要区别源于创造剩余价值的方式和按照社会利益使用剩余价值的方式的不同。公共企业在何种程度上应该谋取利润,这纯粹是一个相机抉择问题(a question of expediency),是要根据具体情况来决定的;它不是一个要求有一个通用解决方案的原则问题。重要的事情是要理解,最重要的目标必须是公共资本集聚与公共资本集中,当财政收入能够转化为耐久性公共投资品和高级有机资本时,共同体的发展潜力可借此实现增长。正是由于这些原因,国家资本主义和人力资源是一个有秩经济(an orderly economy)的两大基本支柱。

可以肯定的是,如果财政科学不关注资本主义经济和社会化生产的公共经济之间的内在矛盾,如果它不考虑如何避免用它所使用的手段来阻挠公共经济的目的,那么它就永远不值得认真对待。正确的做法是改变公共财产秩序。这意味着财政科学必须最终形成公共财产理论。这样一种理论将成为设计一种能够保护并增加公共财产、提升公共财产生产力的法律秩序的基础。这样一种发展所带来的自然的社会结果是,国家的索取逐渐越来越少,而给予却逐渐越来越多。因为管理良好的公共经济,必然成为给所有人提供服务的收入来源。

(刘志广 译)

后　记

在对博士论文进行修改的基础上，我于 2012 年出版了拙著《新财政社会学研究：财政制度、分工与经济发展》，得到国内学界一些朋友的积极鼓励与肯定，但它毕竟是我初涉财政社会学的研究成果，所以近十年来我一直努力思考的就是怎样进一步推进财政社会学的基础理论研究。因为从事财政社会学研究的缘故，近年来，我加入了刘守刚教授主编的"财政政治学译丛"的译者团队①，并和刘守刚教授一起主编了《财政政治的视界：源起与发展》、"财政政治学文丛"、"财政政治学视界论丛"和"中国近现代财政学名作新编丛书"，同时也应邀参加了国内一些财政学学术会议和学术论坛以及为一些高校财税专业的硕士研究生和博士研究生等做关于财政社会学的专题学术讲座。通过这些工作与活动，我有幸结识了一批良师益友，和他们的交流使我获益良多，也敦促我加快出版自己关于财政社会学基础理论研究的较为系统的思考成果。特别感谢上海市哲学社会科学规划中青班专项课题项目将这一研究计划列入其中，这加快了相关研究的推进和本书的出版。

在课题立项后，我原以为这是胸有成竹之事，可以很快成稿，但结果却是写得断断续续、战战兢兢，其原因除较为繁重的教学工作外，主要还是原本以为自己思考得比较清楚的一些问题，一旦要落笔并基于经济学和财政学思想史及其他学科的文献来进行论证时，却发现还有诸多模糊和不当之处，不仅需要重新思考，还需要重新收集和研读大量过去没有阅读过的文献，一些已经多次研读过的文献也不得不再次反复揣摩。尽管如此，在本书的写作过程中包括在书稿完成之时，内心

---

① 我承担了其中理查德·E.瓦格纳教授所著的《赤字、债务与民主：与财政公地悲剧作斗争》《财政社会学与财政学原理》《作为系统理论的宏观经济学：超越宏观—微观二分法》的翻译，并与何华武一起合译了巴克豪斯与理查德·E.瓦格纳主编的《财政学手册》，其中《赤字、债务与民主》已经出版。

始终还是忐忑不安的,确实还有太多的文献未能阅读,已经阅读的也不一定理解得深入和准确,已经写下的也肯定还存在许多疏漏、偏颇甚至是纰缪,但这只能留待今后继续补充完善与修正了。本书的厚度也大大超过了原初的计划,这一方面是因为我希望更多地把自己这些年所思考的内容尽可能地记录下来,另一方面也是我想通过一些脚注更多地提供我思考时所用到的参考资料和材料,这样可以尽可能地方便读者进行批判性阅读,以更好地发现本书观点的合理与不合理之处。

对于财政社会学,我希望研究者和学习者不要被现有的学科分立局面所束缚,也不要根据现在流行的学科体系来望文生义地理解财政社会学的学科归属。尽管如此,我仍然要主张经济学是财政社会学最为重要的学科基础,这可能受到我是经济学专业出身的影响,但我并不认为这是我的偏见或先入为主,因为这一主张主要还是我基于对财政社会学思想史的研究特别是通过对财政社会学创始人葛德雪、熊彼特的经典文献的研读以及对亚当·斯密、托克维尔、马克思、诺思等的著作的学习所得到的基本认识。只是这里所说的经济学是真正以市场理论为中心的交换范式经济学而非以资源配置理论为中心的选择范式经济学,这就使得财政社会学区别于建立在选择范式经济学基础上的主流财政学,也不同于完全基于选择范式经济学所进行的财政问题研究。但这并不意味着财政社会学要完全排斥这些研究,相反,它们在一定条件下可以为财政社会学研究提供相应的素材和可供参考的研究结论等。以交换范式经济学作为财政社会学最为重要的学科基础,使得财政社会学必须以人性研究为基础聚焦对历史和制度的讨论,这也使得财政社会学能够更好地借鉴和融合不同学科体系的知识贡献及现有不同学科对于财政问题的研究成果。

财政社会学是作为社会理论的财政学,作为其经济学基础的交换范式经济学也是作为社会理论的经济学,这是我在拙著《新财政社会学研究:财政制度、分工与经济发展》出版之后所获得的新认识,这一新的认识应该更能表明财政社会学创立者及其思想先驱的理论意图,而其后来的一些重要追随者和研究者的贡献也可以在这一新的认识下得到更好的理解。更进一步说,这应该也是财政社会学始终具有思想魅力和思想潜力的原因所在。基于这种新的认识,我们可以借鉴更多学科的思想资源来从容地推进财政社会学研究。在本书写作过程中,我也发现自己十多年前所写的那本书是完全符合这一新认识的,甚至可以把这本书看作是对我所主张的新财政社会学的理论基础的进一步论证或阐明,熟悉我那本书的学界朋友也能从中看到许多痕迹,其中有些部分直接是对过去已有研究成果的进一步展开,其中最为明显的就是关于财政社会学所需人性及国家类型理论的研究。这也可能是我被自己过去的思考所束缚住了,以至于无法再实现大的突破。但我希望拙著《新财政社会学研究:财政制度、分工与经济发展》只是本书所探讨的理论基础所结出的一种果实,基于同样的理论基础可以发展出针对不同领域、不同层次、不同议题的财政社会学研究并建立相应的理论体系,而这正是本书取名为"敞开的大门"的主要目的。我在本书中没有明确提及国内学者已经做出的相关研究,但这是特意的,事实上,我收集并研读了很多这方面的研究成果,我也从他们的研究中以及和他们的交流中得到了很多启发,其中有很多内容本身就可以看作是我与他们之间展开的对话。我觉得这样做更符合"敞开的大门"的写作意图:财政社会学研究在国内还处于起步阶段,各种相同和不同的见解都应该得到支持和鼓励,以便让每一种见解都能得到更为充分的阐释和表述。

本书对经济学思想史、财政学思想史以及财政社会学思想史中的一些较为重要的基础性问题和争议进行了积极回应或提供了自己初步的思考成果,这使得本书的写作过程也充满快乐,这是一种思考并偶有所得的简单的快乐,就像一个小男孩在海边沙滩奔跑玩耍时偶然捡到一块美丽的贝壳时所体验到的那种天真纯粹的快乐。"常在河边走,哪有不湿鞋",这句常识性的说法现在往往被用于贬义性评论,但常在思想的海边溜达,我们确实也是可以偶然拾得一些美丽的贝壳的,它们是先贤和智者们送给我们的小礼物。但也正因为在思想的海边漫步久了,让我更加领会了人类思想之海和社会科学研究的深邃和无穷,也更加感觉到本书所涉及的许多议题实际上是远远超出了自己的知识储备和把握能力。在老子的《道德经》中,"知不知"为"上",苏格拉底所追求的"无知之知"也是"认识你自己"的重要活动,所以,我还可以借此自我安慰,也希望书中的一切错误和疏漏都可以成为激发新的研究的线索。但我的思考和写作并非是简单地为了这份简单的快乐,而是在越来越认识到哈耶克和凯恩斯所说的思想的重要性特别是苏格兰启蒙运动所主张的思想对于保障和实现个体自由以及人类文明延续与兴盛的重要性后所感受到的一种责任。启蒙运动的目的在于将人从偏见、愚昧、特权和压迫下解放出来以实现人的理性与自由,现代化的本质是人的现代化,因而也是不断将启蒙运动的口号与追求付诸实践的过程,但由于人的局限性和人性弱点的存在,启蒙运动是一场尚未结束甚至永远不会结束的思想解放运动,积极投身其中是我能为我深爱的这片辉煌与苦难并存的古老土地所能尽的绵薄之力。因此,法国经济学家巴斯夏在《和谐经济论》中所说过的一段话对我既是一种激励,也是一种警示,即:"通过知识的宣传、作用与原因的探讨,把公众舆论引导到能消灭坏的倾向的聪明的方向,反对有害的措施,这就为国家作出巨大贡献。当误入歧途的公众舆论尊重可鄙的行为,藐视应尊重的行为,惩罚道德,奖励邪恶,鼓励有害的行为,阻止有益行为,赞成谎言,以冷淡或辱骂来窒息真理时,一个民族就背离了进步,只有灾难的可怕教训才能把它拖回到进步上来。"①

本书以对人工智能时代财政社会学及税收国家原则适用性的讨论作为结束,其意在说明,财政社会学和税收国家原则对过去和未来的重要性更加决定了其在当下的重要性。在这样一个从非人工智能时代向人工智能时代的重大转型期,个体命运、社会运行和国家治理等都将面临起码是第一次工业革命以来最为重大的挑战②,如果按照泰格马克在《生命3.0》中的分期,则将是人类诞生以来最为重大的挑战。无疑,为了应对这些挑战,任何国家都必须推进财政收支的重大变革,财政社会学可以为我们认识和应对这些挑战提供有益的思想借鉴和解决方案,以尽可能避免基于短期利益和眼前合理性的一次次的权宜之计及其最终可能导致灾难性结果的合成谬误。我对自己在笔记本上记录下来但却未标记其出处的一种说法感触颇深:人性中存在两种倒退的因子,一是攫取权力(grabbing power)——为了方便而侵害自由;二是放弃权利(ceding rights)——为了方便而放弃自由,它们都会使现代社会存在倒退甚至崩溃的可能。我们在这一重大转型期的选择不仅将决定了我们自己的命运,也将塑造人类不远的未来,而选择的背后则是思想或奥尔森所强调的"公共型人力资本"(public goods human capital),它主要涉及对什么是一个好社会以及怎样建设那样一个好社会的认识。

在这一重大转型期中,也许我们会因特殊情况或特殊任务而对税收国家原则进行限制或采取其他替代性原则,但一定要认清此种情况与任务的特殊性,不能

---

① [法]巴斯夏:《和谐经济论》,许明龙等译,中国社会科学出版社1995年版,第481页。

② 第一次工业革命导致机器取代了手工业,彻底改变了农业革命以来人类的生存方式和生存条件,这在后世看来是希望与苦难并存的时代,意味着巨大的历史进步,但对生活在那个时期的大多数人来说,希望是无法被理解的,正如"远水解不了近渴"一样,失业的威胁、无休止的工作、社会的失序和国家的无所适从就是日常生活的常态,先进的生产力叠加上封建制甚至还有奴隶制那样的落后生产关系的残余导致了加倍的苦难。马克思在《资本论》的第一卷第八章"工作日"和第十三章"机器与大工业"中很好地记载和分析了那段苦难的日子。

为了将特殊情况一般化而简单否定税收国家原则。恰恰相反,应该承认税收国家原则的重要性并为其保留空间,并且只要一有可能,就为其恢复和扩展提供相应的空间。德国经济学家李斯特在其 1841 年出版的《政治经济学的国民体系》中为我们树立了榜样,他基于德国落后的实际而否定了实行自由贸易政策的可行性,但他并没有否定自由贸易理论本身,也没有将关税保护政策一般化、长期化,相反,他只是反对简单地将世界主义经济学套用到落后国家的政策选择上,他所主张的关税保护是一种临时性的特殊措施,是通往自由贸易的阶梯,即:"保护制度是使落后国家在文化上取得与那个优势国家同等地位的唯一方法。从这一点看起来,保护贸易制度可以认为是促进各国实现最后联合,也就是促进真正自由贸易的最有效方法。"[1]另外,李斯特只是将关税保护政策限制在国际贸易领域,对于国内贸易则是主张采用自由竞争政策。我相信,对这一重大转型期的关注将使财政社会学和税收国家原则获得一种新的生命力。

　　本书是上海市哲学社会科学规划中青班专项课题《〈税收国家的危机〉与熊彼特的财政社会学思想研究》的结项成果,但对于财政社会学基础理论研究及其体系构建来说,本书仍只能算是一种有益的准备,其出版主要是为了吸引更多人的关注和投入。特别感谢评委会在课题申请答辩时给予的指导,也特别感谢上海市委宣传部理论处为本课题研究提供的各项支持。本书的出版得到了中共上海市委党校"创新工程"的出版资助和科研处的大力支持,上海远东出版社为本书的出版付出了精心的努力,他们的出色工作使本书增色不少。中共上海市委党校(上海行政学院)的领导和同事们,特别是经济学教研部的同事们,多年来一直给予了我很大的支持与包容。与中共上海市委党校国民经济学专业的历届硕士研究生们的交流互动也增进了我对相关问题的思考,本书的纲要性内容曾作为 2023 年秋季学期国民经济学专业硕士研究生课程"财政金融理论前沿"中"财政理论前沿"的主要部分进行讲授。2011 年在上海基层乡镇的挂职锻炼经历、在不同时期与上海市委党校不同班次党政干部学员包括来自全国其他省份的党政干部学员的交流互动以及多年累积下来的社会调研等,使我进一步加深了对国内现实问题的了解和理解,虽然本书没有具体提及这些问题,但在写作时,这些问题始终是萦绕在我心中并尽可能落实到基础理论思考之中的。非常抱歉不能在此一一列举

---

① ［德］李斯特:《政治经济学的国民体系》,陈万煦译,商务印书馆 1961 年版,第 127 页。

所有人对我的支持和帮助，只能一并对所有支持、关心和帮助过我的老师们和朋友们表示感谢。当然，书中的一切错误和不当都由我自己负责。最后，我要向我的家人们表示感谢，正是他们长期默默的大力支持，使我得以安心于选择这样一种简单而宁静的书斋生活并自得其乐！

刘志广

2024 年 6 月

主编后记

　　对于推进财政学基础理论创新和更好地发挥财政在国家治理中的基础和重要支柱作用来说,从政治视角研究财政问题或者说从财政路径研究政治学,可以起到有益的促进作用。我们主编的"财政政治学译丛""财政政治学文丛""中国近现代财政学名作新编丛书"正是想达到这样的目的。三套丛书的出版,得到了学界同仁与社会有缘之士的关注,借助上述三个平台,我们也进一步地结识了许多正在进行或有志于进行相关研究的学者,并积累了一批具有较高质量的书稿。这就使得我们决定在"财政政治学文丛"结束出版任务后,继续主编出版"财政政治学视界论丛"。

　　非常有幸的是,本论丛入选了"十四五"国家重点出版物出版规划项目,我们先期完成的八部书稿还获得了国家出版基金的资助。感谢国家出版基金的支持,同时也感谢上海财经大学公共经济与管理学院、上海弘信股权投资基金管理有限公司、上海财经大学公共政策与治理研究院提供的出版资助。上海远东出版社提供大力支持,是本论丛能够出版的前提。

一

　　"财政政治学视界论丛"是"财政政治学文丛"的续编。之所以选用"视界"一词,起因是为了与我们前面主编出版的"文丛"相区别,但更重要的是因为"视界"一词所具有的双重含义与我们的意图、所从事的工作非常相合。通常来说,"视界"就是视野、视角的意思,代表提出问题、思考问题与解决问题的思维框架,"财政政治学视界"就是运用财政政治学的概念、理论来从事学术探究。但"视界"也是一个天体物理名词,意指一个事件刚好能被观察到的那个时空界面,比如,黑洞的界面被称为一个视界，因为发生在黑洞里的事件不会被处于黑洞之外的人观察到。我们通过概念和理论来理解社会事实，不同的概念与理论体系实际上也可以说代表了不同的"黑洞"，财政政治学就是希望揭示一个非常重要但基于主流财政理论往往难以把握和理解的视界，它并不代表一种统一的理论、制度或政策主张。在此意义上，"视界"与"世界"相通，同一"视界"下所看到的仍是丰富多彩的社会事实以及关于社会事实的丰富多彩的看法，我们希望这也成为"财政政治学视界论丛"的魅力与活力所在。

尽管有了"财政政治学译丛"和"财政政治学文丛"的出版，但对国内学界来说，"财政政治学"并不算是一个已经成为大家足够熟悉并认同的概念。所以，虽然我们在"财政政治学译丛"的"译丛主编后记"和"财政政治学文丛"的"文丛后记"中已经阐述了自己对"财政政治学"（fiscal politics）这一概念的理解，但为了使新的读者能够更好地理解我们的主张，此处还是需要将已经表达过的内容再絮叨一遍。

二

财政政治学在思想上源于财政社会学（fiscal sociology，译自德文 Finanzsoziologie），甚至可以说它和最初的"财政社会学"就是同义词。奥康纳（James R. O'Connor，1930—2017）是 1970 年代推动财政社会学思想复兴的重要代表，但他非常明确地强调自己在 1973 年出版的《国家的财政危机》（*The Fiscal Crisis of the State*）一书是以"财政政治学"为基础的，而他所说的"财政政治学"可以说就是财政社会学，因为他在谈到财政政治学时提到的学者就是财政社会学的创立者葛德雪（Rudolf Goldscheid，1870—1931）和熊彼特（Joseph A. Schumpeter，1883—1950），而他引用的也主要是熊彼特在 1918 年所发表的《税收国家的危机》（"The Crisis of the Tax State"）这篇财政社会学的经典文献。无独有偶，在国际货币基金组织 2017 年出版的《财政政治学》（*Fiscal Politics*）论文集的导论中，主编也明确地将书名溯源到熊彼特 1942 年出版的《资本主义、社会主义与民主》（*Capitalism，Socialism，and Democracy*）和 1918 年发表的《税收国家的危机》，这实际上也是将财政政治学的思想上溯到财政社会学，因为《税收国家的危机》一文不仅是财政社会学的重要创始文献之一,也是《资本主义、社会主义与民主》一书的思想雏形。

说"财政政治学"和最初的"财政社会学"是同名词,实际上是想强调初创时期的财政社会学之"社会学"和当前的财政政治学之"政治学"之间并无实质性区别。虽然社会学和政治学在今天分属两个独立的学科,但我们不能根据今天学科分化的语境想当然地将财政社会学作为社会学的子学科,或将财政政治学作为政治学的子学科,尽管很多人往往顾名思义地这样认为,甚至一些研究者也如此主张。无论是从社会学思想史,还是从创立者的研究目的来说,财政社会学的"社会学"更应该被看作是社会理论(social theory)而非社会学理论(sociological theory),前者试图理解、解释或识别大规模社会变迁,关注的是起源、发展、危机、衰落或进步等主题,因而特别重视制度和长历史时段分析;后者主要旨在建立一个能系统地将实证研究结果组成对现代社会的综合理解的框架,因其集中关注的主要是那些经济学、政治学、管理学所遗漏的地方,以至于有人称其为"剩余科学"。在今天,西方学术界那些自称或被称为"财政社会学"的研究中,事实上既包含财政社会学初创时期所指的社会理论的内容,又包含当前社会学学科所指的社会学理论的内容,而我们所说的财政政治学跟初创时期的财政社会学基本一致。

"财政是国家治理的基础和重要支柱",我们理解的财政学就是揭示财政与国家治理的关系和后果,以及利用财政工具优化国家治理并协调国家与社会关系的学问。因此,财政政治学探讨的主要就是财政收支与国家治理之间的理论关系,就像熊彼特评论财政社会学时所说的,"它可以让我们从财政角度来考察国家,探究它的性质、形式以及命运"①。根据我们对财政政治学的理解以及试图实现的研究目标,财政政治学的"政治学"所体现的主要不是现代政治学的英美传统而是欧洲大陆传统,前者以英美的科学传统为基础,强调政治研究中的行为主义视角和量化方法;后者以欧洲的人文主义传统为基础,强调政治研究中跨学科研究和质性研究的重要性。就欧洲社会科学研究传统而言,遵循欧洲大陆传统的政治学可作为今天的社会理论的组成部分,事实上,当政治学研究传统上溯至亚里士多德时,它本身就是我们今天所说的社会理论。

---

① [美]熊彼特:《税收国家的危机》,载[美]格罗夫斯著:《税收哲人:英美税收思想史二百年》,刘守刚、刘雪梅译,上海财经大学出版社 2018 年版,第 183 页(附录)。

因此,尽管名称有差异,但财政政治学与财政社会学实际上并不是两类不同性质的研究,只不过财政政治学指的是财政社会学初创时期所指的社会理论范畴。考虑到国内"社会学"一词更多地指社会学理论而非社会理论,为避免将财政社会学研究局限于实证或"剩余科学"的范围内,同时也为了进一步突出"财政是国家治理的基础和重要支柱"这一重要理念,我们的"译丛""文丛"和"论丛"都特别地选择以"财政政治学"为名。也可以说,"财政政治学"这一名称选择,以英美用法为名,但以欧洲大陆传统为实。

三

在财政学研究传统的划分中,一种更为合理的标准是将其区分为交换范式财政学和选择范式财政学①,这种区分与曾经流行的欧洲大陆传统−英美传统、旧式财政学−新式财政学、德语财政学-英语财政学等划分标准能够基本形成对应关系,但表述更为准确,既能突出不同研究传统的内核,也能够有效避免以地域、时期、国别、语言等分类标准所带来的不便。在选择范式财政学中,财政现象是国家(或社会福利函数)最大化选择的产物,其理论是以社会控制为取向的,适用的社会系统的运行特征是共时的、静态的、封闭的、机械的、决定性的和逻辑化的。而在交换范式财政学中,财政现象是人们交换互动的产物,体现不同程度的契约性或掠夺性,其理论是以个体自由为取向的,适用的社会系统的运行特征为历时的、动态的、开放的、生态的、创造性的和辩证化的。财政政治学/财政社会学属于交换范式财政学的范畴。

财政政治学/财政社会学产生于"一战"后期关于欧洲各国战后怎样重建的辩论之中,是交换范式财政学研究传统的典型代表,它与曾流行于欧洲大陆的官房

---

①　交换范式与选择范式的区分主要来自哈耶克和布坎南等学者的经济学研究传统的分类,选择范式经济学以资源配置理论为中心,以最优化和均衡分析为基础,忽略制度和历史;而交换范式经济学则以市场理论为中心,属于作为社会理论的经济学,注重制度和历史分析。由于经济学是财政学的主要学科基础,所以依据对经济学范式的分类来区别财政学的不同研究传统具有合理性,这也意味着财政政治学要以交换范式经济学作为自己的理论基础。关于交换范式经济学与选择范式经济学的区别可参见刘志广:《经济学:"选择的理论"还是"交换的理论"——关于经济学性质的探究》,载《上海行政学院学报》2010 年第 4 期。

学(cameralism)在思想上有很深的渊源,后者兴盛于政治碎片化下民族国家形成的历史过程之中。无论对财政社会学来说,还是对官房学来说,国家都被置于分析的中心,甚至官房学后来在德国的发展进程中还被进一步称为国家学(Staatswissenschaft)。在欧洲大陆,财政学被认为起源于官房学,而财政政治学/财政社会学也曾被认为就是财政学本身。

但长期以来,对英美社会科学思想史来说,官房学是被遗失的篇章。后来,当官房学被译介到英美时,按照其时的学科划分标准,经济学主要研究市场问题,政治学主要研究国家问题,而社会学主要研究社会问题,官房学者因为其研究的中心问题是国家而被看作是政治学家而非经济学家或社会学家。事实上,一些研究者也将选择范式财政学研究传统的思想追溯到官房学,但与今天选择范式下基于各种假设条件的虚幻选择不同,官房学中的选择是真实的选择,因为官房学者必须为其选择承担责任,有时甚至会付出生命的代价。从根本上说,官房学着眼于民族国家的实际创立、生存、竞争与发展,更能反映着眼于国家治理的财政科学的完整萌芽,它与我们所理解的主要探讨财政制度和形式等与国家治理间关系相关的财政政治学取向是一致的。

阳光之下无罕事,与社会和国家治理一样,社会科学也不是以线性方式不断前进的,它同样会存在停滞甚至是退化,库恩(Thomas S. Kuhn,1922—1996)的范式分析为我们思考这种境况提供了不同于"辉格史观"的框架。"历史是由胜利者书写的",这句话同样适用于社会科学思想史,它既意味着胜利的范式、新的范式或目前占主流地位的范式并不一定就是先进和正确的,也意味着被击败的、旧的或目前处于非主流地位的范式并不是就没有了价值。如果说财政政治学/财政社会学当年的创立是为了反对财政学的行政技术化,而财政政治学/财政社会学后来的复兴是为了反对财政学的工程技术化,那么我们今天倡导财政政治学视界,主要是为了更好地展现一种不同于当今主流财政学的研究传统。事实上,我们并不需要假装财政政治学主张具有思想上的原创性来抬高自己的工作。所以,倡导财政政治学并不是要构建出一个全新的出发点,而是要对财政学思想史中的已有传统进行发掘和继承,并结合我们的时代要求和国家治理实践进行新的思考与拓展。周期性地追根溯源及重新阐述研究任务,似乎正是推进社会科学发展的常规做法。

特别值得提及的是,财政学自 19 世纪末被引入中国时,主要就是代表当时主流的、基于欧陆传统的交换范式财政学思想,特别是,在 1930 年代翻译出版的日本学者阿部贤一的《财政学史》和在 1940 年代翻译出版的日本学者永田清的《现代财政学理论体系》中,财政社会学就是其中重要的理论组成部分。正因如此,我们也主编了"中国近现代财政学名作新编丛书",整理和介绍前辈学者在此领域的探索历程。现在,我们在中国倡导财政政治学研究,实际上也是要延续或回归这个在中国一度存在却中断多年的传统。

四

"财政政治学视界论丛"的选题范围与"财政政治学译丛""财政政治学文丛"没有太大区别,其覆盖面同样广泛,既涉及财政制度和形式等与国家治理间关系相关的基础理论研究,也涉及此领域的历史及其实证研究,还涉及相关的方法研究等。当然,探讨中国的财政形式与国家治理间关系、国家治理和国家—社会间关系协调过程中财政工具的运用等内容,是其中最为重要的组成部分。这些研究是依据研究主题和研究视界的相似性而不是研究方法的相同而聚合在一起的,在研究中各自采用的方法主要依据内容而定。它们所要传递和深入研究的基本思想,实际上正是葛德雪和熊彼特在其财政社会学的经典论著中所总结并奠定的。

虽然财政政治学还是一个比较边缘性的概念,但这恰恰是其意义与价值所在,因为对社会科学研究来说,正是边缘性概念及其发展为理论的创新提供了前提条件。更何况,从思想源头上说,财政政治学所代表的财政学思想传统,曾经是财政学本身或财政学的主流,那就是"以国家为中心"。遗憾的是,在中国目前的财政学研究中,恰恰丢掉了国家。正如葛德雪强调的:"财政学主要关心的是国家的经费问题,但它从未停止过询问,谁才是国家?"[1]因此,与政治学界曾经呼吁"找回国家"相应,"财政政治学"的发展实际上就是在财政学领域"找回国家"的智识努力。这种智识的发展和深化,将使我们能够拨开各种迷雾,更好地洞见在有国家的社会中财政制度安排对塑造国家治理体系、治理能力以及背后的社会权利—

---

① [美]马斯格雷夫、皮考克主编:《财政理论史上的经典文献》,刘守刚、王晓丹译,上海财经大学出版社 2015 年版,第 263 页。

权力结构的基础性作用。

　　需要指出的是,财政政治学在当前也还不是一个学科性概念。我们愿意遵循熊彼特当年对财政社会学的定位,将财政政治学看作是一个特殊的研究领域,它涉及一组特殊的事实、一组特殊的问题以及与这些事实和问题相适应的特殊的研究方法。对于这种特殊性,套用日本学者山下觉太郎关于"财政社会学既不是特殊社会学,也不是财政学的特殊补充,更不是固有财政学与社会学之间的边缘学科"的主张和对财政社会学之"社会学"为社会理论的理解,我们也可以说财政政治学既不是特殊政治学,也不是财政学的特殊补充,更不是固有财政学与政治学之间的边缘学科,它是一种以财政研究为中心的社会理论。

　　奥康纳在 2000 年为其《国家的财政危机》再版所写的序言中反复强调了财政政治学研究是政治经济学和政治社会学的结合,而国际货币基金组织出版的《财政政治学》论文集的主编也强调财政政治学试图复兴一种在政治经济学中将经济、社会、政治过程看作是一种共同决定和共同演进过程的传统。正是基于这种研究取向,我们可以努力地实现马斯格雷夫(Richard A. Musgrave,1910—2007)对财政学发展的反思性主张。他认为,主流财政学满足于帕累托最优而忽略了公平正义、个人权利以及有意义的自由概念等对一个国家的重要意义①。主流财政学的不足主要在于其研究所依赖的方法或技术人为地割裂了财政与国家治理间的历史性与制度性联系,从而使其研究偏离了财政学的真正研究主题,并进而将财政问题当作一个工程技术问题来处理。我们想要做的,就是努力使财政学重新回到对国家治理具有重要意义的议题的关注之上,并重塑其对社会的理解力和指导力,这一重塑是出于一种迫切且共同的需要,也就是在新的时代更恰当地理解并更好地发挥财政在国家治理中的基础和重要支柱作用,推动国家治理体系和治理能力的现代化。

　　当然,我们在此处并不否认财政政治学今后走向独立学科的可能性,事实上,这可能也是一个重要的努力方向。但这需要一个很长的努力过程,需要有更多人能够积极且静心地投入进来。当我们能够从更多的研究所确立的各项解释原则的相互关系中发现财政政治学的学科统一性时,建立财政政治学学科所要探讨的

---

　　①　[美]布坎南、马斯格雷夫:《公共财政与公共选择:两种截然不同的国家观》,类承曜译,中国财经出版社 2001 年版。

问题将像罗宾斯(Lionel Robbins,1898—1984)在重新定义经济学时所说的一样，"由理论统一中的缺口和解释性原理中的不足来提示"①。但发展财政政治学最令人期待的结果，并不在于形成像现代主流财政学那样统一且标准化的理论以对世界进行技术性或工具性控制，而在于通过财政政治学这种多元、开放的思想体系吸收和转化不同学科的研究成果，并将这种独到的综合性思考成果不断地融入所要分析的主题中去，实现对国家治理和社会经济发展的更深层次、更广范围的反思性对话，从而促进优良政治与美好社会建设。我们也并不在意实现上述财政政治学研究目的的研究是否都被冠以财政政治学之名，在"有名无实"和"有实无名"之间，我们会毫不犹豫地选择后者，因为这才是我们真正的追求。

人的思维沿着"视界"所设定的路径前行，对"财政政治学译丛""财政政治学文丛""财政政治学视界论丛"所涉及的主题和内容感兴趣的研究者和读者，不必在意"财政政治学"这一名称是否让人满意，也不必纠结于财政政治学是否有一个明确的定义，关键在于志同道合，即试图发展一个能让我们更好地理解历史与现实并指导未来的财政理论，在这种意义上，"财政政治学"就是我们的"集结号"！我们希望拥有更多的读者，也希望有更多研究者能够加入到这一研究队伍中来，合力使财政政治学研究不断地得以完善，积极推动财政学科的发展，共同致力于中国国家治理与政治制度的现代化。

期待本论丛能继续得到学界同仁和社会有缘之士的关注与指导。

上海财经大学公共经济与管理学院　刘守刚
中共上海市委党校经济学教研部　刘志广
2024 年 8 月

---

① 〔英〕罗宾斯：《经济科学的性质和意义》，朱泱译，商务印书馆 2000 年版，第 9 页。